Recht und Rechtssprache in Korea und Deutschland

Young-Ju Youn

# Recht und Rechtssprache in Korea und Deutschland

## Probleme bei der Übertragung juristischer Texte aus übersetzungswissenschaftlicher Sicht unter besonderer Berücksichtigung des Ehe- und Familienrechts

PL ACADEMIC RESEARCH

**Bibliografische Information der Deutschen Nationalbibliothek**
Die Deutsche Nationalbibliothek verzeichnet diese Publikation in der Deutschen Nationalbibliografie; detaillierte bibliografische Daten sind im Internet über http://dnb.d-nb.de abrufbar.

Zugl.: Bonn, Univ., Diss., 2015

D 5
ISBN 978-3-631-67505-2 (Print)
E-ISBN 978-3-653-06849-8 (E-Book)
DOI 10.3726/978-3-653-06849-8


PL Academic Research ist ein Imprint der Peter Lang GmbH.

Peter Lang – Frankfurt am Main · Bern · Bruxelles · New York · Oxford · Warszawa · Wien



Diese Publikation wurde begutachtet.

www.peterlang.com

# Inhaltsverzeichnis

# Abbildungsverzeichnis



# Tabellenverzeichnis

# Abkürzungsverzeichnis

| | |
|---|---|
| Abs. | Absatz |
| AcP | Archiv für die civilistische Praxis |
| a.F. | alte Fassung |
| Art. | Artikel |
| AS | Ausgangssprache |
| AT | Ausgangstext |
| Az. | Aktenzeichen |
| BeurkG | Beurkundungsgesetz |
| BGB | Bürgerliches Gesetzbuch |
| BGBl. | Bundesgesetzesblatt |
| BGH | Bundesgerichtshof |
| BGHZ | Entscheidungen des Bundesgerichtshofs in Zivilsachen |
| BVerfG | Bundesverfassungsgericht |
| BVerfGE | Entscheidungen des Bundesverfassungsgerichts (amtliche Sammlung) |
| bzw. | beziehungsweise |
| Diss. | Dissertation |
| dt. | deutsch |
| EGBGB | Einführungsgesetz zum Bürgerlichen Gesetzbuch |
| EheG | Ehegesetz |
| 1. EheRG | Erstes Gesetz zur Reform des Ehe- und Familienrechts |
| FamFG | Gesetz über das Verfahren in Familiensachen und in Angelegenheiten der Freiwilligen Gerichtsbarkeit |
| FamG | Familiengericht |
| FamRZ | Zeitschrift für das gesamte Familienrecht mit Betreuungsrecht, Erbrecht, Verfahrensrecht, Öffentlichem Recht |
| FG | Finanzgericht |
| FGG | Gesetz über die Angelegenheiten der freiwilligen Gerichtsbarkeit |
| Fn. | Fußnote |
| GG | Grundgesetz für die Bundesrepublik Deutschland |
| GGO | Gemeinsame Geschäftsordnung der Bundesministerien |
| GVFam | Gesetz über das Verfahren in Familienangelegenheiten (Korea) |
| GRFam | Gesetz über die Registrierung des Familienstandes (Korea) |
| GVG | Gerichtsverfassungsgesetz |
| Hbd. | Halbband |
| Hrsg. | Herausgeber |
| Hs. | Halbsatz |
| i. d. F. | in der Fassung |
| i. d. R. | in der Regel |
| IPR | Internationales Privatrecht |

| | |
|---|---|
| jap. | japanisch |
| Jh. | Jahrhundert |
| JZ | Juristenezeitung |
| kor. | koreanisch |
| KV | Koreanische Verfassung |
| LG | Landgericht |
| LiLi | Zeitschrift für Literaturwissenschaft und Linguistik |
| m. E. | meines Erachtens |
| n. F. | neue Fassung |
| NJW | Neue Juristische Wochenschrift |
| Nr. | Nummer |
| OLG | Oberlandesgericht |
| PStG | Personenstandsgesetz |
| RabelsZ | Rabels Zeitschrift für ausländisches und internationales Privatrecht |
| RGBl. | Reichsgesetzblatt |
| Rn. | Randnummer |
| S. | Satz (beim Zitieren von Gesetzen) |
| SLJ | Seoul Law Journal (= *sŏultaehakkyobŏphak* 서울대학교법학, Zeitschrift, herausgegeben von der juristischen Fakultät der Seoul National University). Seoul Law Journal ist der englische Nebentitel, der auf dieser Zeitschrift angegeben ist. |
| StAG | Staatsangehörigkeitsgesetz |
| StAZ | Zeitschrift für Standesamtswesen |
| StGB | Strafgesetzbuch |
| StPO | Strafprozessordnung |
| VwVfG | Verwaltungsverfahrensgesetz |
| WRV | Verfassung des Deutschn Reichs vom 11. August 1919 (Weimarer Reichsverfassung) |
| z. B. | zum Beispiel |
| ZG | Zivilgesetz (Korea) |
| ZPO | Zivilprozessordnung |
| ZS | Zielsprache |
| ZT | Zieltext |

Gesetzestexte, bei denen nicht explizit eine staatliche Zugehörigkeit angegeben ist, sind deutsche Gesetzestexte.

# 1 Einleitung

Die Kommunikation unserer Gesellschaft ist stark internationalisiert und erfordert zwangsläufig Mehrsprachigkeit. Während z. B. Englisch in manchen Bereichen wie in der Wirtschaft als *Lingua Franca* fungieren kann, ist im Bereich Recht die Sprache des jeweiligen Landes die einzig geltende Sprache. So bestimmt das koreanische Gerichtsverfassungsgesetz in Art. 62, dass vor Gericht die koreanische Sprache zu benutzen ist und, wenn ein Prozessbeteiligter der koreanischen Sprache nicht mächtig ist, ein Dolmetscher beizuziehen ist. Gemäß Art. 277 des koreanischen Zivilprozessgesetzes ist eine Übersetzung beizufügen, wenn die Dokumente in einer fremden Sprache erstellt sind. Entsprechende Bestimmungen gibt es auch in Deutschland.

Beschäftigt man sich vom übersetzungswissenschaftlichen Ansatz her mit der Übertragung juristischer Fachtexte, so zeigt sich sehr rasch, dass es dabei typische Probleme und Fehler gibt, wobei die Fehlerquellen auf allen Ebenen liegen, d. h. von der grammatikalischen über die stilistische (wie zu erwarten), aber auch die gemeinsprachliche Ebene bis hin zu fachsprachlichen Aspekten und zwar auf beiden Seiten (also der jeweiligen Ausgangs- wie der entsprechenden Zielsprache). Dabei spielen vor allem auch die unterschiedliche Rechtskultur und die betroffenen Rechtssysteme und Rechtsgebiete eine maßgebliche Rolle.

Rechtssprache ist eine Fachsprache, welche offensichtlich eine ganz eigene Prägung in Stil und Terminologie, aber auch bezüglich weiterer sprachlicher Elemente aufweist. Bei weiterem Eindringen und beim Vergleich zwischen verschiedenen Ländern ist festzustellen, dass es wohl nicht <u>die</u> Rechtssprache gibt. Jedes Land hat ein eigenes Rechtssystem, das sehr stark dessen sprachliche Ausprägung formt. Sowohl Recht als auch Sprache sind wiederum von gesellschaftlichen Vorstellungen und deren historischer Entwicklung bestimmt. Wenn man eine Übersetzung von Texten mit juristischem Inhalt angeht, sind deshalb Recht, (Gemein-)Sprache und Rechtssprache beider Länder zu beachten. Kenntnisse von Rechtsgeschichte über geltende Gesetze und Rechtsinstitute, die Rechtsprechung dazu in beiden Ländern, Rechtsvergleichung sowie ein subtiles Verständnis für sprachliche Feinheiten in Gemein- und Rechtssprache und deren wohlüberlegter Einsatz sind offenbar erforderlich.

## 1.1 Forschungsthema, Problembereich und Gründe für deren Untersuchung

Auch ein alltägliches Ereignis wie die Heirat wird kompliziert, wenn es zu einem internationalen Akt wird. Welche Rechtsordnung ist anzuwenden, wenn ein Koreaner und eine Deutsche oder umgekehrt eine Ehe schließen, aus der auch Kinder hervorgehen können, oder wenn sie sich scheiden lassen wollen? Es geht hierbei nicht nur um das materielle Recht beider Staaten, was mitunter in einem wahren Labyrinth von Hin- und Zurück-Verweisungen zwischen den Heimatrechten endet und seinen Gipfel erreicht, wenn die Beiden gar in einem Drittland die Ehe schließen und dort leben wollen. Wichtig sind auch die ganzen erforderlichen Dokumente und deren Verständlichkeit für den handelnden Richter, Standesbeamten, Notar usw. Deren Übersetzungen müssen richtig und nachvollziehbar sein. Dies garantieren vereidigte bzw. ermächtigte Übersetzer. Dies setzt entsprechende Ausbildungsgänge, Fortbildungsmöglichkeiten und dort erworbenende Kenntnisse in den verlangten Sprachen, aber ebenso in den entsprechenden Rechtsgebieten und Rechtssprachen voraus. Auch deren Anwendung, die den genannten Erwartungen entspricht, muss sichergestellt sein. Hier haben sich bei Durchsicht von wissenschaftlichen Arbeiten wie auch in der Übersetzungspraxis der Verfasserin bedauerlicherweise enorme Defizite aufgetan.

Es gibt viele Übersetzungsfehler, die zwar dem Leser (Auftraggeber, Anwalt, Richter usw.) Probleme beim Erfassen des Text-Inhalts bereiten, bei denen man sich den Sinn jedoch aus der gemeinsprachlichen Bedeutung erschließen kann, sodass manch einer sie als hinnehmbar (wenn auch sehr störend!) bezeichnen mag. Gerade bei juristischen Texten finden sich aber aufgrund der vielen Fachbegriffe und der von der gemeinsprachlichen Bedeutung abweichend gebrauchten Bezeichnungen Übersetzungsfehler, die nicht akzeptabel sind. Wegen der Rechtsfolgen können diese finanzielle oder persönliche Katastrophen bewirken. Es können linguistische oder juristische Fehler sein, aber auch solche wegen kultureller Unterschiede.

Vorliegende Arbeit beleuchtet die Merkmale der koreanischen und deutschen Rechtssprache sowie deren Unterschiede und Gemeinsamkeiten. Auf dieser Basis werden die sprachlichen, aber auch rechtlichen Probleme in Theorie und Praxis dargestellt, die bei Übersetzungen zwischen Deutsch und Koreanisch in rechtlich relevanten Bereichen, insb. im Ehe- und Familienrecht entstehen können. Dazu werden Lösungswege aufgezeigt.

Die wichtigsten Anregungen für die Wahl des Arbeitsthemas ergaben sich aus Folgendem:

- Wirtschaftliche Globalisierung, Ferntourismus, Internationalisierung der Arbeitsmärkte und deren Folgen für die persönlichen Lebensverhältnisse mit allen rechtlichen Fragestellungen und Konsequenzen, insb. Gewährleistung des Rechtsschutzes, Eheschließung zwischen deutschen und koreanischen Staatsangehörigen, Auseinandersetzungen bezüglich Kindern und Vermögen bei Trennung und Scheidung, Sozialversicherung bei Auslandstätigkeit.
- Bedeutende Veränderungen im deutschen und koreanischen Rechtssystem, bedingt durch den gesellschaftlichen Wandel, insb. eine grundsätzliche Änderung im gesamten System des Ehe- und Familienrechts in Korea, des Ehe- und Unterhaltsrechts sowie des Vormundschafts-/Betreuungsrechts in Deutschland.
- Generell Fragen der Fachkommunikation zwischen Juristen auf internationaler Ebene in Praxis und Theorie (insb. Rechtsvergleichung) sowie die Rolle des Übersetzers dabei.
- Entdeckung vieler gravierender Übersetzungs- und Darstellungsfehler bei der Lektüre von wissenschaftlichen Abhandlungen zur Rechtsvergleichung zwischen Korea und Deutschland.

- Probleme wegen ähnlicher Fehler in wirtschafts- und ehe- und familienrechtlichen Fällen im Rahmen der Praxis der Verfasserin als ermächtigte Übersetzerin und Dolmetscherin.

## 1.2 Einordnung in die fachliche Diskussion in der Übersetzungswissenschaft

### 1.2.1 Zum Forschungsstand

Das Übersetzen von Rechtstexten und sonstigen Texten mit juristischem Inhalt hat eine lange Tradition. Die wohl älteste bekannte schriftliche Überlieferung dazu ist der zweisprachige ägyptisch-hethitische Friedensvertrag von 1259 v. Chr.[1] Der römische *Corpus Iuris Civilis* wurde erst ins Griechische und später in zahlreiche andere Sprachen übersetzt. Gewiss haben die uns unbekannten Übersetzer dieser und anderer Rechtsexte der vergangenen Jahrhunderte auch methodologische Überlegungen angestellt. Diese sind aber leider nicht überliefert.

Erst in jüngster Zeit hat in Deutschland die systematische Auseinandersetzung mit den Problemen bei der Übersetzung von Rechtstexten eingesetzt. In offiziell zwei- oder mehrsprachigen Staaten gehört dies dagegen zu den Standardthemen der juristischen Forschung und Lehre.[2] So ist nicht verwunderlich, dass Vorschläge und Anstöße vor allem von Italien und Kanada gekommen sind. Die ‚internationale Academie für Rechtsvergleichung' veranstaltete 1986 in Sydney auf Vorschlag Italiens eine Disskussion zur Rechtsübersetzung unter rechtsvergleichender Sicht. Kanada spielt eine führende Rolle in der Forschung auf diesem Problemfeld, u. a. in dem dortigen ‚Centre de traduction et terminologie juridique'; Ergebnisse finden sich in kanadischen Veröffentlichungen.[3] Das Institut für Translationswissenschaft der Universität Innsbruck beschäftigt sich mit Rechtsterminologie bezüglich Italien-Südtirol-Österreich, deren rechtskulturelle Unterschiede wegen der unterschiedlichen Rechtssysteme beim Übersetzen Probleme bereiten.

In den Institutionen der EU ist es praxisbedingt ein Dauerthema, jedoch auch noch nicht befriedigend aufgearbeitet. Die Rechtssysteme der Mitgliedsstaaten ha-

---

1 Es handelt sich um einen völkerrechtlichen Vertrag in zwei Sprach-Versionen (nämlich in akkadischer Sprache des Hethiterreichs und in Hieroglyphenschrift der Ägypter) wie bei entsprechenden Verträgen in heutiger Zeit.

2 Galdia 2003, 1.

3 Insb. des Centre international de la common law en français (CICLEF) in Moncton/ New Brunswick, Canada. Es dokumentiert u. a. Forschungsergebnisse in Tagungsbänden wie M. Doucet/ J. Vanderlinden (Dir.) La Réception des systèmes juridiques: implantation et destin: textes présentés au premier Colloque international du CICLEF, Bruxelles: Bruylant, 1994; P G. SNOW/ J. VANDERLINDEN (Dir.), Français juridique et Science du droit, Textes présentés au deuxième colloque international du CICLEF, Bruxelles, Bruylant, 1995.

ben sich aus wenigen einheitlichen Wurzeln parallel entwickelt und dann wechselseitig beeinflusst. Es sind zwar nur zwei Grundsysteme: römisch-germanisches und anglo-amerikanisches Recht bzw. eine systematische Rechtsordnung und sog. *common-* und *case-law*. Jedoch bereiten die enormen Unterschiede zwischen diesen die größten Probleme. Innerhalb desselben Grundsystems sind sie zumindest nicht so gravierend. Immerhin gibt es in der EU-Kommission eine Generaldirektion Übersetzung mit einer eigenen Direktion S, die sich mit Übersetzungsstrategien und Mehrsprachigkeit beschäftigt und Studien und Analysen erstellt.

Die große Menge der linguistischen und juristischen Untersuchungen[4] zum Problembereich ‚Sprache und Recht' führte u. a. auch zur Erstellung von einigen Bibliographien.[5] Die Publikationen, die in diesen Literatursammlungen enthalten sind, stammen von Sprachwissenschaftlern oder Juristen und haben meistens sprachkritischen Charakter.[6]

Bei der bisherigen Behandlung des Gegenstands ‚Rechtssprache' hat sich die linguistische Forschung im Wesentlichen auf zwei Aspekte beschränkt: 1. Stil, vor allem die Schwerverständlichkeit der Verwaltungssprache,[7] und 2. Kommunikation vor Gericht, d. h. Rechtsdiskursanalyse, die meist ebenfalls das Verständigungsproblem beim Zusammentreffen von Experten und Laien zum Ausgangspunkt hat. Das erste betrifft vor allem Schriftsprache, das zweite mündliche Texte.[8] Es gibt stilkritische oder gesprächsanalytische Arbeiten, aber kaum übersetzungswissenschaftliche Untersuchungen. Speziell über die bei der Übersetzung der juristischen Texte auftretenden Probleme, ob und in welcher Hinsicht der juristische Wortschatz ein Problem für die Bedeutungstheorie darstellt, v. a. für die lexikalische Semantik, ist nur bei wenigen Autoren wie Sandrini oder Schmidt-König etwas zu lesen.

---

4 Eine Übersicht über den Forschungsstand zur Übersetzung von Fachsprachen gibt Fluck 2006; zu Fragen der Rechtssprache gab es das Projekt „Recht und Sprache" der Berliner Arbeitsgruppe 2000, dessen Ergebnisse in der dreibändigen Schriftenreihe „Die Sprache des Rechts" als Resümee des Forschungsstandes zu Sprache und Recht zusammengefasst sind (Lerch 2004, 2005, 2005a – die einzelnen Autoren sind Juristen und Linguisten, aber auch Soziologen, Psychologen, Philosophen und Schriftsteller aus Deutschland, Österreich, der Schweiz, Großbritannien, Frankreich, Italien, Norwegen und den USA); zum Forschungsstand über Rechtssprache siehe auch Knoop 1998.

5 Hoffmann 1985, Reitmeier 1985, Fluck 1996, Nussbaumer 1997.

6 Unter Stichwörtern wie ‚bürgernahe Verwaltungssprache', ‚öffentlicher Sprachgebrauch', ‚unverständliche Rechtssprache', ‚Juristendeutsch' etc.

7 Siehe hierzu die Aufsatzsammlung der Deutschen Akademie für Sprache und Dichtung „Der öffentliche Sprachgebrauch" insb. Band II: „Die Sprache des Rechts und der Verwaltung", Stuttgart 1981; auch die Studien der interdisziplinären Arbeitsgruppe der Berlin-Brandenbergischen Akademie der Wissenschaften, die dreibändige Schriftreihe „Die Sprache des Rechts" insb. Band 1 „Recht Verstehen Verständlichkeit, Missverständlichkeit und Unverständlichkeit von Recht", Berlin 2004.

8 Bei Hoffmann 1989 findet sich eine Bibliographie zu dieser Thematik.

Übersetzungswissenschaft ist ohnehin eine relativ junge Disziplin.[9] Vernay schreibt 1984, dass dieser Begriff sich „in den letzten Jahren“ eingebürgert habe, trotz mancher Leugnung ihrer Existenz als Wissenschaft.[10] Zu Recht betont Snell-Hornby ihre Eigenständigkeit und meint, die Übersetzungswissenschaft sollte sich nicht als Teilbereich der angewandten Sprachwissenschaft, sondern als eigenständige Disziplin verstehen. Übersetzungswissenschaft sei eine interdisziplinäre, multiperspektivische Einheit, gehe von der komplexen Realität des Übersetzens und nicht von den axiomatischen Modellen der Linguistik aus und zeichne sich durch eine verbindende Perspektive aus.[11]

### 1.2.2 Zur Diskussion um die Übersetzung juristischer Texte

Eigentliche Fachübersetzungsproblematik wurde erst in den 1960er Jahren wissenschaftlich behandelt, so bei Jumpelt.[12] Fachübersetzung ist inzwischen aber ein Dauerthema in der Übersetzungswissenschaft. Wie die vorliegende Arbeit noch zeigen wird, ist es allerdings nur bedingt möglich, die im Rahmen der jungen Übersetzungswissenschaft entwickelten Methoden auf die Übersetzung von Rechtstexten anzuwenden.

Ist diese Thematik überhaupt Gegenstand der allgemeinen übersetzungswissenschaftlichen Literatur, wird sie nicht differenziert behandelt, so dass der Unterschied von Rechtstexten gegenüber anderen fachlichen, vor allem naturwissenschaftlich-technischen Texten nicht deutlich wird, z. B. bei Jumpelt[13] und Mounin.[14/15] In einigen Arbeiten u. a. bei Koller wird zwar erwähnt, dass Rechtstexte und andere sozial- und geisteswissenschaftliche Texte durch ihre Kulturgebundenheit von naturwissenschaftlichen Texten differieren.[16] Die aus juristischer Sicht offensichtliche Besonderheit von Rechtstexten wird jedoch vor allem in drei Punkten nicht

9 Die Bezeichnung „Science of translating“ hat Nida (1964) verwendet.

10 Vernay 1984, 26.

11 Snell-Hornby 1994, 12 [erste Ausgabe 1986].

12 Jumpelt 1961; der Titel „Die Übersetzung naturwissenschaftlicer und technischer Literatur. Sprachliche Maßstäbe und Methoden zur Bestimmung ihrer Wesenszüge und Probleme“ zeigt schon, dass sein Gegenstand die technische Übersetzung war.

13 Jumpelt unterscheidet: 1. Ästhetische, 2. religiöse, 3. pragmatische, 4. ethnografische, 5. sprachwissenschaftliche, 6. geisteswissenschaftliche Übersetzung, wobei die naturwissenschaftlichen und sozialwissenschaftlichen Texte sowie Pressenachrichten zur pragmatischen Übersetzung gehören.

14 Mounin unterscheidet die juristische Übersetzung nicht von technischen Übersetzungen: „die technische Übersetzung, d. h. im Grunde alles, was nicht literarische Übersetzung ist“ (1967, 148), dazu gehören bei ihm diplomatische Übersetzung, Verwaltungsübersetzung, Handelsübersetzung, technisch-wissenschaftliche Übersetzung (1967, 148–159).

15 Auch Kjær (1999, 64) hat auf diese ungenügende Differenzierung hingewiesen.

16 Koller 2011, 278–281; übersetzungsrelevante Textgattungen sind bei ihm Fiktivtexte und Sachtexte; er meint (in Koller 1981), es bestünden grundsätzliche Unterschiede

ausreichend berücksichtigt: Erstens wird die Systemgebundenheit der Rechtssprache nicht deutlich genug herausgearbeitet. Zweitens gehen die Übersetzungswissenschaftler von einer einheitlichen juristischen Fachsprache aus, die es so gar nicht gibt. Drittens berücksichtigt die bislang vorgenommene Unterscheidung von Rechtstext-Sorten nicht deren spezifische Adressatenproblematik und dementsprechenden Anforderungsprofile an die Sprache, wegen denen der Übersetzer ganz unterschiedliche Übersetzungs-Strategien wählen und die geforderte Äquivalenz daran ausrichten muss.

Bezüglich der Übersetzbarkeit reicht die Bandbreite der Meinung von der Behauptung der Unmöglichkeit des Übersetzens, so z.B. bei WEISGERBER[17] und HJELMSLEV,[18] über vermittelnde Ansätze bis zu ‚alles ist möglich'-Behauptungen, da die Einzelsprache eine Sonderform einer ‚lingua universalis' sei.[19]

Auch unter Juristen werden Fragen der juristischen Übersetzung seit einigen Jahren vor allem im Zusammenhang mit der EU-Erweiterung und Harmonisierung des Rechts mit zunehmendem Interesse diskutiert.[20] In der spezifischen Literatur zur juristischen Übersetzung wird zumindest die Systemgebundenheit der Rechtssprache und deren Bedeutung bei der Übersetzung hervorgehoben, so z.B. bei DE GROOT, ŠARČEVIĆ, SANDRINI, STOLZE. Dabei wurde sie vorwiegend unter dem Blickwinkel der Terminologie untersucht.[21] Man befasste sich im Wesentlichen mit der Frage, wie Begriffe eines Rechtssystems in äquivalente Rechtsbegriffe eines anderen Rechtssystems übertragen werden, und mit der Untersuchung semantischer Übereinstimmung von Rechtsbegriffen. Die Aufgabe des Übersetzers sei es, zwischen AT und ZT ein Äquivalenzverhältnis, d.h. eine inhaltliche Gleichwertigkeit herzustellen.

---

zwischen wissenschaftlich-technischen Texten und literarisch-philosophischen Texten und daraus folgend unterschiedliche Äquivalenzanforderungen.

17 WEISGERBER (1961) argumentiert für seine These der Unübersetzbarkeit mit den Übersetzungsfehlern des „Pariser Abkommens" über Südtirol, bei der alle drei alliierte Sprachen (Französisch, Englisch, Russisch) als verbindlich galten (tatsächliche Bedeutung gewannen nur die deutsche und italienische Übersetzung, da Österreich und Italien betroffen waren). In der Folgezeit gab es viele Auseinandersetzungen wegen der Auslegung. WEISGERBER zeigt aber gleichzeitig Übersetzbarkeit, indem er selbst die korrekte Übersetzung anbietet. Über das Verhältnis zwischen seiner Sprachinhaltsforschung und Unübersetzbarkeit siehe STOLZE 2008, 28–30; auch KOLLER 2011, 170–174.

18 Er vertritt die Unmöglichkeit der Übersetzung anhand der Farbbezeichnung, siehe MOUNIN 1967, 67–70.

19 Über die absolute Übersetzbarkeit von KOSCHMEIER, basierend auf der Generativen Transformationsgrammatik und Universalienforschung, siehe STOLZE 2008, 42–47.

20 Siehe BERTELOOT 1999; WEYERS 1999.

21 Am Anfang der Übersetzungswissenschaft war die Terminologie ein zentraler Begriff, vor allem von der „Leipziger Schule", unter anderem von KADE, NEUBERT und JÄGER vertreten. Zentraler Begriff war „Code-Switching". Die Terminologielehre wurde nach Eugen WÜSTERS Forschung zu einer selbständigen wissenschaftlichen Disziplin (vgl. Arntz/Picht/Mayer 2002).

Über den Äquivalenz-Begriff ist vor allem in linguistisch orientierten Arbeiten diskutiert worden.[22] Gelegentlich ist Äquivalenz gar als Illusion bezeichnet worden.[23] REISS/VERMEER beschreiben Äquivalenz als „Relation zwischen einzelnen sprachlichen Zeichen eines Textpaares und als Relation zwischen ganzen Texten" und betonen, Textäquivalenz gehe „über die sprachliche Textmanifestation hinaus und umfasse auch kulturelle Äquivalenz".[24] Bei KOLLER bedeutet Äquivalenz bzw. Übersetzungsäqivalenz zunächst nur, dass zwischen zwei Texten eine Übersetzungsbeziehung vorliegt; es gibt fünf Bezugsrahmen, die bei der Übersetzungsäquivalenz eine wichtige Rolle spielen: denotative, konnotative, textnormative, pragmatische und formal-ästhetische Äquivalenz.[25] Schließlich wird der Äquivalenzbegriff als absolute Größe[26] von REISS/VERMEER mit ihrer Skopostheorie relativiert: Der Zweck, die Funktion einer Übersetzung und der Adressat bestimmen alle übersetzerischen Entscheidungen beim Transfer eines AT in einen ZT.[27] Mit Hilfe dieses dynamischen Äquivalenzbegriffs scheinen auf den ersten Blick auch die Übersetzungsprobleme bei Rechtstexten leichter lösbar zu sein. Bei näherem Zusehen weisen juristische Texte aber insb. bezüglich der Adressaten und Funktion viele Besonderheiten auf.

In der Terminologiearbeit gibt es bereits einige Untersuchungen (ARNTZ, WIESMANN).[28] Auf terminologischer Ebene besteht die Hauptschwierigkeit bei Rechtstexten darin, dass Rechtsbegriffe an Rechtsordnungen gebunden sind, so stellvertretend für viele DE GROOT.[29] Er diskutiert die Problematik im Begriffsrahmen der Rechtsvergleichung, die nach seiner Auffassung den Kern der Übersetzung juristischer Texte ausmacht. SANDRINI betont deren Eigenschaft als (Rechts-)Kulturtransfer.[30]

Neuere linguistische Ansätze, für die die Arbeit von ŠARČEVIĆ von Bedeutung ist, stellen eher pragmatische Aspekte der Rechtstexte in den Vordergrund und unterstreichen das Erreichen des Kommunikationsziels, somit auch die Notwendigkeit der Kreativität beim funktionalen Übersetzen.[31] Juristisch fundierte Untersuchungen wie die von DE GROOT unterstreichen wiederum die rechtsvergleichende

---

22 Exemplarisch zu nennen sind WILSS 1977, 156–191, vor allem von KOLLER (1981; 2004; 2011, 218–277) hat sie eingehendst behandelt. Jedoch wurde keine einheitliche Definition gefunden (vgl. WILSS 1977, 157; REIS/VERMEER 1984, 124).

23 SNELL-HORNBY 1994, 13.

24 REISS/VERMEER 1984, 131.

25 KOLLER 2011, 218–219.

26 zu lesen ist DILLER/KORNELLIUS 1978, 10–16, hier verwenden sie den Terminus „Bedeutungsgleichheit".

27 Siehe REIS/VERMEER 1984, 95–104; REIS 2000, 35–40. Aquialenz als „Sondersorte von Adäquatheit", als „Adäquatheit bei Funktionskonstanz zwischen Ausgangs- und Zieltext", siehe. REISS/VERMEER 1984, 140.

28 ARNTZ 1994, 1999, 2001; WIESMANN 2004.

29 DE GROOT 1991, 1999, 2002.

30 Insb. SANDRINI 1999.

31 Insb. siehe ŠARČEVIĆ, 1997.

Komponente und strengere Orientierung am Ausgangstext, obwohl sie zunehmend textuelle Aspekte in rechtsvergleichende Analysen miteinbeziehen. Es zeichnet sich eine Annäherung ab sowie das Bestreben, die Probleme der Übersetzung von Rechtstexten in einem breiteren Kontext zu diskutieren, der der Komplexität der rechtlichen und der linguistischen Probleme gleichermaßen angemessen ist.

## 1.3 Forschungslücke, Gegenstand und Fragestellungen der Untersuchung

### 1.3.1 Forschungslücke

Rechtssprache ist also schon seit etlicher Zeit Forschungsobjekt der Germanistik im deutschsprachigen Raum und seit den 90er Jahren auch in der Übersetzungswissenschaft, oft gibt es eine Zusammenarbeit zwischen Juristen und Sprachwissenschaftlern.[32] Auch in der Praxis hat sich einiges getan: Zum Redaktionsstab Rechtssprache für die Bundesministerien im Bundesministerium der Justiz (BMJ) wurde ein Beirat eingerichtet, in dem sprachwissenschaftlicher und juristischer Sachverstand vertreten sind. Er kommt seit Oktober 2009 zusammen. Des Weiteren gibt es eine eigene Homepage des im Herbst 2008 gegründeten Zentrums für Rechtslinguistik, einer Kooperation der Gesellschaft für deutsche Sprache und des Germanistischen Instituts der Martin-Luther-Universität Halle-Wittenberg.[33]

Juristische Texte stehen in ihrer übersetzungspraktischen Bedeutung an dritter Stelle der Textvorkommen.[34] Dies bestätigt auch die persönliche Erfahrung der Verfasserin als ermächtigte Übersetzerin und allgemein vereidigte Dolmetscherin für die Sprachen Koreanisch und Japanisch.

Bezogen auf die Textsorte Rechtstexte in der Sprachenkombination Deutsch zu Englisch, Französich (Schmidt-König[35]), Spanisch, Italienisch (Sandrini[36]), auch Norwegisch (Simonnæs[37]) und Griechisch (Vlachopoulos[38]) gibt es bereits Forschungsergebnisse.

---

32 Ein solches Projekt ist beispielsweise das Ende 1999 von der Berlin-Brandenburgischen Akademie der Wissenschaften begonnene Projekt 'Sprache des Rechts'. Es wurde in den Lili-Heften abgedruckt. Hierbei sind zwei Punkte besonders wichtig. Zum einen ist es interdisziplinär – es sind gleichermaßen Jurist/innen wie Linguist/innen beteiligt –, zum andern ist es empirisch, ja in wesentlichen Teilen experimentell, siehe Berliner Arbeitsgruppe 2000.

33 Im Internet zugänglich unter: www.zentrum-rechtslinguistik.de

34 Schmitt 1990, 98.

35 Schmidt-König 2005.

36 Seine besonderen Forschungssprachen sind nicht die Rechtssprache in Deutschland, sondern die Beziehung der österreichischen und deutschen Rechtssprache in Südtirol, siehe Sandrini 1999a.

37 Simonnæs 2002.

38 Vlachopoulos 1999, 2011.

Zwischen Korea und Deutschland bestehen mittlerweile ebenfalls enge wirtschaftliche Kontakte. Es gibt viele Germanistik- und Jura-Studenten aus Korea an deutschen Universitäten.[39] Dennoch und trotz erheblicher inhaltlicher Übereinstimmungen insb. im Zivilrecht (Rechtsrezeption in Korea) steht aber eine vergleichende Analyse der deutschen und der koreanischen Rechtssprache bisher aus. Es gibt auch keine deutsch-koreanischen Datenbanken im juristischen Bereich. Dies ist umso erstaunlicher, als sich Teile der koreanischen Rechtswissenschaft auch heute mit dem deutschen Rechtswesen beschäftigen.[40]

Und doch scheinen in Korea Themen aus dem Bereich Rechtssprache und Übersetzung noch immer kein größeres Interesse zu finden. Es gibt zwar unter Juristen Diskussionen über die Rechtsvergleichung, die Rechtsübersetzung erfährt dabei aber keine Erwähnung,[41] obwohl sie doch Basis für die Rechtsvergleichung ist. Auch Sprachwissenschaftler und Übersetzungswissenschaftler scheinen an dem Thema ‚Rechtssprache' in Korea kaum interessiert zu sein. Der relativ junge Verein für Übersetzungswissenschaft veröffentlicht seit 2000 wissenschaftliche Aufsätze in seinen Zeitschriften; bei den meisten handelt es sich um Literaturübersetzung, wie die Übersetzungskritik zu den Gedichten Rilkes; zu der rechtssprachlichen Thematik gab es lediglich einen Beitrag über Gerichtsdolmetschen Englisch-Koreanisch.[42] Dabei ist es bei der heutigen Globalisierung doch offenkundig, dass dieser Thematik eine immense Bedeutung zukommt. Für Erwerb und Ausbau der wissenschaftlichen Grundlagen ist die systematische Erfassung und Übersetzung der Rechtsgrundlagen des jeweils anderen Landes sowie eine Rechtsvergleichung ebenso von Bedeutung wie die korrekte Übersetzung von Rechtstexten im bilateralen wirtschaftlichen und behördlichen Umgang.

Seit Beginn des 21. Jahrhunderts begann sich im Zusammenhang mit den Bestrebungen nach einer moderneren und verständlicheren Gesetzessprache bei koreanischen Juristen endlich etwas mehr Interesse zu zeigen. Im Zuge der Zi-

---

39 Der erste koreanische Jura-Student war Kim Junyon im Jahr 1922 an der Universität Berlin.

40 Die Koreanisch-Deutsche Gesellschaft für Rechtswissenschaft (*handok pŏmnyulhakhoe* 한독법률학회) wurde schon 1976 gegründet und gibt die Zeitschrift Recht in Deutschland und Korea (*handok pŏphak* 한독법학) heraus.

41 So gibt es z. B. in den juristischen Zeitschriften von der Seoul National-Universität keine Aufsätze in diesem Bereich (1959–2012), einzig erwähnenswert ist eine Rezension über die Übersetzung von lex duodecim tabularum (Choe 2010, 1–62), während aus der Sicht der Übersetzer z. B. in der Zeitschrift The Journal of Translation Studies (2000–2012) von The Korean Association of Translation Studies nur zum Gerichtsdolmetschen Englisch-Koreanisch einige Artikel zu finden sind.

42 In diesem Zusammenhang zu erwähnen ist, dass eine Dissertation *Die Geschichte der Translation in Korea* von Won-Hee Kim (Uni Bonn 2011) veröffentlicht wurde. In dieser Dissertation, die von der ganzen Bandbreite der Übersetzungsgeschichte handelt, ist kein Wort über Recht erwähnt. Es scheint, als ob das Recht schlechthin im Bewußtsein der koreanischen Übersetzungswissenschaftler nicht vorhanden sei.

vilrechtsreform sahen sie sich mit Formulierungsproblemen konfrontiert und erkannten dabei die Möglichkeit, die seitherigen gesetzlichen Formulierungen auch sprachlich anders zu fassen. In diesem Zusammenhang beschäftigte man sich endlich mit Rechtssprache in anderen Ländern und im eigenen Land und mit Übersetzungsfehlern. Eine der ersten Arbeiten waren die Veröffentlichungen des *Ministry of Government Legislation*, in denen vor allem einige in der juristischen Praxis wichtige Probleme wie juristische Termini japanischer Herkunft oder grammatikalisch falsche Konstruktionen beschrieben wurden. Es handelt sich hierbei aber eher um Sprachkritik, in der u. a. der Gebrauch von ‚Jargonwörtern' kritisiert oder auf andere sprachliche Mängel hingewiesen wurde. Dabei waren bei der Rezeption des westlichen Rechts durch Japan bereits viele gravierende sprachlich-begriffliche Fehler bei der Verwendung chinesischer Schrift-Zeichen entstanden. Weitere kamen bei deren ersten Übertragung ins Koreanische hinzu. Sie alle blieben wegen des konservativen Charakters der Rechtssprache bis dato erhalten, sind als eigenständige juristische Terminologie etabliert und damit nur noch schwer ‚auszurotten' (vgl. 2.3.3). Jedoch scheint sich in Korea noch kein verstärktes Bewußtsein für die Notwendigkeit und Bedeutung der Beschäftigung mit Rechtssprache und deren Übersetzung im Rahmen der Internationalisierung herausgebildet zu haben, wie am Beispiel des Skandals um Übersetzungsfehler bei den Freihandelsabkommen deutlich wird (vgl. 2.5).

In Deutschland beschäftigt man sich – wie aufgezeigt – zwar generell mit dieser Problematik, nicht jedoch speziell in Bezug auf Korea und Koreanisch. Konkrete und vor allem in die Tiefe gehende Untersuchungen zu dem gesamten Komplex gibt es also für das Sprachenpaar Deutsch und Koreanisch bisher weder in Deutschland noch in Korea. Dementsprechend fehlen auch Erkenntnisse über Probleme, typische Fehlerquellen und Lösungsansätze sowie Hilfestellungen für Übersetzer von Rechtstexten in diesem Sprachenpaar.

### 1.3.2 Gegenstand der Untersuchung, Fragestellungen und Gliederung

Im Mittelpunkt der Untersuchung steht die Übertragung juristischer Texte, insbesondere aus dem Ehe- und Familienrecht, vor allem vom Koreanischen ins Deutsche. Es handelt sich vorwiegend um Privatrecht; jedoch können die öffentlichen Rechtsnormen nicht außer Acht gelassen werden, welche hier hineinspielen, insb. Namensrecht, Personenstandsrecht und Staatsangehörigkeitsrecht. Ehe und Familie sind als zu schützendes Institut auch in den Verfassungen beider Staaten garantiert.

Die Untersuchung stützt sich auf das vierte Buch des deutschen BGB und das koreanische Zivilgesetz (ZG) samt den dazugehörigen Nebengesetzen, Standardwerken der Fachliteratur und familien- bzw. eherechtlich relevanten Urteilen, Urkunden und Verträgen.

Die Arbeit gliedert sich in vier Schwerpunkte: In Kapitel 2 erfolgt die theoretische Auseinandersetzung mit der Rechtssprache als Fachsprache generell sowie den Besonderheiten und Unterschieden von Rechtssprachen und deren Relevanz bei der

Übertragung juristischer Texte und bei der Rechtsvergleichung. Zu untersuchen ist auch die Bedeutung der Rechtsvergleichung bei der Übersetzung von Rechtstexten. Dargestellt werden insbesondere die Probleme, die aus Unterschieden zwischen dem koreanischen und dem deutschen Recht resultieren. Hier werden die Besonderheiten der juristischen Fachsprache linguistisch charakterisiert und die sprachlichen Unterschiede der koreanischen und deutschen Rechtstexte aus der Sicht der kontrastiven Linguistik untersucht. Im Zusammenhang mit den sprachlichen Modernisierungsbemühungen werden auch die Besonderheiten der koreanischen Rechtssprache, die ihrerseits Übersetzungsfehler enthält, dargestellt. Es wird auch eine Analyse der sprachlichen Entwicklung bzw. Reformversuche in Korea vorgenommen.

Im dritten und vierten Kapitel werden die wesentlichen Grundsätze und Bestimmungen des Ehe- und Familienrechts im deutschen und im koreanischen Recht aufgezeigt. Dabei wird nicht nur die aktuelle Rechtslage dargestellt. Da zum richtigen Verständnis die Kenntnis des Bezugsrahmens erforderlich ist, wird auch deren jeweilige Entstehungs- und Entwicklungsgeschichte gezeigt. Schwerpunktmäßig wird das koreanische Recht behandelt, zum deutschen wird zumindest ein Überblick gegeben. Das koreanische Rechtssystem und dessen Entstehung wird so eingeordnet und beschrieben, dass es auch dem nichtkoreanischen Nutzer in seiner Systematik und Terminologie verständlich wird. Dem wird das deutsche Recht und seine Entwicklung gegenüber gestellt. Dabei wird u. a. der Frage Aufmerksamkeit gewidmet, ob sich das Ehe- und Familienrecht beider Länder in ähnlicher Richtung entwickelt hat und wie sich die Entwicklung in Gesellschaft und Politik in der des Rechts widerspiegelt.

Das vierte Kapitel befasst sich vor allem mit den konkreten rechtlichen Regelungen in beiden Ländern und der Rechtsvergleichung und zeigt deren Relevanz für die Probleme, die sich bei der Übersetzung von Texten in diesem Rechtsgebiet ergeben, aber auch für die Ansätze zu deren Lösung. Dabei geht es um die Strukturen und die maßgeblichen Begriffe in beiden Rechtssystemen, die spezifische Rechtssprache und deren kritische Würdigung. Dieses Kapitel ist eine ‚Fundgrube' bei der Suche nach rechtlichen Grundlagen für alle wesentlichen Rechtsinstitute im Ehe- und Familienrecht und die damit zusammenhängenden Begriffe und Benennungen sowie deren adäquate Wiedergabe in der anderen Rechtssprache.

Im fünften Kapitel werden Übersetzungen sowie deutsche Veröffentlichungen, die sich mit koreanischem Ehe- und Familienrecht befassen, auf typische Fehler analysiert. Dabei werden die zuvor in der Theorie erörterten Fragen und Lösungen und die daraus gewonnenen linguistischen und juristischen Erkenntnisse auf deren Praktikabilität zum Erkennen und Vermeiden von Fehlern überprüft bzw. zur Gewinnung korrekter Übersetzungen verwendet. Im Rahmen dieser Untersuchung werden syntaktische und semantische Besonderheiten und Strukturen der Rechtssprache im Koreanischen und Deutschen sowie Probleme der Übersetzung in der Praxis eingehend behandelt. Dabei wird auch die Relevanz der Rechtsvergleichung für eine konstruktive Übersetzung und ihre Wechselwirkung mit den übersetzungswissenschaftlich fundierten Kenntnissen über die jeweiligen Rechtssprachen deutlich. Dazu werden konkrete Übersetzungsvorschläge gemacht. Die Untersuchung zielt nicht auf die Erstellung eines Inventars häufig auftretender Fehler ab. Vielmehr soll die Frage beantwortet werden, welche Rolle die Rechts- und Sprachvergleichung bei der Optimierung der Übersetzung von Rechtstexten spielen.

Im Mittelpunkt stehen das Verhältnis zwischen Recht und Sprache sowie die Funktionen der Rechtssprachen und die Beachtung von deren Unterschieden in übersetzungstheoretischer und praktischer Sicht. Auch die Auswirkungen der unterschiedlichen Rechtssysteme sowie der Änderung von rechtlichen Grundlagen sind zu sehen. Schließlich wird die Bedeutung der Rechtsvergleichung für die adäquate Übersetzung deutlich. Die Rechtsübersetzung wird durch zwei entscheidende Faktoren beeinflusst: durch das Sprachsystem einerseits und durch das nationale Rechtssystem andererseits.

## 1.4 Methodik, verwendetes Material und Zugang

Nach dem bisherigen Erkenntnisstand können die Probleme weder von der Rechts- noch von der Übersetzungswissenschaft allein gelöst werden. Erforderlich ist eine interdisziplinäre Zusammenarbeit zumindest zwischen vergleichender Rechtswissenschaft, kontrastiver Linguistik und Übersetzungswissenschaft. Die übersetzungswissenschaftliche Betrachtung wiederum muss methodenübergreifend erfolgen. Daher liegt in der vorliegenden Arbeit der Fokus auf Rechtsvergleichung und kontrastiver Linguistik; die Erörterung wird aber immer die grundsätzlichen übersetzungswissenschaftlichen Fragestellungen einschließen müssen.

Der Analyse deutscher und koreanischer Rechtstexte ist eine Matrix zu Grunde zu legen, die aus den vier Eckpfeilern besteht:

1. deutsches Sprachsystem
2. koreanisches Sprachsystem
3. deutsches Rechtssystem
4. koreanisches Rechtssystem

Innerhalb dieser Pfeiler bestehen und entwickeln sich Rechtsanwendung, Rechtssprache, Rechtspolitik und deren Beziehungen zueinander und zwar jeweils innerstaatlich sowie zwischen den Staaten und ihren Sprach- und Rechtssystemen, aber auch Rechtssprachen usw. Rechtssyteme wie Sprachsysteme unterliegen auf der Zeitschiene Veränderungen, welche zu entsprechenden Veränderungen der Rechtssprachen führen.

Während in Wirtschafts-,[43] Handels- Wettbewerbs-, Gesellschafts- oder Patentrecht sich von jeher der internationale Austausch und seine Erfordernisse widerspiegeln, kommen im Ehe- und Familienrecht viel stärker nationale Eigenheiten und deren historische Wurzeln und Entwicklungen zur Geltung.

Wer zwei Rechtssprachen miteinander vergleicht, hat es nicht, wie in Technik oder Medizin, mit nur einem Sachgebiet in zwei unterschiedlichen Sprachen, sondern mit zwei Rechtsordnungen in zwei verschiedenen Sprachen zu tun; die Grenze

43 Man denke an Franchising- oder Leasing-Verträge, die nicht nur in Deutschland, sondern auch in Korea sogar mit derselben Terminologie verwendet werden.

zwischen dem Vergleich von Rechtsordnungen und dem Vergleich von Rechtssprachen ist dabei schwer zu ziehen.[44]

> Die Frage nach dem Verhältnis von Recht und Sprache kann der Jurist nicht in einer Disziplin abtun. Die Sprache ist für ihn nicht nur der Boden, auf dem er steht, oder ein Werkzeug; sie ist ein Medium, in dem und durch das er sich bewegt.[45]

Das Vorhaben der Untersuchung juristischer Texte und deren Übersetzung bewegt sich damit in der Matrix der Sprache und des Rechts und ihrer gegenseitigen Abhängigkeiten und Wechselwirkungen. Der Untersuchungsgegenstand ist aber auch geprägt durch die jeweilige allgemeine Landes- und Gesellschafts-Kultur und deren Historie. Im Ehe- und Familienrecht gilt dies in besonderem Maße. Wenn Übersetzungsvorschläge für juristische Texte gemacht werden sollen, müssen sie den Anforderungen der Rechtssprache, insb. bezüglich Eindeutigkeit, Verständlichkeit und logisch-sytematischer Nachvollziehbarkeit genügen, aber auch inhaltlich verständlich und aussagefähig sein.

Unverzichtbar ist in jedem Fall die **Rechtsvergleichung**.

> [...] wird der Übersetzer juristischer Information ständig mit der Rechtsvergleichung konfrontiert. Beim Übersetzen wird er überprüfen müssen, wie die genaue Bedeutung eines zu übersetzenden Begriffs aus der Ausgangssprache ist, um anschließend in der Zielsprache einen Begriff mit einer vergleichbaren Bedeutung zu suchen. Dazu wird er oft sich sowohl in Bücher vertiefen müssen, die sich auf ein Rechtssystem beziehen, in dem die Ausgangssprache als Rechtssprache benutzt wird, als auch in Bücher, die sich auf ein Rechtssystem beziehen, in dem die Zielsprache verwendet wird. So kann er entscheiden, wie die Informationen aus der Ausgangssprache in der Zielsprache wiedergegeben werden können. Dabei wird er die Informationen aus den einschlägigen Büchern miteinander vergleichen müssen. Er beschäftigt sich deshalb mit Rechtsvergleichung.[46]

Die Rechtsvergleichung wird im Wesentlichen auf der **Mikro-Ebene** unternommen, um funktionale Äquivalenz bzw. Unterschiede festzustellen. Hierbei werden einzelne Rechtsinstitute des koreanischen und deutschen Rechts verglichen. Dies ist nicht zu verwechseln mit dem Terminologievergleich. Es müssen nicht nur die wesentlichen Merkmale des Rechtsinstituts und seiner Benennung analysiert und verglichen, sondern auch Gesetzestexte, Gerichtsentscheidungen sowie Stellung und Zuordnung des Begriffs in diesem gesamten Kontext mit einbezogen werden. Um diese Zuordnung sowie die inhaltliche Bedeutung richtig erfassen zu können, muss auch eine Betrachtung auf **Makro-Ebene** erfolgen. Dazu gehören die gesellschaftlichen Bezugssysteme und die Gesamtrechtsordnungen mit ihrer Systematik ebenso wie die historischen Zusammenhänge, insb. die Rezeptionsge-

---

44 Siehe Arntz/Picht/Mayer 2002, 171.
45 Minke 1991, 446.
46 De Groot 1999, 11–12.

schichte. Denn zur Herauskristallisierung der semantischen Besonderheiten von Rechtsbegriffen muss Rechtsvergleichung nicht nur nach dem aktuellen Stand, sondern unter Berücksichtigung des historischen Werdegangs, aber auch jüngerer Änderungen und deren Gründen erfolgen. Dies setzt die Kenntnis beider Rechtsordnungen voraus, man muss deren Grundstrukturen und Charakteristika erfassen und vergleichen. Die Zuordnung des deutschen und koreanischen Rechtssystems zum gleichen Rechtskreis erleichtert dabei trotz der kulturellen Unterschiede sowohl den Vergleich als auch eine adäquate Übersetzung. Von der Unmöglichkeit einer solchen darf also nicht ausgegangen werden.

Die Schilderung der historischen Entwicklung des Familienrechts dient nicht nur zur Rechtsvergleichung, sondern auch einer besseren sprachlichen Zuordnung beim Vergleich, da rechtskulturelle Unterschiede und Staatsziele sich in der Rechtssprache widerspiegeln. Danach werden ZG und BGB auf bestimmte **strukturelle** Besonderheiten untersucht und schließlich die systemgebundenen **lexikalischen Elemente** (juristische Begriffe) im Einzelnen verglichen. Gegebenenfalls wird auch eine unterschiedliche Verwendung in der Gemeinsprache und Fachsprache in Koreanisch und Deutsch genannt.

Bei der Übersetzung von Rechtstexten ist außerdem zu berücksichtigen, dass die jeweilige Rechtskultur charakteristische Besonderheiten der Rechtstextkonvention bedingt. Auch dies führt – wie Termini, die in der ZS fehlen oder den Begriffen der AS nur zum Teil entsprechen – zu Übersetzungsproblemen. Somit sind **Textlinguistik** und **Terminologielehre** unverzichtbar für deren Behandlung und Lösung.

Zu berücksichtigen sind weiter die grundlegenden **typologischen** Unterschiede zwischen Koreanisch und Deutsch, so dass auf die verschiedenen Sprach- und Schrifttypen eingegangen werden muss.

Die Übersetzung juristischer Texte stellt sich zusammenfassend nicht als einfache Äquivalenz-Suche dar, sondern als wesentlich komplexer. In diesem Zusammenhang beruft sich Šarčević auf den aus der literarischen Übersetzung stammenden Begriff der Kreativität beim Übersetzen im Sinne einer funktionaladäquaten Abweichung vom AT.[47] In vorliegender Arbeit wird auch diskutiert, inwieweit diese **Kreativität bei der Übersetzung** der koreanischen Rechtssprache angewandt werden kann.

Als **Untersuchungsmaterial** boten sich in erster Linie Gesetze, Gerichtsentscheidungen und wissenschaftliche Abhandlungen einschl. diverser Dissertationen an. Hinzu kamen Dokumente und ihre Übersetzungen, aber auch Merkblätter und Veröffentlichungen von Dienststellen beider Länder. Hinsichtlich der Literatur zum Ehe- und Familienrecht gestaltet sich der **Materialzugang** problemlos. Koreanische Literatur in diesem Bereich ist in Deutschland allerdings rar. Hilfreich ist die Sammlung von Bermann/Ferid, die das Familienrecht nahezu aller Länder

47 Šarčević 1997, 161–194 (Kapitel 6 Creativitiy in Legal Translation). Kreativität für die Literaturübersetzung siehe auch Kussmaul 1998.

enthält; leider wurden die bedeutsamen aktuellen Änderungen der koreanischen Gesetze darin noch kaum berücksichtigt.

An Literatur in koreanischer Sprache wurden für vorliegende Arbeit verwendet: Entscheidungen von koreanischen Gerichten (insbesondere Familiengerichten und Verfassungsgericht) rechtswissenschaftliche Aufsätze, Lehrbücher, Dissertationen, juristische Zeitschriften und die Bekanntmachungen im *Kwanbo* 관보 官報, das etwa dem BGBl entspricht.[48] Die Textausgaben der Gesetzestexte erscheinen in unterschiedlichen Ausgaben (mit oder ohne Kommentar, mit oder ohne chinesische Zeichen usw.). Einer der bekanntesten Verlage ist *pŏpchŏn ch'ulp'ansa* 법전출판사 法典出版社. Die Gesetzestexte sind auch auf der offiziellen Webseite Legislativer Dienst des Kabinetts (Ministry of Government Legislation) abrufbar,[49] wo man einige Gesetze auch in englischer Übersetzung findet. Übersetzungen koreanischer Gesetze in deutscher Sprache liegen insgesamt nur vereinzelt vor, vor allem im Zusammenhang mit Dissertationen. Diese nicht offiziellen Übersetzungen sind, wie erkannt werden musste, infolge gravierender Fehler zumindest nur mit Vorsicht zu verwenden.

In Korea werden gerichtliche Entscheidungen seit 1962 im Gerichtsblatt (*pŏbwŏn kongbo* 법원공보 法院公報) veröffentlicht. Daneben gibt es amtliche Entscheidungssammlungen. So erscheinen diejenigen des Obersten Gerichts (*taebŏbwŏn p'alyejip* 대법원판례집 大法院判例集) seit 1953. Die wichtigen Urteile sind auch online abrufbar. Die Entscheidungen des koreanischen Verfassungsgerichts[50] lassen sich in *hŏnbŏpchaep'anso kongbo* 헌법재판소 공보 憲法裁判所 公報 finden, das ebenfalls im Internet abrufbar ist.

Es gibt in Korea auch eine Reihe von juristischen Zeitschriften, die unterschiedliche Schwerpunkte haben, wie die von The Korean Society of Family Law[51] mit Schwerpunkt Familien- und Erbrecht. Die meisten juristischen Fakultäten geben Zeitschriften mit rechtswissenschaftlichen Aufsätzen, Forschungsergebnissen und Rezensionen heraus. Für vorliegende Arbeit wurde vor allem die der Seoul National University[52] verwendet.

---

48 Die Geschichte dieses Organs geht bis ins 14. Jahrhundert zurück, unter demselben Namen wurde bereits 1894 veröffentlicht, in der jetzigen Form existiert es seit der Gründung der Republik Korea, seit Oktober 2000 gibt es neben der Papierform eine elektronische Version (abrufbar unter http://gwanbo.korea.go.kr/).

49 http://www.law.go.kr.

50 Seit September 1988 gibt es in Korea das Verfassungsgericht. Es ist jedoch nicht das „höchste" Gericht wie in Deutschland, das koreanische VerfG und das Oberste Gericht stehen nach der geltenden koreanischen Verfassung gleichrangig nebeneinander (siehe hierzu Choi 1994, 32–33, 200–204).

51 http://www.ksfl.or.kr.

52 *Sŏultae-pŏphak* 서울대법학 (Seoul Law Journal).

## 1.5 Begriffserklärungen und Vorbemerkungen

Um Missverständnisse auf Grund des nicht immer eindeutigen Sprachgebrauchs zu vermeiden, sollen hier zunächst einige Anmerkungen zu den verwendeten Begriffen gemacht werden.

Nach Möglichkeit werden allgemeine Begriffe gebraucht. Statt ‚Translation' werden z.B. die Begriffe Übersetzen und Dolmetschen benutzt (im Allgemeinen wird unterschieden zwischen dem Oberbegriff der Translation sowie den Ausformungen Dolmetschen und Übersetzen).

In der übersetzungswissenschaftlichen Literatur tauchen vielerlei Begriffe auf wie Übersetzungstechnik, -strategie, -prozedur, -methode, -verfahren, -prozess sowie sprachliche Operation beim Übersetzen. Jedoch sind diese weder scharf abgegrenzt noch werden sie einheitlich verwendet.[53] In vorliegender Arbeit wird Übersetzungsstrategie im Sinne von einem allgemeinen, ein Einzelproblem übergreifenden Versuch auf der Makroebene, ein Übersetzungsproblem zu lösen, gebraucht. Dagegen wird Übersetzungstechnik hinsichtlich eines konkreten Übersetzungsproblems auf der Mikroebene verstanden, die zu einer richtigen Übersetzung zu führen versucht. Letzteres könnte man auch mit Taktik bezeichnen. Nach KOLLER wären dies Übersetzungsmethode und -verfahren.[54]

Wenn in der vorliegenden Arbeit von Rechtsübersetzung die Rede ist, sind interlinguale Übersetzung und die Rechtssprache i. e. S. gemeint. Entgegen der herrschenden Meinung[55] wird hier die Verwaltungssprache nicht mit der Rechtssprache schlechthin gleichgesetzt, weil die vorliegende Untersuchung gerade zeigt, dass eine solche undifferenzierte Betrachtung zu Missverständnissen und Fehlern führt.

Korea und Koreanisch in vorliegender Arbeit bezieht sich immer auf die Republik Korea (Südkorea). Die nordkoreanische Rechtssprache wird nicht berücksichtigt. Sie ist zwar aufgrund der stark von der gemeinsamen Tradition herrührenden Beeinflussung gerade des Ehe- und Familienrechts ursprünglich gleich gewesen und in Teilen auch heute noch gleich ausgeprägt, stimmt jedoch inzwischen nicht mehr durchgängig mit der südkoreanischen überein. Rechtsinstitute, aber auch einzelne Begriffe haben auf der Basis der kommunistisch geprägten Ideologie deutliche Veränderungen erfahren. Deutsch bedeutet in vorliegender Arbeit die Rechtssprache in Deutschland; österreichische und schweizerische Rechtssprachen oder gar die von deutschen Minderheiten, z.B. in Belgien, weichen von dieser aus rechtshistorischen und -systematischen Gründen ab; sie bedürfen eigener Untersuchungen.

---

53 Zu diesem „Begriffsdschungel" siehe HENSCHELMANN 2004, 389.

54 Siehe KOLLER 2011, 32–39, 54–56, 230–277.

55 Siehe POMMER 2006, 20; sie unterteilt die Rechtsprache in sechs Subkategorien: Sprache des Gesetzgebers, der Rechtsprechung, die Verwaltungssprache, die Wirtschaftssprache, die Sprache der rechtswissenschaftlichen Forschung und Lehre; auch EICHHOFF-CIRUS/STROBEL 2009, 134, sie verwenden den Begriff ‚Rechtssprache' als Oberbegriff für die Sprache der Rechtssetzung und die Verwaltungssprache.

Für die Umschrift der koreanischen Begriffe wird das McCune-Reischauer-System verwendet, soweit es nicht anders vermerkt ist. Dieses System ist auch in deutschen Bibliotheken maßgebend.[56] In Korea sind seit Februar 2002 für Publikationen die neuen offiziellen Regeln verbindlich.[57] Beide haben als Transkriptionssysteme ihre Schwächen. In ‚westlichen' Kreisen, sei es im journalistischen oder auch im wissenschaftlichen Bereich, wird die Meinung vertreten, dass das McCune-Reischauer-System die Aussprache koreanischer Namen besser wiederzugeben geeignet sei. Folgerichtig wird in den deutschen Bibliotheken dieses System in leicht modifizierter Form verwendet. Aber bei der juristischen Übersetzung ist zu beachten, dass eine exakte Rekonstruktion und eindeutige Identifizierung möglich sein müssen. Da das offizielle koreanische Umschriftsystem zumindest bei der Namensumschrift auf der Transliteration basiert und die oft von den Verlagen ohnehin weggelassenen diakritischen Zeichen nicht vorsieht, könnte dieses System hier besser geeignet sein als das von McCune-Reischauer. Aber es ist in den westlichen Kreisen kaum bekannt, ziemlich gewöhnungsbedürftig und nicht leicht lesbar. Für die hier erwähnten Personen, die durch Veröffentlichungen in westlichen Sprachen bekannt sind, wurde die von den Namensträgern selbst benutzte Umschrift verwendet, sodass sich die Frage nach dem Übertragungssystem ohnehin nicht stellt. Ansonsten wurde im Hinblick auf die zu erwartende Leserschaft vorliegender Arbeit das hierzulande geläufigere Umschriftssystem nach McCune-Reischauer verwendet. Abweichend davon wird die Zusammen- bzw. Getrenntschreibung gehandhabt: Eine Besonderheit der koreanischen Rechtssprache ist die Zusammenschreibung von Überschriften und Rechtsbegriffen. Um dies zu zeigen, werden solche Bezeichnungen auch in der Transkription dem Original entsprechend wiedergegeben.

Die koreanischen Familiennamen werden, wie in Korea üblich, dem Eigennamen (entspricht dem Vornamen) vorangestellt und zur besseren Kenntlichmachung in Kapitälchen wiedergegeben. Eine weitere Ausnahme ist die Umschrift für Begriffe, für die eine international übliche Umschrift existiert, wie die koreanische Währungseinheit ‚*Won*' oder die Hauptstadt ‚Seoul'. Anders ist es bei Aktenzeichen; bei diesen hat die tatsächliche Aussprache keine Bedeutung, hier steht die Identifizierungsfunktion im Vordergrund, weshalb für eine Transliteration plädiert wird und diese folgerichtig auch verwendet wurde (vgl. Anhang).

Werden in vorliegender Arbeit Personen wie ‚der Übersetzer' bezeichnet, wird diese grammatisch maskuline Form verallgemeinernd verwendet. Eine politisch korrekte[58] und genderstream-gemäße Umschreibung würde wegen ihrer Umständlichkeit auf Kosten der Verständlichkeit oder Klarheit gehen, da sie im Text in großem Umfang verwendet werden müsste und dieser dadurch sehr unübersichtlich würde.

---

56 Das vom Deutschen Bibliotheksinstitut modifizierte System basiert auf dem McCune-Reischauer-System, aber unterschiedet sich davon durch das Komma zwischen Familien- und Vornamen und Bindestriche zwischen den Silben beim Vornamen. Genaueres siehe Cho J.-s. 2006, 34–45.

57 Sie sind im Internet abrufbar unter: http://www.korean.go.kr/eng/roman/roman.jsp.

58 Siehe § 42 Abs. 5 S. 2 GGO, § 1 Abs. 2 Bundesgleichstellungsgesetz; Art. 3 Abs. 2 GG.

# 2 Rechtssprache(n) und deren Übersetzung

## 2.1 Recht und Sprache

Wie ERIKSEN in seinem Beitrag beim 12th European Symposium on Language for Special Purposes „Von der Wiege bis zur Bahre – Formulare, Formulare“[59] vortrefflich zum Ausdruck brachte, ist die juristische Sprache tief und untrennbar in unseren Alltag eingebettet. Der Jurist braucht die Sprache „wie der Zahnarzt den Bohrer“.[60] Entgegen einem in der Öffentlichkeit gern gepflegten Vorurteil hat es unter Juristen öfter Meister der Sprache von hohen Graden gegeben. Viele bekannte Schriftsteller oder gar Dichterfürsten Deutschlands wie GOETHE oder KAFKA haben Jura studiert (als Volljuristen). Jacob GRIMM war Verfasser der grundlegenden „Deutschen Grammatik“ und schrieb „von der Poesie im Recht“.[61] Heute ist u. a. Jura-Professor SCHLINK als Romanautor erfolgreich. In Korea ist dies nicht anders. SUNG Suk-je, dessen Erzählungen auch ins Deutsche übersetzt wurden,[62] hat beispielsweise Jura studiert. Und doch wird – seit es schriftlich fixiertes Recht gibt – häufig beklagt, die Sprache der Juristen sei kaum verständlich.[63]

Rechtssprache muss nicht zuletzt infolge des Rechtsstaatsprinzips, insb. der Vorhersehbarkeit und Berechenbarkeit staatlichen Handelns, eine möglichst präzise und unmissverständliche Darstellung von Sachverhalten sowie deren Regelungen beinhalten. Das macht sie kompliziert. Probleme bereiten aber auch geschichtlich gewachsene Termini und Darstellungen aus germanischer und römischer Tradition in Deutschland und entsprechende Gegebenheiten aus der langen Tradition des spezifischen Familienrechts auf Basis der jahrhundertealten Rechtskultur in Korea. Letztere wird überlagert von aufgezwungenen (Japanische Besatzung/Annektion) und freiwilligen Rezeptionen und Assimilationen an ‚westliche‘ Rechtsvorstellungen aus ganz unterschiedlichen Systemen (insb. anglo-amerikanisch und römischrechtlich geprägten).

Die Bindung des Juristen an die Rechtsordnung zeigt sich in seiner Sprachtreue. Früher gab es ein Übersetzungsverbot für den *codex iuris canonici* (ähnlich wie beim

---

59 ERIKSEN 2002, 1.

60 So treffend der frühere Präsident des Bundesgerichtshofs Odersky im ZRP-Rechtsgespräch mit Rudolf Gerhardt, ZRP 1996, 455 (zitiert nach WALTER 2006, 344).

61 Veröffentlicht in der *Zeitschrift für geschichtliche Rechtswissenschaft* 2, 1816, 25.

62 SUNG Suk-je, Die letzten viereinhalb Sekunden meines Lebens, 2009 Thunum.

63 WESEL, selbst Juraprofesssor, kritisiert in seinem Buch „Fast alles, was Recht ist. Jura für Nichtjuristen“ dies mit dem Wort „Glasperlenspiel“ und „wenn staatliches Handeln [...] in einer Sprache stattfindet, die der normale Bürger [...] nicht verstehen kann. Das Prinzip von Demokratie, Öffentlichkeit und Kontrolle, muss dann versagen“ (1992, 12); WESEL sieht insgesamt drei Probleme der Rechtssprache: „1. Die Sprache der Juristen ist ungenau, 2. unverständlich, und 3. ideologisch“ (1992, 13); auch WALTER (2006, 2007) kritisiert in seinen Aufsätzen die Sprache der Juristen.

Koran).[64] VON KÜNSSBERG meint, diese Übersetzungsverbote bezeugten „eine tiefe Einsicht in das Wesen der Rechtssprache"[65]. Das Wort darf nicht verändert werden. Hierin liegt das Dilemma des Juristen: Er soll gesetzestreu sein auch im Sprachgebrauch, zugleich soll er sich dem Nichtjuristen verständlich machen. Und handelt es sich um eine Übersetzung, soll diese genau so verstanden werden wie in der AS, was die Probleme potenziert. Denn auch in der ZS werden sowohl Fachsprachtreue wie Verständlichkeit für Fachmann wie für Laien erwartet.

### 2.1.1 Gemeinsprache und Fachsprache(n)

Die Abgrenzung zwischen Gemeinsprache und Rechtssprache ist diffizil.[66] Es ist nicht einmal klar, ob Gemeinsprache bzw. Fachsprache(n) jeweils eine selbständige Kategorie sind und ob Rechtssprache als Fachsprache zu behandeln ist. Ist Fachsprache eine Unterkategorie der Gemeinsprache (z. B. bei HOFFMANN: Fachsprache als Subsprache der Gesamtsprache[67]) oder ist umgekehrt die Gemeinsprache eine Art merkmalarme Variante der Fachsprachen (so KALVERKÄMPER[68]) – vor allem wenn man davon ausgeht, dass jede Sprache mehr oder weniger Fachsprachlichkeiten aufweist –?[69]

In seinem Buch „Fachsprachen" beginnt FLUCK mit dem Satz „Der Terminus Fachsprache ist bis heute nicht gültig definiert".[70] Auch ist nicht eindeutig, was überhaupt Gemeinsprache als Pendent zur Fachsprache darstellt. HOFFMANNS Versuch, Gemeinsprache als „jenes Instrumentarium an sprachlichen Mitteln, über das alle Angehörigen einer Sprachgemeinschaft verfügen und das deshalb die sprachliche Verständigung zwischen ihnen möglich macht"[71] zu definieren, scheint nicht überzeugend. Ein solches gemeinsames Minimum an Ausdrucksmitteln aller Mitglieder einer Sprachgemeinschaft existiert nicht und zwar schon deswegen, weil der Mensch als Individuum keine einfach fassbare Größe ist. Je nach Bildung, regionaler

---

64 Siehe GROSSFELD 1985, 1584.

65 V. KÜNSSBERG, *Zeitschrift für Deutschkunde* 44, 1930, 379, 382 (zitiert nach GROSSFELD 1985, 1584).

66 Zum Verhältnis zwischen Fachsprache(n) und Gemeinsprache siehe AMMON (1973, 75–96: Interessante Einblicke: Fachsprache als eine Subsprache des Soziolekts), KALVERKÄMPER (1990, 99–109), ARNTZ/PICHT/MAYER (2002, 20–24), FLUCK (1996, 160–176) und HOFFMANN (1985, 48–52; 1998). Bei Letzterem ist statt des Begriffs Gemeinsprache von „Gesamtsprache" die Rede, wobei Gesamtsprache primär ist und Fachsprache sekundär, auch Gemeinsprache ist eine Subsprache. Mit der Einführung des Begriffs Gesamtsprache wurde dann die Vorstellung von Gemein- und Fachsprache als Gegensatzpaar überwunden.

67 Siehe HOFFMANN 1998, 162–163.

68 Bei KALVERKÄMPER (1990, 112–119) existiert die Kategorie Gemeinsprache nicht.

69 Zu den Schwierigkeiten bei der Bestimmung des Status der Fachsprachen siehe AMMON 1998.

70 FLUCK 1996, 11. Diese Feststellung gilt bis auf den heutigen Tag und ist auch in der neuesten Auflage des Buches noch so enthalten.

71 HOFFMANN 1982, 2; 1985, S. 48; 1998, 157.

und familiärer Herkunft bestehen sowohl geistige als auch naturgegebene bzw. umfeldbedingte Unterschiede. Der jeweilige Sprachschatz der verschiedenen Bevölkerungsschichten (Bildungsbürgertum) wie auch der Altersgruppen (‚Jugendsprache‘) und der Regionen unterscheidet sich dementsprechend. Nicht nur im Dialekt, auch in der Standardsprache der jeweiligen Region werden viele unterschiedliche Begriffe für dieselben Gegenstände benutzt, die Bewohner anderer Regionen häufig nicht verstehen, z. B. Ern/Flur, Esse/Kamin, Brötchen/Schrippe/Semmel. Daher ist auch schwer zu definieren, was eine Sprachgemeinschaft ist. Es sollte also nicht verwundern, wenn sich dies auch in der Rechtssprache widerspiegelt.

Vor Flucks Eingeständnis fand man in der Literatur des Öfteren Versuche einer Definition der Fachsprache wie „Mittel einer optimalen Verständigung über ein Fachgebiet unter Fachleuten; sie ist gekennzeichnet durch einen spezifischen Fachwortschatz und spezielle Normen für die Auswahl, Verwendung und Frequenz gemeinschaftlicher lexikalischer und grammatischer Mittel“[72] Ähnlich versucht auch Hoffmann die Fachsprache zu definieren als „die Gesamtheit aller sprachlichen Mittel, die in einem fachlich begrenzbaren Kommunikationsbereich verwendet werden, um die Verständigung zwischen den in diesem Bereich tätigen Menschen zu gewährleisten“.[73] Bei Ammon sind sie etwas konkreter „diejenigen Teile der Sprache, die in den zwischen den Gesellschaftsmitgliedern deutlich differenzierenden Lebensbereichen gebräuchlich sind und sich auf die dafür spezifischen Gegenstände, Sachverhalte und Vorstellungen beziehen.“[74] Wie überall, wo Definition eine Rolle spielt, gibt es auch eine Definition vom Deutschen Institut für Normung. Die Din 2342 bezeichnet Fachsprache als „Bereich der Sprache, der auf eindeutige und widerspruchsfreie Kommunikation im jeweiligen Fachgebiet gerichtet ist und dessen Funktionieren durch eine festgelegte Terminologie entscheidend unterstützt wird.“[75]

Fluck ist sich der Wechselwirkung der beiden Sprachen bewusst und beschreibt dieses Phänomen: „Die Gemein- oder Standardsprache liefert die lexikalische Basis“[76], aber umgekehrt würden auch fachsprachliche Elemente in die Gemeinsprache übernommen und somit die Gemeinsprache von den Fachsprachen beeinflusst.[77] Er meint, es bestünden zwei unterschiedliche „Sprachen“, die sich gegenseitig beeinflussten, sich aber voneinander trennen ließen. Wo aber liegt die Grenze zwischen Fachsprachen und Gemeinsprache?

Schon 1952 zeigte Baldinger auf, dass die Grenze zwischen Quasi-Fachsprachen (der „Allgemeinsprache zugewandter Teil der Fachsprache“) und reinen Fachsprachen („dem Durchschnittsmenschen unbekannt“) je nach Bildungsniveau und Interessengebieten des Einzelnen sehr unterschiedlich verlaufen kann. „Die Grenzen

---

72 Schmidt 1969, 18.
73 Hoffmann 1985, 53.
74 Ammon 1973, 75.
75 Din 2342: September 2004, S. 4.
76 Fluck 1996, 175.
77 Fluck 1996, 160.

zwischen Fachsprache und Allgemeinsprache sind nicht nur individuell, sozial oder geographisch fließend, sondern auch generell". Entsprechend dieser Wirklichkeit sei zu differenzieren.[78]

Neuere Tendenz in der Fachsprachenforschung ist, die Polarität bzw. die Dichotomie[79] ‚Fachsprache(n) vs. Gemeinsprache' zu relativieren. Stattdessen wird eine Pluralität von Fachtextkategorien unterschiedlichen Fachsprachlichkeitsgrades oder – noch weitergehend – eine einzige Kategorie für alle Erscheinungsformen („Fachlichkeit") angenommen.[80] KALVERKÄMPER schlägt vor, die Gemeinsprache nicht als eigene Größe, sondern in die Kategorie Fachlichkeit integriert zu betrachten und die Fachsprachlichkeit anhand einer gestuften Skala darzustellen, die auf der einen Seite durch den Pol „(extrem) merkmalreich", auf der anderen Seite durch den Pol „(extrem) merkmalarm" begrenzt wird, wobei hier nicht die Gemeinsprache, sondern Fachsprachen als Orientierungspunkt und Maßstab dienen; demnach ist Gemeinsprache die merkmalreduzierte Form der Fachlichkeit.[81]

Unabhängig von der theoretischen Auseinandersetzung scheint es sinnvoll, sich an dieser Stelle noch einmal mit WÜSTERS Überlegungen zur Terminologie zu befassen. Danach gehören zu den wesentlichen Besonderheiten in der Terminologie die bewusste Sprachgestaltung und die Sprache als Soll-Norm.[82] Dies ist m. E. ein guter Ansatz. Fachsprachlichkeit wird durch bewussten Umgang mit Sprache erzeugt, indem man die Bedeutung der verwendeten Begrifflichkeiten bewusst spezifiziert oder eigene Begriffe und Phrasen schafft. Auch die Phänomene der juristischen Sprache lassen sich damit erklären: Nicht nur Juristen, sondern auch Laien ist bewusst, dass es sich hierbei um eine gesondert definierte Sprache handelt, auch wenn über die Bedeutung der einzelnen Termini oft gestritten wird. Im Gegensatz zur Gemeinspra-

---

78 BALDINGER 1952, 90, 91. Sein Ansatz bezieht sich zwar auf eine neue lexikographische Einteilung nach wissenschaftlichen Kategorien, ist aber auch für das Wissensmanagement in der Übersetzungswissenschaft anwendbar. Auch ARNTZ zitiert dieses Konzept (1982, 110). Baldingers Modell ist insofern interessant, dass er zwischen der Gemeinsprache und Fachsprache eine Übergangsebene einräumt. Damit ist der erste Grundstein für die späteren gestuften oder auch stufenlosen Übergänge zwischen den Sprachkategorien gelegt worden. KALVERKÄMPER (1990, 101) nennt das Modell von Baldinger im Übrigen „das sektorale Modell".

79 Bei SCHMIDT-KÖNIG (2005, 8) ist einerseits noch der Dichotomie-Gedanke zwischen Fachsprachen und Gemeinsprache zu finden, wobei bei ihr auch von der Rechtssprache die Rede ist, also einer einheitlichen Fachsprache, andererseits legt sie dar, dass „die Rechtssprache" ein Teil der Gemeinsprache sei (2005, 10–11).

80 KALVERKÄMPER 1990, 98; HOFFMANN 1998, 163; STOLZE 1999A, 23; 2009, 44–47.

81 KALVERKÄMPER 1990, 98, 112, 114, 122–124.

82 WÜSTER 1991, 2–3. Ähnlich auch ORTEGA Y GASSET 1956, 17: „Eine Sprache ist ein System von Wortzeichen, mit dessen Hilfe die einzelnen Menschen sich ohne vorherige Vereinbarung verständigen können, während eine Terminologie nur verständlich ist, wenn derjenige, der sie schreibt oder spricht, und derjenige, der sie liest oder hört, sich zuvor oder individuell über die Bedeutung der einzelnen Zeichen geeinigt haben."

che kann die fehlerhafte Benutzung von fachsprachlichen Begriffen gerade bei den Termini der Rechtssprache schwerwiegende Konsequenzen nach sich ziehen, wie weiter unten im Einzelnen dargestellt wird (vgl. 2.5). Demgegenüber erfolgt die Verwendung der Gemeinsprache weitgehend in automatisierten Prozessen ähnlich dem Atmen oder Radfahren unter Verwendung der frühkindlich erworbenen Kenntnisse. Unabhängig von der (Un-)Möglichkeit einer allgemeingültigen Definition ist schon aufgrund der Tatsache, dass bewusst sprachliche Codes gebildet und verwendet werden, die Existenz von Fachsprachen nicht zu leugnen.

## 2.1.2 Rechtssprache(n) als Fachsprache

Letztlich zeigt die ganze Debatte um Fachsprachen und Gemeinsprache, dass es im tatsächlichen Leben ein Phänomen gibt, das es einzuordnen gilt. Dieses Phänomen besteht in dem Vorhandensein von unterschiedlichen Begrifflichkeiten, eines entsprechend differenzierten Wortschatzes und unterschiedlicher Verwendung durch bestimmte Gruppen, die man gemeinhin mit einem konkreten ‚Fach' verbindet. Entgegen aller beschriebenen theoretischen Ansätze, diese Unterschiede terminologisch zu verwischen oder zu negieren, sind sie in der Übersetzungspraxis und daraus folgend auch in der wissenschaftlichen Aufarbeitung zu berücksichtigen. Davon ausgehend ist zu fragen: Welche Besonderheiten hat Fachsprache, was unterscheidet sie von der Gemeinsprache, erfüllt die juristische bzw. Rechtssprache diese Kriterien und, falls ja, wie unterscheidet sie sich von anderen Fachsprachen wie der technischen oder medizinischen?

### *2.1.2.1 Merkmale von Fachsprachen*

Fachsprachen werden unter verschiedenen Aspekten und demgemäß nach unterschiedlichen Kriterien jeweils ganz spezifische Eigenschaften zugesprochen. Fachsprache wurde lange Zeit mit Fachtermini gleichgesetzt.[83] Die meisten Autoren benennen bei der Darstellung der fachsprachlichen Merkmale an prominenter Stelle die spezielle Fachterminologie. Fachsprachen sind u. a. dadurch gekennzeichnet, dass sie einen anderen Wortschatz und andersartigen Satzbau als die Gemeinsprache aufweisen.[84] Gläser formuliert es aus funktionalistischer Sicht und wesentlich genauer: Fachsprachspezifische obligatorische Merkmale sind die Verwendung des Fachwortschatzes, eine mehr oder weniger streng determinierte Syntax und die Makrostruktur des Textes.[85] Trotz der Uneinigkeit, was überhaupt eine Fachsprache ist, liegt nach Fluck Einigkeit darin vor, welche Besonderheiten sie habe. Diese liegen

83 Siehe Hoffmann 1982, 1; 1998, 157; er stellt zutreffend fest, dass die Fachsprache ein Teilbereich der Lexikologie war. Arntz betont immer wieder die Notwendigkeit der Termnologiearbeit für die Fachübersetzung, insb. Arntz/Picht/Mayer 2002.

84 Jumpelt (1961, 33) bleibt hier viel zu allgemein und unspezifisch, weshalb seine Thesen nicht weiterhelfen.

85 Gläser 1998, 206.

„in ihrem speziellen, auf die Bedürfnisse des jeweiligen Faches abgestimmten Wortschatz [Lexik: Terminus, hohe Frequenz der Wortart Substantiv, mehrgliedrige Komposita, Abkürzungen], dessen Übergänge zur Gemeinsprache fließend sind und der auch gemeinsprachliche und allgemeinverständliche Wörter enthält. Zum anderen liegt ihre Besonderheit in der Gebrauchsfrequenz bestimmter (gemeinsprachlicher) grammatischer (morphologischer, syntaktischer) Mittel [Syntax: Bevorzugung von Funktionalverbgefügen, Passivsätzen, Ellipsen, Nominalstil]".[86]

In der Fachsprachenforschung werden aber auch über die linguistische Betrachtung hinausgehende kommunikations- und kulturwissenschaftliche Ansätze integriert.[87] Unter diesem Gesichtspunkt muss eine Fachsprache u. a. die Eigenschaften erfüllen: Exaktheit,[88] Explizitheit, Ökonomie und Anonymität.[89] M. E. geht es bei Letzterem allerdings mehr um den hohen Abstraktionsgrad und eine Generalisierung und Objektivierung der Darstellungen. Daneben wird Verständlichkeit als weitere Eigenschaft angeführt.[90] Im Zweifel hat die Eindeutigkeit der Begriffe und Phrasen Vorrang vor der Verständlichkeit für das gemeine Publikum. Wie auch Roelke betont, geht es in erster Linie um die Verständlichkeit unter Fachleuten. Es sollte daher eher Adressatenangemessenheit heißen.

Schon die Tatsache, dass exakt von einander abgrenzbare Terminologien existieren und diese in der Fachkommunikation einen beachtlichen Anteil einnehmen, zeigt, dass sie ein wesentliches Merkmal von Fachsprache ist. Baum formuliert diese bewusste Sprachgestaltung in seinem Vorwort zu Wüsters Einführung in die allgemeine Terminologielehre: „Ihr Anliegen ist der Ausbau der Gemeinsprache zu einem Präzisionsinstrument."[91] Die **Exaktheit** ist durch bewusste Sprachgestaltung, z.B. Terminologisierung auf der lexikalischen Ebene,[92] aber auch durch

---

86 Fluck 1996, S. 12, die Ergänzungen in [ ] stammen aus Fluck 1996, 47–56. Siehe auch Hoffmann 1985, 75–79.

87 Zur Übersicht des Forschungsstands in der Fachsprachenlinguistik siehe Fluck 2006; zur Beziehung zwischen Fachsprache und Übersetzung aus Sicht der sprachwissenschaftlichen Übersetzungsforschung Fleischmann/Schmitt. Zu Hilfsmitteln für Rechtsübersetzung insb. Terminologiedatenbank/Lexikographie siehe Wiesmann 2004.

88 Bei Roelke wird statt „Exaktheit" der Begriff „Eindeutigkeit (1991)" bzw. „Deutlichkeit (2010)" verwendet.

89 Diese Eigenschaften werden bei einigen Autoren als funktionale Eigenschaften genannt, so z.B. bei Roelke 2010, 24–28 (Deutlichkeit, Verständlichkeit, Ökonomie, Anonymität und Identitätsstiftung); siehe insb. Baumann, von Hahn, Fijas, Oksaar in Kapitel V Fachsprachen 1998, 373–407.

90 Roelke 2010, 25–26; hier nennt er weitere Autoren, die diese Meinung vertreten wie Baumann, Budin, Göpferich, Weinrich etc.

91 Baum 1991, V.

92 Auf internationaler Ebene gibt es vielerlei Bestrebungen. Nach ISO 639-1 ist z.B. die koreanische Sprache als „ko" genannt und nach ISO 639-2 und 639-3 „kor"; die deutsche Sprache nach ISO 639-1 „de", nach ISO 639-2/T (terminologische Verwendung) „deu", 639-2/B (bibliographische Kennung) „ger" und nach 639-3 „deu".

textkonventionelle Elemente gekennzeichnet. Es zeigt sich allerdings immer wieder, dass aufgrund der Natur der Sprache auch in Fachsprachen ein bestimmter Grad an **Vagheit** nicht ausgeschlossen werden kann.[93] Soweit diese Fragen im Zusammenhang mit der vorliegenden Arbeit relevant sind, werden sie an entsprechender Stelle detailliert abgehandelt (vor allem unter 4.4 und 5.2.2.4).

VON HAHN definiert **Explizitheit** als eine abgestufte Eigenschaft, die einen Text kontextunabhängig, verständlich macht, da alle Kontextbindungen im Text explizit genannt werden.[94] Sie wird z.B. dadurch realisiert, dass für Namen und Begriffe wie ‚Deutsch als Fremdsprache' oder für die Musikband ‚Deutsch-Amerikanische-Freundschaft' Vollformen verwendet werden statt einer geläufigen Abkürzung (‚DaF/DAF'), aber auch durch Vermeidung von Pseudo-Synonymen,[95] da es keine hundertprozentigen Synonyme gibt, die in allen Facetten den sprachlichen Besonderheiten entsprechen. Ein ‚overinformated' Text kann einfacher zu übersetzen sein, da man durch die explizite Formulierung nicht zwischen den Zeilen zu lesen braucht und sich die einzelnen Begriffe aus dem Zusammenhang leicht und eindeutig in ihrer jeweiligen Bedeutung erkennen lassen; explizite Texte sind meistens konkreter; hier gilt Ökonomie nicht im wörtlichen Sinne.

Eine weitere funktionale Eigenschaft von Fachsprache ist aber gerade ihre **Ökonomie**.[96] In seinen bekannten „Zipfschen Gesetzen" betont ZIPF, der erstmals in der Linguistik naturwissenschaftlich-quantitative Methoden anwandte, dass unsere Sprache durch den Grundsatz der Ökonomie angetrieben werde:

> [...] all speech-elements or language patterns are impelled and directed in their behavior by a **fundamental law of economy** in which is the desire to maintain an equilibrium between form and behavior.[97]

Unter diesem sprachökonomischen Aspekt zeigt FIJAS auf, dass Fachtexte auf der lexikalischen Ebene Termini, Verbalsubstantive, Kurzwörter und vor allem in der mündlichen Kommunikation Fachjargon aufweisen zur Textverdichtung und Redundanzminderung. Auf syntaktischer Ebene zeigt sich vor allem eine multiple Verwendung von Gerundial- und Partizipialkonstruktionen und von Adjektiv- oder Infinitivkonstruktionen.[98]

---

93 VON HAHN 1998A. Von Hahn selbst benutzt den Begriff „Unbestimmtheit" statt „Vagheit".

94 VON HAHN 1998, 383.

95 ARNTZ/PICHT/MAYER (2002, 126) nennt sie Quasisynonymie.

96 SPRANGER 1921, 133. GRICE (1975, 45) hat dies bei seinem bekannten „Cooperative Principle" als „Maxim of Quantity" benannt, was bezüglich der Sprache bedeutet „Sage so viel wie nötig, und sage nicht zu viel".

97 ZIPF 1965, 19 (erste Auflage 1935). In seiner späteren Publikation wird dies als das „Prinzip des geringsten Aufwandes (principle of least effort)" bezeichnet, vgl. George Kingsley Zipf, *Human Behavior and the Principle of Least Effort. An Introduction to Human Ecology.* Cambridge (Massachusetts) 1949.

98 FIJAS 1998, 391–394.

**Anonymität** gilt als eines der wesentlichen Merkmale von Fachsprache. Sie ist in wissenschaftlichen Arbeiten zu finden, aber auch bei Sachtexten wie Kochrezepten, wo Dinge, Vorgänge oder Ergebnisse an sich von Bedeutung sind und nicht die näheren Umstände oder der Akteur. Hier geht es um Vermittlung objektiven Wissens, allgemeingültige bzw. wiederholbare Ergebnisse und Erkenntnisse. Anonymität zielt darauf, Objektivität und Allgemeingültigkeit der fachbezogenen Aussagen zu betonen, indem die an einen Autor gebundene Subjektivität eliminiert wird.[99] Lexikalisch wird dies u. a. mit Hilfe von unpersönlichen Pronomina wie ‚man' verwirklicht, auf der Syntaxebene durch die viel kritisierte Passivkonstruktion.[100]

### *2.1.2.2 Fachsprachliche Merkmale von Rechtssprache*

Unter Fachleuten der Rechtslinguistik besteht weitgehend Einigkeit darüber, dass es sich bei Rechtssprache um eine Fachsprache handelt,[101] die zwischen den in hohem Maße gleich vorinformierten und ausgebildeten Mitgliedern dieses Fachs, also den Juristen, zur optimalen fachlichen Kommunikation dient.[102] Dennoch meinen einige Autoren, dass Rechtssprache nicht als Fachsprache angesehen werden könne, die von der Gemeinsprache terminologisch deutlich getrennt sei, etwa in dem Grad, wie es für eine normierte Fachsprache in technischen Zweigen gilt. Denn die Rechtssprache beinhalte zwar viele Fachwörter, aber bloß einen fachsprachlich geprägten Teil einer Gemeinsprache.[103] KIRCHHOF nennt als weitere Begründung, dass Adressat der Rechtssprache ‚jedermann' sei.[104] Somit bilde sie als solche keine eigenständige Sprache, auch wenn sie Besonderheiten aufweise, sondern sei ein fachlich geprägter Teil der Gemeinsprache. Diese bis hierher nachvollziehbare Überlegung führt allerdings zu weiteren Fragen: Ob es überhaupt eine reine Fachsprache gibt, die unabhängig von der Gemeinsprache existiert, oder es die Gemeinsprache schlecht-

---

99 OKSAAR 1998, 397.

100 DAUM (1981A, 18) kritisiert z. B. die „Vorliebe für das Passiv". Man muss dennoch fragen, weshalb diese Konstruktion parallel zur Aktivkonstruktion existiert und gar nicht so selten benutzt wird. Zwar mag das Aktiv angenehmer klingen und in bestimmten Situationen aus psychologischer Sicht (also in Reden, bei Aufforderungen usw.) günstiger sein. Aber das Passiv hat sehr wohl seine Berechtigung durch die Gewichtsverlagerung auf das inhaltliche Objekt, da es hier zum Subjekt wird und damit in den Mittelpunkt der Bedeutung der Aussage rückt, womit es die vorgenannten Anforderungen in hohem Maße erfüllt. Eine kritische Betrachtung der Vorschläge für die Rechtssprachpflege findet sich auch bei GREWENDORF 2000, 103–110.

101 Über die Eigenart der Rechtssprache siehe auch OTTO 1981, 44–57; STOLZE 1992, 176–177; STOLZE, 1999A, 165–181; WEISFLOG, 1996, 41–49; ARNTZ 2001, 206–216.

102 HdR 2008, 33–34 (Rn. 56); LASSER 2000, 46; DAUM 1998, S. 1; EICHHOFF-CYRUS/STROBEL 2009, 133.

103 KIRCHHOF 1987, 5–6; auch §42 Abs. 5 S. 1 GGO „Gesetzentwürfe müssen sprachlich richtig und möglichst für jedermann verständlich gefasst sein."

104 KIRCHHOF 1987, 5.

hin gibt; und weiter wie dieses Verhältnis in anderen Fachsprachen aussieht. Auch diese basieren auf der Gemeinsprache, die modifiziert wird durch Termini, Phrasen usw. sowie in ihrer Diktion und nach weiteren Kriterien, wie sie im vorangehenden Abschnitt beschrieben wurden und anerkannt sind. Genau diese sind aber auch in der Rechtssprache zu finden, wie sich spätestens aus den Ausführungen in den folgenden Abschnitten zu den Rechtssprachen allgemein und insbesondere in Korea und Deutschland erweisen wird. Festzuhalten ist jedoch bereits hier: **Das Wesentliche, was die Rechtssprache auch von anderen Fachsprachen unterscheidet, ist ihr enger Bezug zur Gemeinsprache.**[105]

> Der Wortschatz der Rechtssprache stammt überwiegend aus der Gemeinsprache, allerdings wird häufig mit den fachsprachlichen Wörtern ein anderer Inhalt verbunden als mit gleichlautenden allgemeinsprachlichen Wörtern.[106]

Aber auch zu anderen Fachsprachen bestehen solche Bezüge, da Gesetze, Verträge usw. sich mit technischen Bereichen befassen bzw. diese regeln, z. B. Bundesemissionsgesetz, Datenschutzgesetz, Patentrecht und Geschmacksmuster. **Rechtssprache ist demnach interdisziplinär und ihr Gegenstand ist komplex.**

Stolze weist zu Recht darauf hin, dass die Übersetzung juristischer Texte ein Problemfeld darstellt, da sie zwei unterschiedliche Adressaten hat, nämlich Juristen und juristische Laien, und für beide Adressaten zugänglich sein soll mit ihrer Sprache, die objektiv, klar und stabil ist.[107] Nach Hebenstreit ist die Rechtssprache die einzige Fachsprache, die auch für Nichtfachleute verständlich sein soll.[108] Es gibt verfassungsrechtliche Postulate: Demokratieprinzip und Rechtsstaatsprinzip verlangen Transparenz und Verständlichkeit des Handelns von Regierung und Parlament für den Bürger. Er muss wissen, was entschieden wird und woran er sich

---

105 Otto (1981, 45) bezeichnet diese Phänomen als eine „Paradoxie“ der Rechtssprache als Fachsprache, die gleichzeitig Gemeinsprache sei.

106 Daum 1981, 86; auch Stolze (1999, 47) ist der Meinung, dass sich die Rechtssprache von anderen Fachsprachen dadurch unterscheidet, dass sie trotz des gemeinsprachlichen Ursprungs semantisch von der Gemeinsprache abweicht.

107 Siehe Stolze 1992, 176.

108 Siehe Hebenstreit 1997, S. 11. Ein ähnlicher Gedanke findet sich auch bei Arntz/Picht/Mayer 2002, 22: Einige Autoren nennen Identitätsstiftung als weitere funktionale Eigenschaft von Fachsprachen (vgl. Roelcke 2005, 30). Darunter ist zu verstehen, dass eine Fachsprache immer nur von einer bestimmten Gruppe gesprochen wird und dadurch eine Identifikation der einzelnen Gruppenmitglieder mit der Gruppe ermöglicht. Somit wird die Produktion und die Rezeption eines Fachtextes von „gruppenspezifischen sprachlichen und fachlichen“ Kenntnissen der Gruppe beeinflusst, vor allem die Bereiche Verständlichkeit und Ökonomie (Roelcke 2005, 31). Da die Adressaten mancher Rechtstexte juristische Laien sind, hat die Verf. diese Eigenschaft im Zusammenhang mit der Rechtssprache nicht als allgemeine Eigenschaft der Fachsprachen bezeichnet, sie kann aber Merkmal einer bestimmten Fachsprache sein.

halten muss.[109] **Dieses Phänomen der doppelten Adressaten ist eine weitere Besonderheit der Rechtssprache.**[110]

Aus dieser Adressatenspezifik folgt noch ein Postulat: **Sind Texte an die Allgemeinheit gerichtet wie das BGB oder eine Allgemeine Geschäftsordnung, müssen sie allgemein verständlich sein.**[111] Gemeinsprachliche Elemente sind in jeder Fachsprache vorhanden, in manchen weniger, in anderen in erheblichem Umfang. Auch das Postulat der Verständlichkeit wird in allen Fachsprachen erhoben und bei Erklärungen für Laien auch mit mehr oder weniger großem Erfolg versucht umzusetzen. Gleiches gilt für die Rechtssprache. Es wird oft beklagt, sie sei selbst für viele daran Interessierte, die aber nicht über eine entsprechende Fachausbildung verfügen, kaum oder gar nicht verständlich. Man spricht gemeinhin von Juristen und juristischen Laien. Letztere überlassen ihre rechtliche Vertretung spätestend dann, wenn es schwierig wird, einem Juristen. Jeder Verband, jede Firma hat ‚ihren' Anwalt oder eine Rechtsabteilung. Schließlich mag die Forderung nach Verständlichkeit zwar für Gesetze gelten, wo bereits die eben genannten Probleme und der Umgang mit diesen durch juristische Laien bestehen. Es gilt aber bereits nicht mehr in der juristischen Fachliteratur und in der Kommunikation zwischen Juristen in Schriftsätzen, Urteilen usw.

Die juristische Fachsprache ist geprägt durch einen hohen **Abstraktionsgrad,** während in vielen anderen Fachsprachen, insb in technischen Bereichen meist auf objektive außersprachliche Gebilde Bezug genommen wird und ihre Terminologie meist konkrete Bezüge hat.[112] Diese Abstraktion bezweckt das Hervorheben der rechtlich relevanten Aspekte eines Sachverhaltes, die Reduktion auf das Wesentliche, sei es in der Beschreibung eines Sachverhalts oder in **generalisierter Form** als gesetzlicher Tatbestand. Abstraktion und Generalisierung müssen dabei trotz der Reduktion auf das Wesentliche wegen der erforderlichen **Eindeutigkeit** nicht immer zu einer sprachlichen Reduktion führen. „Wer eine fremde bewegliche Sache einem anderen in der Absicht wegnimmt, die Sache sich [...] rechtswidrig zuzueignen [...]" – § 242 StGB – heißt in der Gemeinsprache schlicht ‚wer etwas stiehlt'. Verwandtschaft wird in den §§ 1589 ff. BGB definiert: „Personen, deren eine von der anderen abstammt, sind in gerader Linie verwandt". „Vater eines Kindes ist der Mann, 1. der zum Zeitpunkt der Geburt mit der Mutter des Kindes verheiratet ist, 2. der die Vaterschaft anerkannt hat oder 3., dessen Vaterschaft [...] gerichtlich festgestellt ist." Hier stellt der Jurist

---

109 Otto 1981, 50.

110 Auch Arntz 2001, 208.

111 In HdR 2008, 33 (Rn. 55) steht wörtlich: „Gesetze, die an einen unbegrenzten Adressatenkreis und damit tatsächlich an „jedermann" gerichtet sind, wie z. B. das Strafgesetzbuch, sollten von einer durchschnittlich verständigen Person inhaltlich erfasst werden können.

112 Arntz bemerkt, dass die Terminologie der Technik „Gegenstände bzw. Sachverhalte [bezeichnet], die konkreter Natur oder doch zumindest graphisch darstellbar sind, so dass eine Klärung des Begriffsinhalts [...] und eine Zuordnung von Begriff und Benennung relativ problemlos möglich sind" (Arntz 2001, 206).

mit Mitteln der Gemeinsprache eine Legaldefinition für gesetzliche Folgen auf, die mit dem wahren ‚biologischen' Leben nichts gemein haben. Aber es finden sich dort auch Begriffe mit hohem Abstraktionsgrad, welche längst als juristische Fachbegriffe fungieren. So gibt es ‚juristische Personen', welche keine Personen im biologischen Sinn sind, sondern besondere juristische Gebilde, die im Rechtsleben in Erscheinung treten und von den natürlichen Personen und deren Vermögen zu unterscheiden sind.[113] Wie Sinn und Inhalt solcher Begriffe in der Rechtssprache von ihrer Bedeutung in der Gemeinsprache abweichen können, zeigt der Begriff „Früchte". Laut § 99 BGB sind „Früchte einer Sache ... die Erzeugnisse der Sache und die sonstige Ausbeute, welche aus der Sache ihrer Bestimmung gemäß gewonnen wird." Nach Abs. 2 gibt es auch Früchte eines Rechts. Mieterlöse, Zinsen usw. sind also ebenfalls Früchte im Sinne des Gesetzes. Der juristische Begriff ist sozusagen durch eine metaphorische Verwendung (im übertragenen Sinn) entstanden.

In einschlägigen Abhandlungen ist immer wieder von der Rechtssprache die Rede. So dient der Begriff Juristische Wissenschaft bei JEAN D´HEUR zur umfassenden Kennzeichnung sämtlicher juristischen Funktionen (Rechtssetzung, -anwendung, -wissenschaft im engeren Sinne) und die Rechtssprache ist in diesem Sinne Fachsprache der juristischen Wissenschaft.[114] Beschäftigt man sich jedoch näher mit Rechtssprache in verschiedenen Sprachen und in unterschiedlichen Rechtskreisen, so stellt man darin schnell weitreichende Unterschiede bezüglich der Merkmale fest, die nach den genannten Abhandlungen die Rechtssprache als Fachsprache ausmachen. Daraus folgt, dass es offenbar eine akstrakte juristische Fachsprache im Sinne der Rechtssprache nicht gibt.[115] Vergleicht man deutsche mit anglo-amerikanischen Rechtstexten, fällt z. B. auf, dass es bei den Rechtstexten aus dem *Case Law* weitgehend an abstrakter Terminologie fehlt. Während die deutsche Rechtswissenschaft noch immer stark von Begriffsjurisprudenz und römisch-rechtlichem Denken geprägt ist und in ihrer dogmatischen Arbeit auf die Entwicklung abstrakter Begriffe Wert legt, führen Präzedenzenorientierung und Unterscheidungstechnik (*distinguishing*) im *common law* dazu, dass die Diskussionen auf einem erheblich weniger abstrakten Niveau ablaufen.[116] Der Abstraktionsgrad der kontinental-europäischen, insbesondere der deutschen Rechtssprache ist also höher als der der Rechtssprache des anglo-amerikanischen Rechtssystems. Beim weiteren Vergleich verschiedener Rechtssysteme wird klar, dass es tatsächlich **unterschiedliche Rechtssprachen** gibt.[117] Nach SACCO ist die Rechtssprache nicht einmal wertneutral. Er begründet

---

113 Siehe §§ 21 ff. BGB.

114 JEAN D´HEUR 1998, 1286.

115 Siehe ERICKSEN 1995, 33–34; 2002, 4–7, 9; NUSSBAUMER 2002, S. 21; HATTENHAUER (1987, 4–5) begründet diese verschiedenen Sprachen mit der Tatsache, dass jede Rechtssprache eine unterschiedliche eigene Geschichte, somit auch einen „hingebungsvoll gepflegten Fachjargon" hat.

116 KALBHEIM 2006, 3.

117 Es wird zwar auch die Meinung vertreten, dass die Rechtssprache eine einheitliche Fachsprache sei, z. B. DAUM (1981, 84–85). Seine Begründung ist: (1) Die Juristen

dies damit, dass die Rechtssprache zugleich auch die Sprache der Politologen ist, in deren Rahmen wertende Urteile legitim sind.[118] So gab es zwischen der Bundesrepublik Deutschland und der DDR terminologische Unterschiede, die zu ihrer Denotation zusätzlich eine bestimmte Konnotation enthalten. Zu Recht schreibt vor allem Sandrini:

> Rechtssprache ist vielmehr ein Sammelbegriff für eine Vielfalt nationaler Rechtssprachen, die jeweils inhaltlich und auch formal erhebliche Unterschiede aufweisen.[119]

Es ist also eine weitere Besonderheit von Rechtssprache als Fachsprache, dass es **keine internationale Rechtssprache mit einheitlichen Standards** gibt.[120] Dies ist unbedingt im Kopf zu behalten, wenn man sich mit den Problemen der Übersetzung von Rechtstexten befasst. Schon jetzt wird deutlich, dass ohne vorhergehende Analyse der Rechtssysteme, Rechtssprachen und Begrifflichkeiten keine brauchbaren und sicheren Ergebnisse in der Übersetzung zu erwarten sind.

Wichtigstes Erfordernis der juristischen Fachsprache ist, wie schon angedeutet, die **Eindeutigkeit**. Nur so kann die unmissverständliche Kommunikation erfolgen, um den Rechtsfrieden zu erreichen. Diese Eindeutigkeit ist in der Rechtssprache aber ein relativer Begriff. Sie ist nicht absolut, so lange die Rechtssprache auf der Basis der Gemeinsprache geschaffen ist und ihre Besonderheit in der Abstraktheit liegt. Diese Abstraktheit birgt unterschiedliche Auslegungsmöglichkeiten von Begriffen je nach konkretem Sachverhalt, aber auch mit jedem gesellschaftlichen Wandel. Der „Eintritt der Dunkelheit" in der StVO kann zwar nicht immer eindeutig ermittelt werden, seine inhaltliche Bedeutung ändert sich jedoch nicht im Laufe der Zeiten. Wohl aber gilt dies für die „guten Sitten" nach § 138 BGB, „sexuelle Handlungen" nach StGB oder die „Erregung öffentlichen Ärgernisses", wie die Entwicklung in den letzten 50 Jahren zeigt.

Betrachtet man die Entstehungsgeschichte der technischen Fachsprachen und der Rechtssprachen, ist dies alles leicht nachvollziehbar. Technische Fachsprachen sind eine jüngste Errungenschaft der Menschheit. Sie haben sich vor allem mit

---

verwenden die gleiche Sprache resultierend aus der gleichen Ausbildung. (2) Auf allen Rechtsgebieten lehnt sich die Sprache der Rechtspraxis an die der Gesetze an, die durch weitgehende Einheitlichkeit in Lexik und Syntax gekennzeichnet sind. (3) Es gibt einen Berufsstand, der auf allen Gebieten des Rechtslebens wirkt: der Rechtsanwalt. Dies kann sich jedoch offensichtlich nur auf nationales Recht beziehen (wobei man selbst hier darüber streiten kann, da nicht alle Rechtsgebiete einer einheitlichen Terminologie folgen), keinesfalls im internationalen Vergleich und damit für alle Fragen der Übersetzung (siehe hierzu de Groot 1999, 13).

118 Sacco 2011, 46–47.

119 Sandrini 1996, 16.

120 Die Rechtssprache unterscheidet sich grundlegend von anderen Fachsprachen dadurch, dass sie eine an das nationale Recht gekoppelte Sprache ist, wogegen der Gegenstand der naturwissenschaftlichen Fachsprachen international ist, siehe Daum 1998, 4; auch de Groot 1999, 12–13.

der „industriellen Revolution“ gebildet bzw. ausgebreitet, ihre heutige Bedeutung erlangt und sind nicht von der Globalisierung zu trennen.[121] Demgegenüber ist die Geschichte der Rechtssprache beinahe mit der Menschheitsgeschichte gleichzusetzen.[122] Sie hat sich über lange Zeit in einer definierbaren Sprach- und Volksgemeinschaft entwickelt. Sogar innerhalb eines Staates existieren Unterschiede zwischen verschiedenen Rechtsgebieten, z.B. im Zivilrecht und Verwaltungsrecht. In diesem Sinne betont DE GROOT die Rechtsvergleichung.[123] Damit hebt sich Rechtssprache als Fachsprache deutlich von anderen Fachsprachen ab. Mediziner oder Physiker z.B. können sich weltweit im gleichen (Fach-)Jargon, ggf. sogar in derselben Sprache verständigen (Erstere mit lateinischen Begriffen, Letztere mit englischen oder auch lateinischen), sie benutzen dieselben Abkürzungen und Zeichen/codes. Diese Abwesenheit von international normierter Sprache ist auch ein Grund für Übersetzungsprobleme bei Rechtstexten.

Festzuhalten ist: Es gibt nicht eine einheitliche juristische Fachsprache, sondern viele Rechtssprachen.[124]

#### *2.1.2.2.1 Verständlichkeit als ein Dilemma von Rechtssprache(n)*

Rechtssprache ist zunächst einmal Gesetzessprache. Jeder Staat schafft Regeln für das Zusammenleben in einer Gemeinschaft, die ergänzt werden durch Sanktionen im Falle von Verstößen. Der Gedanke des **Rechtsfriedens** ist von eminenter Bedeutung. Im modernen Rechtsstaat treten dabei in den Vordergrund: Rechtssicherheit, Vorhersehbarkeit und Berechenbarkeit staatlichen Handelns. Hinzu kommt das Prinzip von Gleichmäßigkeit und Gleichbehandlung. Rechtsstaat und Gleichheitsgrundsatz sind in rechtsstaatlichen Demokratien nach hiesigem Verständnis unveränderbare Verfassungsprinzipien.[125] Aus all dem folgt, dass Rechts- und insb. Gesetzessprache den Grundsätzen von Klarheit und Eindeutigkeit oberste Priorität schulden.[126] Im Hinblick auf Vorhersehbarkeit und Berechenbarkeit muss dabei ein hoher Grad an Abstraktion und Generalisierung angestrebt werden. Dennoch soll

---

121 Als Merkmale der Fachsprachlichkeit nennt z.B. KALVERKÄMPER (1990, 120) Terminologisierung und Internationalismen. Dies kann daraus resultieren, dass die Fachsprachenforschung ihren Angang in der Terminologie der Technik hat. Zu Terminologievergleich und internationaler Normung siehe auch ARNTZ 1994.

122 Der als Dokument beweisbar überlieferte Codex Hammurabi stammt beispielsweise aus dem 18. Jahrhundert v. Chr.; auch OTTO bezeichnet die Rechtsliteratur als die ältesten erhaltenen Sprachdenkmäler (OTTO 1981, 47).

123 Vor allem DE GROOT 1991; 1999A; 2002.

124 Siehe ERIKSEN 1995, 33–34.; BUSSE 1999, 1382. Auch NUSSBAUMER hält die Annahme, dass es eine einheitliche juristische Fachsprache gibt, für problematisch (2002, 21–23).

125 Zum Verhältnis von Verfassungsprinzip und Sprache siehe auch HILF 1992, 84–85.

126 „Demokratiegedanke und Optimierung der Gesetzessprache statt sprachästhetischem Selbstzweck“ – siehe dazu PFEIFFER STROUHAL/WODAK 1987, 12; auch WESEL 2004, 456–457.

die Gerechtigkeit als Grundanliegen des Rechts nicht außer Acht bleiben. Vorhersehbarkeit sowie Eindeutigkeit und Gerechtigkeit stehen oftmals in Widerspruch und lassen sich in bestimmten Konstellationen im Einzelfall nicht ‚unter einen Hut bringen'.[127] Sprache und sog. Gesetzestechnik haben ihre Grenzen. Vorhersehbarkeit, Berechenbarkeit und Eindeutigkeit bei gleichzeitiger Beachtung des Gerechtigkeitsempfindens in jedem möglichen Einzelfall lassen sich in den generell-abstrakten Gesetzestexten meistens nicht erreichen. Dennoch müssen sich Gesetzgeber und Gesetzesanwender (Richter, Verwaltungsbedienstete usw.) bemühen, beides nach Möglichkeit zu vereinen und dabei auch noch alle sonstigen verfassungsmäßigen Vorgaben zu beachten.[128] Dies stellt manchmal ans Unmögliche grenzende Anforderungen an die sprachliche Ausformulierung und ist gleichzeitig der Grund, weshalb juristische Texte vom Laien häufig als unverständlich oder unklar empfunden werden, obwohl sie sich doch vermeintlich der gemeinsprachlichen Begriffe und Stilistik bedienen.[129] Schuld daran sind zum einen komplizierte Formulierungen, die oft wiederkehren und deren Zweck in der Genauigkeit der Darstellung liegt. Zum anderen verwendet man häufig ‚unbestimmte Rechtsbegriffe', um der Einzelfallgerechtigkeit eine Chance zu geben oder, weil die (Gemein-)Sprache keine genauer definierenden Begriffe hergibt.

Dennoch ist es heute Allgemeingut auch unter Fachleuten, dass jedenfalls Verständlichkeit bei gleichzeitiger inhaltlicher Korrektheit und Eindeutigkeit in bestmöglicher Form anzustreben ist.[130] Auch im Transparenzgebot des Art. 5 der EG-Richtlinie 93/13/EWG findet sich dieser Grundsatz:

> Sind alle dem Verbraucher in Verträgen unterbreiteten Klauseln oder einige dieser Klauseln schriftlich niedergelegt, so müssen sie stets klar und verständlich abgefasst sein.

Die Kritik an der juristischen Fachsprache kann insoweit nachvollzogen werden, als diese Sprache anders als andere, insb. naturwissenschaftliche, Fachsprachen das alltägliche Leben direkt berührt und ihre Verständlichkeit als wesentliche Voraussetzung für Demokratie und Rechtsstaat verstanden wird. Schon das Sprichwort „Unwissenheit schützt vor Strafe nicht" weist auf die damit verbundene rechtliche

---

127 Über das Verhältnis zwischen dem Gebot der Präzision und der Verständlichkeit siehe Otto 1981, 49–51; auch Eriksen 1995.

128 Larenz (1991, 320) erklärt zudem, dass die juristische Auslegungsschwierigkeit mit dem Medium Gemeinsprache durch die Anforderung zum „Zugang zur Welt des Rechts" entsteht.

129 Eine interessante Hypothese lautet: „Die häufige Bewertung der deutschen Rechts- und Gesetzessprache als schwer verständlich oder unverständlich resultiert nicht nur aus individueller Rezeption solcher Texte durch Laien, sondern auch aus habitualisierten Urteilen, die das Stereotyp vom schwer verständlichen Gesetz perpetuieren." Genaueres dazu und zur Empirie siehe Warnke 2004, 444–453.

130 Hierzu vgl. § 42 Abs. 5 Satz 1 GGO: Gesetzentwürfe müssen sprachlich richtig und möglichst für jedermann verständlich gefasst sein; Verfechter der Verständlichkeit unter dem Gesichtpunkt des Demokratiegedankens ist vor allem Kirchhof (2002).

Problematik hin, die u. a. in § 16 StGB aufgegriffen wird. Hier besteht auch eine enge Beziehung zum verfassungsrechtlichen Bestimmtheitsgebot; nur eine klare Gesetzessprache schafft Normenklarheit. Gesetze, die sich nur „mit subtiler Sachkenntnis, außerordentlichen methodischen Fähigkeiten und einer gewissen Lust zum Lösen von Denksport-Aufgaben“[131] erschließen, erfüllen diese Ansprüche nicht.[132] Das besondere – koinzidente – Problem von Rechtssprache liegt also darin, dass sie einerseits als Fachsprache für die Kommunikation unter den Fachwissenschaftlern, den Juristen, dienen und dementsprechend präzise sein soll, dass sie andererseits aber auch denen verständlich sein soll, die davon betroffen sind, nämlich den Laien.

Wer nur mit Beispielen auf der Basis der Gemeinsprache aufzeigt, wie sich Juristendeutsch zu ‚gutem verständlichem Deutsch‘ wandeln lässt, wird der Komplexität der Aufgabenstellung nicht gerecht.[133] Dies schließt nicht aus, dass zwischen unverständlichem Kauderwelsch, ‚Substantivitis‘, Passiv- und Schachtelsätzen, die aber alle Fach-Kriterien bestens erfüllen, sowie dem guten, aber leider nicht rechtssicheren Gemein-Deutsch ein weites Feld liegt, auf dem durchaus Kompromisse zu finden sind, welche die aufgezeigten Anforderungen erfüllen.

#### *2.1.2.2.2 Exaktheit: Termini*

Nach DIN 2342 ist Terminologie als Synonym des Fachwortschatzes der „Gesamtbestand der Begriffe und ihrer Bezeichnungen in einem Fachgebiet.“[134] Nach dem Eintrag des Lexikons der Sprachwissenschaft ist Terminologie die „Gesamtheit der in einem wissenschaftlichen System definierten Fachausdrücke, die sich von umgangssprachlicher Verwendung durch exakte Definition innerhalb dieses bestimmten Systems unterscheiden.“[135] Es gibt relativ wenige Legaldefinitionen, die meisten Rechtsbegriffe werden in ihrer Bedeutung in den Gesetzen als gegeben vorausgesetzt und nicht explizit definiert. Nach der vorgenannten Definition wäre die Gesamtheit der Rechtsbegriffe mangels Definition also keine juristische Terminologie. Das würde aber verkennen, dass in Gesetzen viele Begriffe aus der Gemeinsprache benutzt werden, die im Laufe der Zeit durch Rechtsprechung und Praxis eine sehr enge und detailreiche Auslegung erfahren haben und in ihrer Bedeutung dadurch doch sehr genau definiert sind; andere sind sehr alt, stammen z. T. noch

131 So zitiert der Bundesfinanzhof das Österreichische Verfassungsgericht im Vorlagebeschluss vom 6. September 2006, Az.: XI R 26/04 [zitiert nach HdR 2008, 33 (Rn. 54)].

132 Nach Otto (1981, 54) ist solche Sprache dann Sondersprache als gruppenspezifischer Soziolekt, der Verständigungsprobleme verursacht; terminologisch trennt er daher zwischen Fachsprache und Sondersprache.

133 Siehe Stolze 1999, 54–56. Wesentliche Merkmale sind: Passiv zur Konzentration auf die Handlung, Infinitivkonstruktion zur Allgemeingültigkeit, Nominalkonstruktion zur Betonung der Sachlichkeit, unpersönlicher Stil zur Betonung der Funktion, Reihung der Nebensätze zur inhaltlichen Präzision etc.

134 Din 2342: September 2004, 15.

135 Bußmann 2002, 682 unter dem Stichwort „Terminologie“.

aus dem römischen oder altdeutschen Recht und haben schon immer – zumindest für Juristen – eine eindeutige und gleichbleibende Bedeutung. Dies alles ist typisch für Termini und Terminologien; auch wenn sie nicht schriftlich definiert sind, so liegen doch ein fachlicher Konsens über ihren Gebrauch vor und damit alle Voraussetzungen für die Annahme einer juristischen Terminologie.

Die Rechtssprache stellt zwar eine Technik innerhalb der Allgemeinsprache dar, was besondere Probleme mit sich bringt.[136] Das darf m. E. aber auf keinen Fall mit der ‚technischen Fachsprache' in linguistischer Betrachtung verwechselt werden. Es gibt ständige Beeinflussungen und Kontakte zwischen der Gemein- und der Rechtssprache.[137] Im Fernsehen laufen häufig irgendwelche Pseudogerichtssendungen. Dadurch dringen Fachtermini in den Alltag. Als Folge werden solche Fachwörter, die durch Massenkommunikationsmittel verbreitet werden, vom Adressaten, also vom Laien, zwar als Wort rezipiert, aber ungenau oder falsch verstanden und eingeordnet – das berüchtigte und bei Ärzten wie Juristen gleichermaßen gefürchtete ‚Halbwissen'. Fluck nennt dieses Phänomen „Übersättigung des passiven Wortschatzes".[138] Sogar von „Determinologisierung" kann man sprechen.[139]

Während Gemeinsprache auch individuelle und regionale Unterschiede ausdrücken darf und der Inhalt der Worte und Begriffe sich der Veränderung der gesellschaftlichen Anschauungen und Entwicklungen anpasst,[140] werden von der Rechtssprache **Klarheit, Beständigkeit, Regeltreue und hoher Abstrahierungsgrad** erwartet.

Der Unterschied zwischen ‚sofort' und ‚unverzüglich' ist gemeinsprachlich ohne große Bedeutung, für Juristen dagegen ganz wesentlich. „Unverzüglich" definiert das Gesetz in § 121 BGB mit „ohne schuldhaftes Verzögern", wobei „schuldhaft" bedeutet, dass er seiner Verpflichtung vorsätzlich oder fahrlässig nicht nachkommt. Unverzüglich erfordert keine sofortige (also umgehend, ohne nennenswerten zeitlichen Abstand), sondern eine unter den gegebenen Umständen und bei Berücksichtigung der Interessen der Gegenseite alsbald mögliche und zumutbare Handlung. Ähnliches findet sich im Koreanischen: *chich'e ŏpsi* 지체 없이 (unverzüglich) wird in der Gemeinsprache als Synonym für ‚*chŭksi* 즉시 (sofort)' verstanden, in der Rechtssprache aber strikt unterschieden. Dies ist bei der Übersetzung zu berücksichtigen, um Fehler mit fatalen Folgen zu vermeiden.

‚Regelmäßig' wird in der Rechtssprache im ursprünglichen Wortsinn als ‚der Regel gemäß' (wenn also keine Ausnahme greift) verstanden, dagegen in der Gemeinsprache eher als ‚zeitlich gleichmäßig wiederkehrend' oder ‚häufiger'. Regelrecht konträr wird der Begriff ‚grundsätzlich' gebraucht: Während in der Gemeinsprache

136 Siehe Constantinesco, 1972, 165

137 Ausführlich bei Fluck 1996, 160–176. Schmidt-König (2005, 8) spricht hierbei die Wechselwirkung zwischen Rechts- und Gemeinsprache an.

138 Fluck 1996, S. 42.

139 Arntz/Picht/Maier 2002, S. 22.

140 Fleiner-Gerster 1985, 149.

damit zum Ausdruck gebracht wird, dass etwas so grundsätzlich, also fundamental ist, dass es davon keinerlei Ausnahme geben darf, wird es in der Rechtssprache dann benutzt, wenn es eine Regel mit (häufig vielen) Ausnahmen gibt. ‚Grundsätzlich' im juristischen Sprachgebrauch heißt, dass man zunächst feststellen muss, ob eine der vielen Ausnahmen zutrifft. Nur wenn dies nicht der Fall ist, kommt der Grundsatz zur Anwendung. Der Begriff ‚grundsätzlich' bedeutet also in der Gemeinsprache ausnahmslos, in der Rechtssprache aber impliziert er geradezu Ausnahmen.

Das präzise juristische Begriffsnetz gründet demnach auf der unpräzisen Gemeinsprache[141] und enthält Ausdrücke, die der Form nach mit denen der Gemeinsprache übereinstimmen, auf der Inhaltsebene aber von dieser abweichen.[142] Der Übersetzer muss derartige Begriffe in einem Text als solche erfassen. Wie Kalverkämper richtig erkannt hat, ist es geboten „ihr Verständnis nicht primär aus dem umgebenden Kontext herauszuholen, sondern es als Vorwissen, als Wissenshorizont, als systematischen Texthintergrund, als Modalität spezifischer Sehweise notwendig präsent zu haben."[143]

#### *2.1.2.2.3 Vagheit: Polysemie und unbestimmte Rechtsbegriffe*

Gelegentlich wird die These vertreten, dass das Hauptmerkmal der Fachsprache in ihrer Exaktheit liege, während bei der Gemeinsprache relative Vagheit in der Kommunikation hingenommen werden könne.[144] Nach von Hahn ist der Hauptgrund, dass in der Terminologiearbeit sehr großer Wert auf eine zielgerichtete und methodische Vorgehensweise beim Aufbau einer Terminologie oder Nomenklatur gelegt wird, um Vagheit zu vermeiden.[145] Dies mag für naturwissenschaftliche, technische Fachsprachen stimmen, aber nicht für Rechtssprache. Sie enthält unzählige unbestimmte Rechtsbegriffe, die sich nicht einfach in die Kategorie ‚Vagheit' einordnen lassen.

Hart nennt Ungenauigkeit, Unbestimmtheit, Zweideutigkeit und Polysemie „offene Struktur"[146] der Sprache. Im Hinblick auf die Präzision, aber auch bezüglich der Verständlichkeit von Normen ist diese offene Struktur problematisch, die ein und denselben Begriff in verschiedenen Bedeutungen verwenden oder nicht eindeutig zuordnen lässt. Viele Ausdrücke der Gemeinsprache sind scheinbar identisch mit der Rechts-Terminologie. Auch Jean d´Heur unterscheidet 1. Rein-juristische und 2. gemeinsprachlich und juristisch verwendete Termini.[147] Bestehen bei der Verwendung in der Rechts- und Gemeinsprache unterschiedliche Bedeutungsvarianten, dann

---

141 Fluck 1996, 186.
142 Oksaar 1988, 186–187; identisch auch bei Stolze 1999, 47 und HdR 2008, Rn. 57.
143 Kalverkämper 1983, 155.
144 von Hahn (1998a, 378) widerlegt dies an Hand von Beispielen aus technischen Fachsprachen.
145 Siehe von Hahn 1998a, 378.
146 Hart 1973, 173.
147 Siehe Jean d´Heur 1998, 1290.

entsteht beim zweiten Typus auch eine Polysemieproblematik. Bei der Übersetzung von juristischen Texten muss bestimmt werden, ob der Terminus in der Bedeutung der Rechts- oder der Gemeinsprache verwendet wurde. Denn beides ist möglich.

Arntz/Picht/Mayer geben an, Polysemie trete häufiger in der Gemeinsprache als in der Fachsprache auf.[148] Es kommt aber auch vor, dass ein und derselbe Begriff in verschiedenen Gesetzen jeweils mit unterschiedlicher Bedeutung verwendet wird. Sogar innerhalb eines Gesetzes kann dies vorkommen, wenngleich es nicht passieren sollte. Im koreanischen ZG wird z. B. *sŏnŭi* 선의 善意 im familienrechtlichen Teil in anderer Bedeutung benutzt als in den anderen Teilen (vgl. 2.2.1).

Ein Verstoß gegen den „Grundsatz der einheitlichen Begriffsverwendung in einem Gesetz"[149] schadet nicht nur der Präzision des Gesetzes, sondern führt zu erheblichen Verständnis- und damit auch Übersetzungsschwierigkeiten. In Gesetzestexten dennoch auftretende Polysemie stellt aus der Sicht von Fach-Übersetzern allerdings meist kein großes Problem dar; durch den Gesetzeskontext und das juristische Fachwissen ist klar, in welcher Bedeutungsvariante sie verwendet worden ist. Probleme und sogar in schwerwiegender Form treten viel öfter bei der Übersetzung von Texten eines Einzel-Verfassers auf, z. B. von Anwaltsschreiben. Hier ist die Verfasserabsicht nicht immer eindeutig, weder objektiv noch für den Übersetzer erkennbar. In diesem Fall darf der Übersetzer diese Polysemie nicht beliebig auslegen, sondern muss versuchen, diese möglichst als solche zu belassen, selbst wenn sie dann eine lange erklärende Fußnote verlangt. Für den Adressaten der Übersetzung sind Fehler, Unklarheiten oder Ungereimtheiten und Widersprüche in einem Urteil oder gegnerischen Anwaltsschreiben (oder gar dem des eigenen Korrespondenzanwalts) Angriffspunkte von u. U. entscheidender Bedeutung. Hier kommt es auf jede Nuance der Darstellung an. Ähnliches gilt bei Patentschriften u. dgl.

Unter einem **unbestimmten Rechtsbegriff** versteht man einen Begriff, dessen Inhalt und Umfang weitgehend ungewiss ist. Dies gilt schon von solchen in das Recht übernommenen natürlichen Begriffen wie ‚Nachtruhe', ‚Lärm', ‚Gefahr' oder ‚Sache'.[150] Oft werden sie auch bewusst verwendet, um dem sich wandelnden Zeitgeist Raum für eine auch nach zukünftigem Erkenntnisstand zutreffende Interpretation zu geben oder um Einzelfallgerechtigkeit bei der Rechtsanwendung zu ermöglichen. Hier spricht man von „beabsichtigter Vagheit".[151] Die Eigenart der Rechtsbegriffe liegt also nicht darin, dass sie ungewollt ungenau sind oder mehrere Gegenstände bezeichnen; oft betreffen sie gar keinen Gegenstand (z. B. ‚Treu und Glauben').[152] Unbestimmte Rechtsbegriffe sind immer fallentsprechend

---

148 Siehe Arntz/Picht/Mayer 2002, 129.

149 Hill 1982, 123.

150 Genaueres über die juristische Auslegung bezügl. unbestimmter Rechtsbegriffe siehe Engisch 1968, 106–133.

151 Eriksen 2002a, 214.

152 Siehe Minke 1991, 457.

auszulegen und anzuwenden, sie unterliegen der gerichtlichen Kontrolle, können aber auch Raum für ein sog. Tatbestands-Ermessen oder einen Beurteilungsspielraum lassen.

Auf der Rechtsfolgeseite der gesetzlichen Regelungen können Ermessensspielräume eingeräumt werden, welche jedoch nicht mit der Interpretation von unbestimmten Rechtsbegriffen verwechselt werden dürfen. Dies ist für die Übersetzung von essentieller Bedeutung: Beim Ermessensspielraum wird eine sinngemäße Übersetzung selten negative Auswirkungen haben. Bei unbestimmten Rechtsbegriffen (also auf der Tatbestandsseite von Rechtssätzen) kommt es dagegen auf alle genannten Nuancen an, da es hier um die richterlich nachprüfbare und entscheidungsrelevante Interpretation geht. Daher muss hier auch eine nur sinngemäße Übersetzung unterbleiben.

Die vielkritisierten und als mögliches Übersetzungshindernis bezeichneten ‚unbestimmten Rechtsbegriffe' können sicherlich ein Hindernis beim Verstehen des Rechtstextes sein und zwar schon innerhalb einer Kommunikationsgemeinschaft,[153] erst recht zwischen Angehörigen unterschiedlicher Rechtssysteme und damit auch Rechtssprachen. Dies ist aber ein inhaltlich-kommunikatives Problem der Anwender der Fach-(Rechts-)Sprache und nicht notwendigerweise des Übersetzers. Er hat hier nur die Rolle des objektiven Vermittlers, die eigentlichen sprachlichen bzw. Interpretations-Probleme bleiben den Juristen in ihrem dogmatischen Streit, bei ihrer Rechtsvergleichung oder Interpretation bei der Anwendung in ihrem Streitfall überlassen. In der jeweils anderen Rechtsordnung gibt es oft vergleichbare Institute und Begriffe, also funktionale Äquivalente. Problematisch wird es, wenn der Übersetzer schon nicht versteht, was der Ausdruck im AT bedeutet, weil er die Fachbegriffe des einen oder gar beider Rechtssysteme und damit Rechtssprachen in ihrer jeweiligen Bedeutung nicht oder nicht richtig kennt, wie schon KALVERKÄMPER festgestellt hat (vgl. 2.1.2.2.2). Viele Rechtsbegriffe sind abstrakt, aber gut dokumentiert und bereiten daher nicht mehr Probleme als andere Rechtsbegriffe – vorausgesetzt, dass der Übersetzer ausreichende Fachkenntnisse in beiden Rechtssystemen besitzt, es sich um einen Juristen mit guten Kenntnissen in beiden Sprachen handelt oder ein entsprechendes Team zusammenarbeitet.

### *2.1.2.2.4 Sprachökonomie: Standardformeln, Kurzwörter und Abkürzungen*

Dichter suchen immer wieder nach neuen sprachlichen Mitteln und versuchen ihren individuellen einmaligen Stil zu finden. Im Rechtstext ist stattdessen Eindeutigkeit und Ökonomie gefragt. Insbesondere aus Sicht der Sprachökonomie verdient die

153 SCHMIDT-KÖNIG (2005, 63–65, 275) sieht abstrakte und unbestimmte Rechtsbegriffe als Problem der Übersetzung; nach ECKARDT (2000, 32) können diese unterschiedlichen Auslegungsmethoden zu Vagheit führen und eine Kommunikationsstörung zwischen Juristen und Laien verursachen. Dies ist m. E. zu allgemein; die Kommunikationsstörung entsteht dadurch, dass Laien ihren Sinn und die Auslegungsmethode nicht kennen.

sprachliche Routine und die damit verbundene juristische Textkonvention Aufmerksamkeit. Standardformeln[154] dienen der Einheitlichkeit von Texten. Sie signalisieren oder markieren ohne lange Erläuterungen einen bestimmten Rechtstext.

In jeder Sprachgemeinschaft gibt es sprachliche Konventionen. Mit diesen kann man mit minimalem Aufwand den kommunikativ angemessenen Zweck erfüllen, da man nicht jedes Mal neue individuelle Formulierungsarbeit leisten muss, um auf wiederkehrende Situationen zu reagieren. Diese Formeln sind aber wegen ihrer Kulturbedingtheit als latente Gefahr bei der interkulturellen Kommunikation, somit auch bei der Übersetzung juristischer Texte zu berücksichtigen. Ihre lexikalische Bedeutung an sich spielt oft nur eine geringe Rolle, ihre Funktion ist umso wichtiger. So dient „Im Namen des Volkes" als Einleitungsformel der deutschen Urteile, die unter Betonung des Demokratieprinzips deren Anfang markiert. Warum gerade diese eigentlich unnötige Formel verwendet wird, wird nicht hinterfragt. Aber sie wird nur zur Einleitung von Urteilen benutzt und ermöglicht damit dem Leser, auf einfache Art Urteile von allen anderen gerichtlichen Entscheidungen (also z. B. Beschlüssen oder verfahrensleitenden Entscheidungen) und Hinweisen zu unterscheiden.

Auf Grund ihrer langen unterschiedlichen Entwicklung haben sich auch von Sprache zu Sprache differierende automatisierte Standardformeln ausgebildet. Stolze weist m. E. zu Recht darauf hin, dass der Übersetzer hierbei über keine Formulierungsfreiheit verfügt.[155] Im Unterschied zu anderen standardisierten Formeln versucht man diese Standardformeln zumindest bei der Rechtssetzung zu reglementieren. So veröffentlichte das Bundesjustizministerium Empfehlungen für die rechtsförmliche Gestaltung von Gesetzen und Rechtsverordnungen als „Handbuch der Rechtsförmlichkeit" (HdR).[156]

Unter Kurzwortbildung versteht man die Bildung eines Wortes durch Kürzung einer längeren Vollform. Sie erfüllt die Funktion der Sprachökonomie[157] und findet sich auch in der juristischen Fachsprache. Aber es muss beachtet werden, dass solche Kurzwörter nicht beliebig nach persönlichem Geschmack gebildet werden dürfen. Sie sind auch Sprachzeichen. Wenn einmal solche eingeführt und definiert worden sind, sind sie in dieser Form beizubehalten. Zu beachten ist, dass die gewählten Kurzwörter eindeutig als Synonym für die Vollform identifizierbar sein müssen

154 Standardformeln sind in der Phraseologieforschung vor allem unter dem Namen Routineformeln bekannt, vgl. Lüger 2007, 444–459; auch kommunikative Formeln (Fleischer), pragmatische Idiome (Burger), Routineformeln (Coulmas). In der vorliegenden Arbeit werden diese Phraseme als Standardformeln bezeichnet.

155 Siehe Stolze 1992, 191; 1999, 56.

156 HdR 2008. Handbuch der Rechtsförmlichkeit: Empfehlungen des Bundesministeriums der Justiz für die rechtsförmliche Gestaltung von Gesetzen und Rechtsverordnungen nach § 42 Absatz 4 und § 62 Absatz 2 der Gemeinsamen Geschäftsordnung der Bundesministerien, hrsg. vom Bundesministerium der Justiz, Köln, Bundesanzeiger, 2008.

157 Duden 2009, 668.

(z.B. das umgangssprachliche ‚Uni' für Universität) und nicht schon anderweitig belegt sein dürfen.

Das „principle of least effort" gilt auch und gerade bei Abkürzungen. Nach ZIPF kürzen Menschen Wörter, die sie sehr häufig verwenden, in ihrer Lautsubstanz, während sie bei seltenen Wörtern größere Längen tolerieren.[158]

> The law of abbreviation seems to reflect on the one hand an impulse in language toward the maintenance of an equilibrium between length and frequency, and on the other hand an underlying law of economy as the causa causans of this impulse toward equilibrium.[...]. That economy, or the saving time and effort[...][159]

HOFFMANN bezeichnete die Verwendung von Abkürzungen als „letzte Stufe der Straffung von Termini".[160] Abkürzungen sind bei der Übersetzung nicht unproblematisch. Sie sind weder immer eindeutig noch überall identisch, auch so kann die Problematik von Polysemie entstehen. Die zunehmende Verwendung von Initialabkürzungen führt zu Unklarheiten, wenn der Kontext keine Hilfe bietet.[161] Sie werden von ihren Benutzern meist im eigenen Fachkontext als selbstverständlich gebraucht. In anderen Fachkreisen oder anderen Ländern gibt es jedoch häufig gleichlautende Abkürzungen für ganz andere Begriffe bzw. Bezeichnungen. Andererseits werden dort für dieselben Inhalte andere Abkürzungen benutzt (oft schon wegen der anderen Sprache). Der Übersetzer muss die jeweiligen Abkürzungen kennen und den fachlichen Kontext berücksichtigen. Z. B. wird UFO (für *unidentifiziertes fliegendes Objekt, Unidentified Flying Object*) in romanischen Sprachen als ‚ovni' bezeichnet, andererseits nennt sich die Organisation unabhängiger Flugbegleiter auch ‚UFO'.

Bei Übersetzungen vom Koreanischen ins Deutsche findet sich für das Familiengericht oft die Abkürzung FG. Die Abkürzung FG steht in Deutschland aber für das Finanzgericht.[162] Missverständnisse bei der Dekodierung auch unter Fachleuten sind damit vorprogrammiert.

### *2.1.2.2.5 Anonymität und textkonventionelle Aspekte von Rechtstexten*

Es gibt Untersuchungen, die zeigen, wie sich Fachtexte untereinander und von anderen Textarten syntaktisch und stilistisch unterscheiden. Syntaktische und textkonventionelle Aspekte der Rechtstexte wurden in der einschlägigen Literatur aber

158 ZIPF 1965, 30–33, 38–39.
159 ZIPF 1965, 38.
160 HOFFMANN 1985, 175. Er benutzt die Bezeichnung „Abbreviaturen" für Abkürzungen.
161 So auch FIJAS 1998, 392.
162 Abkürzungen für die Verfassungsorgane, für Bundesbehörden und -gerichte sowie für sonstige Einrichtungen sind im „Abkürzungsverzeichnis des Bundesverwaltungsamtes" aufgeführt (Bekanntmachung des Bundesverwaltungsamts vom 15. August 2005 (GMBl 1061).

noch nicht gebührend berücksichtigt.[163] In der bisherigen Forschung im Bereich der Übersetzung von Rechtstexten wurde das Augenmerk vor allem auf die Lexik gerichtet. Plausibles Beispiel der lexikalischen Mittel zur Anonymisierung ist die Tabuisierung des Ich. Stattdessen verwendet man die dritte Person, unpersönliche Pronomina oder verzichtet gänzlich auf ein Agens.[164]

Vlachopoulos stellt fest, dass die syntaktische Struktur und textuelle Aspekte, die das komplexe systembezogene juristische Denken reflektieren, auch beim Übersetzen oft verkannt werden bzw. – falls doch erkannt – hohe Anforderungen an Fähigkeiten und Wissen des Übersetzers stellen.[165] Er meint, dass die syntaktische Struktur als solche ihren eigenen semantischen Stellenwert hat, den zu entschlüsseln eine übersetzerische Aufgabe ist.[166]

Hoffmann ist der Meinung, dass in der Morph-Syntax weder eigenständige fachsprachliche Subsysteme noch allgemeine Erweiterungen durch die Fachkommunikation bestünden. Nach ihm lässt sich lediglich ein eingeschränkter Gebrauch der grammatikalischen Mittel beobachten.[167] Demnach sind häufig wiederkehrende bestimmte Muster zu beobachten:[168]

1. Das Verb verliert seinen konkreten Zeitbezug und steht zumeist im Präsens, insbesondere in der 3. Person Singular.
2. Das Verb steht häufig im Passiv.
3. Als Wortart spielt es eine relativ geringe Rolle, stattdesssen werden Funktionsverbgefüge, Partizipialkonstruktion etc. verwendet.
4. Das Adjektiv tritt verhältnismäßig häufig auf (Präzisierung und Differenzierung).
5. Das Substantiv spielt eine wichtige Rolle, der Singular wird wesentlich häufiger als der Plural, der Genitiv wird gehäuft verwendet.
6. Das Pronomen tritt selten auf.[169]

Das Verb im Präsens bedeutet hier keine zeitliche Zuordnung, sondern beruht auf dem Streben nach Abstraktion und allgemeingültiger Aussage („Die Würde des Menschen ist unantastbar" Art. 1 S. 1 GG). Die Verwendung der 3. Person dient einer unpersönlichen Darstellung als Beobachter, nicht als Beteiligter.[170] In der Passivkonstruktion steht der Kernbegriff im Vordergrund. Die Aussage ist unabhängig von der persönlichen Meinung eines individuellen Autors. All dies dient der Betonung

---

163 Lobenswerte Ausnahmen sind z. B. Stolze (2009, 223–224) und Arntz (2001, 297–310). Sie vergleichen die Argumentationsstruktur von Gerichtsurteilen aus dem kontinentaleuropäischen Rechtskreis mit dem common law.

164 Siehe Oksaar 1998, 398.

165 Siehe Vlachopoulos 2011, 77–78.

166 Siehe Vlachopoulos 2011, 78–79.

167 Hoffmann 1998a, 416.

168 Siehe Hoffmann 1985, 105–115, 1998a; seine Beobachtung bezieht sich zwar auf Fachsprache allgemein, aber m. E. ist sie auch auf die Rechtssprache anwendbar.

169 Hoffmann 1985, 109.

170 Hoffmann 1985, 105.

der objektiven Aussage. Nach ARNTZ ist das Postulat nach Präzison der Rechtsbegriffe der Grund, weshalb in der juristischen Fachsprache, insb. der Gesetzessprache, auch Substantive bevorzugt werden.[171]

Erstaunlich ist, dass dieser Stil von Juristen selbst kritisiert wird, aber leider zu undifferenziert, insb. ohne zwischen Stil und Textfunktion zu unterscheiden und deren Bedeutung zu beachten. So ist z.B. WALTER der Meinung, dass die aufgeblähte Passivkonstruktion verursacht wurde „durch den Wunsch der Juristen, Rechtsordnung und Rechtsanwendung freizuhalten von menschlicher Willkür, und das sicherste Mittel dazu ist, den Menschen insgesamt zu entfernen und ausschließlich das Gesetz übrigzulassen, die Gerichte und die Behörden, die dann wie ein Großrechner unbestechlich ihre Entscheidungen auswerfen."[172] Während in deutschen Verträgen häufig die Passivform und das Präsens verwendet werden, stehen Verben bei vertraglichen Regelungen im Koreanischen oft in Formen des Aktivs und Futurs, insbesondere bei der Formulierung von Verpflichtungen.

KUPSCH-LOSEREIT schlägt als angemessenes Vorgehen bei der Übersetzung von Gerichtsunterlagen die Beibehaltung der Makrostruktur des AT und die Anpassung der Mikrostruktur (Standardformeln, formelhafte Wendungen, archaische Formen, forensische Terminologie usw.) an die zielsprachlichen Konventionen vor.[173] Bei Vertragstexten sind in der Makrostruktur die für die Vertragsgestaltung unverzichtbaren Elemente zu erhalten, auf mikrostruktureller Ebene sollten die Sprechakte (bei Verträgen z.B. Verben der Verpflichtung, der Erlaubnis, des Versprechens) den zielsprachlichen Normen angepasst werden.[174]

### *2.1.2.3 Rechtstextsorten und ihre Konvention*

Die Einteilung der Rechtstexte von GÉMAR ist inzwischen fast ein Klassiker. Ihm zufolge unterscheidet man innerhalb der Rechtstexte die folgenden Kategorien: „catégories juridiques": „loi", „jurisprudence", „contrat" und „doctrine".[175] Heute ist eine Unterscheidung in drei Hauptgruppen gängig.[176] Sie lässt sich wie folgt charakterisieren:

---

171 Siehe ARNTZ 2001, 208.

172 WALTER 2007, 64.

173 KUPSCH-LOSEREIT 2006, 226–227.

174 KUPSCH-LOSEREIT 2006A, 228–230.

175 GÉMAR 1989, 599–614.

176 WEISFLOG, 1996, 19, 53; KÜHN 2011, 586 (beide anscheinend in Anlehnung an PODLECH 1975, 162). In der juristischen Terminologieforschung der 90er Jahre sind mehrere Versuche unternommen worden, die Rechtssprache nach verschiedenen Kriterien zu strukturieren. So unterscheidet z.B. SANDRINI (1999, 12–13) drei Typen von juristischen Textsorten: Rechtssetzung (Verträge, Satzungen), Rechtswesen (Urteile, Aussagen, Gutachten, Klageschriften usw.) und Verwaltung (Behördensprache und institutioneller Schriftverkehr); ŠARČEVIĆ (1997, 11–12) unterscheidet ausgehend vom Gegensatzpaar „präskriptiv/deskriptiv" zwischen primär präskriptiven Texten (Gesetze, Verordnungen, Verträge), hybriden Texten, die primär deskriptiv sind, aber auch präskriptive Teile enthalten (Klageschriften, Anträge) und deskriptiven Texten

1. Normative Texte: Rechtsquellen im Sinne von Rechtsnormen, Gesetzessprache (Normsprache)
2. Entscheidungstexte: Gerichtsentscheidungen, Richtersprache (Rechtfertigungssprache)
3. Auslegungstexte: Juristische Literatur, Sprache der Rechtswissenschaft (dogmatische Sprache)

Nicht erfasst ist damit die ganze Flut von nationalem und internationalem juristischem Schriftverkehr zwischen Behörden, Anwälten usw., die nur zu geringen Teilen Elemente aus diesen drei Gruppen enthalten. Unter Beachtung aller gängigen Arten von juristischen Texten kann Folgendes gesagt werden:

Die Textfunktion von Gesetzen ist in ihrer ursprünglichen Form eine imperative. Gesetze sind an eine Allgemeinheit gerichtet. Mit der Übersetzung nimmt diese Textfunktion auch noch eine andere Gestalt an. Der Empfänger benötigt die Übersetzung meist zu Informationszwecken. Rechtsvergleicher wollen z. B. wissen, wie das Gesetz im von ihnen untersuchten Staat bestimmte Sachverhalte regelt und wie die Regelungstechnik ist. Ein Rechtsanwalt will im Rahmen seines Mandats wissen, wie das koreanische Eherecht den gesetzlichen Güterstand regelt, wenn Immobilien allein auf den Namen des Ehemannes eingetragen sind. Nach Weisflog wird hier erwartet, dass die Übersetzung sich möglichst genau (wörtlich) „treu" an den Originaltext hält.[177] M. E. schließt Weisflog aber zu undifferenziert aus dem Informationszweck darauf, dass dafür immer eine größtmögliche formelle Übereinstimmung, eine ausgangssprachorientierte Übersetzung erforderlich ist.[178] Bei ‚bloßem' Informationsbedürfnis des Adressaten ist aber eine zusammenfassende, am Inhalt orientierte und dem Rechtsverständnis des Adressaten gemäße Übersetzung nützlicher als die wort- und satzbaugetreue Wiedergabe des Textes. Letzteres ist hingegen für den Rechtsvergleicher von höchster Bedeutung.

Eigene Kriterien gelten für Zusammenfassungen und Informationen über Rechtsgrundlagen, die sich an Adressaten wie Kaufleute und Touristen richten. Sie sollen einen schnellen Zugriff auf bestimmte Grundlagen des fremden Rechts ermöglichen. Eine solche Darstellung sollte nicht die typische Gesetzessprache benutzen, sondern verständlich und ökonomisch aus Sicht der spezifischen Adressaten sein. Bei solcher Bearbeitung und Übersetzung ist es auch gerechtfertigt, überflüssige Wörter wegzulassen, auf stilistische Eigenarten des AT keine Rücksicht zu nehmen[179] und funktionale Äquivalenzen zu suchen.

---

(Lehrbücher). Die Einteilungen von Otto (1981, 51–52): Gesetze, Urteile, wissenschaftliche Texte, behördlicher Schriftsverkehr, Verwaltungsjargon und sonstige, wobei Rechtssprache und Verwaltungssprache nicht differenziert behandelt werden. Auch (in Anlehnung an Otto) Stolze 1992, 177.

177 Weisflog 1996, 54.

178 Weisflog 1996, 54.

179 Siehe Schroeder 2005, 237.

Für die eigentliche Fachkommunikation, insb. für die Rechtsvergleichung ist eine derartige Bearbeitung jedoch nicht brauchbar. Hier geht es um die Übertragung in die eigene Sprache und auch in die eigene Rechtssprache, aber auch um die ‚Einordnung' in das eigene Rechtssystem. Die Möglichkeit zur Aufdeckung von Entsprechungen und Unterschieden sowie die Erkenntnismöglichkeiten über sprachliche, gesetzestechnische und stilistische Eigenarten des fremden Gesetzes darf nicht abgeschnitten werden. Deswegen sind Hinzufügen, Weglassen oder eine Änderung des Satzbaus hier nicht erwünscht. Wegen der Vernetzung der Gesetzestexte muss der Übersetzer auch auf die Zahl der Sätze achten. Sonst können spätere Änderungen des Gesetzes oder Verweisungen nicht nachvollzogen werden. Es ist also unbedingt zu differenzieren, für wen und zu welchem Zweck die Übersetzung dient.

Gerichtsentscheidungen und deren Übersetzung kommt außer der üblichen informativen Funktion auch eine imperative Funktion zu. Hier bleibt die Textfunktion von AS und ZS konstant. Eine beglaubigte Übersetzung ist notwendig, wenn z. B. eine gerichtliche Scheidung in Korea auch in Deutschland anerkannt werden soll. Anders als beim Gesetzestext sind Texte von Einzelentscheidungen wie alle Entscheidungen und Schreiben im Rahmen der Gesetzesanwendung, sei es vor Gericht, in Streitigkeiten mit Assistenz von Anwälten oder vor Verwaltungsinstanzen, nicht neutral. Auch die Richtersprache erweist sich wie die der Behörden oder Anwälte trotz ihrer fachlichen Konvention kontextgebunden. Und diese Texte weichen nicht nur im Stil oft deutlich voneinander ab (durch die Persönlichkeit des Verfassers geprägt), sondern auch im Gebrauch mancher Fach- oder Pseudo-Fachausdrücke (Eigenschöpfungen, eigene oder selten benutzte Schlagwörter z. B. für Sachverhalte oder Urteile oder ‚Lieblingswörter' des Verfassers). Textsortenspezifische Konventionen in Korea und Deutschland insb. auf Makroebene – z. B. wie ein Urteil beginnt, strukturiert ist oder abschließt – stimmen nicht überein, Lexik und Syntax müssen im Kontext übersetzt werden.

Fachtliteratur ist zumeist an ein Fachpublikum gerichtet.[180] Wie in (anderen) geisteswissenschaftlichen Disziplinen gibt es auch hier viele Schulen und eigene Fachausdrücke. Zwar lässt sie sich wegen des Objektivitätsanspruchs als wissenschaftliche Abhandlung allgemein charakterisieren: Die Texte sind sachlich bzw. anonym, daraus folgend wird die Passivkonstruktion bevorzugt. Aber die Fachausdrücke sind nicht immer einheitlich. Das sprachliche Muster ist nicht so festgelegt wie in Gesetzestexten und weist noch auf Individualität hin. Es gibt in der Literatur im Laufe der Zeit entwickelte Begriffe wie ‚Drei-StufenTheorie', ‚Zitierverbot' oder ‚Verhältnismäßigkeitsprüfung', deren Bedeutung sich ohne vertieftes Studium nicht erschließen lässt. Die Sprache von RADERUCH[181] ist nicht zwingend die gleiche wie

---

180 Nach OTTO (1981, 52) ist bei dieser Textsorte die „fachsprachliche Intensität" am stärksten erkennbar.

181 Gustav RADBRUCH (21. 11. 1878–23. 11. 1949, Reichsjustizminister in der Weimarer Republik, Rechtsphilosoph). Seine Hauptwerke wurden in zahlreiche Sprachen

die von GROSSFELD[182]. Hier wäre es fehl am Platz, wenn der Übersetzer aus vermeintlichem Zwang zur Originaltreue die Intention des Autors vernachlässigt oder die individuelle Verwendung der Begriffe nicht berücksichtigt.

Von den vielen anderen juristischen Texten lassen sich die Verträge samt den AGB am ehesten mit Entscheidungen von Gerichten und Behörden vergleichen. Sie alle müssen eindeutig, also präzise und damit vollziehbar bzw. vollstreckbar, jedoch gleichermaßen verständlich und überzeugend sein. Sie wenden sich sowohl an (andere) Juristen als auch an Laien, allerdings nicht an die Allgemeinheit, sondern an einen spezifischen Adressatenkreis von Betroffenen oder Interessenten. Korrespondenz zwischen Anwälten und Behörden dagegen wendet sich an juristisch vorgebildete Adressaten und verwendet deshalb in ähnlichem Umfang wie in der Wissenschaft Fachtermini und ist von Sprachökonomie geprägt. Diese dienen alle der Fachkommunikation, müssen eindeutig und explizit sein. Auch jedes Schriftstück, welches zu Dokumentation, Nachweis oder Vollstreckung dient, muss diesen Kriterien standhalten. Deshalb gehören auch Urkunden, Register und dgl. hierher.

Eine Unterscheidung der Rechtstextsorten sollte nach all dem in erster Linie nach deren Adressatenkreis erfolgen, da sich offensichtlich daraus der Grad der Fachsprachlichkeit sowie einige weitere typische sprachliche Merkmale insb. hinsichtlich Stil, Offenheit bzw. Vagheit und Anpassungsfähigkeit von Begriffen und Wendungen ergibt. Denn diese resultieren aus den Anforderungen an die Verständlichkeit einerseits und Präzision und Ökonomie andererseits. Es geht letztlich um die Frage der Adressatengerechtigkeit der Texte. Nach dem Adressatenkreis und den sich daraus sowie aus den sonstigen funktionalen Anforderungen an die zu benutzenden sprachlichen Mittel in der jeweiligen Textsorte ergebenden sprachlichen Eigenheiten lassen sich diese dann kategorisieren wie weiter unten unter 2.6 geschehen. Dazu erfolgt sinnvoller Weise eine Grundeinteilung in Rechtssetzungssprache, Juristensprache und Rechtsanwendungssprache.

### 2.1.3 Rechts- und gemeinsprachliche Besonderheiten des Koreanischen

Abgesehen davon, dass die Grenze zwischen Polysemie und Homonymie oft fließend ist, weist die koreanische Sprache, insbesondere die Rechtssprache, eine Besonderheit auf. Diese liegt in der Vielfalt der **Homonymie**. Sie erlaubt keine einfache Beschreibung wie etwa, dass Homonymie vorliege, wenn zwei verschie-

---

übersetzt, auch ins Koreanische. Für RADBRUCH ist das Recht eine wertbezogene, an der Idee der Gerechtigkeit auszurichtende Realität, die zum Gebiet der Kultur gehört, und damit zwischen Natur und Ideal steht.

182 Bernhard Theodor GROSSFELD (geb. 30. 12. 1933, Jura-Professor mit den Lehrgebieten Bürgerliches Recht, Handels- und Wirtschaftsrecht, Rechtsvergleichung und Internationales Privatrecht). Das Verhältnis von Sprache und Recht ist eines der zentralen Themen in seinen Artikeln zur Rechtsvergleichung, z.B. „Rechtssprache" in: *Kernfragen der Rechtsvergleichung*, Tübingen, 1996, 85–105.

dene Lexeme dieselbe Form haben. Dies mag für das Deutsche zutreffen, für das Koreanische jedenfalls nicht. Dies kennt zwei völlig **unterschiedliche Schriftsysteme**, das reinkoreanische und das sinokoreanische System. Wenn man das Wort *charyŏk* 자력 liest, wird man es spontan verstehen in der Bedeutung „eigene Kraft" 자력 自力. Nur wenige denken dabei an die Kapitalkraft (einer Kapitalgesellschaft) *charyŏk* 자력 資力, was wiederum eine Abkürzung für das Wort *chagŭm nŭngnyŏk* 자금능력 資金能力 ist. Die reinkoreanische Schreibweise ist gleich, in der sinokoreanischen wird der unterschiedlichen Bedeutung Rechnung getragen. Diese Homonyme können im selben Kontext vorkommen. Ohne sinokoreanische Zeichen läßt sich die Bedeutung nicht erfassen.

Ein anderes Beispiel ist das Wort *yaksa* 약사, welches im Arzneimittelgesetz (*yaksa-bŏp* 약사법) häufig vorkommt. Yaksa kann die Person, die mit Arzneimitteln zu tun hat, also Apotheker oder Pharmazeut bezeichnen, aber auch alles Andere, was mit „Arznei-" in Verbindung steht. 약사 藥師 und 약사 藥事 sind keine Polyseme; wenn man sie mit chinesischen Zeichen schreibt, sind es sogar nicht einmal Homonyme. Aber sie können in demselben Kontext vorkommen, wie das Arzneimittelgesetz zeigt. Wenn zwecks Vermeidung chinesischer Zeichen im Rahmen der Modernisierungsbemühungen zur Gesetzessprache nur reinkoreanische Schriftzeichen verwendet werden, besteht die Gefahr der Fehlinterpretation. Die Bemühung, das Recht leichter zugänglich zu machen, bewirkt hier das genaue Gegenteil.

Wenn Rechtsbegriffe in die andere Sprache übersetzt werden, ist auf **terminologische Unterschiede** zu achten, Es gibt Fälle, in denen identische Rechtsbegriffe zwar minimal, aber dennoch unterschiedlich definiert sind. Nach Art. 98 ZG sind *mulgŏn* 물건 物件 „Sachen im Sinne dieses Gesetzes körperliche Gegenstände, Elektrizität und sonstige beherrschbare Kräfte der Natur".[183] Nach § 90 BGB sind Sachen körperliche Gegenstände, gleich ob fest, flüssig oder gasförmig; also beispielsweise auch Wasser oder Gas in Flaschen, was man in der Gemeinsprache nicht als Sache bezeichnet. Von dieser Definition wird aber in § 265 ZPO abgewichen, da die dort besagte Streitsache auch völlig unkörperliche Rechte einschließt. Der Unterschied zwischen dem koreanischen und dem deutschen Recht besteht also darin, dass in letzterem unkörperliche Gegenstände wie die Elektrizität nicht dem Sachbegriff unterfallen. In einem weitverbreiteten zweisprachigen Wörterbuch steht unter dem Begriff *mulgŏn* allerdings „Ware, Artikel, Gut, Gegenstand".[184] Dementsprechend wird in der Gemeinsprache in Korea ebenso wie in Deutschland Elektrizität nicht als Sache verstanden.

Sogar **unterschiedliche Zeichensetzung** kann bei der Übersetzung in die Irre führen, insbesondere bei der Statistik in Jahresabschlussberichten. Anders als im Deutschen (durch Punkte) werden Tausender im Koreanischen durch Kommas getrennt; bei Dezimalstellen wird kein Komma gesetzt, sondern ein Punkt. Um Verwirrung zu vermeiden ist für die Übersetzung empfehlenswert, dass ganze Zahlen, die sich aus mehr als drei Ziffern zusammensetzen, von der Endziffer aus in dreistellige

183 Genaueres über den Sachenbegriff in ZG siehe Lee J. K. 2011, 373–381.

184 Essence 1981, 719.

Gruppen zerlegt und durch einen Abstand voneinander abgesetzt werden: 123 000.[185] Auf keinen Fall darf eine solche Zahl in der Übersetzung wie im koreanischen Original 123,000 geschrieben werden. Allenfalls wäre nach den deutschen Zeichensetzungsregeln auch richtig 123.000. Außerdem gibt es im Koreanischen Satzzeichen, die es im Deutschen nicht gibt, wie ein Mittelpunkt (im Deutschen fungiert dieser Mittelpunkt als mathematisches Mal-Zeichen, im Koreanischen wird als Mal-Zeichen immer „ד verwendet). Dieser Mittelpunkt wird im Koreanischen wie ein Komma gebraucht und verbindet sehr ähnliche oder in engem Zusammenhang stehende Wörter wie Ursache/Folge miteinander (ähnlich dem deutschen und/sowie).

Im **Datum** werden die Zahlen in Korea wie im Deutschen durch Punkte getrennt, die Reihenfolge ist aber anders: Jahr – Monat – Tag, also z.B. 2013. 11. 3 für 3. November 2013. Mitunter werden auch die Wörter für Jahr, Monat und Tag hinter den Zahlen angegeben, z.B. 2013년 11월 3일. Dann werden keine Punkte gesetzt.

Eine unterschiedliche Verwendung gleicher sprachlicher Zeichen in Gemein- und Rechtssprache kommt in Korea sehr oft vor (zu den Gründen siehe Abschnitt 2.3). *Sangdang* 상당 相當 wird in der Gemeinsprache in der Bedeutung ‚ziemlich (viel), beachtlich, beträchtlich' benutzt wie bei *sangdang-han kŭmaek* 상당한 금액 (eine beträchtliche Summe). Aber in der Rechtssprache bedeutet dies ‚entsprechend, in Höhe von (einer Geldsumme oder Zahlen)', wie *suib-e sangdang-hage salda* 수입에 상당하게 살다 (seinem Einkommen gemäß leben, nicht über seine Verhältnisse leben) oder 1,000 *yuro sangdang-ŭi sonhae* 1,000 유로 상당의 손해 (ein Schaden in Höhe von 1000 Euro).

Aus Sicht der Sprachökonomie ist die sog. **Univerbierung**[186] als konzentrierte Kürzung ein entscheidendes Mittel. Nach Fijas ist sie besonders effektiv für die Fachkommunikation, wo durch Univerbierung der Mehrwortterminus zum Einwortterminus wird. Diese verdichtete Variante könne sogar die rezipientenfreundlichere sein; mit einer Verdichtung der Informationen sei eine erhebliche Reduktion des gedanklichen Aufwands zur Speicherung von Informationen für den Fachmann verbunden.[187] Dies trifft nicht auf das Koreanische zu. Aufgrund des Vorhandenseins der chinesischen Zeichen im koreanischen Schriftsystem bedeutet die Entzifferung solcher Zeichen eine doppelte Entschlüsselung. Z. B. ist *hŏbu* 허부 許否 eigentlich eine Kontraktion von *hŏga yŏbu* 허가 여부 許可 與否 (ob die Genehmigung vorliegt oder nicht), kann aber auch missverstanden werden als ‚keine Genehmigung'.

**Abkürzungen** aus der Aneinanderreihung von Anfangsbuchstaben wie ARD, ZDF oder AKW sind in koreanischen Texten nicht möglich, da die koreanische Schrift silbenweise geschrieben wird. Häufig sind dagegen Kurzwörter (wie das deutsche „Kita" für Kindertagesstätte).

---

185 HdR (2008, 56 Rn. 132).empfiehlt auch dieses Verfahren.

186 Darunter versteht man das Ergebnis der Entwicklung einer Wortgruppe hin zu einem einzigen Wort als Bezeichnung für den ursprünglichen Begriff, so Conrad 1985, 260.

187 Fijas 1998, 392.

## 2.2 Rechtssprache, Rechtsvergleichung und Übersetzung

WANDRUSZKA hat in seinem Buch „Das Leben der Sprache" trefflich gesagt: „Vergleichen kann man nur, was durch Übersetzung vergleichbar geworden ist."[188] Bei der Übertragung juristischer Texte gilt aber auch, dass eine zufrieden stellende Übersetzung erst dann möglich ist, wenn zuvor ein Vergleich der verschiedenen Rechtssysteme erfolgt ist.[189] D.h. das Verhältnis zwischen Rechtsvergleichung und Übersetzen juristischer Texte ist wie ein Kreis: Rechtsvergleichung setzt Übersetzung voraus; diese ihrerseits kann nur richtig erfolgen auf der Basis gründlicher Kenntnisse beider Rechtssprachen und damit beider Rechtssysteme; dies bedeutet aber bereits wieder Rechtsvergleichung. So gibt auch SACCO, Nestor der italienischen Rechtsvergleichung, zu, dass eines der größten Probleme der Rechtsvergleichung das der Übersetzung ist.[190] Hierzu zeigt KISCH sehr anschaulich das wechselseitige Verhältnis zwischen der Rechtsvergleichung und der Übersetzung auf:

> ein guter Übersetzer [ist] eigentlich ein von außen nach innen gekehrter Komparatist und ein guter Komparatist eigentlich ein von innen nach außen gekehrter Übersetzer.[191]

Rechtsnormen sind einzelne oder ganze Bündel von sog. Rechtssätzen, die an die Erfüllung eines darin genannten Tatbestands eine bestimmte Folge knüpfen (gesetzlicher Tatbestand und Rechtsfolge) oder ein Gebot für bestimmte Situationen oder ein Verbot bestimmter Verhaltensweisen enthalten. In der Anwendung dieser Normen ist es Aufgabe des Juristen, durch sog. Subsumtion festzustellen, ob ein Lebens- Sachverhalt' (bzw. Verhalten u. dgl.) diesen ‚Tatbestand' erfüllt bzw. welchen gesetzlichen Tatbestand er erfüllt. Sodann muss er ggf. durch Auslegung/Interpretation die daran geknüpfte ‚Rechtsfolge' für den konkreten Fall ermitteln. Der Übersetzer sowohl von Normen wie von Texten der Rechtsanwendung muss immer Beides vor Augen haben: Auf der einen Seite den Text mit seiner Lexik und Syntax; auf der anderen Seite den Sinn, der dem Text zu entnehmen ist. Er ist deshalb immer Fachübersetzer, der die jeweiligen Rechtssysteme kennen muss.[192] In vielen gängigen Sprachpaaren findet

---

188 WANDRUZSKA 1984, 16.

189 DE GROOT (1991, 287) sagt auch: „Die Übersetzung juristischer Terminologie ist wesentlich Rechtsvergleichung."

190 Siehe SACCO 2011, S. 40; auch CONSTANTINESCO 1972, 164–165. Letzterer ist der Meinung, dass sich nur derjenige, der die Sprache und deren Rechtsterminologie kennt, mit der Rechtsvergleichung befassen kann.

191 Isaac KISCH, in: J. M. van Dunné u. a. (Hrsg.) Acht civilisten in burger, Zwolle 1977, 119 [original in niederländisch], zitiert nach DE GROOT 1999, 11.

192 In diesem Zusammenhang geht SACCO (2011, 53) so weit, dass nur dem Rechtsvergleicher die Rechtsübersetzung zu eigen sei: „Die Rechtsübersetzung ist zwar eine Sprachenfrage, aber die Rechtssprache kennt allein der Jurist. Die kritische Kenntnis des Wortinhaltes ist allein dem kundigen Juristen zu eigen. Die kritische Kenntnis der begrifflichen Eigenheiten und Verschiedenheiten über die Grenzen der Systeme hinweg obliegt dem Vergleicher. Deshalb weiß nur der, der das Wissen des Vergleichers besitzt, wie Übersetzung geleistet werden muss."

man deshalb nicht selten Jurist-Übersetzer.[193] Und in Einführungen in die Rechtsvergleichung wird meist die Übersetzungsproblematik behandelt.[194]

### 2.2.1 Systemgebundenheit von Rechtssprache

Eine Besonderheit von Rechtssprache als Fachsprache ist ihre Systemgebundenheit. Jeder Staat hat – wie ausgeführt – (mindestens) eine eigene Rechtssprache.[195] Während die Fachsprache der naturwissenschaftlich-technischen Fächer sich meist auf fassbare Gegenstände bezieht und exakt definierte Termini, oft im Rahmen international normierter Begriffssysteme, kennt,[196] weist Rechtssprache keine international einheitliche Struktur und Terminologie auf. Deshalb können Juristen, die die gleiche Sprache sprechen, aber aus verschiedenen Staaten stammen, an einander vorbeireden, weil Rechtsinstitute vom jeweiligen Rechtssystem abhängig sind und juristische Termini verschieden gebraucht werden.[197] Umgekehrt ist die Übersetzung von Rechtstexten in Ländern mit mehr als einer offiziellen Sprache wie Finnland, Schweden oder Schweiz nicht so schwierig, weil die Rechtsordnung und damit die bezeichneten Gegenstände dieselben sind.[198] Wenn dort Probleme bei der Übersetzung entstehen, sind sie nicht juristischer, sondern linguistischer und stilistischer Art. Der Schwierigkeitsgrad juristischer Übersetzung hängt primär nicht von den sprachsystembedingten Unterschieden, sondern von den Strukturunterschieden zwischen den Rechtssystemen ab. Dabei tritt der Verwandtschaftsgrad der Sprachen hinter den Verwandtschaftsgrad der Rechtssysteme zurück.[199]

---

193 Z. B. Claus Spick, Richter am Bundesgerichtshof a.D. und Übersetzer, Mitbegründer des Europäischen Übersetzerkollegiums.

194 Siehe Constantinesco 1972, 79–81, 164–172; Sacco 2011, 33–57.

195 de Groot 1991, 279–316; 1999a, 11–46; 2002, 22–39; auch Arntz insb. 1999, 185–201. Die Systemgebundenheit der Rechtssprache führt dazu, dass es innerhalb einer Sprache nicht immer nur eine Rechtssprache gibt. Konkret existieren in Korea die südkoreanische und die nordkoreanische Rechtssprache. Letztere ist aufgrund der kommunistischen Ideologie anders (geworden) als die Südkoreas, welches das Recht eines kontinental-europäischen Rechtssystems rezipiert hat.

196 Unter anderem Stolze 1982, 248; 1992b, 223.

197 Zu Kommunikationsproblemen zwischen deutschen und österreichischen Juristen siehe Minke 1991, 450.

198 Siehe Minke 1991, 449–450; Minke, selbst Experte des finnischen Rechts, hat von Übersetzungsproblemen nie gehört; er berichtet über die Auskunft eines offiziellen Übersetzers: Die Arbeit seiner Abteilung sei zwar sehr anspruchsvoll, aber Übersetzungsprobleme rechtlicher Art ergäben sich eigentlich nicht; nach Minke lässt sich das so erklären, dass die Rechtstradition in Finnland an die schwedische Entwicklung angelehnt ist. Schließlich war Finnland bis 1809 schwedische Provinz (Minke 2009, 41). Simonnæs (2002) stellt fest, dass auch keine Unübersetzbarkeit wegen rechtskultureller Unterschiede zwischen Norwegen und Deutschland bestehe.

199 So insb. De Groot 1991, 293. Er führt als Beispiel an, dass die Übersetzungen aus dem Dänischen ins Norwegische weitgehend unproblematisch sind und

Unter dem Blickwinkel der Anzahl der beteiligten Rechtsordnungen sind – nicht nur nach DE GROOT – folgende Hauptfälle der Rechtsübersetzung zu unterscheiden:

1. Die Übersetzung von Texten im Rahmen eines mehrsprachigen nationalen Rechtssystems, wie z. B. in der Schweiz, Belgien, Finnland und Kanada. Hier ist das zugrunde liegende System für alle Sprachen dasselbe.
2. Die Übersetzung von Texten internationalen oder supranationalen Rechts, z. B. die Übersetzung internationaler Verträge[200] und Abkommen bzw. die Übersetzung von EU-Rechtsakten.
3. Die Übersetzung von Texten, die zu einem einsprachigen nationalen Rechtssystem gehören, in eine andere Sprache mit einem anderen einsprachigen Rechtssystem, z. B. die Übersetzung von Texten koreanischen Rechts ins Deutsche.

Aus übersetzungsmethodischer Perspektive ist der dritte Fall der schwierigste, da im Übersetzungsvorgang hier neben dem Sprachvergleich auch der Vergleich der beiden Rechtssysteme erforderlich ist. Dabei fällt die ‚ewige' Frage der Übersetzungspraxis, ob angleichend oder verfremdend zu übersetzen ist (so unpräzise diese Begriffe auch sein mögen), besonders ins Gewicht. Denn Gesetze, Begriffe und rechtliches Weltbild sind von Rechtsordnung zu Rechtsordnung zu unterschiedlich. Die Übersetzung muss aber die Eigentümlichkeiten des zu übersetzenden Gesetzes so weit wie möglich wahren, nur dann taugt sie als Material für eine Vergleichung von Rechtsetzungs- und Rechtsanwendungs-Technik wie auch für die Lösung konkreter eigener Fälle.

Dabei muss dem Rechtsübersetzer immer klar sein, dass auch innerhalb eines Rechtssystems die Bedeutung eines Begriffs nicht immer die gleiche sein muss. Ein anschauliches Beispiel für den unterschiedlichen Gebrauch von Ausdrücken sowohl zwischen Gemeinsprache und Rechtssprache wie auch innerhalb Letzterer sind die Ausdrücke *sŏnŭi* 선의 善意 und *agŭi* 악의 惡意.[201] In der Gemeinsprache bedeutet *sŏnŭi* ‚guter Wille, gute Absicht'. Als juristischer Terminus ist *sŏnŭi* eine Übernahme des gleich geschriebenen sinojapanischen Rechtsbegriffs, der seinerseits die Übersetzung des deutschen Rechtsbegriffs ‚Guter Glauben' ist, welcher wiederum die wörtliche Übersetzung des lateinischen *bona fides* war. Im rechtlichen Kontext ist damit gemeint, dass der Betreffende in der Annahme oder in Unkenntnis be-

Übersetzungsprobleme im Fall mehrsprachiger Staaten mit einem Rechtssystem, wie z. B. Finnland, trotz der sprachsystembedingten Unterschiede gänzlich wegfallen würden (1999, S. 45–46.; auch in 2002, 222–236).

200 Zu Übersetzungsfehlern beim Freihandelsabkommen EU – Korea und deren Folgen vgl. Kapitel 2.5.

201 Mitsukuri (箕作), ein Japanischer Forscher für das französisches Recht, hatte in der ersten Ausgabe von seiner Veröffentlichung „佛蘭西民法 (französisches Zivilgesetz)" die Begriffe ‚Bonne foi' und ‚mauvaise foi' zunächst richtigerweise als ‚正意' und ‚不正意' bezeichnet. Diese wurden jedoch in der späteren Ausgebe im Jahr 1883 in 善意 und 惡意 umbenannt und so als Rechtsbegriff etabliert (siehe LIM J.-H. 2002, 34).

stimmter Umstände handelt und von der dadurch angenommenen Lage bei seiner Handlung auch ausgehen durfte. Der lateinische Terminus *bona fides* heißt aber auf Koreanisch *sinŭisŏngsil-ŭi wŏnch'ik* 신의성실의 원칙 信義誠實의 原則, oft abgekürzt *sinŭich'ik* 신의칙 信義則. Dies bezeichnet ganz allgemein redliches und zuverlässiges Handeln im Rechtsverkehr, was auch alles das beinhaltet, was in der deutschen Rechtssprache gemeinhin mit dem Begriff ‚Treu und Glauben' erfasst wird. Als *agŭi* 악의 惡意 wird dementsprechend in der Regel Bösgläubigkeit bezeichnet: ‚er wusste' oder ‚musste wissen', während es in der Gemeinsprache ‚mit böser Absicht' bedeutet. Im familienrechtlichen Kontext werden sie im Sinne der Gemeinsprache verwendet, also mit ‚guter Absicht' und ‚mit böser Absicht'. Letzteres wiederum kann dem deutschen Rechtsbegriff ‚böswillig' entsprechen, z. B. in Art. 840 Nr. 2 ZG ‚böswilliges Verlassen' des Ehepartners.

Kennt der Übersetzer nicht alle diese Feinheiten beider Rechtssprachen, wird er schwerlich eine für (welchen auch immer) juristischen Gebrauch taugliche Übersetzung liefern können.

Es gibt im koreanischen Rechtssystem auch Rechtsbegriffe, die man im deutschen gar nicht kennt und umgekehrt. Manche Institutionen wie das deutsche Amtsgericht (der Gerichtsaufbau in Korea war und ist gänzlich anders als in Deutschland) und *hoju* 호주 戶主 (‚Familienoberhaupt') gibt es im anderen Land nicht. Zwar spielt das ‚Familienoberhaupt' im rechtlichen Sinne in Deutschland seit langer Zeit keine Rolle mehr, doch ist der Begriff der deutschen (Gemein-)Sprache durchaus nicht fremd. Seine inhaltliche Bedeutung ist zwar nicht ganz deckungsgleich mit der im bisherigen koreanischen Familienrecht, aber doch so ähnlich, dass man *hoju* damit vernünftig ins Deutsche übersetzen kann. Selbst der Rechtsvergleicher kann damit problemlos umgehen. Nicht so einfach sieht es freilich bei dem ‚Amtsgericht' aus. Wie soll man dies ins Koreanische übersetzen, wenn es dort weder diese Institution selbst noch ein Wort dafür gibt?[202]

## 2.2.2 Kernprobleme bei der Übersetzung von Rechtstexten

Aus der Tatsache, dass es keine international einheitliche ‚Rechtssprache' gibt, resultiert wiederum, dass zwischen Fachleuten im Bereich Recht nicht immer gleiche Fachkenntnisse zu erwarten sind. Die entsprechenden Präsuppositionen (Vorinformation nach Vernay[203]) müssen deshalb vom Übersetzer vermittelt werden.

Was für Fachübersetzungen im naturwissenschaftlichen Bereich gilt, gilt nicht unbedingt für die juristischen Texte, meint auch Vernay und führt weiter aus:

---

202 Rechtsquellen und Erläuterungen hierzu im Einzelnen finden sich in den Kap. 3 und 4. Zu den Übersetzungsproblemen beim „Amtsgericht" wegen des unterschiedlichen Gerichtsaufbaus zwischen Frankreich und Deutschland siehe auch Arntz 1994, 286–288, bezügl. „Klageart" Arntz/Picht/Mayer 2002, 170–173.

203 Siehe Vernay 1984, 35–36.

> Rechtstradition und Rechtsauffassung in verschiedenen Ländern können oft recht unterschiedlich sein. So kommt es durchaus vor, dass wir bei einer juristischen Fachübersetzung nicht nur vor einem Wechsel der Sprache, sondern auch vor einem Wechsel der Kommunikationsgemeinschaft stehen. Dies ist für den Übersetzer insofern wichtig, als er zu berücksichtigen hat, dass beim Empfänger des Originals und beim Empfänger der Übersetzung unterschiedliche Informationsvoraussetzungen vorhanden sind.[204]

Bei der Übersetzung des koreanischen Eherechts bedeutet das z. B.: Wenn vom gesetzlichen Güterstand die Rede ist, kann man nicht erwarten, dass deutsche Juristen wissen, dass hierbei die Gütertrennung gemeint ist. Ebenso wenig darf vorausgesetzt werden, dass sie wissen, dass zwischen Eheleuten nach dem koreanischen Zivilrecht ein Verwandtschaftsverhältnis besteht; nach deutschem Recht sind Eheleute schließlich weder verwandt noch verschwägert.[205]

Es ist auch nicht unbedingt möglich, dass ein Kenner des südkoreanischen Rechtssystems einen nordkoreanischen Rechtstext zufriedenstellend übersetzen kann, da die jeweilige Rechtsordnung trotz der vergleichbaren Gemeinsprache infolge des anderen Systems auch Abweichungen in der Rechtssprache bzw. der Bedeutung der Rechtsbegriffe aufweist (z. B. ist in Nordkorea gesetzlicher Güterstand die ‚Errungenschaftsgemeinschaft').[206]

### 2.2.2.1 *Juristische Auslegung*

Dem Juristen ist Auslegung so geläufig wie das tägliche Brot. Von Beginn seines Studiums an beschäftigt er sich mit grammatischer, systematischer, historischer und teleologischer Auslegung von Gesetzen und anderen Rechtstexten. Für den Übersetzer von Rechtstexten muss gleiches gelten: Der AT muss zunächst in seinem Original wörtlich erfasst werden unter Beachtung der Grammatik-Regeln. Wenn dies zu keinem eindeutigen und einzig möglichen Ergebnis führt, ist sein Sinn aus dem Kontext zu erschließen; dabei ist die Intention des Autors zu beachten, soweit diese ermittelbar ist (bei Gesetzen z. B. aus den Begründungen zu den Gesetzesentwürfen und den Protokollen der parlamentarischen Beratungen – den sog. Materialien). Schließlich ist bei jeder Auslegung der mit der Regelung verfolgte Zweck zu beachten, dieser darf durch Auslegung nicht verfälscht werden. Eine sinngemäße Wiedergabe ‚mit eigenen Worten', die bei Literaturübersetzungen im Rahmen der Hermeneutik (als ‚zweite Geburt') ihren Platz haben mag, ist bei der juristischen Übersetzung völlig undenkbar.

Die Auslegung (‚Interpretation') des Urtextes bleibt Aufgabe des Rechtsanwenders (Juristen) und muss als Kerninhalt der juristischen Methodik (und deren Lehre) auch mit dem übersetzten Text sichergestellt sein. Juristische Auslegung ist

---

204 Vernay 1984, 30–31.

205 Beliebte Prüfungsfrage: „In welchem Grad sind Eheleute verwandt?" Richtige Antwort: „Gar nicht." Und auch nicht verschwägert!

206 Genaueres über das nordkoreanische Eherecht siehe Shin 1992.

klassischerweise viergeteilt und kann vereinfacht und in ihrer Reihenfolge etwa so wiedergegeben werden:[207]

1. Grammatische Auslegung: Ermittlung des Wortsinns nach Semantik und Grammatik (nach dem allgemeinen Sprachgebrauch übliche Bedeutung und nach dem juristischen Gebrauch spezifische Bedeutung). Wegen der oben als Besonderheit beschriebenen ‚Vagheit' der natürlichen Sprache – Polysemie – und auch wegen der „Relativität der Rechtsbegriffe"[208] führt dieser Versuch der Auslegung oft nicht zu einem eindeutigen Ergebnis. Er dient aber als erste Orientierung, auf die bei Bedarf die nächsten Stufen folgen. Außerdem dürfen die Ergebnisse der weiteren Auslegung niemals die Grenzen überschreiten, die der so ermittelte Wortsinn vorgibt.[209]
2. Systematische Auslegung: Auslegung aus dem logischen Bedeutungszusammenhang, also aus der Stellung im Gesamtgefüge der jeweiligen Regelung: Stellung des Begriffs in Satzgefüge, Satz, Absatz, Abschnitt usw.; Verwendung in zentralem oder peripherem Zusammenhang, als unmittelbarer Regelungskern oder zur Definition eines Tatbestands zur Erfüllung des Zwecks der Gesamtregelung; als Regelfall oder Besonderheit, Ausnahme oder gar Gegensatz usw. Durch Vergleich mit gleichen und ähnlichen Phrasen in anderen Bestimmungen lassen sich ebenso Erkenntnisse gewinnen wie aus dem jeweiligen Kontext, in den der Begriff eingebettet ist.
3. Historische Auslegung: Auslegung des ‚Willens des Gesetzgebers' aus der Entstehungsgeschichte (nach den ‚Materialien').
4. Teleologische Auslegung: Auslegung nach dem objektiven Zweck eines Gesetzes (‚ratio', ‚Natur der Sache').

Insbesondere die grammatische Auslegung, aber auch die systematische Interpretation sind ebenso bzw. zunächst einmal für die Übersetzung relevant (wie diese danach wieder für die Arbeit des Juristen). Bei ihr sind der gemeinsprachliche und der rechtssprachliche Gebrauch zu unterscheiden. Innerhalb der vielschichtigen Rechtssprache muss noch der spezielle eines bestimmten Rechtsgebietes oder gar der konkreten gesetzlichen oder vertraglichen Regelung berücksichtigt werden. Welche Rolle eine gleichermaßen grammatische wie systematische Orientierung dabei spielen, zeigt sich im Folgenden: Im BGB finden sich viele auf den ersten Blick klar definierte und aus der Gemeinsprache hinlänglich bekannte Begriffe, sodass die Annahme weit verbreitet ist, dass deren Bedeutung dadurch vorgegeben und immer gleich sei, egal in welchem Zusammenhang sie verwendet werden. So liegt die Vermutung und leider auch eine weitverbreitete Praxis nahe, dass es bei der Übersetzung reiche, wenn man die übliche bzw. die aus einer anderen Regelung

207 Vgl. Engisch 1968, 63–105; Larenz 1991, 320–347. Es gibt dazu noch die ‚verfassungskonforme Auslegung'.

208 Siehe Engisch 1968, 78.

209 So auch Engisch 1968, 73.

bereits bekannte Bedeutung des Begriffs und deren ‚passende' Übersetzung kennt. Dies ist ein Trugschluss. Das BGB definiert z.B. in seinem Allgemeinen Teil, der für alle ‚Bücher' (des BGB) gelten soll, die Genehmigung als „nachträgliche Zustimmung" (§ 184 Abs. 1 BGB). Wird die Zustimmung vor dem Rechtsgeschäft erteilt, so heißt sie „Einwilligung" (nach der Legaldefinition in § 183 BGB). Systematisch bedeutet dies, dass der Begriff ‚Zustimmung' als Oberbegriff für die Unterbegriffe ‚Einwilligung' und ‚Genehmigung' verwendet wird. Eine Zustimmung ist z.B. erforderlich für das Geschäft eines beschränkt Geschäftsfähigen. Ein 15Jähriger kann zwar einen Kaufvertrag abschließen, wirksam wird dieser aber nur mit Zustimmung der Eltern/gesetzlichen Vertreter. §§ 107 und 108 BGB unterscheiden folgerichtig in Einwilligung und Genehmigung. Die gesetzliche Regelung eines ähnlichen Falles in § 1829 BGB (gerichtliche Zustimmung zu Geschäften des Vormunds) spricht dagegen *expressis verbis* von „nachträglicher Genehmigung" durch das Gericht. In den vorangehenden §§ wird die ‚Genehmigung' bestimmter weitreichender Rechtsgeschäfte des Vormunds durch das Familiengericht geregelt. Von ‚Zustimmung' ist in diesem Zusammenhang keine Rede.

Hat man diese systematischen Zuordnungen erst einmal vorgenommen, kann man auch die Folgerungen für den korrekten Gebrauch der Rechtssprache und deren Übertragung in eine andere Sprache ziehen: Während ‚Erlaubnisse' in Verwaltungsverfahren eine Rolle spielen, sind für bestimmte Rechtsgeschäfte ‚Zustimmungen' durch Andere erforderlich, die in Form von ‚Einwilligung' vorher oder als ‚Genehmigung' nachträglich erteilt werden können und zwar gegenüber jedem an dem Geschäft Beteiligten; sie machen das Geschäft wirksam. Für ‚Zustimmungen' durch das Familiengericht wird hingegen ausschließlich der Begriff ‚Genehmigung' benutzt; diese muss in der Regel vorher eingeholt werden und zwar durch den Vormund. Sie kann ausnahmsweise nachträglich erteilt werden, jedoch nur gegenüber dem Vormund. Er und nur er kann die Ablehnung einer Genehmigung anfechten, denn diese ist wie auch ihre Erteilung ein Hoheitsakt. Dies ist auch der Grund für den unterchiedlichen rechtssprachlichen Gebrauch dieser Begriffe.

Auf Basis solcher Kenntnisse kann man dann nicht nur feststellen, mit welchem Begriff aus der Ziel-Rechtssprache der des Ausgangs-Rechtstextes wiederzugeben ist, sondern auch, ob etwa lediglich eine Tautologie oder ein falscher Sprachgebrauch im AT vorliegt. Dann kann man nämlich auch bereits in der Ausgangsrechtssprache je nach konkretem Rechtsgebiet und Sachverhalt die verwendeten Begriffe zuordnen. So sollten Fehler, wie z.B. unter 5.2.1.7 beschrieben, nicht vorkommen.

Für die Übersetzung aus dem Koreanischen ins Deutsche wie auch umgekehrt ist im vorangehenden Beispiel noch ein wichtiger Aspekt zu berücksichtigen. Das koreanische Recht ist ebenso wie die Sprache, soweit es diese Sachverhalte regelt, anders strukturiert. Das zeitliche Kriterium ist in der koreanischen Rechtssprache bei der Unterscheidung zwischen verschiedenen Zustimmungsarten nicht ausgeprägt. Dagegen wird, da in Korea traditionell die hierarchischen Aspekte betont wurden und werden, sehr wohl unterschieden zwischen Unterstellungs- und Gleichordnungs-Verhältnis. Für die hoheitliche Genehmigung (insb. durch Behörden) gibt es im Koreanischen den eigenen Begriff *hŏga* 허가 許可. Dagegen entspricht der ‚Zustimmung' zwischen Privatpersonen in etwa der Begriff *tongŭi* 동의 同意.

Bei dem Wort *tongŭi* 동의 同意 ist jedoch nicht klar, ob es vorherige oder auch nachträgliche Zustimmung bedeutet. Allgemein wird es in der Bedeutung benutzt, dass sie vor dem Rechtsgeschäft oder zumindest gleichzeitig erteilt wird (so auch laut Rechtswörterbuch von O 1993), während *ch'uin* 추인 追認 eindeutig immer nachträglich erfolgt. An einigen Stellen der Gesetzestexte ist allerdings explizit von vorheriger *tongŭi* (deutsch also Einwilligung) die Rede. Daraus könnte man schließen, dass der Gesetzgeber davon ausgeht, dass *tongŭi* den Oberbegriff wie die deutsche Zustimmung darstellt. In Theorie und Praxis besteht darüber allerdings keine Einigkeit. Das Wort *ch'uin* andererseits wird übereinstimmend, auch nach den koreanischen Rechtswörterbüchern, immer im Sinne der nachträglichen *tongŭi* verwendet. Da das koreanische System also nicht mit dem deutschen deckungsgleich ist, kommt es zu Problemen der adäquaten Begriffswahl bei der Übersetzung.

Kennt man beide Systeme, kann man damit jedoch umgehen: *hŏga* 허가 許可 ist die (gerichtliche) Genehmigung bzw. im Verfahren bei Verwaltungsbehörden die Erlaubnis. Diese ist in der Regel vorher einzuholen. Falls ausnahmsweise zulässig, ist die ‚nachträgliche' Erlaubnis oder Genehmigung auch im Koreanischen wörtlich als *sahu-ŭi hŏga* 사후의 허가 事後의 許可 wiederzugeben. *ch'uin* ist – je nach Kontext – immer mit Genehmigung bzw. nachträgliche Zustimmung zu übersetzen. Das koreanische *tongŭi* dagegen muss, soweit im koreanischen Text nicht ausdrücklich von *sajŏn-ŭi tongŭi* 사전의 동의 事前의 同意, also ‚vorheriger Zustimmung' die Rede ist, nach dem jeweiligen Zusammenhang ausgelegt und dann entweder mit Zustimmung oder mit Einwilligung übersetzt werden (möglich ist im zweiten Fall auch „vorherige Zustimmung"). Umgekehrt kann Zustimmung immer nur als *tongŭi* wiedergegeben werden, während Einwilligung stets mit *sajŏn-ŭi tongŭi* wiedergegeben werden sollte, um Missverständnisse zu vermeiden.

Rechtssprache und deren Interpretation sind nicht beliebig. Rechtssprache ist auf Verbindlichkeit angelegt.[210] Daraus folgt: Der Übersetzer darf nicht selbst interpretieren, auch wenn er in manchen Sprachen *interprete* heißt. Ist ein Text mehrdeutig, dann muss versucht werden, die Mehrdeutigkeit auch in der Übersetzung zu erhalten. Wie Weisflog empfiehlt, sollte man auf die möglichen Übersetzungsvariationen hinweisen, damit der Rechtsanwender selbst die Gelegenheit hat, für eine dieser Übersetzungsinterpretationen zu optieren.[211]

### *2.2.2.2 Rechtsinstitute, normative Rechtsbegriffe*

Auf Grund der terminologischen Besonderheiten bei der Suche nach einem zielsprachlichen Terminus kann es geschehen, dass ein nicht ausreichend sensibilisierter Übersetzer die Terminuseigenschaft in der AS nicht erkennt, deshalb einen nur

---

210 Siehe Hilf 1992, 98; Kirchhof 2004, 234.

211 Weisflog 1996, 33.

vermeintlich äquivalenten Terminus oder gar einen gemeinsprachlichen Begriff wählt und damit eine juristisch falsche Aussage formuliert.

So wird das Wort ,Versuch' im Deutschen gleichermaßen in der Gemeinsprache wie in der Rechtssprache verwendet. Im Koreanischen gibt es für den Versuch im Strafrecht (also eine begonnene und nicht vollendete Straftat) aber einen anderen Terminus als für Versuch in der Gemeinsprache, etwa bei einem sportlichen Wettbewerb (*sido* 시도). Somit muss die Übersetzung für den deutschen Rechtsbegriff „versuchter Totschlag" ins Koreanische heißen *sarin misu* 살인미수 殺人未遂. Jede andere Variante ist falsch. Hier besteht im Koreanischen also eine klare Trennung zwischen juristischer Fachterminologie und Gemeinsprache. Die Rechtsordnung Koreas unterscheidet auch nicht Mord (in der Lehre wird er als *mosal* 모살 謀殺 bezeichnet) und Totschlag (*kosal* 고살 故殺). Für beide Tatbestände gibt es nur den einen Begriff *sarin* 살인 殺人 (Homicide), während Mord in der deutschen Rechtsordnung sich vom Totschlag durch eine besondere Verwerflichkeit von Beweggrund oder Begehungsweise unterscheidet.[212] Dem Übersetzer muss also bewusst sein, dass das koreanische Recht nicht auf die Art und Weise zwischen Mord und Totschlag unterscheidet, wie es das deutsche Recht tut, und dass er in der konkreten Übersetzungssituation entscheiden muss, welche Entsprechung zu wählen ist. Unangebracht erscheint es jedoch, die im koreanischen Strafgesetz genannte „Tötung unter erschwerenden Umständen" mit „Mord" zu übersetzen, da dies sowohl zu Verwechslungen als auch dazu führt, dass die Unterschiede in den Rechtssystemen nicht erkannt werden.

Übersetzungsprobleme entstehen, wenn zwar eine formale Entsprechung im anderen Rechtssystem gefunden wird, der Begriff indessen in der jeweiligen Rechtsordnung unterschiedlich definiert ist. Begriffe, die formell in der Gemeinsprache äquivalent aussehen, sind nicht zwingend im rechtlichen Sinne materiell gleichwertig. Selbst bei so ,normalen' Wörtern wie Verwandtschaft ist das Missverstehen vorprogrammiert: Während § 1589 BGB die Verwandtschaft definiert als Personen, deren eine von der anderen abstammt oder Personen, die nicht in gerader Linie verwandt sind, aber von derselben dritten Person abstammen, sind Verwandte nach dem ZG Ehegatten, Blutsverwandte und Verschwägerte. Der Versuch, das Wort *chinjok* 친족 親族[213] ins Deutsche zu übersetzen, zeigt, wie schwierig es ist, einen äquivalenten Rechtsbegriff in einem anderen System zu finden. Die Übersetzung einfach als „Verwandte" ist materiell nicht gleichwertig.

Ein aus der Systemgebundenheit der Rechtssprache resultierendes Übersetzungsproblem entsteht in Folge von Gesetzesänderungen. Ein Beispiel ist das deutsche Gesetz zur Reform des Verfahrens in Familiensachen und in Angelegenheiten der

---

212 § 211 Abs. 2 StGB: „aus Mordlust, zur Befriedigung des Geschlechtstriebs, aus Habgier oder sonst aus niedrigen Beweggründen [...] einen Menschen [vorsätzlich] tötet". Im deutschen Strafrecht gibt es neben ,Mord' auch ,Totschlag', ,Totschlag im Affekt' und sonstige Tötungsdelikte bis hin zur ,fahrlässigen Tötung'.

213 Zu diesem Begriff vgl. 4.5.1.

freiwilligen Gerichtsbarkeit vom 17.12.2008.[214] Der Begriff ‚Familiensachen' ist durch das FamFG wesentlich ausgeweitet worden. Die Benennung ist zwar gleichgeblieben, aber in ihrem Inhalt anders definiert worden. Außerdem sind die bisher neben den Familiengerichten bestehenden Vormundschaftsgerichte abgeschafft worden. Diese institutionelle Änderung zeitigt auch in der Übersetzung Folgen. Die Zuständigkeit der bisherigen Vormundschaftsgerichte wurde teils den Familiengerichten zugeschlagen, teils den neu geschaffenen Betreuungsgerichten.[215] Der Begriff verschwindet dennoch nicht aus der Sprache. Er findet sich zwar nicht mehr im geltenden Gesetz, dennoch bleibt er Teil der Rechtsterminologie, denn er gilt nach wie vor für alle Sachverhalte und Rechtsfolgen, die ihren Ausgang vor der Gesetzesänderung haben.

Wichtig ist, dass man bei der Übersetzung von Rechtstexten berücksichtigt, dass der AT zusammen mit seiner Einbettung im Rechtssystem im Mittelpunkt steht.[216] Arntz hat in diesem Punkt zu Recht erkannt, dass die zielkulturell orientierte moderne Übersetzungsmethode bei der Rechtsübersetzung fehl am Platz ist.[217]

#### *2.2.2.3 Äquivalenz und Präsupposition*

Bei vielen linguistisch orientierten Übersetzern ist das Übersetzen eine Äquivalenzsuche.[218] Äquivalenz war lange Zeit der zentrale und andererseits umstrittene Begriff der Übersetzungswissenschaft und ist auch heute noch in der Diskussion. Die Definitionen für Äquivalenz sind vielfältig. Allgemein wird darunter die Gleichwertigkeit zwischen AT und ZT verstanden. Die genaue Art dieser Gleichwertigkeit und die Frage, welcher Wert in der Übersetzung ‚gleich' gehalten werden sollte, waren lange Zeit Thema lebhafter Auseinandersetzungen. Dabei ist in der Geschichte der Übersetzungswissenschaft eine zunehmende Differenzierung zu beobachten. Catford definiert die Übersetzung als „the replacement of textual material in one language (SL) by equivalent textual material in another language (TL)".[219] Nida unterscheidet zwischen der „formalen" und „dynamischen Äquivalenz",[220] je nachdem ob die Übersetzung sich an der AS oder ZS orierentiert. In ähnlicher Weise findet sich *covert* vs. *overt translation* bei House[221] oder dokumentarische vs. instrumentelle Übersetzung bei Nord.[222] Newmark nennt *semantic* und *communicative translation*,

214 In Kraft getreten am 1. 9. 2009.
215 § 23 a II Nr. 1, § 23 c GVG soweit es sich um Angelegenheiten von volljährigen Personen handelt.
216 D.h. z.B. verfremdende Übersetzungsmethode nach Schleiermacher.
217 Arntz 1999, 190.
218 Zu nennen sind z.B. Mounin, Koschmieder.
219 Catford 1965, 20.
220 Nida 1964, 22–29, 159.
221 House 2005, 76–101. In diesem Artikel bezeichnet sie die beiden Übersetzungsarten „offene und verdeckte Übersetzung".
222 Siehe Nord 1989, 100–104; 2010, 51–54. Nord betont stets „Loyalität statt Treue" zur funktionsgerechten Übersetzung.

in der *meaning* bzw. *message* im Mittelpunkt steht.[223] Eine sehr differenzierte Ausarbeitung des Äquivalenzbegriffs findet sich bei KOLLER. Nach ihm ist eine „Übersetzungs- (oder Äquivalenz-)relation" zwischen AT und ZT das, was eine Übersetzung als das „Resultat einer sprachlich-textuellen Operation" ausmacht. Er unterscheidet fünf Bezugsrahmen, „die bei der Festlegung der Art der Übersetzungsäquivalenz eine Rolle spielen": 1. Denotative, 2. konnotative, 3. textnormative, 4. pragmatische und 5. formal-ästhetische Äquivalenz.[224] Die Aufgabe des Übersetzers sei es, auf Basis einer übersetzungsrelevanten Textanalyse eine Hierachie der Äquivalenzforderung abzuleiten und sie im ZT zu erhalten.[225] REISS/VERMEER beschreiben Äquivalenz als „Relation zwischen einzelnen sprachlichen Zeichen eines Textpaares und als Relation zwischen ganzen Texten", wobei hier keine Korrelation zwischen Äquivalenz der jeweiligen sprachlichen Zeichen und Textäquivalenz besteht. Außerdem geht Textäquivalenz „über die sprachliche Textmanifestation hinaus und umfasst auch kulturelle Äquivalenz".[226] Bei WILSS ist noch von „textadäquat" und „Adäquatheitsnorm" bzw. „situationsadäquater Übersetzung" die Rede.[227] Bei ihm ist adäquat kein Synonym für äquivalent, wobei nicht immer klar ist, was textadäquat heißt und wie man das feststellen kann. Nach REISS kann Textäquivalenz durch adaptierende Übersetzungsverfahren realisiert werden.[228]

Ein Problem bei der Suche nach der äquivalenten Rechtsterminologie ist, dass sie stark systemgebunden und nur innerhalb dieses Systems verständlich ist. Die scheinbar äquivalente sprachliche Hülle zeigt in den jeweiligen Rechtssytemen bald, dass sie keineswegs bedeutungsgleich in allen Facetten von Rechtstatbestand und Rechtsfolgeebenen ist.[229] Außerdem enthalten Rechtsbegriffe oft außer der Denotation eine konnotative Bedeutung, wie bei ‚Entmündigung' (die deshalb in Deutschland wie Korea mittlerweile durch andere Rechtsinstitute und -begriffe ersetzt wurde). So meinen ARNTZ/PICHT/MAYER, der Äquivalenzbegriff in der Rechtssprache sollte relativiert werden.[230] Demgemäß werden in der Disskussion um die

223 Siehe NEWMARK 1981, 38–56, 62–69. Sein Werk ist zwar nicht spezifisch für die juristische Übersetzung, aber er behandelt viele Kernprobleme der juristischen Übersetzung, wie unterschiedliche juristische Institutionen.

224 Siehe KOLLER 2011, 218–219.

225 KOLLER 2011, 9.

226 REISS/VERMEER 1984, 131.

227 WILSS 1977, 74, 110.

228 Siehe REISS 2000, 113.

229 ARNTZ/PICHT/MAYER (2002, 149) sind auch der Meinung, dass die Begriffsunterschiede der Rechtsterminologien besonders ausgeprägt sind.

230 Siehe ARNTZ/PICHT/MAYER 2002, 171. Dass der Begriff „Äquivalenz" ein dehnbarer Begriff ist, kann man bei ŠARČEVIĆ ablesen: „Because of the inherent incongruency of the terminology of different legal systems, legal translatiors cannot be expectied to use natural equivalents of the target legal system [...] it is perfectly legitimate to require them to use the 'closest natural equivalent' of the target legal system." (ŠARČEVIĆ 1997, 235).

Übersetzung juristischer Texte eine fast unüberschaubare Anzahl von Äquivalenzen von „annähernder“[231] und „partieller“ Äquivalenz über „approximative“ bzw. „closest natural equivalent“[232] und „akzeptable“, „funktionelle“, „alternative“ und „deskriptive“ bis zur „Quasiäquivalenz“ genannt.

Eine 1:1-Äquivalenz auf allen Ebenen der Sprache ist schon wegen der Zugehörigkeit zu unterschiedlichen Sprachfamilien und Rechtskreisen, daraus resultierenden verschiedenen Sprachstrukturen und Rechtssystemen eine Utopie. Dabei ist es manchmal notwendig, eine Entscheidung zu treffen, auf welcher Ebene zugunsten einer anderen Ebene auf eine bestimmte Äquivalenz verzichtet werden kann. Speziell für die Rechtsübersetzung vermittelt u. a. Šarčević einen Einblick: Der Übersetzer kann entweder ein *„functional equivalent“*[233] des zielsprachlichen Rechtssystems wählen oder ein *„alternative equivalent“*, d. h. ein systemunabhängiges Äquivalent, einsetzen, wobei bei jeder Wahl mehrere mögliche Verfahren unterschieden werden (neutrale Termini, Entlehnung und Lehnübersetzungen etc).[234] Ein Begriff kann auch paraphrasiert werden (*„descriptive equivalent“*[235]). Zusammen mit lexikalischer Expansion kann die Paraphrase die funktionale Äquivalenz kompensieren, wenn sie in einem wesentlichen Punkt nicht adäquat ist.[236]

Übersetzungsprobleme scheinen im Bereich der Terminologie auch mit Hilfe des variabel-dynamischen Äquivalenzbegriffs im Sinne von Reiss/Vermeer einfacher lösbar zu sein.[237] Demnach sei dem Übersetzer das Ermessen gewährt, der Textfunktion entsprechende Äquivalente ‚auszuerküren‘ und zu ‚verwerfen‘. Die Problemlösungsstrategie an der jeweiligen Textsorte und deren Funktion und am Adressaten zu orientieren, scheint auf den ersten Blick überzeugend. Jedoch wurde kein Kriterium für die Relevanzfeststellung bzw. Hierachiebestimmung angeboten. Außerdem berücksichtigt dieser Äquivalenzbegriff aus der „allgemeinen Translationstheorie“ die Eigenart der Rechtstexte nicht genügend. Da diese anders als andere Fachtexte oft nicht bestimmbare doppelte Adressaten haben und immer in dem Dilemma zwischen Verständlichkeit und Präzision stehen, lässt sich nur schwer festlegen, auf welcher Ebene auf die Präzision zugunsten der Verständlichkeit verzichtet werden kann. Zudem kann durch die adaptierende Übersetzung die falsche Implikation verursacht werden, dass die beiden Rechtssysteme gleich seien.

Außerdem hängt die funktionale Äquivalenz eines Rechtsterminus in der Rechtsvergleichung nicht ausschließlich von der Terminologie ab. Sie ist nur im eng miteinander vernetzten juristischen Kontext mit allen seinen grammatischen, systematischen, historischen und teleologischen Implikationen verständlich. Letzt-

231 Z. B. „annähernde Transposition“ von Braselmann 1991, 71.
232 Šarčević 1997, 235.
233 Funktionale Äquivalente sind Begriffe/Institute im Zielrechtssystem, die eine ähnliche Funktion in Ausgangsrechtssystemen haben (Šarčević 1986, 307; 1990, 156).
234 Siehe Šarčević 1991, 619–622.
235 Siehe Šarčević 1991, 621.
236 Šarčević 1997, 250–254.
237 Siehe Reis/Vermeer 1984, 124, insb. 169–170.

lich führen alle diese Überlegungen wieder zu dem Schluss, dass die vorhergehende Rechtsvergleichung bzw. die ‚intime' Kenntnis beider Rechtsordnungen unabdingbare Voraussetzung für die Übersetzung von Rechtstexten ist.

Ein Scheitern der Äquivalenzsuche kann viele Gründe haben; einer davon ist die in der Literatur in diesem Zusammenhang nicht beachtete Präsupposition. Freges Präsuppositionsbegriff hat nicht nur in ursprünglich logischen sprachphilosophischen, sondern auch in linguistischen und übersetzungswissenschaftlichen Arbeiten viel Beachtung gefunden.[238] Er stellte fest: „Wenn man etwas behauptet, so ist immer die Voraussetzung selbstverständlich, dass die gebrauchten einfachen oder zusammengesetzten Eigennamen eine Bedeutung haben."[239] Diese Präsupposition, die als selbstverständlich implizierte Voraussetzung sprachlicher Ausdrücke, kann nicht nur individuell, sondern auch je nach Sprach- und Rechtssystemzugehörigkeit unterschiedlich ausfallen. Berücksichtigt man diesen unterschiedlichen Präsuppositionslevel nicht, kann dies zu einem Missverstehen der Übersetzung oder zu einem Informationsverlust führen, auch wenn bei oberflächlicher Betrachtung scheinbar Äquivalenz besteht. Wie stark dies im Einzelnen ausgeprägt sein kann, wird im weiteren Verlauf dieser Arbeit anhand des Ausgangs- und Ziel-Paares Deutschland und Korea ausführlich aufgezeigt werden. Bei der Übersetzung muss der Übersetzer diese Unterschiede der Präsupposition überbrücken. Auch dafür sollen Lösungswege aufgezeigt werden. Wie schon Reiss erkannt hat, ist im Übrigen auch die Frage „was sagt er nicht?" von Bedeutung, um textäquivalente Übersetzungen anzufertigen.[240]

Allgemein wird in Deutschland angenommen, dass das koreanische Rechtssystem dem deutschen entspreche. Bezüglich des Wirtschafts- bzw. Handels und Gesellschaftsrechts gilt dies jedoch z. B. nicht. Bei der scheinbar einfachen Übersetzung von koreanischen Handelsregistern kann es dadurch in Deutschland zu schwerwiegenden Missverständnissen kommen, wenn der Übersetzer nicht entsprechende Anmerkungen macht.

Ein praktischer Fall mag dies verdeutlichen: In einem koreanischen Registerauszug steht in der Rubrik Vertretungsberechtigter nur die Bezeichnung *sanaɛisa* 사내이사 社內理事, nicht das übliche *taɛp'yo* 대표 代表 (CEO). Übersetzt wurde dies durchaus richtig mit *Inside Director*, da die koreanische Bezeichnung praktisch eine wörtliche Übersetzung aus dem amerikanischen Englisch ist, jedoch ohne Kommentar. D. h. der Übersetzer hat Unbekanntes durch Unbekanntes ersetzt oder auch den Fachempfänger womöglich überschätzt. Beim damit befassten Notar und Registergericht führte dies zu erheblichen Problemen, da sich aus dieser Bezeichnung nach deutschem Verständnis keine Vertretungsberechtigung ergibt; sie verstanden vielmehr diese Bezeichnung als internen Direktor, also als Direktor, der nach außen

238 So z. B. bei Coseriu (1970, 116) „nicht nur Sprachliches, sondern in sie geht auch eine Kenntnis der außersprachlichen Welt ein, die beim Empfänger des Textes vorausgesetzt wird und ohne die Textverstehen nicht möglich ist."

239 Frege 1975, 54.

240 Reiss 1984, 8.

keine Vertretungsmacht habe. Sie kannten, wie nicht anders zu erwarten, natürlich nicht das koreanische Rechtssystem bzw. dessen Änderungen in jüngster Zeit. Das heutige koreanische Wirtschaftsrecht folgt weitgehend dem amerikanischen. Früher gab es derartige Bezeichnungen nicht, das koreanische Gesellschaftsrecht war eher am deutschen orientiert. Die heutigen Rechtsbegriffe und Bezeichnungen entsprechen fast durchweg denen nach amerikanischem Gesellschaftsrecht, allerdings taucht der Begriff des CEO, dessen Bedeutung deutschen Juristen allenfalls noch geläufig wäre, in diesem Zusammenhang nicht auf. Die Beurteilung der rechtlichen Stellung des als Inside-Director Bezeichneten muss aus der Rechtsstellung nach amerikanischem Gesellschaftsrecht heraus erfolgen, da dieses Recht in Korea bei der letzten Handelsrechtsänderung adaptiert wurde. Demnach gilt in Korea wie in den USA das sog. Board-System, eine spezifische Organisationsverfassung der Unternehmensführung. Das ‚Board' wird nicht strikt nach Management/Geschäftsführung und Aufsicht (=Aufsichtsrat) getrennt wie im deutschen Recht, vielmehr besteht das ‚Board' aus ‚Inside' und ‚outside' Mitgliedern (director), welche insgesamt die Gesellschaft nach außen vertreten (Leitung=CEO). Die Insidedirectors sind hauptberufliche Manager (Geschäftsführer) und entsprechen in etwa den deutschen Vorstandsmitgliedern. Auch die *Outside directors* (auch *‚non executive director'*) sind Board-Mitglieder, jedoch meist ehrenamtlich tätig und mit Aufsichts-, Beratungs- und Prüfungsfunktionen betraut. Wesentlich ist, dass der Inside-Director vertretungsberechtigtes Vorstandsmitglied oder gar alleinvertretungsberechtigter Geschäftsführer ist.[241]

Die Übersetzung sollte nach alldem also *‚Inside Director'* lauten und weder ‚Internal Director', wie im beschriebenen Fall auch geschehen, noch Geschäftsführer, da insoweit das heutige koreanische und das deutsche Rechtssystem nicht korrelieren. Jedoch muss der Übersetzer eine entsprechende Erläuterung mit dem Hinweis auf die Besonderheiten des neuen koreanischen Rechts, auf das ‚Boarding-System' und die Funktion dieses Amtes als Vorstandsmitglied mit Vertretungsbefugnis anbringen, um die genannten folgenschweren Missverständnisse (Ablehnung sämtlicher Anträge bei Notar und Gericht) zu vermeiden.

### 2.2.3 Drittsprache

In Übersetzungen wird häufig Englisch unreflektiert verwendet. Die Versuchung, auf englische Begriffe auszuweichen, ist schon deshalb groß, weil das auch in der Alltagssprache ständig geschieht. In einem Wirtschaftstext könnte eine solche Übersetzung unter Umständen angemessen sein, wenn dies in der ZS Usus ist oder keine Entsprechung existiert (z.B. *Manager, CEO*). Im Rechtstext ist es dagegen nicht angebracht, da die Besonderheit der Rechtssprache diese Verwendung ausschließt.[242] So hat sich die deutsche Rechtssprache mit dem Recht als solchem aus

241 Gabler Wirtschaftslexikon 2014, 532 Stichwort: „Board System".
242 Siehe HdR 2008, 39 Rn. 78.

dem alten deutschen und aus dem hier lange geltenden römischen Rechtssystem entwickelt. Daher ist sie prinzipiell vollständig, hat also alle Lebenssachverhalte erfasst und entweder aus der Gemeinsprache die Begriffe übernommen (teilweise auch tradierte und in der Gemeinsprache heute nicht mehr geläufige) oder – soweit erforderlich – insb. aus dem Lateinischen Wörter oder Bestandteile übernommen und eingedeutscht, teilweise als Lehn-, teilweise auch als Fremdwörter weitergeführt oder eigene Begriffe ausgebildet. Infolge dieser Vollständigkeit und auch Konservativität, die ein über so lange Zeit und so hoch entwickeltes System in sich trägt, aber auch wegen der besonderen Anforderungen an einen Rechtsstaat hat diese Rechtssprache eine Komplexität erreicht, die als geschlossenes System keine fremdsprachlichen Wortschöpfungen oder Hilfen benötigt und deshalb in der Regel auch nicht verträgt. Typische Ausnahmen sind u.a. das Wirtschafts- oder das Medienrecht. Dort haben sich neue Techniken, Verfahren und Geschäftsmodelle entwickelt, die aus dem Ausland stammen und bereits einen Namen ‚mitgebracht' haben, zu dem es in der deutschen Rechtssprache noch keinen Begriff oder allenfalls eine umständliche Umschreibung gab. Wenn solche Fremdwörter bei der Übersetzung notwendig sind, sollte nicht vorausgesetzt werden, dass der Leser das entsprechende Hintergrundwissen hat. Hier sollten Begriffsbestimmungen oder Anmerkungen helfen (vgl. ‚inside Director' in Abschnitt 2.2.2.3). Teilweise gibt es vernünftige Eindeutschungen mit Hilfe bestehender Begriffe und Rechtsinstitute. Die Globalisierung, die sich auch im Rechtsverkehr auswirkt, führt allerdings oft zu einem Nebeneinander von Begriffen (z.B. *Leasing* = Mietkauf).

Dies gilt wohlgemerkt nicht für traditionell in den unterschiedlichen Rechtssystemen und -sprachen gleichzeitig existente Fachbegriffe. Eine Gesellschaft in Form einer juristischen Person mit beschränkter Haftung im Sinne des deutschen Rechts wird also niemals im Deutschen mit dem englischen Fachbegriff „Ltd." wiederzugeben sein, sondern stets mit „GmbH", schon weil zwischen ihnen beachtliche rechtliche Unterschiede bestehen (Höhe der Einlage bzw. des haftenden Kapitals usw.). Umgekehrt sind ‚Co. Ltd' bzw. 주식회사 nicht mit GmbH gleichzusetzen.

## 2.3 Koreanische Rechtssprache in der Kritik

Es gibt viele kritische Stimmen, Rechtssprache sei unverständlich.[243] In Deutschland wird oft die bürokratische Sprache mit ihrer ‚Substantivitis' angeprangert.[244] Das BGB gehört indes zu den anerkannten Meisterwerken der Gesetzgebung. Es wird in

243 Ein literarisches Denkmal ist die Parabel „Vor dem Gesetz" von Franz Kafka, mit dem berühmten Anfang: „Vor dem Gesetz steht ein Türhüter. Zu diesem Türhüter kommt ein Mann vom Lande und bittet um Eintritt in das Gesetz. Aber der Türhüter sagt, daß er ihm jetzt den Eintritt nicht gewähren könne." (Kafka 2008, 95, Erstveröffentlichung im Jahr 1914).

244 Exemplarisch zu nennen sind Raible 1981 und Knoop 1998; dementsprechend gibt es viele Ratgeber gegen diese Auswüchse der Verwaltungssprache, z.B. Daum 1998.

der Literatur als „juristische Filigranarbeit von außergewöhnlicher Präzision“[245] und als „das Privatrechtsgesetzbuch mit der präzisesten, konsequentesten Rechtssprache vielleicht aller Zeiten“[246] bezeichnet. In rechtstechnischer Hinsicht war es bei seinem Inkrafttreten 1900 ein sehr modernes Gesetzbuch, es gilt in weiten Teilen bis heute in seinem ursprünglichen Wortlaut. Aber es gab von Anfang an auch Kritik: Seine Sprache ist nicht volkstümlich, sondern pandektistisches Fachdeutsch. Und was den Juristen selbstverständlich war, wird im BGB gar nicht erklärt.[247]

In Korea gibt es eine ständige Auseinandersetzung insb. in dem Kontext: ‚Überwindung der Rechtsbegriffe aus der japanischen Kolonialherrschaft bedeutet Überwindung der autoritären Herrschaft'. Vergleicht man diese Rechtssprachenkritik mit der in Deutschland, scheint der Unterschied auf den ersten Blick erheblich. Wenn man aber den Sinn der Kritik bedenkt – durch die bürokratische Sprachverwendung wird die Bürgerbeteiligung behindert – kann man doch eine gleiche Tendenz in Richtung auf Demokratisierung und Transparenz der Rechtssprache erkennen. Auf eine Kritik der deutschen Rechtssprache wird hier verzichtet, da das Anliegen vorliegender Arbeit keine Sprachkritik ist. Sie ist zur Genüge in allen Details an anderen Stellen nachzulesen.[248] Über die Kritik an der koreanischen Rechtssprache muss jedoch weiter gesprochen werden, da diese auch für die Übersetzung von Bedeutung ist.

Die Sprache des ZG ist nicht nur archaisch, sondern widerspricht in Teilen auch der koreanischen Grammatik, wie noch an vielen Beispielen aufgezeigt werden wird. Dies hängt unmittelbar mit der Rechtsentwicklung zusammen. Diese hat in verschiedenem Maße Überreste früherer Entwicklungsstufen bewahrt. Die koreanische Rechtssprache enthält u. a. ein beachtliches Arsenal an Begriffen aus dem Chinesischen, aber auch von Begriffen und Wendungen aus dem Japanischen, beides größtenteils ausgedrückt mit chinesischen Zeichen. Dies heißt jedoch nicht, dass diese in beiden Rechtssprachen immer die gleiche Bedeutung haben bzw. für gleiche Tatbestände immer die gleiche Terminologie verwendet wurde.

### 2.3.1 Japanische Rechtsterminologie und chinesische Schriftzeichen in der koreanischen Rechtssprache

Weshalb die japanische Rechtsterminologie und sogar deren Satzstruktur in der koreanischen Rechtssprache, besonders häufig in Gesetzestexten, zu finden sind, hat seinen Ursprung in der koreanischen Geschichte, insbesondere in dem Zeitraum als japanische Kolonie.

---

245 Isele, Ein halbes Jahrhundert deutsches Bürgerliches Gesetzbuch, AcP 150, 1949, 6, zitiert nach Zweigert/Kötz 1996, 143.

246 Gmür, Das Schweizerische Zivilgesetzbuch verglichen mit dem deutschen Bürgerlichen Gesetzbuch, 1965. 28; zitiert nach Zweigert/Kötz 1996, 143.

247 Horn 2000, 42; siehe auch Zweigert/Kötz 1996, 143. Sie sind der Meinung, dass es durch den Verzicht auf Allgemeinverständlichkeit auch oft dem ausländischen Juristen unverständlich bleibt.

248 Vgl. die vorstehenden Anmerkungen, insb.in Fn 244.

Korea hatte bis 1876 (in jenem Jahr wurde das militärisch erzwungene Freihandelsabkommen mit Japan geschlossen) nur wenig Berührung mit der westlichen Welt, dagegen sehr starke zu China; es gab mehrere Gesetzessammlungen im chinesischen Stil.[249] Aus dieser Zeit stammen bereits zahlreiche juristische Begriffe, die in chinesischen Zeichen festgehalten wurden und so in die koreanische Rechtssprache eingegangen sind.

In der Zeit als Protektorat Japans (1905–1910) wurden 1908 das Gerichtssystem nach japanischem Modell eingeführt und viele japanische Richter ernannt, Japanisch wurde Gerichtssprache.[250] Japan erzwang 1910 den Japanisch-Koreanischen Annexionsvertrag, womit Korea als neue Provinz Japans unter dem Namen *Chōsen* 朝鮮 eingegliedert wurde. Gleichzeitig wurde das Edikt (*ch'ingnyŏng* 칙령 勅令) Nr. 324 über die Durchsetzung von Gesetzen in *Chōsen* erlassen, nach dem die japanischen Gesetze ganz oder teilweise in Korea anzuwenden waren; der Generalgouverneur in Korea besaß Gesetzgebungskompetenz und konnte alles, was Korea betraf, durch Verordnung (*cheryŏng* 제령 制令) regeln. Die japanische Sprache wurde Amtssprache und ab 1915 auch alleinige Unterrichtssprache.[251] 1940 wurden auch koreanische Personen-Namen in japanische umgewandelt. Ab demselben Jahr waren alle Tageszeitungen und Zeitschriften in koreanischer Sprache verboten.

Da das japanische Zivilgesetzbuch auch nach der Befreiung des Landes 1945 bis zum Inkrafttreten des ZG am 1. Januar 1960 zur Anwendung kam, wurde z. B. auch die juristische Terminologie des japanischen Rechts in Korea weiter benutzt, zumal sowohl in Japan als auch in Korea chinesische Schriftzeichen für juristische Fachausdrücke verwendet wurden. Die japanischen Fachbegriffe als Lehnübersetzungen von *termini technici* des europäischen Rechts waren zum Teil falsch übersetzt bzw. missverständlich zum Ausdruck gebracht worden, weil die japanischen, vorher nicht juristisch ausgebildeten Übersetzer der *Meiji*-Ära juristische Fachbegriffe nicht immer richtig verstanden.[252] Diese mit der japanischen Rezeptionsgeschichte zusammenhängenden und in den Gesetzestexten

---

249 In diesem Zusammenhang sagt CHOI, dass China dreimal Ostasien erobert habe, einmal durch Macht, ein zweites Mal durch den Konfuzianismus und ein drittes Mal durch das Recht (CHOI 2010, 5).

250 Siehe JEONG 1991, 134. Nach LEE (2003, 198) führte dies trotz formeller Rechtmäßigkeit zur Benachteiligung der Koreaner, da sie des Japanischen nicht mächtig waren, Hieraus resultierte auch der Widerstand bzw. zumindest eine Abneigung der Koreaner gegen Rechtsordnungen schlechthin.

251 Siehe GRAYSON 1993, 11.

252 Siehe JEONG 2011, 55. WENDEHORST (2008, 20) meint in Anlehnung an LAHN und KITAGAWA, dass der 1878 vorgelegte Entwurf des Zivilgesetzes scheiterte, weil er im Wesentlichen eine schlechte Übersetzung des Code civil darstellte. Bei BANDAK (2008, 85–103) kann man einige groteske Übersetzungsfehler bei der Übernahme schweizerischen Rechts in der Türkei finden. Dies gilt aber auch in Japan und dementsprechend in Korea.

festgeschriebenen Mängel leben erkannt und unerkannt im koreanischen Recht weiter. Die japanische Rechtsterminologie selbst entstammt den Übersetzungen von deutschen Rechtsbegriffen. Dass dies seinerzeit keine einfache Aufgabe war, ist augenfällig, da das Rechtssystem Japans vom deutschen gänzlich verschieden war.[253] Wie die anderen Kulturbereiche gehörte auch das frühere Recht Japans wie das Koreas zum chinesischen Kulturkreis, somit auch zu dessen Rechtskreis. Das chinesische Rechtssystem hat eine ganz andere Regelstruktur als das deutsche. Auch die aus dem deutschen Recht übernommenen Begriffe existierten in dem bisherigen japanischen Recht nicht, es gab daher keine Äquivalenz. Also musste ein völlig neues Begriffssystem geschaffen werden.

Einige Rechtswissenschaftler weisen besonders darauf hin, dass bei der Übersetzung[254] der westlichen Gesetze für den Begriff des (bis dato im japanischen Rechtssystem nicht existenten) subjektiven Rechts ein neues Wort gefunden werden musste.[255] MARUTSCHKE erwähnt in diesem Zusammenhang die japanische Kodifikationsbemühung zunächst auf der Basis des französischen *Code Civil*, die möglichst schnell erfolgen sollte, ohne Rücksicht auf eventuelle Übersetzungsfehler.[256] Der japanische Rechtsterminus *kenri* 権利 ist in dieser Zeit entstanden wie auch die Übersetzung für das Wort Recht. Das japanische *kenri* ist je nach Kontext als Recht, Anrecht, Rechtsanspruch, Berechtigung, Freiheit etwas zu tun oder zu lassen zu übersetzen.[257] Es ist ein Kompositum aus zwei chinesischen Zeichen, von denen *ken* 権 Macht, Einfluss, Autorität, Gewalt bedeutet und *ri* 利 Profit, Nutzen, Gewinn, Ertrag, Vorteil, Vorzug, Zins. Die Wortwahl war nach TRAICHLER (siehe Fn. 255) äußerst unglücklich, da sie am wahren Begriffsinhalt vorbeiging. YANABU beschreibt sehr anschaulich den Übersetzungsvorgang, wie das Wort *ken* als Übersetzungswort für den Begriff Recht zu Stande kam: nämlich wiederum in unkritischer Übernahme des bereits früher ins Chinesische übertragenen westlichen Rechtsbegriffs. M. E. ist diese Übersetzung im Ergebnis aber eine zutreffende Übersetzung im Sinne von ENNECCERUS gewesen: „Das subjektive Recht ist begrifflich eine Macht, die dem Einzelnen durch die Rechtsordnung verliehen ist, seinem Zweck nach ein Mittel zur Befriedigung menschlicher Interessen“.[258]

Unabhänig davon, ob die Übersetzung der einzelnen Gesetzesteile missglückt oder treffsicher war, ist sie nunmehr längst als fester Bestandteil im japanischen Recht etabliert und in der weiteren Folge wiederum als Rechtsterminus im ko-

---

253 Genaueres über die japanische Rezeptionsgeschichte siehe KITAGAWA 1970.

254 Einer der bekannten Übersetzer jener Zeit war 箕作 麟祥 (MITSUKURI Rinshō 1846–1897), er hat den französischen Code Civil ins Japanische übersetzt (BERTOLINI 2008, 151).

255 TRAICHLER 1971, 9; RÖHL 1993, 50.

256 MARUTSCHKE 1999, 87.

257 Ausführlich bei YANABU 1991, 109–123.

258 ENNECCERUS-NIPPERDEY, *Lehrbuch des Bürgerlichen Rechts* 1960, § 30, zitiert nach ENGISCH 1968, 25.

reanischen Rechtssystem. Welche Ähnlichkeiten die Rechtstexte beider Staaten aufweisen, zeigt auch folgendes Beispiel:

*Tabelle 1: Art. 2 kor. ZG im Vergleich mit Art. 1 Abs. 2 und 3 japanisches ZG*

| **Korea**[259] | **Japan**[260] |
|---|---|
| 第 2 條 ①權利의 行使와 義務의 履行은 信義에 좇아 誠實히 하여야 한다.<br>② 權利는 濫用하지 못한다.<br>§ 2 (1) Die Rechtsausübung und Pflichterfüllung haben nach Treu und Glauben zu erfolgen. | 第一条 2 権利の行使及び義務の履行は、信義に従い誠実に行わなければならない。<br>3 権利の濫用は、これを許さない。<br>Art. 1 (2) Die Ausübung von Rechten und die Erfüllung von Pflichten müssen nach Treu und Glauben erfolgen. |
| (2) Das Recht darf nicht mißbraucht werden.<br>第 5 條 ①未成年者가 法律行爲를 함에는 法定代理人의 同意를 얻어야 한다. 그러나 權利만을 얻거나 義務만을 免하는 行爲는 그러하지 아니하다.<br>②前項의 規定에 違反한 行爲는 取消할 수 있다.<br>§ 5 (1) Ein Minderjähriger bedarf zu einem Rechtsgeschäft der Einwilligung seines gesetzlichen Vertreters. Das gilt jedoch nicht für das Rechtsgeschäft, durch das er lediglich ein Recht erlangt oder von seiner Verpflichtung entbunden wird.<br>(2) Das entgegen der Vorschrift des Absatzes 1 vorgenommene Rechtsgeschäft ist anfechtbar. | (3) Rechtsmißbrauch ist unzulässig.<br>第五条 1 未成年者が法律行為をするには、その法定代理人の同意を得なければならない。ただし、単に権利を得、又は義務を免れる法律行為については、この限りでない。<br>2 前項の規定に反する法律行為は、取り消すことができる。<br>Art. 5 (1) Der Minderjährige bedarf zu einem Rechtsgeschäft, durch das er nicht lediglich Rechte erwirbt oder von Verbindlichkeit befreit wird, der Einwilligung seines gesetzlichen Vertreters.<br>(2) Ein Rechtsgeschäft, das der Bestimmung des vorherigen Absatzes widerspricht, kann angefochten werden. |

Außer dass man in Korea die so genannten Langzeichen (traditionelle chinesische Zeichen) benutzt und in Japan dies etwas einfacher schreibt, sieht man hier keine nennenswerten Unterschiede. Die bedeutungstragenden Wörter sind identisch, nur die grammatikalischen Elemente wie Partikel und Endungen sind in der jeweiligen Schrift (*Han'gŭl* bzw. *Hiragana*) geschrieben. SIN bezeichnet koreanische Gesetze sogar als bloße Übersetzung japanischer Gesetze.[261] Im Übrigen ist aus

259 Übersetzt von CHO Kyu-Chang (CHO K.-C. 1980). Zur Verdeutlichung ist der koreanische Text in chinesischen Zeichen wiedergegeben, was nach der juristischen Texttradition in Korea auch nicht unüblich ist.

260 Übersetzt von ISHIKAWA/LEETSCH 1985.

261 SIN Kakch'ŏl 1995, 113. Auch LIM (2002, 17, 22) ist dieser Meinung, die damaligen Umstände, insb. der Koreakrieg, hätten dies begünstigt. KANG (2003, 17) sieht das Phänomen, dass in koreanischen Rechtstexten immer wieder falsch ins Japanische

obigen Zitaten auch zu ersehen, dass letztlich beide Regelungen aus dem deutschen BGB stammen.

Nach der Befreiung im Jahre 1945 galten diese japanischen Vorschriften aufgrund der Verordnung Nr. 21 der amerikanischen Militärregierung (*migunjŏngbŏmnyŏng che21ho* 미군정법령 제 21 호) weiter bis zur Kodifikation eigenen Rechts. Auch nach Gründung der Republik Korea 1948 galten sie weiter. Art. 100 der Verfassung Koreas bestimmt, dass die japanischen Gesetze bis zur Neukodifizierung weiter gelten, soweit sie nicht gegen die Verfassung verstoßen. Erst mit dem Inkrafttreten des ZG am 01. 01. 1960 galt das japanische Zivilrecht in Korea nicht mehr. Dieses ZG wurde jedoch auf der Grundlage des japanischen Zivilgesetzes entworfen.[262] Zudem hatten die Juristen, die an der Kodifikation des ZG beteiligt waren, in der japanischen Kolonialzeit ihre Ausbildung erhalten.[263]

Am 09. Oktober 1949 wurde das Gesetz über die ausschließliche Benutzung der koreanischen Schrift (Gesetzesnummer 6) erlassen. Der Zweck dieses Gesetzes ist darin wie folgt definiert:

> 한 나라의 국어에는 그 나라의 국민 정신이 흐르고 있고 민족 정기가 내포되어 있으므로 신생 독립 국가인 우리 나라에서도 한글을 전용함으로써 자주독립의 정신을 내외에 과시하려는 것이다.
> [In der Sprache eines Landes fließt der Geist der Menschen dieses Landes, sie enthält den Stolz der Nation; indem die Han'gŭl-Schrift in diesem Staat mit seiner neu errungenen Unabhängigkeit ausschließlich verwendet wird, wird der Geist dieser Unabhängigkeit im In- und Ausland gezeigt.]

Es gab allerdings eine einschränkende Bestimmung: Öffentliche Dokumente der Republik Korea werden in *Han'gŭl* geschrieben. Wenn es aber notwendig ist, können sie vorläufig in Kombination mit chinesischen Schriftzeichen verwendet werden. Damit wurde eine Hintertür offen gelassen, die japanischen Begriffe werden weiterhin auch offiziell in Korea verwendet.

### 2.3.2 Gesetzgebungsverfahren zum Zivilgesetz und seine Folgen für die Rechtssprache

Wie schon mehrfach betont, muss die Übersetzung eines Gesetzestextes bis ins Detail korrekt sein. Zeitnot oder unnötige Hast können zu schwerwiegenden Übersetzungsfehlern führen. Solche sind, teilweise auch als Resultat doppelter Übersetzungen, in erheblichem Umfang im Zivilgesetz (ZG) zu finden.

---

übersetzte Rechtstermini zu finden sind, als Problem. Park (2002, 11–12) beschreibt die Gesetzgebungsverfahren in der Zeit (1894–1910, insb. 1905–1910): Japanische Rechtsberater verfassten in japanischer Sprache Gesetzestexte; anschließend wurden die grammatikalischen Elemente (Partikel, Endungen etc.) durch koreanische ersetzt.

262 Siehe Kim H.-B. 2000, S. 513; Jeong 2011, S. 55.

263 Jeong 2011, 52; Cho K.-C. 1990, 65.

Jeong nennt vor allem folgende besondere Aspekte im Gesetzgebungsverfahren zum ZG:[264]

1. Die Kodifizierung des ZG war nicht rational, sondern emotional motiviert als Folge der antijapanischen Stimmung in der Bevölkerung.
2. Die Protokolle der Kodifikationskommission waren kriegsbedingt verloren gegangen außer den „Grundsätzen für die Kodifikation eines ZGB"[265] sowie den Protokollen des parlamentarischen Rechtsausschusses. Es gibt keine offiziellen Materialien, weder Motive noch Begründungen zum Entwurf eines ZG.
3. Das ZG beruht paradoxerweise dennoch im Wesentlichen auf dem japanischen Zivilgesetz. Es gab heftige Debatten im Parlament. Der Gesetzgeber ging davon aus, dass die Vorschriften des japanischen Zivilgesetzes als Produkt der Rezeption des kontinentaleuropäischen Rechts eigentlich nicht als japanisch zu betrachten seien.

Die koreanische Jurisprudenz war auch gar nicht in der Lage, das Gesetzbuch völlig eigenständig zu entwerfen. Die an der Kodifikation des ZG beteiligten Juristen hatten während der Annektion an japanischen Universitäten Jura studiert,[266] die Rechtsbegriffe also in der japanischen Koloniezeit durch das japanische Zivilgesetzbuch erlernt. Mit ihnen haben sich Wortgebrauch und Satzbau der japanischen Sprache erhalten.[267] Die Sprache als solche wurde zwar koreanisiert, aber um so fremdartiger und unangenehmer wirken die nach der koreanischen Grammatik unerlaubten Strukturen sowie die Vorliebe für unpersönlichen Stil, insbesondere Passiv-Sätze. Zwar gab es schon bei der Kodifizierung des ZG Bestrebungen, die Gesetzessprache von Hinterlassenschaften der japanischen Kolonialzeit zu bereinigen. Die Bestrebungen der Sprachpflege, in der Rechtssprache einwandfreies, stilistisch ansprechendes und allgemein verständliches Koreanisch zu verwenden, sind durch politische Unruhen und insb. den Koreakrieg und deren Folgen jedoch gestört worden.

Bei den Recherchen für vorliegende Arbeit fiel auf, dass die unteren Gerichte oft einen schlechten Stil schreiben, während sich die meisten höheren Gerichte um ein gutes Koreanisch bemühen. Vielleicht liegt es daran, dass Anfänger, die meist in unteren Gerichten tätig sind, sich allzusehr an Muster klammern, zumal das koreanische Bildungssystem durchaus das bedenkenlose Abschreiben solcher Muster begünstigt.[268]

---

264 Siehe Jeong 2011, 50–51.

265 107 Thesen im Hinblick auf die ‚Kodifikation des Bürgerlichen Gesetzbuches' und 49 Thesen zum Familien- und Erbrecht.

266 Siehe Lee H.-K. 1990, 47.

267 Lim (2002, 17, 22).konstatiert, dass die Gesetze Koreas trotz der formellen Eigenständigkeit bloß als eine Übersetzung japanischer Gesetze zu beurteilen seien und deshalb die Bereinigung und Neuordnung der Gesetzessprache als schwierige historische Aufgabe verblieben sei.

268 Was aber auch in deutschen Amtsstuben beliebt ist – die sog. ‚Schimmel', eigentlich ‚simile'.

### 2.3.3 Sprachliche Modernisierungsbemühungen und deren Problematik

Bereits in den 60er Jahren gab es Versuche das ZG zu bereinigen; diese sind aus verschiedenen Gründen nicht gelungen. Seit 2004 versuchen das Justizministerium und das *pŏpchech'ŏ* 법제처 (*Ministry of Government Legislation*) mit dem Projekt ‚verständliches Gesetz' die Rechtsterminologie japanischer Ursprünge zu koreanisieren.[269] Dennoch hat diese noch immer einen großen Anteil in den koreanischen Rechtstexten. Problematischer sind aber m. E. die grammatikalischen Fehler, deren Ursprung in der japanischen Syntax liegt (trotz der sprachtypologischen Gemeinsamkeiten in diesen beiden SOV-Sprachen, wie es sie auch innerhalb der SVO-Sprachen z. B. Deutsch und Französisch gibt). Diese Berichtigungen und sprachlichen Verbesserungen gehen nur langsam voran, da Sprache ja Konvention und Verabredung in einer Gesellschaft und ihre (Weiter-)Entwicklung demgemäß ein langsamer Prozess ist, anders als etwa der Technologietransfer.

Sin zeigt mit einer Episode auf, welche Einstellung japanische Rechtswissenschaftler zur Sprache haben:[270] Er schildert eine Forschungsreise von drei japanischen Professoren der Rechtswissenschaft zur ‚Forschung über die Verwendung der Rechtsbegriffe in Korea und China'. Dabei hätten sie argumentiert, dass enge Zusammenarbeit und Austausch für Entwicklung und Wohlstand notwendig seien und es dafür wünschenswert sei, Terminologien zu vereinheitlichen, zumindest im asiatischen Raum. Dabei biete sich das Japanische als Norm an, da Korea und China zum Einflussgebiet der japanischen Kultur gehörten und daher ohnehin japanische Begriffe Verwendung fänden. Die Regierung der Republik Korea bräuchte sich nicht solche Mühe geben, die vorhandene japanische Terminologie zu ändern.

Eine als herablassend oder autoritär empfundene Lexik – in der Zeit der Kolonialherrschaft als Herrschaftsmittel benutzt – wird heute nicht mehr akzeptiert. Cho nennt als Hinterlassenschaft dieser Ära „Misstrauen der Rechtsordnung", Wahrnehmung des Gesetzes als „Gewaltdienerin", „Unterdrückungsapparat", „legitimes Betrugsmittel".[271] Einige Beispiele sind: ‚*-n cha* –ㄴ者', ‚*myŏnghanda* 命한다', ‚*-e ch'ŏhanda* –에 處한다', ‚*kwahanda* 科한다'.[272] Insbesondere das in Rechtssätzen häufig verwendete ‚*-n cha* –ㄴ者' war ursprünglich ein wertneutraler Begriff für ‚jemand, der…', aber in der heutigen koreanischen Sprache ist seine Wertneutralität verloren gegangen, und es wird in herablassender Bezeichnung verwendet.

Derzeit erfährt die koreanische Gesellschaft große Veränderungen: Familienstrukturen und Einstellungen verändern sich. Man versucht, die Gesetze der veränderten Gesellschaft anzupassen. Interessant sind in erster Linie Bemühungen auf der sprachlichen Ebene. Unter sprachlicher Modernisierung wird verstanden,

---

269 Justizministerium, Materialien zur Revision des Zivilgesetzes, Seoul, 2004.
270 Sin Kakch'ŏl 1995, 109.
271 Cho K.-C. 1990, 63.
272 Weitere Beispiele siehe Park K. S. 1998, 21.

Gesetzestexte verständlicher zu machen. Veraltete Ausdrücke sollen aufgegeben, neue Sprachgewohnheiten der Bürger berücksichtigt werden. Von 2006 bis 2010 wurden rund 1.150 Gesetzestexte geändert und konsolidiert.

Die Bemühungen um eine Modernisierung der Rechtssprache sind langwierig, was nicht verwundert. Dieses Vorhaben birgt viele, zum Teil sehr schwerwiegende, Probleme in sich.

### *2.3.3.1 Einflüsse aus dem Japanischen und deren Überwindung*

#### *2.3.3.1.1 Rechtsbegriffe: Koreanische oder japanische Terminologie?*

Die schwierigste Aufgabe bei der Bereinigung von japanischen Rechtsbegriffen ist, zu bestimmen, welche Begriffe im Gesetzestext konkret rein japanische Terminologie und welche nur gleichartig sind (aufgrund gleicher kulturhistorischer Entwicklungen beider Länder, beider Sprachen und beider Rechtssysteme). Wenn z.B. ein *ka* 가 假 als Präfix verwendet wird, bedeutet dies je nach dem Kontext ‚provisorisch, temporär' oder ‚falsch'. Koreanisten sind der Meinung, dass die Verwendung dieses Präfixes in der Bedeutung ‚provisorisch, temporär' typisch japanischen Stil darstellt und alle in dieser Bedeutung verwendeten Präfixe zu ändern sind[273]: *kadŭnggi* 가등기 假登記 (provisorische Eintragung)→ *imsidŭnggi* 임시등기 臨時登記, *kajuso* 가주소 假住所 (eine temporäre Adresse)→ *imsijuso* 임시주소 臨時住所. Dagegen gibt es viel Widerstand in den Reihen der Juristen. Sie sind der Meinung, Rechtsbegriffe wie *kadŭnggi* seien durch Rechtslehre und Rechtsprechung bereits etabliert worden und würden sogar von Laien allgemein verwendet. So hat *ka* in rechtlicher Hinsicht noch eine andere Bedeutung erlangt als die allgemeine Bedeutung „provisorisch" oder „falsch". *Kadŭnggi* bedeutet in der koreanischen Rechtssprache „vorübergehende" bzw. „vorläufige Eintragung" und bringt damit zum Ausdruck, dass derzeit nicht alle Anforderungen für die Eintragung erfüllt sind, aber wenn die gesetzlichen Voraussetzungen restlos erfüllt sind, ändert sich diese vorläufige Eintragung *kadŭnggi* zur *pondŭnggi* 본등기 本登記 = endgültige Eintragung. *Kadŭnggi* ist also eine Vorstufe der Registrierung (dem entspricht im deutschen Recht die ‚Vormerkung' insb. im Grundbuch, welche aber nicht automatisch zur endgültigen Eintragung wird).

Zwischen beiden Ländern gibt es auch Unterschiede im Gebrauch ein und desselben chinesischen Zeichens, z.B. *pon* 本 bei *ponpŏp* 본법 本法 und *ponjo* 본조 本条. In Japan wird 本 im Sinne von ‚dieser' verwendet, also ‚dieser Artikel' und ‚dieses Gesetz'. In Korea gebrauchen Juristen dieses Präfix im Sinne von ‚dieses', während es im allgemeinen Sprachgebrauch im Sinne von ‚ursprünglich, zugrunde liegend' benutzt wird. Bei *ponpŏp* 本法 besteht die Gefahr, dass das Wort als *mopŏp* 모법 母法, das zugrundeliegende Gesetz und damit nicht als ‚dieses', sondern als ‚anderes Gesetz' interpretiert wird.

273 Vor allem Sɪɴ Kakch'ŏl 1995, 117–118.

### *2.3.3.1.2 Unterschiedliche Lesart der chinesischen Zeichen in Japan und Korea*

Jeong kritisiert, dass die traditionelle koreanische Rechtsterminologie in der japanischen Kolonialzeit durch die erzwungene Adaption japanischen Rechts verschwunden sei und die Übersetzung ohne Rücksicht auf die sprachlichen Unterschiede treu am Original, also am japanischen Zivilgesetz, blieb.[274] Dabei wurde nicht einmal berücksichtigt, dass es im Japanischen für die chinesischen Schriftzeichen (*kanji*) zwei Lesungen gibt, nämlich die sinojapanische *ondoku* und die japanische *kundoku*. Letztere ist Ergebnis der Adaption der chinesischen Schrift. Dabei wurde einem von seiner Bedeutung her aus dem Chinesischen übernommenen *kanji* die Aussprache des schon im Japanischen für diesen Begriff vorhandenen Wortes zugeordnet, somit hat dies mit der chinesischen Aussprache des *Kanji* meist nichts zu tun. Diese Art der Lesung existiert im Koreanischen nicht. Bei der Fremdwortentlehnung aus dem Chinesischen wird die chinesische Aussprache der Zeichen, angepasst an Lautbestand und Silbenstruktur des Koreanischen, weitgehend beibehalten.

Nach Jeong sei die auf der *kundoku* basierende Rechtsterminologie im Japanischen gedankenlos in Korea übernommen worden und habe als Rechtssprache Fuß gefasst, obwohl im Koreanischen für diese Begriffe bereits andere Bezeichnungen existierten und existieren, wie: 激消 (*kyŏkso* 격소) statt 取消 (*ch'wiso* 취소) für anfechten, 讓與 (*yangyŏ* 양여) statt 讓渡 (*yangdo* 양도) für übertragen, 傳致 (*chŏnch'i* 전치) statt 引渡 (*indo* 인도) für bringen/übergeben.[275]

Ein weiteres Beispiel dafür ist *kanjuhada* 간주(看做)하다 (gelten als). Dieses Wort wird in Gesetzen sehr oft verwendet, ist aber ein japanischer Rechtsbegriff, der dort nach der rein japanischen Lesart artikuliert wird. Man schreibt in Japan zwar 看做す, dies wird aber als *minasu* みなす gelesen. In Korea wird es dagegen stets nach der On-Lesung ausgesprochen.

### *2.3.3.1.3 Getrenntschreibung*

Den Titel eines Gesetzes ohne Trennung zu schreiben ist typisch japanische Art. Japanische Grammatik kennt keine Getrenntschreibung. Japanisch wird in der Regel in einer Kombination von drei Schriften geschrieben: *Kanji* 漢字, *Hiragana* 平仮名 und *Katakana* 片仮名. Die japanischen *Kanji* sind das Pendant zur *Hancha* 한자 漢字 in Korea. Sie sind für die bedeutungstragenden Morpheme in diesem System aus drei Schriften unbedingt notwendig. Mit *Hiragana* werden grammatikalische Morpheme wiedergegeben, in *Katakana* die Fremdwörter. Da die drei verschiedenen Schrifttypen innerhalb eines Satzes gemischt verwendet werden, ist es nicht notwendig, Wörter getrennt zu schreiben. Weder im Titel eines Gesetzes noch im Text kennt man die Getrenntschreibung. Es gibt lediglich Interpunktionen wie Satzschlusszeichen (。 丸 *maru*) oder Aufzählungszeichen ( ・ 中点 *nakaten*).

---

274 Siehe Jeong 2009, 27.
275 Jeong 2009, 27.

Im Koreanischen verhält es sich anders. Zunächst kennt die heutige koreanische Rechtschreibung per se die Getrenntschreibung. Dennoch war es üblich, im Titel eines Gesetzestextes alle darin enthaltenen Wörter einschl. der Attribute zusammenzuschreiben. Das ergibt dann z. B. solche Wortungetüme:

*hŏnbŏpchaep'ansosamuch'ŏhaengjŏngŏmmudŭngŭijŏnjahwach'okchinegwanhan'gyuch'ik* 헌법재판소사무처행정업무등의전자화촉진에관한규칙

(Regel für die Beschleunigung der Elektronisierung der administrativen Aufgaben im Verfassungsgericht).

Schon früh hatte man durchaus erkannt, dass Getrenntschreibung nötig bzw. nützlich wäre. Dennoch wurde sie aus Bequemlichkeit (‚das haben wir schon immer so gemacht' und ‚es funktioniert doch und hat sich bewährt'), aber auch wegen des erforderlichen zeitlichen und finanziellen Aufwands nicht konsequent umgesetzt.[276] Im Jahr 2004 hat das ‚Ministry of Government Legislation' die „Prüfkriterien für die Gesetzgebung" überarbeitet und im Januar 2005 die Getrenntschreibung eingeführt. Ziel war, gemäß den Orthographieregeln die Gesetzestitel getrennt zu schreiben, soweit dies nicht unverhältnismäßig hohe Kosten verursacht; denn dies ist auch mit Folge-Änderungen verbunden, u. a. in weiteren Gesetzen, Materialien, Vordrucken oder auch in sämtlichen Systemen, in denen diese zur Verfügung gestellt werden. Folgerichtig begann man mit neu erlassenen und geänderten Gesetzen.[277]

#### *2.3.3.1.4 Grammatikalisch falsche Formulierungen*

Die Auswirkungen des Japanischen beschränken sich nicht auf die terminologische Ebene, vielmehr sind auch Interferenzfehler aus dem Japanischen über die Satzstruktur zu beobachten. Repräsentatives Beispiel hierfür ist die weit verbreitete Struktur *taehayŏ* 대하여, die im japanischen Recht als 對して oder 付 bezeichnet wird.[278] Sie ist nach der koreanischen Grammatik nicht zu gebrauchen.

Wenn man vom sprachlichen Stil juristischer Texte spricht, so geht man stillschweigend von grammatikalisch korrekten Texten aus. Selbstverständlich ist das jedoch nicht, auch nicht bei Gesetzestexten. Auch das ZG ist eine Fundgrube, z. B.: Weglassen des Subjekts, unklare Bezüge. Die koreanische Grammatik erlaubt für den Fall, dass der Kontext Klarheit schafft, das Subjekt wegzulassen. Aber in Gesetzestexten stehen Sätze oft ohne Kontext. Dies führt zum Teil dazu, dass offen bleibt, welche Wörter sich aufeinander beziehen. In Passivkonstruktionen gibt es manchmal kein Subjekt, sondern nur ein Objekt. Im Ergebnis wird entweder die Verbform oder die objektmarkierende Postposition falsch verwendet. Nach Yoon zeigen koreanische Gesetzestexte auch in der Syntax, dass sie unter japanischem Einfluss verfasst wurden. Sie weisen häufig Passivkonstruktionen auf, die im Koreanischen unüblich sind; als korrekt und natürlicher empfindet man Aktivkonstruktionen.[279]

---

276 Siehe Hwang 2014, 515–516.
277 Genaueres siehe Alpŏp 2011, 24–32.
278 Weitere Beispiele siehe Hwang 2014, S. 532–533.
279 Yoon 2010, S. 187.

Anstelle der Nominativpartikel *i* 이 oder *ka* 가 die Genitivpartikel *ŭi* 의 zu gebrauchen, ist ebenfalls ein typischer Fehler in koreanischen Gesetzestexten. Dies ist nach der koreanischen Grammatik schlicht falsch. Koreanisten erklären dieses Phänomen mit Übersetzungsfehlern bei der Rezeption japanischen Rechts dadurch, dass der japanische Genitiv-Partikel *no* の einfach in den koreanischen Genitiv-Partikel *ŭi* 의 übertragen wurde, ohne die funktionalen Unterschiede zwischen beiden Partikeln in den jeweiligen Grammatiken zu bedenken. In Art. 29 Abs. 1 S. 1 ZG heißt es: *silchongja-ŭi saengjonhan sasil* 실종자의 생존한 사실. Hier müsste grammatikalisch korrekt stehen: *silchongja-ka saengjonhan sasil* 실종자가 생존한 사실, die Tatsache, dass der Vermisste lebt.

### 2.3.3.2 *Verzicht auf die chinesischen Zeichen vs. Notwendigkeit ihrer Verwendung in der Rechtssprache*

Einige Koreanisten vertreten die Auffassung, dass Gesetze mit rein koreanischen oder zumindest allgemeinverständlichen gemeinsprachlichen Wörtern verfasst werden sollten.[280] Infolge der Verwendung von Fachtermini und der Abstraktheit litte die Verständlichkeit der Gesetzestexte.

In der koreanischen Rechtssprache ist *p'ilchŭng* 필증 畢證 beispielsweise eine Bescheinigung dafür, dass eine Sache erledigt worden ist. Dieses Wort findet sich aber nicht einmal in koreanischen Wörterbucheintragungen. Es ließe sich statt dessen ausdrücken mit *chŭngmyŏngsŏ* 증명서 證明書, *hwaginjŭng* 확인증 確認證. Das entsprechende Verb lautet *p'ilhada* 필(畢)하다 bzw. statt dessen rein koreanisch *mach'ida* 마치다.

Die Schriftzeichen sollen bei der Revision von Gesetzen in koreanische Schrift umgewandelt werden, zugleich soll die Grammatik der Umgangssprache angepasst werden. Ein Beispiel hierfür ist Art. 1 Nr. 14 des koreanischen Gesetzes über die Bestrafung von Bagatelldelikten a. F (*kyŏngbŏmjoe ch'ŏbŏlbŏp* 경범죄 처벌법 輕犯罪處罰法)[281] und dessen sprachliche Änderung vom 30.12.1983.

> AlteFassung: 第1條14. 飮用에 供하는 淨水를 汚澈하거나 또는 그 使用을 妨害하는 者.
> Neue Fassung: 제 1조 14.(飮料水使用防害) 사람이 마시는 물을 더럽히거나 그 사용을 방해 한 사람.
> [Beides bedeutet: Wer Trinkwasser verschmutzt oder dessen Nutzung behindert...]

Während in der alten Fassung mit Ausnahme der syntaktischen Elemente chinesische Schriftzeichen verwendet wurden, ist die Neufassung in verständlichem Koreanisch abgefasst. In der Altfassung wurden außerdem archaische Wortformen wie *konghanŭn* 供하는 verwendet, die in der heutigen koreanischen Sprache keine Verwendung finden. Da ohne Kenntnis der dort verwendeten Zeichen und Formen die alte Fassung unverständlich war, ist anzunehmen, dass die Unkenntnis der ganzen

280 Unter anderem Sɪɴ Kakch'ŏl 1995 und Pᴀʀᴋ K. S. 1998.
281 Gesetzesnummer 2504, geändert am 08.02.1973, in Kraft getreten am 11.03.1973.

Vorschrift vorprogrammiert war und infolge des Prinzips, dass Unwissenheit nicht vor Strafe schützt, im Ergebnis viele Bürger aus Unkenntnis Ordnungswidrigkeiten begingen. Die Neufassung schafft mit ihrer Verständlichkeit Abhilfe.

Problematisch im Hinblick auf die Präzision der Sprache, aber auch bezüglich der Verständlichkeit der Norm wird es, wenn ein und derselbe Begriff verschiedene Bedeutungen annehmen kann. Hier müssen Kompromisse gefunden werden „zwischen Präzision und Popularität“[282] bzw. Transparenz.

Wie die weiter oben beschriebene scheinbare Homonymie (oder sogar Polysemie) wegen der unterschiedlichen Deutungsmöglichkeiten zu Übersetzungsproblemen führen kann, zeigen diese Beispiele:

*kŏmsa* 검사 檢事 (Staatsanwalt) vs. *kŏmsa<u>in</u>* 검사<u>인</u> 檢査人 (Revisor, Prüfer)

Ohne die chinesischen Zeichen werden die beiden Bezeichnungen *kŏmsa* 검사 und *kŏmsain* 검사<u>인</u> für Laien fast ununterscheidbar, da das chinesische *-in* 인 nur bedeutet, dass es sich um eine Person handelt. Wer keine Erfahrung im Umgang mit Gesetzestexten hat, wird denken, dass beide Bezeichnungen nur Varianten desselben Begriffs seien.

*kyujŏng* 규정 規定 und *kyujŏng* 규정 規程: Die Aussprache beider Wörter ist identisch. Wenn man nur die koreanische Schrift berücksichtigt, handelt es sich um Homonyme. Sie sind nicht unterscheidbar. Berücksichtigt man die chinesischen Zeichen, wird die jeweilige Bedeutung klar. In der Gemeinsprache werden sie oft ohne Unterscheidung in der Bedeutung von ‚etwas bestimmen' und ‚vorschreiben' benutzt, als juristische Fachtermini finden sie jedoch unterschiedliche Anwendung. *Kyujŏng* 규정 規定 meint meist Bestimmungen einzelner Artikel, Klauseln bzw. einzelne Regelungen wie:

> 제 3 조의 규정에 의하여 = gemäß den Bestimmungen des Art. 3
>
> 제839조 (준용규정) 제823조의 규정은 협의상 이혼에 준용한다 = Art. 839 (Anzuwendende Bestimmungen) Die Bestimmung des Art. 823 findet auf die Scheidung in gegenseitigem Einvernehmen entsprechende Anwendung.

Demgegenüber ist mit *kyujŏng* 규정 規程 nicht eine Einzelbestimmung, sondern die einem bestimmten Zweck dienende Gesamtheit von Regeln, ein gesamtes Regelwerk bzw. ein Rechtsbereich gemeint, z.B. das ‚Wertpapierrecht' oder: *yugajŭnggwŏnsijangŭl kwallihagi wihayŏ p'iryohan ŏmmugyujŏng•sangjanggyujŏng mit kongsigyujŏng kit'a ŏmmue kwanhan <u>kyujŏng</u>* 유가증권시장을 관리하기 위하여 필요한 업무규정·상장규정 및 공시규정 기타 업무에 관한 <u>규정</u> (<u>Vorschriften</u> zur Verwaltung von Wertpapiermarkt, IPO-Markt, Börsennotierung und sonstigen diesbezüglichen Geschäften). Andererseits wird 규정 規程 für die Benennung einer bestimmten Gesamtnorm wie *kongmuwŏnbosu<u>gyujŏng</u>* 공무원보수<u>규정</u> (Vorschriften für die Beamtengehälter) oder *kongmuwŏnbongmu<u>gyujŏng</u>* 공무원복무<u>규정</u> (Beamtendienstvorschriften/ Dienstordnung) verwendet.

282 Hilf 1992, S. 83, 101.

부정 不正 (*pujŏng*, etwa: unrichtig) wird als juristischer Begriff in der Bedeutung ‚Unbilligkeit, Unrecht, Ungerechtigkeit, Unredlichkeit, Schlechtigkeit' verwendet. In Art. 131 Abs. 1 des koreanischen Strafgesetzbuches bedeutet *pujŏng* z.B. das Fehlverhalten eines Amtsinhabers, das nicht mit seiner Aufgabe und Stellung vereinbar ist (etwa pflichtwidrige Amtshandlung). Ähnlich wird es in Art. 238 Abs. 1 benutzt (Verfälschung oder missbräuchliche Verwendung von Amtsstempel oder Unterschrift, wobei *pujŏngsayong* im Sinne von missbräuchlich verwendet wird). Darüber hinaus wird es in der Bedeutung „Falschaussage" oder „unlauterer Wettbewerb" verwendet. Während *pujŏng* in der Gemeinsprache in der Regel im Sinne von ‚moralisch nicht richtig' angewandt wird, enthält er als Rechtsterminus keine ethisch-moralische Bewertung.

*pujŏng* 부정 不貞 wird zwar gleich wie *pujŏng* 부정 不正 ausgesprochen, hat aber eine ganz andere Bedeutung. Wenn der Text nur in der Han'gŭl-Schrift angezeigt wird, können diese beiden Termini leicht verwechselt werden. 부정 不貞 bedeutet in der Gemeinsprache Treuebruch zwischen Mann und Frau und wird auch als Rechtsterminus in dieser Bedeutung verwendet, zum Beispiel in Art. 840 Abs. 1 ZG als Scheidungsgrund. *Pujŏng* 부정 不貞 enthält also in der Gemeinsprache, aber auch als juristischer Terminus eine ethisch-moralische Bewertung. In diesem Sinne ist er von *pujŏng* 부정 不正 eindeutig zu unterscheiden.

Koreanisten, unter anderem Park, sind in diesen Fällen für die gesprochene Alltagssprache,[283] wogegen Rechtwissenschaftler hier Probleme der sprachlichen Ungenauigkeit sehen.[284] Kang kritisiert nicht ohne Grund die mangelnde Bereitschaft der koreanischen Linguisten, auf die Besonderheiten anderer wissenschaftlicher Disziplinen Rücksicht zu nehmen. Ihr Beharren auf einer rein koreanischen Rechtssprache und ihre weitgehende Missachtung der Anforderungen an die Verwendung als Fachsprache mache die Mauer zwischen den Wissenschaften noch unüberwindbarer.[285] Das Grundproblem liegt aber auch wohl darin, dass die junge Generation nur über rudimentäre Kenntnisse der chinesischen Schriftzeichen verfügt.

### 2.3.4 Erkenntnisse und Folgerungen aus dieser kritischen Auseinandersetzung

Bartsch sagt zu Recht, dass eine Beurteilung der Erscheinungen der modernen Rechtssprache ohne Kenntnis ihrer Zusammenhänge mit der Rechtsentwicklung kaum möglich ist, zumal in der heutigen Rechtssprache noch „in verschiedenem

283 Siehe Park K. S. 1998, 19 –38. Sin Uch'ŏl (2002, 116) betont im Zusammenhang mit der Unverzichtbarkeit der chinesischen Zeichen, dass sie vielfältige Möglichkeiten der Bildung neuer Begriffe besitzen, so dass sie für die Übersetzung ausländischen Rechtsbegriffe unerlässlich seien.

284 Zur Auseinandersetzung zwischen Koreanisten und Juristen siehe Hwang 2014, 553 und Sin Uch'ŏl 2002, 110, Fn 4.

285 Siehe Kang 2003, S. 7.

Maße Überreste früherer Entwicklungsstufen" stecken.[286] Dies gilt, wie gezeigt wurde, gleichermaßen für deutsche wie koreanische Rechtssprache.

Bei der koreanischen Gesetzgebung ist zusätzlich festzustellen, dass weitgehend japanische Begriffe oder gar Lehnübersetzungen ins Japanische direkt im Koreanischen verwendet wurden. Allerdings finden sich durchaus auch in der Gemeinsprache solche Begriffe – wie *chayu* 자유 自由 (Freiheit), *kwŏlli* 권리 權利 (Recht, Anspruch), *chuŭi* 주의 主義 (Ideologie), *ŭimu* 의무 義務 (Pflicht). Sie werden ganz selbstverständlich benutzt, ohne ihre Herkunft zu registrieren. Demnach sind nicht alle Begriffe, die zunächst von japanischen Übersetzern mit Hilfe chinesischer Zeichen ins Japanische übertragen worden sind, generell als japanische Terminologie zu verwerfen. Es muss eine differenzierte Betrachtung erfolgen.

Dabei ist zu bedenken: Die Verwendung von Begriffen, die aus der japanischen Kolonialzeit stammen, erschwert jedenfalls dem Bürger das Verstehen von Gesetzen statt deren Inhalt transparent zu machen. Eine solche Rechtssprache wird darüber hinaus als autoritär und undemokratisch empfunden. Die japanischen Rechtsbegriffe sind ferner selbst oft eine Kunstsprache mit Lehnwörtern oder falsch übersetzten Begriffen. Nicht übergangen werden darf auch der Aspekt, dass ein souveräner Staat eine eigene Rechtssprache haben sollte.

Andererseits würde ein gänzlicher Verzicht auf derartige Wörter, Zeichen und Formen den Text in vielen Fällen umständlich, ungenau und intransparent machen.[287] Deshalb sind auch hier Kompromisse anzustreben, die zu einem ausgewogenen Verhältnis bei der Berücksichtigung aller genannten Postulate führen. Dafür gelten die gleichen Überlegungen, wie sie für die deutsche Rechtssprache bzw. Rechtssprache generell unter 2.1.2.2 dargestellt wurden. Der „Kontinuität des Sprachgebrauchs"[288] im Hinblick auf den Gedanken der Rechtssicherheit ist dabei in Korea besondere Aufmerksamkeit zu widmen.

## 2.4 Übersetzungswissenschaftliche Fragestellungen bei der Übertragung koreanischer Rechtstexte ins Deutsche

In *Aller et Retour* schreibt Sartre über das Problem der Sprachkrise, indem er beschreibt, wie der Philosoph Brice Parain nach dem Krieg in eine Welt zurückkehrte, in der die Sprache um ihn völlig verfremdet war.[289] Dieses Bild kann auch auf die koreanische Gesellschaft übertragen werden. Nach der Befreiung mussten die Koreaner die Verfremdung schmerzlich erfahren; auch nach so vielen Jahren noch

---

286 Bartsch 1954, S. 412; über die Geschichte der deutschen Rechtssprache siehe auch Hattenhauer 1987.

287 Vor allem wegen der dann notwendigen Umschreibung von Begriffen und der erforderlichen Eindeutigkeit, wie auch die angeführten Diskussionen um die deutsche Rechtssprache zeigen.

288 Hilf 1992, S. 85.

289 Sartre 1993.

beherrscht diese verfremdete Sprache ihre Welt, zumindest was die Rechtssprache betrifft. In Abschnitt 2.3 wurde deutlich, wie infolge der relativ kurz zurückliegenden geschichtlichen und dementsprechend auch sprachlichen und rechtlichen Beeinflussung Koreas durch Japan für die Übersetzung aus der koreanischen Rechtssprache ins Deutsche nicht nur bilinguale und bikulturelle, sondern multilinguale und multikulturelle Probleme entstehen. Nachfolgend werden die Fragen angesprochen, die sich aus den spezifischen rechtlichen und sprachlichen Besonderheiten von koreanischen Rechtstexten bei deren Übersetzung ins Deutsche ergeben. Es folgen auch einige Hinweise für die Übersetzungspraxis.

### 2.4.1 Rechtskulturelle Unterschiede

Übersetzbarkeit hat zweifellos ihre Grenzen. CATFORD unterscheidet dabei in „linguistic untranslatability" und „cultural untranslatability".[290] Auch bei der Übersetzung von Rechtstexten vom Koreanischen ins Deutsche kann die Unübersetzbarkeit sprachlicher oder rechtskultureller Natur sein.[291] Die „linguistic untransbility" ist für den Deutsch-Koreanisch-Übersetzer, auch außerhalb der Rechtsübersetzung, ein bekanntes Phänomen. Es ist u. a. durch Paraphrase überbrückbar. Rechtsübersetzung steht aber, wie bereits deutlich wurde, in engem Zusammenhang mit der Systemgebundenheit der Rechtssprache. D.h. auch sie ist stark vernetzt und ohne Kenntnis über diese Vernetzung im System können Bedeutungen nur ungenügend erfasst werden. Hier gewinnt die *„cultural untranslatability"* ihre Bedeutung. Die kulturelle Unübersetzbarkeit ist auf Grund der rechtskulturellen Unterschiede ein schwer wiegendes Problem.[292] Diese Tatsache und die daraus resultierenden einzelnen Aspekte sind deshalb an verschiedenen Stellen Gegenstand vorliegender Arbeit. Dabei wird ein Grundsatz deutlich:

> Erst das Fachwissen ermöglicht eine Übersetzung, deren Formulierungen die Charakteristika der ausgangssprachlichen Rechtsnormen durchscheinen lassen, weil ein Begriff aus dem Ausgangsrechtssystem durch ein funktionelles systemtechnisches Äquivalent aus dem Zielrechtssystem wiedergegeben wird.[293]

Vergleicht man die Rechtssprache Koreas mit der Deutschlands, so hat man im ersten Moment den Eindruck, dass einer richtigen und brauchbaren Übersetzung nichts im Wege steht. Dies hängt mit der Rechts-Rezeptionsgeschichte Koreas zu-

---

290 CATFORD, 1965, S. 93–103.

291 GROSSFELD (1984, S. 5) ist der Meinung, dass diese Unübersetzbarkeit infolge kultureller Unterschiede bis jetzt bei der Rechtsübersetzung nicht gebührend betrachtet worden ist, da man meistens die der indoeuropäischen Sprachfamilie zugehörigen Rechte verglichen hat.

292 REISS/VERMEER (1984, 1, 13) haben zu Recht betont, dass die Übersetzung nicht nur einen sprachlichen, sondern vielmehr einen kulturellen Transfer umfasst; auch ŠARČEVIĆ 1985, 127.

293 KUPSCH-LOSEREIT 2006, 226.

sammen. Bei der Rezeption fremden Rechts übernimmt eine Sprache auch fremde Ausdrücke mit ihrem Inhalt, wenn auch angepasst an das Sprachsystem, als Lehnwort. Der Wert der beiden Ausdrücke ist aber identisch. Der überwiegende Teil des koreanischen Zivilrechts ist daher ins Deutsche übersetzbar, weil das rezipierte Rechtsmodell deutsch war, während die Übersetzung des Wirtschaftsrechts ins Deutsche wohl erhebliche Schwierigkeiten verursacht, da hierfür das amerikanische als Vorlage diente (vgl. Abschnitt 2.2.2.3).

Jedoch muss man selbst bei scheinbarer Kongruenz von rezipierten Rechtsbegriffen noch Folgendes einkalkulieren: Es geschah nicht ganz selten, dass bereits die Übersetzung im Rahmen der Rezeption eines neuen Rechtssystems oder Teilrechtsgebiets aus fremdem Recht falsch war. Dies kam, wie gesehen, in Japan vor und dementsprechend auch in Korea. Und noch komplexer wird es, wenn eine eigenständig gewachsene völlig andersartige Rechtskultur vorhanden ist, deren Inhalte und System trotz grundsätzlicher Übernahme des anderen Rechts erhalten bleiben sollen, wie es beim Ehe- und Familienrecht Koreas der Fall war. Hier wird deutlich, dass es gar keine absolute Äquivalenz geben kann. Bereits der banale Begriff ‚Verwandtschaft' macht die Übersetzung ohne Kommentare unmöglich, wie schon ausgeführt.

Es wurde bereits deutlich (insb. in 2.3), dass die bisherige koreanische Rechtssprache in weiten Teilen nicht aus der Gemeinsprache entstanden ist. So sind z. B. Fachtermini als Produkte der Rezeptionsgeschichte ohne Kenntnis der überkommenen koreanischen Rechtskultur einerseits und der Rezeptionsgeschichte unter Einschluss der Entwicklung in Japan nicht verständlich und auch nicht korrekt in deutscher Sprache, erst recht nicht in deutscher Rechtssprache darstellbar.

Das Familienrecht ist zudem ein Bereich, der durch ständige Gesetzesänderungen[294] gekennzeichnet ist. Diese sind zum Teil gravierender Natur, stellen ganze Systeme um oder führen völlig neue Institutionen, Begriffe und Verfahren ein. Teilweise ändern sie auch nur unbedeutende oder formale Dinge. Auch dies muss der Übersetzer kennen und beachten. Und er muss darauf achten, aus welchem Zeitraum die unterschiedlichen Urkunden, Urteile usw. stammen, um einen korrekten Sprachgebrauch in der Übersetzung zu gewährleisten. Damit der Verwender der Übersetzung die übersetzten Urkunden und deren Inhalte auch richtig versteht und einordnet, muss er entsprechende Hinweise auf zwischenzeitlich geänderte bzw. früher verwendete Bezeichnungen geben. In der Praxis spielt das bei Auszügen aus den früheren bzw. heutigen Familienregistern, welche für eine Eheschließung in Deutschland notwendig sind, eine große Rolle. Geburts- und Abstammungsurkunden, Eheschließungs- und Scheidungspapiere usw. sind heute ganz anders gestaltet und zwar sowohl in Inhalt wie auch Form. Denn sowohl das materielle Ehe- und Familienrecht als auch das Verfahrensrecht sowie die Registergestaltung wurden vollständig geändert. Damit haben sich auch Begriffe in Ausdruck oder Bedeutung verändert. Für das Handelsregister gilt Ähnliches.

294 Zur Reformgeschichte vgl. Kapitel 3.

### 2.4.2 Änderungen in Recht und Rechtssprache und Umgang damit beim Übersetzen

Ein anschauliches Beispiel aus der Praxis vereidigter/ermächtigter Übersetzer sei hier angeführt: In Deutschland benötigt man bei der Eheschließung u. a. Geburtsurkunde und Ehefähigkeitszeugnis. Ist einer der Ehepartner koreanischer Staatsangehöriger, führt dies mittlerweile zu Verständigungsproblemen zwischen allen Beteiligten einschl. Übersetzer. Früher gab es in Korea – wie auch in Deutschland – Abstammungsurkunden und Auszüge aus dem Familienbuch. Dies gibt es seit der großen Familienrechts- und Standesregister-Reform nicht mehr. Welche koreanische Urkunde benötigt man jetzt? Die verunsicherten deutschen Standesbeamten suchen in Merkblättern von Auswärtigem Amt und Botschaften, vor allem aber in denen des für sie zuständigen OLG (so z. B. Köln oder Stuttgart), die ihre Merkblätter aktualisiert haben. Dort finden sie u. a. den Passus, dass Identitätsurkunden zu verlangen sind. Eine solche gibt es dem Wortlaut nach in Korea nicht. Ein Standesbeamter aus Karlsruhe verlangte z. B. (unsinnigerweise) sowohl Geburtsurkunde als auch Identitätsurkunde. Mitunter findet sich immerhin ein Hinweis, dass die sog. Identitätsurkunde der früheren Geburtsurkunde entspräche. Aber auch dies hilft nicht wirklich weiter.

Erst wenn man das koreanische Recht diesbezüglich genau durchsieht, findet man heraus, welche jetzige koreanische Urkunde den Anforderungen des deutschen Rechts entspricht. Als funktional-äquivalenter Begriff in der deutschen Rechtssprache liegt ‚Geburtsurkunde' nahe, was jedoch als Übersetzung abzulehnen ist, da es die veränderte Rechtslage in Korea nicht widerspiegelt, sondern einen gleichgebliebenen Regelungsinhalt suggeriert. Die Systeme sind aber zu unterschiedlich geworden. Da Standesbeamte zu äußerst formalem Denken und Handeln geschult und angehalten sind, entstehen gravierende Probleme, die der ‚Jurist-Dolmetscher bzw.-Übersetzer' zwar ausräumen könnte, was aber wegen der ‚formalen' Denkweise häufig nicht gelingt. Der Standesbeamte sieht lieber in seiner ‚Bibel', d. h. in der StAZ nach und findet dort eine an sich sehr verdienstvolle Darstellung über das neue koreanische Familienregisterwesen und die entsprechenden Urkunden. Danach gibt es eine ‚Identitätsurkunde', welche Namen, Geburtsdatum, Geburtsort, Identitätsnummer, Staatsangehörigkeit, Geschlecht, Namensänderungen und Tod der Person enthalten soll.[295] Diese Angaben sind aber in doppelter Hinsicht falsch: Die deutsche Bezeichnung ‚Identitätsurkunde' trifft den Inhalt der damit offenbar gemeinten koreanischen Urkunde weder inhaltlich noch dem formalen koreanischen Namen nach (also weder eine funktionale Äquivanz noch Lehnübersetzung). Unter Identität versteht man im Zusammenhang mit Urkunden beispielsweise eine Identitätskarte, also insb. die in der deutschen Rechtssprache als Personalausweis bezeichnete Karte mit Namen, Adresse

295 StAZ 9/2008, 292.

und dergleichen. Im koreanischen Gesetzestext ist von *kibon-chŭngmyŏngsŏ* 기본 증명서 基本證明書 die Rede. *Kibon* bedeutet Basis oder Grund und *chŭngmyŏngsŏ* ist die Urkunde. So ergibt sich etwa als korrekte Übersetzung ins Deutsche ‚Grunddatenurkunde'. Dieser Begriff gibt nicht nur den koreanischen einigermaßen zutreffend wieder, sondern entspricht in seiner Bedeutung auch dem Inhalt dieser Urkunde. Im koreanischen Original ist der Begriff der Identität weder genannt noch gemeint, sie entspricht im deutschen Recht funktional weit eher der Geburts- und Sterbeurkunde. Der Begriff der Identitätsurkunden ist in den Rechtssprachen insb. im internationalen Verkehr anders determiniert. Z. B. enthält die fragliche Urkunde keine Rubrik für die Staatsangehörigkeit wie die Identitätsurkunden (Pass, Personalausweis, identitycard, documento nacional de identidad usw.) und schon gar kein Foto oder weitere Merkmale zur Identifizierung. Die Aussage ist demnach auch insoweit falsch und führt zu weiteren Fehlern des Standesbeamten. Denn dieser benötigt auch einen Nachweis über die Staatsangehörigkeit, welche er mit der Grunddatenurkunde nicht erhalten wird.

So hat dieser eine an sich lobenswerte Aufsatz in ganz Deutschland eine teils falsche Terminologie und als Folge davon fehlerhaftes Verhalten, Verunsicherung und unnötigen Aufwand für heiratswillige deutsch-koreanische Paare verursacht. Ein Standesbeamter verlangte z.B. als notwendige Unterlagen drei Urkunden: Geburtsurkunde, Identitätsurkunde und Familienurkunde. Unter dem Namen Geburtsurkunde oder Identitätsurkunde gibt es in Korea aber überhaupt keine Urkunde; inhaltlich-funktional erfüllen die (eine) Grunddatenurkunde sowie die Familienurkunde alle Anforderungen des Standesbeamten. Nur die in beiden Rechtssystemen und -sprachen bewanderte Übersetzerin konnte dies aufklären. Der genannte Aufsatz wird aber sicher in ganz Deutschland noch weiter wirken. Man sieht, zu welch weitreichenden Folgen eine einzige falsche Übertragung eines Begriffs an prominenter Stelle führt. (Auf die Personenurkunden wird an anderer Stelle noch näher einzugehen sein, vgl. Abschnitt 4.5.11). Man kann deshalb nicht eindringlich genug auf die Gefahren hinweisen, die ein solch leichtfertiger Umgang mit den Rechtstermini ohne peniblen Vergleich der Rechtssysteme und -sprachen mit sich bringt.

### 2.4.3 Übersetzungstechnik

Besonders groß ist die Verführung, Begriffe des eigenen Rechts zu verwenden, wenn das fremde Recht eine ähnliche Unterscheidung vornimmt wie das eigene. Hier muss genau geprüft werden, ob die Unterscheidung sachlich das Gleiche bedeutet. Auch hier wird die Bedeutung der Rechtsvergleichung deutlich.

Das Institut des Ehevertrags ist in Deutschland geläufig. In Korea gibt es ein ähnliches Institut. Es gibt also eine zumindest scheinbare Äquivalenz. Die Bedeutung der scheinbar gleichen Rechtsinstitute und auch ihr Zustandekommen sowie ihre Verwendung sind jedoch in Wahrheit unterschiedlich. Der Ehevertrag in Korea ist als vorehelicher Vertrag konzipiert und enthält die güterrechtliche

Vereinbarung, was bereits die Bezeichnung *pubujaesan'gyeyak* 부부재산계약 夫婦財産契約 (Ehegatten-Vermögens-Vertrag) verrät. Dagegen ist die deutsche Bezeichnung ‚Ehevertrag' ganz allgemein gehalten, sodass sich zum eigentlichen Inhalt zunächst nichts daraus erkennen lässt. In Korea gab es dazu noch den *pubuganŭi kyeyak* 부부간의 계약 夫婦間의 契約 (Vertrag zwischen den Ehegatten).[296] Es ist davon auszugehen, dass Juristen wie Laien aus dem jeweils anderen Rechtskreis den Begriff Ehevertrag entweder nicht zuordnen können oder mit falschen Vorstellungen verbinden. Der Übersetzer muss diese Lücken im Vorwissen des ausländischen Juristen schließen, da solche Tatsachen sich nicht aus der Rechtsterminologie erschließen lassen. Damit würde auch dem von Fleck aufgestellten Grundsatz, dass bei Urkundenübersetzungen wegen der Erfodernis der ‚Richtigkeit und Vollständigkeit' erklärende Anmerkungen erforderlich sind,[297] Rechnung getragen und die Gefahr der Gleichsetzung von Rechtsbegriffen der AS und ZS, hier ‚Ehevertrag' auf der einen und ‚ehelicher Gütervertrag' sowie ‚Vertrag zwischen den Eheleuten' auf der anderen Seite, gemindert. Auf keinen Fall darf kommentarlos *pubujaesan'gyeyak* mit ‚Ehevertrag' ins Deutsche übersetzt werden. Um die inhaltliche Divergenz zu verdeutlichen, die sich aus der Rechtsvergleichung ergibt, müssen bei der Übersetzung unterschiedliche und charakterisierende Termini verwendet werden.

Im umgekehrten Fall ist zu klären, ob der deutsche Ehevertrag wörtlich mit *pubugyeyak* 부부계약 夫婦契約 (Ehe-Vertrag) zu übersetzen ist. Hier kann die Ansicht von Newmark einen Denkanstoß geben. Nach ihm sind Lehnübersetzungen nur dann adäquat, wenn ihre sprachlichen Elemente wesentliche Informationen tragen und somit deren Übersetzung semantisch motiviert und transparent ist.[298] In Korea konnten die Ehegatten Verträge schließen und ändern mit Ausnahme der güterrechtlichen Eheverträge. Bei vorehelichen güterrechtlichen Verträgen sollte man deshalb das Wort *chaesan* 재산 財産 (Vermögen) hinzufügen, damit sich AT und ZT inhaltlich entsprechen können, um die Referenzidentität zu wahren. Es ist bei der Übersetzung von deutschen Eheverträgen jedoch empfehlenswert, hinter die Übersetzung noch *chaesan* bzw. die zusätzliche Information *honinjŏn* 혼인전 婚姻前 (vorehelich) oder *honinjung* 혼인중 婚姻中 (während der Ehe) anzufügen, um Verwechslungen mit den koreanischen Begriffen und deren rechtlichem Inhalt zu vermeiden.

---

296 Nach der Bestimmung des Art. 828 ZG a.F. konnte einen zwischen Ehegatten geschlossenen Vertrag jede der beiden Parteien jederzeit während der Ehe widerrufen, soweit keine Rechte Dritter dadurch beeinträchtigt wurden. Dieser Artikel ist jedoch am 10.02. 2012 aufgehoben worden.

297 Fleck 2006, S. 234, siehe auch Stolze (1999, S. 51–52.) zur explikativen Übersetzung von Rechtsbegriffen und Arntz/Picht/Mayer (2002, S. 157) zur Schaffung eines Erklärungsäquivalents.

298 Siehe Newmark 1981, S. 75–81; in Anlehnung an Newmark auch Šarčević 1997, S. 259.

Die außersprachlichen Aspekte, die für die juristische Übersetzung von großer Relevanz sind, wie das Hintergrundwissen zum koreanischen oder deutschen Recht und den Stilmitteln, machen sowohl die Explizierung als auch die Hinzufügung bestimmter Informationen zum Ausgleich der Wissenslücken als kreative Übersetzungslösung (nach Šarčević[299]) erforderlich. Übersetzt man ‚Mantelkauf' und ‚Mantelgesetz' oder ‚Sprungrevision' mit der Lehnübersetzungsmethode, besteht die große Gefahr, dass sie nicht oder falsch verstanden werden.

Vom Gericht ermächtigte Übersetzer dürfen nichts hinzufügen und nichts weglassen, dennoch müssen sie sich in solchen begründeten Fällen bewusst für funktionsgerechte Abweichungen vom AT entscheiden. Im Hinblick auf ihre Verpflichtung sind sie gehalten darauf hinzuweisen, um ihrer Rolle als Vermittler treu zu sein, auch wenn dies auf den ersten Blick widersprüchlich erscheint. Wenn nämlich die Strukturen der koreanischen Sprache so weit von denen der ZS, also des Deutschen, abweichen, dass ein Satz, Satzteil oder Wort überhaupt nicht direkt übersetzbar ist, muss der Übersetzer Entsprechungen finden, die eigentlich nicht vorhanden sind. Dazu muss er auf der Grundlage der zielsprachlichen, also deutschen Normen übersetzen, da das Beharren auf der Ausgangsstruktur – sei es die rechtliche oder die sprachliche – letztlich eine Verweigerung verständlicher Übersetzung wäre.

Für die ‚kreative Übersetzung' gilt in diesem Zusammenhang erst recht: Sie ist keine Übersetzungsstrategie, sondern eine Technik, mit der Rechtsübersetzer auf der Mikroebene bei jedem einzelnen Problem die verschiedenen Möglichkeiten und Strategien abwägen. Sie kann beim juristischen Fachübersetzen die rechtsterminologische Korrektheit und die Verständlichkeit des ZT durchaus erhöhen.

Bei Übersetzungen von Rechtstexten ist aber immer darauf zu achten, dass durch Verwendung bestimmter zielsprachlicher Begriffe nicht juristische Implikationen des zielsprachlichen Rechtssystems in den AT hineininterpretiert werden, die im ausgangssprachlichen Recht in dieser Form nicht bestehen.[300] Bei funktionaler Äquivalenz ist insoweit Vorsicht geboten. Mit Recht warnt Stolze davor, dass hier nicht vorhandene Identitäten (z. B. von Institutionen) vorgespiegelt werden.[301] Eine weitere Gefahr besteht darin, dass eine solche Übersetzung fälschlicherweise deutschen Einfluss auf das Koreanische suggeriert, den deutsche Juristen auf Grund der Rezeptionsgeschichte auch leicht annehmen könnten. Um auf die unterschiedlichen Rechtsgrundlagen hinzuweisen, bietet sich daher im vorgenannten Beispiel für den Ehevertrag die Übersetzung ‚vorehelicher güterrechtlicher Vertrag' an.

---

299 Šarčević 1997, 161–194.

300 Kupsch-Losereit 2006a: S. 229; Fleck 2006: S. 233.

301 Stolze 1992, 183; auch bei Sandrini (1999, S. 33) aufgrund der „Erwartungshaltung" des Rezipienten.

Als Übersetzungstechnik bei fehlender Äquivalenz werden im Allgemeinen 1. Entlehnung/Lehnübersetzung, 2. Neologismen und 3. Erklärung/Paraphrase genannt.[302] Einige Verfasser empfehlen die **direkte Übernahme**.[303] Diese prominente Methode, die **Entlehnung**, ist aber nur in eng begegrenztem Umfang praktikabel wie innerhalb des Kulturkreises der lateinischen Sprache oder der chinesischen Schrift. Es gibt lexikalische und semantische Entlehnungen, wobei vielfach unter Entlehnung nur lexikalische Übernahme gemeint ist.[304] Zum Einsatz kommt sie nach POMMER insbesondere dort, wo zwischen sehr unterschiedlichen Rechtssystemen übersetzt wird (z.B systemgebundene Rechtstermini). Sie blendet dabei Fremdsprachenkenntnisse oder Vorkenntnisse der Leser aus. Ihr Beispiel, das wie in zahlreichen Fällen eine Übersetzung aus dem englischen *Common Law* in das französische kodifizierte Recht ist,[305] setzt voraus, dass der Leser relativ ähnliches Vorwissen hat, da die eigentlichen Empfänger in diesen Beispielen schließlich meistens Kanadier (französischsprachiges *Common Law* Gebiet) sind. Bei der Übersetzung aus dem Deutschen ins Koreanische könnte dieses Verfahren noch anwendbar sein, da die meisten koreanischen Juristen einen ziemlich hohen Grad an Grundkenntnissen der deutschen Rechtssprache haben und mit den deutschen Rechtsinstituten vertraut sind. Für diese ist es nicht einmal ein Problem, wenn die ausgangssprachliche deutsche Terminologie beibehalten wird – auch ohne Transkription, da die meisten Koreaner das westeuropäische Alphabet, d. h. die in Deutschland verwendete lateinische Schrift lesen können. So belässt man häufig die Wörter Bundesverfassungsgericht, BGB oder GG (also sogar Abkürzungen) ohne weitere Transkription und Kommentare in der Übersetzung, da diese dem angesprochenen juristischen Fachpublikum in Korea verständlich sind. Jedoch ist dies substantiell begrenzt und darf nur so angegangen werden, wenn man den Empfängerhorizont genau kennt.

Umgekehrt ist dies bei der Übersetzung vom Koreanischen ins Deutsche aber nicht praktikabel. Einfache Transkription ohne Erläuterung ergibt auch wenig Sinn. Die koreanische Sprache wird in Deutschland nur in wenigen Instituten gelehrt und es gibt nur wenige Hilfsmittel; es gibt auch keine zweisprachigen koreanisch-deutschen Rechtswörterbücher.[306] Der Übersetzer kann in den sel-

---

302 siehe ARNTZ/PICHT/MAYER 2002, S. 151–157, auch DE GROOT 1999, S. 27–35.

303 So z.B. SACCO 2011, S. 50–51: ‚übernehmende' Übersetzung; er begründet auch, dass der überwiegende Teil des Wortschatzes aufgrund seines lateinischen Ursprungs übersetzbar ist und auch ohne Übersetzung direkt übernommen werden kann. Gegenargument siehe DE GROOT 1999, S. 27–29; 2002, S. 23: Sie ist nur vertretbar, wenn beide Sprachen wie holländisch und deutsch über eine gewisse ethymologische Verwandtschaft verfügen.

304 Siehe POMMER unter dem Untertitel Lexementlehnung 2006, S. 70.

305 Siehe POMMER 2006, S. 70, Fn. 380.

306 Nach MOUNIN (1967, 154) ist es gerecht, wenn der wissenschaftliche und technische Übersetzer das Wörterbuch, für sein wichtigstes Hilfsmittel (Fachwörterbücher,

tensten Fällen voraussetzen, dass der Empfänger der Übersetzung die koreanische Schrift lesen kann, geschweige denn die koreanischen Rechtsinstitute kennt. Dennoch kommt es vor, dass koreanische Juristen in Deutschland[307] koreanische Rechtsbegriffe ohne weitere Erläuterung einfach transkribieren. Dies ist dann für den deutschen Leser meist unverständlich.

Die Probleme der **Lehnübersetzung** sind etwas diffiziler. Die Rechtsterminologie eines Rechtssystems wird von zwei Koordinaten bestimmt: einer sprachlichen und einer juristischen. Sie sind innerhalb desselben Sprach- und Rechtssystems so miteinander verknüpft, dass sie sich nicht unterscheiden lassen und auch nicht zu unterscheiden brauchen.[308] Diese doppelten Koordinaten verursachen bei der Lehnübersetzung einige Probleme. Übersetzt man Rechtsbegriffe wie ‚Ehevertrag', deren Bedeutung in einer Sprach- und Rechtsgemeinschaft klar und eindeutig definiert sind, werden die beiden Koordinaten getrennt, Worthülle und juristische Bedeutung werden voneinander gelöst und die Worthülle beinhaltet nicht mehr die rechtliche Bedeutung in der Ausgangs-Rechtssprache.

Entgegen der allgemeinen Vorstellung, dass am schwierigsten die Übersetzung von Begriffen sei, die im Zielrechtssystem nicht existieren, birgt die Übersetzung der scheinbar gemeinsamen Rechtsbegriffe komplexere Probleme: Oft verbergen sich unter dem ähnlichen sprachlichen Deckmantel unterschiedliche Anschauungen und/oder rechtliche Zuordnungen, wie bei dem Rechtsinstitut ‚Verwandtschaft'.[309] Die außersprachlichen Aspekte unter Berücksichtigung der Präsuppositionen, also das fehlende Hintergrundwissen des zielsprachlichen Lesers über das koreanische Recht, machen bei Rechtstexten relativ häufig sowohl die **Explizierung** als auch die **Hinzufügung bestimmter Informationen** zum Ausgleich der Wissenslücken erforderlich.[310] Sie müssen aber – sowohl bei Texten zur Rechtsvergleichung als auch bei Urkunden, insb. in beglaubigten Übersetzungen – in Form von Anmerkungen erfolgen und dürfen nicht den eigentlichen Text verfälschen.

---

Nachschlagwerke, Terminologie, ISO) hält, wogegen der literarische Übersetzer äußerst mißtraurisch ist.

307 Häufig z.B. im Rahmen von Dissertationen, wie die Recherchen der Verfasserin gezeigt haben, aber auch auf deutsch veröffentlichende koreanische Rechtswissenschaftler im Rahmen von Rechtsvergleichungen.

308 Siehe Constantinesco 1972, S. 166–167.

309 Das koreanische und das entsprechende deutsche Rechtsinstitut sind nicht gleichwertig, wie an anderen Stellen im Detail ausgeführt, insb. in Kapitel 4.

310 Nach Šarčević wäre das als *„descriptive Equivalents"* zu bezeichnen (1991, S. 621). M. E. ist das ein zu weit gefasster Äquivalenzbegriff. Anzumerken ist, dass das englische *equivalent* und das deutsche Äquivalenz keinesfalls gleichbedeutend sind.

## 2.5 Exkurs: Übersetzungsfehler im Text des Freihandelsabkommens mit der EU[311]

Wohin Übersetzungsfehler in rechtlich relevanten Texten,[312] gar in Gesetzestexten führen, zeigt ein aktuelles Beispiel: Bei der Ratifizierung des Freihandelsabkommens (FHA) zwischen Korea und der EU verursachten gravierende Übersetzungsfehler einen regelrechten Skandal und verursachten eine erhebliche Verzögerung der Ratifizierung.[313]

Korea hatte mit der EU ein FHA ausgehandelt. Dieses verbindliche Regelwerk war in englischer und koreanischer Sprache abgefasst; beide Fassungen sollten gleichberechtigt als Originaltext gelten. Zur Umsetzung in geltendes koreanisches Recht bedurfte es des üblichen Ratifizierungsverfahrens im Parlament. Noch vor dessen Einleitung hatte die Regierung bereits Übersetzungsfehler in der koreanischen Fassung entdeckt und korrigiert. In dieser korrigierten Fassung wurde es in das Ratifizierungsverfahren gegeben. Ein Abgeordneter der Opposition fand jedoch weitere Fehler. Daraufhin wurde das Verfahren gestoppt. Korea und die EU verständigten sich auf eine Korrektur und die dadurch notwendige Verschiebung des Termins für das Inkrafttreten, welches für März 2011 vorgesehen war. Im Laufe des März monierte ein koreanischer Anwaltsverband[314] erneut, dass der koreanische Text des FHA mit der EU von der englischen Fassung abwich und zwar an 160 Stellen!

In allen Zeitungen wurde berichtet, dass sogar 207 Fehler in der koreanischen Version des Textes entdeckt worden seien. Darauf gestand der verantwortliche Handelsbeauftragte Kim Jong-Hoon vom Ministerium für auswärtige Angelegenheiten und Handel am 4. April 2011 auf einer Pressekonferenz ein, dass es außer den Fehlern, die bereits von den Medien und dem Oppositionsabgeordneten entdeckt worden waren, noch viele weitere Mängel gegeben hatte. Das Ministerium

311 Die Texte können unter http://www.fta.go.kr/eu/layout_sub02/sub02_01.asp abgerufen werden (Stand 20. 03. 2013).

312 Solche Übersetzungsfehler sind keine rein-koreanischen Phänomene. Schon Weisgerber hat bei der Analyse der Pariser Abkommen zwischen Österreich und Italien um Südtirol darüber geklagt, man habe „ein beschleunigtes Tempo hineingejagt; die möglichst rasche Bekanntgabe der für die Weltöffentlichkeit bestimmten Dokumente läßt kaum über die wichtigsten Stellen genau nachdenken" (Weisgerber 1961, S. 83).

313 Siehe z. B. unter dem Stichwort *chayu muyŏk hyŏbchŏng* 자유 무역 협정 Chosun-ilbo vom 24. Feb. 2011 (S. A6), 26. Feb. 2011 (S. A5), 11. März 2011 (S. A8), 5. April 2011 (S. A1, A6), 11. April (S. B2), 13. April (S. A5) etc. (diese Zeitungsartikel können auch unter http://srchdb1.chosun.com/pdf/i_archive/search.jsp abgerufen werden. Zuletzt abgerufen am 23. Juni 2014).

314 *Minjusahoerŭl wihan pyŏnhosa moim* 민주사회를 위한 변호사 모임 (Rechtsanwaltsverband für eine demokratische Gesellschaft) oft abgekürzt als *minbyŏn*.

wolle die zuvor eingereichte Version zurückziehen und dem Kabinett am 05. April eine endgültige und fehlerfreie Vorlage präsentieren.

Nicht genug, dass in der koreanischen Version des FHA mit der EU so viele Übersetzungsfehler entdeckt wurden, gab es nun auch noch Hinweise darauf, dass es in der koreanischen Version des Abkommens mit Chile ebenfalls solche Fehler gab. Darauf teilte der Chefunterhändler für die FHA-Verhandlungen CHOI Suk-Young mit, dass die Regierung Koreas die koreanischen Versionen aller bisher abgeschlossenen FHA überprüfen wolle.

Am 26. April 2011 war zu hören, dass die Regierung auch ihren Antrag auf parlamentarische Billigung des FHA mit den USA zurücknehmen wolle. Hintergrund sei die Entdeckung von Übersetzungsfehlern in der koreanischen Fassung des Vertragstexts. Bis Mai sollten alle Fehler korrigiert werden. Danach werde nach einer Abstimmung im Kabinett dem Parlament ein neuer Billigungsantrag vorgelegt. Bereits im Juni 2007 hatte das Ministerium die erste koreanische Fassung dieses FHAs veröffentlicht. Im Oktober 2008 war diese vom Kabinett gebilligt worden. Wegen Übersetzungsfehlern war sie jedoch ebenfalls im Außenausschuss des Parlaments abgelehnt worden. Nunmehr legte das Ministerium eine neue Übersetzung vor und teilte mit, dass es insgesamt 296 Fehler gegeben habe. Anfang Juni 2011 hat das Kabinett dann endlich einen neuen Ratifizierungsentwurf für das FHA mit den USA gebilligt.

Der Verband der Rechtsanwälte für eine demokratische Gesellschaft verlangte vom Ministerium, die Fehler im Einzelnen bekannt zu machen. Da dies nicht geschah, rief der Verband das Verwaltungs-Gericht Seoul an. Dieses gab am 02. Dezember der Klage statt. In der Begründung hieß es, dass eine Veröffentlichung der entsprechenden Informationen aus Gründen des Gemeinwohls erforderlich sei, da der ‚normale' Bürger die erste und zweite Übersetzung angesichts des enormen Umfangs kaum in Einzelheiten vergleichen könnte.

Was hier zu Tage kam, ist schier unglaublich. Und doch ist es geschehen und noch dazu in einem solch immensen Ausmaß. Wer war hier wohl als Übersetzer des zunächst in englischer Sprache ausgehandelten Textes ins Koreanische tätig? Jedenfalls hatte er ganz offensichtlich weder von englischer noch von koreanischer Rechtssprache und den jeweils dahinter stehenden Rechtsordnungen Europas und der USA einschlägige Kenntnisse, sonst hätte es nicht zu diesem Skandal kommen können. Man wagt gar nicht daran zu denken, welche noch nicht entdeckten falschen koreanischen gesetzlichen Regelungen insgesamt auf der Basis internationalen Rechts faktisch bestehen und zwangsläufig angewandt werden!?

Folgende Beispiele zeigen Ausmaß und Folgenschwere der Fehler:[315]

315 Nach einer Pressemitteilung samt Material des Ministeriums für Außenpolitik und Handel vom 04.04.2011 (als Anhang unter http://www.fta.go.kr/eu/layout_sub05/sub05_04_view.asp).

*Tabelle 2: Beispiele von Übersetzungsfehlern im Freihandelsabkommen EU-Korea nach Fehlertypen*

| | englisch | koreanisch |
|---|---|---|
| Lexikalische Fehler | Epidemiological service | 피부역학서비스 (dermatological service), richtig: 역학서비스 |
| | Transplant | 수혈 (transfusion), richtig: 이식 |
| | subsidiary | 현지법인, richtig: 자회사 |
| | intercity bussing service | 시내버스 서비스 (bedeutet innerstädtischer Busservice) |
| Ortografiefehler | machine tools | 공자기계 (ergibt keinen Sinn), richtig: 공작기계 |
| | well repair service | 유정부수서비스, richtig: 유정보수서비스) |
| Weglassung | Zea indurate maize | 옥수수, richtig: 경립종 옥수수 |
| | Immediate packing | 포장, richtig: 즉시 포장 |
| Hinzufügung | vegetable materials | 식물성 기름의 재료, richtig: 식물성 재료 |
| | **d. Architectural services (CPC 8671)**<br>Foreign architects licensed under their home country's law may acquire a Korean architect license by passing a simplified examination which covers only two of the regular test's six subjects: (i) Architectural Laws and Regulations and (ii) Architectural Design. | **d. 건축설계서비스 (CPC 8671)**<br>본국의 법에 따라 외국건축사 자격을 취득한 **5 년의 실무수습을 한** 자는 정규 6 개 건축사 시험과목 중 2 개 과목인 (i) 건축법규와 (ii) 건축설계만을 대상으로 하는 간단한 시험만 합격함으로써 대한민국 건축사 자격 취득이 가능함. |
| Eigenname | OECD | 경제협력개발기구, richtig: 경제개발협력기구 |
| Verfälschung durch Grammatik-/ systematischen Fehler | which **does not establish any obligation** to reimburse products at any given price or prejudge the specific outcome of price negotiations. | 주어진 가격으로 제품에 대해 급여하도록 하는 **의무를 창설하거나** 약가 협상에서 특정 결과를 예단하지 **아니하는**<br>(wegen des Weglassens von „any" ist die Bedeutung im Koreanischem genau gegenteilig)<br>Richtig: 주어진 가격으로 제품에 대해 급여하도록 하는 **어떠한 의무도 창설하지 않거나**, 약가 협상에서 특정 결과를 예단하지 아니하는 |

Der Kern des Problems besteht darin, dass solche Übersetzungen sozusagen ‚im stillen Kämmerlein‘ eines Ministeriums oder eines von diesem Beauftragten erfolgen und nur das Ergebnis publiziert und in Recht umgesetzt wird. Der Text der Verhandlungsergebnisse in Originalsprache – hier also eine englische Fassung – solcher internationaler Vereinbarungen wird entweder gar nicht veröffentlicht oder jedenfalls nicht zur Kenntnis genommen. Vielmehr wird eine Übersetzung gefertigt, und beide Sprachfassungen werden dann gleichwertige Inhalte der Vereinbarung. Sie werden ratifiziert und die eine Fassung – hier also die koreanische – wird in unmittelbar geltendes nationales Recht umgesetzt.[316]

Die übersetzte Textfassung wird dabei offenbar einfach hingenommen. Hier wurden die wirklich gravierenden Fehler als solche glücklicherweise erkannt und daraufhin alles – wenn auch in mehreren Anläufen – schließlich korrigiert. In anderen Fällen oder wenn sie nicht so geartet sind, dass Juristen sie als ‚undenkbare‘ Rechtsbegriffe orten, bleiben sie unentdeckt und es entsteht die eigentlich unvorstellbare Situation eines ‚rechtswidrigen Rechts‘, da der koreanische Text zwar geltendes nationales Recht darstellt, aber inhaltlich der völkerrechtlich wirklich ausgehandelten und auf der anderen Vertragsseite auch so umgesetzten Vereinbarung widerspricht. Es entstehen ‚hinkende‘ internationale Rechtsverhältnisse, die wir sonst nur infolge nativ unterschiedlichen nationalen Rechts auf der internationalen Ebene vor allem im Ehe- und Familienrecht z. B. als die berühmt-berüchtigte ‚hinkende‘ Ehe kennen.

An diesem Beispiel wird deutlich, dass die Übersetzung von Rechtstexten besondere Anforderungen stellt. Diesen wird man nur mit mehrfacher fachlicher Qualifikation gerecht. Die Übersetzung von Rechtstexten bedeutet Übertragung aus einer Fachsprache in eine andere. Dazu sind sowohl fundierte Kenntnisse beider betroffener Gemeinsprachen wie auch der entsprechenden Fach-, also Rechtssprachen

---

316 Das Wiener Übereinkommen über das Recht der Verträge vom 23. Mai 1969 (auch: Wiener Vertragsrechtskonvention, engl. Vienna Convention on the Law of Treaties) regelt das Recht der Verträge zwischen Staaten. Artikel 33 dieses Übereinkommens lautet:

> Article 33: Interpretation of treaties authenticated in two or more languages
> 1. When a treaty has been authenticated in two or more languages, the text is equally authoritative in each language, unless the treaty provides or the parties agree that, in case of divergence, a particular text shall prevail.
> 2. A version of the treaty in a language other than one of those in which the text was authenticated shall be considered an authentic text only if the treaty so provides or the parties so agree.
> 3. The terms of the treaty are presumed to have the same meaning in each authentic text.
> 4. Except where a particular text prevails in accordance with paragraph 1, when a comparison of the authentic texts discloses a difference of meaning which the application of articles 31 and 32 does not remove, the meaning which best reconciles the texts, having regard to the object and purpose of the treaty, shall be adopted.

Danach sind beide Vertragstexte rechtlich gleichwertig. Es wird unterstellt, dass beide Texte dasselbe beinhalten.

erforderlich; zusätzlich sind – wie das Beispiel nachhaltig demonstriert – ausreichende Kenntnisse der beiden Rechtsordnungen vonnöten.

## 2.6 Zwischenergebnis

Die wesentlichen Erkenntnisse der bisherigen Überlegungen und damit Prämissen für die Übersetzung von Rechtstexten stellen sich zusammengefasst wie folgt dar:

*Abbildung 1: Relationen zwischen Anforderungen, sprachlichen Mitteln und Zielerreichung in der Rechtssprache*

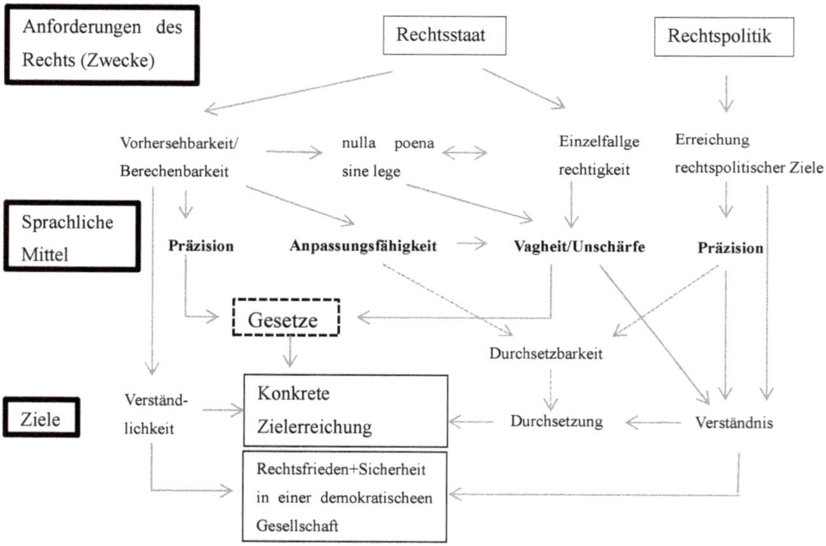


**Rechtssprache** lässt sich folgendermaßen kategorisieren:

*Tabelle 3: Rechtssprache*

| | **Rechtssetzungssprache** | **Juristensprache** | **Rechtsanwendungssprache** |
|---|---|---|---|
| | Rechtsnormen (formelle Gesetze, Verordnungen) | – Wissenschaft/Lehre,<br>– Korrespondenz zwischen Juristen/ Behörden,<br>– Urkunden, Register | Gerichtliche und behördliche Entscheidungen, (gilt auch für AGB u. dgl.) |
| Adressat | Allgemeinheit (Juristen und Laien) | Fachpublikum (juristisch vorgebildete Fachleute) | Spezifisch (Juristen und konkrete jur. Laien) |

| | Rechtssetzungssprache | Juristensprache | Rechtsanwendungssprache |
|---|---|---|---|
| Aufgabe | – Rechtsfrieden und Rechtssicherheit in der Gesellschaft<br>– Erfüllung bestimmter rechtspolitischer Ziele | – Fachbezogene Darstellung und Kommunikation<br>– Vermeidung/Beilegung von Streitigkeiten | – Rechtsfrieden und -sicherheit im Einzelfall<br>– Einzelfallgerechtigkeit<br>– Durchsetzbarkeit |
| Funktion | – Abstrakt-generelle Regelung | – Fachliche Argumentation und Gegenargumentation insb. in Streitfällen<br>– Schaffung von Rechtstiteln, Nachweisen | – Konkret-individuelle Regelung<br>– Protokollierung von Willenserklärungen<br>– Vollstreckung |
| Anforderungen an die Sprache | – Präzision im Ausdruck<br>– Transparenz in Bezug auf Inhalt<br>– Allgemeinverständlichkeit<br>– Anpassungsfähigkeit an Wandel in Gesellschaft, Technik u. dgl. | – Eindeutigkeit der Begriffsinhalte<br>– Verständlichkeit für Fachleute<br>– Sprachökonomie<br>– Explizitheit zur Vermeidung und Ausräumung von Zweifeln | – Eindeutigkeit des Gesamtinhalts zum Zwecke der Erfüllung, ggf. auch bei Zwangsvollstreckung<br>– Verständlichkeit für (Laien bzw.) konkrete Adressaten<br>– Überzeugungskraft |
| Sprachliche Mittel | – Präzision bei gleichzeitig gewollter partieller Unschärfe (Anpassung an Veränderungen in der Anschauung zu Begriffsinhalten und in Umfeldbedingungen)<br>– Abstraktion<br>– klare Strukturierung<br>– Keine wechselnden Bezeichnungen für gleiche Gegenstände (stilistische Reduktion) | – Geschlossenes System von Fachtermini auf Basis von<br>▪ Gesetzeswortlaut<br>▪ Interpretation<br>▪ Rechtsprechung<br>▪ Lehre<br>– Im übrigen Benutzung gemeinsprachlicher Mittel unter<br>▪ genauester Beachtung von Grammatik- und Semantikregeln<br>= besonders ausgeprägte sprachliche Präzision<br>▪ Vernachlässigung allgemeiner Stilmittel | – Gemeinsprache unter Berücksichtigung der Termini und Wendungen der Gesetzestexte<br>– Ausgeprägte sprachliche Präzision |

**Merkmale** von Rechtssprache sind:

1. Es gibt keine durchgängige internationale, auch nicht immer eine national einheitliche Rechtssprache mit gleichen Standards. Sie ist an das jeweilige Rechtssystem gebunden.
2. Sie ist interdisziplinär, ihre Gegenstände sind komplex.
3. Sie ist nicht wertneutral.
4. Sie hat einen doppelten Adressatenhorizont, nicht nur Fachleute (insb. Juristen), sondern auch juristische Laien.
5. Sie steht in einem Spannungsverhältnis zwischen Eindeutigkeit und Verständlichkeit.
6. Sie erfordert klare Strukturierung und Präzision im Ausdruck.
7. Sie enthält jedoch gleichzeitig Elemente für Exaktheit wie für Vagheit. Letztere sind allerdings beabsichtigt (insb. ‚unbestimmte Rechtsbegriffe').
8. Sie besitzt einen hohen Abstraktionsgrad und in erheblichem Umfang generalisierende Formen.
9. Sie weist enge Bezüge zur Gemeinsprache auf. Die Beachtung von Morphologie und Syntax sowie Semantik ist besonders ausgeprägt.
10. Rechtssprachliche Termini basieren oft auf der Gemeinsprache, ihr Bedeutungsinhalt ist jedoch mitunter anders definiert. Hinzu treten reine Fachtermini.
11. Der Einsatz stilistischer Mittel ist begrenzt. Bezeichnungen für gleiche Gegenstände werden nicht variiert. Sie benutzt in erheblichem Umfang Standardformeln und Kurzwörter, Substantive und Passivformen

**Folgerungen** für die Übersetzung von Rechtstexten lassen sich bis hier wie folgt ziehen:

1. Der juristische Fachübersetzer muss beide Rechtssysteme kennen und beide Rechtssprachen beherrschen.
2. Bei der Übersetzung von Rechtstexten muss Rechtsvergleichung erfolgen.
3. Die Übersetzung muss transparent sein: Sie muss am AT und Ausgangsrechtssystem orientiert sein, auch in Stil und Satzeinteilung. Nach dem Vergleich von Rechtsinstituten und -termini sind adäquate Begriffe und Formeln der Zielrechtssprache zu verwenden, dabei ist die Äquivalenz besonders sorgfältig zu prüfen. Die jeweilige Bedeutung ist anhand der Interpretationsgrundsätze und (praktisch) entsprechender Gerichtsentscheidungen usw. zu ermitteln.
4. Dabei ist wegen rechtskultureller Unterschiede keine absolute Äquivalenz vorauszusetzen, die festgestellten Unterschiede müssen deutlich gemacht werden.
5. Formelle Äquivalenz der Rechtsprache führt nicht immer auch zu materieller Äquivalenz.
6. Funktionale Äquivalenzen sind häufig zu finden. Jedoch muss auch hier die Systemgebundenheit beachtet werden. Der Übersetzer darf keine Wirkungsgleichheit bei der Übersetzung versuchen, die zu der irrtümlichen Annahme führen kann, dass beide Rechtssysteme über gleiche Rechtsinstitute verfügen. Entsprechend können Hinweise vonnöten sein.

7. Es ist mit Präsuppositionen zu rechnen. Diese sind zu berücksichtigen. Ggf. müssen Erläuterungen erfolgen.

**Besonderheiten** bei der Übersetzung von Rechtstexten aus dem **Koreanischen ins Deutsche** und umgekehrt:

1. Die Übersetzung aus der koreanischen Rechtssprache ins Deutsche und umgekehrt birgt nicht nur bilinguale oder/und bikulturelle, sondern multilinguale und multikulturelle Probleme.
2. Die koreanische Rechtssprache basiert nicht in so hohem Maße auf der Gemeinsprache wie die deutsche.
3. Um sie zu verstehen, bedarf es zumindest der Grundkenntnisse koreanischer Rechtsgeschichte mit Rezeption und Einflüssen aus europäischem und japanischem sowie in jüngerer Zeit auch amerikanischem Recht. Dabei spielen auch die Wege der Rezeption eine Rolle (u. a. deutsches Zivilrecht über Japan nach Korea).
4. Wegen Problemen in der Übernahme dieser Systeme, aber auch in anderen Zusammenhängen muss mit Unstimmigkeiten oder Verständnisproblemen aufgrund von Übersetzungsfehlern in koreanischen Rechtstexten gerechnet werden.
5. In der koreanischen Rechtssprache werden immer noch in erheblichem Umfang chinesische Zeichen verwendet. Diese sind oft notwendig zur Abgrenzung von Begriffen bzw. zur Eindeutigkeit der Rechtssprache und ihrer Termini.
6. Im Koreanischen gibt es andere Interpunktionsregeln.

# 3 Geschichtliche Entwicklung und Grundzüge des Familien- und Eherechts in Korea und Deutschland

Da die Wiege der heutigen koreanischen Rechtswissenschaft großteils in der deutschen Rechtswissenschaft steht, ist das Interesse am deutschen Recht in Korea entsprechend hoch.[317] Andererseits finden sich in der deutschen Literatur nur wenige Materialien über das koreanische Recht.[318]

Für die Übersetzung juristischer Texte ist es jedoch unabdingbar, dass der Übersetzer die wichtigsten Grundlagen der jeweiligen Rechtsordnungen sowie die wesentlichen Regelungen des konkreten Rechtsbereiches kennt. Diese sollen deshalb hier für Korea und Deutschland dargestellt werden.

## 3.1 Einordnung der Rechtsgebiete in ihren jeweiligen historischen Kontext: Rechtskreise im Überblick

Aufgrund der historischen Entwicklung, Rechtsinstitute und -quellen sowie Ideologie[319] kann man weltweit vor allem sieben Rechtskreise unterscheiden:[320]

- Der anglo-amerikanische Rechtskreis: Common Law,
- die römisch-germanische Rechtsfamilie gliedert sich in folgende Rechtskreise
  - den romanischen Rechtskreis: Code Civil,
  - den deutschen (oder deutschsprachigen) Rechtskreis,
  - den der (ehemals oder noch) kommunistisch regierten Staaten,
  - die Gesamtheit der sonstigen Rechtsordnungen, die aus der Rezeption römisch-germanischen Rechts entstanden, insbes. in Ostasien,
- der nordische Rechtskreis, der zwischen dem *Common Law* und dem römisch-germanischen Rechtskreis steht,
- der islamische Rechtskreis (als einziges religiös geprägtes staatliches Recht).

---

317 Siehe Chung 1993, 15, Choi 1984, 23.

318 Insb. Zweigert/Kötz (1996, 280–296) schreiben unter der Überschrift „Recht im fernen Osten" im Unterkapitel „Die Rechtskreise der Welt" nur über China und Japan.

319 Genaueres über die Faktoren, welche die Rechtskreise charakterisieren, bei Zweigert/Kötz 1996, 67–73; auch Sacco 2011, 178–181, wobei Letzterer den Begriff ‚Systemmerkmale' verwendet.

320 So z.B. Hertel 2009, 157. Diese Gruppierung ist keine allgemeingültige Lösung und kann nach jeweiligen Einteilungskriterien variieren. Die vorliegende Auswahl ist nur für das geltende Zivilrecht relevant. Da das Hauptaugenmerk nicht in der Rechtskreislehre liegt, erfolgt auch keine Auseinandersetzung mit den Theorien.

ZWEIGERT/KÖTZ unterscheiden nur noch sechs Rechtskreise. Den „sozialistischen" Rechtskreis betrachten sie als „mit dem Zusammenbruch des Sowjetkommunismus [...] vom Erdboden fast verschwunden".[321] Dem kann zumindest aus Sicht des Übersetzers für die Sprache Koreanisch nicht gefolgt werden; Nordkorea existiert noch mit seinem typisch sozialistisch geprägten Recht. Dagegen ist die Gruppierung Recht in Ostasien nach den Kriterien der konfuzianischen Tradition und der darin „wurzelnden Geringschätzung des Rechts",[322] den Regeln der Konvention, Sitte und Moral m. E. nicht mehr gegenwärtig. Sie hat sicherlich in der Vergangenheit eine große Rolle gespielt und ist aus rechtshistorischer Sicht interessant. Immerhin sind noch Nachwirkungen beispielsweise in der starken Ausprägung der Schlichtungsverfahren zu sehen, welche in Deutschland erst in jüngster Zeit wieder eine größere Rolle spielen.

Der angebliche ostasiatische ‚Rechtskreis' wäre auch nicht homogen, da er im Laufe der Entwicklung einzelne Rechtsbereiche aus dem einen Rechtskreis rezipiert hat und andere Bereiche wiederum aus anderen Rechtskreisen. So kann etwa das Zivilrecht dem *Code Napoleon* entlehnt sein und Einzelregelungen aus dem deutschen oder schweizerischen Recht übernommen haben, während das Wirtschaftsrecht dem *common law*-Kreis (z. B. USA) entstammt.

Korea wird zwar grundsätzlich der römisch-germanischen Rechtsfamilie zugeordnet,[323] infolge seiner unterschiedlichen zivilrechtlichen Traditionen lässt es sich aber keinem der drei dort genannten Rechtskreise (*Code Napoleon*, deutscher Rechtskreis, ehemals kommunistische Staaten) eindeutig zuordnen. So hat Japan wichtige Anregungen sowohl vom französischen wie vom deutschen Recht empfangen[324] und an Korea weitergegeben (siehe weiter unten). Als Japan um 1900 sein Recht kodifizierte, war der *Code Napoleon* nicht mehr konkurrenzlos, sondern hatte mit dem deutschen BGB (Bürgerlichen Gesetzbuch) einen starken moderneren Konkurrenten erhalten, so dass die ostasiatischen Staaten für ihre Kodifikationen aus den beiden damals bestehenden Hauptquellen der römisch-germanischen Rechtsfamilie schöpfen konnten. Schon 1898 entstand in Japan ein Zivilgesetzbuch, das weitgehend die ersten drei Bücher des BGB übernahm.[325] Das japanische Recht beeinflusste seinerseits – zusammen mit dem deutschen Recht – das Recht Koreas. In den 50er Jahren finden sich starke Einflüsse des BGB auch direkt in Korea.

---

321 ZWEIGERT/KÖTZ 1996, V (Vorwort).

322 Siehe ZWEIGERT/KÖTZ 1996, S. 280–296, insbesondere S. 281–282. Hier werden nur das chinesische und japanische Recht explizit genannt. Aber zu Recht sind sie nicht einem Rechtkreis zugeordnet worden.

323 CHOI (1990, 29) weist darauf hin, dass bereits Gustav RADBRUCH in Zusammenhang mit der Rechtssoziologieforschung die Rezeption des römisch-deutschen Rechts in Korea erwähnt habe; diese Zuordnung gelte auch heute noch. Lange Zeit (bis vor 1876) gehörte Korea dem chinesischen Rechtskreis an, siehe TJONG 1974, 277.

324 Siehe YAMAMOTO 2003, 37, 66. Zur Entstehung und dem sog. ‚Kodifikationsstreit' siehe MARUTSCHKE 1999, 87–93.

325 Siehe EUBEL 1979, 99–101.

Während das koreanische Zivilrecht also weitgehend dem deutschen Recht entspricht, ist das heutige Wirtschaftsrecht sehr stark an das US-Recht angelehnt, wenngleich – wie zu sehen sein wird – Einzelbereiche davon ausgenommen sind. Da jedoch jede einzelne Rechtsordnung in einem individuellen historischen Prozess ihren ganz speziellen Charakter entwickelt hat, aber auch aufgrund der sprachlichen Unterschiede sind dennoch bemerkenswerte Abweichungen festzustellen. Besonders deutlich treten diese auf der begrifflichen Ebene in Erscheinung.

Zu erwähnen ist, dass deutsche Rechtsliteratur in großem Umfang ins Koreanische übersetzt worden ist, z.B. sind Radbruch oder Kelsen auch in Korea für Juristen ein Begriff. Umgekehrt gilt dies aber nicht.

## 3.2 Die koreanische Rechtsrezeption

### 3.2.1 Deutsch-Koreanische Beziehungen und Rechtsrezeption[326]

Die erste offizielle rechtliche Beziehung zwischen Deutschland und Korea lässt sich in den 1880er Jahren ausmachen, als nach der Unterzeichnung des deutsch-koreanischen Handels-, Schifffahrt- und Freundschaftsvertrags am 26 November 1883 Paul Georg von Möllendorf[327] im Auftrag von König Kojong das koreanische Zollwesen aufbaute und eine Strafrechtsreform einleitete. Seit dieser Zeit wurde die koreanische Rechtsentwicklung in vielen Bereichen durch das deutsche Recht beeinflusst.[328]

Die Ausrichtung auf das deutsche Recht intensivierte sich, während Korea durch Japan annektiert war (1910–1945). In Folge dieser Annektierung galt (seit 1912) auch in Korea das japanische Zivilgesetzbuch von 1898, das seinerseits stark durch den Entwurf des deutschen BGB geprägt war. Was das koreanische Recht betrifft, lässt sich also von einer mittelbaren und erzwungenen Rezeption sprechen.

326 Es gibt viele Diskussionen um die Rezeption, auch ob die von Außen aufgezwungene Rechtsrezeption überhaupt als solche bezeichnet werden kann oder ob die indirekte Rezeption davon auszuschließen ist usw. Die Diskussion wird hier nicht weiter ausgeführt, da dies den Rahmen der Arbeit sprengen würde.

327 Paul Georg von Möllendorf (17.02.1847–20.04.1901) Vizeaußenminister, koreanischer Name Mok In-Dok, war auch Leiter der ersten koreanischen juristischen Fachschule, die 1895 eröffnet wurde. Genaueres über Möllendorf als Jurist in Korea siehe Choi 1982, 42–89; Choi 2002 170–171.

328 Nach Choi (1990, 40) entspricht die erste moderne Verfassung des Landes (1889) inhaltlich sehr Bluntschlis Werk „Das moderne Völkerrecht der zivilisierten Staaten als Rechtsbuch dargestellt“ (Nördlingen 1867). In diesem Zusammenhang ist erwähnenswert, dass dieses Werk, wenn auch als Übersetzung in chinesischer Sprache (übersetzt vom Missionar William A. P. Martin), das erste ausländische Rechtswerk war, das in Korea gedruckt wurde und zwar kurz nach den Kabo-Reformen (1894–1896).

Interessant ist, dass es nach der Befreiung zu einer noch stärkeren und diesmal sowohl freiwilligen als auch unmittelbaren Rezeption deutschen Rechts kam. Das zeigt sich am Inhalt der Kodifikation des Zivilgesetzbuches von 1958/1960.

### 3.2.2 Drei Phasen der Rechtsrezeption

Das Wort ‚Rezeption', von den koreanischen Juristen *kyesu* 계수 繼受[329] genannt, statt des allgemein gebräuchlichen *suyong* 수용 受容, ist kein neuer Begriff in der Rechtsgeschichte Koreas. Das Rechtssystem und die Rechtssprache in Korea sind, genau wie in anderen – auch europäischen – Staaten (römisches Recht!), schon früher durch die Rezeption ausländischen Rechts und damit auch dessen Sprache geprägt worden. LEE Hee-Bung weist darauf hin, dass sich in der koreanischen Rechtsgeschichte keine Kontinuität finden lässt und diese sich in zwei scharf voneinander getrennte Abschnitte einteilen lässt: die Zeit der Rezeption des chinesischen Rechtssystems sowie die des westeuropäischen Rechtssystems.[330] LIM Joong-Ho unterscheidet die Phasen des chinesischen, danach des kontinentaleuropäischen (nach der Öffnung des Landes 1876) und zusätzlich des anglo-amerikanischen Rechtssystems nach der Befreiung 1945. Andere unterscheiden in die Phasen der Beeinflussung durch China, Japan und die USA. Die Ergebnisse sind identisch, außer dass LIM bei der indirekten Rezeption des kontinentaleuropäischen Rechts durch Japan den Namen Japan nicht explizit genannt hat.[331] Im Hinblick auf die Folgen, die diese Einflüsse auf sprachliche und terminologische Gestaltungen hatten und welche bei der Übersetzung deshalb von Belang sind, sind in den hier relevanten Zusammenhängen die Phasen der chinesischen, der japanischen, der europäisch-amerikanischen Beeinflussung sowie der in diesen Zeiten erfolgten Rezeptionen von Bedeutung.

Die erste Phase ist die Zeit vor der Öffnung des Landes im Jahre 1876. In dieser hatte das aus China übernommene Rechtssystem in Korea Wurzeln geschlagen;[332] damit wurde auch die chinesische Rechtsterminologie verwendet. Sie hat bis zur Übernahme des westlichen Rechts prägend auf die gesamte Gesellschaftsstruktur

---

329 Das Wort *kyesu* 계수 繼受 ist der japanische Ausdruck für ‚Rezeption' und wurde trotz der allgemeinen Unverständlichkeit unter den Juristen Koreas verwendet (z. B. bei LIM J.-H. 2002); nach CHOI (1992, 126) findet das Wort *suyong*, in den anderen Geisteswissenschaften wie Literatur oder Musikwissenschaft gang und gäbe, allmählich auch unter den Juristen Anklang. Zur Unterscheidung Kyesu und Suyong siehe PARK B.-H. 2002, 7–8.

330 Zitiert nach CHO K.-C. 1980, Einleitung S. XV. Aufgrund des fehlenden Literaturverzeichnisses war das Original nicht zu finden; CHO K.-C. (1990, 59) selbst folgt dieser Einteilung ebenfalls; auch YANG (1971,2) teilt in zwei Perioden auf.

331 Siehe LIM J.-H. 2002, 16–17.

332 Darin, dass Korea bis Mitte des 19. Jhs. zum chinesischen Rechtskreis gehörte, sind sich die Rechtswissenschaftler einig (siehe LEE Hyeong-Kyu 1987, 158), nach PARK (2002, 9–10) geht diese Rezeptionsgeschichte bis zum Jahr 373 zurück.

Koreas gewirkt. LIM vergleicht das chinesische Rechtssystem und dessen Rezeption in Ostasien zu Recht mit der Rezeption des römischen Rechts in Europa.[333] Im Unterschied zu Europa sind allerdings diese chinesischen Rechtseinflüsse mittlerweile infolge weiterer Rezeptionen aus weiten Teilen des koreanischen Rechts eliminiert und dort fast nur noch in historischer und rechtstheoretischer Hinsicht von Interesse. Einige Rechtswissenschaftler, unter anderem CHOI Chongko, rechnen diese Periode gar nicht zur Rezeptionsgeschichte. CHOI bezeichnet sie z.B. als Zeit der traditionellen koreanischen Jurisprudenz (*yulhak* 율학 律學).[334] Offenbar wirkten die chinesischen Einflüsse so stetig und lange, dass Korea genug Zeit hatte, diese nach seinen Bedürfnissen zu transformieren und adaptieren, sodass die ursprünglich chinesischen Elemente mit der Zeit nicht mehr als fremd, sondern als universell empfunden wurden. Sie wirken sich allerdings bis heute aus. So werden in der koreanischen Rechtssprache bis heute teils Begriffe, teils Schriftzeichen aus der tradierten sino-koreanischen Rechtssprache verwendet. Auch in Diskussionen um Auslegung von Rechtsbegriffen wird immer wieder auf überlieferte Begrifflichkeiten und deren überkommene Bedeutung verwiesen. Schon deshalb muss man sich mit dieser Phase und ihren Folgen auseinandersetzen.

Besonders im Ehe- und Familienrecht sind diese Nachwirkungen zu finden. Da das chinesische Recht auf konfuzianischem Geist gründete,[335] war auch das koreanische Recht dadurch geprägt. Ein wichtiges Merkmal war die Autorität.[336] Standesbewusstsein bestimmte die Positionen von Herrschenden und Beherrschten und deren Beziehungen.[337] Dieses gesellschaftliche Ordnungsprinzip spiegelte sich bis in jüngste Zeit besonders in der Familie wider und wirkt im Ehe- und Familienleben nach wie vor unter dem Deckmantel von Tradition und guten alten Sitten fort. Auch nach der Rezeption des westlichen Rechts sind sie anders als in sonstigen rechtlichen und gesellschaftlichen Bereichen aus Familie und Familienrecht bis heute nicht gänzlich verschwunden. Diese Haltung ist vor allem in ländlichen Teilen in Familie und Gesellschaft, aber auch ganz allgemein im Geschäftsleben gegenüber Vorgesetzten, Mitarbeitern und Geschäftspartnern noch immer zu beobachten. Sie ist für westliche Ausländer meist ungewohnt und überraschend und wird oft pauschal mit der Fortwirkung des Konfuzianismus als Gesellschafts- und Staatsideologie begründet und charakterisiert. Leider findet sich häufig sogar die völlig falsche Vorstellung von einer ‚Staatsreligion'. Dass dies

333 Siehe LIM J.-H. 2002, 16; PARK B.-H. 2002, 9.

334 Siehe CHOI 1984, 23; 1990, 30; 1994, 8–10, genaueres in CHOI 1980, 384–400. Auch HYUN bezeichnet das Recht unter dem chinesischen Einfluss als das traditionelle herkömmliche Recht (HYUN 1990, 19); Yulhak (wörtlich Rechtslehre) wurde bereits in der staatlichen Lehranstalt *Kukhak* (Gründung 682) im vereinigten Königkeich Silla gelehrt.

335 Zu chinesischen Einflüssen bei der Kodifikation und Charakteristika der Kodifikation dieser Zeit siehe LEE Hyeong-Kyu 1987, 157–158; TJONG 1974, 277–280.

336 Siehe HYUN 1990, 19.

337 Siehe HYUN 1990, 19.

nicht so undifferenziert gesehen werden darf, hat HUWE überzeugend dargelegt.[338] Festzuhalten ist jedenfalls, dass sich aus dieser Zeit wie auch aus der ganzen ‚eigenen' Geschichte Koreas eine gesellschaftliche Haltung entwickelt hat, die vor allem die Familienstrukturen und das entsprechende Recht bis auf den heutigen Tag in hohem Maße beeinflusst hat.

Zwischen dieser ersten und der nächsten Rezeptions-Phase, also zwischen der von Japan erzwungenen Öffnung 1876 und der Annexion 1910, gab es eine kurze Periode, in der versucht wurde, das Recht aus eigener Kraft zu modernisieren.[339] Die Bewegung zur Schaffung eines modernen koreanischen Zivilrechts begann im Zusammenhang mit den ‚Reformen des Jahres *kabo* (= 1894, *kabogyŏngjang* 갑오경장 甲午更張)'.[340] Im Jahr 1899 wurde die erste moderne Verfassung verkündet.[341] 1905 wurde das erste moderne Strafgesetz *hyŏngbŏptaejŏn* 형법대전 刑法大全 (Großes Strafgesetz, Gesetz Nr. 3 des Kaiserreichs Taehan[342]) erlassen. Es handelte sich dabei nicht etwa um eine kritiklose Rezeption bzw. Nachahmung des japanischen Strafgesetzes, vielmehr war es ein eigenständiges Gesetz, das zur damaligen Zeit moderne Rechtsgedanken mit den traditionellen sino-koreanischen Rechtsquellen wie *taejŏnhoet'ong* 대전회통·大典會通 und *taemŏngnyul* 대명률 大明律 verband.[343] Sprachlich ist auch bemerkenswert, dass in diesen Kodifizierungen erstmals nicht

---

338 HUWE 1999 26–31. Zu diesem gesamten Komplex ist hier eine sehr differenzierte und eingehende Darstellung über den Einfluss des Konfuzianismus auf das Alltagsleben und geschäftliche Gepflogenheiten im heutigen Korea, aber auch zu Bedeutung und tatsächlichen Inhalten des meist nur als Schlagwort gebrauchten ‚Konfuzianismus' zu finden.

339 Zu einem eigenständigen Rezeptionsversuch siehe CHOI 1990, 36–40. Bei der kurzen Darstellung besteht zwangsläufig die Gefahr, dass der Anschein vermittelt wird, die Rezeption in Korea sei ohne eigene Leistung nur durch japanischen Zwang erfolgt. Dies ist nicht der Fall. Auch einige koreanische Wissenschaftler aus der *Silhak*-Schule 실학파 實學派 (Praktische Wissenschaft) hatten bereits im 17. Jh. in China ersten Kontakt mit dem ins Chinesische übersetzten westlichen Recht gehabt, auch Rechtsreformen versucht (bezüglich der Reformversuche und Grundideen siehe LEE 2003, 185–187).

340 Siehe HUANG 2009, 1073–1974; TJONG 1974, 281. Dabei geht es um einen staatlichen Reformversuch zur Überwindung der konfuzianisch geprägtenen gesellschaftlichen und politischen Strukturen. Man versuchte, den Anschluss an die moderne Entwicklung in Europa und in Japan zu finden. Diese Reform stand bereits unter starkem japanischem Einfluss, denn die Reformpolitiker waren insgesamt stark an Japan orientiert.

341 CHOI legt dar, dass diese Verfassung in Systematik und Inhalt dem Werk von Bluntschli entspricht und somit eine bemerkenswerte eigene Leistung der Rezeption war, CHOI 1990, 38–40; LEE Hyeong-Kyu 1987, 164.

342 *Taehan Cheguk* 대한제국 大韓帝國 (1897–1910). König Kojong hat sich zum Kaiser gekrönt und Korea war damit nach außen unabhänig.

343 Siehe CHOI 1990, 38; auch LEE 2003, 188–189. LEE legt explizit dar, dass es in diesem Strafgesetzbuch trotz der japanischen Einflüsse in der allgemeinen Politik

mehr ausschließlich chinesische, sondern koreanische und chinesische Schriftzeichen gemischt verwendet wurden.[344]

Die zweite Rezeptionsphase beginnt mit der Annektierung durch Japan (1910), wodurch Korea praktisch zu einer japanischen Provinz degradiert und das japanische Recht ‚zwangsweise'[345] auch für Korea eingeführt wurde.[346] Das japanische Zivilgesetzbuch war – wie bereits ausgeführt – stark vom deutschen BGB beeinflusst worden.[347] Auch noch nach der Befreiung Koreas (1945) sind die Grundstrukturen und die Rechtssprache in dem 1960 in Kraft getretenen koreanischen Zivilgesetz erhalten geblieben, da dieses unter der Federführung von Juristen entstanden ist, die in der Kolonialzeit Jura studiert hatten. Man kann deshalb mit Fug und Recht sagen, dass das deutsche BGB mittelbar über Japan in Korea in weiten Teilen rezipiert wurde. Bei näherer Betrachtung ist zu sehen, dass dabei nicht nur gesetzliche Inhalte implementiert wurden, sondern neue Fachterminologie durch japanische Übersetzung unter Verwendung chinesischer Zeichen in die koreanische Sprache implantiert wurde (Näheres zu den rezeptionsbedingten sprachlichen Besonderheiten unter 2.3).

Die dritte Phase begann mit der dreijährigen amerikanischen Militärregierung von 1945 bis 1948.[348] In dieser Phase wurde das koreanische Recht in vielen Bereichen amerikanisiert. Die amerikanische Militärregierung plante auch eine eigene Kodifikation des koreanischen Zivilgesetzbuches.[349] Der amerikanische

---

keine japanischen Elemente zu finden seien, es vielmehr auf dem traditionellen asiatischen Strafrecht basiere.

344 Siehe Jeong 1988, 71–72.

345 Da in dieser Zeit die japanischen Gesetze aufgezwungen wurden, wäre es angemessen, die Rezeption für diese Zeit als oktroyiert zu bezeichnen. Lee ist sogar der Meinung, dass diese unfreiwillige Rezeption das Rechtsbewußtsein der Koreaner zerstört hat und dadurch Rechtsmißtrauen und generelle Abneigung gegenüber dem Recht entstand (siehe Lee 2003, 189–190, 198). Zur Unterscheidung von der freiwilligen Rezeption wird die zwangsweise Rezeption in Korea auch *isik* 이식 移植 (wörtlich etwa Transplantation) genannt.

346 Es wird auch die Meinung vertreten, dass diese zweite Periode bereits 1905 beginnt, da im Jahr 1905 ein Protektoratsvertrag mit Japan geschlossen wurde und dadurch Korea faktisch seine Souveränität verlor, siehe Lee W.-H. 1999, 689–690.

347 Siehe Kim H.-B. 2000, 513; Yang 1971, 7–10; Marutschke 1999, 87–95.

348 Cho (1980, XIX; auch 1990, 64) weist darauf hin, dass die US-Militärverordnungen meist einstweilige Verwaltungsmaßnahmen waren, so dass sie im materiellen Recht kaum bleibenden Einfluss hinterließen. Weshalb Korea das *Case Law* trotz seiner relativ frühen Kenntnisnahme nicht rezipiert hatte, lag nach Choi (1990, 52) an dem Fallrecht als solchem, das eine Rezeption sehr erschwert. Dem ist beizupflichten.

349 Ernst Fraenkel (1898–1973) hat als Rechtsberater zwischen der amerikanischen Militärregierung und Korea von 1945–1950 vermittelt (siehe Choi 1982, 248–265; 1984, 23).

Berater, Charles Summer LOBINGIER,[350] merkte dazu an, man habe ein nicht am japanischen Recht orientiertes, eigenständiges Zivilgesetzbuch Koreas entworfen. Bei seiner Arbeit stützte er sich insbesondere auf den kalifornischen *Civil Code.* Dieser Versuch hat jedoch nicht zum Erfolg geführt. In der Folgezeit kam es aber im Zusammenhang mit der wirtschaftlich engen Beziehung zu den USA zur Rezeption des amerikanischen Wirtschaftsrechts.[351] Treffend schildert CHOI das heutige Korea als Land, in dem die deutsche Rechtstheorie mit amerikanischer Wirklichkeit ringt und meint, dass dies die Entwicklung einer eigenständigen koreanischen Rechtskultur bislang behindert habe.[352] JEONG beurteilt selbstkritischer die koreanische Rezeption als Rezeption des japanisierten westlichen Rechts.[353]

## 3.3 Geschichtliche Entwicklung des koreanischen Ehe- und Familienrechts bis heute

### 3.3.1 Einführung

In westeuropäischen Ländern werden Ausdrücke wie ‚*Family Law*', ‚Familienrecht' oder ‚*Droit de Famille*' verwendet. In ihrem wörtlichen Sinn korrespondieren diese Termini in etwa mit dem Begriff *kajokpŏp* 가족법 家族法 im koreanischen Recht. Allerdings lautet die Überschrift des 4. Buchs des ZG nicht *kajokpŏp*, sondern *ch'injokpŏp* 친족법 親族法, was wörtlich als ‚Verwandtschaftsrecht' zu übersetzen ist. Umgekehrt werden beide koreanischen Begriffe *ch'injokpŏp* und *kajokpŏp* oft ohne Unterschied ins Deutsche mit ‚Familienrecht' übersetzt. Diese beiden Begriffe sind jedoch keine Synonyme. Unter *kajokpŏp* versteht man im Allgemein das vierte Buch ‚Verwandtschaftsrecht' und das fünfte Buch ‚Erbrecht' zusammen, während mit dem *ch'injokpŏp* nur das vierte Buch gemeint ist. Der deutsche Terminus bezieht sich nur auf das Familienrecht im engeren Sinne, das Erbrecht ist darin nicht enthalten. Im deutschen Recht wird außerdem innerhalb des Familienrechts zwischen Verwandtschafts- und Eherecht (sowie Verschwägerung) unterschieden, weil Eheleute nicht miteinander verwandt sind. Dagegen versteht man in Korea unter Familien- bzw. Verwandtschaftsrecht allgemein nicht nur das Familienrecht

---

350 Charles Sumner LOBINGIER (1866–1956), US-amerikanischer Jurist, Rechtsvergleicher, Richter in Philippine (1904–1914) und Shanghai (1914–1924). Genaueres über Lobingiers Entwurf siehe YOON 1997.

351 REHBINDER weist darauf hin, dass auch die Länder des kodifizierten Rechts, von denen früher rezipiert wurde, heute massiv vom amerikanischen Rechtsdenken überschwemmt werden (REHBINDER 1990, 14).

352 Siehe CHOI 1990, 56, JEONG (2011, 62) bezeichnet das koreansche ZG „Kreuzweg der Weltrechte" und bewertet, dass das ZG durch seine Weltoffenheit weitere Entwicklungschancen habe.

353 Siehe JEONG 1991, 137–138.

im engeren Sinne, sondern auch das Erbrecht.[354] Und dieser Abschnitt des ZG bezieht auch das Eherecht im materiellen wie formellen Sinne mit ein, weil nach koreanischem Recht die Ehe eine Unterkategorie der Verwandtschaft ist (Näheres hierzu und zu den Unterschieden findet sich unter 4.5.1).

Die wesentlichen Bestimmungen des koreanischen Familienrechts sind im vierten Buch des koreanischen Zivilgesetzes (im folgenden ZG genannt) enthalten. Es wurde am 22. Februar 1958 verkündet und trat zum 1. Januar 1960 in Kraft (Gesetzesnummer 471).[355] Seither hat das Familienrecht in vielerlei Hinsicht Veränderungen erfahren: In den Jahren 1962, 1977, 1990, 1997, 2002, 2005 (März und Dezember), 2007 und 2012 wurde das Gesetz – teilweise grundlegend – geändert.[356]

Trotz des ansonsten so starken deutschen Einflusses auf die Struktur des ZG war das Familien- (und Erb-)recht immer noch wesentlich von überlieferten Vorstellungen der traditionellen patriarchalischen Familienordnung geprägt und wich vom Bild eines ‚modernen' Rechts im ‚westlich'-demokratischen Sinne erheblich ab.[357] Eine Annäherung an diese und an die Vorstellungen von vorgegebenen und unveräußerlichen Menschen-(‚Natur'-)rechten erfolgte inzwischen durch mehrfache Gesetzesreformen und Entscheidungen des Verfassungsgerichts, zu denen vor allem die Gleichberechtigung der Geschlechter zählt. Diese Veränderung des Familienrechts ist auch ein Prozess der Anpassung an die Verfassung, in der die Prinzipien dieses modernen Rechts verankert sind.[358]

So sind in den letzten Jahren einige familienrechtliche Vorschriften durch das koreanische Verfassungsgericht (KVerfG) für verfassungswidrig und nichtig erklärt worden. Einige weitere hat das KVerfG auch für unvereinbar mit der Verfassung gehalten, ohne diese für *ex tunc* oder *ex nunc* unwirksam zu erklären; vielmehr oblag es dem Gesetzgeber, daraufhin eine materielle Reform des Familienrechts vorzunehmen, was denn auch – insbesondere in den Jahren 2002 und 2005 – erfolgte.[359] Die gesamte Rechtsprechung und Lehre haben sich in entscheidenden Fragen des Familienrechts stark verändert.[360]

---

354 Kwak Yunjik (곽윤직) ist der Meinung, dass nur das vierte Buch zum *kajokpŏp* und das Erbrecht zum Vermögensrecht gehöre. Anzumerken ist, dass der französische *Code Civil* diese Materie auch so behandelt, da das Erben als ein Vermögenserwerb behandelt wird.

355 Diese Urfassung wird in der Literatur oft als *wŏnsiminbŏp* 원시민법 原始民法 bezeichnet.

356 Geändert am 31. Dezember 1977, 13. Januar 1990, 31. März 2005, 17. Mai 2007, 21. Dezember 2007, 10. Februar 2012.

357 Siehe Yune 2004, 233.

358 Siehe Yune 2004, 234.

359 Zum Einfluss der Verfassungsgerichtsentscheidungen auf das Familienrecht Koreas siehe Yune 2004.

360 Siehe Yune 2004, 233–234.

## 3.3.2 Entstehungsgeschichte des Zivilgesetzes (ZG)

### *3.3.2.1 Die familienrechtliche Lage vor Inkrafttreten des ZG*

Nach Beginn der japanischen Kolonialherrschaft (1910) wurde mit der *Chosŏn minsaryŏng* 조선민사령 朝鮮民事令 vom 18. März 1912 (Verordnung betreffend die zivilrechtlichen Angelegenheiten für *Chosēn*, in Kraft getreten am 1. April 1912)[361] das japanische Zivilgesetz auch in Korea für verbindlich erklärt. Art. 10 besagte aber, dass Rechtsgeschäfte zwischen Koreanern nach dem Gewohnheitsrecht erfolgen konnten, solange dies nicht gegen die öffentliche Ordnung verstieß.[362] Artikel 11 der Verordnung sah noch eine Ausnahme vor. Demnach galt auf dem Gebiet des Familien- und Erbrechts zunächst nicht das japanische Zivilgesetz, sondern das koreanische Gewohnheitsrecht.[363] Dies führte dazu, dass Kolonialgerichte koreanische Sitten und Bräuche zu ermitteln und als Rechtsnormen anzuwenden hatten. Fraglich blieb immer, ob diese Sitten und Bräuche vom Kolonialgericht auch ehrlich ermittelt oder eher nach seinen eigenen Vorstellungen beschrieben wurden. Unabhängig davon ist festzustellen, dass die Japaner während der Besatzungszeit (1910–1945) Korea faktisch zunehmend ihr eigenes Rechtssystem aufzwangen.[364]

Das koreanische Gewohnheitsrecht war zumindest in dieser Zeit und noch bis Ende des 20. Jh. durch die Dominanz der männlichen Linie gegenüber der weiblichen geprägt. Wesensmerkmal dieses Familien- und vor allem Personenstandsrechts war das System des Familienoberhaupts (*hoju-jedo* 호주제도 戶主制度).[365] Man ging davon aus, dass dies der koreanischen Tradition entsprach, was aber inzwischen von einigen Familienrechtlern in Frage gestellt wird, unter anderem schon von Kim Choo-Soo, vor allem aber der neueren Generation der Familienrechtler. Sie meinen, dass sich in diesem System die japanische Vorstel-

361 Alle Daten der betreffenden wie auch aller sonstigen geltenden Gesetze samt ihrer Änderungen sowie die alten Fassungen u. dgl. sind auf der offiziellen Seite des Korea Ministry of Government Legislation zu finden, http://www.law.go.kr/main.html#AJAX.

362 Im Original heißt es: 조선인 상호간의 법률행위에 관하여는 법령 중 공공의 질서에 관계되지 아니한 규정과 다른 관습이 있는 경우에는 그 관습에 의한다.

363 Japan hatte bei der Kodifikation des Zivilgesetzes die herkömmliche Familienordnung beibehalten, so dass Familien- und Erbrecht materiell nicht vom westlichen Recht beeinflusst wurden, siehe Lee Hyeong-Kyu 1987, 161–162.

364 Siehe Kim/Kim 2011, 26–27; auch Yune 2004, 236.

365 In der ursprünglichen Fassung des ZG war *Hoju* definiert: 제 778 조 (호주의 정의) 일가의 계통을 계승한 자, 분가한 자 또는 기타 사유로 인하여 일가를 창립하거나 부흥한 자는 호주가 된다. [Art. 778 (Definition von *Hoju*) *Hoju* ist derjenige, der als Nachfolger einer Familie an die Stelle des früheren Familienoberhauptes tritt, einen Zweig seiner Hauptfamilie gegründet oder aus irgendeinem Grund eine eigene Famile gegründet oder seine aufgelöste Familie wieder aufgebaut hat.]

lung von Familie manifestierte und das koreanische System in diese Richtung manipuliert worden sei.[366]

Nach diesem Gewohnheitsrecht erbte i.d.R. der älteste Sohn die Stelle des Familienoberhaupts und das gesamte Vermögen der Familie. Andere Söhne und u.U. andere männliche Familienangehörige hatten lediglich das Recht, bei der Gründung einer eigenen Familie einen Anteil am Erbe zu fordern.[367] Im deutschen Rechtskreis ist dies bekannt vom Hoferbenrecht in bestimmten Regionen oder vom Fideikommiss- und Erbrecht in dynastischen Familien. Eheschließung und Adoption bedurften der Einwilligung des Familienoberhaupts.

Die Ehefrau wurde in das Familienregister ihres Ehemannes eingetragen (sog. *pugaipchŏg-ŭi wŏnch'ik* 부가입적의 원칙 夫家入籍의 原則).[368]Sie behält jedoch (auch heute noch) ihren Familiennamen. Kinder erhielten ausschließlich den Namen des Vaters. Außerdem bestand zwischen Stiefmutter und -kind ein gesetzliches Mutter-Kind-Verhältnis, während es zwischen Stiefvater und -kind keinerlei rechtliche Beziehung gab. Rechtsbeziehungen zwischen einem ehelichen Kind und seiner Mutter bestanden dann folgerichtig nicht mehr, wenn die Eltern geschieden waren oder wenn die Mutter nach dem Tod ihres Ehemannes wieder geheiratet hatte.[369] Die Mutter schied dann aus der Familie des Vaters aus, während das Kind darin verblieb, unabhängig davon, ob es tatsächlich beim Vater oder bei der Mutter wohnte. Wohnte es bei der Mutter, war es rechtlich gesehen nur ein ‚Mitbewohner'. Die väterlichen Blutsverwandten bildeten die eigentliche Verwandtschaft, die mütterlichen zählten nur eingeschränkt zur Familie.

Eine Besonderheit des koreanischen Familienrechts war das Eheverbot zwischen Personen mit gleichem Familiennamen und gleicher Stammsitzbezeichnung:[370] Zwei

---

366 Dieser Meinung sind z.B. Kim Choo-Soo und Kim Sangyong. Siehe Kim/Kim 2011, 9–13, 26–27; auch Lee S.-W. 2000, 281–288, Yune 2004, 235. Diesbezüglich bemerkenswert ist jedoch, dass die Meinung, das *hoju*-System sei ein der koreanischen Tradition entsprechendes Familiensystem, in vielen auf deutsch verfassten Veröffentlichungen zu finden ist, so z.B. bei Yang 1971, 18–19, 22, 25; Lee H.-K. 1990, 9–11; Chung 1993, 21.
Insbesondere untermauert Lim (1972) in seiner Dissertation ‚*Das gegenwärtige Familienrecht Südkoreas zwischen deutscher Rechtsdogmatik und fernöstlicher Sozialdoktrin*' diese These.

367 Auch die Ehefrau war nur dann Erbin, wenn der Erblasser keine Kinder hatte.

368 Art. 826 Abs. 3 a.F.

369 Weitere sich aus dieser patriarchalischen Vorstellung ergebende familienrechtliche Bestimmungen siehe Yune 2004, 235–236.

370 Es gibt in Korea nur wenige Familiennamen (nach Angaben des Koreanischen Statistischen Amts waren es zum 01.11.2010 insgesamt 275 Familiennamen sowie 3349 Stammsitzbezeichnungen – siehe im Internet unter http://kosis.kr/statHtml/statHtml.do?orgId=101&tblId=DT_1INOOSC&vw_cd=MT_ZTITLE&list_id=A1129&seqNo=&lang_mode=ko&language=kor&obj_var_id=&itm_id=&conn_path=E1). Die dementsprechend häufig gleichen Namen allein sagen deshalb nichts darüber aus, ob zwei Personen mit demselben Familiennamen (väterlicherseits)

Personen, die irgendwann einmal früher denselben männlichen Urahn hatten, auch wenn sie nur sehr entfernt miteinander verwandt waren, durften nicht heiraten. Dieses Eheverbot stammt aus der Chosŏn-Zeit (1392–1910), in der das in China geltende Eheverbot zwischen Abkömmlingen derselben Ahnen übernommen und erweitert wurde.[371] Es galt jedoch nur für adlige Familien. Nur für diese wurden Stammbücher geführt. Vorher hatte es keinerlei Ehebeschränkungen gegeben. Eheschließungen im vereinigten Silla-Reich (668–935) waren sogar gerade zwischen Verwandten erfolgt, ‚um reines Blut zu bewahren'. Zwar konnte man das spätere Verbot in der damaligen Agrargesellschaft mit der Vermeidung von Endogamie bei fehlender Mobilität auch für die gesamte Bevölkerung noch legitimieren,[372] aber dieses aus der Chosŏn-Zeit stammende extrem weitgehende Eheverbot galt weiterhin, bis es endlich nach der Entscheidung des KVerfG im Jahr 2005 abgeschafft wurde.

Mit der Verfassung Koreas von 1948[373] war ein derart konzipiertes Familienrecht bereits nicht mehr kompatibel.[374] Artikel 8 Abs. 1 lautete: „Alle Staatsbürger sind vor dem Gesetz gleich; niemand wird wegen seines Geschlechts, seines Glaubens oder seiner sozialen Stellung im politischen, wirtschaftlichen und sozialen Leben benachteiligt."[375] Art. 20 schrieb außerdem vor: „Die Ehe beruht auf dem Grundsatz der Gleichberechtigung von Mann und Frau; die Reinheit der Ehe und die Gesundheit der Familie stehen unter dem besonderen Schutz des Staates."[376]

Auch in der geltenden koreanischen Verfassung steht:

> 제 11 조 ① 모든 국민은 법 앞에 평등하다. 누구든지 성별·종교 또는 사회적 신분에 의하여 정치적·경제적·사회적·문화적 생활의 모든 영역에 있어서 차별을 받지 아니한다.

---

verwandt sein könnten. Jeder dritte Südkoreaner heißt z. B. entweder Kim oder Lee. Erst wenn sie auch gleiche Stammsitzbezeichnungen haben, wurde angenommen, dass sie derselben Familie angehören. Diese Stammsitzbezeichnungen (*pon* 본 本 heißt wörtlich ‚Baumstamm') benennen den Stammort der Familie und sind im *chokpo* 족보 族譜 (Stammbaumbuch) festgehalten. So lautet z. B. der Familienname der Verfasserin P'ap'yŏng Yun-ssi 파평 윤씨; das bedeutet: Yun (Youn) aus P'ap'yŏng, (der historisch überlieferte gemeinsame Stammvater war Yun Sin-dal 윤신달 尹莘達, geboren etwa um 893, aus P'ap'yŏng 파평 坡平, heute Paju).

371 Ein Verfechter der Abschaffung dieser Regelung war Kim Choo-Soo. Genaueres über die Ursprünge dieser Regelung siehe Kim 2009, 18–19.

372 Siehe Yune 2004, 236.

373 Die erste Verfassung trat am 17. Juli 1948 in Kraft. Sie wurde neun Mal geändert, das letzte Mal am 29. Oktober 1987.

374 Zum Verhältnis von Verfassung und Familien- und Erbrecht siehe Yune 2004.

375 Im Original heißt es: 모든 국민은 법률앞에 평등이며 성별, 신앙 또는 사회적 신분에 의하여 정치적, 경제적, 사회적 생활의 모든 영역에 있어서 차별을 받지 아니한다.

376 Das Original lautet: 혼인은 남녀동권을 기본으로 하며 혼인의 순결과 가족의 건강은 국가의 특별한 보호를 받는다. Interessant ist, dass sich im Prinzip die Formulierung „Gesundung und Reinerhaltung" der Familie aus Art. 119 Abs. 2 WRV also in der koreanischen Verfassung wiederfindet, während sich das GG wegen deren Mißbrauchs in der NS-Zeit davon distanzierte.

[Artikel 11 (1) Alle Staatsbürger sind vor dem Gesetz gleich. Niemand wird wegen seines Geschlechts, seines Glaubens oder seiner sozialen Stellung im politischen, wirtschaftlichen und sozialen Leben benachteiligt.]

제 36 조 ① 혼인과 가족생활은 개인의 존엄과 양성의 평등을 기초로 성립되고 유지되어야 하며, 국가는 이를 보장한다.
② 국가는 모성의 보호를 위하여 노력하여야 한다.
[Artikel 36 (1) Ehe und Familienleben sind auf die Würde des Individuums und die <u>Gleichberechtigung beider Geschlechter</u>[377] zu gründen und so zu erhalten; sie genießen den Schutz des Staates.
(2) Der Staat hat für den Schutz der Mütter zu sorgen.]

Eigentlich war also seit 1948 in Korea eine Novellierung des ZG erforderlich, die jedoch sehr lange auf sich warten ließ. Sogar schon vor Inkrafttreten der Verfassung von 1948 hatte das koreanische Oberste Gericht (KOG) eine in diese Richtung weisende Entscheidung getroffen. Dabei ging es um die Beschränkung der Handlungsfähigkeit der Ehefrau.[378] Nach Art. 14 Abs. 1 des damals noch geltenden japanischen Zivilgesetzes[379] war die Einwilligung des Ehemannes zu bestimmten in Art. 12 näher bezeichneten Handlungen seiner Ehefrau notwendig, beispielsweise zu Prozesshandlungen. In seiner Entscheidung vom 2. September 1947 lehnte das Gericht eine Anwendung von Art. 14 Abs. 1 des japanischen Zivilgesetzes mit folgender Begründung ab:

[按컨대 妻에 대하여는] 민법 제 14 조 제 1 항에 의하여 [그에 해당한 행위에는 夫의 허가를 受함을 요하여 그 능력을 제한한 바 이는 부부간의 화합을 위한 이유도 없지 않으나] 주로 부에 대하여 우월적 지배권을 부여한 취지라고 인정치 않을 수 없다. 그런데 서기 1945 년 8 월 15 일로 我邦은 일본의 羈絆으로부터 해방되었고 [우리는 민주주의를 기초삼아 국가를 건설할 것이고] 법률, 정치, 경제문화 등 모든 제도를 민주주의이념으로써 건설할 것은 現下의 國是라 할 것이다. 그러므로 萬民은 모름지기 평등할 것이고 性의 구별로 인하여 生한 차별적 제도는 이미 민주주의 추세에 적응한 변화를 본 바로서現下 여성에 대하여[선거권과 피선거권을 인정하고기타 官公吏에 임명되는 자격도 남성과 구별이 無하여] 남자와 동등한 공권을 향유함에 이른 바인즉 여성의 私權에 대하여도 또한 同然할 것이매 남녀평등을 부인하던 舊制度로서 그 差別을 가장 현저히 한 민법 제 14 조는 우리 사회상태에 적합하지 아니하므로 [그 적용에 있어서 적당한 변경을 가할 것은 自然의 事勢이다.] 玆에 本院은 사회의 진전과 법률의 해석을 조정함에 의하여 비로소 심판의 타당을 기할 수 있음에 鑑하여 同條에 의한 처의 능력제한을 인정하지 아니하는 바이다.[380]

377 In diesem Satzteil sieht man, dass die koreanischen Verfassungsväter ein unterschiedliches Geschlecht von Eheleuten voraussetzten.
378 Urteil des Obersten Gerichts vom 02. September 1947, Az: 1947 *minsang* 88.
379 Oft wird in Korea ,altes Zivilgesetz (*kuminbŏp* 구민법 舊民法)' oder ,angelehnt verwendetes Zivilgesetz (*ŭiyong minbŏp* 의용민법 依用民法)' gesagt. Der Begriff Altes Zivilgesetz ist m.E. aber nicht angebracht, da es sich hierbei um das japanische Zivilgesetz handelte.
380 Zitiert nach YANG C. S. 1999, 127–128. Nach Angaben von Yang entspricht dieser Auszug dem Original mit Ausnahme der Orthographie und der chinesischen Zeichen, die er zeitgemäß korrigiert hat.

Art. 14 Abs. 1 des Zivilgesetzes [...] gibt dem Ehemann ein vorrangiges Herrschaftsrecht. Seit der Befreiung von der japanischen Besatzung am 15. August 1945 ist es jedoch eine landesweite Aufgabe, alle rechtlichen, politischen und wirtschaftlich-kulturellen Systeme nach demokratischen Prinzipien aufzubauen. Demnach sollen alle Menschen gleichbehandelt werden, Dies führte dazu, dass Frauen gleich wie Männer im öffentlichen Bereich das gleiche Recht wie aktives und passives Wahlrecht haben. Es ist selbstverständlich, dass dies auch für das Privatrecht zu gelten hat. Da Artikel 14 des Zivilgesetzes offensichtlich eine Diskriminierung der Frauen vorschreibt, entspricht es als ein altes System, in dem die Gleichberechtigung von Männern und Frauen verneint wurde, unser sozialen Situation nicht; deshalb erkennt das Gericht die Beschränkung der Handlungsfähigkeit der Ehefrau nach dieser Vorschrift nicht an.

#### *3.3.2.2 Debatte zur Zeit der Kodifizierung des ZG*

Die Diskrepanz zwischen dem Familienbild der Verfassung und dem des zu dieser Zeit geltenden Familienrechts war Anlass für kontroverse Debatten bei der Kodifizierung des Zivilgesetzes. Es wurden drei Theorien vertreten: die Theorie des Vorrangs der Sitten und Gebräuche, die Theorie vom Vorrang des Geistes der Verfassung und die Theorie von der sukzessiven Reform zur Annäherung.[381]

Vertreter der ‚Theorie des Vorrangs der Sitten und Gebräuche (*kwansŭp chonjungnon* 관습존중론 慣習尊重論)' war KIM Pyŏngno (김병로).[382] Er erklärte bei der Beratung im Parlament: Korea sei ein höchst entwickeltes Kulturvolk und solle stolz auf seine Kultur und Sozialethik sein. Sein Entwurf ziele darauf, solche guten koreanischen Sitten zu fördern und zu vervollkommnen. Das Eheverbot zwischen Personen, die denselben Familiennamen tragen und dieselbe Stammsitzbezeichnung haben, sei das Ergebnis einer hoch entwickelten Kultur, die in Zukunft auch in westlichen Ländern Nachahmer finden werde. Der Vorrang der väterlichen Linie entspreche dem traditionellen koreanischen Familiensystem und sei auch rational begründet. Gleichberechtigung von Männern und Frauen gelte nur im politischen, sozialen und kulturellen Leben, nicht aber im Bereich der Familienmoral.[383]

Die ‚Theorie vom Vorrang des Geistes der Verfassung (*hŏnbŏpchŏngsin chonjungnon* 헌법정신존중론 憲法精神尊重論)' wurde von CHŎNG Kwanghyŏn (정광현)[384]

---

381 Siehe LEE S.-W. 2000, 290–294.

382 KIM Pyŏngno (15. Dezember 3. Januar 1964), Aktivist für die Unabhängigkeitsbewegung in der japanischen Besatzungszeit, Jurist und Oppositionspolitiker, war erster Präsident des koreanischen Obersten Gerichts und Vorsitzender der Kodifizierungskommission (für Entwurf des ZG).

383 Parlamentsprotokoll vom 6. November 1957, zitiert nach CHŎNG 1967, Anhang 275–281.

384 CHŎNG Kwanghyŏn (1902 – 7. Dezember 1980) Jurist, seit 1950 Professor an der Seoul National University (Familienrecht), Kodifikationskommitionsmitglied für das Zivilgesetz.

vertreten. Er meinte, das Familien- und Erbrecht müsse schon deshalb grundlegend reformiert werden, um das Leben des Volkes zu demokratisieren. Das Familienrecht sei entsprechend der Verfassung im Sinne eines demokratischen und unabhängigen Staates zu verfassen, da die allgemeine Demokratisierung mit der Demokratisierung in der Familie untrennbar verbunden sei. Auch sei die gesetzliche Regelung von der gesellschaftlichen Moral zu unterscheiden. Da Richter nicht gegen die Verfassung entscheiden dürfen, dürften die familienrechtlichen Vorschriften zumindest nicht gegen die Verfassung verstoßen. Folglich müsse bei der Gesetzgebung den Bestimmungen der Verfassung Vorrang eingeräumt werden.[385]

Die ‚Theorie von der sukzessiven Reform zur Annäherung (*chŏmjinjŏk kaejinnon* 점진적 개진론 漸進的 改進論)' wurde vor allem von CHANG Kyŏnggŭn (장경근)[386] aufgestellt. Seine These war: Grundlagen des Gesetzes sind gesellschaftliche Moral, Sitte und Kultur. Wenn sich das Gesetz zu weit von den gesellschaftlichen Normen entfernt, verliert es seine Daseinsberechtigung und kann nicht als Rechtsnorm fungieren. Auch ist das Gesetz eine Soll-Vorschrift und muss deshalb ein fortschrittliches Vorbild sein. In diesem Sinne sollten die traditionellen Sitten erhalten bleiben und gefördert werden, soweit es sich nicht um falsche Bräuche handelt. Das bisher geltende Familien- und Erbrecht sollte reformiert werden, wenn es dem Zeitgeist nicht mehr entspricht. Eine solche Reform diente der Anpassung an die Ideen von Individualismus, Liberalismus und Demokratie, welche die Entwicklung des Staates und Volkes nicht nur auf die ‚Familie', sondern auch auf die Entfaltung des Individuums beziehen.[387] Da die Theorie von der sukzessiven Reform zur Annäherung grundsätzlich der Tradition den Vorrang gibt und diese nur teilweise ändert, unterscheidet sie sich nur wenig von der Theorie des Vorrangs der Sitten.

Angenommen wurde letztlich der Änderungsentwurf des Rechtsausschusses des Parlaments, der auf einem Entwurf der Regierung basierte. Er folgte in modifizierter Fassung den Theorien vom Vorrang der Sitten und der sukzessiven Reform zur Annäherung. Dass diese Position damals die größte Zustimmung erhalten hat, erklärt LEE damit, dass nach der Befreiung von Japan eine starke Sehnsucht nach Wiederherstellung der alten koreanischen Gesellschafts- und Rechtsordnung bestanden habe. Dazu sei nach dem Koreakrieg der Wunsch getreten, die nicht zuletzt auch dadurch zerbrochenen Familienbande unter der einigenden starken Hand eines Familienoberhaupts wiederherzustellen. In der Folgezeit seien die herkömmlichen Vorstellungen auch Teil der antikommunistischen Ideologie geworden.[388]

---

385 Parlamentsprotokoll vom 16.März 1957, zitiert nach CHŎNG 1967, Anhang 350–351.

386 CHANG Kyŏnggŭn (18. Mai 1911 – 25. Juli 1978), Richter in der japanischen Besatzungszeit, Regirungspartei-Politiker, Mitglied der Kodifizierungskommission, Vorsitzender der Abteilung Zivilgesetz, beauftragt mit dem Entwurf Familien- und Erbrecht, später als Abgeordneter in der Rechtsnorm- und Justizkommission.

387 Parlamentsprotokoll vom 16. März 1957, zitiert nach CHŎNG 1967, Anhang 162.

388 LEE S.-W. 2000, 302.

#### *3.3.2.3 Wesentliche familienrechtliche Vorschriften in der Urfassung des ZG*

Kennzeichnend für das so zustande gekommene Familienrecht waren die Vorschrift über das Eheverbot zwischen Personen mit gleichem Familiennamen und gleicher Stammsitzbezeichnung sowie das System des Familienoberhauptes. Auch viele weitere familienrechtliche Vorschriften wurden übernommen, die verfassungsrechtlich problematisch waren.[389] Nach wie vor war die Frau gegenüber dem Mann, insb. die Ehefrau gegenüber dem Ehemann stark benachteiligt:

Der Verwandtschaftskreis auf der väterlichen Seite bzw. der des Ehemannes war größer als der auf der mütterlichen bzw. der Seite der Ehefrau (Art. 777 ZG a. F.). Blutsverwandt waren die Kinder der eigenen Brüder und die Nachkommen der Brüder aller Vorfahren in gerader Linie, nicht aber die Kinder der Schwestern bzw. die Nachkommen der Schwestern der Vorfahren (Art. 768 ZG a. F.).

Zwischen der Stiefmutter und dem Stiefkind und zwischen der Ehefrau und dem nicht ehelichen Kind ihres Ehemannes wurde ein gesetzliches Verwandtschaftsverhältnis begründet, nicht jedoch zwischen Stiefvater und -kind (Art. 773, 774 ZG a. F.).

Der Ehemann durfte ohne Zustimmung der Ehefrau sein nichteheliches Kind in sein Familienregister eintragen (Art. 782 Abs. 1 ZG a. F.), während die Zustimmung des Familienoberhauptes des Ehemannes und die des Ehemannes selbst erforderlich waren, wenn die Ehefrau ein Kind aus ihrer früheren Ehe in das Familienregister ihres Ehemannes eintragen lassen wollte.

War nicht eindeutig geklärt, ob Vermögensgegenstände dem Familienoberhaupt oder einem Familienmitglied gehören, so galt eine gesetzliche Vermutung, dass sie dem Familienoberhaupt gehören (Art. 792 Abs. 2 ZG a. F.). Zwischen Ehegatten wurde solches Vermögen als Vermögen des Ehemannes vermutet (Art. 830 Abs. 2 ZG a. F.).

Die elterliche Gewalt war grundsätzlich vom Vater auszuüben. Nur wenn dieser abwesend bzw. nicht vorhanden war oder aus sonstigen Gründen sie nicht wahrnehmen konnte, ging dieses Recht auf die Mutter über. Jedoch stand einer geschiedenen Mutter auf keinen Fall die elterliche Gewalt für ein Kind zu, das von ihr und ihrem geschiedenen Mann abstammte (Art. 905 ZG a. F.). Auch nach einer Scheidung oblag dem Vater vorrangig die Sorge um die gemeinsamen Kinder (Sorgerecht – Art. 837 Abs. 1 ZG a. F.).

Die Verfassung wirkte sich also kaum auf das neue Familienrecht aus.[390] Ausschlaggebend dafür waren die gesellschaftlichen Verhältnisse, die vom sog. konfuzianischen und patriarchalischen Denken geprägt waren.[391] Eine politische

---

389 Kim Choo-Soo (2009, 2) vertrat bereits vor Inkrafttreten des ZG, dass das Familienoberhauptsystem wegen Verletzung der Menschenwürde des Individuums und der Gleichberechtigung des Geschlechts verfassungswidrig sei.

390 Siehe Yune 2004, 242.

391 Siehe Yune 2004, 243; auch Huwe 1999. In der jüngsten Disskussion vertritt Kim Kyŏngil (Sinologe) die Meinung, dass die konfuzianische Moral keine Moral für

Demokratisierung Koreas war damals nicht in Sicht, an eine gesellschaftliche Demokratisierung noch nicht zu denken.

### 3.3.3 Die Familienrechtsreform von 1977

Von Anfang an war deutlich, dass die familienrechlichen Bestimmungen im ZG reformbedürftig waren. Schon kurze Zeit nach Inkrafttreten des ZG gab es vereinzelte Reformbewegungen. Bedeutsamster Schritt war wohl die Bildung des Ausschusses der vereinten Frauen zur Förderung der Familienrechtsreform (*pŏmyŏsŏng kajokpŏp kaejŏngch'okchinhoe* 범여성 가족법 개정촉진회) unter Federführung von LEE T´aeyŏng[392] am 28. Juni 1973. Dieser stellte die zehn folgenden Forderungen auf:[393]

(1) Abschaffung des Familienoberhauptsystems (*hojujedoŭi p'yeji* 호주제도의 폐지)
(2) Gleichberechtigung von Mann und Frau bei der Festlegung der Verwandtschaftsverhältnisse (*ch'injok pŏmwi kyŏlchŏnge isŏsŏŭi namnyŏp'yŏngdŭng* 친족 범위 결정에 있어서의 남녀평등)
(3) Abschaffung des Eheverbots zwischen Personen, die den gleichen Familiennamen und die gleiche Stammsitzbezeichnung führen (*tongsŏngdongbon purhonjedoŭi p'yeji* 동성동본 불혼제도의 폐지)
(4) Einführung einer gesetzlichen Vermutung, dass Ehegüter beiden Ehegatten gehören (*soyubulbunmyŏnghan pubujaesane taehan pubugongyu* 소유불분명한 부부재산에 대한 부부공유)
(5) Anspruch des geschiedenen Ehegatten auf Vermögensteilung (*ihon paeujaŭi chaesanbunbaech'ŏnggugwŏn* 이혼 바우자의 재산분배청구권)
(6) Rationalisierung der einvernehmlichen Scheidung (*hyŏbŭi ihonjedoŭi hamnihwa* 협의 이혼제도의 합리화)
(7) Gemeinsame elterliche Gewalt für Vater und Mutter (*pumoŭi ch'in'gwŏn kongdong haengsa* 부모의 친권 공동 행사)
(8) Reform der Rechtsbeziehungen zwischen der Ehefrau und dem nichtehelichen Kind ihres Ehemannes sowie der Rechtsbeziehungen zwischen Stiefmutter und Stiefkind (*chŏngmosŏjagwan'gyewa kyemojakwan'gyeŭi kaejŏng* 적모서자관계와 계모자관계의 개정)
(9) Rationalisierung des Erbrechts (*sangsokchedoŭi hamnihwa* 상속제도의 합리화)
(10) Einführung von Pflichtteilsansprüchen (*yuryubunjedo-ŭi sinsŏl* 유류분제도의 신설)

Der von diesem Ausschuss erarbeitete und dem Parlament vorgelegte Reformentwurf stieß jedoch auf starken Widerstand von Seiten konservativer Gruppen, insbesondere den Anhängern des Konfuzianismus (*yurim* 유림 儒林), so dass bei der Beratung ein politischer Kompromiss gefunden werden musste. Im Ergebnis blieben

die Menschen, sondern für Politik, Alte, Etablierte und Machthaber gewesen sei (KIM 1999, 6–7).

392 LEE T´aeyŏng (1914–1998), Juristin, Frauenrechtlerin, Rechtsanwältin.

393 LEE T´aeyŏng 1992, 143.

die eigentlichen Kernbereiche wie das Familienoberhauptsystem oder das absurde Eheverbot unberührt.[394]

Angesichts der Demokratisierung in der Familie sind insbesondere folgende Veränderungen durch die Reform von Bedeutung: Vermögen, dessen Herkunft nicht geklärt werde konnte, wurde jetzt als Vermögen beider Ehegatten angesehen (Art. 830 Abs. 2). Die elterliche Gewalt stand beiden Eltern gemeinsam zu. Allerdings hatte der Vater bei Meinungsverschiedenheiten das letze Wort (Art. 909 Abs. 1 ZG i.d.F. von 1977).

Es wurden noch einige weitere Neuregelungen ins ZG aufgenommen, wie etwa der Erwerb der Volljährigkeit (Geschäftsfähigkeit) durch Eheschließung (Art. 826-bis). Volljährige bedürfen nicht mehr der Zustimmung der Eltern bei der Eheschließung (Art. 808 Abs. 1).

## 3.3.4 Familienrecht und fortschreitende Globalisierung

### *3.3.4.1 Die Familienrechtsreform von 1990*

Im Hinblick auf die fortschreitende Globalisierung ist bedeutsam, dass Korea am 27.12.1984 das Übereinkommen zur Beseitigung jeder Form von Diskriminierung der Frau[395] ratifizierte.[396]

---

394 Das Gesetz wurde am 17.12.1977 beschlossen und am 31.12.1977 (Gesetzesnummer 3051) verkündet.

395 Diese UN-Konvention wird häufig abgekürzt als ‚Frauenkonvention' oder **CEDAW** (*Convention on the Elimination of All Forms of Discrimination Against Women*).

396 Article 16 lautet im Original:

1. States Parties shall take all appropriate measures to eliminate discrimination against women in all matters relating to marriage and family relations and in particular shall ensure, on a basis of equality of men and women:

(a) The same right to enter into marriage;
(b) The same right freely to choose a spouse and to enter into marriage only with their free and full consent;
(c) The same rights and responsibilities during marriage and at its dissolution;
(d) The same rights and responsibilities as parents, irrespective of their marital status, in matters relating to their children; in all cases the interests of the children shall be paramount;
(e) [...];
(f) The same rights and responsibilities with regard to guardianship, wardship, trusteeship and adoption of children, or similar institutions where these concepts exist in national legislation; in all cases the interests of the children shall be paramount;
(g) The same personal rights as husband and wife, including the right to choose a family name, a profession and an occupation;
(h) [...]

Tiefgreifende Auswirkungen hatte dann die Änderung des Familienrechts vom 13.01.1990. Der Entwurf von Kim Changsuk (김장숙) und 147 weiteren Abgeordneten vom 7.11.1988 beruhte überwiegend auf Vorarbeiten von Kim Choo-Soo und zielte erneut vorwiegend auf die Abschaffung des Familienoberhauptsystems und des Instituts des Eheverbots zwischen Personen mit gleichem Familiennamen und gleicher Stammsitzbezeichnung, was wiederum bei den konservativen Anhängern des Konfuzianismus auf massiven Widerstand stoß. Wieder kam es zu einem Kompromiss:[397]

Das Familienoberhauptsystem wurde zwar nicht abgeschafft, aber die Stellung des Familienoberhaupts wurde abgeschwächt: Viele Vorrechte und auch Pflichten, die bisher seine herausragende Stellung begründeten, wurden beseitigt. Dazu gehörten die Rechte, den Wohnort der Familienmitglieder zu bestimmen (Art. 798 a. F.) und die Gründung eines Zweiges der Hauptfamilie gegenüber volljährigen Männern anzuordnen (Art. 789 ZG a. F.), ebenso das Recht, als Vormund für minderjährige Familienmitglieder berufen zu werden (Art. 933 ZG a. F.), sowie diverse Zustimmungsvorbehalte zu seinen Gunsten. Vermögensgegenstände von Familienmitgliedern, deren Eigentum zweifelhaft ist, wurden von nun an nicht mehr als Eigentum des Familienoberhauptes, sondern als gemeinschaftliches Eigentum der Familienmitglieder angesehen (Art. 796 Abs. 2 ZG). Früher war die Stelle des Familienoberhaupts vererbt worden. Ein Verzicht auf diese erbrechtliche Position war nicht möglich. Das neue Recht sieht im Erwerb der Stellung des Familienoberhaupts nicht mehr einen erbrechtlichen Vorgang, sondern regelt ihn im Familienrecht (4. Buch ZG). Jetzt kann man auf sein Nachfolgerecht verzichten, wenn man die Stellung des Familienoberhaupts nicht übernehmen will (Art. 991 ZG). Wer nach altem Recht die Stelle des Familienoberhaupts erbte, wurde auch Eigentümer der Familiengrabstätte mit dazugehörendem Land, außerdem erhielt er einen um 50 % erhöhten Erbteil. Nach neuem Recht steht dem Miterben das Eigentum zu, der die Totengedenkfeier ausrichtet (Art. 1008-tri ZG).

Die eheliche Lebensgemeinschaft wurde nach altem Recht grundsätzlich an dem Ort begründet, an dem der Ehemann seinen Wohnsitz oder Aufenthalt hatte. Nach neuem müssen die Ehegatten ihren gemeinsamen Wohnort im Einvernehmen bestimmen (Art. 826 ZG). Wenn sie keine Einigung darüber erzielen, bestimmt das Familiengericht auf Antrag der Parteien den Ort der ehelichen Lebensgemeinschaft (Art. 826 Abs. 2 ZG). Wurde nach altem Recht keine Vereinbarung zwischen den Ehegatten über die notwendigen Aufwendungen für die eheliche Lebensgemeinschaft getroffen, musste der Ehemann diese allein tragen. Jetzt fällt diese Sorge für den Lebensunterhalt beiden Ehegatten gemeinsam zu (Art. 833 ZG).

Nach altem Recht übten die Eltern die elterliche Gewalt zwar gemeinsam aus, bei Meinungsverschiedenheiten hatte aber der Vater das Sagen. Nach der Schei-

397 Das Gesetz wurde am 19. Dezember 1989 beschlossen; am 13. Januar 1990 (Gesetzesnummer 4199) verkündet und trat am 1. Januar 1991 in Kraft.

dung fiel die elterliche Gewalt automatisch dem Vater zu. Auch hatte dieser das Sorgerecht, wenn keine Vereinbarung getroffen wurde. Nach den neuen Vorschriften entscheidet im Streitfall das Familiengericht (Art. 837 ZG).

Das neue Recht regelt im Übrigen erstmals den Anspruch des Ehegatten auf Teilung der Ehegüter im Scheidungsfall (Art. 839-bis ZG) und enthält außerdem eine Neuregelung des Umgangsrechts von Kind und Eltern (Art. 837-bis ZG).

Die Diskriminierung zwischen den Geschlechtern in der Frage, wer als Verwandter einzustufen ist, wurde mit der Neuregelung beseitigt. Nach neuem Recht erfasst der Kreis der Blutsverwandten ohne Unterscheidung zwischen der väterlichen und mütterlichen Seite Verwandte bis zum 8. Grad. Für die Verwandtschaftsbeziehung durch Eheschließung ist jetzt ohne Unterschied zwischen Mann und Frau der 4. Grad maßgebend (Art. 777 – Für die Ehefrau galten zuvor alle Verwandten des Ehemannes als verwandt, für den Ehemann jedoch nur die Eltern der Ehefrau). Zu den Blutsverwandten zählen jetzt auch die Kinder von Schwestern und von Tanten, die bislang rechtlich nicht als Blutsverwandte galten (Art. 768). Bisher erlosch die Schwägerschaft, wenn die Ehefrau nach dem Tode ihres Ehemannes sich wieder verheiratete, während bei der Wiederverheiratung des Ehemannes nach dem Tode seiner Frau die Schwägerschaft nicht aufgelöst wurde. Nach neuem Recht wird mit der Schließung der neuen Ehe die Schwägerschaft immer aufgelöst. Die umstrittene Bestimmung, wonach zwischen Stiefmutter und Stiefkind sowie zwischen der Ehefrau und dem nichtehelichen Kind des Ehemannes ein gesetzliches Mutter-Kind-Verhältnis bestand (Art. 773, 774 ZG a. F.), wurde aufgehoben.

Die Gleichberechtigung von Mann und Frau machte jetzt also endlich rechtliche Fortschritte. Von der Vielzahl der Änderungen im Ehe- und Familienrecht können einige zu dieser Zeit fast als mutig bezeichnet werden. Mit der Abschaffung der Sonderrechte (und Pflichten) des Familienoberhauptes blieb dieses für die ‚konfuzianische' Gesellschaft so wichtige Institut zwar noch erhalten, seine Bedeutung war aber bereits stark zurückgedrängt. Für mehr war die Gesellschaft in Korea offenbar noch nicht reif. So blieb auch das extensive Eheverbot in der bisherigen Form erhalten.

### *3.3.4.2 Das Staatsangehörigkeitsgesetz von 1998*

Auch Erwerb und Verlust der Staatsangehörigkeit hängen mit dem Ehe- und Familienrecht eng zusammen, zumindest bei gemischt-nationalen Ehen und Familien. Auf die insoweit bedeutsamen Teile soll deshalb hier kurz eingegangen werden.

Grundsätzlich entscheidet das Recht des betroffenen Staates, welche Staatsangehörigkeit eine Person besitzt.[398] Nach der koreanischen wie auch der deutschen Verfassung muss die Gleichberechtigung zwischen Mann und Frau[399] auch im Staatsangehörigkeitsrecht beachtet werden. Problematisch und deshalb Anlass

398 Vgl. Kegel / Schurig 2004, 382–383.
399 Art. 11 Abs. 1 KV vom 29.10.1987.

für die Reform des Staatsangehörigkeitsgesetzes waren in Korea die Regelung über den Erwerb der Staatsangehörigkeit durch Geburt[400] und die Verknüpfung der Staatsangehörigkeit der Frau mit der ihres Mannes.[401] Das neue Staatsangehörigkeitsgesetz (StAG)[402] wurde nach langjährigen Bemühungen am 13.12.1997 verkündet und trat am 14.6.1998 in Kraft.[403]

In Korea gilt – wie in Deutschland – das sog ‚jus sanguinis', d.h. das Kind erwirbt mit der Geburt die Staatsangehörigkeit des Vaters bzw. der Mutter. Nach den alten Regelungen[404] erwarb das Kind die koreanische Staatsangehörigkeit, wenn sein Vater zur Zeit der Geburt koreanischer Staatsbürger war (Art. 2 Abs. 1 Nr. 1 StAG a.F.). Nach dem neuen Gesetz erwirbt ein Kind durch Geburt die koreanische Staatsangehörigkeit, wenn Vater oder Mutter diese besitzen (Art. 2 Abs. 1 Nr. 1 StAG). Ein Kind, dessen Eltern Angehörige unterschiedlicher Staaten sind, erhält dadurch eine doppelte Staatsangehörigkeit.

Auch wurde der Erwerb der Staatsangehörigkeit durch Eheschließung abgeschafft. Nach dem alten StAG konnten Frauen durch Eheschließung die koreanische Staatsangehörigkeit erwerben (Art. 3 Nr. 1 StAG a.F.), während ein ausländischer Ehemann nur durch Einbürgerung die Staatsangehörigkeit erlangen konnte. Heute kann ein ausländischer Ehepartner durch die (vereinfachte) Einbürgerung nach Art. 6 Abs. 2 StAG die koreanische Staatsangehörigkeit erlangen. Diese vereinfachte Einbürgerung gilt für beide Geschlechter.[405]

Die ‚Begleiteinbürgerung' wurde ebenfalls abschafft. Nach dem alten StAG hatte eine Frau automatisch die koreanische Staatsangehörigkeit erhalten, wenn ihr Ehemann durch Einbürgerung bzw. Wiederverleihung die koreanische Staatsangehörigkeit erlangte (Art. 8 Abs. 1 StAG a.F.). Auch eine ausländische Ehefrau kann jetzt selbständig die koreanische Staatsangehörigkeit erwerben (früher konnte sie nur zusammen mit ihrem Mann eingebürgert werden, Art. 9 StAG a.F.). Heute erwirbt auch nur dann ein Kind zusammen mit dem Vater oder der Mutter die koreanische Staatsangehörigkeit, wenn es dies beantragt (Art. 8 StAG). Damit entsprechen die koreanischen Regelungen auch den internationalen Vorgaben.[406]

---

400 Beim Erwerb der Staatsangehörigkeit war nur die des Vaters maßgebend, sog. patriarchalisches Abstammungsprinzip: Art. 2 Abs. 1 StAG i. d. F. vom 22.12.1976. Dies war auch in Deutschland so.

401 Art. 3 Nr. 1, Art. 7 Abs. 1 Nr. 3, Art. 8 Abs. 1, Art. 9 StAG a.F.

402 Gesetzesnummer 5431. Die Übersetzung findet sich in Lee/Menzel 2000, 121–124.

403 Bereits 1990 wurde eine Kommission zur Reform des StAZ eingesetzt, aber erst nach sieben Jahren ein Gesetzesentwurf vorgelegt, siehe Lee/Menzel 2000, 118.

404 Auch in Deutschland war dies früher so geregelt. Man wollte – im Fall von gemischt-nationalen Ehen – so eine Mehrstaatigkeit vermeiden, worüber es auch ein Haager Abkommen gibt.

405 Auch hierin besteht Übereinstimmung mit dem heutigen deutschen Recht.

406 Nach Art. 9 Abs. 1 des Übereinkommens zur Beseitigung jeder Form von Diskriminierung der Frau vom 18.12.1979 sind Frauen die gleichen Rechte wie Männern hinsichtlich des Erwerbs, des Wechsels oder der Beibehaltung der Staatsangehörigkeit

#### *3.3.4.3 Die Reform des koreanischen internationalen Privatrechts (IPR) von 2001*

Beachtenswert ist die Änderung des IPR vom 7. April 2001.[407] Damit wurde das unter dem Titel *sŏboe sabŏp* 섭외사법 涉外私法 (Auswärtiges Privatrecht)[408] am 15. Januar 1962 kodifizierte Gesetz umfassend reformiert. Es erhielt dabei den Titel *kukche sabŏp* 국제사법 國際私法 (internationales Privatrecht). Hauptmotiv für die Reform war, dass das alte Gesetz den erheblichen sozialen, familienrechtlichen und anderen Veränderungen nicht mehr entsprach und die alten Kollisionsnormen in familienrechtlichen Angelegenheiten meistens noch das Recht des Mannes bzw. des Vaters für maßgebend erklärten und somit gegen das verfassungsrechtliche Gebot der Gleichberechtigung verstießen.[409] Auch musste der Kindeswohl-Gedanke berücksichtigt werden.

Für die allgemeinen und die güterrechtlichen Wirkungen der Ehe war nach Art. 16 und 17 IPR a. F. das Heimatrecht des Ehemannes zur Zeit der Eheschließung maßgebend. Auch gab es Zweifel an der Verfassungsmäßigkeit der Bestimmung des Art. 18, wonach sich die Scheidung nach dem Heimatrecht des Ehemannes bei der Entstehung der Scheidungsgründe richtete. Art. 37 des neuen IPR behandelt nunmehr beide Ehepartner gleich: Die allgemeinen Wirkungen der Ehe bestimmen sich nach dem Recht des Staates, (1) dem beide Ehepartner angehören, (2) in dem beide ihren gewöhnlichen Aufenthalt haben, (3) mit dem sie auf andere Weise am engsten verbunden sind. Gemäß Art. 38 ist dies auch beim Ehegüterrecht und gemäß Art. 39 bei der Scheidung entsprechend anzuwenden.

Bezüglich der Abstammung des Kindes war früher das Heimatrecht des Ehemannes der Mutter zur Zeit dessen Geburt anzuwenden, auch für die Anerkennung und Anfechtung der Vaterschaft. Sogar wenn der Vater vor der Geburt gestorben war, unterlag dies dem Heimatrecht des Vaters zur Zeit seines Todes. Jetzt bestimmt sich die Abstammung nach dem Recht des Staates, dem der Ehemann <u>oder</u> die Ehefrau bei der Geburt des Kindes angehören.

Das Rechtsverhältnis zwischen Eltern und Kind bestimmte sich nach Art. 22 des alten IPR nach dem Heimatrecht des Vaters. Nur wenn der Vater nicht vorhanden war, war das der Mutter maßgeblich. Nach Art. 45 des neuen IPR unterliegt dieses Rechtsverhältnis dem Recht des Staates, dem Eltern <u>und</u> Kind angehören. Ist kein gemeinsames Recht vorhanden, so ist das Recht des Staates maßgebend, in dem das Kind seinen gewöhnlichen Aufenthalt hat. So wurde die Diskriminierung der Mutter beendet.

---

zu gewähren. Nach Abs. 2 sind Frauen auch die gleichen Rechte im Hinblick auf die Staatsangehörigkeit ihrer Kinder zu gewähren.

407 Die Übersetzung findet sich bei Pissler 2006, 270–273.

408 Gesetzesnummer 966.

409 IPR-Reform aus der Sicht der Verfassungsmäßigkeit siehe Yune 2004, 247.

### 3.3.5 Familienrecht im Lichte der koreanischen Verfassung und seine Entwicklung (insb. durch Entscheidungen des Verfassungsgerichts)

#### *3.3.5.1 Eheverbot zwischen Personen mit gleichem Familiennamen und gleicher Stammsitzbezeichnung (KVerfG-Urteil vom 16 Juli 1997, 95 heonga 6 bis 13)*[410]

Nachdem bis dahin – wie oben geschildert – alle Bemühungen zur Abschaffung des Eheverbots zwischen Personen mit gleichem Familiennamen und gleicher Stammsitzbezeichnung erfolglos geblieben waren, legte das Familiengericht Seoul am 17. Mai 1995 eine entsprechende Sache wegen eines von ihm angenommenen Verstoßes von Art. 809 Abs. 1 ZG gegen die Verfassung dem Verfassungsgericht zur Normenkontrolle vor. Die Senatsmitglieder des KVerfG stimmten in ihrer Entscheidung in dem Punkt überein, dass die Eheschließungsfreiheit grundsätzlich ein aus Art. 10 oder Art. 36 Abs. 1 KV abzuleitendes Grundrecht sei. In anderen Punkten waren sie jedoch unterschiedlicher Auffassung: Fünf Richter sahen in Art. 809 Abs. 1 einen schwerwiegenden Verstoß gegen die Verfassung, indem in die Freiheit des Individuums stark eingegriffen werde, weshalb er für nichtig erklärt werden müsse.[411] Demgegenüber vertraten zwei Richter die Ansicht, dass Art. 809 Abs. 1 mit der Verfassung vereinbar sei, da die Ehe durch soziale Normen wie Tradition, Moral und Religion bestimmt werde und bei der erforderlichen Abwägung die individuelle Freiheit weniger Gewicht habe.[412] Die übrigen zwei Richter hielten die Vorschrift lediglich für nicht vereinbar mit der Verfassung. Sie verstoße zwar gegen die Verfassung, aber die über hunderte von Jahren überlieferte Institution sei nicht nur zu einer sittlichen Norm über die Eheschließung, sondern auch zu einer allgemeinen ethischen Norm geworden. Der Gesetzgeber habe bei seiner Entscheidung Tradition, Bräuche, ethische Wertungen, Vorstellungen über die Verwandtschaft und Eugenik zu erwägen. Welche Entscheidung er treffe, sollte ihm überlassen werden. Deshalb sprachen sie sich in ihrer vermittelnden Position dagegen aus, Art. 809 Abs. 1 für verfassungswidrig zu erklären.[413]

Die in Art. 113 Abs. 1 der Verfassung vorgeschriebene Anzahl von sechs Richtern für eine Erklärung der Verfassungswidrigkeit mit der Folge sofortiger Nichtigkeit war damit nicht erreicht worden.[414] Im Ergebnis wurde Art. 809 Abs. 1 für unverein-

410 Entscheidungssammlung des KVerfG Bd. 9, Teilband 2, S. 1–31 (im folgenden KVerfGE)

411 KVerfGE Bd. 9, Teilbd. 2, 16–17.

412 KVerfGE Bd. 9, Teilbd. 2, 23–24, 29.

413 KVerfGE Bd. 9, Teilbd. 2, 21.

414 In Verfassungsgerichtsentscheidungen wird unterschieden, ob ein Gesetz verfassungsmäßig (*haphŏn* 합헌 合憲) oder mit der Verfassung unvereinbar (*hŏnbŏp purhapch'i* 헌법불합치 憲法不合致) sei. Die Verfassung unterscheidet in die Möglichkeiten von *inyong-* 인용 引用 und *wihŏn-p'an'gyŏl* 위헌판결 違憲判決. Der Begriff

bar mit der Verfassung erklärt; dem Gesetzgeber wurde eine Frist zur Änderung bis Ende 1998 gesetzt. Somit galt die bisherige Regelung zunächst weiter, trat jedoch ab 1. Januar 1999 außer Kraft, da der Gesetzgeber nicht handelte. Erst mit der Änderung des ZG im Jahr 2005 verschwand sie auch formal aus dem Gesetzestext.

#### *3.3.5.2 Familienoberhauptsystem (KVerfG vom 3. Februar 2005, 2001 heonga 9 bis 15; 2004 heonga 5)*

Zu einer endgültigen Klärung der Frage der Verfassungsmäßigkeit und weiteren Anwendung des Familienoberhaupt-Systems kam es erst, als das erstinstanzliche Gericht Seoul (nördlicher Distrikt) eine Sache wegen eines von ihm angenommenen Verstoßes von Art. 778 und 781 gegen die Verfassung dem Verfassungsgericht zur Normenkontrolle vorlegte.[415] Daraufhin erklärte das KVerfG am 3. Februar 2005 das Familienoberhauptsystem für verfassungswidrig.

Dies wurde folgendermaßen begründet: In diesem Familienrecht werde zwischen dem Familienoberhaupt, der als Ranghöchster die Familie leitet, und den anderen Familienmitgliedern, die sich ihm unterordnen müssen, unterschieden. Dies verstoße gegen die Menschenwürde, weil der Wille der Betroffenen nicht berücksichtigt werde. Außerdem sei die Regelung, dass jeder stets zu irgendeiner rechtlich konstruierten Familie gehöre, die sich von den tatsächlichen Lebensverhältnissen erheblich unterscheide, und damit den Einzelnen nicht als ein freies Individuum, sondern nur als Bestandteil einer patriarchalischen Familie behandle, angesichts des Art. 36 Abs. 1 KV nicht zu billigen. Das Familienoberhauptsystem verletze

---

*inyong* 인용 引用 bedeutet eigentlich zitieren und wird verwendet für die Entscheidungen in sog. konkreten Normenkontrollverfahren, in denen insb. auf Vorlage durch ein Gericht im Rahmen eines dortigen Verfahrens, also in einem konkreten Fall über die Verfassungsmäßigkeit einer Vorschrift zu befinden ist. In abstrakten Normenkontrollverfahren wird von *wihŏn-p'an'gyŏl* 위헌판결 違憲判決 gesprochen. Das Ergebnis ist gleich: Wenn die Vorschrift für verfassungswidrig erklärt wird, ist sie nichtig und darf ab sofort nicht mehr angewendet werden. Dies kann nur mit einer Mehrheit von mindestens 6 der 9 Verfassungsrichter festgestellt werden. Dagegen bedeutet *hŏnbŏppurhapch'i* 헌법불합치 憲法不合致 wörtlich, dass etwas mit der Verfassung nicht vereinbar ist. Wenn im Tenor ‚*pŏbŭn hŏnbŏbe wibandoenda* 법은 헌법에 위반된다 (das Gesetz verletzt die Verfassung)' steht, bedeutet dies ‚verfassungswidrig' und damit die Nichtigkeit. Wenn es heißt ‚*pŏbŭn hŏnbŏbe hapch'idoeji anihanda* 법은 헌법에 합치되지 아니한다 (das Gesetz steht nicht in Einklang mit der Verfassung)', bedeutet dies ‚unvereinbar mit der Verfassung'. Es handelt sich nicht um Synonyme. Im Unterschied zum ‚verfassungswidrigen'und damit nichtigen Gesetz ist das ‚unvereinbar' mit der Verfassung gewordene Gesetz nicht sofort unwirksam, da das Verfassungsgericht nicht an Stelle des Gesetzgebers eine eigene andere (verfassungsgemäße) Regelung treffen kann. Für diese Entscheidung genügt eine einfache Mehrheit im Senat.

415 Auch das erstinstanzliche Gericht Seoul (westlicher Distrikt) legte eine Sache wegen eines von ihm angenommenen Verstoßes von Art. 781 und 826 ZG.

auch die Gleichberechtigung der Familienmitglieder. Dass bei der Nachfolge des Familienoberhauptes in der Regel der älteste Sohn diese Stelle übernähme, stelle eine Diskriminierung wegen des Geschlechts und des Alters dar. Weiterhin sei der Vorrang des ehelichen Kindes vor dem nichtehelichen Kind eine unangemessene Benachteiligung nichtehelicher Kinder.[416] Auch der automatische Eintritt der Ehefrau in die Familie ihres Ehemanns (Art. 826 Abs. 3 ZG a.F.) und der des Kindes in die Familie des Vaters (Art. 781 Abs. 1 S. 1 ZG a.F.) sei mit Art. 36 Abs. 1 KV nicht vereinbar, weil ihnen die passive und abhängige Stellung im Verhältnis zu Ehemann bzw. Vater aufgezwungen werde und weil es dem Kindeswohl zuwiderlaufen könne, wenn sich die Zugehörigkeit in eine ‚rechtliche', d.h. im Register bestehende abstrakte Familie mit dem ‚tatsächlichen' Familienleben nicht decke.

Eine Senatsminderheit vertrat zwar weiterhin die Ansicht, dass das Familienoberhauptsystem mit der Verfassung vereinbar sei:[417] Die Bevorzugung einer älteren männlichen Person und eines ehelichen Kindes für die Bestimmung der Nachfolge sei unter Berücksichtigung der traditionellen Vorstellung über die Familie weder als abwegig noch als willkürlich anzusehen. Sie sei eine gesetzgeberische Entscheidung, um die Nachfolge über die männliche Linie zu verwirklichen. Dieses Motiv des Gesetzgebers für die Ungleichbehandlung sei sachgerecht, sodass das Grundrecht auf Gleichheit nicht verletzt werde. Jedoch war die erforderliche qualifizierte Mehrheit von sechs Richtern der Auffassung, dass die familienrechtliche Tradition ihre Grenze in den verfassungsrechtlichen Grundpfeilern „Menschenwürde des Individuums" und „Gleichberechtigung" finde. Liefen gesellschaftliche Bräuche diesen Prinzipien zuwider, seien die überkommenen Vorstellungen und Verhaltensweisen keine schützenswerte Tradition im Sinne des Art. 9 KV.

#### *3.3.5.3 Familienname des Kindes (KVerfG vom 22. Dezember 2005, 2003 heonga 5, 6)*

In Korea behielt und behält der Ehegatte bei der Eheschließung den Familiennamen, anders als in manchen europäischen Ländern. Nach Art. 781 Abs. 1. S. 1 a.F. erhielt das Kind den Familiennamen und die Stammsitzbezeichnung seines Vaters, außer wenn der Vater unbekannt war. In diesem Fall erwarb das Kind den Familiennamen der Mutter. Durch eine Anerkennung durch den Vater wurde einem nichtehelichen Kind jedoch auch gegen seinen Willen der Familienname des Vaters aufgezwungen (Art. 781 Abs. 1 S. 1 ZG a.F.), da das Gesetz keine Zustimmung des Kindes oder dessen Mutter (vgl. Art. 855 Abs. 1 ZG) für die Anerkennung erforderte. Auch bei der sog. „Stiefkindsadoption" galt dies. Eine solche war Gegenstand dieser Entscheidung des KverfG. Das durch den Stiefvater adoptierte Kind wollte den Familiennamen des Stiefvaters erhalten. Jedoch kannte das koreanische Recht die Namensänderung als Folge der Adoption nicht.

416 Zur Verfassungswidrigkeit dieser Vorschrift siehe Yune 2004, 267.
417 Die Verfassungsrichter Kwŏn Sŏng 권성, Kim Hyojong 김효종 und Kim Yŏngil 김영일.

Das KVerfG erklärte am 22. Dezember 2005 die Bestimmung des Kindesnamens nach dem Prinzip der väterlichen Abstammung für unvereinbar mit der Verfassung.[418] Dabei spielte eine frühere Entscheidung des KVerfG[419] eine Rolle, in dem die Vorschrift des alten Staatsangehörigkeitsgesetzes für verfassungswidrig erklärt worden war, wonach ein Kind nur nach seinem Vater die koreanische Staatsangehörigkeit erwirbt. Diese Regelung hatte das KVerfG mit der Begründung für verfassungswidrig erklärt, die Ungleichbehandlung eines Kindes, das von einer Koreanerin und einem Ausländer abstammt, und eines Kindes, das von einem koreanischen Vater und einer Ausländerin abstammt, benachteilige sowohl das Kind als auch seine Mutter und verstoße gegen den Gleichheitssatz nach Art. 11 Abs. 1 KV.

Infolge dieser Entscheidungen mussten die verfassungswidrigen Bestimungen im ZG, aber auch alle anderen Bestimmungen bezügl. *Hoju* insb. im Personenregister geändert werden.

### *3.3.5.4 Die Familienrechtsreform von 2005*

Um dem gesellschaftlichen Wandel und den diesen widerspiegelnden verfassungsgerichtlichen Entscheidungen Rechnung zu tragen, kam 2005 schließlich eine umfangreiche Reform des Familienrechts zustande.[420] Ihr Kerngehalt lässt sich mit zwei Schlagworten umreißen: 1. Abschaffung des Familienoberhauptsystems und 2. Abschaffung des Eheverbots zwischen Personen mit gleichem Familiennamen und gleicher Stammsitzbezeichnung.[421] Die Eheschließung ist ‚nur' noch verboten:

1. zwischen Blutsverwandten bis zum 8. Grad (einschließlich der eines Adoptivkindes),
2. zwischen Verschwägerten bis zu Blutsverwandten 6. Grades des Ehepartners und Ehepartnern von Blutsverwandten des 4. Grades des eigenen Ehepartners,
3. zwischen Blutsverwandten bis zum 6. Grad in adoptivelterlicher Linie und zwischen Verschwägerten bis zum 4. Grad in adoptivelterlicher Linie.

Diese Lockerung ist zwar ein richtiger Schritt. Jedoch gehen die jetzigen Verbote – insb. bezüglich der Verschwägerten und Adoptierten – immer noch viel zu weit. Sie stellen eine durch nichts sachlich zu begründende Einschränkung der Persönlichkeitsrechte dar.

Außerdem wurde die oft kritisierte sog. Wartezeit (*chaehongŭmjigigan* 재혼금지기간 再婚禁止期間, Art. 811 ZG a. F.) abgeschafft, wonach Frauen nach Auflösung ihrer Ehe innerhalb von 6 Monaten keine neue Ehe eingehen durften.

---

418 Diese strikte Regelung wurde jedoch bereits am 31. März 2005 geändert, die Änderung trat allerdings erst am 1.Januar 2008. in Kraft.

419 Urteil vom 31. August 2000, 97 *heonga* 12.

420 Änderungsgesetz vom 31. März 2005, Gesetzesnummer 7427, in Kraft getreten am 31. März 2005.

421 Kim Choo-Soo bezeichnet diese Reform zu Recht als die Geburtsstunde des demokratischen Familienrechts in Korea (Kim 2009, 1).

Einer Entscheidung des KVerfG vom 27. März 1997[422] folgend schreibt das neue Familienrecht vor, dass eine Klage auf Anfechtung der Vaterschaft innerhalb von zwei Jahren ab Kenntnis des Anfechtungsgrundes zulässig ist (früher binnen Jahresfrist: Die Frist fing an zu laufen, wenn der Berechtigte von der Geburt Kenntnis genommen hatte). Ein Anfechtungsrecht steht nicht nur dem Ehemann, sondern auch der Mutter des Kindes zu. Das Kind selbst ist weiterhin nicht anfechtungsberechtigt (Art. 847). Dies ist bedenklich, weil die Verfassung dem Kind ein Grundrecht auf Kenntnis seiner Abstammung garantiert.

Auch die namensrechlichen Vorschriften wurden entsprechend geändert (vgl. Abschnitt 3.3.5.3). Früher gab es Adoptionen eher in besonderen Situationen, insb. um das Aussterben einer Familien-Linie mangels eigener Nachkommen, die die Stellung als Familienoberhaupt übernehmen konnten, zu verhindern. Das neue Familienrecht führte unter dem Titel ‚*ch'inyangja* 친양자 親養子' das Institut der Volladoption ein, welche der in Deutschland geläufigen Adoption entspricht. Der zu Adoptierende muss in der Regel unter 15 Jahre alt sein. Mit der Entstehung des Adoptivkindverhältnisses erlischt das bisherige Kindschaftsverhältnis Hier ist mit der Einführung des neuen Rechtsinstituts ein Übersetzungsproblem entstanden. Im deutschen Rechtssystem gibt es nur eine einzige Art der Adoption, während es im koreanischen jetzt zwei Adoptionsarten gibt, nämlich *yangja* 양자 (auch *pot'ongyangja* 보통양자 in der Lehre) und *ch'inyangja* 친양자. Die deutsche Adoption entspricht inhaltlich *ch'inyangja* und ist demnach mit Adoption zu übersetzen. Für *yangja* gibt es im deutschen Rechtssystem keine vollständige Äquivalenz. *Pot'ongyangja* wäre wörtlich mit ‚gewöhnliche Adoption' zu übersetzen. Dies wäre jedoch irreführend, da man annehmen würde, dass es sich dabei um eine normale Adoption nach dem deutschen Recht handelt, also eine Volladoption Deswegen erscheint es hier angemessen, die koreanischen Begriffe als ‚traditionelle Adoption nach koreanischem Recht' bzw. als ‚Volladoption' zu bezeichnen.

## 3.3.6 Die Familienrechtsreform von 2007

Es ist zu beobachten, dass bei gesetzgeberischen Reformen zunehmend das Kindeswohl ins Blickfeld rückt, insb. bei den Regelungen zu den Rechtsfolgen bei Scheidungen.[423]

2007 wurde insb. das Umgangsrecht neu gestaltet. Seitdem haben der Elternteil, der nicht das Kind erzieht, und das betroffene Kind das Recht auf persönlichen Umgang (*myŏnjŏpkyosŏpkwŏn* 면접교섭권 面接交涉權) miteinander (Art. 837-bis, Abs. 1 ZG). Somit hat nun auch das Kind ein Recht, ist also Rechtssubjekt und nicht mehr bloßes Objekt.

422 95*heonga*14, 96*heonga*7. Die alte Regelung über die Vaterschaftsanfechtung durfte nicht mehr angewendet werden, bis sie neu geregelt wurde.

423 Der Richtungswechsel begann bereits 2005. Seither ist nach Art. 912 bei der Ausübung der elterlichen Gewalt das Kindeswohl vorrangig zu berücksichtigen. Das Familiengericht kann bei der Entscheidung über Sorge- und Umgangsrecht von Amts wegen handeln, während die Ehegatten zuvor beliebig verfahren konnten.

Vor dieser Reform war es möglich, sich ohne vorherige Vereinbarung über Kindessorge und dergl. einvernehmlich scheiden zu lassen. Jetzt müssen scheidungswillige Eltern, wenn sie ein unterhalts- und erziehungsberechtigtes Kind haben, eine schriftliche Vereinbarung über das Sorgerecht und über die Ausübung der elterlichen Gewalt vorlegen. Verstößt die Vereinbarung gegen das Kindeswohl, kann das Familiengericht deren Ergänzung bzw. Änderung verlangen oder sogar unter Berücksichtigung des Willens des Kindes selbst entscheiden.

Außerdem wurden eine sog. ‚Besinnungsfrist (*sungnyŏgigan* 숙려기간 熟慮其間)' eingeführt und eine Pflicht sich bei der einvernehmlichen Scheidung vom Familiengericht über die Ehescheidung belehren zu lassen. Das Familiengericht kann den Betroffenen auch empfehlen, sich von einem Fachberater mit professionellem Wissen und Erfahrung beraten zu lassen.

Außerdem wurde das Mindestalter bei Verlobung und Eheschließung von Minderjährigen neu geregelt: Wer das 18. Lebensjahr vollendet hat, kann mit Einwilligung der Eltern oder des Vormundes heiraten, ohne Unterschied zwischen Mann und Frau.

### 3.3.7 Die weitere Familienrechtsreform 2013

Eine weitere Stufe der Zivilrechtsreform trat am 1. Juli 2013 in Kraft.[424] Seitdem tritt Volljährigkeit bereits mit neunzehn Jahren ein. Zuvor war diese erst mit Vollendung des zwanzigsten Lebensjahres erreicht worden. Verbunden damit ist insb. die volle Geschäftsfähigkeit einschließlich Ehemündigkeit, aber auch das aktive Wahlrecht.

Nach den bisherigen Regelungen reichte für die traditionelle Adoption von unter 15-Jährigen die Annahme durch den gesetzlichen Vertreter zusammen mit der Einwilligung der Eltern. Die Genehmigung des Familiengerichts wurde lediglich bei der Volladoption benötigt. Da die traditionelle Adoption Minderjähriger (*ibyang* 입양 入養) und deren Auflösung (*p'ayang* 파양 罷養) mit deren Anmeldung wirksam wurden, konnten z.B. auch Personen, die zum Kindesmissbrauch neigen oder aus anderen Gründen für diese Aufgabe völlig ungeeignet waren, unkontrolliert ein Kind adoptieren oder gar ‚kaufen'. Der Staat war somit seiner Garantenstellung für das Wohl der Kinder nicht nachgekommen und hatte diese durch die zu starke Betonung der ‚Privat- bzw. Familienautonomie' ihrem Schicksal überlassen. Jetzt muss für jede Adoption eines Minderjährigen unabhängig davon, ob es sich um eine traditionelle oder eine Volladoption handelt, die Genehmigung des Familiengerichts eingeholt werden. Dieses prüft zuvor die Eignung der Adoptionseltern, ihre Motive und die finanzielle Lage.

Seither ist auch die Einwilligung der Eltern nicht mehr obligatorisch, wenn ihnen die elterliche Gewalt durch das Gericht entzogen wurde. Sie kann durch die

---

424 Gesetz Nummer 10429 vom 7. März 2011 zur Änderung des ZG (Vormundschaft über Erwachsene, Minderjährigkeit) sowie Gesetz Nummer 11300 vom 10. Februar 2012 zur Änderung des ZG (Adoption); beide am 1. Juli 2013 in Kraft getreten.

Genehmigung des Familiengerichts ersetzt werden, wenn die Eltern mindestens drei Jahre das Kind vernachlässigt oder sonstwie dessen Wohl verletzt und dabei gezeigt haben, dass sie nicht im Stande sind, ihren elterlichen Pflichten dauerhaft im erforderlichen Umfang nachzukommen.

Auch die Bestimmung, dass nur eine Person, die noch nicht 15 Jahre alt ist, volladoptiert werden kann, wurde dahin geändert, dass jeder Minderjährige volladoptiert werden kann.

Die Regelungen zur (Teil-) Entmündigung wurden abgeschafft. Stattdessen wurde eine neue Form der ‚Vormundschaft für Erwachsene' eingeführt. Bevor es zu der Änderung kam, gab es viele Diskussionen. Dabei wurden auch die neueren Regelungen anderer Staaten betrachtet. Insb. die von Deutschland, Frankreich und Japan wurden einzeln dargestellt und verglichen.

Hier sieht man, wie die Rechtsvergleichung auch bei der Weiterentwicklung von Rechtsordnungen oder -gebieten hilft.[425] Zwar ist das Hauptziel der Rechtsvergleichung wie in allen Wissenschaften der Erkenntnis-Gewinn,[426] aber sie führt eben auch als willkommenem ‚Nebeneffekt' zu einem ‚Vorrat an Lösungen'.[427] Auch Zweigert/Kötz sind der Meinung, dass die Rechtsvergleichung zwar primär zweckfrei sei, die Effekte der Rechtsvergleichung aber auch deshalb bedeutsam seien, weil sich durch sie eine internationale Kommunikation über die Probleme der Rechtswissenschaft herstellen lasse. Damit helfe sie bei der Überwindung von Diskrepanzen bei unterschiedlichen Standpunkten, von Selbstüberschätzungen und dogmatischer Zementierung, und damit entstehe sogar ein „Glaube an die Existenz eines universellen Gerechtigkeitsgedankens".[428]

In diesem Zusammenhang wird auch ein typisches, wenn auch nicht sehr häufiges Übersetzungsproblem deutlich: Es gibt eine geläufige Übersetzung, die zwar nicht ganz korrekt ist, was jedoch in der Praxis keine Bedeutung hat, allenfalls und ausschließlich in der Rechtsvergleichung. Durch Gesetzes-Änderungen in beiden Rechtssystemen erhalten die Begriffe jedoch andere rechtliche Bedeutungen und es entstehen neue Begriffe, welche durch die bisherige ungenaue, aber geläufige Übersetzung bereits belegt sind. Dies führt zu Verwirrung jetzt nicht mehr nur bei der Rechtsvergleichung, sondern auch in der praktischen Anwendung. Das bisher nur latent vorhandene Problem wird akut und kann zu fehlerhafter Behandlung juris-

---

425 Auch Grossfeld (1996, 1; 2001, 12) meint, dass die Rechtsvergleichung dabei hilft, ausländische Ideen und Erfahrungen zu erkennen. Sie kann dabei helfen, eigene Fehlentwicklungen zu vermeiden und aus positiven wie negativen Erfahrungen Folgerungen zu ziehen bzw. unerwünschte (Neben-)Effekte zu vermeiden. Zur selektiven Übernahme fremder Modelle zur Lösung der eigenen Vorhaben siehe auch Sacco 2011, 25–26.

426 Siehe Rabel 1967, 6.

427 Dieser Ausdruck stammt von Zitelmann, zitiert nach Rabel (1967, 9); zum Nutzen der Rechtsvergleichung siehe u. a. Zweigert/Kötz 1996, 12–31.

428 Siehe Zweigert/Kötz 1996, 3.

tischer Alltagsfälle führen, welche international-rechtliche Bezüge haben, wie hier im Zusammenhang mit der Reform des Vormundschafts- bzw. Betreuungsrechts:

Die sog. Teil-Entmündigung (*hanjŏng-ch'isan* 한정치산 限定治産) war zuvor in Art. 9 ZG a.F. geregelt (u.a. wegen Geistesschwäche oder Verschwendungssucht). Der im koreanischen Gesetz verwendete Begriff wurde in Deutsch meist mit Teilentmündigter wiedergegeben, von einigen Autoren auch mit ‚Quasi-Entmündigter' oder ‚beschränkter [sic!] geschäftsfähiger Entmündigter' übersetzt (Letzteres ist nicht akzeptabel, vgl. hierzu 5.2.4.2.3). Er heißt wörtlich übersetzt: ‚wer sein Vermögen eingeschränkt verwalten darf'.

In Art. 12 ZG a.F. war die (Voll-)Entmündigung (*kŭm-ch'isan* 금치산 禁治産) geregelt: Wer sich in einem anhaltenden Zustand krankhafter Störung der Geistestätigkeit befindet, wird auf Antrag einer der in Art. 9 genannten Personen für entmündigt erklärt. Wörtlich heißt *kŭm-ch'isan-ja* 금치산자 禁治産者: ‚Person, der ihre Vermögensverwaltung verboten wurde'.

Denjenigen, der für eine unmündige Person (das so genannte Mündel, dem die Geschäftsfähigkeit fehlt) und deren Vermögen sorgte, nannte man *hugyŏnin* 후견인 後見人, was i.d.R. ins Deutsche mit Vormund übersetzt wurde, obwohl „*hu*" sogar „hinten" bedeutet und das gesamte Wort eher dem deutschen Aufpasser und Unterstützer entspricht (wörtlich: von hinten Sehender), also einem Helfer oder Betreuer. Der Vormund tritt rechtlich an Stelle des Mündels, welches in rechtlicher Hinsicht noch nichts oder nichts mehr zu sagen hat (Geschäftsunfähiger: Minderjähriger oder Entmündigter).[429] Ein Betreuer hingegen hilft dem Betreuten das Richtige zu tun und hält ihn von ungünstigem rechtlichen Handeln ab.

Auch das frühere deutsche Rechtssystem basierte auf Entmündigung und Vormundschaft, das heutige dagegen ist das Betreuungssystem.

Da die konkreten rechtlichen Regelungen des früheren koreanischen Rechts denen des deutschen Vormundschaftssystems weitgehend ähnlich waren, führte die ungenaue oder – puristisch betrachtet – falsche Übersetzung mit Entmündigter und Vormund zu keinen erkennbaren Problemen in der Praxis. Die wörtlich genommenen Bezeichnungen der alten Art. 9 und 12 ZG entsprachen und entsprechen allerdings eigentlich dem heutigen deutschen Betreuungssystem. Stattdessen war es jedoch immer im Sinne des alten deutschen Entmündigungs- und Vormund-Systems mit „teilentmündigt", entmündigt und Vormund übersetzt (und damit auch negativ konnotiert) worden. Dies ist nicht verwunderlich, da bereits im koreanischen Verständnis der Begriff so konnotiert war und es daher nahelag, den im deutschen Rechtssystem damals gebräuchlichen Begriff als vermeintlich adäquat zu verwenden. Ohnehin entsprachen die Regelungen zu diesem Komplex im deutschen Rechtssystem denen des koreanischen immerhin in weiten Teilen.

Mit der Änderung des deutschen Systems einerseits und des koreanischen Systems andererseits wurde dies aber zu einem ernsthaften Problem. Denn jetzt wurden

---

429 Das Rechtsinstitut Vormundschaft als umfassende Sorge für eine Person besteht gemäß § 1773 Abs. 1 BGB nur bei Minderjährigen.

in beiden Rechtssystemen andere rechtliche Inhalte geschaffen; die koreanischen Begriffe blieben teilweise gleich; die neuen deutschen Rechtsbegriffe entsprechen inhaltlich den koreanischen Begriffen, wie sie früher im koreanischen Gesetz – wörtlich genommen – lauteten; aber in deutschen Übersetzungen waren sie nicht so verwendet worden. Die falsch verwendeten Begriffe bräuchte man jetzt aber für eine korrekte Wiedergabe der neuen andersartigen Regelungen. Und man müsste folgerichtig an die Stelle der falschen Übersetzungen andere, richtige Begriffe setzen. Welche Verwirrung wird das stiften!

In Art. 9 der geltenden Fassung des ZG steht: „Wer sich in Folge einer von Krankheit, Behinderung, Alter und anderen Gründen verursachten geistigen Störung in einem anhaltenden Zustand befindet, der die Verwaltung seiner Geschäfte nicht zulässt, [...].“ Wie soll man jetzt den neuen Begriff *sŏngnyŏnhugyŏnjedo* 성년후견제도 成年後見制度, welcher als Überschrift über diesem Artikel steht, ins Deutsche übersetzen? System der Vormundschaft über Erwachsene? Dies wäre folgerichtig, da der Begriff *hugyŏn* 후견 後見 ja immer mit Vormund übersetzt wurde und das Wort *sŏngnyŏn* 성년 成年 wörtlich Volljährigkeit bedeutet. Allerdings entspricht das neue koreanische System dem heutigen deutschen Betreuungssystem. Die jetzt vorhandenen Äquivalente in der deutschen Rechtssprache sind also eindeutig das Betreuungssystem und damit auch Betreuer und Betreuter usw. Unter Übersetzern und Rechtsanwendern ist für den gleich gebliebenen koreanischen Rechtsbegriff *hugyŏn* jedoch die Übersetzung mit ‚Vormund‘ vorgegeben.

Hinter dem scheinbar banalen Äquivalenz-Problem steckt also ein echtes Hindernis für die Übersetzer, das durch die bisherige falsche oder zumindest ungenaue, jedoch etablierte Übersetzung entstand, auch wenn sie sich jetzt erst auswirkt. Hinzu kommt noch eine Konnotationsproblematik. *hugyŏn* 후견 後見 ist ein zusammengesetztes Wort aus ‚hinten‘ und ‚sehen, kümmern‘, also ‚von hinten um jemanden sorgen‘. Anders als das dafür bis jetzt als entsprechender Begriff benutzte Wort Vormund hat das koreanische Pendant nicht die negative Konnotation des ‚Bevormundens‘. *hugyŏnja* steht hinten und schaut, ob alles in Ordnung ist. Das latente Problem aus der Fehlinterpretation wurde dadurch akut, dass der Gesetzgeber mit der Abschaffung der Entmündigung nicht einen neuen Terminus (wie im deutschen Gesetz der Betreuer) geschaffen hat, weil der bisherige Begriff ja bereits passend war, weshalb er nur zur Differenzierung das Wort ‚Volljährigkeit‘ hinzugefügt hat. Da der Begriff *hugyŏn* im Koreanischen auch keine negative Konnotation hat, war dies unproblematisch. Das Problem besteht nur im Deutschen infolge der etablierten unkorrekten Übersetzung, welche jetzt plötzlich eine erhebliche Rolle spielt – und man kommt nicht umhin festzustellen, dass sie falsch war. Aber wie geht man damit um?

Eine naheliegende Lösung gibt es nicht. Bei einer wörtlichen Übersetzung von *sŏngnyŏnhugyŏnjedo* besteht die Gefahr, dass der übersetzte Text im Sinne der alten deutschen Vormundschaft verstanden wird. Mit der Vormundschaft über Volljährige – analoge Übersetzung auf der Basis der etablierten Übersetzung – werden die Tatsache, dass die Entmündigung in Korea abgeschafft wurde, und deren Folgen (nämlich die rechtliche Neuordnung) völlig verschleiert. In der Umsetzung besteht eine Verwechslungsgefahr bei der Behandlung von ‚Alt-' und ‚Neufällen'. In der Praxis wird der Übersetzer jedes Mal zunächst feststellen müssen, welches Recht auf den konkreten Fall anzuwenden ist (altes oder neues). Danach wird man in entsprechenden Erläuterungen diese Rechtslage und die entsprechenden Begriffe erklären müssen. Denkbar wäre, dabei zur allgemeinen Umschreibung und als Oberbegriff den Begriff ‚Fürsorge' oder aber ‚Sorge' zu verwenden; beide sind in diesem Kontext als Sammelbegriff bzw. neutrale Bezeichnung im allgemeinen und rechtlichen Sprachgebrauch bekannt. Für die Verwendung der spezifischen Begriffe im Einzelfall und in der Übersetzung der Gesetzestexte bleibt es bei den vorher genannten Hinweisen.

## 3.4 Geschichtliche Entwicklung des deutschen Ehe- und Familienrechts bis heute

### 3.4.1 Einführung

Recht und soziale Wirklichkeit stehen seit eh und je in einem wechselseitigen Abhängigkeitsverhältnis. So wie es einerseits die jeweilige Gesellschaft und deren Denken und Verhalten widerspiegelt, hat das Recht auch zu allen Zeiten die soziale Wirklichkeit und das Verhalten der Menschen geprägt. Es ist schon deshalb keineswegs eine neutrale Moralinstitution oder eine ‚geschlechtsneutrale' Instanz. Im Familienrecht bzw. Eherecht einer Gesellschaft zeigen sich auch Vorstellungen und Konflikte bezüglich der Verteilung von Rollen, Macht und Aufgaben zwischen den Geschlechtern. So musste sich das deutsche Familienrecht, ebenso wie in Korea, den sich rasant ändernden gesellschaftlichen Vorstellungen anpassen. Dementsprechend ist seine Änderungsgeschichte auch die Geschichte desVerhältnisses der Geschlechter und der Demokratisierung in der Familie.

Der Begriff Familienrecht wird in vorliegender Arbeit im engeren Sinne verwendet. Es umfasst die klassische Materie Eheschließung/Scheidung/Kindschaft, wogegen Familienrecht im weiteren Sinne auch sozialrechtliche und steuerrechtliche Bestimmungen enthalten kann. Letztere sind nicht Gegenstand dieser Arbeit, ebensowenig das Erbrecht. Im Wesentlichen wird das Vierte Buch des BGB behandelt.

### 3.4.2 Familienrecht von der Kodifikation des BGB bis Ende des zweiten Weltkrieges[430]

Das deutsche Familienrecht wurde erstmals als eigenständiges Rechtsgebiet zum 1. Januar 1900 im BGB erfasst. Um Ehe und Familie hatte sich der Staat erst seit kurzem zu kümmern begonnen. Mit den Stein-/Hardenbergschen Reformen übernahmen der preußische Staat und damit in Folge auch das zweite deutsche

---

430 Zum genauen Überblick siehe MüKo BGB 2012, 11–12 (Rn. 20–25), 20–22 (Rn. 64–81).

Reich zunächst die formalrechtlichen ‚Umstände' wie Geburten-, Ehe- und Todesfallregistrierung, welche bislang nur über die Kirchenbücher erfolgten. Man schuf ein staatliches Standesregister. In der weiteren Folge wurde auch das Bedürfnis erkennbar, das materielle Ehe- und Familienrecht nicht ausschließlich dem Kirchenrecht zu überlassen, sondern staatliche Regelungen zu schaffen. Dieses Bestreben ging Ende des 19. Jh. einher mit den Überlegungen zur Vereinheitlichung und Vervollständigung des gesamten Zivilrechts, das aus der Zeit vor dem Reichszusammenschluss her noch ein regelrechter Flickenteppich war.[431] Alle diese Bestrebungen mündeten in einem ‚großartigen' Gesamtregelwerk ähnlich dem *Code civil*, nur noch moderner, aber auch sehr zeitlos. Dennoch ist nicht zu verkennen, dass das BGB – in einer politisch und gesellschaftlich relativ stabilen Periode entstanden – den Interessen des wirtschaftlich liberalen, aber konservativen Großbürgertums entsprach.[432] Nach RADBRUCH ist das BGB „mehr Endprodukt des 19. als Auftakt des 20. Jahrhunderts".[433] Die wirtschaftlichen und sozialen Veränderungen in dieser Zeit spiegeln sich insbesondere im vierten Buch Familienrecht des BGB wider.

Der immer noch konservative Charakter dieses Familienrechts wird in seinen wesentlichen Regelungen deutlich, in denen damalige Verhältnisse und christliche Moral im patriarchalischen Familienmodell und eine strikte Rollenteilung zwischen Mann und Frau zum Ausdruck kommen: So stand dem Ehemann in allen ehelichen Angelegenheiten die Entscheidung zu (§1354 BGB a.F.). Ihm war die gesamte elterliche Gewalt übertragen, während die Frau nur für die Personenfürsorge für das Kind und das Hauswesen zuständig war. Er war auch Verwalter und Nutznießer des Vermögens seiner Frau. Die Scheidung war grundsätzlich nur wegen schwerem Verschulden eines Ehegatten oder Geisteskrankheit zulässig. Die unehelichen Kinder galten mit ihrem Vater nicht als verwandt.[434]

Die obligatorische Zivilehe in heutiger Form, die Eheschließung vor einem Standesbeamten als einzig rechtsgültige Form war in den deutschen Reichsländern zu unterschiedlichen Zeiten eingeführt worden. Erst durch das Personenstandsgesetz von 1875[435] war die standesamtliche Heirat im gesamten Deutschen Reich verbindliche Eheschließungsform geworden.[436] Die entsprechenden Bestimmungen wurden ins BGB von 1900 übernommen. 1938 wurden sie wieder zu einem eigenen Ehegesetz[437]

---

431 Siehe auch FRANK 2000, 401. Einen Überblick bieten SCHWAB 1993, 7–31; FRANK 2000.

432 Siehe ZWEIGERT/KÖTZ 1996, 142.

433 Zitiert nach ZWEIGERT/KÖTZ 1996, 142.

434 Zu dem patriarchalischen Charakter siehe ZWEIGERT/KÖTZ 1996, 150–151.

435 Gesetz über die Beurkundung des Personenstandes und die Eheschließung vom 06.02.1875 (Nr. 106), Deutsches Reichsgesetzblatt (RGBl.) Band 1875, Nr. 4, 23–40.

436 § 24 dieses Gesetzes lautete: „Innerhalb des Gebietes des Deutschen Reichs kann eine Ehe rechtsgültig nur vor dem Standesbeamten geschlossen werden".

437 Gesetz zur Vereinheitlichung des Rechts der Eheschließung und der Ehescheidung im Lande Österreich und im übrigen Reichsgebiet vom 06. 07. 1938, RGBl. Teil 1, 807–822. Innovativ ist, dass die Ehezerrüttung bei mindestens dreijährigem

herausgelöst, das 1946 durch ein Kontrollratsgesetz[438] abgelöst wurde. In der DDR brachte die Verordnung über Eheschließung und Eheauflösung vom 24. 11. 1955 (GBl. DDR I 1955, S. 849) für deren Rechtsbereich eine wesentliche Änderung.[439]

### 3.4.3 Gleichberechtigung nach dem Grundgesetz und die Rolle des BVerfG bei deren Umsetzung

Die Entwicklung des deutschen Familienrechts nach dem 2. Weltkrieg wurde zwar durch das Grundgesetz[440] vorgegeben. Die Umsetzung ist jedoch weitgehend dem BVerfG zu verdanken. Die Politik hat sie jedenfalls lange Zeit nicht vorangetrieben, sondern – ähnlich wie in Korea – sich ausgesprochen passiv bzw. hinhaltend verhalten. Mit dem 1953 gegründeten Familienministerium setzte eine Restauration patriarchalischer Verhältnisse ein. Der damalige Minister WUERMELING propagierte ein Familienideal, das durchaus dem der Kaiserzeit entsprach; er verwies Frauen auf ihren Platz im Haus und bewertete ihre Rolle als Mutter ungleich höher als die Berufstätigkeit.[441] Obwohl im Grundgesetz der Gleichheitsgrundsatz festgeschrieben worden war, gab es weiterhin Gesetze, die diesem widersprachen. Der Ehemann hatte laut BGB das alleinige Entscheidungsrecht „in allen das gemeinschaftliche eheliche Leben betreffenden Angelegenheiten,[442] und dem Vater stand das letzte

---

Getrenntleben ein Scheidungsgrund wurde (§48 EheG). Auch wurden Fortpflanzungsverweigerung bzw. Unfruchtbarkeit als Scheidungsgründe aufgenommen (§§ 48, 53 EheG), typisch nationalsozialistisches Gedankengut. Zwar wurde es nach Ende der NS-Herrschaft mehrfach verändert, aber endgültig aufgehoben erst am 1. Juli 1998.

438 Kontrollratsgesetz Nr. 16, Ehegesetz vom 20. 02. 1946.

439 Die DDR besaß mit dem Zivilgesetzbuch von 1976 zuletzt eine moderne Kodifikation. Nach ZWEIGERT/KÖTZ (1996, 152) zeichnete sich das ZGB durch allgemein verständliche Sprache und durch viele vernünftige Bestimmungen insb. im Familienrecht aus.

440 Genaueres siehe MüKo BGB 2013, 39–52, Rn. 197–271.

441 „Diese Gabe und Aufgabe der Selbsthingabe und Selbstverleugnung um höchster Ziele willen ist es auch, die die Mutter zur verständnisvollen Lebensbegleiterin des Mannes und Vaters und zum Herzen der Familie werden läßt“ F.-J. WUERMELING, Mutter sein in dieser Zeit, in: Familie – Gabe und Aufgabe, Köln 1963, 30, zitiert nach DELILLE/GROHN 1985, 67.

442 Als Gehorsamsparagraph wurde § 1354 des BGB in der Fassung vor dem 18. Juni 1957 bezeichnet. Er war 1900 mit dem Bürgerlichen Gesetzbuch in Kraft getreten und lautete:„Dem Manne steht die Entscheidung in allen das gemeinschaftliche eheliche Leben betreffenden Angelegenheiten zu; er bestimmt insbesondere Wohnort und Wohnung. Die Frau ist nicht verpflichtet, der Entscheidung des Mannes Folge zu leisten, wenn sich die Entscheidung als Mißbrauch seines Rechts darstellt.“
Da das 1949 geschaffene GG in Artikel 3, Absatz 2 die Gleichberechtigung von Mann und Frau festlegte, war auch eine Änderung des BGB und vor allem des Gehorsamsparagraphen notwendig geworden. Für die erforderlichen Reformen

Wort in strittigen Erziehungsfragen zu. Die Witwe verlor die elterliche Gewalt, wenn sie wieder heiratete (§ 1697 BGB a. F.).

Nach Art. 6 GG stehen Ehe und Familie unter dem besonderen Schutz der staatlichen Ordnung. Pflege und Erziehung der Kinder sind das natürliche Recht der Eltern und die zuvörderst ihnen obliegende Pflicht. Über ihre Betätigung wacht die staatliche Gemeinschaft. Jede Mutter hat Anspruch auf den Schutz und die Fürsorge der Gemeinschaft. Den nichtehelichen Kindern sind durch die Gesetzgebung die gleichen Bedingungen für ihre leibliche und seelische Entwicklung und ihre Stellung in der Gesellschaft zu schaffen wie den ehelichen Kindern.

Art. 3 Abs. 2 GG bestimmt, dass Männer und Frauen gleichberechtigt sind. Bei der Verabschiedung des Grundgesetzes im Jahre 1949 war sich der Verfassungsgeber im Klaren darüber, dass zahlreiche Regelungen des BGB mit dem Gleichheitsgrundsatz nicht vereinbar waren,[443] deshalb ordnete Art. 117 Abs. 1 GG an, dass der Gesetzgeber bis spätestens 31. März 1953 alles gleichberechtigungswidrige Recht durch verfassungskonforme Regelungen zu ersetzen habe. Der Gesetzgeber kam dem – wie bereits gesagt – nicht nach. Erst mit vier Jahren Verspätung und nach entsprechenden Entscheidungen des BVerfG (siehe unten) wurde am 18. Juni 1957 das sog. Gleichberechtigungsgesetz[444] verabschiedet. Es trat am 01. Juli 1958 in Kraft. Es war nicht mehr und nicht weniger als ein erster Schritt, um dem Gebot der Gleichstellung von Frau und Mann im Familienrecht nachzukommen.[445]

Frauen wurde jetzt das Recht auf Erwerbstätigkeit zugestanden, ‚soweit das mit ihren Pflichten in Ehe und Familie vereinbar ist.“[446] Auch hierbei war die Frau abhängig von der Zustimmung des Ehemannes. Erst 1977 wurde die sogenannte ‚Hausfrauenehe‘ als gesetzliche Norm abgeschafft. Bedeutsam ist auch die Einführung der Zugewinngemeinschaft als gesetzlicher Güterstand anstatt der Verwaltung und Nutznießung durch den Mann.

Die elterliche Gewalt,[447] die zuvor nur der Vater hatte, hatten nach dem neuen § 1627 zwar beide Eltern inne, bei Meinungsverschiedenheiten sollten sie sich einigen. Der geänderte § 1628 bestimmte aber: „Können sich die Eltern nicht einigen, so entscheidet der Vater; er hat auf die Auffassung der Mutter Rücksicht zu nehmen.“[448]

---

setzte Art. 117 GG eine Frist bis zum 31. März 1953. Diese verstrich jedoch, ohne dass sich irgendetwas am geltenden Recht änderte. Nach langem Ringen zwischen den Parteien wurde § 1354 schließlich am 18. Juni 1957 ersatzlos gestrichen.

443 Siehe Frank 2004, 419; Zweigert/Kötz 1996, 150.

444 Gesetz über die Gleichberechtigung von Mann und Frau auf dem Gebiete des Bürgerlichen Rechts (Gleichberechtigungsgesetz – GleichberG) vom 18.06.1957. BGBl. Teil I, 1957, Nr. 26, 609–640.

445 Frank 2004, 419.

446 § 1356 BGB a. F.

447 Seit 1979 heißt es elterliche Sorge.

448 Das BVerfG erklärte 1959 diese Norm für verfassungswidrig (BVerfGE 10, 59 = NJW 1959, 1483). Falls es nicht zur Einigung komme, sollte das Vormundschaftsgericht entscheiden (vgl. den Gesetzestext von 1979; dieser ist auch im Hinblick

Eine weitere umstrittene Bestimmung war, dass die Vertretung des Kindes nach außen dem Vater allein zustand.[449] Viele weitere Regelungen wurden damals noch als mit dem Gleichberechtigungsgrundsatz vereinbar angesehen.[450]

Das BVerfG hat auch andere Regelungen wegen der Verletzung des Gleichheitsgebots für verfassungswidrig erklärt. Da die im GG zu ihrer Änderung vorgegebene Frist (siehe oben) längst verstrichen war, hat das BVerfG sie dann sogar für nichtig erklärt. Insbesondere § 1628 BGB und § 1629 Abs. 1 BGB wurden am 29. Juli 1959 für nichtig erklärt.[451] Dadurch enstand ein teilweises Gesetzes-Vakuum, zu dessen Ausfüllung durch Neuregelungen sich der Gesetzgeber jetzt endlich gezwungen sah.

Die Familienpolitik der CDU-geführten Regierung war ganz auf Stärkung der Institution Ehe ausgerichtet. Die Scheidungsrechtsprechung orientierte sich an christlichen Vorstellungen von der Unauflöslichkeit der Ehe und entsprechenden moralischen Gepflogenheiten. Uneheliche Kinder wurden erst 1969 rechtlich (einigermaßen) gleich gestellt und dies auch nur aufgrund einer Entscheidung des BVerfG, was wieder einmal dessen Einfluss auf die Entwicklung des Familienrechts zeigt. In seinem Beschluss vom 29. Januar 1969 setzte es dem Gesetzgeber eine Frist bis zum Ende der Legislaturperiode im Sommer 1969 zur Reform des Nichtehelichenrechts.[452] Der Gesetzgeber fügte sich diesem Verdikt und verabschiedete noch im Jahr 1969 das Nichtehelichengesetz,[453] mit dem nichtehelichen Kindern gleiche Entwicklungsbedingungen und Stellung in der Gesellschaft wie ehelichen Kindern verschafft werden sollten. Die seit 1900 gültige Regelung des BGB, wonach ein uneheliches Kind und dessen Vater als nicht verwandt galten,[454] wurde gestrichen. Biologische und rechtliche Verwandtschaft zwischen nichtehelichem Kind und Vater kamen endlich in Einklang.[455]

---

auf den Rechtsbegriff interessant, da hier der Begriff der elterlichen Sorge an Stelle des Begriffs der elterlichen Gewalt benutzt wurde). Die seit 1997 geltende Fassung des § 1628 hat statt des Vormundschaftsgerichts das Familiengericht eingeführt, das im Streitfall auf Antrag eines Elternteils entscheidet.

449 § 1629 Abs. 1 BGB.

450 Frank 2004, 419–420.

451 BVerfGE 10, 59 – elterliche Gewalt. Die Entscheidungsformel lautet: § 1628 und § 1629 Absatz 1 BGB in der Fassung des Gleichberechtigungsgesetzes vom 18. Juni 1957 (BGBl. I S. 609) sind nichtig.

452 BVerfGE 25, 167.

453 Gesetz über die rechtliche Stellung der nicht ehelichen Kinder vom 19. August 1969 (kurz: NEhelG, BGBl 1, S. 1243).

454 § 1589 Abs. 2 BGB a. F. lautete wörtlich: „Ein uneheliches Kind und dessen Vater gelten nicht als verwandt."

455 Der Verwandtschaftsbegriff in BGB und StGB waren bis dahin auch verschieden. So hat man sexuelle Beziehungen zwischen dem im Sinne des BGB nicht verwandten unehelichen Kind und dessen Vater als Blutschande bestraft. Hier wird wieder einmal deutlich, dass es die universell für alle Rechtsgebiete geltende Rechtssprache nicht gibt (siehe auch Engisch „über Sinn und Struktur des

Aus diesem neuen Verwandtschaftverhältnis heraus wurde auch eine Änderung des Erbrechts notwendig. Zwar konnte sich der Gesetzgeber zu einer völligen Gleichstellung ehelicher und nichtehelicher Kinder im Erbrecht noch nicht durchringen, er beseitigte aber zumindest die finanzielle Benachteiligung des nichtehelichen Kindes durch die Einführung eines Erbersatzanspruchs. Auch die überkommene Institution des Familienrates (§§ 1858–1881 BGB a.F.) wurde durch das Nichtehelichengesetz ersatzlos abgeschafft.

Aus terminologischer Sicht ist interessant, dass der Begriff ‚unehelich' durch ‚nichtehelich' ersetzt wurde.

### 3.4.4 Die Eherechtsreform 1977

In der Zeit des gesellschaftlichen Umbruchs insb. zu Beginn der siebziger Jahre und der neuen Frauenbewegung lehnte man die überkommene Familienform ab und forderte gesellschaftliche Voraussetzungen, die es jeder Frau ermöglichen sollten, einer Berufstätigkeit nachzugehen, ausreichend Kindergartenplätze und gleichen Lohn für Frauen wie für Männer. Man kämpfte für die Abschaffung des § 218 StGB (Abtreibung), für gleichberechtigte Partnerschaft und volle Mitverantwortung der Männer bei Hausarbeit und Kindererziehung.

Am 1. Juli 1977 trat das sog. 1. Eherechtsreformgesetz[456] in Kraft. Wichtigste Neuerung war, dass ein neues Scheidungsrecht auf der Grundlage des Zerrüttungsprinzips eingeführt wurde. Wenn die eheliche Lebensgemeinschaft der Eheleute nicht mehr besteht und ihre Wiederherstellung nicht zu erwarten ist, d.h. wenn sie gescheitert ist (§ 1565 BGB), kann eine Ehe geschieden werden, ohne dass einer der Ehepartner die Schuld am Scheitern der Ehe auf sich nehmen muss. Die Schuldparagraphen 42 („Ehebruch") und 43 („ehewidriges Verhalten") des Ehegesetzes wurden abgeschafft.[457] Damit endete in Deutschland auch die lange Geschichte der Kriminalisierung von außerehelichen Liebesbeziehungen. Nachdem die Strafbarkeit des Ehebruchs nach § 172 StGB im Jahre 1969 beseitigt worden war, wurde nun auch von zivilrechtlicher Seite eine außereheliche Sexualbeziehung nicht mehr rechtlich sanktioniert. Auch entfiel die Benachteiligung des wegen Ehebruchs ‚schuldig' geschiedenen Partners. Vor 1977 hatte dieser weder einen Anspruch auf Unterhalt gegen seinen geschiedenen Ehegatten noch auf das Sorgerecht für gemeinsame Kinder gehabt. Mit der Einführung des Zer-

Rechtssatzes", 1968, 12–13). Solche unterschiedliche Bedeutungen können auch mit einer Gesetzesänderung entstehen oder entfallen wie hier.Siehe

456 Erstes Gesetz zur Reform des Ehe- und Familienrechts (1. EheRG) vom 14. Juni 1976, BGBl. Teil I, 1421 ff.

457 Im Jahre 1900 war mit dem BGB ein einheitliches deutsches Scheidungsrecht in Kraft getreten. Als Scheidungsgründe galten Ehebruch (§ 1565 BGB), Lebensnachstellung (§ 1566 BGB), böswilliges Verlassen (§ 1567 BGB), schuldhafte Zerrüttung der Ehe durch schwere Pflichtverletzung oder unsittliches Verhalten (§ 1586 BGB) sowie Geisteskrankheit (§1569 BGB).

rüttungsprinzips sind Unterhaltsanspruch und Sorgerecht unabhängig von der Schuldfrage geregelt.

Eine wesentliche Neuerung war auch die Einführung des Versorgungsausgleichs. Die damalige ‚Hausfrauenehe' ermöglichte Männern auch noch nach schuldiger Scheidung einen gesicherten Lebensunterhalt, während die alleinige Schuldzuweisung für eine Frau den Verlust ihrer gesamten materiellen Lebensgrundlage bedeuten konnte.[458] Mit der Einführung des Versorgungsausgleichs wurde diese sozial-strukturelle Benachteiligung beseitigt.

Mit dem 1. EheRG sind wegen der Eigenart der familienrechtlichen Konflikte besondere Gerichte eingeführt worden, die auf „Familiensachen" spezialisiert sind. Diese Familiengerichte wurden als Abteilungen für Familiensachen bei den Amtsgerichten gebildet (§ 23 b I, § 23 a I Nr. 1 GVG). Die Scheidung erfolgt wie bis hahin durch Urteil, jedoch nicht mehr durch eine Klage, sondern durch einen Antrag eingeleitet (§ 1564 BGB).

Bis 1976 wurde bei der Eheschließung immer und ausnahmslos der Mannesname gemeinsamer Familienname der Eheleute. Jetzt wurde die Möglichkeit eingeführt, zwischen dem Geburtsnamen des Mannes und dem der Frau zu wählen. Vom 1. April 1994 an wurden den Eheleuten noch weitere Möglichkeiten eingeräumt, so den bisher geführten Namen auch nach der Eheschließung beizubehalten, also gar keinen gemeinsamen Familiennamen zu führen, oder den ‚eigenen' Namen an den gemeinsamen anzuhängen.[459]

### 3.4.5 Weitere Reformen des Familienrechts

Hauptsächliche Leitgedanken aller Reformen waren die Herstellung der Gleichberechtigung der Geschlechter sowie die Stärkung der Rechte und Interessen der Kinder. Aber auch in der Änderung der Sprachverwendung kann man die Veränderungen in den sozialen Anschauungen ablesen. So wurde z. B. 1979 mit dem Sorgerechtsgesetz[460] der Begriff ‚elterliche Gewalt' durch ‚elterliche Sorge' ersetzt.

Am 1. Januar 1992 trat das Betreuungsgesetz[461] in Kraft. Dadurch wurden die Entmündigung, die Gebrechlichkeitspflegschaft und die Vormundschaft für Volljäh-

458 Das BGB von 1900 hatte die formale Unterscheidung des weiblichen und des männlichen Ehebruchs aufgehoben und Ehebruch generell als Scheidungsgrund festgeschrieben. Der ‚unschuldig' geschiedene Teil konnte danach beantragen, dass der ehebrüchige Partner und dessen Sexualpartner bestraft wurden. Dem ‚schuldig' geschiedenen ehebrüchigen Partner war außerdem die Eheschließung mit der Person, mit der der Ehebruch begangen worden war, verboten.

459 Gesetz zur Neuordnung des Familiennamenrechts (Familiennamenrechtsgesetz-FamNamRG) vom 16. Dezember 1993, BGBl. Teil I, 1993, 2054–2058.

460 Gesetz zur Neuregelung des Rechts der elterlichen Sorge (SorgeRG) vom 18. Juli 1979 (BGBl. I S. 1061).

461 Gesetz zur Reform des Rechts der Vormundschaft und Pflegschaft für Volljährige (Betreuungsgesetz, BtG) vom 12. 9. 1990, BGBl Teil 1 1990, Nr. 48, 2002–2027.

rige durch die Betreuung ersetzt.[462] Hierdurch wurde die Rechtsstellung behinderter oder psychisch kranker Menschen gestärkt. Nicht nur materiellrechtlich, sondern auch aus rechtsterminologischer Sicht ist dies interessant: Das Rechtsinstitut Entmündigung wurde abgeschafft. Stattdessen wurde die Betreuung eingeführt. Diese Ersetzung war folgerichtig, da der frühere Terminus „nach modernem Sprachgefühl an die negativ empfundene Bevormundung" erinnerte.[463]

Mit dem am 1. Juli 1998 in Kraft getretenen Kindschaftsrechtsreformgesetz und dem Erbrechtsgleichstellungsgesetz[464] wurde ein einheitliches Kindschaftsrecht für eheliche und nichteheliche Kinder geschaffen. Die sog. Legitimation von zunächst außerehelichen Kindern ist damit auch entfallen. Auch die leidige Frage, wieweit der uneheliche Vater oder der geschiedene Elternteil sein Kind sehen darf, wurde dahin gelöst, dass jeder Elternteil zum Umgang mit dem Kind verpflichtet und berechtigt ist (§ 1684 I Halbs. 2). Das Umgangsrecht ist aber nicht mehr nur ein Recht der Eltern, sondern auch des Kindes. Früher war das nichteheliche Kind nicht einmal mit seinem leiblichen Vater verwandt (§ 1589 II a.F.), geschweige denn erbberechtigt; es hatte nur einen Unterhaltsanspruch (§ 1708 a.F.). Heute kann man sagen, dass es rechtlich keine Unterschiede zwischen nichtehelichen und ehelichen Kindern mehr gibt. Auch diese Reform ist in terminologischer Hinsicht interessant. An Stelle der Bezeichnung „nichtehelich" trat „Kind, dessen Eltern bei Geburt des Kindes nicht miteinander verheiratet sind".[465]

Ebenfalls 1998 trat das Eheschließungsgesetz in Kraft,[466] mit dem das Ehegesetz von 1938 aufgehoben und ein stark verändertes neues Eheschließungsrecht geschaffen wurde, insb. erfolgten: Abschaffung des Aufgebots (§ 12 Abs. 1 EheG), Abschaffung der Wartezeit (§8 EheG), Abschaffung des Eheverbots zwischen Verschwägerten in gerader Linie, Neuregelung für die Voraussetzung der Ehe von Minderjährigen, Einführung des Verbots der Scheinehe, Neuregelung der Wirkung fehlerhafter Ehen. Die bisherige Unterscheidung in Aufhebung (mit Wirkung *ex nunc*) und Nichtigkeit der Ehe (mit Wirkung *ex tunc*) wurde beseitigt. Es gibt nur noch fehlerhafte Ehen. Diese sind wie schon die Doppelehe nach dem bisherigen

---

462 Der Begriff ,Vormundschaft' wird damit nur auf die Sorge für Minderjärige beschränkt (§ 1773 Abs. 1 BGB: Ein Minderjähriger erhält einen Vormund, wenn er nicht unter elterlicher Sorge steht oder wenn die Eltern weder in den die Person noch in den das Vermögen betreffenden Angelegenheiten zur Vertretung des Minderjährigen berechtigt sind).

463 Haibach 1991, 2.

464 Gesetz zur Reform des Kindschaftsrechts (Kindschaftsrechtsreformgesetz – KindRG) vom 16.12.1997, BGBl Teil 1 1997, 2942–2967; Gesetz zur erbrechtlichen Gleichstellung nichtehelicher Kinder (Erbrechtsgleichstellungsgesetz – ErbGleichG) vom 16.12.1997, BGBl. Teil I. 1997, 2968–2969.

465 Siehe auch § 1626a Abs 1 BGB „Sind die Eltern bei der Geburt des Kindes nicht miteinander verheiratet, [...]". Zu Auseinandersetzungen um diesen Begriff siehe Haibach, 1991, 214–223.

466 Gesetz zur Neuordnung des Eheschließungsrechts (Eheschließungsgesetz – EheschlRG) vom 04. Mai 1998 (BGBl. I. S. 833), am 01. Juli 1998 in Kraft getreten.

Recht nur aufhebbar. Allerdings ist zu beachten, dass z.B. eine sog. ‚Homo-Ehe' eine Nichtehe (matrimonoum non existens) darstellt. Eine solche besteht rechtlich überhaupt nicht, auch wenn sie formal scheinbar geschlossen wurde.

Auch 2008 war bezüglich des Familienrechts ein bedeutendes Jahr. Das Gesetz zur Reform des Verfahrens in Familiensachen und in Angelegenheiten der freiwilligen Gerichtsbarkeit (FamFG) vom 17. Dezember 2008[467] war dabei das Herzstück. Die Zuständigkeit der Familiengerichte und deren Verfahren wurden grundlegend neu gestaltet. Das FamFG regelt außer den Familiensachen auch die Verfahren im klassischen Bereich der freiwilligen Gerichtsbarkeit und ersetzt das FGG von 1898. Der Begriff ‚Familiensachen' ist durch das FamFG stark ausgeweitet worden. Die bisher neben den Familiengerichten bestehenden Vormundschaftsgerichte wurden abgeschafft. Deren Zuständigkeit ist teils den Familiengerichten zugeschlagen worden, teils – soweit es sich um Angelegenheiten von volljährigen Personen handelt – den neu geschaffenen Betreuungsgerichten (§ 23 a II Nr. 1, § 23 c GVG). Auch das Verfahren wurde neu gestaltet. Davon ist auch die Rechtsterminologie betroffen: Alle Familiensachen werden nunmehr durch Beschluss entschieden, auch die Ehe wird nicht mehr wie vordem durch Urteil geschieden. Die Verfahren werden einheitlich durch Antrag eingeleitet: man ‚klagt', nicht mehr auf Unterhalt, sondern stellt einen entsprechenden Antrag. Rechtsmittel sind einheitlich ‚Beschwerde' und ‚Rechtsbeschwerde' (nicht mehr Berufung und Revision).

2009 folgten noch das Gesetz zur Strukturreform des Versorgungsausgleichs (3. April) 2009, sowie zur Änderung des Zugewinnausgleichs- und Vormundschaftsrechts (6. Juli).

## 3.4.6 Andere Formen des Zusammenlebens

### *3.4.6.1 Lebenspartnerschaft*

Unter einer ‚klassischen Ehe' versteht man eine auf Dauer gerichtete Lebensgemeinschaft zwischen Mann und Frau mit vorgegebenen Rechtsbeziehungen.[468] In Deutschland gibt es die Zivilehe mit dem rechtsverbindlichen gegenseitigen Versprechen vor dem Standesbeamten (früher oder in anderen Rechtskreisen in der Kirche oder mit einer ähnlichen Zeremonie), dauerhaft miteinander leben und füreinander sorgen zu wollen. Die inhaltliche Ausgestaltung ihrer Ehe bleibt weitgehend der Entscheidung der Eheleute überlassen.

Mit dem Lebenspartnerschaftsgesetz[469] von 2001 wurde ein neues eheähnliches Rechtsinstitut für Personen gleichen Geschlechts eingeführt (sog. Homo-Ehe). Die-

467 In Kraft getreten am 1.9.2009.

468 Zur Definition der Ehe siehe Zuck 2009, 1450–1451. Auch BVerfGE 10, 59.

469 Gesetz über die Eingetragene Lebenspartnerschaft (Lebenspartnerschaftsgesetz – LPartG), verkündet als Art. 1 Gesetz zur Beendigung der Diskriminierung gleichgeschlechtlicher Gemeinschaften (Lebenspartnerschaften) vom 16.2.2001 (BGBl. I S. 266), in Kraft getreten am 1. August 2001.

se eingetragene Partnerschaft ist nur für gleichgeschlechtliche Paare offen. Das Gesetz nennt sie zwar nicht Ehe, aber inhaltlich sind die Rechtswirkungen einer Lebenspartnerschaft denen einer Ehe nachgebildet: Sie können einen gemeinsamen Namen wählen und sind verpflichtet zu gegenseitiger Fürsorge und Unterhalt. Die Lebenspartnerschaft kann nur durch gerichtliche Entscheidung aufgehoben werden. Das BVerfG hat festgestellt, Art. 6 Abs. 1 GG stelle zwar die Ehe unter den besonderen Schutz des Staates, verbiete aber nicht, auch andere Verbindungen rechtlich zu schützen; es sieht in diesem Gesetz keinen Verstoß gegen Art. 6.[470] Offen blieb die Frage, ob andererseits die Lebenspartnerschaft der Ehe völlig gleichgestellt sein muss oder ob der Gesetzgeber zwischen den Rechtsinstituten differenzieren darf.

Am 19. Februar 2013 hat das Bundesverfassungsgericht in seiner Entscheidung über die sogenannte Sukzessivadoption bei ‚Homo-Ehen' einen weiteren Teilaspekt behandelt.[471] Nach bisheriger Regelung war die Adoption des vom eingetragenen Lebenspartner angenommenen Kindes (sogenannte ‚Sukzessivadoption') nicht möglich, während die Adoption des leiblichen Kindes des eingetragenen Lebenspartners (sogenannte Stiefkindadoption, § 9 Abs. 7 LPartG) möglich war. Für Ehegatten sind sowohl die Stiefkindadoption als auch die Sukzessivadoption möglich. Der Erste Senat hat entschieden, dass die Nichtzulassung der sukzessiven Adoption sowohl die betroffenen Kinder als auch die betroffenen Lebenspartner in ihrem Recht auf Gleichbehandlung (Art. 3 Abs. 1 GG) verletze.

### *3.4.6.2 Nichteheliche Lebensgemeinschaft*

Auch nichteheliche Lebensgemeinschaften wurden mittlerweile im deutschen Rechtssystem zur Kenntnis genommen. Insb. im Sozialrecht sind Rechtsfolgen daran geknüpft. Ehe und nichteheliche Lebensgemeinschaft als solche sind aber rechtlich keinesfalls gleichgestellt. Das nichteheliche Zusammenleben begründet keine wechselseitigen Rechte und Pflichten wie die Ehe. Anderes gilt nur, wenn sich zur nichtehelichen Lebensgemeinschaft ein Kind gesellt und damit aus ihr eine Familie entsteht. Als Familie genießen auch unverheiratete Eltern mit ihren Kindern den Schutz der deutschen Verfassung. Das in Art. 6 II GG verbürgte Elternrecht weist ihnen ebenso wie verheirateten Eltern Verantwortung für ihre Kinder zu, denen wiederum gleiche Rechte zuerkannt werden, ob sie nun ehelich oder nichtehelich geboren sind (siehe oben). Aus diesem Grund hat das BVerfG den Gesetzgeber vor kurzem angehalten, die Dauer des Betreuungsunterhalts für eheliche wie nichteheliche Kinder gleich auszugestalten.[472]

---

470 BVerfGE 105, 313, FamRZ 2002, 1169.

471 BVerfG, 1 BvL 1/11 vom 19.2.2013, Absatz-Nr. (1–110). Die Entscheidung ist unter http://www.bverfg.de/entscheidungen/ls20130219_1bvl001111.html abrufbar (Zuletzt abgerufen am 23. Juni 2014), auch JZ 9/2013, 460–468.

472 BVerfG, 1 BvL 9/04 vom 28.2.2007, Absatz-Nr. (1–78), die Entscheidung ist unter: http://www.bverfg.de/entscheidungen/rs20070228_1bvl000904.html abrufbar (Zuletzt abgerufen am 23. Juni 2014).

Festzuhalten bleibt: Die Ehe ist ein Rechtsinstitut, das gesetzlich vollständig ausgestaltet und ‚durchgeregelt' ist. Eine nichteheliche Lebensgemeinschaft findet sich dagegen als Institut nicht im deutschen Rechtssystem. Die Partner unterliegen nur in bestimmten Situationen besonderen gesetzlichen Regelungen und müssen ihr Zusammenleben und etwaige Rechtsfolgen ansonsten durch individuelle Vereinbarungen mit Hilfe anderer Rechtsinstitute aus Vertrags- und sonstigem Schuldrecht, Erbrecht usw. selbst gestalten. Allerdings werden inzwischen sogar die bislang nur Eheleuten zugestandenen Vorteile, insbesondere im Steuerrecht, in Frage gestellt.

## 3.5 Zwischenergebnis

### 3.5.1 Gemeinsamkeiten und Unterschiede in den Entwicklungstendenzen von Ehe- und Familienrecht in Korea und Deutschland

Das koreanische Ehe- und Familienrecht hat in den letzten 100 Jahren einen grundlegenden Wandel vollzogen. Dieser spiegelt die Entwicklung des Landes vom alten System (oft mit dem konfuzianischen Gedankengut begründet) mit patriarchalisch geprägten Familienstrukturen hin zur hochindustriellen weltoffenen Wirtschaftsmacht mit dementsprechend von Toleranz geprägten gesellschaftlichen Strukturen wider. Der mit der Industrialisierung und der damit einhergehenden Öffnung von Politik, Wirtschaft und Gesellschaft verbundene Wandel ist aber noch lange nicht beendet.

Auch in Deutschland hat sich in Gesellschaft und Recht auf diesem Gebiet in jüngerer Zeit ein erheblicher Wandel gezeigt. Auf Grund sich ändernder Einstellungen, Verhaltensweisen und damit auch Gestaltungen ehelichen Zusammenlebens ist eine nicht endende Reformbedürftigkeit des Familienrechts vorprogrammiert. Das BVerfG hat z. B. immer wieder betont, dass die Ehe von der Verfassung nicht abstrakt geschützt ist, sondern ebenso wie diese den jeweils herrschenden Anschauungen über sie entspricht, die im Recht ihren Ausdruck finden. Die vom Grundgesetz geforderte Gleichberechtigung von Mann und Frau hat mehrfach zu Änderungen im Ehe- und Familienrecht geführt.

Noch lange nicht ausdiskutiert ist die rechtliche Seite von neuen Formen des Zusammenlebens wie bei der Gleichstellung Homosexueller in Fragen von Partnerschaft und Kindesbeziehungen oder einzelne rechtliche Aspekte von Ehe oder anderweitigem Zusammenleben in Steuer- und Sozialrecht. Vor allem die Bedeutung des Gleichstellungsgebots des Art. 3 und der institutionellen Garantie von Ehe und Familie in Art. 6 GG in diesem Zusammenhang ist noch längst nicht vollständig geklärt. Das daraus resultierende Spannungsverhältnis birgt erhebliche Probleme. Fragen der verfassungsrechtlich gebotenen Behandlung der traditionellen Formen des Zusammenlebens auf der einen und ‚neuer' Formen auf der anderen Seite werden nicht so bald aus der gesellschafts- und rechtspolitischen Diskussion verschwinden. Und damit werden auch in Rechtssystem und Rechtsprache weiterhin Anpassungen und Veränderungen erfolgen. Politik, Gesetzgeber, aber sicher auch das BVerfG werden dabei weiterhin gefordert sein.

Früher hat der Ehemann sowohl in Korea als auch in Deutschland das durch die Frau in die Ehe gebrachte Vermögen verwaltet und über dieses verfügt. Heute gelten als gesetzlicher Güterstand in Deutschland die Zugewinngemeinschaft und in Korea Gütertrennung. Er kann aber durch Ehevertrag anders gestaltet werden. Auch in dem durch nationale Traditionen geprägten Namensrecht lässt sich ein Trend feststellen: Mehr und mehr überlässt es der Gesetzgeber den Eheleuten, selbst zu bestimmen, ob sie einen gemeinsamen Familiennamen führen oder ihren bisherigen Namen beibehalten wollen. In Korea, wo es keine gemeinsame Familiennamenstradition gibt, wird allgemein den Eltern die Möglichkeit eingeräumt zu wählen, ob die Kinder den Namen des Ehemannes oder den der Ehefrau tragen sollen. In Deutschland verschwindet der Vorrang des Mannesnamens mehr und mehr. Und in Korea ist mit Rücksicht darauf, dass der Grundsatz der Gleichberechtigung in der Verfassung verankert ist, sicher gestellt, dass auch der Name der Mutter weitergegeben werden kann.

Im koreanischen Familienrecht sind die meisten Vorschriften, deren Verfassungsmäßigkeit für bedenklich gehalten wurde, inzwischen so geändert worden, dass hieran keine Zweifel mehr bestehen. Zwar wird immer noch über die elterliche Gewalt gesprochen und gibt es noch unterschiedliche Behandlung nichtehelicher Kinder, aber die Demokratisierung in der Familie ist nicht mehr aufzuhalten. Vieles spricht dafür, dass sich Koreas Gesetzgebung bezüglich des Kindeswohls ähnlich weiter entwickeln wird wie sie in Deutschland erfolgte.

In beiden Ländern haben die Verfassungsgerichte einen großen Anteil zu dieser Entwicklung beigetragen. Insbesondere die Auseinandersetzungen im Senat des KVerfG sind ein Spiegelbild der – in diesem Falle koreanischen – Gesellschaft. Diese Themen waren nie eine rein juristische Frage, sie wurden auch in der Bevölkerung heftig diskutiert. Aus den Entscheidungen sind die Grundhaltung der Bürger, ihre Einstellung zu der traditionellen, im Falle Koreas ‚konfuzianisch' und patriarchalisch geprägten Haltung abzulesen; es geht um männliche Dominanz oder Gleichberechtigung der Geschlechter und individuelle Freiheit. Auch die Entwicklung der verfassungsgerichtlichen Rechtsprechung in beiden Ländern über die Jahre hin entspricht also der allgemeinen gesellschaftlichen Diskussion und deren Entwicklung. Die Entscheidungen waren und sind von eminenter politischer Bedeutung und Meilensteine auf dem Weg der Anpassung des Rechts und der gesellschaftlichen Anschauungen zur Verfassung.

Das Ehe- und Familienrecht ist insgesamt nichts anderes als ein Spiegel der sozialen Wirklichkeit.[473] Die Tatsache, dass es sich in Deutschland und in Korea – wenn auch mit zeitlicher Verschiebung – weitgehend parallel entwickelt hat, zeigt einen weltweiten Wertewandel – zumindest in den Ländern, die im Bereich von Wirtschaft, Kultur und Gesellschaftspolitik der ‚westlichen' Sphäre zuzurechnen

473 Frank 2004, 432.

oder von dieser beeinflusst sind. Auch das Spannungsverhältnis zwischen konservativer Einstellung und Erhaltung traditioneller Werte einerseits und der Offenheit und Toleranz in allen moralisch-ethischen Fragen und der daraus resultierenden Reformbereitschaft mit einer Freiheitsgarantie für alle Lebensstile auf der anderen Seite werden dabei deutlich. Und es gilt schließlich auch für die Frage, wieweit der Staat Formen des Zusammenlebens fördern (durch Zuschüsse, Steuererleichterungen, rechtliche Absicherungen) oder sich jeglicher Einflussnahme enthalten soll (im Sinne des total laizistischen Staates).

### 3.5.2 Schlussfolgerungen für die Übersetzung

Anzahl und Umfang der Normen nehmen nicht nur auf diesem Rechtsgebiet in beiden Ländern immer mehr zu. Auf jede gesellschaftliche, technische oder sonstige Neuerung muss im Rechtsstaat mit Änderungen oder neuen Regelungen reagiert werden. Man mag diese Normen-Überflutung oder Gesetzesschwemme noch so beklagen, sie erscheint unausweichlich. Und dennoch ändert sich die Gesellschaft schneller als die Normsetzung. Wegen der Rechtssicherheit und aus Gründen der Ökonomie ist es nicht immer möglich, umgehend mit neuen Gesetzen zu reagieren. Wenn dies dennoch geschieht, ändert sich oft auch die Rechtssprache und deren Terminologie, sei es wegen gewandelter gesellschaftlicher Anschauungen oder infolge neuer Technologien, die neue Begriffe erfordern oder selbst schon mit sich bringen. In zunehmendem Maße wird sie auch internationaler und verwirrender. Globalisierung macht auch vor den Rechtssprachen nicht halt.

Die Sprache des Rechts klingt zwar mitunter noch archaisch wie auch das BGB. Aber solche Normen waren in hohem Grade generell-abstrakt und daher sehr flexibel. Sie mussten nicht ständig verändert werden. Auch neue Probleme, Techniken usw. konnten unter ihre Rechtssätze subsumiert werden, wenn man sie entsprechend interpretiert hat. Die Rechtsprechung hat dieses Recht fortgebildet. Allerdings haben sich oftmals Inhalte bzw. Bedeutungen geändert, was auch bei Übersetzungen zu beachten ist.

Von heutigen Normen lässt sich dies nicht mehr sagen. Ihre Termini und ihre Sprache sind ebenso hochspezialisiert, aber auch komplex wie ihre Regelungsgegenstände. Und damit wird die Terminologie immer umfangreicher und differenzierter. Die Rechtssprache entwickelt sich ständig weiter. Übersetzer sehen sich deshalb ständig mit Veränderungen und Neuem konfrontiert. Sie müssen zunehmend aufmerksamer die Rechtsentwicklung der für sie maßgeblichen Rechtssysteme und Rechtssprachen verfolgen und auf diese in ihrem beruflichen Alltag reagieren. Genauso gefordert ist die Wissenschaft. Sie muss systematische Entwicklungen und Veränderungen erfassen und aufarbeiten und die Ergebnisse den Praktikern zur Verfügung stellen. Auch wird mit dieser Entwicklung immer deutlicher: Ein Übersetzer, der sich auf dem Gebiet des Rechts betätigt, wird ohne gründliche Kenntnisse von vergangenem und geltendem Recht und der sich künftig noch häufiger und schneller ändernden Rechtssprachen in beiden von ihm bearbeiteten Systemen keine brauchbaren Ergebnisse mehr liefern können. Und brauchbar sein müssen sie für Wissenschaftler wie Rechtsvergleicher und Sprachwissenschaftler. Brauchbar sein müssen sie für alle in der Rechtspraxis Tätigen, ob bei Gericht, Notariat, in Verwaltung, Wirtschaft oder Anwaltschaft. Die fortschreitende Globalisierung lässt keine andere Wahl. Und dies gilt letztlich für alle Rechtsgebiete, ob Wirtschafts-, Verwaltungs- oder eben Ehe- und Familienrecht.

Nach PAEPCKE ist ohnehin jegliche terminologische Festlegung ein „Akt der Vergewaltigung".[474] Dieser Gedanke sollte vor allem bei der erstmaligen Übersetzung juristischer Begriffe in Fachtermini einer anderen Sprache nicht außer Acht bleiben. Aber auch im Hinblick auf die zuvor beschriebene Entwicklung und deren Folgen ist er bedeutsam. CONSTANTINESCO moniert auch, dass die Rechtsvergleicher allzuoft das Sprachproblem mit Hilfe von vorhandenen Übersetzungen und Wörterbüchern zu umgehen versuchen im Glauben an die Qualität der Übersetzungen. Er belegt aber das Gegenteil, selbst die sog. offiziellen Übersetzungen sind aus verschiedenen Gründen insb. wegen der Komplexität der Materie sehr oft nicht richtig.[475] Beispiele sind in vorliegender Arbeit zur Genüge aufgezeigt.

Auch etablierte Übersetzungen können zu einem grundsätzlichen und kaum lösbaren Problem führen. Aus unterschiedlichen Gründen wie Bequemlichkeit, Unkenntnis, führende Stellung eines Autors oder Werkes/Zeitschrift oder zu langem Gebrauch sind versteckte Fehler manchmal unerkannt geblieben. Selbst offenkundige Fehler werden mitunter ignoriert oder zumindest toleriert. Sie können schwerwiegende Folgen nach sich ziehen, wenn auch vielleicht erst viel später, z.B. bei einer Rechtsänderung in beiden betroffenen Rechtssystemen oder in einem davon. Sie sind spätestens dann nicht mehr problemlos aufzulösen. Empfindliche Folgen sind erhöhter Zeit- und Kostenaufwand, Rechtsunsicherheit, Ärger oder gar eine rechtlich falsche Behandlung mit materiellen und immateriellen Schäden, wie im Fall von Abschnitt 2.5. Auch scheinbar harmlose und zunächst nur latente (weil in der Praxis belanglose) Übersetzungsfehler können durch Gesetzesänderung o. dgl. akut werden wie unter 3.3.7 beschrieben.

474 PAEPCKE 1986, 289.
475 CONSTANTINESCO 1972, 164.

# 4 Recht und Rechtssprache in Korea und Deutschland im Vergleich und die Aufgabe des Übersetzers

## 4.1 Einleitung

Die Tatsache, dass Rechtssprache immer eine an das nationale Recht gekoppelte Sprache war und ist, unterscheidet sie grundlegend von anderen Fachsprachen, insb. naturwissenschaftlicher Disziplinen, deren Gegenstand international ist.[476] Die Probleme bei der Übersetzung juristischer Texte ergeben sich im Wesentlichen aus den jeweiligen Rechtssystemen und den Unterschieden zwischen diesen. Der Inhalt der Rechtsbegriffe richtet sich nach den Definitionen in den nationalen Rechtsordnungen. Ihre richtige Erfassung und Übertragung stellen besondere Anforderungen an die Fachübersetzung.[477]

> Die Bindung an nationale Rechtsordnungen macht – außer im Fall der mehrsprachigen Rechtsordnungen – jeden Vergleich von Rechtssprachen zum Rechtsvergleich, bei dem [...] keine gemeinsame außersprachliche Wirklichkeit als Bezugssystem fungieren kann.[478]

Für die Übersetzung eines Rechtstextes ist unerlässlich, dass der Übersetzer alle wesentlichen juristischen Regelungen hierzu im deutschen und im koreanischen Rechtskreis kennt.[479] Dies wurde in den vorangehenden Kapiteln deutlich. Im folgenden Abschnitt sollen wesentliche Begriffe und Rechtsgrundlagen zum deutschen und koreanischen Familien- und Eherecht im Einzelnen dargestellt werden. Besondere Aufmerksamkeit gilt dabei den Unterschieden, die bei der Übersetzung berücksichtigt werden müssen. Um solche festzustellen, muss ein Vergleich erfolgen. Anders kann keine brauchbare Übersetzung entstehen.

Für das bessere Verständnis der deutschen Leser werden bei der folgenden Vergleichung jeweils die (bekannten) deutschen Rechtsinstitute und Begriffe vorangestellt.

---

476 Siehe Daum 1998, 4.

477 Zum Vergleich juristischer Terminologien siehe Arntz/ Picht/ Mayer 2002, 170.

478 Wiesmann 2004, 20.

479 Zu den wechselseitigen Beziehungen zwischen Rechtsvergleichung und Übersetzung siehe Schmidt-König 2005, 228–230, 232–233; zum diesbezüglich erforderlichen Wissen siehe Šarčević 1997, 121–159 (Kapitel 5 What All Translators Should Know about Legal Texts).

## 4.2 Ziele und Abgrenzung von Rechtsvergleichung

RABEL resümierte das Ziel der Rechtsvergleichung als reine nicht an Zweck gebundene Wissenschaft: „Der Name ihres Ziels heißt einfach: Erkenntnis.“[480] Dies kann natürlich auch für die Übersetzungswissenschaft mit dem Schwerpunkt Recht gelten. Aber für den praktizierenden Übersetzer und seine Arbeit sind konkrete Ziele bzw. Anwendungen bedeutsam. Hierauf wird in der vorliegenden Arbeit der Schwerpunkt gelegt. Hieraus ergeben sich im Rückschluss dann auch Anforderungen an die Wissenschaft.

Auslandsrechtskunde, oft als ‚Länderberichte‘ in Loseblattsammlungen erschienen, ist die Basis für die Rechtsvergleichung. Wichtigste Voraussetzung jeden Vergleichs ist die Kenntnis beider zu vergleichenden Rechte ohne Bewertung und Kritik.[481] Für eine brauchbare Rechtsvergleichung, aber auch juristische Übersetzung erscheint Auslandsrechtskunde allein jedoch nicht ausreichend. Wie schon gesehen und unter Kapitel 5 noch weiter belegt, enthalten Übersetzungen ausländischen Rechts oft fehlerhafte Darstellungen. Blinder Glaube hieran ohne eigene ausreichende Sprachkenntnisse, auch die der Rechtssprachen, führt fast zwangsläufig zu fehlerhaften Erkenntnissen. Auslandsrechtskunde ist also nicht mehr und nicht weniger als eine erste Orientierung wie ein Reiseführer vor der Reise, der hilft, vor Ort rasch und zielsicher zu den eigentlichen und richtigen Erkenntnissen zu gelangen.

Die eigentliche Rechtsvergleichung knüpft an eine gesellschaftliche Fragestellung oder einen Lebenssachverhalt an und vergleicht die Lösungen in den Ländern sowie deren rechtliche Wirkungen miteinander. Je nach Kriterien gibt es unterschiedliche Arten bzw. Herangehensweisen der Rechtsvergleichung. Mikro- und Makrovergleichung sind zwei gebräuchliche Arten.[482] Die Makrovergleichung setzt sich mit den allgemeinen Methoden, Arbeitsweisen und Problemlösungsstrategien einzelner Rechtsordnungen auseinander wie Gesetzgebungstechniken, Kodifikationsstil und Methoden der Gesetzesauslegung. Sie hat die charakteristischen Merkmale der Rechtssysteme zum Gegenstand. Dagegen konzentriert sich die Mikrovergleichung auf den Vergleich konkreter Einzelprobleme und Rechtsinstitute verschiedener Rechtsordnungen.[483] Diese sind jedoch immer in ihrer Einbettung in das gesamte Rechtssystem zu betrachten. Das wiederum lässt sich nur aus der Gesamtheit der Einzellösungen ableiten. Mikrovergleichung ohne

---

480 RABEL 1967, 6.

481 Siehe ZWEIGERT/KÖTZ 1996, 42.

482 Die Definition von Mikro- und Makrovergleichung ist nicht einheitlich. Bei SACCO (2011, 29, 174) findet sich, dass bei der Makrovergleichung die zu verschiedenen Familien gehörenden weiter voneinander entfernten Systeme und bei der Mikrovergleichung die zu derselben Familie gehörenden benachbarten Systeme verglichen werden. Die Begriffe in vorliegender Arbeit werden weitgehend nach ZWEIGERT//KÖTZ 1996 und CONSTANTINESCO 1971, 258–259 gebraucht.

483 Zu Mikro- und Makrovergleichung siehe ZWEIGERT/KÖTZ 1996, 4–5.

Berücksichtigung der Gesamt-Systeme und deren Vergleich ist nicht sinnvoll zu betreiben und *vice versa*.[484] Dies ist nicht nur für Rechtsvergleicher relevant. In den weiteren Darlegungen wird zwar der Fokus auf die konkreten Institute gerichtet, da in erster Linie die Mikrovergleichung zu einer raschen Lösung bei der Übersetzung und der verfeinerten Suche nach äquivalenten Begriffen beiträgt. Jedoch sind Rechtsinstitute und Rechtssätze immer nur im Kontext zu verstehen. Ohne Gesamtüberblick über Systematik und Rechtskultur in beiden Sprachen ist keine zielführende Übersetzung möglich. Deshalb muss beim Einzelvergleich auch immer wieder auf diese in den vorangehenden Kapiteln dargestellten Systeme und deren Unterschiede zurückgegriffen werden.

Ein Vergleich gleichnamiger Rechtsinstitute verschiedener Rechtsordnungen trägt ein hohes Fehlerpotential bei der Übersetzung in sich (sog. ‚*Fauxami*'). Die jeweiligen Rechtssysteme basieren auf unterschiedlichen Konzepten oder behandeln den relevanten Lebens- und damit auch Rechtsbereich systematisch anders.[485] Juristen wie Übersetzer müssen sich bei der Rechtsvergleichung von gleichklingenden Begriffen befreien und in erster Linie zugrunde liegende Sachverhalte bzw. Fragestellungen sowie Regelungsinhalte und -wirkungen herausarbeiten.[486] Wer nicht sowohl die Rechtssprache des AT als auch des ZT beherrscht, sollte in Anbetracht der Komplexität der juristischen Übersetzung und der Folgen eventueller Fehler lieber die Finger davon lassen. SCHWENZER/MÜLLER-CHEN machen dies deutlich:

> Das vorliegende Buch wendet sich an den deutschsprachigen Leserkreis. Aus dem deutschen Rechtskreis werden deshalb jeweils das deutsche, schweizerische und österreichische Recht dargestellt. [...] Auf die Darstellung anderer Rechtsordnungen, wie namentlich Italien und Skandinavien, musste schon wegen der damit für die meisten Leserinnen und Leser verbundenen sprachlichen Probleme verzichtet werden.[487]

Zu beachten ist, dass gleichlautende Begriffe nicht immer dasselbe bedeuten.[488] Die Übersetzung ist gleichzeitig Anfang und Resultat der Rechtsvergleichung.[489] Eine unkommentierte Übersetzung juristischer Textstellen kann mitunter gar unmöglich

484 Siehe ZWEIGERT/KÖTZ, 1996, 5.

485 Siehe RUSCH 2006, 4.

486 Dies allein ist allerdings für den Übersetzer nicht ausreichend bei der Lösung seiner Übersetzungsprobleme, da gerade die Benennung der Begriffe seine Aufgabe ist. Exemplarisch zu diesem Komplex sei auf ZWEIGERT/KÖTZ (1996, 314–531) verwiesen; hier wird auch beispielhaft dargestellt, wie die juristische Rechtsvergleichung bezüglich des Rechtsinstituts und -begriffs ‚Vertrag' erfolgen kann.

487 SCHWENZER/MÜLLER-CHEN 1996, Vorwort, VI–VII.

488 Siehe WEISFLOG 1996, 91 anhand des Beispiels von Diebstahl und theft; weitere Beispiele 104–112. Nach WEISFLOG enthält der übersetzte Begriff als Resultat der Rechtsvergleichung immer ihre Auslegung.

489 Siehe dazu WEISFLOG 1996, 32–33.

sein, weil Rechtsbegriffe sowie -institute nur in der einen Rechtsordnung existieren oder in der anderen eine ganz andere Bedeutung haben.[490]

## 4.3 Gestaltung des Familienrechts des ZG und des BGB

Das ZG ist auf Grund der im vorangehenden Kapitel geschilderten Rezeptionsgeschichte dem BGB – auch strukturell – sehr ähnlich und „liest sich über weite Teile hinweg wie eine Übersetzung des BGB".[491] (Aus diesem Grund wird im Folgenden auch jeweils zuerst die BGB-Regelung und danach die des ZG dargestellt.) Allerdings gibt es mitunter wesentliche Bedeutungsunterschiede. Vor allem im koreanischen Ehe- und Familienrecht finden sich Besonderheiten, die man im deutschen Ehe- und Familienrecht nicht kennt. Dazu gehört bereits die Überschrift: Die Bezeichnung Verwandtschaftsrecht im ZG wird meist als ‚Familienrecht' wiedergegeben, weil das entsprechende Buch im BGB so überschrieben ist. Dies ist nicht zutreffend. Es muss im Sinne der bisherigen Ausführungen korrekt mit dem Begriff Verwandtschaftsrecht übersetzt werden, da der andere Begriff auch andere Strukturen innerhalb dieses Rechtsgebietes widerspiegelt.

Die Bestimmungen des ersten Buches (Allgemeiner Teil) des ZG sind (wie im BGB) formal auch für das Familienrecht anzuwenden. In der Literatur findet sich allerdings die Ansicht, dass nicht alle Regelungen daraus angewendet werden können. So sind z. B. Kim/Kim[492] der Meinung, dass diese Bestimmungen nur für das Vermögensrecht (Schuld- und Sachenrecht) gelten, da für das Familienrecht viele Ausnahmevorschriften bestehen, wie bei der irrtümlich gegebenen Willenserklärung der Eheschließenden, die nicht nach Art. 109 ZG (Willenserklärung infolge eines Irrtums) anfechtbar, sondern nichtig ist; nur wenige Bestimmungen des ersten Buchs seien auf dem Gebiet des Familienrechts und auch diese nur teilweise anwendbar. Dazu gehörten die Bestimmungen über Treu und Glauben (Art. 2 Abs. 1), Rechtsmissbrauch (Art. 2 Abs. 2), den Wohnsitz (Art. 18) und über Abwesenheit und Verschollenheit (Art. 22–30).

Art und Umfang der geregelten Rechtsgebiete unterscheiden sich erheblich. So enthält das BGB im Vergleich zum ZG mehr Regelungen. Das ZG besteht aus 1161 Artikeln, davon 43 Schluss- und Übergangsvorschriften, das BGB dagegen aus 2385

---

490 Siehe dazu das anschauliche Beispiel bei Weisflog 1996 S. 38: Die Eskimos kennen offensichtlich kein Wort für Lamm. Für die Eskimo-Bibel wurde im Johannes-Evangelium deshalb nicht der Begriff Gottes Lamm benutzt, sondern Gottes Seehund; weitere Beispiele für rechtskulturelle Unterschiede bei Weisflog 1996, 55–57 und Sacco, 39–43.

491 Cappell 1988, 24. Nach Cho (1990, 65) unterscheiden sich die koreanischen Rechtsbegriffe und Institute i. d. R. kaum von den deutschen.

492 Kim/Kim 2011, 18–21. Demgegenüber ist Chang (1993, 6) der Meinung, dass das 1. Buch auch für die Anwendung auf das Verwandtschaftsrecht vorgesehen sei, jedoch viele Ausnahmen bestünden.

Paragraphen. Nach LEE wollte der koreanische Gesetzgeber damit allzu detaillierte Regelungen vermeiden.[493]

Nach seinem Inkrafttreten wurden die Regelungen des ZG zum Vermögensrecht im allgemeinen Teil, Sachenrecht und Schuldrecht erstmals 1984 geändert, danach gab es bis 2010 keine Änderungen mehr.[494] Wesentliche Änderungen gab es erst 2011 und 2013 insb. bezüglich der Entmündigung und Volljährigkeit. Demgegenüber wurde das gesamte Familienrecht mehrmals, 1990 und 2005 sogar vollständig überarbeitet.[495] Das heutige Verwandtschaftsrecht des ZG unterscheidet sich sehr von dem zur Zeit seines Inkrafttretens.

Untersuchungsgegenstand der vorliegenden Arbeit sind das jeweilige vierte Buch des BGB und des ZG. Das vierte Buch des BGB regelt das Familienrecht und besteht aus 625 Paragraphen (§ 1297–§ 1921); im Abschnitt 1 (bis § 1588) wird das Eherecht geregelt. Die Regelung über die Verwandtschaft im ZG benötigte 230 Artikel (die Ehe ist von Art. 800 bis Art. 843 geregelt), wovon viele inzwischen aufgehoben worden sind.

Im BGB ist das Eheliche Güterrecht (§ 1363–§ 1563 BGB) viel detaillierter geregelt als im ZG und bildet einen eigenen Titel (Titel 6), während es im ZG im Teil über die ehelichen Wirkungen mitgeregelt ist. Die allgemeinen (personenbezogenen) Wirkungen der Ehe sind hauptsächlich in den Art. 826 bis 828 ZG geregelt. Auch die vermögensrechtliche Auseinandersetzung nach der Ehe – nachehelicher Unterhalt (§ 1569–§ 1586b) und Versorgungsausgleich (§ 1587–§ 1587p) – nimmt im BGB mehr Raum ein. Die geringe Regelungsdichte des ZG verursacht bei der Übersetzung Schwierigkeiten, da es dadurch weniger spezifisch ist, die Begriffe werden vieldeutig und vage.

Die ‚Verwandtschaft' ist im Abschnitt 2 des BGB geregelt. Darunter fallen im Wesentlichen das Verhältnis zwischen Eltern und Kind sowie die Adoption. Dagegen bilden die Verwandtschaft und das Verhältnis zwischen Eltern und Kind im ZG jeweils einen eigenen Abschnitt. Der Verwandtschaft wird im ZG viel Aufmerksamkeit gewidmet: In den allgemeinen Vorschriften für das gesamte Familienrecht finden sich umfangreiche Legaldefinitionen über die Verwandtschaftsarten, während im BGB nur zwei Paragraphen (‚allgemeine Vorschriften' unter Abschnitt 2 Verwandtschaft) benötigt werden, um Verwandtschaft und Schwägerschaft zu definieren, wobei dies zwei getrennte Rechtsinstitute sind. Hier kann es zu Übersetzungsproblemen kommen: Der Begriff Verwandtschaft ist im koreanischen wesentlich umfangreicher. Und im Gegensatz zum deutschen Recht fallen auch Verschwägerte darunter. Deshalb muss der koreanische Begriff Verwandtschaft im Deutschen je nach Kontext ggf. mit ‚Verwandte und Verschwägerte' wiedergegeben werden. Übersetzt man umgekehrt den deutschen Begriff Verwandtschaft ins Koreanische, dann muss er explizit mit ‚Blutsverwandtschaft' wiedergegeben werden; sonst wird er in Korea falsch interpretiert.

---

493 Siehe LEE B.-J. 2010, 80, auch JEONG 2011, 49.

494 1999 hatte das Justisministerium eine Kommission zur Reform des Vermögensrechts berufen. Diese hat 2004 einen Änderungsentwurf vorgelegt. Jedoch schlug dieser Versuch aus politischen Gründen fehl.

495 Siehe JEONG 2011, 58.

Es gab bzw. gibt noch einige Institute, die im deutschen Recht keine Entsprechung haben, vor allem Familienoberhaupt und Familienrat. Familienoberhaupt ist zwar mit der Familienrechtsreform im Gesetz verschwunden, hat aber aufgrund der Fortwirkungen des alten Rechts (Altfälle) in der Praxis noch weiterhin erhebliche Bedeutung.

## 4.4 Struktur der Rechtssätze und Verweistechnik

Larenz sagt zu Recht, dass viele Gesetzesbestimmungen als Rechtssätze unvollständig sind.[496] Sie können nur in Verbindung mit anderen Rechtssätzen vollständig verstanden werden. Daraus folgt auch die Bedeutung der Verweistechnik, ohne deren genaue Einhaltung übersetzte Rechtstexte unbrauchbar sind.

Die Formulierung von Gesetzesvorschriften ist heute nicht mehr nur eine Frage des (individuellen) Stils oder auch nur der Üblichkeit, sondern weitgehend reglementiert. Eingehende Vorschriften enthält für die deutsche Gesetzgebung das auf Grund der Gemeinsamen Geschäftsordnung der Bundesministerien vom Bundesministerium der Justiz herausgegebene „Handbuch der Rechtsförmlichkeit (im folgenden abgekürzt als HdR)".[497] In Korea gibt es *pŏmnyŏngiban simsagijun* 법령입안 심사기준 (Rechtssetzung und Maßstab der Beurteilung), die in ihrer Funktion dem HdR entspricht.

*Tabelle 4: Textstrukturen von Gesetzen in Deutschland (insb. BGB), Korea (insb. ZG) und nach den Hinweisen des Generalsekretariats des EU-Rates*[498]

| | **Deutschland** | **Korea** | **Empfehlung des EU-Rates** |
|---|---|---|---|
| Obergliederung | – Buch<br>– Abschnitt<br>– Titel<br>– Untertitel<br>– Kapitel<br>– Unterkapitel | – *p'yŏn* 편 編<br>– *chang* 장 章<br>– *chŏl* 절 節<br>– *kwan* 관 款<br>– *mok* 목 目 | – Teil I, II (der erste Teil)<br>– Titel I, II<br>– Kapitel I, II (od. Kapitel 1, 2)<br>– Abschnitt 1, 2 |
| Grund-gliederung | – § (Paragraph) oder Artikel | – *cho* 조 條 | – Artikel 1, 2<br>– Ziffer I, II<br>– Nummer 1, 2<br>– Buchstabe A, B |

496 Über die unvollständigen Rechtssätze Larenz 1991, 257–264.

497 In diesem HdR wird z. B. vorgeschrieben, dass bei Beginn des Zitats einer Rechtsvorschrift die Wörter ‚Absatz' und ‚Nummer' ausgeschrieben, sonst abgekürzt werden. Innerhalb eines Zitats werden die Wörter ‚Absatz', ‚Satz' und ‚Nummer' immer im Singular verwendet (HdR 2008, 69–71, Rn. 195–201).

498 EU-HINWEISE 2012, 86–87; 130–131.

| | Deutschland | Korea | Empfehlung des EU-Rates |
|---|---|---|---|
| Untergliederung | – Absatz (1) (2)<br>– Unterabsatz: Nummer 1, 2<br>– Buchstabe a), b)<br>– Satz<br>– Halbsatz, Variante (Alternativ, 1.Fall) | – *hang* 항 項 ①,·②<br>– *ho* 호 號1, 2, 3<br>– *mok* 목 目 가, 나<br>– 1), 2)<br>– 가), 나), 다)<br>– *mun* 문 文<br>– *ponmun/tansŏ* 본문/단서, *chŏndan/hudan* 전단/후단 | – Absatz (1), (2)<br>– Unterabsatz[499]<br>– Buchstabe a, b<br>– Nummer 1, 2<br>– Ziffer i) ii)<br>– Gedankenstrich –<br>– Satz[500] |
| Später eingefügte Artikel | Buchstabenzusatz: §1568a, §1568b: §1629 Abs. 2a | Nummernzusatz, beginnend mit 2<br>제 908 조의 2 , 제 908 조의 3 | Artikel 10a; 10b oder im Französischen verwendete Zahlwörter 10-bis, 10-ter.<br>bis = a; ter = b; quater = c; quinquies = d; sexies = e septies = f; octies = g; nonies = h; decies = i |

Die Bücher des BGB sind in Abschnitte und diese in Titel gegliedert, die wiederum Untertitel haben können. Nächste Gliederungsebene ist das Kapitel, das auch in Unterkapitel gegliedert sein kann. Das ZG ist in *p'yŏn* 편 編, *chang* 장 章, *chŏl* 절 節 gegliedert, die unter Berücksichtigung der Rezeptionsgeschichte jeweils als Buch, Abschnitt und Titel zu übersetzen geeignet erscheinen.

Deutsche Rechtssätze werden meist mit § bezeichnet. ‚Artikel' wird u. a. im Grundgesetz und in Einführungs- oder Änderungsgesetzen, z. B. EGBGB und sog. ‚Mantelgesetzen', verwendet. In Korea gibt es keine §-Zeichen. ‚Artikel' und ‚Absatz' werden in koreanischen Gesetzestexten auch in Zitaten immer ausgeschrieben. Da diese Wörter nur aus einer Silbe bestehen, existiert keine Abkürzung, etwa in Form eines Buchstabens mit Punkt. Dies wird in Übersetzungen sehr häufig missachtet, auch im wissenschaftlichen Bereich (vgl. div. Beispiele in Kapitel 5).

Ein auffallender Unterschied liegt in den Gliederungs- bzw. Aufzählungstechniken eines Satzes. Es gibt im koreanischen Rechtssatz verweisungstechnisch keine Halbsätze, sondern *tansŏ* 단서 但書und *hudan* 후단 後段. Dies wirkt sich vor allem auf die Verweistechnik aus, was bei der Übersetzung unbedingt zu beachten ist. Die Satzkonstruktionen sind strikt nach den Satzzeichen zu beurteilen. Vollständige Sätze dürfen nicht als Nebensatz oder Teilsätze (Halbsätze) ins Deutsche übersetzt

499 Bezeichnung für den nicht nummerierten Teil eines nummerierten Absatzes.
500 Textteil zwischen den Punkten.

werden (was leider häufig in Aufsätzen, Dissertationen und Gesetzes-Übersetzungen zu finden ist), da sonst die Verweisungen nicht mehr stimmen.[501]

Wenn – wie es auch häufig in deutschen Rechtssätzen zu finden ist – der zweite Satz oder Halbsatz eine Ausnahmebestimmung zum ersten Satz ist, (d. h. der erste Satz enthält die weit gefasste allgemeine Bestimmung, die Regel; der zweite bestimmt etwas Abweichendes, die Ausnahme, die Einschränkung), nennt man den ersten Satz im Koreanischen *ponmun* 본문 本文 und den zweiten Satz *tansŏ* 단서 但書, der mit dem Wort *taman* 다만 bzw. *tan* 단 (jedoch, allerdings) oder *kŭrŏna* 그러나 (aber) anfängt. Bei der Übersetzung tritt dies etwa in der Form „in diesem Fall gilt nicht" in Erscheinung. So lautet Art. 3 Abs. 1 des koreanischen IPR im Original:

> 제3조(본국법) ① 당사자의 본국법에 의하여야 하는 경우에 당사자가 둘 이상의 국적을 가지는 때에는 그와 가장 밀접한 관련이 있는 국가의 법을 그 본국법으로 정한다. <u>다만 [*taman*]</u>, 그 국적중 하나가 대한민국인 때에는 대한민국 법을 본국법으로 한다.

Sie wurde übersetzt

> §3 (Personalstatut)
> (1) Wird auf das Recht des Staates verwiesen, dem eine Person angehört, und hat diese Person mehrere Staatsangehörigkeiten, so ist das Recht des Staates anzuwenden, mit dem die Person am engsten verbunden ist; besitzt die Person die Staatsangehörigkeit der Republik Korea, ist das Recht der Republik Korea anzuwenden.[502]

Wie man sieht, wurden die beiden Teile (Regel und Ausnahme) des Absatzes im Original mit einem Punkt getrennt. Der zweite Satz fängt mit *daman* an, hinter dem ein Komma steht. In der Übersetzung wurden die beiden Teile mit einem Semikolon getrennt. Die vom Deutschen abweichende Satzzeichenverwendung im Koreanischen wurde hier richtig erfasst. Der besondere Aufbau der koreanischen Gesetzestechnik wurde in akzeptabler Form auf Deutsch wiedergegeben. Im selben Aufsatz von Pissler wurde an anderer Stelle eine vergleichbare Textstelle (Art. 36 Abs. 2 IPR) allerdings in zwei eigenständigen Sätzen wiedergegeben, was im Hinblick auf die obigen Ausführungen zu Verweistechnik usw. nicht hinnehmbar ist. Außerdem ist die unterschiedliche Form der Wiedergabe inkonsequent:

> ②혼인의 방식은 혼인거행지법 또는 당사자 일방의 본국법에 의한다. <u>다만 [*taman*]</u>, 대한민국에서 혼인을 거행하는 경우에 당사자 일방이 대한민국 국민인 때에는 대한민국 법에 의한다.

> (2) Die Form der Eheschließung unterliegt dem Recht des Ortes der Eheschließungszeremonie oder dem Recht, dem eine der Parteien angehört. Findet die Eheschließungszere-

501 In EU-HINWEISE 2002, 107 steht: „Aus praktischen Gründen, insbesondere <u>damit Bezugnahmen in allen Sprachen gleich lauten können</u>, muss die Unterteilung des Textes in Sätze in allen Fassungen einander entsprechen (dabei sind „Sätze" die durch Punkte begrenzten Teile eines Textes). Ist in einer Sprache dennoch die Zerteilung eines Satzes erforderlich, so wird dafür ein Semikolon benutzt."

502 Pissler 2006, 270.

monie in der Republik Korea statt und besitzt eine der Parteien die Staatsangehörigkeit der Republik Korea, so ist das Recht der Republik Korea anzuwenden.

Besteht eine Bestimmung aus mindestens zwei Sätzen, ohne dass ein Regel-Ausnahme-Zusammenhang besteht, so werden sie einfach als *che il mun* 제1문, also Satz 1 und *che i mun* 제2문 = Satz 2 bezeichnet.

Wenn der zweite Satz den ersten Satz ergänzt, nennt man den ersten Satz *chŏndan* 전단 前段 und den zweiten Satz *hudan* 후단 後段, der gewöhnlich mit *i kyŏngu* 이 경우 anfängt.

Diese Begriffe werden auch bei gesetzlichen Verweisen verwendet. Dies führt zu einem Problem bei der Übersetzung, da diese Verweisart im deutschen Rechtssystem und in der deutschen Rechtssprache nicht bekannt ist und adäquate Begriffe fehlen. In den gängigen deutschen Übersetzungen koreanischer Gesetzestexte sind daher oft falsche Übersetzungen oder Weglassungen zu finden, die dazu führen, dass eine letztlich falsche Verweisung stattfindet, die zu fehlerhafter Rechtsanwendung führt!

Bei der Übersetzung solcher Gesetzestexte ist deshalb zu beachten:

Infolge der Vernetzung der gesamten Regelwerke mit ihren Verweisungen und ihren Techniken wie Fiktion oder Regel-Ausnahme-Verhältnis muss nicht nur der Terminologie, sondern auch dem Satzbau und den Satzzeichen besondere Aufmerksamkeit gewidmet werden. Diese müssen sich in der Übersetzung genau so wiederfinden. Denn wenn die Systematik des Gesetzes zerstört wird, kann der Nutzer der Übersetzung entweder nichts mit ihr anfangen oder er gelangt zu Fehlschlüssen.

Eine Möglichkeit besteht darin: Alle betroffenen verweisenden und in Bezug genommenen Texte werden strikt in einzelnen Sätzen wiedergegeben; in der verweisenden Stelle wird immer exakt die Verweisung mit ‚Satz 1', ‚Satz 2' usw. wiedergegeben. Dies ist jedoch nur praktikabel, wenn feststeht, dass Bezugnahmen nur innerhalb einer Norm stattfinden und der Übersetzer diese Norm selbst vollständig übersetzt und seinerseits sicherstellen kann, dass er alle Bezugnahmen berücksichtigt und passend formuliert, d. h. dass absolute Konsequenz garantiert ist. Dies wird aber nur selten möglich sein. Denn oft bestehen Verweisungen auf andere oder durch andere Gesetze. Solche Bezugnahmen durch andere Gesetze kennt man normalerweise nicht; zumindest kann man sie nicht ausschließen. Und andere Übersetzer haben bei ihrer Übersetzung sicher nicht immer genau diese Technik angewendet. Vor allem in umfangreichen Gesetzen kann man sich außerdem kaum sicher sein, dass man alle Verweisungen erkannt und entsprechend berücksichtigt hat.

Besser und vor allem sicherer ist nach alledem dieses Verfahren

Man übersetzt *ponmun* mit ‚Regelbestimmung des ... (es folgt die Angabe des Artikels und ggf. von Absatz und Satz)' und *tanso* usw. mit ‚Ausnahmeregelung des...'. *Che il mun* 제1문 und *che i mun* 제2문 kann man problemlos mit ‚Satz 1' und ‚Satz 2' übersetzen. *Chŏndan* sollte man folgerichtig mit ‚Regelbestimmung des ...' oder ‚generelle Regelung in ...' wiedergeben und *hudan* mit ‚Ergänzende Regelung ...' oder ‚Zusatzbestimmung ...'.

Festzuhalten ist demnach: Die Satzstruktur eines Artikels bei der Übersetzung muss gleich bleiben, Sätze und Satzteile dürfen nicht beliebig zusammengefasst, aus einem Satz dürfen nicht zwei Sätze gemacht werden.[503] Der Übersetzer ist nicht berechtigt, den Stil des fremden Gesetzestextes zu ‚verbessern' und Sätze zusammenzufügen oder aus einem langen Satz mehrere kurze zu bilden bzw. andere Satzkonstruktionen mit Neben- und Teilsätzen zu schaffen. Hier kann auch nicht das Argument gelten, dass die Ausdrucksweise im Deutschen anders ist und dem auch die Übersetzung entsprechen muss. Denn die Gesetzessprache ist das Produkt einer kulturellen Entwicklung, eine Übersetzung muss den jeweiligen Entwicklungsstand einer Gesetzessprache wiedergeben. Auch der koreanische Adressat des Gesetzestextes muss sich durch diese umständliche Ausdrucksweise hindurchkämpfen. Eine Anpassung an die deutschen Regeln und Gepflogenheiten würde es dem Rechtsvergleicher und insbesondere dem Vergleicher der Gesetzgebungstechnik unmöglich machen, diese Besonderheiten zu erkennen.

## 4.5 Einschlägige Begriffe und Rechtsinstitute

Im Folgenden werden die deutschen und koreanischen Regelungen des Ehe- und Familienrechts einander gegenüber gestellt, um die Probleme bei deren Übertragung aus übersetzungswissenschaftlicher Sicht zu verdeutlichen und Ansätze zur Lösung zu finden.

### 4.5.1 Familie (*kajok* 가족 家族) und Verwandtschaft (*ch'injok* 친족 親族)

Es gibt hierfür keine Legaldefinitionen im BGB. Unter Familie versteht man in **Deutschland** in erster Linie die Kleinfamilie der im gemeinsamen Haushalt zusammenlebenden Personen (Familie im engeren Sinn). Familie im weiteren Sinn ist die Gesamtheit der lebenden Mitglieder eines generativen Zusammenhangs. Das Element der Verwandtschaft bezieht sich im Wesentlichen auf das Verhältnis zwischen Eltern und Kindern, im weiteren Sinn auch der Geschwister, Großeltern, Enkel usw. Im rechtlichen Sinn wird der Begriff der Familie im engeren Sinn verwendet. Als solche gilt ein Ehepaar mit seinen Kindern. Dabei ist dann aber auch das Verhältnis der Mutter bzw. des Vaters zum nichtehelichen Kind einbezogen.[504] Die neueste Rechtsprechung des BVerfG stellt stark auf den sozialen Tatbestand ab:

---

503 Auch Stolze (1999, 52–54) betont, dass die Makrostruktur der Texte beim Übersetzen nicht verändert werden darf; sog. „transparentes Übersetzen".

504 BVerfGE 8, .210 (215); 24, 119 (135): 25, 167 (196); 56, 363 (384).

> Art. 6 I GG schützt die Familie als Gemeinschaft von Eltern und Kindern. Dabei ist nicht maßgeblich, ob die Kinder von den Eltern abstammen und ob sie ehelich oder nichtehelich geboren werden. Familie ist die tatsächliche Lebens- und Erziehungsgemeinschaft zwischen Kindern und Eltern, die für diese Verantwortung tragen.[505]

Auch Pflegekinder gehören zur Familie. Die nichtehelichen Lebensgemeinschaften (ohne Kinder) hat das BVerfG bisher nicht dem Familienbegriff zugerechnet.

Die deutsche Verwandtschaft beruht auf der Abstammung und der Anzahl der sie verbindenden Geburten (Verwandtschaftsgrad). Nach § 1589 sind Personen, die voneinander abstammen, in gerader Linie verwandt und Personen, die von einer gemeinsamen dritten abstammen, in der Seitenlinie verwandt. Der Verwandtschaftsbegriff des BGB entspricht etwa dem der Blutsverwandtschaft im koreanischen Recht.

Demgegenüber versteht man in **Korea** unter Familie die Familie im weiteren Sinn, also die Verwandtschaft. Familie im Sinne des ZG a. F. setzte sogar nicht einmal gemeinsame Haushaltsführung voraus.[506] In seiner ursprünglichen Fassung lautete Art. 779 (Kreis der Familie): Familie(nmitglieder) sind der Ehegatte des Familienoberhaupts (*Hoju*), seine Blutsverwandten und deren Ehegatten sowie die Personen, die gemäß den Bestimmungen dieses Gesetzes in das Register dieser Familie eingetragen worden sind.[507] Auch die Überschrift des zweiten Abschnitts hieß damals *Hoju* und Familie(nmitglieder) (*hojuwa kajok* 호주와 가족 戶主와 家族). Hier wird deutlich, dass die Bedeutung der Familie in der ursprünglichen Fassung ganz anders war als heute. Sie war die rechtliche Verbindung von Personen, die gemäß dem sich aus dem Gesetz über das Familienregister ergebenden Verhältnis ein gemeinsames Familienoberhaupt hatten.[508] Familie waren demnach alle Angehörigen, die dem *Hoju* unterstanden. Nach Artikel 779 des geltenden ZG sind Familienmitglieder Ehegatten, Blutsverwandte in gerader Linie und Geschwister (Abs. 1 Nr. 1) sowie Ehegatten der Blutsverwandten in gerader Linie, Blutsverwandte in gerader Linie und Geschwister des Ehegatten (Abs. 1 Nr. 2). In den Fällen des Absatzes 1 Nr. 2 gilt dies nur, wenn sie in einem Haushalt leben.

---

505 BVErfG 108, 82 (112); FamRZ 2003, 816 (822).

506 Siehe hierzu Chang 1993, 35, Fn. 31.

507 Im Original hieß es: 제 779 조 (가족의 범위) 호주의 배우자, 혈족과 그 배우자 기타 본법의 규정에 의하여 그 가에 입적한 자는 가족이 된다. Diese Bestimmung wurde am 31. März 2005 geändert (Gesetzesnummer 7427).

508 Dieser Begriff der Familie rührt von der traditionellen koreanischen Vorstellung über das Familienwesen her, die auf ‚*Kabujang*' beruht, was nach Auffassung einiger Autoren seinen Ursprung in der konfuzianischen Sittenlehre habe, so z. B. Lim 1972, 118–121, der sich mit dem Einfluss der konfuzianischen Sittenlehre auf das koreanische Familienrecht befasst. Dies ist jedoch umstritten (vgl. Kapitel 3).

*Abbildung 2: Verwandtschaft nach dem ZG*

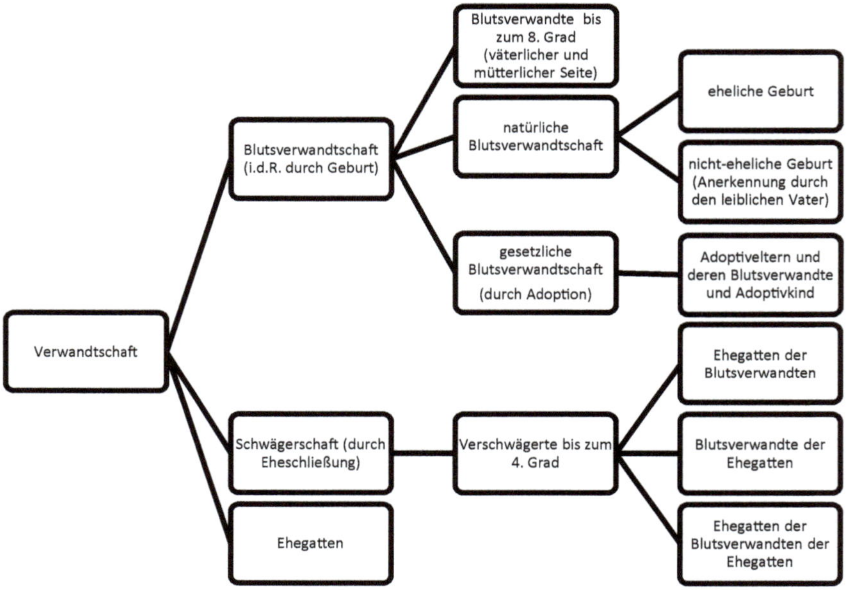


### *4.5.1.1 Besonderheiten: sedae* 세대 世帶

Unabhängig von den vorgenannten familien- und verwandtschaftsrechtlichen Regelungen und der Zugehörigkeit zum *kajok* wird noch nach der rechtlichen Zusammengehörigkeit aufgrund der Eintragung im Familienregister unterschieden. *Sedae* 세대 世帶[509] besteht aus den nach den Familienurkunden zusammengehörenden Familienmitgliedern (also im wesentlichen aus Eltern und unverheirateten Kindern), unabhängig von ihrem tatsächlichen Zusammenleben.[510] Zwischen Pflegeeltern (*wit'ak-pumo* 위탁부모 委託父母) und Pflegekindern (*wit'ag-adong* 위탁아동 委託兒童) entsteht trotz der tatsächlichen Eltern-Kind-Beziehung kein *sedae*-Verhältnis.

---

509 Das gleichlautende und in koreanischer Schrift gleich, in chinesischen Zeichen jedoch anders geschriebene *sedae* 세대 世代 bedeutet Generation.

510 Einige Koreanisten sind der Meinung, dass *sedae* ein Terminus japanischen Ursprungs sei und durch *kagu* ersetzt werden sollte, so z. B. Kwŏn Omun in *Segye Ilbo* Blog (http://blog.segye.com/omkwon/15888), zuletzt abgerufen am 16. 07. 2014.

#### *4.5.1.2 Besonderheiten: Eltern-Kind-Verhältnis*

Das Verhältnis zwischen Eltern und minderjährigen Kindern bildet in Korea eine hierarchische Struktur; deshalb ist es auch nicht sinnvoll, den koreanischen Rechtsbegriff *ch'in'gwŏn* 친권 親權 (wörtlich ‚elterliches Recht') mit ‚elterliche Sorge' zu übersetzen. Er entspricht viel mehr dem deutschen Begriff ‚elterliche Gewalt'.[511] Der koreanische Staat kann den Eltern Sorgepflichten durch ein Gesetz nicht auferlegen, weil er damit in den geschützten Bereich der Eltern eingreifen würde.

Die Eltern haben das Recht und die Pflicht ihre Kinder zu schützen und zu erziehen (Art. 913 ZG). Die Eltern können ferner den Aufenthaltsort des Kindes bestimmen (Art. 914 ZG). Sie haben auch Disziplinargewalt, können also ihre Kinder bestrafen, um sie zu schützen oder zu erziehen, und mit Genehmigung des Gerichts in einer Erziehungsanstalt unterbringen (Art. 915 ZG). Und sie verwalten ihr Vermögen (Art. 916 ZG). In der alten Fassung des Art. 909 Abs. 1 ZG (geändert 31. März 2005) stand sogar explizit, dass ein Minderjähriger sich der elterlichen Gewalt zu fügen hat (미성년자인 자는 부모의 친권에 복종한다).

### 4.5.2 Haushalt (*kagu* 가구 家口)

Von *kajok* und *sedae* zu unterscheiden ist *kagu*. *Kagu* entspricht etwa dem deutschen ‚Haushalt' und ist als eine Einheit definiert, die aus einer oder mehreren Personen gebildet wird, die tatsächlich zusammen essen und schlafen und den Lebensunterhalt teilen, unabhängig von ihren familiären Beziehungen (z.B. Lebensgefährten). Auch ein Waisenheim ist zwar ein Haushalt (*kagu*), jedoch keine Familie.

### 4.5.3 Ehe (*honin* 혼인 婚姻)

Nach **deutschem** Recht sind Eheleute nicht miteinander verwandt. Das deutsche Recht unterscheidet drei Kategorien: Verheiratet, verschwägert und verwandt. Es gibt also Eheleute, Verwandte sowie Verschwägerte. Letzteres bezeichnet die rechtlichen Beziehungen zwischen einem Ehegatten und den Verwandten des jeweils anderen Ehegatten, nicht aber zwischen den Verwandten der Ehegatten untereinander, also nicht zwischen der Schwester der Ehefrau und dem Bruder des Ehemannes (die sog. ‚Schwippschwägerschaft' in der Gemeinsprache). Es besteht kein Eheverbot zwischen Verschwägerten. Die Eheschließung ist in § 1310 Abs. 1 BGB geregelt. Sie kann nur vor einem Standesbeamten in der festgelegten Form erfolgen.[512] Ergän-

---

511 In Deutschland wurde der Begriff ‚elterliche Gewalt' in § 1709 BGB a.F. erst 1979 im Rahmen der Sorgerechtsreform durch das Gesetz zur Neuregelung des Rechts der elterlichen Sorge vom 18. Juli 1979 (BGBl Teil I 1979, Nr. 42, 1061–1072) durch ‚elterliche Sorge' ersetzt. Zur Auseinandersetzung um den Begriff siehe Haibach 1991, 280–288.

512 Alle Personen sind in Korea gemäß Ausführungsverordnung zum Familienregistergesetz unter Bußgeldandrohung verpflichtet, Personenstandsänderungen wie Geburt, Eheschließung, Scheidung usw. zur Eintragung in das Familienregister

zend dazu ist in Artikel 13 Abs. 3 EGBGB ausgeführt, dass eine Ehe im Inland nur in der in Deutschland vorgeschriebenen Form geschlossen werden kann. Damit ist die standesamtliche Ziviltrauung als einzig gültige Form festgeschrieben. Ohne Mitwirkung des Standesbeamten ist die Ehe eine ‚Nichtehe'.[513]

In **Korea** werden Ehegatten gemäß Art. 777 Nr. 3 ZG durch die Eheschließung miteinander verwandt.[514] Das koreanische Recht fasst alle drei Kategorien unter den Oberbegriff der Verwandtschaft (Art. 767 ZG: Verwandte sind Ehegatten, Blutsverwandte und Verschwägerte). In den folgenden Artikeln werden diese Untergruppen näher definiert. Unter den jeweiligen Gesichtspunkten wie Ehehindernis, Aussageverweigerungsrecht oder was auch immer erfolgen dann konkrete Regelungen wie auch im deutschen Recht. Diese richten sich in Korea nach Blutsverwandtschaft, Verheirateten, Verschwägerten, Verwandtschaftsgrad, Verwandtschaftsgrad zum Ehegatten usw. In Korea dürfen auch Verschwägerte bis zu einem gewissen Grad nicht die Ehe miteinander eingehen (weil sie eben verwandt sind). Ähnliche Unterschiede gibt es im Unterhaltsrecht u. a.

Die Eheschließung war in Korea immer eine private Angelegenheit. Zur gesellschaftlichen Akzeptanz bedurfte es einer Hochzeitsfeier. Ein bestimmter Ritus dafür ist aber nicht notwendig, weder vor einer staatlichen noch einer religiösen Instanz. Rechtlich gesehen bedarf es auch heute noch für das Zustandekommen der Ehe in Korea nur einer Einigung der Eheleute. Inzwischen ist allerdings auch noch eine Anmeldung zur Registrierung beim örtlich zuständigen Registeramt (Art. 812, 813, 814 ZG, Art. 71, 72 GRFam) erforderlich, damit sie staatlich und rechtlich in vollem Umfang anerkannt wird.[515] Die Anmeldung muss mit einem von beiden Verlobten und zwei Zeugen eigenhändig unterschriebenen Formular erfolgen.[516] Oft erfolgt die Anmeldung nicht unmittelbar nach der Hochzeitsfeier. Manchmal wird die Ehe erst viel später bei der Familienregisterbehörde angemeldet, sodass sich in der Zwischenzeit Probleme aus der Diskrepanz zwischen der materiellen und formellen Rechtslage bzw. zwischen der rechtlich (nicht) gesicherten Situation und dem äußeren Anschein ergeben. Nach dem Herkommen war eine solche Ehe als gültig anzusehen. Nach der jetzigen Rechtslage könnte aber zumindest der Nachweis der bestehenden Ehe nicht erbracht werden. Dies wirkt sich z. B. gravierend aus, wenn

---

anzuzeigen. Demnach wird die Eheschließung mit den anderen Personenstandsänderungen wie Geburt, Tod usw. gleichgesetzt, ihre Wirksamkeit hängt also nicht von der Erfüllung der Anzeigepflicht ab. Vielmehr entsteht diese erst infolge der (materiell wirksamen) Eheschließung. In Deutschland bestehen für Geburt usw. entsprechende Verpflichtungen, die Eheschließung erfolgt aber ausschließlich vor dem Standesbeamten, welcher sie in das Register einträgt.

513 Genaueres siehe MüKo BGB 2013, 25, Rn. 25–27.

514 In Deutschland dauert die Schwägerschaft auch nach Auflösung der Ehe fort (§ 1590 Abs. 2), in Korea erlischt sie durch Scheidung, Aufhebung der Ehe oder Wiederheirat nach dem Tod des Ehegatten (Art. 775 ZG).

515 Art. 812 Abs. 1 ZG.

516 Art. 812 Abs. 2 ZG.

zwischen Zeremonie und Anmeldung ein Ehegatte stirbt und wenn gar ein Kind gezeugt wurde, insb. bezüglich der vermögens- und erbrechtlichen Situation von Ehegatte und Kind. Die Anmeldung erfolgt daher zunehmend zeitnah. Vor allem in ländlichen Gegenden wird jedoch mitunter noch davon ausgegangen, dass eine Hochzeitsfeier wie früher ausreicht.[517] Erfolgt die Herstellung des Ehekonsenses, z.B. durch eine derartige ‚traditionelle Eheschließung', unterbleibt jedoch die Registrierung, so wird von einer so genannten *sasirhon* 사실혼 事實婚 (de-facto-Ehe) gesprochen. Es gibt keine gesetzlichen Regelungen über die de-facto-Ehe im ZG. Es findet sich allerdings in Art. 2 Abs. 1 des GVFam die Möglichkeit der gerichtlichen Feststellung des (bis dahin de-facto-)Eheverhältnisses.[518] Rechtsprechung und Lehre haben anerkannt, dass eine nicht registrierte Ehe zwar keine formalrechtlich gültige Ehe ist, jedoch mit der angemeldeten *de jure*-Ehe soweit wie möglich gleichzustellen ist, um den Partnern Schutz vor einer einfachen und einseitigen Auflösung der tatsächlichen Lebensgemeinschaft zu gewähren und um die tatsächliche Lebensgemeinschaft selbst zu schützen.[519] Sie kann also durchaus materiell-rechtliche Wirkungen entfalten.[520] Das Kind ist ein nicht-eheliches Kind.

Zu unterscheiden sind deshalb ‚de facto-Ehe (*sasirhon* 사실혼 事實婚)' und ‚nichteheliches Zusammenleben (*tongŏ* 동거 同居)'.[521] Wesentliches Kriterium ist der Ehewille, d.h. der Wille zum dauerhaften Zusammenleben als Eheleute und tatsächliches Zusammenleben. Deshalb zählen Konkubinat oder eine lose Partner-

---

517 Tsche (1961, 35) meinte in seiner Dissertation, dass in Korea tendentiell eine Abneigung gegenüber juristischen Verfahren bestehe, so dass häufig die Eheschließung bzw. Scheidung gar nicht angemeldet worden sei.

518 Ist die Existenz einer de-facto-Ehe danach im Schlichtungsverfahren festgestellt worden, so muss der Antragsteller binnen eines Monats nach der Entscheidung die Ehe unter Beifügung der Beschlussausfertigung beim Familienregister anmelden (Art. 72 GRFam). Die Ehe gilt dann als zur Zeit der Gerichtsentscheidung bzw. der Protokollaufnahme wirksam entstanden.

519 Daher ist seit langem anerkannt, dass ein Partner der *de facto*-Ehe dem anderen zu Schadensersatz verpflichtet ist, wenn er das de-facto-Eheverhältnis ohne Grund aufgehoben hat (Oberster Gerichtshof vom 31. Mai 1965, Az. 65 *mŭ* 14).

520 Cho (2009. 113) weist darauf hin, dass auf vielen Rechtsgebieten außerhalb des Zivilrechts die de-facto-Ehe anerkannt und z.B. das Rentenversicherungsgesetz im Sinne der sozialen Sicherheit den Partner, der de facto in einem ehelichen Verhältnis lebt, in die Kategorie Ehegatte einordnet und ihn schützt (auch Kim / Kim 2011, 259–264; Urteil des Obersten Gerichts Koreas vom 18. August 1960, Az. 4292 *minsang* 995, Urteil des Obersten Gerichts Koreas vom 11. November 1997, Az. 97 *da* 34273).

521 In Deutschland spielt eine nichteheliche Lebensgemeinschaft in bestimmten Fällen eine Rolle (z.B. im Sozialrecht). Das BVerfG definiert diese eheähnliche Gemeinschaft als „auf Dauer angelegte Lebensgemeinschaft zwischen einem Mann und einer Frau, die daneben keine weitere Lebensgemeinschaft gleicher Art zulässt und sich durch innere Bindungen auszeichnet, die ein gegenseitiges Einstehen der Partner füreinander begründen" (BVerfGE 87, 234 (264)).

schaft mit gelegentlichem Geschlechtsverkehr, auch wenn daraus Kinder hervorgegangen sind, nicht zur *de-facto* Ehe (Entscheidung des koreanischen Obersten Gerichts vom 11. März 1986, Az. 85 *meu* 89). Die Abgrenzung mag zwar im Einzelfall schwierig sein, die Unterschiede in den Folgen sind aber jedenfalls gravierend. Der Übersetzer muss deshalb bei seiner Übersetzung strikt unterscheiden zwischen den genannten koreanischen Begriffen und im Deutschen ‚faktische (oder *de facto*-) Ehe' und ‚nichteheliches Zusammenleben' (oder ‚Lebensgemeinschaft') verwenden. Auf keinen Fall darf diese de-facto-Ehe der schon im Deutschen negativ konnotierten ‚wilden Ehe' oder ‚Onkel-Ehe' gleichgesetzt werden (vgl. hierzu 5.2.4.3.9).

### 4.5.4 Lebenspartnerschaft (*tongsŏnghon* 동성혼 同性婚)

Gleichgeschlechtliche Partnerschaften sind als eingetragene Lebenspartnerschaft in **Deutschland** mittlerweile ein Rechtsinstitut. Dafür gelten zwar weitgehend gleiche Rechte (und Pflichten) wie bei der Ehe, sie sind dieser aber nicht gleichgestellt (Näheres hierzu vgl. 3.4.6.1). Dies gilt nicht für **Korea**. In einem Urteil einer koreanischen unteren Instanz in der Stadt Inch'ŏn (*inch'ŏn chibang pŏbwŏn* 인천지방법원) vom 23. Juli 2004[522] ging es um den Anspruch auf Vermögensteilung und Schmerzensgeld auf Grund der Auflösung einer Lebensgemeinschaft zwischen Gleichgeschlechtlichen. Zwischen Heterosexuellen wäre diese nach koreanischem Recht als ‚de facto-Ehe' anerkannt worden. Das Gericht stellte fest, dass die gleichgeschlechtliche ‚Ehe' keinen rechtlichen Schutz finde. Eine Ehe in unserer Gesellschaft bedeute seelische, körperliche Zusammenschließung der heterosexuellen Partner unter der Voraussetzung der Monogamie, und eine gleichgeschlechtliche Ehe gebe es weder aus der Perspektive der gesellschaftlichen Anschauung noch der Familienordnung.[523]

Bei Übersetzungen zu beachten ist: 1. Der deutsche Rechtsterminus ‚Lebenspartnerschaft' weicht von der gemeinsprachlichen Verwendung ab und bezieht sich nur auf gleichgeschlechtliche Partnerschaften. 2. Eine Reihe von Neologismen, parallel zur Ehe, ist entstanden, so z.B. Lebenspartnerschaftsname (vs. Ehename), Lebenspartnerschaftsvertrag (vs. Ehevertrag), Aufhebung der Lebenspartnerschaft (vs. Scheidung),[524] hinterbliebener Lebenspartner (vs. Witwe, Witwer) etc.[525] Bei der Übersetzung von ‚Lebenspartnerschaft' ins Koreanische muss unter anderem berücksichtigt werden, dass die Bedeutung der dauerhaften eingetragenen Lebensgemeinschaft zweier Personen gleichen Geschlechts zum Ausdruck kommt, damit sie nicht mit dem im koreanischen Rechtssystem geschützten Rechtsinstitut der ‚de-facto-Ehe' verwechselt wird.

---

522 Az. 2003 *deuhab* 292, auch in *pŏmnyulsinmun* vom 05. Aug. 2004.

523 Auch in der Lehre ist dies in Korea herrschende Meinung, siehe Kim/Kim 2011, 71.

524 Nach Schwab (2009, 468) kommen der Lebenspartnerschafts-Aufhebung teils die Funktionen der Ehescheidung, teils die der Ehe-Aufhebung zu.

525 Zu Begriffen bezügl. des Instituts Lebenspartnerschaft und die Entsprechungen zum Institut Ehe siehe Schwab 2009, 460.

### 4.5.5 Eheverbote und ihre Rechtsfolgen: Aufhebung (*ch'wiso* 취소 取消) und Nichtigkeit (*muhyo* 무효 無效) der Ehe

In **Deutschland** darf keine Ehe geschlossen werden zwischen Verwandten in gerader Linie sowie zwischen voll- und halbbürtigen Geschwistern.[526] Es besteht also z. B. zwischen Onkel und Nichte, Vetter und Kusine keinerlei Hindernis. Verboten ist auch Bigamie/Doppelehe.[527] Dieses Verbot gilt seit 1. Januar 2005 auch für eingetragene Lebenspartnerschaften. Eine gegen diese Verbote geschlossene Ehe ist aufhebbar.[528] Personen, zwischen denen keine Blutsverwandtschaft nach § 1307 BGB besteht, aber ein Verwandtschaftsverhältnis gleicher Art durch Adoption begründet ist, sollen einander nicht heiraten (§ 1308 Abs. 1 BGB). Das gilt nicht mehr, wenn das Annahmeverhältnis aufgelöst worden ist. Das Familiengericht kann in der Seitenlinie, z. B. Verschwisterten, Befreiung erteilen (§ 1308 Abs. 2 BGB). Ein Verstoß bleibt allerdings sanktionslos. Zwar müsste der Standesbeamte seine Mitwirkung an einer solchen Eheschließung verweigern, ist die Ehe aber trotzdem geschlossen, so ist sie gültig.[529]

In **Korea** darf eine Ehe nicht geschlossen werden unter Blutsverwandten bis zum achten Grad und zwischen Verschwägerten in gerader Linie.[530] Eine dennoch erfolgte Eheschließung ist nichtig. Eine Ehe unter Verschwägerten bis zum 6. Grad ist aufhebbar. Auch nach dem ZG gilt ein Bigamieverbot. Die Doppelehe ist nur anfechtbar (Art. 816 ZG). Auch in Korea gibt es ein Eheverbot unter Verwandten kraft Adoption. Wenn ein Adoptiveltern-Kind-Verhältnis einmal bestanden hat, ist jede Ehe zwischen diesen Personen nichtig.

Die Gesetze beider Länder kennen unterschiedliche Rechtsfolgen bei Verstößen gegen Eheverbote: Ein Rechtsakt (Ehe, Vertrag, Kündigung, Genehmigung, Gesetz, Satzung, usw.) ist nichtig, wenn er von Anfang an keine rechtlichen Wirkungen entfaltet. Er muss dann von niemandem beachtet werden, ist rechtlich nicht existent. Wird eine Ehe für nichtig erklärt, ist in der Folge so zu verfahren, als ob diese Ehe niemals bestanden hätte (Wirkung *ex tunc* / von Anfang an). Die Nichtigerklärung einer Ehe ist demzufolge grundsätzlich von einer Auflösung mit Wirkung *ex nunc* (vom Auflösungszeitpunkt an) zu unterscheiden, wie sie etwa durch die Ehescheidung oder die Eheaufhebung bewirkt werden kann.

In **Deutschland** gibt es keine nichtige Ehe mehr; das BGB kennt seit dem Eheschließungsrechtsgesetz[531] vom 04. Mai 1998 nur noch die Aufhebbarkeit der

---

526 § 1307 Abs. 1 BGB.
527 § 1306 BGB; Art. 810, 818 ZG
528 § 1314 Abs. 1 BGB.
529 §§ 1766 S. 1, 1314 BGB; siehe Schwab 2009, 48–50 (Rn. 92–95).
530 Art. 809 ZG.
531 Gesetz zur Neuordnung des Eheschließungsrechts (EheschlRG), in Kraft seit 1. Juli. 1998 (BGBl. I, 833).

Ehe mit Wirkung für die Zukunft (*ex nunc*).[532] Bis dahin waren Nichtigkeitsgründe nach dem deutschen Ehegesetz (§§ 17–22) insb. Formmangel, Mangel der Geschäftsfähigkeit, Doppelehe, Verwandtschaftsehe. Die Folgen waren gravierend: Keine Unterhaltsansprüche, Verlust einer durch Eheschließung erworbenen Staatsangehörigkeit, nichteheliche Kinder, keine Vermögensansprüche etc. Der Gesetzgeber geht heute davon aus, dass es unbillig wäre, einen ganzen Lebensabschnitt, in dem die Beteiligten zumindest dem öffentlichen Anschein und oft auch der eigenen Überzeugung nach verheiratet waren, rechtlich als quasi ‚nicht gewesen' einzustufen, selbst wenn es objektive Gründe dafür gab, dass die Eheschließung eigentlich als nicht zustande gekommen hätte angesehen werden müssen.

Aufhebungsgründe mit unterschiedlichen Heilungsmöglichkeiten sind in § 1314 BGB geregelt: Verstöße gegen die Bestimmungen über Ehemündigkeit, Geschäftsunfähigkeit, Doppelehe, Verwandtschaft und Adoption, Täuschung, Drohung, Willensmängel und bei ‚Scheinehe' (wenn sich beide Ehegatten bei der Eheschließung darüber einig waren, dass sie keine Verpflichtung gemäß § 1353 Abs. 1 BGB begründen wollen).

In **Korea** ist eine Ehe nach Artikel 815 ZG in folgenden Fällen nichtig:

1. Bei fehlendem übereinstimmendem Willen zwischen den Eheschließenden über die Eheschließung (z. B. Scheinehe),
2. bei Verstoß gegen Art. 809 Abs. 1 (Eheschließung zwischen Blutsverwandten bis zum 8. Grad einschließlich der Blutsverwandten des Adoptivkindes vor der Voll-Adoption),
3. bei bestehender oder früherer Schwägerschaft zwischen den Eheschließenden in gerader Linie (Schwiegervater usw.),
4. bei Blutsverwandtschaft in gerader Linie kraft traditioneller Adoption.

Genaueres über die Nichtigkeitserklärung ist im ZG nicht zu finden. Es gibt verschiedene Ansichten, ob eine Ehe, für die Gründe zur Nichtigkeit vorliegen, automatisch unwirksam ist oder ob die Wirkungen erst nach Feststellung der Nichtigkeit der Ehe eintreten. Nach herrschender Meinung[533] gibt es keine automatische Nichtigkeit einer Ehe. Bis zur Feststellung der Nichtigkeit ist so zu verfahren, als ob die Ehe wirksam ist. Nach förmlicher Feststellung der Nichtigkeit ist sie dann als von Anfang an (*ex tunc*) nicht existent zu betrachten. So sind z. B. die in dieser Beziehung geborenen Kinder außereheliche Kinder. Auch ein unschuldig Betroffener hat kein Recht auf Vermögensaufteilung des während der nichtigen Ehe erworbenen Vermögens, er hat aber immerhin einen Schadensersatzanspruch.

Dagegen ist die Aufhebung der Ehe ziemlich detailliert geregelt (Artikel 817 und 818 Antragsberechtigte auf Aufhebung der Ehe; Artikel 819–823 Erlöschen der Antragsbefugnis). Sie wirkt wie die Ehescheidung *ex nunc*, so dass die Kinder

---

532 Siehe Schwab 2009, 45–46 (Rn. 86–87); § 1314 BGB.
533 Siehe Chŏng 1962, 517; Lee S. Y. 1989, 311.

eheliche Kinder sind und bleiben (Artikel 824 ZG: Die Aufhebung der Ehe hat keine Rückwirkung.).

Artikel 816 regelt die Gründe für die Aufhebung der Ehe:[534]

1. Wenn die Ehe unter Verletzung der Bestimmungen der Art. 807 bis 809 (ausgenommen die Fälle, die gemäß Art. 815 zur Nichtigkeit der Ehe führen; das gleiche gilt bei Art. 817, 820) oder Art. 810 geschlossen wurde; [z.B. Eheschließung unter 18 Jahren; bei zustimmungsbedürftigen Ehen ohne Zustimmung; Eheverbot zwischen weiten Verwandten; Doppelehe].
2. Wenn ein Ehegatte zur Zeit der Eheschließung nicht gewusst hat, dass der andere unter einer bösartigen Krankheit leidet oder in dessen Person ein ähnlich schwerwiegender Grund vorliegt, weswegen eine Fortsetzung der Ehe nicht zumutbar ist.
3. Wenn die Willenserklärung zur Eheschließung durch arglistige Täuschung oder Drohung herbeigeführt worden ist.

Terminologisch von der nichtigen Ehe zu unterscheiden ist die Nichtehe (matrimonium non existens), bei der wegen gravierenden Fehlern bei der Eheschließung gar keine Ehe zustandekam. Dies gilt in Deutschland, wenn die Ehe nicht vor einem Standesbeamten geschlossen wurde, bei den Partnern es sich nicht um Personen verschiedenen Geschlechts handelt oder es am beidseitigen Ehekonsens fehlt. Für solche Beziehungen gibt es weder Aufhebung noch Scheidung. Diese Nicht-Ehe kann im Koreanischen als *honinŭi pulsŏngnip* 혼인의 불성립 婚姻의 不成立 (etwa: nicht zustande gekommene Ehe) bezeichnet werden.

Wegen der gravierenden Unterschiede in den Rechtsfolgen ist bei der Übersetzung besonders sorgfältig mit diesen Begriffen umzugehen (Übersetzungsfehler vgl. 5.2.4.3.4).

### 4.5.6 Ehe- und Familiennamen (*sŏng* 성 姓)

Wollen die Ehegatten in **Deutschland** einen Ehenamen bestimmen, so stehen ihnen zur Wahl: der Geburtsname der Frau, der Geburtsname des Mannes, ferner der von Mann oder Frau zur Zeit der Ehenamensbestimmung geführte Name (§ 1355 Abs. 2 BGB), selbst wenn dieser aus einer früheren Ehe stammt. Wird ein gemeinsamer Ehename gewählt, so bildet dieser auch den Familiennamen der gemeinschaftlichen Kinder (§ 1616 BGB). Wird kein Ehename bestimmt, so führen die Ehegatten diejenigen Namen, die sie zur Zeit der Eheschließung getragen haben, nach der Heirat weiter (§ 1355 Abs. 1 S. 3 BGB). Wird kein Ehename bestimmt, so muss der Name gemeinsamer Kinder eigens bestimmt werden.

534 Wer eine Klage auf Aufhebung der Ehe erheben will, muss gemäß Art. 2 und 50 GVFam zuerst beim Familiengericht ein Schlichtungsverfahren beantragen.

*Tabelle 5: Namensbegriffe in Deutschland:*[535]

| | |
|---|---|
| **Ehename** | der gemeinsam geführte Familienname beider Ehegatten |
| **Familienname** | der personenstandsrechtlich zu führende Name im Unterschied zum Vornamen |
| **Geburtsname** | der zur Zeit des Wirksamkeitwerdens der Erklärung über die Ehenamensbestimmung gegenüber dem Standesamt in das Geburtsregister und die Geburtsurkunde einzutragende Familienname eines Ehegatten, also der ohne jede Ehe geführte Familienname |
| **Aktuell geführter Name**<br>**Gebrauchsname** | aktuell geführter Name ist der personenstandsrechtlich zu führende Name z.B. bei der Eheschließung<br>ein Gebrauchsname (Künstlername, Pseudonym, Wahlname) ist kein Familienname |
| **Begleitname** | persönlicher Namenszusatz: ein vorehelicher Name eines Ehegatten, dessen Name nicht Ehename wird, dem Ehenamen vorangestellt od. angefügt |
| **(Echter/unechter) Doppelname** | aus mehreren Bestandteilen bestehender Familienname: Echte Doppelnamen sind zusammengesetzte Namen, die eine grundsätzlich untrennbare Einheit bilden; unechte Doppelnamen sind, wenn einem Namen ein weiterer hinzugefügt wird und diese Verbindung vom Namensträger wieder aufgelöst werden kann (z.B. Beifügung eines Begleitnamens zu einem Ehenamen) |

Dies war und ist in **Korea** nicht so. Weitergegeben wird der Name des Vaters. Frauen behalten auch bei Eheschließung ihren bisherigen Familiennamen. Aus diesem Grund existiert der Begriff ‚Mädchenname der Mutter' in Korea nicht. Gemäß Art. 781 ZG können aber Kinder nunmehr auch den Namen der Mutter tragen.[536] Jedoch muss diese Entscheidung bereits vor der Registrierung der Ehe getroffen werden.

> Artikel 781 (Familienname und Stammsitzbezeichnung des Kindes)
>
> (1) Das Kind erhält den Familiennamen und die Stammsitzbezeichnung des Vaters. Haben die Eltern des Kindes bei der Registrierung der Ehe vereinbart, dass das Kind den Familiennamen und die Stammsitzbezeichnung der Mutter annimmt, erhält das Kind den Familiennamen und die Stammsitzbezeichnung der Mutter.
>
> [...]

535 Unterschiedliche Begriffe um Namen siehe auch MüKo BGB 2013, 225–227, Rn. 6–11.

536 Diese Änderung trat am 1. Januar 2008 in Kraft.

(5) Ist ein außereheliches Kind anerkannt worden, kann das Kind nach Vereinbarung der Eltern weiterhin den vorherigen Familiennamen und die Stammsitzbezeichnung verwenden. [...].

(6) Wenn die Änderung des Familiennamens und der Stammsitzbezeichnung des Kindes für das Wohl des Kindes nötig ist, können sie auf Antrag des Vaters der Mutter oder des Kindes mit Genehmigung des Gerichts geändert werden. [...].

Ein koreanischer Personenname besteht aus einem meist einsilbigen Familiennamen (*sŏng* 성 姓) und einem zweisilbigen persönlichen Namen (*irŭm* 이름), beides meist in sinokoreanisch. Der gesamte Personenname heißt mit der amtskoreanischen Bezeichnung *sŏngmyŏng* 성명 姓名, was auch öfter auf Formularen zu finden ist. Relevant in diesem Zusammenhang ist die Stammsitzbezeichnung *pon* 본 本, die traditionell in *chokpo* 족보 族譜 (Aufzeichnung über den Stammbaum) festgehalten und im Personenregister mitgeführt wird. Stammsitz ist der Ort, an dem der Urahne seine Abstammung begründet haben soll. Um unterscheiden zu können, ob zwei Personen mit demselben Familiennamen (von denen es landesweit insgesamt nur etwa 250 gibt[537]) derselben Familie angehören, werden sie oft nach ihrem *pon* gefragt.

## 4.5.7 Ehevertrag (*pubujaesan'gyeyak* 부부재산계약 夫婦財產契約) und gesetzlicher Güterstand (*pŏpchŏngjaesanje* 법정재산제 法定財產制)

In **Deutschland** ist der Ehevertrag im BGB als der Vertrag definiert, durch den Ehegatten „ihre güterrechtlichen Verhältnisse regeln".[538] Darunter werden die auf die Ehe bezogenen Vermögensbeziehungen der Ehegatten verstanden. Der gesetzlich vorgesehene Güterstand[539] ist die Zugewinngemeinschaft, die dann anzuwenden ist, wenn weder Gütertrennung noch Gütergemeinschaft bestimmt ist (§ 1363 Abs. 1 BGB). In der Zugewinngemeinschaft als gesetzlicher ‚Normalform' des ehelichen Güterstandes sind das Vermögen des Mannes und der Frau wie bei Gütertrennung getrennt zu behandeln. Jeder Ehegatte behält bei Eheschließung sein eigenes Vermögen, vermehrt oder mindert es auch während der Ehe und verwaltet

537 Nach der Statistik betrug die Einwohnerzahl im Jahr 2010 in Korea 48.580.293. Davon tragen 948.600 den Familiennamen Yun, der sich jedoch in 9 verschiedene Stammsitze gliedert. Davon sind Yun aus P'ap'yŏng am meisten verbreitet (713.947). Den häufigsten Familiennamen Kim trugen 2010 sogar 9.925.949 Personen, Kim aus Kimhae davon fast die Hälfte. Hier sieht man auch, wie abstrus die Regelung des Eheverbots zwischen den Personen war, die gleiche Familiennamen und gleiche Stammsitzbezeichnung tragen. (Alle statistischen Daten aus http://kosis.kr/statisticsList/statisticsList_01List.jsp?vwcd=MT_ZTITLE&parentId=A, der Seite des koreanischen Statistischen Amts – zuletzt abgerufen am 12. 06. 2014.)

538 § 1408 Abs. 1 BGB.

539 § 1415 ff. BGB.

es selbst (§ 1365 BGB). Die Eigentumsverhältnisse von Mann und Frau ändern sich nicht durch die Eheschließung (§ 1363 Abs. 2 BGB). Bei Scheidung ist dann ein Ausgleich zwischen dem ‚Zugewinn' beider Partner vorzunehmen. Dies ist grundsätzlich für die Fälle der typischen ‚Einverdienerehe' konzipiert. Für anders gestaltete Ehen sind abweichende Vereinbarungen sinnvoll und durch Ehevertrag möglich. Damit kann der Güterstand frei bestimmt werden, so dass Gütergemeinschaft oder Gütertrennung, aber auch jedwede Modifizierung möglich sind. Der Ehevertrag kann sowohl vor als auch nach der Eheschließung geschlossen, geändert oder aufgehoben werden.

Bei der Gütergemeinschaft gehört im Prinzip alles beiden gemeinsam, soweit es nicht ausdrücklich einem Gatten ausschließlich zugewiesen ist (Vorbehaltsgut) oder nicht rechtsverkehrsfähig ist (Sondergut). Bei der Gütertrennung wird das Vermögen ebenso wie bei der gesetzlichen Zugewinngemeinschaft strikt getrennt, es findet aber kein Zugewinnausgleich statt. Errungenschaftsgemeinschaft dagegen bedeutet, dass bis zur Eheschließung erworbenes Vermögen getrennt bleibt, während nach der Eheschließung erworbenes Vermögen grundsätzlich gemeinschaftliches Vermögen wird.[540] Letztere ist in Deutschland nicht gesetzlich geregelt, kann aber im Ehevertrag vereinbart werden.

Bis 1983 war bei der Wahl des Güterrechts in multinationalen Ehen in Deutschland ausschließlich die Staatsangehörigkeit des Mannes entscheidend, was das BVerfG jedoch als einen Verstoß gegen den Grundsatz der Gleichberechtigung betrachtete und für verfassungswidrig erklärte.[541] Daraufhin wurden die Vorschriften des EGBGB angepasst und die Möglichkeit der Wahl des Güterstandes eingeführt. Für das anzuwendende Recht maßgeblich ist dabei der gewöhnliche Aufenthalt zum Zeitpunkt der Eheschließung.

In **Korea** regelt der Ehevertrag die güterrechtliche Vereinbarung, was bereits die Bezeichnung ‚*pubujaesan'gyeyak* 부부재산계약 夫婦財産契約 (Ehegatten-Vermögens-Vertrag)' verrät, während die deutsche Bezeichnung keinen Bezug auf einen bestimmten Inhalt des Vertrages enthält. Durch Vertrag können die Ehegatten (genau genommen Verlobten) ihre güterrechtlichen Verhältnisse nur wirksam regeln, indem sie einen solchen Ehe-Vermögens-Vertrag vor der Eheschließung (vor der Ehe-Anmeldung) abschließen.[542] Wird kein solcher Vertrag vor der Ehe geschlossen, gilt dauerhaft der gesetzliche Güterstand.

Gesetzlicher Güterstand in Korea ist die Gütertrennung (*pububyŏlsanje* 부부별산제 夫婦別産制, Art. 830 Abs. 1, Art. 832 ZG). Das anfängliche eigene Vermögen, das bereits vor der Eheschließung erworben worden ist, und Vermögen, welches ein Ehegatte während der Ehe in seinem Namen erworben hat, bilden das alleinige Vermögen des jeweiligen Ehegatten. In der Ehe kann aber auch Gemeinschaftseigentum

540 Zu den Möglichkeiten vgl Bergmann/Ferid, Internationales Ehe- und Kindschaftsrecht und online unter www.vfst.de

541 1 BvL 17/81 vom 22.02.1983.

542 Art. 829 ZG

entstehen, so dass anlässlich der Scheidung insoweit eine Vermögensauseinandersetzung erforderlich wird. Art. 830 Abs. 2 ZG stellt die gesetzliche Vermutung auf, dass bei Vermögen, bei dem ungewiss ist, ob es dem Ehemann oder der Ehefrau gehört, angenommen wird, dass es ihnen gemeinsam gehört. Bei Nichteinigung entscheidet das Gericht nach seinem Ermessen. Beide Ehegatten tragen die Lebenshaltungskosten gemeinsam, sofern keine besondere Abmachung getroffen worden ist (Art. 833 ZG), und haften gesamtschuldnerisch für die aus den täglichen häuslichen Angelegenheiten entstehenden Schulden (Art. 832 ZG).

Über einen Ehevertrag können abweichend vom gesetzlichen Güterstand die Vermögensverhältnisse für eine Ehe völlig frei gestaltet werden. Nach dem ZG ist der Ehevertrag ausschließlich als güterrechtlicher und nur als vorehelicher Vertrag zulässig. Nur wenn triftige Gründe vorliegen, ist eine Änderung mit Genehmigung des Gerichts möglich (Art. 829 Abs. 2 ZG). Der güterrechtliche Vertrag ist spätestens bis zur Eheschließung einzutragen. Erfolgt die Eintragung des Vertrages nicht rechtzeitig, so kann er weder den Rechtsnachfolgern der Ehegatten noch Dritten entgegengehalten werden (Art. 829 ZG). Alle anderen Regelungen zwischen Eheleuten unterliegen dem ‚normalen' Vertragsrecht und werden deshalb im Rechtssinne nicht als Ehevertrag bezeichnet.[543]

Für Sonderfälle wie ungewollte oder verschleiernde Zuordnung, Verschwendung, Beiseiteschaffen u. dgl. gibt es in beiden Rechtsordnungen Regelungen zu Ausgleich oder Ersatz.

Bei Übersetzungen ist besonders zu beachten: Die deutsche Zugewinngemeinschaft ist eine Unterform der Gütertrennung mit Ausgleichsanspruch bei Beendigung des Güterstandes, aber ohne dingliche Beteiligung am Vermögen des anderen Ehegatten.[544] Bei der Übersetzung des deutschen Begriffs ‚Zugewinngemeinschaft' ins Koreanische kann es leicht zu Missverständnissen kommen. Es empfiehlt sich, den Aspekt der Gütertrennung mit einem späteren Ausgleich je nach Kontext als solche ‚Gütertrennung *pububyŏlsanje* 부부별산제 夫婦別産制 mit Ausgleich' zu bezeichnen oder sie in Anmerkungen zu erläutern. Zwischen dem deutschen und dem koreanischen Ehevertrag bestehen erhebliche rechtliche Unterschiede.[545] Diese sind bei Rechtsvergleichungen und Übersetzungen zu beachten, ggf. ist darauf hinzuweisen. ‚Ehevertrag' und sonstige eheliche Verträge sind nach koreanischem Recht strikt zu unterscheiden. Nur der Erstgenannte sollte mit ‚Ehevertrag', besser

543 In Nordkorea kennt man (ähnlich der Errungenschaftsgemeinschaft) das Familienvermögen, bei dem das Anfangsvermögen sowie Erwerb durch Schenkung oder von Todes wegen vom gemeinsamen Vermögen ausgenommen sind. Dies findet sich insbesondere im Rechtskreis des Code Napoleon und in den (ehemals) kommunistisch regierten Staaten (z B. in Osteuropa, Russland und GUS-Staaten, China etc.).

544 Beck'scher Online-Kommentar GBO, Hrsg: Hügel, Autor: Zeiser, BeckOK GBO Internationale Bezüge, Rn 82–82.48, Edition: 14 (Stand: 01.03.2012).

545 Auch Schwab (2009, 34) betont, dass der Ehevertrag nicht mit dem Ehekonsens verwechselt werden darf.

noch mit ‚ehelicher Gütervertrag' übersetzt werden. Für alle anderen Verträge zwischen Eheleuten empfiehlt sich der Begriff ‚eheliche Vereinbarung' oder ‚Vertrag (besser:Vereinbarung) zwischen (den) Eheleuten'.

### 4.5.8 Scheidung (*ihon* 이혼 離婚) und Getrenntleben (*pyŏlgŏ* 별거 別居)

Die Ehe wird durch Tod,[546] Scheidung oder Aufhebung aufgelöst.

Im **deutschen** Recht kommt es bei einer Scheidung auf ein etwaiges Verschulden eines Ehepartners seit 1977 nicht mehr an. Das bis dahin geltende Verschuldensprinzip wurde durch das Zerrüttungsprinzip ersetzt. Einziger Scheidungsgrund ist das Scheitern der Ehe (§ 1565 Abs. 1 S. 1 BGB). Die Scheidung kann nur durch Beschluss des Familiengerichts erfolgen, gleichgültig ob einvernehmlich oder streitig (sog. Scheidungsmonopol).

Getrenntleben wird in Deutschland durch §§ 1361, 1361a, 1361b, 1567 BGB und Art. 18 EGBGB geregelt. Abweichend vom gemeinsprachlichen Gebrauch lautet die Legaldefinition des § 1567 Abs. 1 BGB:

> (1) Die Ehegatten leben getrennt, wenn zwischen ihnen keine häusliche Gemeinschaft besteht und ein Ehegatte sie erkennbar nicht herstellen will, weil er die eheliche Lebensgemeinschaft ablehnt. Die häusliche Gemeinschaft besteht auch dann nicht mehr, wenn die Ehegatten innerhalb der ehelichen Wohnung getrennt leben.

Demnach kann Trennung auch vorliegen, wenn die Ehegatten in derselben Wohnung wohnen. Hier wird auch deutlich, dass der Rechtsbegriff ‚Getrenntleben' kein Synomym für den Rechtsbegriff ‚Aufhebung der häuslichen Gemeinschaft' oder ‚Aufhebung der Lebensgemeinschaft' ist. Das Getrenntleben erfordert außer Nichtbestehen der häuslichen Gemeinschaft auch Trennungswille und Trennungsmotiv.[547] Die Aufhebung der Lebensgemeinschaft ist der umfassendere Begriff.[548]

In **Korea** gilt eine Mischung von Zerrüttungsprinzip (*p'at'anjuŭi* 파탄주의 破綻主意) und Verschuldensprinzip (*yuch'aekchuŭi* 유책주의 有責主意), vor allem bei den wirtschaftlichen Ansprüchen nach der Scheidung. Es gibt keinen nachehelichen Unterhaltsanspruch. Pauschal lässt sich sagen: Bei einvernehmlicher Scheidung gilt das Zerrüttungsprinzip, bei gerichtlicher Scheidung das Verschuldensprinzip. Aus letzterem können sich Schadensersatz- und Schmerzensgeldansprüche ergeben.

Das koreanische Familienrecht kennt die Scheidung in beiderseitigem Einvernehmen oder streitig durch Gerichtsbeschluss. Die meisten Scheidungen in Korea erfolgen einvernehmlich.[549]

---

546 Die Ehe wird auch durch die Verschollenheitserklärung aufgelöst, da der Verschollene mit Ablauf der Verschollenheitsfrist als gestorben angesehen wird (Art. 28 ZG).

547 Genaueres über den Begriff Getrenntleben und Auslegung siehe MüKo BGB 2013, 892–911, Rn.1–67.

548 Siehe Schwab 2009, 159.

549 Siehe Tsche 1961, 27; Lee H.-K. 1990, 103–104; Kim/Kim 2011, 70.

Scheidung in gegenseitigem Einvernehmen:

Art. 834 ZG:
Die Ehegatten können sich in gegenseitigem Einvernehmen scheiden lassen.
Art. 836. (Wirksamwerden der Scheidung und Anmeldung)
(1) Die Scheidung in gegenseitigem Einvernehmen ist wirksam, wenn sie nach Bestätigung des Familiengerichts gemäß den Bestimmungen des Gesetzes über das Familienregister angemeldet worden ist.
(2) Die Anmeldung gemäß Abs. 1 hat schriftlich mit den Unterschriften von beiden Parteien und zwei volljährigen Zeugen zu erfolgen.

Diese einvernehmliche Scheidung wird also erst durch Anmeldung bei der Registerbehörde wirksam. Dabei ist eine Bestätigung des Familiengerichts darüber vorzulegen, ob der Parteiwille auf Scheidung wirklich besteht (Art. 75 GRFam). Um diese zu erhalten, muss man sich zunächst vom Familiengericht über rechtliche Bedeutung und Folgen der Scheidung belehren lassen. Die Bestätigung erhält man erst nach Ablauf bestimmter Fristen[550] nach dem Tag der Belehrung. Diese Bedenkfrist ist nicht gleichzusetzen mit der Trennungszeit im deutschen Recht, die dem Scheidungsverfahren vorgelagert ist.[551] Bezüglich des Getrenntlebens gibt es im ZG keine ausdrücklichen Vorschriften.

Zur Scheidung eines Volljährigen unter Vormundschaft/Betreuung ist die Einwilligung seines Vormunds/Betreuers erforderlich (Art. 835 i. V. m. Art. 808 Abs. 2 ZG).

Ein im Ausland ansässiges koreanisches Ehepaar kann die Scheidung beim Leiter der zuständigen auswärtigen Vertretung anmelden. Dieser leitet die Anmeldung mit einer schriftlichen Darlegung des Scheidungswillens der beiden Parteien unverzüglich an das Familiengericht Seoul weiter, nachdem er den Scheidungswillen der beiden Parteien bestätigt hat. Anhand dieser Dokumente kann der Scheidungswille der beiden Parteien vom Familiengericht Seoul bestätigt werden (Art. 88 Durchführungsbestimmungen zum GRFam). Dem Leiter der zuständigen auswärtigen Vertretung wird eine Ausfertigung übersandt.

Gerichtliche Scheidung:

Vor Einleitung der gerichtlichen Scheidung müssen die Eheleute eine Schlichtung versuchen (Art. 2 Abs. 1, Art. 50 GVFam, sog. ‚obligatorisches Schlichtungsverfahren *chojŏngjŏnch'ijuŭi* 조정전치주의 調停前置主義'). Wenn die Schlichtung zustande kommt und protokolliert wird, hat diese die gleiche Wirkung wie eine gerichtliche Entscheidung (Art. 59 Abs. 2 GVFam), die Ehe wird damit aufgelöst. Wenn ohne vorheriges Schlichtungsverfahren der Scheidungsprozess durch die Parteien ein-

550 Sie unterscheiden sich danach, ob das Ehepaar ein unterhalts- und erziehungsberechtigtes Kind (einschließlich ungeborener Leibesfrucht) hat oder nicht (Art. 836-bis ZG). Im ersten Fall muss die Scheidungsvereinbarung ausreichende Regelungen zum Verhältnis zwischen beiden Eltern und Kind enthalten.

551 Zu unterschiedlichen Regelungen zur Vermeidung übereilter Scheidung in verschiedenen Staaten siehe Meixner 1999, 106–108.

geleitet wird, muss das Familiengericht diesen Fall auf die Schlichtung verweisen. Beim Vorliegen von Hinweisen, dass dadurch kein Ergebnis erzielt werden kann, kann die Schlichtung entfallen. Die Parteien können, sofern die Schlichtung nicht zustande gekommen ist oder der Antrag vom Schlichtungsausschuss abgewiesen wurde, beim Familiengericht binnen zwei Wochen nach Zustellung der Ausfertigung des Protokolls oder auch bereits davor schriftlich eine Gerichtsentscheidung beantragen (Art. 49 GVFam i. V. m. Art. 34 Gesetz über die Zivilschlichtung).

Die gerichtliche Scheidung setzt besondere Scheidungsgründe voraus:

> Art. 840 (Gründe für die Scheidung durch Urteil/ Gründe für die gerichtliche Scheidung) .
>
> Jeder Ehegatte kann in einem der folgenden Fälle die Scheidung der Ehe beim Familiengericht beantragen, wenn:
> 1. der andere Ehegatte eine ehewidrige Handlung begangen hat;
> 2. er von dem anderen Ehegatten böswillig verlassen worden ist;
> 3. er von dem anderen Ehegatten oder einem seiner Verwandten in gerader aufsteigender Linie schwer misshandelt worden ist;
> 4. einer seiner Verwandten in gerader aufsteigender Linie von dem anderen Ehegatten schwer misshandelt worden ist;
> 5. seit mehr als drei Jahren ungewiss ist, ob der andere Ehegatte noch am Leben ist;
> 6. andere wichtige Gründe vorliegen, die die Fortsetzung der Ehe erschweren.

Der letzte Grund entspricht nach seinem Wortlaut dem Zerrüttungsprinzip, während die vorangehenden Scheidungsgründe dem Verschuldensprinzip folgen.

Wenn die Scheidung durch Schlichtungsprotokoll oder Gerichtsbeschluss ausgesprochen wurde, muss der Antragsteller binnen eines Monats bei der Familienregisterbehörde die Scheidung anmelden (Art. 78 und 58 GRFam). Die Scheidung wird nicht durch die Anmeldung, sondern durch das Protokoll bzw. den Gerichtsbeschluss wirksam (Art. 12 GVFam), wobei sich ihre Wirkung auch auf Dritte erstreckt (Art. 21 Abs. 1 GVFam).

Bei der Übersetzung ist Vorsicht geboten. Bei gerichtlichen Entscheidungen ist deren Form zu beachten (Urteil oder Beschluss – vgl. 4.6.3; ggf. auch Schlichtungsprotokoll). Ansonsten sollte es nicht zu Problemen kommen. Anders bei der Scheidung in gegenseitigem Einvernehmen: In Deutschland kann auch diese – trotz der Bezeichnung – nur durch Gerichtsbeschluss erfolgen. In Korea ist das Verfahren anders – wie oben aufgezeigt – geregelt. ECKARDT legt dar, dass juristische Laien unter dem Begriff „einverständliche Scheidung“ eine gütliche Trennung ohne Streitigkeiten verstehen,[552] während deutsche Juristen darunter die Voraussetzungen aus § 1565 Abs. 1 in Verbindung mit § 1566 Abs. 1 BGB verstehen. Deshalb ist für den koreanischen Begriff *hyŏbŭisangŭi ihon* 협의상의 이혼 協議上의 離婚 nicht ‚einverständliche Scheidung‘, sondern ‚einvernehmliche Scheidung‘ oder ‚Scheidung in gegenseitigem Einvernehmen‘ zu empfehlen. Zwar existiert hier der Begriff einverständliche Scheidung im deutschen Recht, ist aber schon für den anderen Begriffs-

552 ECKARDT 2000, 31, 109.

inhalt besetzt. Durch eine unterschiedliche Bezeichnung wird auf die Unterschiede zwischen diesen Rechtsinstituten in Deutschland und Korea hingewiesen.

Außerdem ist die Auflösung der Ehe von der Aufhebung der Ehe zu unterscheiden. Auflösung der Ehe ist ein Oberbegriff für die Eheaufhebung, Ehescheidung und Eheauflösung durch Tod.

Auch die ‚Aufhebung der Lebenspartnerschaft' ist terminologisch von der Ehescheidung zu unterscheiden. Bei der Ehe zwischen Mann und Frau gibt es zwei Möglichkeiten um die Ehe aufzulösen: Aufhebung der Ehe erfolgt aus Gründen, die wie Doppelehe bereits bei der Eheschließung vorlagen, Ehescheidung dagegen aus Gründen, die nach der Eheschließung eingetreten sind, typischerweise Zerrüttung der Ehe. Bei der Lebenspartnerschaft gibt es diese Unterschiede nicht. Hier spricht man immer von Aufhebung der Lebenspartnerschaft.[553]

### 4.5.9 Scheidungsfolgen, insb. Unterhalt nach Scheidung und Versorgungsausgleich

Durch Scheidung erlöschen die Rechte und Pflichten aus der Ehe. Dennoch gibt es Folgewirkungen.

Das **deutsche** Recht sieht im Rahmen des Zugewinnausgleichs auch einen Versorgungsausgleich vor. Außerdem gibt es einen nachehelichen Unterhaltsanspruch, wenn ein geschiedener Ehegatte seinen bisherigen Lebensstandard nicht selbst sichern kann, weil er zum Beispiel ein gemeinsames Kind betreut, er zu alt oder krank ist, oder wenn er zwar arbeiten kann, aber wesentlich weniger verdient, als es dem Lebensstandard in der Ehe entsprach.[554] Der Versorgungsausgleich im deutschen Recht wurde geschaffen, weil der Ehegatte, der den Haushalt geführt und/oder gemeinsame Kinder betreut und somit keine eigenen Einkünfte bzw. keine eigene Altersversorgung aufgebaut hat, nicht benachteiligt werden soll. Aus diesem Grund werden die in der Ehezeit erworbenen Ansprüche geteilt.[555]

Eine vergleichbare Regelung gibt es in **Korea** nicht. Hier kann sowohl bei einvernehmlicher als auch bei gerichtlicher Scheidung die Aufteilung des Vermögens verlangt werden (*chaesanbunhal ch'ŏnggugwŏn* 재산분할청구권 財産分割請求權, Art. 839-bis, 843 ZG).[556] Der gesetzliche Güterstand ist die Gütertrennung, es gibt keinen zwingenden automatischen Zugewinnausgleich wie nach deutschem Recht, dafür einen Vermögensteilungsanspruch. Dieser basiert darauf, dass es im koreanischen gesetzlichen Güterstand auch gemeinsames Vermögen gibt (Art. 830 Abs. 2), das entweder bewusst gemeinsam angeschafft wird (was natürlich auch nach deutschem Recht möglich ist – z.B. gemeinsames Haus) oder dessen Zuordnung nicht eindeutig vorzunehmen ist (gesetzliche Vermutung für Gemeinschaftsgut).

553 Genaueres über die Auflösung der Lebenspartnerschaft und deren Folge siehe SCHWAB 2009, 468–471.
554 §§ 1569–1578 BGB.
555 § 1587 BGB.
556 Dieser Anspruch gilt auch bei Aufhebung der Ehe und bei der de-facto-Ehe.

Im koreanischen Recht besteht keine gesetzliche Unterhaltspflicht gegenüber geschiedenen Ehegatten. Auch der Aufwand eines geschiedenen Ehegatten für Betreuung eines Kindes ist gesetzlich nicht berücksichtigt (im Gegensatz zu § 1570 BGB). Dies gilt grundsätzlich sowohl bei einvernehmlicher als auch bei nicht einvernehmlicher Scheidung. Es gibt lediglich einen Anspruch auf Teilung des Ehevermögens sowie auf Schmerzensgeld. Wie bei der Auflösung des Verlöbnisses hat der andere Ehegatte bei einer Scheidung wegen Verschuldens gegen den schuldigen Ehegatten einen Schadensersatzanspruch (Art. 843, 806 ZG). Dieser *sonhaebaesang ch'ŏnggugwŏn* 손해배상청구권 損害賠償請求權 kann nach der Rechtsprechung auch gegenüber Dritten, die die Auflösung der Ehe mit herbeigeführt haben, geltend gemacht werden. Zu unterscheiden davon ist *wijaryo* 위자료 慰藉料, was ein Anspruch auf Ersatz des Schadens wegen seelischer Schmerzen ist, also Schmerzensgeld.

Bei der Scheidung, sei es durch Übereinkunft oder durch Urteil, soll grundsätzlich eine Einigung unter den geschiedenen Ehegatten über Unterhalt und Erziehung der Kinder (*yangyuk-kwŏn* 양육권 養育權) erfolgen. Wird eine solche nicht erzielt, muss beim Familiengericht eine entsprechende Entscheidung beantragt werden (Art. 843 i. V. m. Art. 837 Abs. 4 ZG). Dann bestimmt der Richter, was unter Berücksichtigung aller Umstände für die Erziehung des Kindes notwendig ist (Art 837 ZG). Bei gerichtlicher Scheidung entscheidet das Familiengericht von Amts wegen über die elterliche Gewalt (Art. 909 Abs. 5 ZG). Dies gilt auch bei Aufhebung der Ehe und im Anerkennungsverfahren eines nichtehelichen Kinds (Art. 909 Abs. 5 ZG, neu eingefügt am 31. März 2005). Außerdem haben der Elternteil, der nicht das Kind erzieht, und das betroffene Kind das Recht auf persönlichen Umgang (*myŏnjŏp kyosŏpkwŏn* 면접교섭권 面接交涉權) miteinander (Art. 837-bis, Abs. 1 ZG geändert am 21.12. 2007). Vor der Änderung stand dieses Recht nur den Eltern zu; das Kind war bloßes Objekt.

Aus dem bisher Gesagten ergibt sich, dass entsprechende koreanische Regelungen im Scheidungsvertrag und im Rahmen der Schmerzensgeldzahlungen oder Ratenzahlungen zur Erfüllung der Ansprüche aus der Vermögensauseinandersetzung niemals mit ‚Unterhalt' ins Deutsche übersetzt werden dürfen, sondern jeweils konkret zu bezeichnen sind: Bei pauschaleren koreanischen Benennungen z. B. mit ‚finanziellem Nachteilsausgleich' oder eben wortgetreu übersetzt bzw. umschrieben. Denn diese Zahlungen sind nun einmal nicht vergleichbar mit dem nachehelichen Unterhalt im deutschen Recht. Bei der Übersetzung des deutschen ‚Versorgungsausgleichs' empfiehlt sich wiederum aufgrund des Fehlens einer Entsprechung im koreanischen Recht eine umschreibende Übersetzung.[557]

### 4.5.10 Adoption, Annahme als Kind (*ibyang* 입양 入養)

Sowohl in Deutschland als auch in Korea regelt das Adoptionsrecht als Teil des Familienrechts die ‚Annahme als Kind' (früher ‚Annahme an Kindes statt') bzw.

557 Zur explikativen Übersetzung siehe STOLZE 1999, 51–52; zu Rechtsbegriffen und zur Schaffung eines Erklärungsäquivalents ARNTZ/PICHT/MAYER (2002, 157).

'*ibyang* 입양 入養'. Dabei wird zwischen nicht blutsverwandten Personen ein Eltern-Kind-Verhältnis (*ch'inja kwan'gye* 친자관계 親子關係[558]) begründet (Adoptivkind und Adoptiveltern).

In **Deutschland** unterscheidet das BGB seit 1977[559] zwischen einer Adoption minderjähriger Kinder und der von Erwachsenen. Die Adoption minderjähriger Kinder ist heute der Regelfall. Sie ist als sog. Volladoption[560] ausgebildet.[561] Diese beendet jegliche familienrechtliche Bindungen zur ursprünglichen leiblichen Familie. Das Adoptivkind ist eigenen Kindern der Adoptiveltern rechtlich völlig gleichgestellt.[562] Adoptiveltern und Adoptivkind haben gegenseitig die gleichen Rechte und Pflichten wie Eltern und ihre Kinder.[563] Dies gilt auch hinsichtlich der Unterhaltsansprüche und der gesetzlichen Erbfolge. Ebenso ist das Adoptivkind mit den anderen Familienmitgliedern der Adoptiveltern verwandt (Geschwister, Großeltern, Onkel, Tanten usw.). Die Adoptiveltern haben das Sorgerecht über das minderjährige Kind. Dieses erhält auch ihren Familiennamen. Andererseits erlöschen sämtliche Rechte und Pflichten des Kindes gegenüber den bisherigen Eltern und Verwandten. Grundsätzlich muss Konsens zwischen allen Beteiligten vorliegen. Insb. ist die Einwilligung des Kindes erforderlich. Auch die leiblichen Eltern des Kindes müssen in die Adoption einwilligen. Die Adoption ist also ein Konsens, der aber erst durch einen staatlichen Hoheitsakt wirksam wird, denn sie wird durch Beschluss des Familiengerichts auf Antrag des Annehmenden ausgesprochen (sog. Dekretsystem, § 1752 BGB). Die Adoption eines Volljährigen ist nur unter Einschränkungen möglich. Sie hat auch nicht die gleichen Wirkungen wie eine Volladoption. So wird keine Verwandtschaft zu den Familienangehörigen des Adoptierenden begründet. Ausnahmen kann das Familiengericht bestimmen (§§ 1770 ff. BGB). Wegen Einzelheiten sei auf §§ 1741 ff. BGB verwiesen.

Eine Adoption kann nicht rückwirkend (ex tunc) für nichtig erklärt oder aufgehoben werden. Sie kann nur durch das Familiengericht und mit Wirkung für die Zukunft (ex nunc) aufgehoben werden. Dies ist nur zulässig, wenn sie aus schwer-

558 Der koreanische Terminus *ch'inja kwan'gye* ist eine japanische Hinterlassenschaft, dennoch findet er sich immer noch im ZG. Eine Alternative wäre *pumowa chanyŏŭi kwan'gye* 부모와 자녀의 관계 父母와 子女의 關係.

559 Adoptionsgesetz, BGBl. I 1976, 1749, in Kraft getreten zum 1. 1. 1977.

560 Kim/Kim (2011, 323) erläutert, dass in westlichen Kreisen der Begriff „Volladoption" allgemein gebräuchlich ist und *ch'inyangja* der koreanisierte Ausdruck des entsprechenden Begriffs sei.

561 Vor 1961 überwog noch die Volljährigenadoption, weshalb die gesetzlichen Regelungen daran orientiert waren. Z. B. musste der Adoptierende mindestens 50 Jahre alt sein. Zur Tendenz von einer sog. einfachen Adoption zur Volladoption in Europa siehe Frank 2002. Zu Unterschieden der Rechtslage vor und nach dem 1. Januar 1977 siehe MüKo BGB 2012, 1053–1059, Rn. 15.

562 Kim/Kim 2011, 355.

563 Auch in Korea: Art. 908 tri ZG „Durch Volladoption Adoptierte gelten als in der Ehe geboren".

wiegenden Gründen zum Wohl des Kindes erforderlich ist und das Kind dadurch nicht familienlos wird (§ 1763 BGB).

Das **koreanische** ZG unterscheidet heute *yangja* 양자 養子[564] (traditionelle Adoption) und *ch'inyangja* 친양자 親養子 (Volladoption), wobei die traditionelle Adoption eine sog. schwache Adoption darstellt. Dabei bleibt das Adoptivkind mit seiner bisherigen Familie rechtlich verbunden,[565] die familienrechtlichen Bande zur Ursprungsfamilie werden also nicht durchgeschnitten, es ist nur in einzelnen Beziehungen (z. B. Sorgerecht, Unterhalt, Elterliche Gewalt) einem leiblichen Kind des Annehmenden gleichgestellt. Von ihr ist auch die Rede, wenn man ohne Zusatz einfach ‚Adoption' sagt.

Diese Adoption[566] nach herkömmlichem koreanischem Recht diente früher vor allem dem Erhalt einer ansonsten aussterbenden Familien-Linie.[567] Es gibt sie nach wie vor. Sie kommt durch übereinstimmende Willenserklärungen zwischen Adoptierendem und Adoptivkind zustande (sog. Vertragssystem). Voraussetzung ist, dass der Annehmende volljährig ist (unabhängig davon, ob er verheiratet oder ledig ist, und auch derjenige, der durch Eheschließung als volljährig gilt),[568] der Angenommene kein Verwandter in aufsteigender Linie und auch nicht älter als der Annehmende ist.[569] Das Adoptivkind erhält nicht den Familiennamen des Adoptivvaters. Zahlreiche Bestimmungen, in denen sich der traditionelle Abstammungs- und Nachfolgegedanke widerspiegelt, wurden allerdings mit Gesetz vom 13. 01. 1990 aufgehoben, wie die Adoption post mortem (Art. 867, 858, 879, 890 ZG a. F.), das Verbot der Adoption des ältesten Sohnes außer zur Nachfolge des Familienoberhauptes (Art. 875 ZG a. F.), die Adoption eines Mannes als Schwiegersohn (Art. 876 ZG a. F.) usw.

Die Volladoption und die gesetzlichen Regelungen im ZG dazu wurden erst am 31. 03. 2005 eingeführt.[570] Voraussetzung dafür ist,[571] dass Eheleute seit der Eheschließung mindestens drei Jahre zusammenleben. Sie können ein Kind nur gemeinschaftlich adoptieren, nicht ein Ehegatte allein. Ein Ehegatte darf jedoch das Kind des anderen Ehegatten annehmen (sog. Stiefkind-Adoption, die häufigste Ad-

564 In der Literatur findet sich dafür auch die Bezeichnug *pot'ongyangja* 보통양자 普通養子 (etwa: gewöhnliche normale Adoption).

565 Das Adoptivkind behält sogar seinen Familiennamen und ist Erbe sowohl der Adoptiveltern als auch der leiblichen Eltern. Genaueres siehe Kim/Kim 2011, 340–341.

566 Geregelt in Art. 866–908 ZG.

567 Da in der koreanischen Gesellschaft dies und überhaupt Abstammung und Familienzugehörigkeit über lange Zeiten von besonderer Bedeutung waren, kam es öfters vor, dass die ‚Adoptiveltern' fälschlicherweise das ‚Adoptivkind' als leibliches in der Geburtsurkunde eintragen ließen (sogenannte ‚Geheimadoption *pimil ibyang* 비밀입양 秘謐入養'). Siehe dazu auch Kim/Kim 2011, 349–353.

568 Art. 866 ZG.

569 Art. 877 Abs. 1 ZG.

570 Art. 908 bis, ter, quater, quīnqiēs, sexiēs, septies, octies ZG, zum 01.01.2008 in Kraft getreten.

571 Art. 908-bis ZG.

optionsform). In diesem Fall reicht das einjährige Zusammenleben. Ein Kind darf nur volladoptiert werden, wenn es minderjährig ist.[572]

Bei der Volladoption wie auch bei der herkömmlichen Adoption Minderjähriger gelten außerdem folgende Regelungen:[573] Für jede Adoption eines Minderjährigen muss nunmehr die Erlaubnis (*hŏga* 허가 許可) des Familiengerichts eingeholt werden.[574] Das Gericht kann nach der Überprüfung von Adoptionsmotiv, finanzieller Lage der Adoptierenden etc. unter dem Gesichtspunkt des Kindeswohls auch die Erlaubnis versagen (Art. 867 ZG). Grundsätzlich müssen die leiblichen Eltern des Kindes in die Adoption einwilligen. Ein Kind unter 13 Jahren kann nur dadurch adoptiert werden, dass sein gesetzlicher Vertreter die Adoption annimmt (*sŭngnak* 승낙 承諾 – Art. 869 Abs. 2 ZG). Hat das Kind das 13. Lebensjahr erreicht, bedarf es der Zustimmung (*tongŭi* 동의 同意) des gesetzlichen Vertreters. Das Familiengericht kann unter bestimmten Umständen auch ohne diese Zustimmung die Adoption genehmigen.

Die traditionelle Adoption kann nach Art. 898 ZG auch durch Einigung zwischen Annehmendem und Angenommenem (wie bei der einvernehmlichen Scheidung) aufgehoben werden (*p'ayang*). Die Auflösung des Volladoptionsverhältnisses ist dagegen nur unter strengen Voraussetzungen durch gerichtliche Entscheidung möglich.[575]

*Tabelle 6: Vergleich der Regelungen für traditionelle Adoption und Volladoption*

| | ***Ilban-ibyang***[576] | ***ch'inyangja-ibyang*** |
|---|---|---|
| **Geregelt in** | Art. 866 bis Art. 908 ZG | Art. 908 bis, ter, quater, quīnqiēs, sexiēs, septies, octies ZG |
| **System; Typen** | Vertragssystem; schwache Adoption, i. d. R. Erwachsenenadoption | Dekretsystem; Volladoption, Minderjährigenadoption |
| **Adoptierende** | Volljährig, älter als das Adoptivkind (Art. 866 ZG) | i. d. R. drei Jahre oder mehr verheiratet (bei der Stiefkind-Adoption ein Jahr oder mehr) |
| **Entstehung** | i. d. R. gegenseitiges Einvernehmen, Anmeldung bei der Familienregisterbehörde (bei der Minderjährigenadoption Erlaubnis durch das Familiengericht) | Erlaubnis durch das Familiengericht |

572 Art. 908-bis Abs. 1 Nr. 2 ZG.
573 Geändert am 10. Februar 2012, Gesetzesnummer 11300, in Kraft getreten am 10. Februar 2012.
574 Art. 869 ZG.
575 Art. 905- quīnqiēs.
576 Diese Bezeichnung (zusätzlich ‚*ilban*', statt einfach ‚*ibyang*',) findet sich oft in Literatur oder Merkblättern. *Ilban* bedeutet ‚normal, Standard, gewöhnlich'.

| | ***Ilban-ibyang***[576] | ***ch'inyangja-ibyang*** |
|---|---|---|
| **Auflösung** | – Nichtigkeitsfeststellung durch Familiengericht (ex tunc)<br>– Aufhebung durch Familiengericht wg. rechtsfehlerhaften Zustandekommens<br>– Gerichtliche oder einvernehmliche *P'ayang* (Aufhebung aufgrund später eingetretener Umstände – wie bei Ehescheidung) | (keine Nichtigkeit)<br>Aufhebung bei Vorliegen schwerwiegender Gründe durch das Familiengericht[577]:<br>– *Chŭso* (bei fehlerhaftem Zustandekommen) oder<br>– *P'ayang* |
| **Wirkungen** | Gilt ab Anmeldung als eheliches Kind, außer der elterlichen Gewalt besteht die Eltern-Kind-Beziehung mit den leiblichen Eltern (z.B. Erbrecht) fort. | Gilt ab Gerichtsentscheidung als eheliches Kind, alle rechtlichen Beziehungen zu leiblichen Eltern werden beendet (kein Erbrecht, keine Unterhaltspflicht, kein Umgangsrecht).<br>Aus Familienregister geht nicht hervor, ob eine Adoption vorliegt bzw. wer leibliche Eltern sind. |
| **Familien-name und Stammorts-bezeichnung des Adoptiv-kindes** | Stammortsbezeichnung und Familienname des leiblichen Vaters | Stammortsbezeichnung und Familienname des Adoptivvaters |

Übersetzungsprobleme entstehen wegen der unterschiedlichen rechtlichen Möglichkeiten bei der Auflösung und der damit zusammenhängenden unterschiedlichen koreanischen Begriffe. In Deutschland gibt es keine Nichtigkeit, sondern nur eine Aufhebung ex nunc. Diese kann bei Vorliegen von Rechtsfehlern beim Zustandekommen (§ 1760 BGB) oder von Amts wegen zum Wohl des Kindes (§ 1763 BGB) ausgesprochen werden. In Korea ist eine Beendigung des Adoptionsverhältnisses dagegen auf drei Arten denkbar: Nichtigkeit, *chŭso* und *payang*. Nichtigkeit macht für die Übersetzung dann kein Problem, wenn der Begriff im richtigen Zusammenhang verwendet wird. Anders verhält es sich mit der Aufhebung. Im Deutschen gibt es bei der Auflösung der Adoption nur diesen Rechtsbegriff. Anders im koreanischen

577 Hier liegt ein wesentlicher Unterschied zwischen Korea und Deutschland vor: Das deutsche Recht lässt die Aufhebung aus schwerwiegenden Gründen nur zum Wohl des Kindes zu. Eine Aufhebung im Interesse der Eltern ist nicht möglich (siehe Frank 2002, 342).

Recht: Der Unterschied zwischen *chŭso* und *payang* ist wie der zwischen Aufhebung der Ehe und Ehescheidung. Eine *chŭso* wird ausgesprochen, wenn die Gründe für die Aufhebung bereits bei der Eingehung der Adoption vorlagen (hierbei handelt es sich um Verstöße gegen die dabei geltenden Vorschriften), während die *p'ayang* aufgrund später eingetretener Gründe erfolgt (wegen Misshandlungen oder aus anderen fürsorgerischen Gründen). Bei der herkömmlichen Volljährigen-Adoption ist auch eine einvernehmliche *p'ayang* möglich. Beim Übersetzen muss man diese Unterschiede deutlich machen. Dazu könnte man unterscheiden in ‚einvernehmliche Aufhebung' bei der beschriebenen einvernehmlichen *p'ayang* (nur bei traditioneller Adoption), ‚Aufhebung wegen fehlerhaften Zustandekommens' (*chŭso*) und ‚Aufhebung zum Wohl von Kind oder Eltern' (*p'ayang* durch Gericht).

Der koreanische Rechtsbegriff *sŭngnak* wird in Bezug auf Adoption und gesetzliche Vertretung oft als Zustimmung übersetzt, was jedoch falsch ist (vgl. hierzu 5.2.4.2.4). Er wird für den Fall verwendet, dass ein gesetzlicher Vertreter im Namen des Kindes/Mündels und mit Wirkung für dieses die Willenserklärung empfängt. Hier handelt er selbst in seiner Eigenschaft als rechtlicher Vertreter, während bei der Zustimmung das Kind handeln und ein anderer seine Einwilligung dazu erklären muss.

In der Übersetzung wird allzuoft die grundsätzliche Bedeutung der wörtlichen Auslegung ignoriert. So findet sich z. B. ‚eheliches Kind' häufig als Übersetzungsvariante für den koreanischen Rechtsbegriff *ch'insaengja* 친생자 親生子.[578] Wörtlich bedeutet: ‚*ch'in*' Eltern, ‚*saeng*' bedeutet Geburt und schließlich ist ‚*-ja*' ein Kind (wörtl. ‚Sohn'). Es heißt also etwa ‚von Eltern geborenes Kind'. Das bedeutet jedoch in der deutschen Sprache, insb. der Rechtssprache, eindeutig ‚leibliches Kind'. Dieser Begriff steht in der Rechtssystematik auf einer völlig anderen Ebene als das ‚eheliche Kind'. So kann durch Adoption jeder zum ehelichen Kind werden, in der Regel sind dies aber nicht leibliche Kinder. Eheliche Kinder wiederum sind zwar meist auch leibliche Kinder, häufig aber nur von einem Ehegatten (‚Patchwork-Familien'). Verheiratete hatten und haben umgekehrt auch nicht selten leibliche uneheliche Kinder. Die Rechtsordnungen mussten und müssen sich daher schon immer mit diesen realen Gegebenheiten auseinandersetzen und Regelungen zu den Rechtsbeziehungen von Eltern und Kindern in den verschiedenen Situationen. treffen, also insb. zu Fragen der Ehelichkeit, Anerkennung und Anfechtung von Vaterschaften,[579] Adoption, Unterhalt, Umgangsrecht und Erbrecht von ehelichen, unehelichen und anderen leiblichen Kindern.

Auch das ZG regelt die Beziehungen zwischen Eltern und Kind. Es knüpft im ersten Kapitel an die Tatsache der Blutsverwandschaft an, im zweiten wird die Adoption geregelt und im dritten Kapitel werden die Rechtsfolgen aus dem Verhältnis benannt, das nach den vorangehenden Kapiteln begründet wurde, vor allem die elterliche Gewalt. Das erste Kapitel behandelt – auch rechtsterminologich – das

578 So z. B. bei CHO K.-C. 1980, 168; CHANG 1993, 45.

579 Für die Mütter gilt fast überall noch der römischrechtliche Grundsatz *mater semper certa est*.

*ch'insaengja*, wie sich schon aus der Überschrift ergibt. Die Art. 844 bis 865 befassen sich dann damit, ob dieses Kind nach gesetzlicher Vermutung ehelich ist und, wenn nicht, wie eine gleichartige Rechtsstellung erreicht werden kann (oder auch die gesetzliche Vermutung der Ehelichkeit außer Kraft gesetzt werden kann):

*Abbildung 3:* ch'insaengja *im System des ZG*

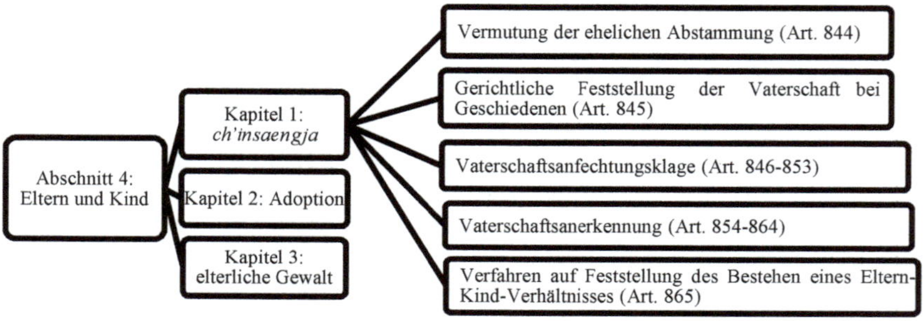


Nach Art. 844 wird gesetzlich vermutet, dass ein Kind, das von seiner Mutter innerhalb eines bestimmten Zeitraums in Bezug auf eine Ehe geboren wurde, auch das Kind des Ehegatten ist (Vaterschaftsvermutung). Die Überschrift lautet „Vermutung der Vaterschaft eines *ch'insaengja*". Dies wie auch die gesamte oben dargestellte Systematik des Gesetzes lassen logisch nur den Schluss zu, dass mit *ch'insaengja* das leibliche Kind gemeint ist, dessen Rechtsverhältnis in Bezug auf einen leiblichen oder einen tatsächlich oder vermeintlich ehelichen Vater geregelt wird. Dabei geht es nur um die Rechtsstellung, die als Folge dieser Beziehungen entsteht. Ob eine leibliche Abstammung tatsächlich vorliegt, spielt dann eine Rolle, wenn die Vaterschaft bestritten bzw. nicht anerkannt wird. Dann muss nach dem Gesetz der biologische Nachweis erbracht werden, während sonst gesetzliche Fiktionen gelten. Auch dies belegt die Richtigkeit von Auslegung und Übersetzung als leiblich (nämlich biologisch). Auch nach dem Rechtswörterbuch umfasst *ch'insaengja* eheliche wie auch nichteheliche Kinder.[580] *Ch'insaengja* darf nach dieser eindeutigen grammatischen und systematischen Auslegung also nur mit ‚leibliches Kind', nie mit ‚eheliches Kind' übersetzt werden.

### 4.5.11 Standesregister

In **Deutschland** regelt das Personenstandsgesetz (PStG) die Aufzeichnung familienrechtlicher Verhältnisse. Mit Inkrafttreten des Personenstandsreformgesetzes[581] zum 1. Januar 2009 erfolgten wesentliche Änderungen. Anstelle der bisherigen Personenstandsbücher (Heirats-, Familien-, Geburten- und Sterbebücher) wurden

580 Siehe O 1993, 1329 (unter Stichwort *ch'insaengja).*
581 Gesetz zur Reform des Personenstandsrechts (PStRG) vom 19. Februar 2007 (BGBl. 2007 I, 1122).

elektronische Personenstandsregister eingeführt. Das geltende Personenstandsgesetz umfasst die Registrierung von Geburten, Eheschließungen, Begründung von Lebenspartnerschaften, Sterbefällen und anderen Änderungen im Personenstand einer Person.[582] Zuständig ist das Standesamt bzw. der Standesbeamte, der nach §§ 3 ff. PStG das Personenstandsregister zu führen hat. Jede Änderung des Personenstandes ist dem Standesamt anzuzeigen.

Mit dem Gesetz erübrigte sich auch das oft mit dem Stammbuch der Familie verwechselte Familienbuch. Dieses war ein Register, das im Anschluss an eine Eheschließung zwischen 1. Januar 1958 und 31. Dezember 2008 von dem Standesbeamten, vor dem die Ehe geschlossen wurde, angelegt wurde. Darin wurden die Personalien der Ehegatten (Name, Beruf, Ort und Tag der Geburt und der Eheschließung, evtl. Konfession), ihre Staatsangehörigkeit sowie Name und Wohnort ihrer Eltern eingetragen. Bei einer Lebenspartnerschaft wurde kein Familienbuch angelegt. Das Familienbuch wurde vom Standesbeamten weitergeführt durch den Eintrag von Tod, Scheidung, Namensänderung u. ä. und von gemeinsamen Kindern. Es wurde durch neue Personenstandsregister ersetzt: Ehe-, Lebenspartnerschafts- und Geburtenregister. Abstammungsurkunde und Geburtsschein wurden abgeschafft, erhalten blieb die Geburtsurkunde. Das Verbot einer kirchlichen Heirat vor der zivilrechtlichen Eheschließung – dies wurde als Ordnungswidrigkeit geahndet – wurde ebenfalls beseitigt. Das Unterlassen der Anzeige von Geburt oder Sterbefall ist eine Ordnungswidrigkeit.

In **Korea** wurde gemäß dem Familienregistergesetz vom 1. Januar 1960 (Gesetz Nr. 535) vom zuständigen Beamten für jede Familie ein Register angelegt und fortgeführt. Es umfasste die Beschreibung aller Personenstandsänderungen des Betroffenen von der Geburt bis zum Tod, genau wie ein Heirats-, Familien-, Geburts- und Sterbebuch nach dem deutschen Personenstandsgesetz. Überdies sind Verschollenheit, Entmündigung, Verwirkung elterlicher Gewalt, Verlust der Staatsangehörigkeit, Anerkennung eines unehelichen Kindes, Adoption, Insolvenz, Nicht-Ehelichkeit, Änderung des Nachnamens usw. im Register zu verzeichnen. Die Einsicht in das Familienregister eines anderen war in Korea jedem gestattet und beurkundete Abschriften oder Abzüge wurden jedem auf Verlangen ausgestellt.

Am 1. 1. 2008 wurde das alte Familienregistergesetz (*hojŏkpŏp* 호적법 戶籍法) abgeschafft. An seine Stelle trat das Gesetz über die Registrierung des Familienstandes (*kajokkwan'gyeŭi tŭngnok tŭnge kwanhan pŏmnyul* 가족관계의 등록 등에 관한 법률 家族關係의登錄등에 관한 法律, kurz 가족관계등록법).[583] Damit hat man sich

582 § 15 (Eheregister), § 21 (Geburtenregister), § 17 (Lebenspartnerschaftsregister), § 31 (Sterberegister).

583 Nach der Entscheidung des Verfassungsgerichts, dass das Hoju-System unvereinbar mit der Verfassung ist, wurde mit diesem Gesetz die Grundlage eines völlig neuen Personenstandsrechts geschaffen. (Gesetzesnummer 8435, vom 17. 05. 2007, in Kraft getreten am 1. 1. 2008).

vom bisherigen System der Registrierung der Daten aller Familienmitglieder unter dem Namen des Familienoberhaupts (*hoju* 호주 戶主) getrennt. Dementsprechend wird auch der Begriff *ponjŏk* 본적 本籍 (Standort der ‚Familie', entspricht i. d. R. Geburtsort des *hoju*) nicht mehr benutzt, sondern *tŭngnok kijunji* 등록기준지 登錄基準地 (für das Register maßgeblicher Ort), der veränderbar ist und auch zwischen den Familienmitgliedern unterschiedlich sein kann. Außerdem wurde ein elektronisches Personenstandsregister eingeführt. Die neuen Familienregister werden für jede Einzelperson angelegt. Gemäß Art. 15 dieses Gesetzes gibt es fünf Arten von Personenstandsurkunden:

Die Grunddatenurkunde (*kibon-jŭngmyŏngsŏ* 기본증명서 基本證明書) enthält Namen sowie Stammsitzbezeichnung, Geburtsdatum, Geburtsort, Identitätsnummer, Geschlecht und – wie auch alle anderen Urkunden – den für das Register maßgeblichen Ort. In dieser Urkunde werden Geburt und Tod, Namensänderung, Staatsangehörigkeitserwerb sowie -verlust der Person angegeben (Art. 15 Nr. 2). Sie entspricht Geburts- und Sterbeurkunde in Deutschland.

Anstatt der früheren Familienurkunden (*hojŏk tŭngbon* 호적등본 戶籍謄本) trat die Urkunde über die familiären Beziehungen (*kajokkwan'gye chŭngmyŏngsŏ* 가족관계증명서 家族關係證明書) Sie enthält nur die aktuellen Familienbeziehungen: Eltern, Ehegatte, Kinder. Der geschiedene Ehegatte wird nicht mehr in der Urkunde genannt, auch nicht eine für nichtig erklärte oder aufgehobene Ehe. Tod oder Verlust der Staatsangehörigkeit werden neben dem Namen vermerkt (Art. 15 Nr. 1). Volladoptierte Kinder erscheinen als eheliche Kinder. Die Geschwister werden nicht aufgeführt. Als Nachweis solcher Beziehungen muss man die Urkunde über die familiären Beziehungen der Eltern beantragen.

Die Urkunde über die eheliche Beziehung (*honin'gwan'gye chjŭngmyŏngsŏ* 혼인관계증명서 婚姻關係證明書) enthält außer den Grunddaten des Betroffenen und des Ehegatten auch das Datum der Eheschließung bzw. das Datum der Scheidung. Auf entsprechenden Antrag erhält man eine auszugsweise Urkunde, in der ausschließlich die derzeit bestehende Ehe vermerkt ist (keine früheren, keine Scheidungen usw. – Art. 15 Nr. 3).

Die Adoptionsurkunde wird für die herkömmliche taditionelle Adoption ausgestellt. Die Urkunde verzeichnet die Daten des Adoptierenden und des Adoptierten, das Datum der Adoption und die etwaige Aufhebung (Art. 15 Nr. 4).

Die Volladoptionsurkunde ist neu und wird für eine Adoption mit den Wirkungen der völligen Gleichstellung mit ehelichen Kindern ausgestellt, bei der auch die Beziehungen des Kindes zur Ursprungsfamilie erlöschen (*ch'inyangja* 친양자 親養子). Entsprechend erhält das Kind den Familienamen der Adoptierenden. Entgegen dem Bericht in der StAZ[584] werden hier das die Adoption aussprechende Gericht und das Datum der Adoptionsentscheidung nicht angegeben (vgl. Art. 15 Nr. 5). Dort wurde verwechselt, dass bei der Register-Anmeldung einer Adoption die Bescheinigung

584 StAZ 9/2008, 292.

des die Adoption aussprechenden Gerichts samt dem Datum der Adoptionsentscheidung vorzulegen ist.[585]

## 4.5.12 Geschäftsfähigkeit

### *4.5.12.1 Minderjährigkeit (misŏngnyŏn 미성년 未成年)*

Rechtliche Verpflichtungen sollen nur den treffen, der über ein Mindestmaß an Verständigkeit und Einsicht in sein Handeln und dessen Folgen verfügt und deshalb als geschäftsfähig angesehen wird.[586] Die allgemeine Geschäftsfähigkeit wird in Deutschland wie auch in Korea grundsätzlich anhand objektiver Kriterien wie dem Lebensalter bestimmt. Personen unterhalb dieser Altersgrenze sind minderjährig, darüber ist man volljährig. Volljährigkeit bedeutet grundsätzlich volle Geschäftsfähigkeit im Rechtsverkehr, was Vertragsabschlüsse ebenso wie das aktive Wahlrecht oder die Eheschließung umfasst.

In **Deutschland** ist eine Person unter 18 Jahren minderjährig. Ein Kind bis zur Vollendung des 7. Lebensjahres ist vollständig geschäftsunfähig. Kinder zwischen 7 und 18 Jahren sind beschränkt geschäftsfähig. Von ihnen getätigte Rechtsgeschäfte sind ‚schwebend unwirksam'.[587] Bei Zustimmung durch den gesetzlichen Vertreter werden sie wirksam, bei deren Verweigerung endgültig unwirksam und bleiben damit rechtlich folgenlos.

In **Korea** tritt die Volljährigkeit mit Vollendung des 19. Lebensjahres ein (Art. 4 ZG). Diese Bestimmung ist relativ neu.[588] Vor der Änderung zum 1. Juli 2013 trat sie erst mit Vollendung des 20. Lebensjahres ein. Eine beschränkte Geschäftsfähigkeit von Minderjährigen kennt das ZG nicht. Die Eheschließung ist ab 18 Jahren, jedoch vor Vollendung des 19. Lebensjahres nur mit Einwilligung der Eltern möglich. Durch die Eheschließung gelten dann Minderjährige als Volljährige kraft Gesetzes.[589] Die Eltern üben über ihn keine elterliche Gewalt mehr aus und er selbst erwirbt volle Geschäftsfähigkeit.

In beiden Rechtssystemen kann ein Minderjähriger auch ohne Zustimmung des gesetzlichen Vertreters wirksame Rechtsgeschäfte vornehmen, wenn er dadurch lediglich ein Recht erlangt oder von einer Verpflichtung entbunden wird.[590] Ein Minderjähriger kann ferner über Mittel nach Belieben verfügen, die ihm zu freier Verfügung von seinem gesetzlichen Vertreter oder mit dessen Zustimmung überlassen wurden (§ 110 BGB, Art. 6 ZG, sog. ‚Taschengeldparagraph'). Außerdem ist der

---

585 Art. 67 GRFam.

586 Siehe ZWEIGERT/KÖTZ 1996, 341.

587 Näheres dazu bei ZWEIGERT/KÖTZ 1996, 347.

588 Gesetz Nummer 10429 vom 7. März 2011.

589 Art. 826-bis.

590 § 107 BGB: wenn er dadurch „lediglich einen rechtlichen Vorteil erlangt"; entsprechend Art. 5 Abs. 1 Satz 2 ZG. Näheres zu den koreanischen Regelungen bei LEE B.-J. 2010, 81.

Minderjährige (partiell) unbeschränkt geschäftsfähig für eine spezifische geschäftliche Unternehmung, die ihm der gesetzliche Vertreter genehmigt hat (§112 BGB, Art. 8 Abs. 1 ZG).

Nach internationalem und auch deutschem Privatrecht gilt für die rechtliche Beurteilung von solchen personenbezogenen Fakten das Heimatrecht des Betroffenen. D. h. für Rechtsgeschäfte von Koreanern in Deutschland gilt die koreanische Regelung zur Volljährigkeit. Dies ist bedeutsam beim Abschluss von Verträgen, aber z. B. auch bei Eheschließungen. Auf der Internetseite des OLG Köln gibt es ein Länderverzeichnis mit Informationen über die für jedes Land dafür vorzulegenden Nachweise.[591] Die Information über Südkorea war am 03. Februar 2015 noch nicht aktualisiert worden. Dort stand immer noch, dass die Volljährigkeit in Korea mit der Vollendung des 20. Lebensjahres eintritt. Für den Standesbeamten ist diese Information ausschlaggebend. Er lehnte folgerichtig das Aufgebot eines 19 jährigen ab. Dies zeigt die fatale Wirkung, wenn entsprechende Informationen nicht zeitnah aktualisiert werden.

Gleiches gilt für die ElBib des Verlags für Standesamtswesen (Fachliteratur online der StAZ).[592] Trotz der Angabe „1999–2014" sind dort die Regelungen von vor mehr als 10 Jahren wiedergegeben, obwohl inzwischen mehrmals Änderungen und inzwischen (wie hier mehrfach ausgeführt) eine vollständige Neuregelung erfolgt sind. Dies beginnt mit der dadurch falschen Altersangabe bezüglich der Volljährigkeit und geht über Ehemündigkeitsfragen und solche zum Familienrat, den es gar nicht mehr gibt, bis hin zu Ehehindernissen und Entmündigung.

### *4.5.12.2 Geschäftsfähigkeit volljähriger Personen*

Auch bei Geisteskranken bzw. Geistesschwachen stellt sich die Frage der Geschäftsfähigkeit. Hier gab bzw. gibt es u. a. das Rechtsinstitut der Entmündigung. Dabei wird durch gerichtliche Anordnung der Betroffene entmündigt, dadurch für geschäftsunfähig erklärt und erhält einen gesetzlichen Vertreter (Vormund). In **Deutschland** ist die bis dahin geltende Entmündigung zum 1. Januar 1992 durch die Betreuung ersetzt worden, die im Rahmen eines Betreuungsverfahrens angeordnet wird. Die Begriffe ‚Unmündigkeit' oder ‚unmündig' werden in deutschen Gesetzen als Rechtsbegriffe nicht mehr verwendet. An deren Stelle benutzt das deutsche Recht je nach Bedeutungszusammenhang die Rechtsbegriffe Minderjährigkeit (§§ 2, 106 BGB), Geschäftsfähigkeit (bzw. Geschäftsunfähigkeit oder beschränkte Geschäftsfähigkeit, §§104, 106 BGB) oder Deliktsfähigkeit (§828 BGB). Vormundschaft bezieht sich nur noch auf die Sorge für Minderjährige. Zu unterscheiden davon sind die Pflegschaft (§§ 1909–1921 BGB) und Rechtliche Betreuung (§§ 1896–1908i BGB). Die Pflegschaft ist das Sorgerecht für einen beschränkten

---

591 http://www.olg-koeln.nrw.de/aufgaben/justizverwaltung/organisation_verwaltung/dez_7/laender/index.php (abgerufen am 03.Febuar 2015).

592 Z.B. StAZ/VfSt%20ElBib%202.0 %204.htm.

Kreis von Angelegenheiten wie Fürsorge für eine Person oder für ein Vermögen. Sie kann für Volljährige, aber auch für Minderjährige in bestimmten Situationen angeordnet werden. Die rechtliche Betreuung gilt für Volljährige, die wegen einer Krankheit oder Behinderung ihre Angelegenheiten nicht selbst besorgen können. Betreute sind nicht automatisch geschäftsunfähig.

In **Korea** galt die alte Regelung noch bis 2013: Personen konnten wegen Geisteskrankheit, Geistesschwäche, Verschwendung, Trunk- oder Rauschgiftsucht vom Gericht entmündigt bzw. beschränkt entmündigt werden. Entmündigte waren nicht mehr geschäftsfähig. Für die beschränkt Entmündigten waren die Regelungen für Minderjährige anwendbar (Art. 10 ZG a.F.). Für Vollentmündigte wurde ein gesetzlicher Vertreter bestimmt (*hugyŏn* Art. 13 ZG a.F. Siehe hierzu auch 3.3.7). Ein von ihm vorgenommenes Rechtsgeschäft war anfechtbar. Mit der Neuregelung zum 01.Juli 2013 wurden auch in Korea neue Formen der Fürsorge, insb. eine Betreuung für Volljährige (*sŏngnyŏn hugyŏn* 성년후견 成年後見) eingeführt.

*Tabelle 7: Vergleich der alten (Entmündigung) und neuen Regelungen*

| | 금치산/한정치산제도 **alte Regelung** | 성년후견 **neue Regelung** |
|---|---|---|
| **System** | Familiensystem, Vermögensverwaltung, Entziehung der Geschäftsfähigkeit | Wohlfahrtstaatliches Sozialsystem, Personenschutz und Pflege, Unterstützung |
| **Veranlassung** | Ständige Störung der Geistestätigkeit, Geldverschwendung, Sucht u.dgl. | Psychische Krankheit, Behinderung, Alter |
| **Vormund/Betreuer** | i.d.R. Verwandte, Reihenfolge gesetzlich geregelt; vom Familienrat kontrolliert | Verwandte oder ein Dritter, der vom Familiengericht von Amts wegen bestellt wird; vom Familiengericht kontrolliert |
| **Rolle des Gerichts** | erklärt die Entmündigung, judikativer Charakter | Bestellung und Kontrolle über den Vormund, exekutiver Charakter |

Für den Übersetzer ist durch diese Änderungen eine Problematik akut geworden, die unter 3.3.7 ausführlich beschrieben ist.

#### 4.5.12.3 *Ehemündigkeit (honinjŏngnyŏng* 혼인적령 婚姻適齡*)*

In **Deutschland** soll eine Ehe gemäß § 1303 BGB nicht vor Eintritt der Volljährigkeit eingegangen werden. Allerdings kann das Familiengericht Befreiung erteilen, wenn der Antragsteller das 16. Lebensjahr vollendet hat und sein künftiger Ehegatte volljährig ist.[593] In diesem Verfahren wird der gesetzliche Vertreter angehört. Geschäftsunfähige können keine Ehe eingehen (§1304 BGB), auch nicht mit Zustimmung des gesetzlichen Vertreters.[594] Mangel der Geschäftsfähigkeit führt zur Aufhebbarkeit dieser Ehe mit Wirkung für die Zukunft (§ 1314 Abs. 1 BGB).

In **Korea** wird das heiratsfähige Alter heute mit Vollendung des achtzehnten Lebensjahrs erreicht (Art. 807 ZG). Da Volljährigkeit aber erst mit Vollendung des 19. Lebensjahres eintritt, ist bis dahin die Einwilligung der Eltern erforderlich.[595] Bis 2007 war dies noch je nach Geschlecht unterschiedlich geregelt, bei Männern war das 18. Lebensjahr und bei Frauen das 16. Lebensjahr maßgebend. Bis zur Gesetzesänderung 1977 hatte man für die Eheschließung die Einwilligung zumindest eines Elternteils gebraucht, wenn der Mann noch nicht das Alter von 27 Jahren erreicht hatte; bei der Frau galt dies bis zum 23. Lebensjahr.[596] Bei Minderjährigen war die Einwilligung beider Eltern erforderlich. Für Entmündigte bzw. Betreute gab und gibt es keinen Ausschluss. Sie benötigen jedoch die Zustimmung des gesetzlichen Vertreters (Art. 808 Abs. 2 ZG).

## 4.5.13 Das eingetragene Siegel (*in'gam* 인감 印鑑) in Korea

Für die Gültigkeit bestimmter Rechtsgeschäfte (z.B. Testamentserrichtung, Immobilien, Kredit) reichte die bloße Unterschrift früher nicht aus; die betreffende Urkunde musste vielmehr mit dem Abdruck eines eingetragenen Siegels versehen sein samt einer vom zuständigen Bezirksamt ausgestellten Bescheinigung über die Siegeleintragung (*in'gam chŭngmyŏngsŏ* 인감 증명서). Jeder kann gemäß dem Siegelbeurkundungsgesetz (i.d. F. vom 21. 03. 2012, Gesetz Nr. 11395, in Kraft getreten am 21. 03. 2012) sein persönliches Siegel in das Siegelregister des Verwaltungsbezirks, in dem er seinen Wohnsitz hat, eintragen lassen, wobei die Bestimmungen zur Geschäftsfähigkeit zu beachten sind. Der Missbrauch eines fremden oder gefälschten Siegels ist strafbar (Art. 239 kor. Strafgesetz). Nach wie vor ist für bestimmte Rechtsgeschäfte die Verwendung des Siegels erforderlich, aber seit 01. Dezember 2012 genügt auch eine durch das Registeramt beglaubigte

---

593 §1303 Abs. 1 in Verbindung mit § 2 BGB.

594 Genaueres zu § 1304 BGB siehe MüKo BGB 2003, 140–142, Rn. 1–8.

595 Für die Eheschließung eines Minderjährigen ist die Einwilligung beider Elternteile erforderlich. Ist ein Elternteil dazu außerstande, so genügt die Einwilligung eines Elternteils. Ist dies nicht möglich, so ist die Einwilligung des Vormunds erforderlich. Die Einwilligung des Familienrats war erforderlich, wenn die Eltern bzw. der Vormund nicht erreichbar oder außerstande waren, ihre Einwilligung zu erteilen (Art. 808 ZG a.F.).

596 Tsche (1961) schrieb fälschlich, dass bei Frauen bis zu 25 Jahren die Einwilligung der Eltern erforderlich sei. Im Gesetz war aber von 23 Jahren die Rede. Dieser Fehler taucht bei ihm wiederholt auf, z.B. auf Seite 38, 39.

Unterschrift.[597] Dazu muss man seine Unterschrift dort eintragen lassen. Entsprechendes gilt für elektronische Unterschriften.

Für Ausländer gilt das Siegelgesetz nicht. Nach dem Gesetz über Unterschrift und Stempel von Ausländern vom 12.07.1958 (Gesetzesnummer 488) genügt in den Fällen, in denen Stempel oder Unterschrift und Stempel zu leisten sind, bei Ausländern, welche nach ihrem Heimatrecht keinen Stempel führen, die bloße Unterschrift.

Zu unterscheiden sind: *in'gam*인감 印鑑 (eingetragenes persönliches Siegel), *sŏmyŏng-narin* 서명날인 署名捺印 (Unterschriften und Stempel, gleich ob eingetragen oder nicht), *sŏmyŏng ttonŭn narin* 서명 또는 날인 署名 또는 捺印 (Unterschrift oder Stempel).

## 4.6 Familiengerichte und Verfahren

### 4.6.1 Familiengerichte und Verfahren in Familiensachen nach deutschem Recht

Das Verfahren in Familiensachen in Deutschland hat sich in jüngerer Zeit sehr verändert. Nach dem Gesetz über das Verfahren in Familiensachen und in Angelegenheiten der Freiwilligen Gerichtsbarkeit (FamFG), das seit dem 1. September 2009 gilt,[598] unterscheidet es sich stark von anderen Gerichtsverfahren. Die freiwillige Gerichtsbarkeit heißt so im Gegensatz zur streitigen Gerichtsbarkeit, weil sie in weiten Teilen Angelegenheiten der Rechtsfürsorge regelt, in denen die Beteiligten das Gericht mehr oder minder freiwillig anrufen, zum Beispiel um einen Erbschein zu beantragen.

Zu den Familiensachen zählen nach § 111 FamFG

1. Ehesachen
2. Kindschaftssachen
3. Abstammungssachen
4. Adoptionssachen
5. Ehewohnungs- und Haushaltssachen
6. Gewaltschutzsachen
7. Versorgungsausgleich
8. Unterhaltssachen
9. Güterrechtssachen
10. sonstige Familiensachen
11. Lebenspartnerschaftssachen

---

597 Gesetz über die Unterschrift vom 01.02.2012, Gesetzesnummer 11245, in Kraft getreten am 01.12.2012.

598 Art. 1 des Gesetzes zur Reform des Verfahrens in Familiensachen und in Angelegenheiten der Freiwilligen Gerichtsbarkeit vom 17. 12. 2008 BGBl. I, 2586 ff. Gleichzeitig wurde das alte FGG abgeschafft.

Sonstige Familiensachen betreffen insb. Streitigkeiten über Ansprüche infolge von Scheidungen, Eheaufhebungen oder wegen Trennung. Auch das Verfahren auf Herstellung des ehelichen Lebens gehört dazu, das früher zu den Ehesachen gehörte. Außerdem werden einige Familiensachen wie unterhaltsrechtliche und güterrechtliche Streitigkeiten speziell ‚Familienstreitsachen' genannt (§ 112 FamFG). Unter Kindschaftssachen verstand man zuvor alle Verfahren, die mit der Abstammung zu tun hatten, also insbesondere Vaterschaftsfeststellungs- und Vaterschaftsanfechtungssachen (§ 640 Abs. 2 ZPO a. F.). Diese heißen seit dem 1. September 2009 Abstammungssachen. Dafür wird der Begriff der Kindschafssachen nun als Sammelbegriff für andere Verfahren verwendet, die beispielsweise das Sorgerecht, den Aufenthalt und die Herausgabe von Kindern betreffen.

Die Übersetzer müssen also aufpassen, wenn sie den Begriff ‚Kindschaftssache' übersetzen, ob ihm noch das alte oder schon das neue Recht zugrunde liegt. Auch sonst muss man bei Übersetzungen die abweichende Terminologie in Familiensachen beachten: In Familiensachen spricht man jetzt nicht mehr von einem Prozess; dieser römisch-rechtlich geprägte (und deshalb lateinische) Begriff wurde auch offiziell durch das deutsche Pendant ‚Verfahren' abgelöst. Folgerichtig gibt es hier keine ‚Prozessbevollmächtigten'; sie heißen jetzt ‚Verfahrensbevollmächtigte'. Es gibt auch den Verfahrensbeistand (sog. Anwalt des Kindes). Statt ‚Prozesskostenhilfe' gibt es ‚Verfahrenskostenhilfe'. Das Verfahren in Familiensachen kennt auch keine Parteien, sondern nur noch Beteiligte. Da man vor dem Familiengericht auch keine Klage (z. B. auf Unterhalt) mehr erheben, sondern nur einen entsprechenden Antrag stellen kann, gibt es keine Kläger und Beklagten, sondern nur noch Antragsteller und Antragsgegner.

Der Grundsatz der Dispositionsmaxime ist in vielen Familiensachen durchbrochen. Einige Verfahren können von Amts wegen eingeleitet werden, also ohne Antrag eines Beteiligten. In diesen Verfahren sind Anträge der Parteien nur Anregungen, an die das Gericht nicht gebunden ist. Es kann den Sachverhalt von Amts wegen ermitteln, ist also an den Sachvortrag der Parteien nicht gebunden und darf (beispielsweise in einem Sorgerechtsverfahren: zur Wohnsituation des Kindes) Zeugen vernehmen oder ein Sachverständigengutachten einholen, ohne dass die Beteiligten dies beantragt haben.[599]

Da inzwischen alle Entscheidungen in Familiensachen durch Beschluss ergehen (§ 38 FamFG), heißt es von nun an auch ‚Scheidungsbeschluss' und nicht mehr ‚Scheidungsurteil'. Folglich gibt es auch keine Berufung und Revision, sondern nur noch die Beschwerde,[600] die Rechtsbeschwerde[601] und die Sprungbeschwerde.[602] Außerdem bestimmt nun § 39 FamFG, dass alle Beschlüsse mit einer Rechtsbehelfsbelehrung zu versehen sind (die ZPO kennt eine solche Verpflichtung nicht).

---

599 Genaueres dazu siehe MüKo BGB 2013, 65, Rn. 357–360.
600 § 58 ff (Beschwerde) FamFG.
601 § 70 ff (Rechtsbeschwerde) FamFG.
602 § 75 (Sprungrechtsbeschwerde) FamFG.

Es gibt auch keine Vormundschaftsgerichte mehr. Diese Aufgabe erfüllen jetzt die Familiengerichte bzw. Betreuungsgerichte als Teile der Amtsgerichte.[603]

All dies ist bei der Wortwahl in der Übersetzung zu beachten, auch auf die Zuständigkeit der Amtsgerichte ist hinzuweisen.[604]

## 4.6.2 Familiengerichte und ihre Stellung im koreanischen Gerichtssystem

Das Familiengericht (*kajŏng-bŏbwŏn* 가정법원 家庭法院) ist ein signifikantes Element im koreanischen Gerichtssystem. Das erste und lange Zeit einzige wurde in Seoul am 1. Oktober 1963 eingerichtet, um geeignete Lösungen bei familiären Problemen anzubieten. Das zweite wurde dann in Pusan im April 2011 eröffnet, seit März 2012 gibt es sie auch in Taejŏn, Taegu und Kwangju. Das Familiengericht ist ein selbständiges Gericht und zuständig für alle Angelegenheiten, die mit Familie und Familienrecht zu tun haben. Es behandelt also hauptsächlich Familiensachen (*kasasagŏn* 가사사건 家事事件), d.h. alle Streitigkeiten zwischen Familienmitgliedern und sämtliche familiären bzw. häuslichen Angelegenheiten von juristischem Belang in Zivilsachen, ist aber auch zuständig für die Ahndung häuslicher Gewalt und in Jugendangelegenheiten einschließlich Jugendstrafsachen (*sonyŏnsagŏn* 소년사건 少年事件).

Fraglich ist, ob das Familiengericht ein ‚normales' Gericht ist, das ausschließlich dem allgemeinen Zivilprozessrecht unterliegt, oder ob es sich um ein ‚Sondergericht' handelt, das besonderen zivilprozessualen Vorschriften unterworfen ist. Nach herrschender Ansicht ist es, obwohl es von einem ‚normalen' Richter, dem Familienrichter, geleitet wird und die gleiche Organisation und Struktur wie ein Zivilgericht besitzt, ein Sondergericht.[605] Für diese Sondergerichtsstellung lassen sich auch noch die Institutionalisierung eines Schlichtungsausschusses und die Figur des ermittelnden Beamten für die familiären Verhältnisse anführen. Das Schlichtungsverfahren ist keine bloße Vorstufe, sondern eine eigenständige Einrichtung der Familiengerichtsbarkeit.

Es ist außerdem für die Führung des Standesregisters zuständig (wie das deutsche Standesamt).

Im Rechtszug bildet das Familiengericht die erste Instanz. Rechtsmittel gegen seine Entscheidungen werden beim Obergericht als zweiter (Berufungs-)Instanz und beim Obersten Gericht als letzter (Revisions-)Instanz eingelegt.

Außer den Richtern, Gerichtsschreibern und Geschäftsstellenmitarbeitern gibt es im Familiengericht noch ermittelnde/begutachtende Beamte für die familiären

---

603 §§ 23 b und 23 c GVG.

604 In Korea gibt es die Institution Amtsgericht nicht. Es gibt jedoch selbständige Familiengerichte, wie im nächsten Punkt ausgeführt.

605 Siehe Lee H.-K. 1990, 81. Demgegenüber ist Yang (1971, 140–141) der Meinung, dass das Familiengericht ein ordentliches Gericht sei.

Verhältnisse (*kasa chosagwan* 가사조사관 家事調査官). Sie untersuchen auf Anweisung des Richters die familiären Gegebenheiten und das soziale Umfeld der Beteiligten einer Familienrechtssache.[606] In Deutschland werden solche Ermittlungen vom Jugendgerichtshelfer durchgeführt, der beim Jugendamt angestellt ist, also in der Exekutive. Diese Ermittlungen erfolgen in Korea außerdem nicht nur in Jugendstrafsachen, sondern auch in anderen Familiensachen, wie z.B. bei Scheidungen.

Das Familiengericht Seoul ist für alle landgerichtlichen Filial-Bezirke in Seoul zuständig. In Gerichtsbezirken, in denen es kein eigenes Familiengericht gibt, werden Verfahren in Familiensachen von einer Familienabteilung des jeweiligen Landgerichts durchgeführt.

### 4.6.3 Das Verfahren in Familiensachen nach dem koreanischen Recht

1991 wurden das Gesetz über die Entscheidungen in Familiensachen (*kasasimp'anpŏp* 가사심판법 家事審判法; wörtlich etwa: Gesetz über das *sim'pan*-Verfahren in Familiensachen) und das Gesetz über das Verfahren in Personenstandssachen (*insasosongpŏp* 인사소송법 人事訴訟法) aufgehoben[607] und durch das Gesetz über das Verfahren in Familiensachen (*kasasosongpŏp* 가사소송법 家事訴訟法, GVFam)[608] ersetzt. Damit wurden diese Bereiche einheitlich geregelt. Dieses behandelt nunmehr alle Bereiche der Familiensachen, nicht nur die im engeren Sinne, die früher im Gesetz über die Entscheidungen in Familiensachen aufgeführt waren und im Beschlussverfahren (*kasasimp'an* 가사심판 家事審判) oder im Schlichtungsverfahren (*kasajojŏng* 가사조정 家事調停) behandelt wurden. Diese gehören zur freiwilligen Gerichtsbarkeit (*pisongsagŏn* 비송사건 非訟事件). Jetzt gehören dazu aber auch alle Familiensachen im weiteren Sinne, die mit dem Personenstand in Verbindung stehen und für die zuvor das Ordentliche Gericht zuständig war.

Zu diesen streitigen Verfahren (einschließlich vorgeschalteter obligatorischer Schlichtungsverfahren) in Familiensachen (*kasasosongsagŏn* 가사소송사건 家事訴訟事件) gehören z.B. Nichtigkeitsfeststellung und Aufhebung von Ehe, Scheidung oder Adoption, gerichtliche Ehescheidung, Anerkennung eines nicht ehelichen Kindes und deren Anfechtung. Die Entscheidung in streitigen Verfahren erfolgt durch Ur-

---

606 Art. 56 GVFam; diese Mitarbeiter haben meistens eine soziologische, psychologische oder sozialpädagogische Ausbildung.

607 Ersteres behandelte ausschließlich die Verfahren der freiwilligen Familiengerichtsbarkeit (deshalb die Bezeichnung *simp'an*, also etwa ‚Beschluss' im Titel), Letzteres dagegen ausschließlich die streitigen Verfahren (Verfahren generell: *sosong*). Zu den Unterschieden dieser Verfahren und der darin ergehenden Entscheidungen sowie deren Behandlung insb. beim Übersetzen vgl. hier weiter unten sowie unter 5.2.1.6 und 5.2.4.3.8.

608 *Kasasosongp'ŏp* 가사소송법 家事訴訟法 vom 31.Dezember 1990, Gesetzesnummer 4300, in Kraft getreten am 01. 01. 1991.

teil (*p'an'gyŏl* 판결 判決), das Rechtsmittel gegen diese Entscheidung sind Berufung (*hangso* 항소 控訴) und Revision (*sanggo* 상고 上告).[609]

Es gibt Fälle, in denen das Familiengericht im öffentlichen Interesse handelt, also Angelegenheiten der Rechtsfürsorge regelt. In diesen Sachen gibt es keine gegnerische Partei im strengen Sinne, deshalb werden sie auch nur in Beschlussverfahren (*simp'an* 심판 審判) ohne vorangehendes Schlichtungsverfahren (*chojŏng* 조정 調停) verhandelt. Zu dieser Kategorie gehören die Erlaubnis zur Änderung des Familiennamens eines Kindes, die Ausschlagung einer Erbschaft, die Bestellung eines Betreuers.

Eine weitere Fallgruppe stellen die Bestimmung/Änderung der elterlichen Gewalt, Unterhalt, Erbschafts- und Vermögensteilung etc. dar. In diesen Sachen stehen sich zwei oder mehrere Parteien gegenüber, wie im normalen Zivilprozess. Aber während im Zivilprozess das Gericht an die Anträge und Beweisantritte der beteiligten Parteien gebunden ist, wird im Verfahren der freiwilligen Gerichtsbarkeit vor dem Familiengericht dem Gericht Ermessen eingeräumt. In diesen Verfahren erscheint eine gütliche Lösung zwischen den Parteien noch möglich, weshalb auch sie im Schlichtungsverfahren behandelt werden müssen. Entscheidungen im Rahmen der freiwilligen Gerichtsbarkeit werden nicht als Urteil bezeichnet, sondern als *simp'an* 심판 審判. Diesem kommt dieselbe Wirkung wie einem rechtskräftigen Urteil zu, dagegen ist eine sofortige Beschwerde (*chŭksihanggo* 즉시항고 即時抗告) zulässig.[610]

In familienrechtlichen Streitigkeiten, beispielsweise bei der gerichtlichen Scheidung, dem Anspruch auf Schmerzensgeld oder auch Vermögensteilung entscheiden die Familiengerichte grundsätzlich erst nach einer obligatorischen Schlichtungsverhandlung. Ausgenommen ist die Nichtigkeitsklage (Nichtigkeit von Ehe, Scheidung, Anerkennung des Kindes usw.). Der Schlichtungsausschuss (*chojŏngwiwŏnhoe* 조정위원회 調停委員会, Art. 50 GVFam) besteht i.d.R. aus einem Richter und zwei ehrenamtlichen Schlichtern (*chojŏngwiwŏn* 조정위원 調停委員) (Art. 52, 53 GVFam).[611] Im Schlichtungsverfahren werden die Parteien und mögliche andere Betroffene angehört; es wird versucht zu vermitteln und eine allseits befriedigende Lösung vorzuschlagen (Art. 58 GVFam), um eine gütliche Beendigung des Streits zu erreichen. Wird eine Einigung erzielt, wird diese in einem Protokoll niedergelegt. Dieses erlangt Rechtskraft wie ein Prozessvergleich[612] bzw. eine richterliche Entscheidung. Kommt es zu keiner Einigung, wird die Sache an den Spruchkörper des Familiengerichts verwiesen. Für das Schlichtungs-Verfahren besteht kein Anwaltszwang, es ist nicht öffentlich.

Diese Art der Streitbeseitigung war schon in der koreanischen Rechtsgeschichte eine typische Konfliktlösung. In der Chosŏn-Zeit war es bei zivilen Streitigkeiten üblich, dass ein Laienrichter auf der Grundlage der ‚konfuzianischen' Auffassung eine Aussöhnung und gütliche Einigung zwischen den Parteien vermittelte. Grund

---

609 Art. 19, 20 GVFam.

610 Art. 43 GVFam.

611 Die Schlichter sind keine Berufsrichter, brauchen auch keine juristische Ausbildung, sind jedoch angesehene Persönlichkeiten wie Professoren.

612 Art. 59 Abs. 2 Satz 1 GVFam.

dafür war wohl zum einen, dass nicht alle Sachverhalte durch Rechtsnormen geregelt waren, und zum anderen, dass dabei niemand sein Gesicht verlor,[613] da es weder Gewinner noch Verlierer gab (Harmonie).

Früher war in Korea eine einvernehmliche Scheidung mit Anmeldung beim Standesamt ohne Verfahren bei Gericht möglich. Nach den neuen Bestimmungen ist aber auch für diese Fälle eine Beteiligung des Familiengerichts in Form einer Beratung obligatorisch. Bei der streitigen Scheidung muss zunächst eine Schlichtung beantragt werden. Nur wenn eine Vereinbarung im Schlichtungsverfahren scheitert, kann ein Ehegatte beim Familiengericht die Scheidung beantragen. Die Folgeentscheidungen bei der Ehescheidung wie z. B. über das Sorgerecht für die gemeinsamen Kinder, die Vermögensaufteilung usw. können sowohl in einem eigenen Verfahren als auch zusammen mit der Ehescheidung vor dem Familiengericht getroffen werden (Art. 14 Abs. 1 GVFam). In streitigen Fällen wird der das Gericht anrufende Ehegatte als Kläger, der andere als Beklagter bezeichnet. Die Entscheidung erfolgt durch Urteil.[614] Wenn nur über Vermögensteilung, Sorgerecht usw. entschieden wird (also insb. bei ansonsten einvernehmlicher Scheidung), dann werden die Parteien als Antragsteller und Antragsgegner bezeichnet, und die Entscheidung erfolgt als Beschluss (*simp'an*). Diese Besonderheit ist bei der Übersetzung zu berücksichtigen.

Das Verfahren vor den Familiengerichten war zunächst grundsätzlich nicht öffentlich. Seit der Abschaffung des Gesetzes über die Entscheidungen in Familiensachen im Jahre 1991 gilt diese Bestimmung nicht mehr. Im GVFam gibt es eine solche Bestimmung nicht und damit gelten die Bestimmungen des Zivilprozessgesetzes außer in bestimmten Fällen wie Schlichtungsverfahren.[615] Damit sind auch die familiengerichtlichen Verfahren in der Regel öffentlich (d. h. solange keine Ausnahmeregelung greift).

Das Familiengericht verhandelt und entscheidet zum Teil in der Besetzung mit einem Einzelrichter (insb. bei einfachen Jugendstraftaten und in Fällen von häuslicher Gewalt) oder durch eine Kammer, die mit drei Richtern besetzt ist. Dem Gericht ist in Bezug auf Verfahren und Entscheidung größtenteils ein weites Ermessen eingeräumt.

### 4.6.4 Exkurs: Schlichtung vs. Mediation

Bei Übersetzungen müssen die Begriffe Schlichtung und Mediation auseinandergehalten werden. Sie dürfen keinesfalls synonym verwendet werden.

Die Mediation ist der Schlichtung sehr ähnlich. Die Ziele beider Verfahren sind vergleichbar, sie dienen zur Konfliktlösung. Jedoch wird der Begriff ‚Schlichtungsverfahren' für ein förmliches Verfahren mit normierten Regeln verwendet, insb. als

613 Siehe Hyun 1990, 21; Lee W.-H. 1999, 698; Lee 2003, 195.
614 Art. 59 Abs. 4 GVFam.
615 Art. 49 GVFam.

Vorstufe zu gerichtlichen Verfahren. Im Arbeits- und Tarifrecht ist dies allgemein bekannt; im arbeitsgerichtlichen Verfahren vor deutschen Arbeitsgerichten gibt es einen verpflichtenden Schlichtungstermin, bevor streitig weiter verhandelt wird. Auch beim sog. Friedensrichter gibt es solche Verfahren, die zwar nicht an alle Vorgaben der ZPO z.B. über Beweismittel, deren Erhebung usw. gebunden sind, aber dennoch gewissen Formvorschriften unterliegen. Die Mediation dagegen ist ein formfreies Verfahren und auch nicht verpflichtend, sondern freiwillig.[616] Ein weiterer Unterschied zu der Mediation liegt darin, dass der Schlichter zwar auf eine Einigung hinwirkt, wenn sich die Parteien jedoch nicht von sich aus einigen können, einen Vorschlag unterbreitet. Diesem Schlichterspruch, wie er deshalb auch genannt wird, können sich die Parteien dann entweder (freiwillig) unterwerfen oder ihn ablehnen und dann ins streitige gerichtliche Verfahren weiter gehen. Bei Annahme entfaltet der Spruch Rechtswirkungen. Die Mediation dagegen findet unabhängig von irgendwelchen förmlichen Verfahren statt. Der Mediator macht keine konkreten Vorschläge, die durch Annahme in Rechtskraft erwachsen können. Er ist nur Berater und hilft den Parteien ihre Probleme eigenverantwortlich zu lösen. Für eine Rechtsverbindlichkeit können nur die üblichen Rechtsinstitute benutzt werden (Verträge, sonstige Willenserklärungen usw.).

Im Schlichtungsverfahren vor dem koreanischen Familiengericht kann der Schlichter am Ende einen Schlichterspruch verkünden. Das wäre in einem Mediationsverfahren undenkbar. Vielfach wird sogar die Ansicht vertreten, dass ein Mediator noch nicht einmal einen Lösungsvorschlag in die Diskussion einbringen darf, sondern sich strikt neutral zu verhalten hat. In der Mediation entscheiden jedenfalls letztlich immer nur die Konfliktparteien selbst, welche Vereinbarungen sie treffen.

## 4.7 Aktenzeichen

Aktenzeichen sind unerlässlich zur genauen Zuordnung und zum Auffinden von Quellen, wie Gerichtsentscheidungen. Aus ihnen kann man aber auch bereits Einiges an Erkenntnissen erzielen. Das heutige gerichtliche Registerzeichen, meistens Aktenzeichen (abgekürzt Az.) genannt, hat seinen Ursprung in **Deutschland** in der Preußischen Aktenordnung vom 28. November 1934. Diese wird heute auf Landesebene durch eigene Aktenordnungen fortgeführt. So gibt es „Anweisungen für die Verwaltung des Schriftguts bei den Geschäftsstellen der Gerichte und Staatsanwaltschaften des Landes Nordrhein-Westfalen“ oder „Aktenordnung für die Geschäftsstellen der Gerichte der allgemeinen Verwaltungsgerichtsbarkeit des Landes Brandenburg“. Durch Kennungen in diesen Aktenzeichen werden bereits die Verfahrensarten (wie Zivil-, Straf-, Familien-, Verwaltungs-, freiwillige Gerichtsbarkeit) und die Instanzen unterschieden. Außerdem erfolgt die individuelle Kennzeichnung des Einzelfalls.

616 Siehe Hopt 2010, 723–724.

In der Praxis ergibt sich zum Beispiel aus dem Zitat: Entscheidung des LG Bonn vom 5. Juni 2012, Az. 8 S 84/12, dass nach dem Geschäftsverteilungsplan des LG Bonn, den jedermann einsehen kann, die 8. Zivilkammer für eine Berufung in einer Zivilsache und zwar den Fall mit der laufenden Nummer 84 aus dem Kalenderjahr 2012 zuständig war und entschieden hat. Die Jahreszahl gibt das Jahr des Eingangs der Klage (bzw. Berufung, Revision) an. Die Buchstaben in der Mitte des Aktenzeichens, das sogenannte Registerzeichen, kennzeichnen die Verfahrensart und die Instanz. ‚C' steht für allgemeine Zivilsachen vor dem Amtsgericht, ‚S' für Berufungen in Zivilsachen, ‚F' für eine Familiensache erster Instanz, ‚WF' für eine sonstige Beschwerde in Familiensachen vor dem OLG usw.

In **Korea** gibt es eine einheitliche allgemeine Verfügung des Justizministeriums, genannt „*sagŏnbyŏl puhomunjaŭi puyŏe kwanhan yegyu* 사건별 부호문자의 부여에 관한 예규 (Anweisung für die Verwaltung von Aktenzeichen)". Die Aktenzeichen in Korea bestehen aus 3 Zeichen: Jahreszahl, Registerzeichen und die jährlich fortlaufende Eingangsnummer. ‚2000 *meu* (므) 1257' bedeutet: Kalenderjahr 2000, Revision in Zivilsachen, Fall Nr. 1257. Ein Zitat lautet also z. B. ‚*taep'an* (대판) 2003. 11. 14, 2000 *meu* (므) 1257' und bedeutet: Urteil des Obersten Gerichts vom 14. November 2003, Az. 2000 *meu* 1257; Das Az. charakterisiert und individualisiert dabei gleichzeitig den konkreten Fall, nämlich als den 1257ten Fall aus dem Jahr 2000 der Revisionen in Zivilsachen beim Obersten Gericht.

Nach all dem darf man diese Aktenzeichen nicht durch Übersetzung ändern, vor allem nicht die Registerzeichen durch entsprechende deutsche ersetzen oder andere terminologische oder sprachliche ‚Kunststücke' versuchen, wie dies leider nicht selten zu finden ist. Sonst wird ihr Sinn verfälscht. Sie verlieren ihren Informationswert, und man kann diese Quelle nicht finden (vgl. 5.2.1.10).

## 4.8 Der gesetzliche Auftrag des Übersetzers

Urkundenübersetzung ist im internationalen Schriftverkehr von großer Bedeutung. Sprache ist Bestandteil der nationalen Autonomie. Sie gehört zu den „identitätsbegründenden Elementen" des Rechtsstaates.[617]

In **Deutschland** ist die deutsche Sprache als Amtssprache bei Behörden und Gerichten vorgeschrieben. § 23 Abs. 1 und 2 VwVfG lautet:

> (1) Die Amtssprache ist deutsch.
> (2) Werden bei einer Behörde in einer fremden Sprache Anträge gestellt oder Eingaben, Belege, Urkunden oder sonstige Schriftstücke vorgelegt, soll die Behörde unverzüglich die Vorlage einer Übersetzung verlangen. In begründeten Fällen kann die Vorlage einer beglaubigten oder von einem öffentlich bestellten oder beeidigten Dolmetscher oder Übersetzer angefertigten Übersetzung verlangt werden. Wird die verlangte Überset-

---

617 Häberle 1990, 126; siehe auch Kirchhof 2004, 210 und 2002, 120 sowie Hattenhauer 1987, 7–9. Kirchhof sieht im Recht zum Gebrauch der Muttersprache sogar ein Menschenrecht.

> zung nicht unverzüglich vorgelegt, so kann die Behörde auf Kosten des Beteiligten selbst eine Übersetzung beschaffen. Hat die Behörde Dolmetscher oder Übersetzer herangezogen, werden diese in entsprechender Anwendung des Gesetzes über die Entschädigung von Zeugen und Sachverständigen entschädigt.

Bei Gerichten gilt:

> §184 GVG bestimmt, dass **die Gerichtssprache deutsch ist**. Die Vorschrift bedeutet dass allen deutschen Staatsbürgern vor deutschen Gerichten keine fremde Sprache aufgezwungen werden darf, auch nicht teilweise durch eine fremdsprachliche Urkunde. Es ist ein nicht ausdrücklich in die Verfassung aufgenommener Grundsatz dass im Geltungsbereich des Grundgesetzes die deutsche Sprache das einzige offizielle Verständigungsmittel ist. [...] Dem entsprechend sind nicht in deutscher Sprache abgefasste Klageerzwingungsanträge unzulässig. [...] Das gilt auch für die ergänzende Bezugnahme auf fremdsprachliche Anlagen. (OLG Stuttgart, Beschluß vom 21.2.2007, 1 Ws 47/07[618])

Nach der EG-Verordnung Nr. 1348/2000 müssen gerichtliche und außergerichtliche Schriftstücke in Zivil- und Handelssachen in die Amtssprache des Mitgliedstaats, in den sie übermittelt werden, oder in eine Sprache des Übermittlungsmitgliedstaats, die der Empfänger versteht, übersetzt werden. Ist diese Voraussetzung nicht erfüllt, kann der Empfänger des Schreibens die Annahme verweigern.[619]

§ 142 Abs. 3 ZPO regelt die Anordnung der Urkundenvorlegung:

> (3) Das Gericht kann anordnen, dass von in fremder Sprache abgefassten Urkunden eine Übersetzung beigebracht wird, die ein Übersetzer angefertigt hat, der für Sprachübertragungen der betreffenden Art in einem Land nach den landesrechtlichen Vorschriften ermächtigt oder öffentlich bestellt wurde oder einem solchen Übersetzer jeweils gleichgestellt ist. Eine solche Übersetzung gilt als richtig und vollständig, wenn dies von dem Übersetzer bescheinigt wird. Die Bescheinigung soll auf die Übersetzung gesetzt werden, Ort und Tag der Übersetzung sowie die Stellung des Übersetzers angeben und von ihm unterschrieben werden. Der Beweis der Unrichtigkeit oder Unvollständigkeit der Übersetzung ist zulässig. Die Anordnung nach Satz 1 kann nicht gegenüber dem Dritten ergehen.

In **Korea** gilt vor Gericht:

> 대한민국 법원조직법 제 62 조(법정의 용어) ①법정에서는 국어를 사용한다. [Art. 62 Gerichtsverfassungsgesetz (Gerichtssprache) (1) Vor dem Gericht ist die koreanische Sprache zu benutzen.]

---

618 Zur Zulässigkeit bei ergänzender Bezugnahme auf fremdsprachliche Anlagen (‚Ws' ist Registerzeichen für Beschwerden in Straf- und Bußgeldsachen beim OLG).

619 Der Absender kann den Mangel aber dadurch heilen, dass er die Übersetzung so schnell wie möglich nachreicht. Insofern ist eine Frist von einem Monat angemessen. Dazu gibt es auch ein neues Urteil des EuGH (C-443/03 vom 8.11.2005).

대한민국 민사소송법 제 277 조 (번역문의 첨부) 외국어로 작성된 문서에는 번역문을 붙여야 한다. [Artikel 277 Zivilprozessgesetz (Beifügung von Übersetzungen) Dokumenten, die in einer fremden Sprache erstellt sind, ist eine Übersetzung beizufügen.]

In **Deutschland** kann also nur der dafür ermächtigte Übersetzer die Richtigkeit und Vollständigkeit einer Übersetzung bescheinigen.[620] Es gibt Bestimmungen über die Zulassung, Bestellung und Vereidigung von Übersetzern und Dolmetschern. Zwar ist die Wahl des Berufs frei und es gibt keine Regelungen zur Ausübung der Tätigkeit als Dolmetscher oder Übersetzer. Auch ist Jeder frei in der Wahl eines Übersetzers seines Vertrauens. Wird jedoch die Übersetzung einer Urkunde in behördlichen oder gerichtlichen Verfahren benötigt, muss diese – soll sie Anerkennung und Verwendung im Verfahren finden – von einem dafür eigens ermächtigten Übersetzer erstellt bzw. beglaubigt sein. Diese Zulassung fällt in die Kompetenz der Bundesländer und ist deshalb auch unterschiedlich geregelt. Sie gilt aber bundesweit.

In NRW z. B. wird sie als ‚Ermächtigung' bezeichnet und vom zuständigen OLG-Präsidenten auf Antrag und bei Nachweis der vorgeschriebenen Qualifikation erteilt. In anderen Bundesländern nennt sie sich ‚Beeidigung' oder ‚Vereidigung'.[621] Diese Zulassung oder Ermächtigung wird für bestimmte Sprachen und eine begrenzte Zeit erteilt. Entsprechendes gilt für Gerichtsdolmetscher. Sie müssen vereidigt werden. Es kann auch eine allgemeine Vereidigung beim LG-Präsidenten erfolgen.

In **Korea** gibt es erstaunlicher Weise weder gleichartige Regelungen noch Kontrolle, wie bei der Übersetzung von Urkunden zu verfahren ist. Jeder Sprachkundige kann und darf also Urkunden übersetzen. Selbst Sprachunkundige sind mitunter als Beurkundungsperson[622] für die Beglaubigung der Übersetzung von (wie schon mehrfach dargestellt inhaltlich höchst bedeutsamen) Texten tätig, deren Richtigkeit sie gar nicht beurteilen können. Dennoch beurkunden Notare u. dgl., dass die

620 Siehe Merkblatt 2002; BDÜ 2004.

621 Berufsbezeichnungen sind je nach Bundesland unterschiedlich. Hier nur ein paar Beispiele: „Öffentlich bestellter und beeidigter Urkundenübersetzer" (Baden-Württemberg), „Öffentlich bestellter und beeidigter Übersetzer" (Bayern), „Ermächtigter Übersetzer" (Berlin) „Durch den Präsidenten des OLG ... ermächtigter Übersetzer" (NRW) und „Öffentlich bestellter und allgemein vereidigter Übersetzer" (Hamburg) und vielleicht am längsten „ Für die Gerichte und Staatsanwaltschaften des Landes Schleswig-Holstein durch den Präsidenten des Schleswig-Holsteinischen Oberlandesgerichts ermächtigter Übersetzer" in Schleswig-Holstein.

622 In Korea gibt es Beurkundungspersonen und -büros, welche lediglich befugt sind, Abschriften, Urkunden, Kopien u. dgl. zu beglaubigen. Weitere Funktionen sowie die Zulassungsvoraussetzungen wie bei deutschen Notaren sind nicht gegeben. Sie entsprechen also nur den in den deutschen Gesetzen über Beglaubigungen genannten Urkundspersonen, welche für amtlichen Gebrauch bestimmte Kopien als mit der Urschrift übereinstimmend beglaubigen dürfen. Allerdings sind es Privatpersonen, welche mit dieser Kompetenz ‚beliehen' sind. Regelungen enthält das Gesetz über Urkundspersonen (Gesetzesnummer 11461 vom 01. 06. 2012 in Kraft getreten am 02.09. 2012). Im ZG sind sie z. B. bei Art. 163 Nr. 4 und 5 erwähnt.

Übersetzung richtig und vollständig sei. Die bestellenden Behörden überlassen es völlig den Einzelnen, was sie tun und wie sie verfahren.[623]

Für die Eheschließung bedeutet dies: Je nachdem wo die Eheschließung erfolgen soll, müssen die dort geltenden Rechtsvorschriften beachtet werden. In Deutschland gilt: Wer hinsichtlich der Voraussetzungen der Eheschließung ausländischem Recht unterliegt, soll eine Ehe nicht eingehen, bevor er ein Zeugnis der inneren Behörde seines Heimatsstaats darüber beigebracht hat, dass der Heirat nach dem Recht dieses Staates kein Ehehindernis entgegensteht.[624] Soll die Ehe auch im Heimatland des anderen Ehegatten registriert und anerkannt werden, sind außerdem die dafür geltenden Bestimmungen zu beachten. Daraus ergibt sich, welche Dokumente im Original und in einfacher oder beglaubigter Übersetzung vorzulegen sind. Teilweise werden auch noch Überbeglaubigungen bzw. Apostillen benötigt. Die Internetseiten des Auswärtigen Amtes in Deutschland bzw. des koreanischen Justizministeriums (*pŏmmubu* 법무부) helfen mit entsprechenden Aufstellungen einschl. Listen der zuständigen Stellen weiter. Auch auf den Internetseiten der jeweiligen Botschaften und der deutschen OLG finden sich konkrete Hinweise und die entsprechenden Auszüge aus den einschlägigen Bestimmungen. Der in diesen Angelegenheiten tätige Übersetzer tut gut daran, sich über diese genau zu informieren, um seine Klienten fachgerecht beraten zu können und um zu wissen, was er bei Übersetzung und Beglaubigung zu beachten hat.

Für den koreanischen Verlobten müssen bei Eheschließung in Deutschland derzeit vorgelegt werden: die Urkunde über die familiären Verhältnisse (*kajokkwan'gye chŭngmyŏngsŏ* 가족관계증명서), die Grunddatenurkunde (*kibon chŭngmyŏngsŏ* 기본증명서) und die Urkunde über die ehelichen Verhältnisse (*honin'gwan'gye*

623 Die Konsularabteilung der deutschen Botschaft in Seoul hat z. B. auf ihrer Homepage eine Liste empfohlener Übersetzer. Auf Anfrage hat sie der Verf. mit Schreiben vom 17. 05. 2011 (siehe Anhang) mitgeteilt: „Die Botschaft veröffentlich auf ihrer Website unverbindlich und ohne Gewähr Namen und Kontaktdaten von ihr bekannten Übersetzern bzw. Übersetzungsbüros. Dies ist als Handreichung für Hilfe suchende deutsche Staatsangehörige gedacht. Die Kriterien für die Aufnahme auf diese Liste sind recht allgemein: 1. Es werden nur Übersetzer aus dem Amtsbezirk der Botschaft (also z. B. nicht solche in Deutschland) benannt. 2. Sie müssen der Botschaft bekannt sein. Für dieses Bekanntsein reicht es aus, daß sich Übersetzer bei der Botschaft melden und um Aufnahme auf die Liste bitten. 3. Die Botschaft muß – nach summarischer Prüfung – zu der Einschätzung kommen, daß es sich tatsächlich um qualifizierte, professionelle Übersetzer handelt. [...] Es gibt keine Vorgaben der Botschaft, wie oder von wem Übersetzungen anzufertigen sind; wenn eine Übersetzung der Botschaft zur Bestätigung vorgelegt wird, wird seitens der Botschaft die Richtigkeit überprüft (aber nicht, wer die Übersetzung gefertigt hat): Ist die Übersetzung vollständig und richtig, so wird dies bestätigt – andernfalls wird keine Bestätigung erteilt."

624 § 1309 BGB, genaueres zu diesem Ehefähigkeitszeugnis siehe MüKo BGB 2013, 148–154, Rn. 1–24.

*chŭngmyŏngsŏ* 혼인관계증명서). Alle drei müssen mit einer Apostille (amtliche Beglaubigung der Echtheit nach dem ‚Haager Abkommen') versehen sein.

Der deutsche Standesbeamte fordert außerdem einen Staatsangehörigkeitsnachweis sowie ein Ehefähigkeitszeugnis (s. o. und Fn. 624), um die Ehevoraussetzungen und etwaige Ehehindernisse nach dem Heimatrecht prüfen zu können.[625] Im Ehefähigkeitszeugnis müssen beide Verlobte namentlich genannt sein. Es gibt wenige Länder, die solche Ehefähigkeitszeugnisse ausstellen. Korea gehört nicht dazu.[626] In dem Fall kann gemäß § 1309 Abs. 2 BGB der Präsident des zuständigen OLG von dieser Beibringungspflicht befreien. Der Antrag auf Befreiung wird beim Standesamt aufgenommen. Jedoch erklären Standesbeamte dieses Befreiungsverfahren oft nicht genügend. Es kommt auch häufig vor, dass die koreanischen Verlobten die „Urkunde über die ehelichen Verhältnisse", die die Ledigkeit bescheinigt, mit dem Ehefähigkeitszeugnis verwechseln oder erst nach vergeblichem Bemühen vom Standesbeamten über die Befreiungsmöglichkeit informiert werden. Nach Angabe des OLG Köln soll ein koreanischer Verlobter bei dem sog. Befreiungsverfahren vorlegen: urkundlicher Nachweis zu Geburt und Familienstand (a) Identitätsurkunde, (b) Familienurkunde und (c) eigene eidesstattliche Versicherung über den Familienstand; bei Geschiedenen zusätzlich eine Eheurkunde und ein Nachweis der rechtskräftigen Auflösung der letzten Ehe[627] (z. B. Scheidungsurteil, Sterbeurkunde); bei Minderjährigen die Einwilligung der Eltern.[628]

Alle Urkunden in koreanischer Sprache sind im Original sowie in beglaubigter deutscher Übersetzung vorzulegen. Dies muss durch einen ermächtigten Übersetzer geschehen. Dieser muss sich also sowohl im koreanischen wie auch im deutschen Ehe-, Familien- und Verfahrensrecht auskennen, damit er zunächst die Ehewilligen richtig berät und dann die Urkunden in korrekten deutschen Rechtsbegriffen wiedergibt, so dass der Standesbeamte das Vorliegen der Voraussetzungen für die Eheschließung prüfen kann. Dabei spielt sowohl früheres als auch aktuell geltendes Recht eine Rolle. Auch mit Namensrecht und Transkriptionsregeln muss er vollständig vertraut sein, damit es nicht zu Rechtsfehlern kommt. Schon ein falsch gesetzter oder fehlender Bindestrich kann dabei zu (mitunter erst viel später auftretenden)

---

625 Nach Artikel 13 Abs. 1 EGBGB ist für jeden Eheschließenden sein Heimatrecht anzuwenden.

626 In § 166 Abs. 4 Dienstanweisung für die Standesbeamten und ihre Aufsichtsbehörden i. d. F. vom 23. November 1987 (zuletzt geändert am 17. August 2000) sind die Staaten, die ein Ehefähigkeitszeugnis ausstellen, vollständig aufgeführt. Korea ist folgerichtig nicht dabei.

627 Bei einvernehmlicher Ehescheidung Eheurkunde mit entsprechendem Scheidungseintrag; bei Ehescheidung durch Schlichtung Schlichtungsspruch bzw. -protokoll; bei streitiger Ehescheidung vor Gericht Scheidungsurteil/-beschluss mit Rechtskraftvermerk.

628 http://www.olg-koeln.nrw.de/aufgaben/justizverwaltung/organisation_verwaltung/dez_7/laender/index.php.

teilweise kaum zu lösenden Problemen mit deutschen Ausländer-, Pass-, Meldebehörden, Standesämtern oder anderen Stellen führen. (vgl. das Beispiel unter 5.2.4.4).

## 4.9 Zwischenergebnis

Die Globalisierung und die damit einhergehende enorme Zunahme der Bedeutung des internationalen Rechtsverkehrs führen zu einer starken Zunahme von internationalen Rechtsbeziehungen, aber auch -streitigkeiten. Infolge der Globalisierung der Wirtschaft unterliegen auch deren menschliche ‚Ressourcen' einer erheblichen Fluktuation und werden immer häufiger grenzüberschreitend eingesetzt. Die Folgen in rechtlicher Sicht sind vor allem im Ausländerwesen oder im Arbeits-, Versicherungs- und sonstigen Sozialwesen zu sehen. Auch das private grenzüberschreitende Urlaubs- und Migrationsverhalten nimmt immer breiteren Raum ein. Die aus alldem naturgemäß resultierenden zwischenmenschlichen Beziehungen sind ebenfalls immer mehr bi- oder multinational geprägt, was sich im Anstieg der internationalen Familienrechtssachen widerspiegelt. In allen diesen Verwaltungs- und Gerichtsverfahren sind Behörden, Gerichte, Anwälte und Beteiligte auf Dolmetscher und Übersetzer angewiesen. Aber auch bei der Beratung in rechtlichen Angelegenheiten ist der Jurist-Übersetzer gefragt. Vor allem in Wirtschafts- und Sozialangelegenheiten wird er von Unternehmen und international tätigen Stellen benötigt. Im privaten Bereich sind seine Dienste in multinationalen Ehe- und Familienangelegenheiten samt den entsprechenden sozialen Aspekten unerlässlich.

Vertiefte Kenntnisse anderer Rechtsordnungen und deren Vergleich mit inländischem Recht sind dafür notwendig. Viele Juristen widmen sich daher rechtsvergleichenden Studien. Die Ergebnisse finden sich in Veröffentlichungen von kurzen Aufsätzen bis hin zu Dissertationen.

Obwohl das ZG eine starke Beeinflussung durch das BGB erfahren hat, unterschieden sich die beiden Rechtssysteme im Familienrecht aufgrund der verschiedenen gesellschaftlichen Konventionen und Moralvorstellungen bis vor kurzem in manchen Bereichen sehr stark, so auch in Bezug auf die Ehe. Dies wird sich im Übersetzeralltag noch auf lange Sicht auswirken. Auch nach dem aktuell geltenden Recht bestehen noch deutliche Unterschiede.

Im Eherecht, insb. bei den Voraussetzungen und wirtschaftlichen Folgen einer Scheidung (Verschuldens- vs. Zerrüttungsprinzip), aber auch bei den Formen von Eheschließung und einvernehmlicher Scheidung (privatrechtliche Vereinbarung + Anmeldung beim Standesamt in Korea vs. staatliches Eheschließungs- und Scheidungsmonopol in Deutschland) zeigen sich große Divergenzen. Auch in Bezug auf Verwandtschaft, Partnerschaft und Adoption oder bezüglich Ehevertrag, Standesregister und Siegeln gibt es nach wie vor erhebliche Unterschiede. In anderen Rechtsbeziehungen rund um Ehe und Familie, z.B. bei elterlicher Sorge, Volladoption, Geschäftsfähigkeit, Pflegschaft und Betreuung, zeigen sich dagegen aufgrund der Internationalisierung gleichartige Tendenzen.

Sowohl in Deutschland als auch Korea gibt es für Ehegatten die Möglichkeit ihre Vermögensverhältnisse in einem Vertrag zu vereinbaren. In Deutschland ist dies vor und nach der Eheschließung durch Ehevertrag möglich. Dieser kann aufgehoben und geändert werden (§ 1408 Abs. 1 BGB). Dagegen kann ein Ehevertrag in Korea nur vor der Ehe geschlossen und während der Ehe allenfalls aus triftigen Gründen mit Genehmigung des Gerichts geändert werden (Art. 829 Abs. 2 ZG).

Grundsätzlich muss jeder geschiedene Ehegatte in beiden Staaten für sich selbst sorgen. Jedoch kann ein geschiedener Ehegatte in Deutschland einen Unterhaltsanspruch geltend machen. In Korea gibt es dazu keine Regelung, weder über nachehelichen Unterhalt noch Versorgungsausgleich. Die Geltendmachung des Anspruchs auf Vermögensteilung und Schmerzensgeld kann im Ergebnis wie eine einmalige Unterhaltszahlung wirken (vorausgesetzt, dass der sozial schwächere Ehegatte an der Scheidung nicht schuldig ist. Diese Regelung zeigt, dass in Korea bei der gerichtlichen Scheidung grundsätzlich doch noch das Verschuldensprinzip gilt).

Auf vertikaler Ebene, zwischen Eltern und Kindern, ist das Verhältnis weitgehend gleichberechtigt. So sind Kinder nicht mehr ein Objekt des Umgangsrechts. Vielmehr haben sie jetzt selbst Anspruch auf Umgang mit den Eltern.

Es gibt also viele Übereinstimmungen, aber auch viele Divergenzen. Dies alles muss der Übersetzer kennen und beachten beim Übersetzen von juristischen Texten. Es dient letztlich der Verständigung zwischen verschiedenen Kulturen und zwar Sprach- wie Rechtskulturen. Es wurde nachvollziehbar, dass zu diesem Zweck auf eine präzise und vollständige Wiedergabe der AT zu achten ist. Wie Pommer richtig feststellt, meinen viele Juristen, dass durchschnittliche Fremdsprachenkenntnisse für die Übersetzung eines Rechtstextes ausreichen. Übersetzer wiederum unterschätzen oft das für eine Rechtsübersetzung erforderliche Ausmaß an Rechtskenntnissen.[629] Der Übersetzer-Jurist bzw. Jurist-Übersetzer muss jedoch die Fähigkeit besitzen, den rechtlichen Inhalt von Begriffen der Rechtssprache eines Rechtssystems mit dem rechtlichen Inhalt der Begriffe eines anderen Rechtssystems zu vergleichen und in der Folge eine kommunikativ und gleichzeitig juristisch korrekte Übersetzung anzufertigen. In der Praxis ist diese juristisch und kommunikativ korrekte Übersetzungsweise aber leider nicht so oft zu finden, wie im nächsten Kapitel noch sehr deutlich wird. Dieses Ziel kann nur durch eine interdisziplinäre Herangehensweise, gestützt auf juristisch-rechtsvergleichende und übersetzungswissenschaftlich-sprachliche Kompetenz, erreicht werden.

---

629 Siehe Pommer 2006, 7.

# 5 Analyse typischer Übersetzungsprobleme und Fehlerquellen in juristischen Fachtexten

## 5.1 Einleitung

Für die vorliegende Arbeit wurden unter anderem die in Deutschland veröffentlichten sechs Dissertationen zum koreanischen Eherecht, ein Länderbericht aus der von Bergmann und Ferid herausgegebenen Loseblattsammlung sowie viele Einzelveröffentlichungen durchgesehen und analysiert. Sie sind entweder von koreanischen Autoren in deutscher Sprache verfasst, welche jedoch auch Übersetzungen koreanischer Gesetzes- und anderer Rechtstexte (Gerichtsentscheidungen, Lehrwerke usw.) enthalten, oder es handelt sich um allgemein zugängliche Übersetzungen. Die Analyse verdeutlicht, wie wichtig Rechts- und Sprachvergleichung sind. Und sie erbringt – wie man sehen wird – den letzten Beweis, dass eine gelungene Rechtsübersetzung nur bei Beachtung der Erkenntnisse und Regeln aus beiden Disziplinen erwartet werden kann, wie sie in vorliegender Arbeit zusammenfassend dargestellt sind.

Die weiterhin vorgenommene Auswertung eines Infoblatts für Ausländer auf der offiziellen Webseite der koreanischen Familiengerichte sowie rechtswissenschaftlicher Aufsätze in den juristischen Fachzeitschriften, die in Korea herausgegeben werden, bestätigt diese Maxime. Sie enthalten mitunter Zusammenfassungen in deutscher Sprache und darin wiederum von deren Verfassern selbst erfundene bzw. konstruierte eigenartige Begriffe, Abkürzungen und Schlagworte, die ebenfalls Gegenstand dieser Übersetzungskritik sind.

### 5.1.1 Gegenstand

Um den Rahmen vorliegender Arbeit nicht zu sprengen, wurden nicht alle einschlägigen Fund- bzw. Fehlerstellen aus sämtlichen überprüften Texten wiedergegeben. Vielmehr erfolgte eine Beschränkung auf die Wiedergabe von Textauszügen aus den nachfolgend genannten Veröffentlichungen, welche in ihrer Typik stellvertretend für all die anderen ausgewerteten Arbeiten und fehlerhaften Textstellen stehen. Insgesamt ergeben sich daraus die damit empirisch gesicherten Erkenntnisse, die anhand der Beispiele dargestellt werden.


Chang 1993. Chang Jae-Ok (bearb.), „Republik Korea“, in: Bergmann/Ferid, *Internationales Ehe- und Kindschaftsrecht* (115. Lieferung)., Frankfurt a. M. 1993.

Cho 2001. Cho Eun-Hee, *Die finanzielle Versorgung nach der Scheidung im deutschen und koreanischen Recht im Vergleich*, Diss. Humboldt-Universität Berlin 2001.

Cho 2007. 조은희, „이혼의 자유와 그 한계 – 협의이혼제도와 협의이혼제도 개정법안을 중심으로“, in: 家族法研究 2007 年 第 21 卷 1 號 [Cho, Eun-Hee, *„ihon-ŭi chayu-wa kŭ han'gye – hyŏbŭiihonjedo-wa hyŏbŭiihonjedo kaejŏngbŏban-ŭl chungsim-ŭro*

(Freiheit der Scheidung und ihre Grenzen – Einverständliche Scheidung und Reform der Einverständlichen Scheidung)"], in: *Kajokpŏp yŏn'gu* 21.1/2007, 133–164 [am Ende Zusammenfassung auf Deutsch, 163–164].

Infoblätter. Infoblätter für die Gerichtliche Scheidung für die Ausländer, in: http://slfamily.scourt.go.kr/slfamily/sosong/sosong_08/sosong_08_03/index.html.[630]

LEE 1986. Lee, Mi-Kyung Cho,[631] *Koreanisches Scheidungsrecht*, Diss. Universität Köln, 1986.

LEE H.-K. 1990. Lee, Hoi-Kyu, *Die Entwicklung des neuen materiellen Scheidungsrechts Koreas im Hinblick auf das Zerrüttungsprinzip unter der vergleichenden Berücksichtigung des deutschen Rechts*, Diss. Universität Bayreuth, 1990.

LIM 1972. Lim, Jung-Pyung, *Das gegenwärtige Familienrecht Südkoreas zwischen deutscher Rechtsdogmatik und fernöstlicher Sozialdoktrin*, Diss. Universität Mainz, 1972.

TSCHE 1961. Tsche, Chong Kil, *Die Scheidung im koreanischen materiellen und internationalen Privatrecht*, Diss. Universität Köln, 1961.

YANG 1971. Yang, Byung-Hui, *Grundlagen und Gestalt des koreanischen Familien-, insbesondere Ehescheidungsrechts, Eine rechtsvergleichende Untersuchung*, Diss. Universität Bochum, 1971.

### 5.1.2 Maßstäbe für die kritische Untersuchung

Es gibt bisher keine einheitlichen Kriterien für die Übersetzungskritik, obwohl häufig zu hören ist, dass eine Übersetzung schlecht, nicht gut oder sogar falsch sei

---

630 Auf der Homepage der koreanischen Familiengerichte finden sich diese „Infoblätter für die Gerichtliche Scheidung für die Ausländer" (in vorliegender Arbeit Info genannt), die in 13 verschiedene Sprachen übersetzt worden sind, darunter auch in die deutsche Sprache (zuletzt abgerufen am 03. 01. 2013).

631 Anm.: Hier tritt noch ein weiteres Problem bei der Übersetzung von Namen zu Tage. In dieser Dissertation entsteht ein regelrechtes Verwirrspiel um den Namen der Autorin. Auf dem Deck- und Titelblatt werden angegeben: „Lee, Mi-Kyung Cho" Unterstellt man, insb. wegen des Kommas, die übliche Romanisierung des Namens unter Beibehaltung der Reihenfolge der koreanischen Namen, so bedeutet dies, dass „Lee" der Familienname ist und „Mi-Kyung" sowie „Cho" zwei Vornamen sind. Da zwei Vornamen in Korea nicht gerade üblich sind, hat die Verf. weiter recherchiert. Dabei fand sich im Lebenslauf im Anhang der Dissertation die Angabe, dass sie als Tochter von Kyun-Chan Cho geboren sei. Dies legt sehr nahe, dass ihr Familienname „Cho" lautet. Allerdings hat sie an ders. Stelle ihren Namen geschrieben als „Mi-Kyung Cho Lee, also in typisch deutscher Reihenfolge. Was nun ihr wirklicher Familienname ist und welche Funktion insbesondere dem Namen „Lee" zukommt, bleibt ein Rätsel.
In anderen Aufsätzen in koreanischer Sprache wurde der Name „CHO, Mi-Kyung" gefunden, was wahrscheinlich dieselbe Autorin ist.
Wegen der Schreibweise im Titel der Arbeit, die in sich nach deutscher Schreibweise eindeutig war, wurde sie wie geschehen zitiert.

oder sie den Ton des Originals nicht richtig treffe. Solche vagen Kritiken sind oft in Feuilletons zu lesen, nicht überprüfbar, und die Folgen der Fehler sind harmlos. Wenn aber eine juristische Übersetzung fehlerhaft ist, ist die Folge prinzipiell fatal. Hier ist deshalb auch bei der Übersetzungskritik ein Maßstab notwendig.

Die theoretische Auseinandersetzung über diese Thematik scheint seit Ende der 70er Jahre versandet zu sein.[632] Die Modelle von Beaugrande, Levi und Popovič scheinen für den Zweck der juristischen Übersetzung nicht geeignet, da sie für die Übersetzung literarischer Texte entwickelt wurden und dementsprechend im Mittelpunkt die stilistische und ästhetische Wirkung der Übersetzung und des Originals steht. Die Modelle von House und Gerzymisch-Arbogast sind vorwiegend für die Übersetzungsdidaktik konzipiert. Nach der Skopostheorie von Reiss/Vermeer ist der Übersetzungszweck maßgebend; demnach sind vor allem die Erwartungen des Lesers zu berücksichtigen, im Vordergrund stehen die für den ZT geltenden Normen und Sprachgebräuche.[633] Nach alledem erscheint die Anwendung dieser Modelle auf juristische Übersetzungen nicht geeignet,[634] vor allem wegen der Bindung an die Gesetze und wegen der in diesen Texten oft ausschlaggebenden Art der Formulierung, der Begriffe und ihrer Verwendung. Dies muss in der Übersetzung wieder zu finden sein, um Gesetze, Urteile, Verträge usw. verstehen, korrekt anwenden bzw. kritisieren und juristischen Argumentationen entgegnen zu können. Kollers Modell[635] versteht sich als allgemein anwendungsorientiert, ist aber zu allgemein, so dass die Anwendung im spezifischen Fall erschwert wird und den Aufwand zur komplexen übersetzungskritischen Anwendung unverhältnismäßig erscheinen lässt.

Das Ziel vorliegender Arbeit liegt nicht in der Bildung neuer Modelle, sondern im Gewinn von Erkenntnissen, worin die hauptsächlichen Ursachen fehlerhafter Übersetzung juristischer Texte insbesondere vom Koreanischen ins Deutsche liegen und wie diese zu vermeiden sind. Daraus ergaben sich nicht nur der Schwerpunkt der ausgewählten Textsorten (juristische Fachtexte), sondern auch die Beurteilungskriterien bzw. Maßstäbe für deren Analyse:

1. Auf der Ebene der wesentlichen übersetzungswissenschaftichen Regeln ist z. B. zu klären: Wer ist Adressat der Übersetzung? Hat dieser den gleichen Wissenshorizont wie die Verfasser (und auch Leser) des AT (Präsupposition)? Nach welchem System erfolgt die Transkription bzw. Transliteration der koreanischen Begriffe ins Deutsche? Die Verfasser der analysierten Texte sind Juristen. Ob sie eine übersetzerische Ausbildung genossen haben oder nicht (es gibt ja auch Juristen-Übersetzer), ist nicht bekannt. Unabhängig davon wird aber in der Analyse deutlich, dass selbst Juristen – und zwar in deutscher wie in koreanischer Sprache – fast wie

632 Dies sieht man z. B. bei Levý 1969, Reiss 1971, Popovič 1973, Beaugrande 1980, House 1977 revidiert 1997, immerhin nochmals Gerzymisch-Arbogast 1994.

633 Siehe Reiss/Vermeer 1984; Reis 1971, 2000.

634 Auch Madsen hat die Anwendbarkeit der Skopos-Theorie bei der Übersetzung juristischer Texte in Frage gestellt, Madsen 1997; auch Šarčević 1997, 19.

635 Z. B. in Koller 1981 und 2004.

bloße ‚Laien-Übersetzer' ihre Texte zu unreflektiert und ohne Beachtung dieser einfachen Grundregeln übersetzen. Dabei sollte gerade ihnen klar sein, dass die Übersetzung die Basis der Rechtsvergleichung und der Rechtsanwendung ist und die Vergleichung ebenso wie die Rechtsanwendung nur dann zu rechtlich haltbaren Ergebnissen führen kann, wenn die Texte sowohl in der AS rechtlich korrekt erfasst als auch einwandfrei in die adäquaten Begrifflichkeiten der ZS übertragen wurden.

2. Auf der Ebene der kontrastiven Linguistik wird das besondere Augenmerk auf den Verstoß gegen zielsprachliche Normen gelegt. Der Empfänger der Übersetzung erwartet im Zieltext grammatikalisch richtige Sätze, unabhängig von der inhaltlichen Korrektheit. In juristischen Texten kommt noch hinzu, dass die Grammatik auch eine große Rolle für die richtige Interpretation und Anwendung des Inhalts spielt.[636] Auf dieser Ebene werden sprachliche Fehler inklusive Wortbildung und Syntax in der Zielsprache analysiert, ggf. auch im Hinblick auf Fehlerursachen durch Interferenz.

3. Auf der Ebene der Textlinguistik geht es insbesondere um Verstöße gegen typische Textkonventionen. Dabei ist die jeweilige Textfunktion zu berücksichtigen. Als exemplarisch wurde die Textsorte ‚Gesetzestexte' ausgewählt,[637] weil in deren Übersetzungen vor allem immer wieder unerlaubtes Weglassen oder Hinzufügen von Begriffen oder Textteilen zu finden ist. Dies kann zu äußerst gravierenden Fehleinschätzungen und rechtsfehlerhafter Anwendung mit möglicherweise katastrophalen Folgen führen.

4. Auf der Ebene der Rechtssprache und Rechtssystematik finden sich in juristischen Texten gar nicht so selten Fehler in der Terminologie. Gehäuft treten sie vor allem in Übersetzungen von Gesetzestexten, aber auch Verträgen und gerichtsrelevanten Schriftstücken auf. Überall dort können sie bedeutende Auswirkungen haben und zu hohen materiellen wie immateriellen Schäden führen. Bei der Analyse wird die Aufmerksamkeit daher insbesondere auf solche Übersetzungsfehler gerichtet, die zu Sinnentstellungen und fehlerhafter Rechtsanwendung führen, des weiteren auf Darstellungsfehler, die falsche Vorstellungen über den Inhalt oder die Zustände im Ursprungsland vermitteln, und auf den Gebrauch falscher fachsprachlicher Begriffe, also falsche Begrifflichkeits-Ebenen. Schon kleine Fehler können gravierende Folgen verursachen und dürfen deshalb nicht als banale Flüchtigkeitsfehler abgetan werden.

5. Schließlich können durch andere Wiedergabe von Stilistik, falsche Wortwahl bei Unterschieden in System oder Kultur (z. B. Oberschule vs. Gymnasium, Grenze vs. Demarkationslinie, Lebensalter-Zählung) oder sonstige formale oder inhaltliche Abweichungen zwischen AS und ZS Unklarheit und Verwirrung verursacht werden, im ‚worst case' auch finanzielle und andere Schäden entstehen.

---

636 Siehe die juristischen Interpretationsregeln z. B. bei Creifelds 2011, 113–115 unter dem Stichwort „Auslegung"

637 Wegen der Einzelheiten zu den Textsorten sei auf die Ausführungen unter 2.1.2.3 juristische Textsorten verwiesen.

## 5.2 Übersetzungsfehleranalyse

Allgemein anzumerken ist, dass sich die Fehler oft nicht vollkommen eindeutig kategorisieren lassen. Sie können auch in mehrere der vorgenannten Kategorien einzuordnen sein. Weiter ist bei allen Verfassern kein durchgehendes Umschriftsystem zu finden, weshalb es schwierig ist, mit Hilfe der Verweise in diesen Texten andere Texte zu finden.

Im Folgenden werden Textpassagen zitiert, danach erfolgt deren Analyse auf Fehler bzw. Verstöße gegen übersetzungswissenschaftliche, sprachliche Regeln oder solche für die fachspezifische Übersetzung von Rechtstexten, wie sie in den vorangehenden Kapiteln gewonnen und dargestellt wurden. Dabei sind auch entsprechende Verweise angebracht, wo dieses Problem in vorliegender Arbeit behandelt wird. Zur Verdeutlichung werden die Zitate kursiv geschrieben und die betreffenden Wörter, Begriffe oder Wendungen fett hervorgehoben. In diesen Zitaten enthaltene Fehler jeglicher Art sind eine getreue Wiedergabe der Original-Textstellen; sie sind genauestens überprüft, weshalb auf die sonst ständig notwendigen [sic!]-Hinweise verzichtet wurde. Übersetzungsvorschläge ohne Quellenangabe stammen von der Verfasserin.

### 5.2.1 Verstöße gegen übersetzungswissenschaftliche Grundregeln

#### *5.2.1.1 Wörtlich vs. sinngemäß*

> *Der chinesische Ausdruck, genauer und **wörtlich** ins Deutsche übersetzt, heißt „sieben Verstoßen (oder Vertreiben)“* (Lee 1986, 8)

*Ch'ilgŏjiak* 칠거지악 七去之惡 bedeutet wörtlich ‚Sieben Schlechtigkeiten zum Verstoßen‘. Wenn man ausdrücklich erwähnt, dass man einen Ausdruck wörtlich, also nicht sinngemäß übersetzt, muss man dies auch wirklich tun – und zwar vollständig. Es geht hier um Scheidungsgründe, nicht um das Verfahren, also nicht um das Verstoßen = Scheidung, sondern um die „Schlechtigkeiten“ als Gründe für ein zulässiges Verstoßen.

#### *5.2.1.2 Willkürliches Hinzufügen von Wörtern oder Erweitern und Einengen von Bedeutungen*

> ***Geschlechtliche** Untreue der Ehegatten (§ 840 Nr. 1 KBGB)*
> *Unter dem Begriff der **geschlechtlichen** Untreue eines Ehegatten versteht man nicht nur Ehebruch, sondern auch die Verletzung der **sexuellen** Treuepflicht des Ehegatten, die noch nicht als Ehebruch gilt.* (Cho 2001, 135)

Der Original-Gesetzestext lautet „*paeuja-e pujŏng-han haengwi-ga issŏsŭl ttae* 배우자에 부정한 행위가 있었을 때“. *Chŏng* 정 淨 (sauber wie bei ‚sauberem Wasser‘ u. ä.) wird im Kontext in *chŏng-jo* benutzt als Bezeichnung für ‚treu‘, ‚Treue‘. *Pujŏng* kann demnach sehr wohl mit ‚untreu‘ übersetzt werden (*pu* ist die Verneinung), *pujŏng-han haengwi* also mit ,Untreue-Handlung' oder einfach ,Untreue'. Jedoch ist das Wort „geschlechtlich" im Gesetzestext nicht vorhanden, die freie Hinzufügung eines solchen Wortes schadet dem juristischen Verständnis bei Interpretation und Rechtsvergleichung sehr. Nach der Rechtsprechung (Urteil des koreanischen Obersten Gerichts vom 14. März 1963, Az. 62 *da* 54) ist – wie Cho richtig zitiert – der Begriff ,Untreue' weiter als der des Ehebruchs. Durch Hinzufügung des Wortes „geschlechtlich" wurde die Bedeutung des Ausgangstextes unzulässig eingeengt, sodass die Gerichtsentscheidung willkürlich anmutet, was sie bei Berücksichtigung des korrekt wiedergegebenen Gesetzestextes aber ganz und gar nicht ist. Da Cho auch im Zitat der Gerichtsentscheidung willkürlich das Wort „sexuell" eingefügt hat, gerät dies alles vollends ins juristische Abseits. Die Gerichte haben früher immer wieder entschieden, dass zur ,Untreue' gerade auch Handlungen zählen, die gar nicht in den sexuellen Bereich gehören (gemeinsamer Besuch von Kino oder Tanzveranstaltungen u. dgl.).[638] Dies ist nur verständlich, wenn man die richtige Bedeutung des koreanischen Rechtsbegriffs kennt. Dann ist es sehr wohl auch für deutsche Juristen nachvollziehbar. Cho hat mit seiner mehrfachen Fehlinterpretation und der Wiedergabe des koreanischen Begriffs unter Zufügung der Begriffe „geschlechtlichen" bzw. „sexuellen" der deutschen (Laien- wie Fach-) Leserschaft eine gänzlich unwirkliche Vorstellung von der Rechtssituation in Korea (sowohl bezüglich der theoretischen Rechtslage wie der Art, wie koreanische Gerichte damit umgehen) vermittelt.

Als sinnvolle deutsche Übersetzung bietet sich statt des auch möglichen Begriffs der ,Untreue' der Begriff der ,ehelichen Verfehlung' an, der auch in der deutschen Rechtssprache bekannt ist und den Inhalt wohl am treffendsten wiedergibt. Damit wird auch die Beschäftigung der koreanischen Gerichte bis zum Obersten Gerichtshof mit diesem Tatbestandsmerkmal und deren Interpretation nachvollziehbar.

Ein Beispiel für unmotivierte Hinzufügung eines Begriffs und damit eines angeblichen weiteren Tatbestandsmerkmals, welches in Wahrheit nicht existiert, ist auch dies:

> *Die Scheidungsanmeldung erfolgt bei dem Standesamt auf dem Scheidungsformular, das die beiden Ehegatten und zwei Zeugen unterschreiben und* ***stempeln müssen*** *(§ 836/II KBGB).* (Lee 1986, 110)

Von Stempeln ist in den Vorschriften nicht die Rede, also darf man dies auch nicht als „muss" hinstellen (unterschreiben und stempeln müssen), selbst wenn dies in der Praxis nach altem Brauch noch immer so gehalten werden mag. Art. 836 Abs. 2 ZG lautet: 전항의 신고는 당사자쌍방과 성년자인 증인 2 인의 연서한 서면으로 하여야 한다 (Die Anmeldung gemäß Abs. 1 hat schriftlich mit den Unterschriften beider Parteien und zweier volljähriger Zeugen zu erfolgen).

638 Entscheidung des koreanischen Obersten Gerichtshofs vom 13. Oktober 1981, Az. 80 *meu* 100; vom 26. Mai 1987, Az. 87 *meu* 5.

### 5.2.1.3 *Übernahme einer vorhandenen Übersetzung*

> *Das Jahr 1971 unserer Zeitrechnung heißt nach dem alten koreanischen Kalender schon 4303. Die koreanische Zeitrechnung beginnt mit der Gründung von* ***Cho-Sun (Morgenstilles Land)*** *durch Dan-Gun.* (YANG 1971, 2, Fn.6)

Außer der Tatsache, dass falsch transkribiert wurde (falsche Schreibweise und Bindestrich), wurde in „Morgenstilles Land" übersetzt, obwohl – nach Standardregelwerken umschrieben und ohne Bindestrich – *Chosŏn* wörtlich **Morgenfrische** heißt; dies ist ein häufiger Übersetzungsfehler bzw. erfolgt oft (so wahrscheinlich auch hier) eine kritiklose Übernahme aus anderen – falschen – Übersetzungen.

### 5.2.1.4 *Verwendung drittsprachlicher Übersetzungen*

Gibt es zu einem Urtext Übersetzungen in mehrere Sprachen, so ist nach Möglichkeit der Originaltext in der Urfassung und -sprache als Grundlage zu verwenden. Besitzt der Autor/Übersetzer nicht die Voraussetzungen, diese Sprache zu übersetzen, so verwendet er sinnvollerweise bereits vorhandene und (z. B. wissenschaftlich) anerkannte Übersetzungen in die ZS. Wozu es führt, wenn man statt dessen Übertragungen in eine Drittsprache benutzt und daraus dann selbst in die ZS übersetzt (vergleichbar mit einem sog. „Enkelzitat"), verdeutlicht folgende Textstelle, die ihren Ursprung in der chinesischen Sprache hat, aber auch in koreanischen Übersetzungen vorliegt:

> *Diese konfuzianische Ethik hat u. a. fünf* ***sittliche*** *Grundprinzipien für das Alltagsleben aufgestellt:*
> *Zwischen Herrscher und Untertan muss ein loyales Verhältnis sein.*
> *Zwischen Ehemann und Ehefrau muss* ***Liebe und Gehorsam*** *sein.*
> *Zwischen Älteren und Jüngeren muss* ***Zuneigung*** *und Respekt sein.*
> *Zwischen Freunden muss* ***Treue*** *sein.*
> *Zwischen Vater und Sohn muss Liebe* ***und Verbindung*** *sein.* (CHO 2001, 4)

Im Original von Mengzi[639] heißt es: 是故 孟子曰 父子有親 君臣有義 夫婦有別 長幼有序 朋友有信 人而不知有五常 則其違禽獸不遠矣. Bei der Übersetzung von CHO kommt es zu einer Sinnentfremdung, außerdem ist die Reihenfolge falsch: Es muss nicht ‚sittliche', sondern ‚moralische' ‚Loyalität' heißen, ‚Verbindung' ist Unsinn, ‚bestehen' oder ‚herrschen' ist besser als ‚sein'. Für die Übertragung dieser für den Konfuzianismus zentralen Begriffe ist die Anlehnung an in der wissenschaftlichen (sinologischen) Literatur anerkannte Lösungen anzuraten, z. B.

639 Mengzi (chinesisch 孟子 Mèngzǐ, latinisiert Mencius oder Menzius; um 370 v. Chr. – um 290 v. Chr) kann als bedeutendster Nachfolger des Konfuzius (auch Kongzi) angesehen werden. Auch seine Schriften sind im ostasiatischen Raum allgegenwärtig.

bei Richard WILHELM.[640] An ihn angelehnt schreibt u. a. Ess: „den Verhältnissen der verwandschaftlichen Nähe (*chín*) zwischen Vater und Sohn, der Rechtlichkeit (*i*) zwischen Fürst und Untertan, der Trennung der Sphären (*pieh*) bei Mann und Frau, der rechten Reihenfolge (*hsü*) zwischen Älteren und Jüngeren und der Glaubwürdigkeit (*hsin*) unter Freunden."[641]

Eine möglichst wort-, vor allem aber sinngetreue Wiedergabe mit den Ausdrucksmitteln der deutschen Sprache wäre: Die Beziehung zwischen Vater und Sohn ist geprägt durch Zuneigung, die Beziehung zwischen Herrscher und Hörigen durch Loyalität; die Beziehung zwischen Mann und Frau ist geprägt durch ihre Rollenteilung, die Beziehung zwischen Alt und Jung durch die Rangordnung, die Beziehung zwischen Freunden durch gegenseitiges Vertrauen.

### *5.2.1.5 Sonstige Verwendung von Drittsprachen*

Zwar hat sich in letzter Zeit das Englische zu einer ‚*lingua franca*' entwickelt. Aber im Bereich des Rechts muss immer daran gedacht werden, dass die Rechtssprache an ein bestimmtes System gebunden ist. Die deutsche und koreanische Rechtsprache gehören zum römisch-kontinentalen Rechtskreis und das angloamerikanische *Civil Law* und damit auch die englische Rechtssprache weichen von diesem gänzlich ab (vgl. 3.1).

Hier einige Beispiele (aus YANG 1971):

*Chun, B. D. A comparative study on idea of equality of the two sexes in constitutions and their relations in familiy law, SLJ 1962, Vol. 4, Nr. 1/2, Seoul 1962,* ***P****. 228–245.*

*Kim, Y H. „Pater Familias" Structure of the Korean family law, SLJ 1962, Vol. 4, Nr. 1/2, Seoul 1962,* ***S****. 70 ff.*

Diese im Literaturverzeichnis zitierten Werke sind in koreanischer Schrift verfasst und weder in Englisch geschrieben noch in diese Sprache übersetzt worden. Es gibt keinen Grund, diese Titel in der deutschen Publikation ins Englische zu übersetzen. Die Verfasserin konnte beide nur finden, indem sie den gesamten Jahrgang 1962 der Zeitschrift durchsucht hat und andere Autoren und Titel ausschließen konnte.

Hinzu kommt, dass Artikel aus derselben Zeitschrift unterschiedlich zitiert wurden. Teilweise wurden Titel ins Englische, teils ins Deutsche übersetzt; die Seitenzahl ist einmal vollständig, ein anderes mal ist nur die Seite des Beginns angegeben; mitunter wird die Seite mit „S", aber auch mit „P." (also englisch) angegeben, unabhängig davon, ob der Titel auf englisch oder deutsch wiedergegeben ist. Gleiches gilt für „Nr." und „No.". Ein solcher Wirrwarr ist unerträglich.

---

640 Richard WILHELM (10.05.1873 – 02.03.1930), deutscher Sinologe, Theologe. Er übersetzte chinesische Klassiker.

641 Ess 2003, 33.

*Das KBGB hält an dem Grundprinzip des Gewohnheitsrechts fest, daß Partner mit gleichem Familiennamen und* ***gleicher Abstammung*** *grundsätzlich nicht heiraten dürfen* [139].

*Fn.139) § 809 Abs. 1 KBGB: „****A marriage may not be allowed between the relatives by blood, if both surname and the origin of which are common to the parties****“.* (Yang 1971, 45)

Es bleibt völlig unerfindlich und das Geheimnis von Yang, warum er hier den koreanischen Gesetzestext auf englisch, also in einer Drittsprache zitiert. Auch aus dem Kontext ergibt sich kein Grund dafür. Das englische Schein-‚Original' (*origin* = Herkunft, Ursprung) hilft hier nicht weiter, sondern hat Yang zu der zwar keineswegs zwingenden, aber immerhin auch möglichen Wiedergabe mit „Abstammung" verleitet. Er hätte sich besser an den Originaltext gehalten und korrekt übersetzt: „Abstammungsort".

Aus diesen Beispielen ergibt sich zwingend, dass die Verwendung von Drittsprachen zu vermeiden ist, solange es nicht wegen eines inhaltlichen oder formalen Kontextes notwendig ist. Es sind also immer die Originalzitate und deren adäquate Übersetzung in die Ziel-Fachsprache zu verwenden. Nur bei Auslegungsproblemen können gängige Übersetzungen des Quelltextes in Drittsprachen hilfreich sein. Ein anderes Vorgehen ist – wie auch die Beispiele zeigen – wissenschaftlich nicht akzeptabel.

Als krasser Verstoß gegen dieses Erfordernis erscheint das folgende Vorgehen:

*§ 96 KV lautet: 1) The judical power shall be vested in courts composed of...* (Yang 1971, 150, Fn. 520)

In der deutschen Rechts- und Gesetzessprache werden in einer Verfassung keine §§ verwendet, sondern die Bezeichnung ‚Art.'. Deshalb sollte man, da der koreanische Originaltext dies offen lässt, bei deutscher Wiedergabe auch die hier gebräuchlichen Fachausdrücke verwenden. Art. 96 ist wie die gesamte koreanische Verfassung selbstverständlich nicht in Englisch abgefasst. In einer Abhandlung in deutscher Sprache erwartet man neben einer Wiedergabe in Originalsprache eine Übersetzung ins Deutsche und nicht ins Englische, zumal wenn dies mit der Einleitung eingeführt wird „die Koreanische Verfassung lautet".

Noch extremer erscheint die Verwendung des japanischen Fachjargons in einer Veröffentlichung im deutschsprachigen Raum über das koreanische Recht:

*die steigende Tendenz zum Abschluß von „Liebesheiraten", der Rückgang der „****naien****"-Eheschließung und -scheidung.* (Lee H.-K. 1990, 95)

Lee meint offenbar die ‚de facto Ehe', also die Ehe ohne Anmeldung. Im japanischen Fachjargon bedeuten sog. „Naien-Ehen" nämlich faktische, also tatsächlich als Ehe gewollte und gelebte, formell aber nie geschlossene Ehen. Das kann in Deutschland niemand verstehen außer mit japanischem Recht vertrauten Juristen. Es ist weder ein koreanischer noch ein in Deutschland bekannter Begriff. Insoweit wurde auch die Präsupposition nicht beachtet.

‚Umweg'-Übersetzungen aus einer Drittsprache bergen generell die Gefahr von typischen Fehlern, so z. B. in einem Konzertprogramm, welches mehrsprachig gehalten war (u. a. englisch und deutsch): Die Bezeichnung eines Musik-Satzes, welche im französischen Originalwerk mit „*lent*" (also ‚langsam') angegeben ist, wurde in der englischen Übersetzung ebenfalls mit „*lent*" angegeben. In der deutschen Fassung wurde es mit „Verleihen" wiedergegeben, was nur Kopfschütteln verursachte. Wie kam es dazu? Die deutsche Übersetzung erfolgte nicht aus dem französischen Original, sondern aus dem Englischen und dort bedeutet ‚to lent' ja auch ‚verleihen'. Die Benutzung einer Drittsprache beim Übersetzen führt den Übersetzer und danach den Nutzer eben gar zu leicht in die Irre.

### *5.2.1.6 Inkonsequente Verwendung derselben Bezeichnung für verschiedene Begriffe und unterschiedliche Bezeichnungen für einen Begriff*

Durch Verwendung verschiedener Bezeichnungen für denselben Begriff sowie ständig wechselnder Abkürzungen dafür wird der Leser ebenso verwirrt wie durch inkonsequente Verwendung derselben Bezeichnungen für verschiedene Begriffe. Er geht dann z. B. davon aus, dass unterschiedliche Quellen genannt würden, obwohl dies gar nicht der Fall ist. In Wirklichkeit verwendet der Autor aber für ein und dieselbe Quelle nur immer andere Bezeichnungen und Abkürzungen, anstatt entweder ein Abkürzungsverzeichnis zu erstellen oder im Fließtext eine Abkürzung einzuführen, die dann konsequent beibehalten wird. Gleiches gilt, wenn der koreanische Begriff für die Unterteilung der Gesetze nicht durchgängig gleich, sondern teilweise mit „Paragraf" bzw. „§" übersetzt wird, teilweise aber auch mit „Artikel", obwohl es sich in den Originalen immer um denselben Begriff handelt. Auch hier muss zwar differenziert, aber konsequent übersetzt werden (vgl. die detaillierten Hinweise unter 5.2.3.1).

Ein Beispiel für die nicht einheitliche Verwendung von Bezeichnungen und Begriffen innerhalb ein und desselben Textes, der für den Leser nur schwer nachvollziehbar ist:

> *Nach Art. 1 dieser Zivilordnung waren für die zivilrechtlichen Angelegenheiten von Koreanern die entsprechenden Vorschriften des* ***japanischen Bürgerlichen Gesetzbuches*** *von 1898 anzuwenden.* (S. 30) *Damit wurde die für die gerichtliche Scheidung in Japan maßgebende Regelung des* ***Art. 813*** *des* ***alten JBGB*** *von 1898 in Korea angewandt* (S. 34). *Vgl. Die elf gesetzliche Gründe wurden im* ***§ 813*** *des* ***alten JBGB*** *geregelt* (S. 38); ***§ 747 altJBGB*** *lautete […]* (S. 45). *Der daraufhin vorgelegte Entwurf erwies sich aber bezüglich Aufbau und Inhalt als bloße Nachahmung des französischen* ***Code Civil*** (S. 35). *[…] den offiziellen Auftrag, den Entwurf für ein* ***Zivilgesetzbuch*** *vorzulegen* (S. 36). *[…] und am 16. 7. 1898 trat das* ***alte JBGB*** *in vollem Umfang in Kraft* (S. 37). *Damit blieben das* ***alte japanische Zivilgesetz*** *und ebenfalls das Scheidungsrecht von 1898 bis Ende 1959 weiterhin in Kraft* (S. 42). *Bei der Ausarbeitung des Entwurfs wurden viele ausländische Gesetze herangezogen: das deutsche BGB von 1900 […] und auch das schweizerische Obli-*

*gationsrecht (OR) von 1881, das **japanische BGB** von 1898 und das revidierte japanische BGB von 1947, sowie das chinesische **BG** von 1929/30* (S. 47). *Die Vorläufer dieser Regelung sind Nr. 5 und Nr. 7 des **§ 813 Alt. KBGB**, nach denen ein Ehegatte auf Scheidung klagen konnte; Nr. 5 des **§ 813 a.F. KBGB*** (S. 123) (Lee H.-K. 1990)

In dieser Arbeit existiert kein Abkürzungsverzeichnis. Abgesehen davon, dass in einem solchen Fall bei der Erstnennung die Vollform benutzt werden sollte, sind hier die Eigennamen der Gesetzestexte nicht systematisch, sondern mit ständig wechselnden deutschen Bezeichnungen und Abkürzungen zitiert. Damit kann ein Leser nichts anfangen.

Unabhängig von der grundlegenden Frage der Wahl eines adäquaten Begriffs in der Ziel-Fachsprache muss sich der Übersetzer auf eine Bezeichnung festlegen und diese dann durchgängig verwenden. Sonst kann der Leser nicht folgen und geht davon aus, dass es sich jedes Mal um eine andere Quelle, Institution usw. handelt. Auf keinen Fall darf dies wie in folgendem Beispiel bei Lee H.-K. 1990 ausarten:

*Familienregister* (S. 51), *Familienpersonenregister* (S. 80), *Personenstandbuch* (S. 82); *Standesbeamte* (S. 52), *Zivilstandesbeamte* (S. 67, 68) *Registerbeamten* (S. 63) *Zivilstandesamt* (S. 65, 66), *Standesamt* (S. 66), *Zivilstandsamt* (S. 66).

Es handelt sich um dasselbe Register, denselben Amtsträger und dasselbe Amt! *Hojŏk* 호적 戶籍 ist ein schwer übersetzbarer Begriff, wenn man alle Facetten dieser Register zeigen möchte (auch in der gesamten Arbeit von Yang wird als Übersetzung für *hojŏk* der deutsche Begriff ,Standesregisteramt' verwendet). Es liegt jedoch nahe, die entsprechenden deutschen Fachbegriffe, die es ja gibt, zu verwenden: Hier gibt es die Begriffe ,Zivilstand', ,Familienregister', es gibt das Standesregister und das Familienbuch etc. Die für deren Führung zuständige Behörde wird als ,Standesamt' bezeichnet. Richtige Fachübersetzung ist also ,Standesamt', nicht ,Standesregisteramt'.

### *5.2.1.7 Präsupposition; willkürliche Transkription ohne Erläuterung*

Bei vielen – auch internationalen – Fachkommunikationen wird zu Recht erwartet, dass die jeweiligen Fachleute über gemeinsame Fachkenntnisse verfügen. Im juristischen Kontext ist dies indessen wegen der Gebundenheit des Rechts an die jeweiligen nationalen Rechtssysteme prinzipiell nicht zu erwarten. Eine direkte Übernahme, wie dies in anderen Sprachen teilweise praktiziert wird, scheidet in koreanisch-deutschen Übersetzungen im Hinblick auf den Empfängerhorizont von vornherein aus. Auch umgekehrt birgt eine solche Lösungsstrategie wegen der rechtskulturellen Unterschiede viele Probleme.

*die jedoch nichtsystematisch geordnet waren wie die Pandekten, sondern sich nach dem traditionellen System „**Yuk-Tzun-Sik**" (六典式) gliederten.* (Yang 1971, 4)

Man kann nicht erwarten, dass der unbedarfte deutschsprachige Leser den Begriff *yukchŏnsik* 육전식 六典式 kennt. Es ist keine Lösung, solche entscheidenden Begriffe nach eigenem Gutdünken zu ‚transkribieren' und unübersetzt zu lassen mit der Ausrede, dafür gäbe es keine Äquivalente. Hier würde eine Wort-für-Wort-Übersetzung, nämlich ‚Sechs-Bücher-System', genügen, da damit und mit der bei YANG danach folgenden Erklärung das System rasch und unproblematisch verständlich wäre.

> *andererseits spielt das Verschulden eines Ehegatten beim* ***„Shim-Pan"*** *doch eine große Rolle;* (YANG 1971, 127) *Im Unterschied zum deutschen Recht wird die Regelung des Sorgerechts schon im* ***Scheidungsurteil (Shim-Pan)*** *angeordnet.* (YANG 1971, 136) *Für die Angelegenheiten der Kategorie c) hingegen ist ein* ***Schlichtungsverfahren vor der richterlichen Entscheidung (Shim-Pan)*** *obligatorisch.* (YANG 1971, 144)

Nach mehrmaliger Nennung ohne Erklärung erfolgt auf S. 136 endlich eine deutsche Wiedergabe des Begriffs „Shim-Pan", auf S. 144 wird dann eine Bedeutung genannt. Der Begriff wird auf S. 136 falsch übersetzt: Es handelt sich auf keinen Fall um ein „Urteil". Das koreanische Prozessrecht kennt auch einen Terminus Urteil, nämlich *p'an'gyŏl* 판결 判決. *Simp'an* im familienrechtlichen Sinne wurde vor 1991 verwendet, als das Gesetz über die Entscheidung in Familiensachen (*kasasimp'anbŏp* 가사심판법 家事審判法) noch galt. Demgemäß wurde auch der Richter im Familiengericht *simp'an'gwan* 심판관 審判官 genannt, also etwa der ‚*simp'an* Erteilende'. Es gibt eine ausdrückliche gesetzliche Bestimmung, dass dem *simp'an* dieselbe Wirkung wie einem rechtskräftigen Urteil zukommt. Daraus ergibt sich, dass der Gesetzgeber selbst das *simp'an* nicht als Urteil betrachtet hat, sondern als eigenes, anderes Rechtsinstitut. Seit der Abschaffung des o. g. Gesetzes werden in den neuen Gesetzen die entsprechenden Begriffe noch differenzierter verwendet. Hierzu finden sich unter 4.6.3 detaillierte Ausführungen.

Der Terminus wird allerdings auch im Bereich Patentrecht und Steuerrecht verwendet, so nennt man die Entscheidung des koreanischen Patentamtes auch *simp'an*.

Die Beibehaltung der ausgangssprachlichen Begriffe kann sprachkundigen Rechtsvergleichern weiterführendes Recherchieren erleichtern. Aber die hier erfolgte willkürliche Transkription des ausgangssprachlichen Terminus am Anfang hilft dem Leser nicht weiter. Bei der ersten Erwähnung dieses wie entsprechender anderer Termini muss immer die Übersetzung stehen und diese muss korrekt sein. Gibt es keine Entsprechung, muss eine Erklärung erfolgen. In Sach- und Fachpublikationen entstehen dadurch ja keinerlei Probleme wie etwa in literarischen Werken.

#### *5.2.1.8 Tautologie*

Zwar hat auch das Bundesverfassungsgericht schon Tautologien benutzt, z. B. in seiner Entscheidung über *männliche Hengste*,[642] aber in koreanischen Rechtstexten kommt Tautologie doch auffallend häufig vor. Sie fällt nicht immer sofort ins Auge. Manchmal wirkt sie zunächst formal wie eine nähere Erläuterung. Erst bei sorgfäl-

642 BVerfGE 88, S. 366 (380)

tiger Erfassung im Übersetzungsvorgang wird sie dann sichtbar und ist als solche zu behandeln.

In einer Übersetzung einer Schiedsgerichtsentscheidung in einem Rechtsstreit zwischen einem koreanischen Unternehmen und seinem deutschen Lizenznehmer sind die Begriffe Gutachter, Spezialgutachter, Experten-Gutachter, Experten usw. zu finden. Der Anwalt der deutschen Firma vermutete folgerichtig, dass im koreanischen Recht zwischen verschiedenen Arten von Gutachtern (allgemeine Gutachter vs. spezielle Gutachter mit besonderem Expertenwissen) differenziert werde, und baute einen Teil seiner Strategie im Anfechtungsverfahren darauf auf (unterschiedliche Aufgaben dieser verschiedenen Gutachter usw.), was erfolglos bleiben musste. Denn gemeint waren einfach nur Sachverständige bzw. Gutachter, wie sie das deutsche Recht genauso kennt. Gutachter sind per Definition Spezialisten bzw. Experten. Die koreanischen Schiedsrichter hatten mehrfach einen tautologischen Doppelbegriff verwendet, meinten aber immer denselben gesetzlichen Begriff.[643] Der Übersetzer muss wissen, dass solche Tautologien in der koreanischen (auch Rechts-)Sprache üblich sind, und muss dies bei der Übersetzung berücksichtigen.

> *In einer guten Familie herrschte immer noch Ehrfurcht vor den Gelehrten und* ***öffentlichen*** *Beamten,* (LEE H.-K. 1990, 29)

Wenn es öffentliche Beamte gäbe, dann müsste es auch private Beamte geben. Der Beamtenstatus ist aber gerade typisch für die Bekleidung öffentlicher Ämter. Vermutlich kam es zu dieser Bezeichnung durch eine Vermischung von wörtlicher Übersetzung des ersten koreanischen Wortbestandteils und Benutzung eines für das gesamte koreanische Wort adäquaten zielsprachlichen Fachbegriffs. Das koreanische Wort lautet *kongmuwŏn* 공무원 公務員 (Beamter), die erste Silbe *kong* bedeutet wörtlich ‚öffentlich', das gesamte Wort wörtlich ‚öffentlich dienende Person'. Verwendet wird es in Korea ausschließlich für Beamte. Im deutschen Recht ist zu unterscheiden in Beamte und Angestellte im öffentlichen Dienst (mit gravierenden Unterschieden im Rechtsstatus und entsprechend weitreichenden Folgen). Beamte sind in jedem Fall Personen, die im öffentlichen Dienst bzw. im Dienst einer Körperschaft des öffentlichen Rechts und in einem besonderen Rechtsverhältnis mit ihrem Dienstherrn stehen. Die Bezeichnung „öffentliche Beamte" ist demnach inhaltlich eine Tautologie. Sprachlich ist der Begriff ohnehin abträglich. Es gibt auch keine ‚öffentlichen' Angestellten, sondern vielmehr – korrekt formuliert – ‚Angestellte im öffentlichen Dienst' (im Gegensatz zu öffentlichen Verkehrsmitteln und öffentlichen Toiletten, die entsprechend der Bedeutung dieses Adjektivs zum allgemeinen Gebrauch bestimmt sind!).

> *Wenn der Ehegatte während der Ehe im eigenen Namen Vermögen erwirbt, wird es zunächst als das* ***eigene Sondervermögen*** *des Ehegatten angesehen. Wenn aber der andere*

643 Zum Glück wurde die Verf. als Übersetzerin eingeschaltet und konnte diesen Fehler aufklären, sodass die ansonsten zum Fehlschlagen verurteilte anwaltliche Strategie entsprechend geändert werden konnte.

*Ehegatte dem widerspricht und der als Eigentümer eingetragene Ehegatte nicht beweisen kann, daß das Vermögen ohne Mithilfe des anderen Ehegatten erworben wurde, wird dieses* ***Sondervermögen*** *als das gemeinsam erworbene Vermögen angesehen.* (CHO 2001, 56)

CHO (2001, 44) hat das Sondervermögen als das während der Ehe von einem Ehegatten allein erwirtschaftete Vermögen definiert:

*Sondervermögen ist* ***kein*** *Vermögen, das die beide Ehegatten zusammen erworben haben. Das eigene Vermögen ist das Vermögen, das die Ehegatten bereits vor der Eheschließung als Eigentum gehabt haben. „Sondervermögen ist das Vermögen, das während der Ehe im eigenem Namen erworben wurde“ (§ 830 Abs. 1 KBGB). […] „Das gemeinsame erworbene Vermögen ist das Vermögen, das die Ehegatten in der Ehe gemeinsam erarbeitet bzw. erworben haben“.*

Demnach beinhaltet der Begriff ‚Sondervermögen‘ bereits die Eigenschaft des ‚eigenen‘. „Eigenes Sondervermögen“ stellt eine Tautologie dar.

Des weiteren wird hier wieder eine typische Inkonsequenz in der Begriffsverwendung sichtbar: Im zweiten Satz des obigen Zitats von S. 56 wird an Stelle des korrekten Begriffs ‚Vermögen‘ der Begriff „Sondervermögen“ benutzt, was nach der allgemeinen Bedeutung der Begriffe in beiden Rechtssprachen, erst recht nach der eigenen Definition der Autorin zu einem Widerspruch in sich führt.

Zwar neigen die koreanischen Juristen – wie gesagt – zu Tautologien, aber man sollte dies bei der Übertragung ins Deutsche vermeiden, wenn es nicht der Darstellung der koreanischen Rechtssprache, insb. bei der Rechtsvergleichung – dient. Noch ein Beispiel:

*sofern er sie nicht* ***nachträglich*** *genehmigt hat.* (LEE H.-K. 1990, 68)

*oder diese* ***nachträglich*** *verziehen hat.* (LEE H.-K. 1990, 120)

*oder* ***nachträglich*** *verziehen hat* (YANG 1971, S. 125)

Genehmigung ist per definitionem immer nachträglich.[644] Gleiches gilt auch für das Verzeihen.

### *5.2.1.9 Transkription*

Für Transkription im Allgemeinen gibt es in Deutschland eine DIN. Es gab zwar auch Bestrebungen für eine Normung der Koreanisch-Umschrift,[645] sie blieben aber bis dato erfolglos. Die in Südkorea im Jahre 2000 eingeführte „Revidierte Romani-

644 CREIFELDS 2011, 1465 unter ‚Zustimmung‘: „Sie kann im Voraus (=Einwilligung) oder nach Abschluss des R. (=Genehmigung) erteilt werden.“

645 Aufgrund der Konsensschwierigkeiten gab es lediglich die Herausgabe eines Technical Report „ISO/TR 11941:1996, Information and Documentation – Transliteration of Korean script into Latin characters“, zitiert nach Albrecht/Wiesner 2011, S. 115.

sierung" kann sich bis heute international nicht durchsetzen und wird außerhalb Koreas selten verwendet. Jedoch kommen in den so genannten CJK-Sprachen (Chinesisch, Japanisch, Koreanisch) seit langem international gebräuchliche Transkriptionssysteme zur Anwendung. Das System McCune-Reischauer wurde 1937 von den beiden Amerikanern George M. McCune und Edwin O. Reischauer geschaffen.[646] Obwohl die koreanische Schrift auf eine Buchstabenschrift beruht, handelt es sich bei diesem System um eine Transkription, die die Aussprache der koreanischen Worte unterstützen soll. Das System ist zwar weltweit verbreitet und wird auch zum wissenschaftlichen Zitieren verwendet, wegen der Nachteile seiner phonetischen Orientierung ist es für den juristischen Zweck aber nicht in vollem Umfang geeignet. Abgesehen von der viel kritisierten Erschwerung der automatischen Umschrifterstellung durch Computersysteme und der Komplexität der Anwendung macht die erhebliche Schwierigkeit bei der Reversibilität dieses System für Juristen problematisch.[647]

In den nachfolgenden Beispielen führen von den jeweiligen Verfassern selbst erdachte Umschriften zu Problemen vor allem bei Nicht-Koreanisch-Muttersprachlern (an die sich die Texte ja vor allem wenden), sodass sie damit nicht weiterrecherchieren oder mit Texten anderer Autoren weiterarbeiten können, welche ein approbiertes Umschriftsystem benutzen:

> *Die folgenden Ausführungen beschränken sich vielmehr auf die Zeit seit dem Beginn der **Ly**-Dynastie (1394 n. Chr.).[...] Die erste Epoche, die die gesamte Dauer der Ly-Dynastie (1394 bis 1910) umfast* (Yang 1971, 2)

Der koreanische Familienname 이 李 wird unterschiedlich transkribiert, *I, Yi, Lee, Rhee*, aber *Ly* ist eine völlig eigenwillie, unübliche Namenswiedergabe. Außerdem wurde das Chosŏn-Reich im Jahr 1392 gegründet und war der Beginn der sog. Yi-Dynastie. Im Jahr 1394 wurde die Hauptstadt von Kaesŏng nach Seoul (damals Hanyang genannt) verlegt.

> *Das Schlichtungsverfahren (**Zo-Tzung**)* (Yang 1971, 145)

Die richtige Transkription für das koreanische Wort 조정 調整 ist entweder nach dem McCune-Reischauer-System *chojŏng* oder nach dem offiziellen Umschriftsystem Koreas *Jojeong*.

Für die Umschrift koreanischer Namen und Begriffe muss sich der Übersetzer für ein Umschriftsystem entscheiden und dieses konsequent anwenden. Ob er ein

---

646 McCune/Reischauer 1939. G. M. McCune; E. O. Reischauer, "The Romanization of the Korean language: based upon its phonetic structure", in: Transaction of the Korea Branch of the Royal Asiatic Society; Vol. 29.

647 Da sich vorliegende Arbeit in erster Linie an Sprachwissenschaftler und Übersetzer wendet, wurde im Hinblick auf die Schwächen, welche auch die anderen Systeme aufweisen, durchgehend nach dem McCune-Reischauer-System transkribiert. Für Übersetzungen mit Juristen als Adressaten sei jedoch die Transliteration empfohlen.

Transliterationssystem oder ein Transkriptionssystem wählt, hängt vom Zweck der Übersetzung ab. Bei juristischen Texten ist m. E. ein Transliterationssystem angemessen. Die Transkriptionssysteme, sei es das McCune-Reischauer-System oder das offizielle Umschriftsystem Koreas aus dem Jahr 2000, geben zwar die Aussprache koreanischer Begriffe besser wieder, sind aber für Zwecke der exakten Wiedergabe der koreanischen Schrift nicht geeignet. Die juristischen Texte erfordern jedoch eindeutige Identifizierung. Entschließt man sich nach Abwägung aller Vor- und Nachteile dennoch für das McCune-Reischauer-System, muss man zumindest bei Aktenzeichen u. ä. transliterieren.

### *5.2.1.10 Aktenzeichen u. ä.*

> *Urteil des OGH vom 29. 8. 1967 Nr. 67* ***Mu*** *24, Urteil des OGH vom 23. 2. 1971 Nr. 71* ***Mu*** *1* (LEE 1986, 55)
> *Entscheidung des FG Seoul vom 3. 11. 1964 Nr. 63* ***Du*** *000;*
> *Entscheidung des FG Seoul vom 23. 4. 1965 Nr. 64* ***Du*** *000* (LEE 1986, 57; 61.)

Bei eigener Recherche kann man keine Entscheidungen unter dem Az. ‚*Mu*' 무 finden. Es gibt allerdings das Az. 므, welches aber mit *meu* (nach der Revidierten Romanisierung aus dem Jahr 2000) oder *mŭ* (nach McCune-Reischauer) zu transkribieren ist.

Gleiches gilt für ‚*Du*', was auf koreanisch 두 geschrieben wird, erst wenn man unter 드 (*deu*, oder *tŭ*) sucht, wird man fündig. Wenn man infolge der falschen Transkription unter 무 bzw. 두 in den koreanischen Quellen sucht, wird man jedenfalls nichts finden.

Weiter zu kritisieren ist, dass bei den angeführten Du-Zitaten im Text von LEE wie an vielen weiteren Stellen in der Angabe der Az. die tatsächlichen Ziffern fehlen. Diese sind offenbar durch „0" als Platzhalter ersetzt, was dann jede weitere Recherche vollends unmöglich macht.

> *und bestimmte ausdrücklich „die Gleichheit vor dem Gesetz, Gleichberechtigung von Mann und Frau, Verbot der Schaffung von sozial bevorzugten Klassen"* ***(§ 8, geltende Verfassung § 10)*** (LEE 1986, 15)

§§-Zeichen gibt es in Korea nicht, deshalb sollte man die in der Zielsprache gebräuchlichen Fachausdrücke verwenden, d. h. bei der Verfassung die Bezeichnung ‚Artikel (Art.)'.

> *Urteil des OGH (Oberstgerichtshof) vom 14. 3. 1963* ***Nr. 62*** *Da 54* (LEE 1986, 55)

Im Originaurteil steht 대판 1963. 3. 14. 63다 54. Bei der Übertragung in die deutsche Rechtssprache muss entweder wörtlich genau übersetzt werden oder man verwendet den adäquaten gebräuchlichen Fachbegriff – so vorhanden – der ZS. Das bedeutet: Entweder wird die wörtliche Übersetzung ‚Fall Nr. ...' verwendet oder der deutsche Fachbegriff ‚Aktenzeichen (Az.)'.

***Fallnummer*** *90deu62624 90deu63238 90deu74207 90deu74375 91deu1220* (Cho 2001, 71, Tabelle 1) *vgl. SFG,* ***AZ*** *91 deu 83215* (Cho 2001, 70, Fn. 200)

Hier wechseln in der Übersetzung die verwendeten Begriffe. Man muss sich aber – wie schon ausgeführt – für eine Variante entscheiden und diese beibehalten (also z.B. immer ‚Az.' verwenden), sonst wird der Leser verunsichert. Das gilt auch im folgenden Beispiel:

***KOGH, Ms 50 u.*** *v. 7. September 1954* (Yang 1971, 21, Fn. 72)

*805* ***Ms.*** *1961,* ***LG*** *Seoul, U.v. 8.8.1961* (Yang 1971, 90, Fn. 304)

*277* ***Ms.****1957, OLG Seoul, U. v. 27. 8. 1957* (Yang 1971, 90, Fn. 305)

*63* ***Zs*** *1955, LG Taegu* (Yang 1971, 90)

Mit diesen Daten ist es unmöglich, das Urteil bzw. die Entscheidung zu finden. Das Urteil eines koreanischen Gerichts wird (wie im übrigen auch unter deutschen Juristen) korrekt zitiert: zunächst das Gericht, dann Urteilsdatum und Aktenzeichen, schließlich die Fundstelle mit ‚in ...' beginnend. Ein altes AZ des KOGH besteht normalerweise aus einer 4-stelligen Zahl, der Bezeichnung ‚Minsang' (bedeutet Revision in Zivilsachen – Ms gibt es nicht) sowie einer weiteren Zahl zur Kennzeichnung des Einzelfalles in der Reihenfolge des Eingangs.)

Die Buchstabenkombination ‚Zs' ist in der koreanischen Sprache nicht vorhanden. Offenbar hat Yang hier entgegen seinem sonstigen Sprachgebrauch statt ‚*Ms.*' (= *Minsa*) die deutsche Abkürzung für ‚Zivilsachen' = ‚Zs' benutzt.

Laut Abkürzungsverzeichnis soll im Übrigen ‚Ms.' für ‚*minsa* 민사' verwendet worden sein, d.h. für die Untergerichte, bei denen naturgemäß der Wortbestandteil -*sang* 상= Revision nicht vorkommt; dort heißt eine Zivilsache tatsächlich *minsa*, was einfach mit *min* abgekürzt im Aktenzeichen vermerkt wird. Die Aktenzeichen für Verfahren und Urteile in Zivilsachen bei koreanischen Gerichten zu jener Zeit trugen immer das Kürzel *min* (also Zivilsache) plus eine Zahlenkombination. Die von Yang gewählte Abkürzung *Ms.* ist also falsch. Vor allem aber hätte er sie folgerichtig nicht gleichzeitig für Revisionssachen (*minsang*) benutzen dürfen. Vielmehr hätte er dann im Aktenzeichen ausgeschrieben ‚*minsang*' verwenden müssen.

Hier wird deutlich, welche negativen Auswirkungen es hat, eigene Abkürzungen an Stelle von Zeichen des AT zu verwenden, da dann weder in der AS noch in der ZS inhaltliche Zusammenhänge hergestellt werden können. Wie unter 5.2.2.4 näher ausgeführt, gibt es in der koreanischen Schrift gar nicht die Möglichkeit, die Buchstabenkombination ‚Ms' zu bilden; im Deutschen kennt man den Begriff ohnehin nicht, vielmehr ist hier der entsprechende Begriff ‚Zs'. Besser wäre es also gewesen, bei den Zitaten der Untergerichte in deren Az. ‚Min' wie im Original zu verwenden, da ‚Ms.' demgegenüber ja ohnehin keinerlei Abkürzung bringt. Dann könnte der Leser bei eigenen Recherchen auch etwas damit anfangen.

YANG hält sich auch nicht durchgängig an das System der von ihm eingeführten Abkürzung. So zitiert er z. B. auf S. 92 eine Entscheidung des OLG Seoul mit „1961 Zs. Berufung 784".

Auch hier ist noch einmal auf die Selbstverständlichkeit hinzuweisen, dass innerhalb einer Arbeit ein System zu wählen ist, an das man sich dann durchgängig hält. Dies gilt sowohl für die Umschreibung koreanischer Begriffe als auch die Fachsprache und die Entscheidung, ob man transliterierte bzw. transkribierte Original-Begriffe oder die entsprechenden Fachbegriffe bzw. deren Kürzel aus der Zielsprache verwendet.

> *Urteil des LG Seoul vom 22. 2. 1960 Nr. 4292* ***Zivilsache*** *2620* (LEE 1986, 66)

Wenn die Buchstabenkombination aus dem Az. dem Leser in ihrer deutschen Bedeutung genannt wird, so müsste zumindest das originale Az. mitgeliefert werden, damit man die zitierte Quelle finden kann. Es muss also auch wiedergegeben werden: ‚Az. 4292 *min* 2620'. *Min,* ausgeschrieben *minsasagŏn* 민사사건, bedeutet Zivilsache.

Skurril wird es auch bei LEE H.-K. 1990:

> *OLG Seoul, 77**L**139 v. 26. 6. 1978* (Fn. 482); *OLG Deku, 77**L**11 v. 19.5.1978* (Fn. 508); *OLG Seoul, 80**L**105 v. 23. 2. 1981* (Fn. 514); ***GH,*** *82M57 v. 22.3.1983* (Fn. 542); *KOGH, 83**M**11 v. 12.7.1983, 71**M**35 v. 31.1.1972* (Fn. 591)

Die Abkürzungen „GH", „L" und „M" gibt es weder im Koreanischen noch im Deutschen, sodass mit diesen Pseudo-Zitaten rein gar nichts anzufangen ist.

Es hätte sich viel mehr angeboten, immer die Original-Az. in Transliteration zu verwenden und an geeigneter Stelle (Einleitung, Glossar, Anhang o. ä.) dem Leser derartige fachspezifische Ausdrücke und Abkürzungen zu erläutern. Dort hätte man dann auch erfahren können, was ‚Mu' oder ‚Du' usw. zu bedeuten haben (d. h. die jeweilige Prozess-Art und Instanz, Genaueres vgl. Abschnitt 4.7).

### *5.2.1.11 Orthografiefehler, die den Sinn verfälschen, oder versehentliche Verwendung falscher Begriffe*

> *Das Scheidungsurteil hat nach Art. 18 Abs. 1 des Prozeßverfahrensgesetzes der* ***Personalsachen*** *Wirkung gegenüber Dritten.* (TSCHE 1961, 82)

> *Durch die VGF wurde das Koreanische Prozeßverfahrensgesetz für* ***Personalsachen*** *von 1961 abgelöst.* (YANG 1971, 143)

> *Gesetz über das Verfahren in* ***Personalsachen*** (LEE 1986, 20, 111), ***Personalstandsgesetz*** (LEE 1986, 112)

> *Gesetz über das Prozeßverfahrensgesetz für* ***Personalsachen*** (LEE H.-K. 1990, 77)

Das deutsche Zivilrecht kennt in diesem Zusammenhang den ‚Personenstand', aus Unkenntnis mag der Begriff ‚Personensachen' verwendet werden, was in der Fachübersetzung bereits einen Fehler darstellt. Eine ‚Personalsache' allerdings ist etwas völlig anderes, nämlich eine Angelegenheit betreffend das Personal[648] einer Behörde oder eines privaten Arbeitgebers, also insb. Einstellung, Beförderung, Entlassung usw.

Ob nun die zwei falschen Buchstaben auf völliger Unkenntnis der deutschen Rechtssprache oder versehentlichem Gebrauch eines ganz ähnlichen, aber falschen Begriffs beruht, das Ergebnis ist in jedem Fall fatal, da es einen völlig falschen Eindruck vom behandelten Rechts- oder Stoffgebiet erweckt. Auch die kritiklose Übernahme solcher Begriffe aus bereits vorliegenden Texten führt immer wieder zu derlei Problemen.

Es muss hier richtig heißen: ‚Verfahren in Personenstandsangelegenheiten' oder ‚-sachen'.

Der Personenstand umfasst in Deutschland Daten über Geburt, Eheschließung, Begründung einer Lebenspartnerschaft und Tod sowie damit in Verbindung stehende familien- und namensrechtliche Tatsachen (§ 1 Abs. 1 PStG). Rechtliche Grundlagen sind das Personenstandsgesetz und das EGBGB. Näheres hierzu vgl. 4.5.11.

Der Übersetzer muss seine Arbeit mit Sorgfalt sowohl auf Begriffsverwendung wie auch auf Rechtschreibfehler überprüfen, da in manchen Termini bereits ein einziger Buchstabe eine entscheidende Sinnveränderung bewirken kann.

Bevor man sich in der ZS an fachspezifischen Formulierungen versucht, die man selbst nicht beherrscht, sollte man die Hilfe einschlägiger Fachleute in Anspruch nehmen bzw. einschlägige Fachliteratur einschließlich etwaiger Normen heranziehen. Dabei darf man nicht unkritisch in anderen Veröffentlichungen gefundene Termini übernehmen, welche bei näherer Betrachtung der Bedeutung des AT nicht entsprechen oder gar einen ganz anderen Inhalt in der Ziel-Rechtssprache vermitteln. Andererseits sollte man sich aber auch nicht in eigenen zielsprachlichen Wortschöpfungen versuchen, sondern zunächst die auch in den quellsprachlichen Veröffentlichungen vorhandenen – im Zweifel korrekten – Formulierungen genau übersetzen. Wenn man diese dann eindeutig einem in der Ziel-Rechtssprache vorhandenen Fachterminus zuordnen kann, ist natürlich dieser zu verwenden.

## 5.2.2 Fehler auf der linguistischen Ebene

Koreanisch wird heutzutage zu den altaischen Sprachen gezählt,[649] deren eines Kennzeichen die Agglutination ist, in der die grammatischen Funktionen durch Affixe, vor allem als Endungen[650] ausgedrückt werden, und den SOV-Sprachen wie

648 Laut Langenscheidts Großwörterbuch: die Gesamtheit aller Personen, die bei einer Firma o. ä. beschäftigt sind, auch Belegschaft genannt.

649 Zur Lehrmeinung über die Herkunft der koreanischen Sprache siehe Lee K.-m. 1977, 11–30. Diese These ist jedoch nicht unumstritten, so gehört die koreanische Sprache u. a. nach Meinung von Eckardt (1962, 1) zur indogermanischen Sprachfamilie.

650 Im Koreanischen sind vor allem Partikel bzw. Postposition von Bedeutung. Huwe (2014, insb. 11, 22–29, 38–39) unterscheidet zwischen Postpositionen (Partikel)

Japanisch und Türkisch, d.h. das Verb steht am Ende des Satzes. Dagegen gehört Deutsch zu den flektierenden Sprachen und das Verb kommt in der Regel an 2. Stelle.

In diesem Abschnitt wird analysiert, welche Unterschiede zwischen Koreanisch und Deutsch aus linguistischer Sicht zu häufigen Fehlern bei der juristischen Übersetzung, vor allem zu Interferenzfehlern führen.

### *5.2.2.1 Fehler auf der Ebene der Wortbildung*

Jede Sprache hat ihre eigenen Möglichkeiten, um neue, komplexe Wörter zu bilden: Wortbildung, d.h. Bildung neuer Wörter auf der Basis vorhandener sprachlicher Einheiten nach bestimmten Modellen.[651] Sie kann dem Übersetzer dienlich sein, wenn er diese Grundregeln in der Zielsprache beherrscht, um die Lücken zu schließen. Während bei fehlender Äquivalenz eine direkte Übernahme innerhalb des europäischen Kontextes, insb. zwischen Sprach- und Rechtssystemen mit römischer Rechtstradition noch funktionieren kann,[652] muss bei Sprachpaaren wie Koreanisch und Deutsch, die nicht nur sprachtypologisch weit entfernt sind, sondern auch andere Schrift- und Rechtssysteme aufweisen, oftmals die Bildung eines neuen Wortes nach den zielsprachlichen Wortbildungsregeln erfolgen. Wie Dopleb richtig erkannt hat, stellt der Umgang mit Komposita hohe Anforderungen an Sprachbewusstheit und handwerkliches Geschick des Übersetzers – sowohl in AS wie ZS.[653] Sowohl in Deutsch als auch in Koreanisch, insbesondere in der juristischen Fachsprache, ist der Anteil der Komposita sehr hoch,[654] wobei deren Bedeutung aber nicht immer motiviert ist (z.B. „Feierabend"), was die Sache erschwert.

Exemplarisch ist an dieser Stelle die sehr häufig zu findende Übersetzung ‚Chosŏn-Dynastie' für den koreanischen Begriff *chosŏn wangjo* 조선 왕조 朝鮮王朝 zu nennen. Chosŏn ist der Name für das Königreich, das auf der koreanischen Halbinsel zwischen 1392 und 1910 existiert hat und dessen Dynastie Yi heißt. Den Begriff Chosŏn-Dynastie findet man nicht nur in trivialen Reiseführern, sondern sogar in wissenschaftlichen Artikeln, insbesondere koreanischer Autoren. Bei dieser unglücklichen wörtlichen Übersetzung für das koreanische Ausgangswort ‚*chosŏn wangjo* 조선 왕조' wurde übersehen, dass man Chosŏn und Dynastie wegen der Bedeutung des Begriffs ‚Dynastie' im Deutschen nicht wie in dem vorliegenden koreanischen Wortbildungsmuster zusammen setzen kann, weil Chosŏn nicht als Bestimmungswort zu Dynastie fungiert. Dynastie bezieht

---

bei Nomen und Suffixen beim Verb. Dort ist auch eine gute Übersicht über die gesamten grammatischen Eigenarten der koreanischen Sprache zu gewinnen.

651 Duden 2009, 634.

652 Z.B. wird *Code Civil* oder *(Cours d')Appellation* innerhalb eines deutschen Textes von Juristen und vielen anderen Adressaten noch verstanden; aber auch *Leasing*, *supreme court* u. dgl. sind meist geläufig.

653 Siehe Dopleb 2002, 36.

654 Siehe Ejov 2003, 61–63. Im von ihm untersuchten deutschen Gesetzestext liegt der Anteil der Komposita bei 12 % der gesamten Lexeme.

sich auf ein Geschlecht, eine Herrscherfamilie, wird also mit dem Namen gekoppelt: Die ‚Habsburger Dynastie', aber das ‚Kaiserreich Österreich' Nach diesem Muster interpretiert man Chosŏn-Dynastie so, dass die mit Bindestrich verbundenen Begriffe eine Dynastie (Herrscherfamilie) bezeichnen, die Chosŏn heißt. Bei Übersetzungen (und schon in den entsprechenden Studiengängen) muss so etwas berücksichtigt werden. Richtig wäre die Verwendung des Begriffs Königreich Chosŏn oder, wenn man unbedingt einen Bindestrich will,[655] je nach Kontext Chosŏn-Zeit oder Chosŏn-Reich.

Verstöße auf der lexikalischen Ebene trifft man öfter im Bereich der Wortbildung an:

> *Deshalb wurden diese zwei Verstoßungsgründe in dem* ***Groß-Strafrecht*** *von 1905 gestrichen. [...] Art. 578* ***Großstrafgesetz*** *[...].* (Lee 1986, 10)

Das Original heißt *hyŏngpŏptaejŏn* 형법대전 刑法大典. Die wörtliche Übersetzung lautet ‚Großes Gesetzbuch des Strafrechts'. Die Ausdrücke „Groß-Strafrecht" oder „Großstrafgesetz" sind auch nach deutscher Grammatik fehlerhaft zusammengesetzt und ergeben keinen Sinn. Außerdem wurden unterschiedliche Bezeichnungen für denselben Gesetzestext verwendet. Im Deutschen – außer in einigen wenigen Fällen wie bei den syntaktischen Fügungen, z. B. Dumme-Fragen-Steller[656] – werden die Komposita in der Regel zusammengeschrieben, also ohne Bindestrich. Diese häufig zu beobachtenden Fehler sind aus dem Sprachkontrast Koreanisch-Deutsch nicht erklärlich (auch im Koreanischen werden dabei keine Bindestriche verwendet), höchstens lässt sich vermuten, dass das englische Muster mit Bindestrich hier eine Interferenz ausgeübt hat. Hier wären also der Originalwortlaut in wörtlicher Übersetzung oder stattdessen der adäquate deutsche Begriff Strafgesetzbuch zu wählen gewesen, nicht jedoch eine Mischform bzw. Verballhornung.

In einem Schüleraufsatz wird erwartet, dass er im Ausdruck variiert, also Synonyme verwendet. Dies ist auch bei der Pressesprache oft der Fall. In der Rechtssprache geht es aber um Klarheit und Rechtssicherheit. Deshalb muss derselbe Inhalt auch immer mit demselben Begriff bezeichnet werden. Ein Wechsel des Begriffs bedeutet für den Juristen das Signal, dass etwas anderes gemeint ist. Gleiches muss daher immer gleich bezeichnet werden.[657] Und derselbe Begriff darf auch niemals in anderer Bedeutung verwendet werden.

Für die obige wie auch für die folgende Textstelle gilt demnach konkret: ‚Gesetz' und ‚Recht' bezeichnen unterschiedliche Inhalte (vgl. weiter unten). Hier werden die beiden Begriffe gar kombiniert:

> *vor dem und während des seit 1. 1. 1961 geltenden* ***Gesetzesrechts*** (Lee 1986, 147)

---

655 Was meist wohl nach dem englischen Muster gemacht wird, wo die Unterscheidung von Determinativ- und Kopulativkomposita i. d. R. durch die Verwendung von Bindestrichen erleichtert wird.

656 Duden 2009, 659.

657 Siehe Walter 2006, 346.

Abgesehen von dem Grammatikfehler wird diese Begriffskombination unzutreffend benutzt. Es gibt kein Gesetzesrecht im von LEE benutzten Sinne. Der Begriff ‚Gesetzesrecht' wird allenfalls im Sinne von ‚gesetztem Recht' im Gegensatz zum (angloamerikanischen) ‚Fallrecht' oder zum Gewohnheitsrecht benutzt.[658]

Es gibt ‚Gesetze', ‚Gesetzeslage', ‚Recht', ‚Rechtslage', ‚kodifiziertes Recht' und ‚Gewohnheitsrecht'. Der Begriff ‚Recht' beinhaltet sämtliche in einer Rechtsgemeinschaft geltenden Normen. Dazu gehören alle Gesetze im formellen und materiellen Sinne. Das mitunter so genannte ‚Gesetzesrecht' oder ‚gesetzte Recht' meint ausschließlich die Summe der formell erlassenen Gesetze, das kodifizierte Recht. Gesetze im formellen Sinn sind konkrete Rechtsnormen, welche in dem dafür in der Verfassung vorgeschriebenen Verfahren erlassen wurden (Legislative). Gesetze im materiellen Sinn sind alle Vorschriften, welche normativen Inhalt – mit sog. ‚Außenwirkung' für die Bürger – haben; neben den meisten Gesetzen im formellen Sinn (Ausnahme z. B. Staatshaushalt, Ratifizierung völkerrechtlicher Verträge) sind dies auch die Rechtsverordnungen und Satzungen. Daneben gibt es weitere Rechtsquellen, insb. das Gewohnheitsrecht und Fallrecht, welches ebenfalls gültiges Recht darstellt. Alles zusammen bildet das ‚Recht' einer Gemeinschaft (Staat usw.).

Man sieht, wie wichtig die Wortbildungsregeln sind. Zu dem obigen Fehler hat möglicherweise die ausgangssprachliche Besonderheit geführt: *pŏp* 법 法 und *pŏmnyul* 법률 法律 werden synonym für ‚Gesetz' gebraucht bei dessen Bezeichnung, insb. im Titel eines Gesetzes (wie ‚Straf<u>gesetz</u>', ‚Personenstands<u>gesetz</u>' usw.). Das Simplex *pŏp* heißt wörtlich Gesetz, *pŏmnyul* ist ein Kompositum aus *pŏp* und *yul* und heißt wörtlich Gesetz-Recht. Beide Bestandteile *pŏp* 법 法 und *yul* 율 律 (Norm, Recht) werden als solche selbstständig, also auch einzeln benutzt. Es ist eine Besonderheit der koreanischen Komposita, vor allem der Lehnwörter aus dem Chinesischen, dass Bestandteile, die eigentlich dasselbe bedeuten, zu einem Wort vereinigt werden, wie hier *pŏmnyul* 법률 法律. Der Koreaner verwendet in solchen Zusammenhängen nämlich traditionell nicht gerne eine alleinstehende Silbe. Dadurch kam es öfters zur Bildung bzw. Übernahme solcher oft auch tautologischen Komposita, die sich bis heute in der koreanischen Rechtssprache gehalten haben (vgl. auch 5.2.1.8 Tautologie). Allerdings haben sich für die Verwendung eigene Regeln gebildet. Hier gilt, dass man das einsilbige *pŏp* im zusammengesetzten Wort verwendet (‚....gesetz') und das zweisilbige *pŏmnyul* in dem Kontext ‚Gesetz über...', oder wenn das Wort allein steht.

*Art. 6 GG; Art. 32 Abs. 1 Koreanisches Verfassung**srecht**.* (CHO 2001. 1 Fn. 1)

Richtig wäre ‚Koreanische Verfassung'. „Verfassungsrecht" ist falsch, wenn man die Verfassung zitiert. ‚Verfassung' impliziert bereits den Gesetzescharakter, sie ist ja das höchste Gesetz, weshalb in der deutschen Rechtssprache nur der Begriff ‚Verfassung' für die konkrete Norm (in Deutschland „Grundgesetz") benutzt wird. Von ‚Verfassungsrecht' spricht man dagegen, wenn die Summe aller die Verfassung

---

658 Siehe CREIFELS 2011, 419, 517.

eines Staates betreffenden Normen (also z.B. auch ergänzende Bestimmungen für die Verfassungsorgane wie das Parlament) gemeint ist oder wenn es um abstrakte Diskussionen geht wie über die ‚verfassungsrechtlichen Garantien' oder ‚Verfassungsrecht' als Abstraktum (also die Diskussion über Grundnormen von Staaten, oder diejenigen mehrerer Staaten). Vorliegend ist möglicherweise ein Interferenzfehler aus dem Koreanischen ursächlich, wo – ähnlich wie im deutschen „Grundgesetz" – der Wortbestandteil *pŏp* enthalten ist (vgl. vorangehendes Beispiel).

*Solange das Konkubinat des Mannes dauert, dauert der Ehebruch des Mannes, deswegen besteht ein* ***Scheidungsrecht*** *der Frau.* (LEE 1986, 60)

*Das* ***Scheidungsrecht*** *der Frau erlischt jedoch nicht, selbst wenn es eine Vereinbarung über die* ***Begründung*** *des Konkubinats zwischen Frau, Mann und Konkubine gibt.* (LEE 1986, 63)

Es gibt einen Scheidungsgrund, aber kein Scheidungsrecht, sondern ein Recht auf Scheidung, in der Regel als Anspruch auf Scheidung benannt. Auch hier kann ein Interferenzfehler vorliegen, da das sinokoreanische Suffix *-kwŏn* 권 權 in sich die Bedeutung ‚(subjektives) Recht' trägt und wie bei *in'gwŏn* 인권 人權 (Menschenrecht) als -recht übersetzt wird. Es ist hier noch einmal festzustellen, dass die beiden Sprachen Deutsch und Koreanisch sprachtypologisch sehr verschieden sind und die jeweiligen Regeln der Kompositabildung prinzipiell nicht übertragbar sind (s.o.).

Das Wort Recht wird häufig als *pŏp* 법 法 aber auch als *kwŏlli* 권리 權利 übersetzt. Dies ist oft falsch. In Wörterbüchern finden sich dazu durchweg die Einträge:[659]

Recht [rɛçt] [중성]
– (Gesetz) 법, 법률, 법규
– 권리, 권능, 권한, 자격
– 옳음, 정당함;당연함;정의;공정[공평](한 언행)

법 [法]
– Gesetz -es, -e; Recht -(e)s, -e; Regel -n, Vorschrift -en; Satzung -en; Gebot -(e)s, -e
– [방법] Methode -n; Weise -n; Mittel -s, -; Art -en
– [도리] Vernunft; Wahrheit; [관행] Lauf -(e)s, Läufe

Die Begriffe ‚Recht' und *pop* 법 sind also nicht völlig deckungsgleich. Um den jeweils adäquaten Begriff in der anderen Sprache zu finden, muss berücksichtigt werden, in welchen Kontext dieser Begriff eingebettet ist. Je nach Zusammenhang hat das deutsche Wort ‚Recht' vielerlei Bedeutungen: Von ‚Recht haben' bzw. ‚im Recht sein' über das subjektive Recht (welches auch einen Anspruch bedeuten kann) bis zum objektiven Recht im Sinne von Gesetzen/Normen und gar der Gesamtheit aller Rechtsnormen (‚das deutsche / koreanische Recht').[660] Im Koreanischen sind dementsprechend unterschiedliche Begriffe zu verwenden. Umgekehrt gilt Entsprechendes.

659 Z. B. Essence 1981.
660 Siehe WAHRIG 1997, 1012 unter Stichwort „Recht".

Ein ähnlicher Konstruktionsfehler liegt auch im folgenden Fall vor:

> *Das Familiengericht entscheidet die scheidungsrechtlichen **Nebenfolgen** nur auf Antrag einer Partei, wenn die Geschiedenen untereinander keine Einigung erzielt haben.* (LEE H.-K. 1990, 81)

Von Nebenfolgen zu sprechen, ist nicht angemessen. Nach den deutschen und koreanischen Rechtskonstrukten handelt es sich in jedem Fall um ‚Folgen'.

> ***Oberst**gericht in Seoul, Juli 1967* (LIM 1972, 129)
> ***Oberst**gerichtshof* (LEE 1986, 55)

Oberst als Bestandteil eines zusammengesetzten Wortes gibt es in der Fachsprache Recht nicht. Es gibt Obergerichte und Oberste Gerichte, aber keine Oberstgerichte; die Übersetzung muss also lauten: ‚Oberster Gerichtshof'.

Im Koreanischen wird dieser Gerichtsname als ein Kompositum zusammengeschrieben. Die Regeln im Deutschen erlauben dies nicht.

> *den **sexuellen Zerrüttungsgrund*** (LEE 1986, 89)

Hier handelt es sich um einen typischen Ausdrucksfehler in einer Fremdsprache. Zweifellos ist die Zerrüttung der Ehe in sexueller Hinsicht als Grund gemeint.

Möglicherweise liegt die Ursache des Fehlers in der Konstruktion der AS mittels *-jŏk* 적 的. Es handelt sich hierbei um ein Suffix, welches das nominale Grundwort adjektiviert. Die Bedeutung ist vielseitig und kann im Satz direkt ohne weitere grammatikalische Postposition verwendet werden. Aber in der Übersetzung muss die interne semantische Struktur wieder in der ZS zum Ausdruck gebracht werden. Den Zerrüttungsgrund als sexuell zu bezeichnen ist jedenfalls grammatikalisch wie sachlich unzutreffend. Sexuelle Verfehlung könnte ein Zerrüttungsgrund sein, oder der Grund könnte sexueller Natur sein u. dgl.

> *Bestrafung des Ehemanns wegen eines **Geschlechtsvergehens** (Nr. 3)* (LEE H.-K. 1990, 38)

Mit dem in der deutschen Sprache nicht bekannten Begriff „Geschlechtsvergehen" kann man nichts anfangen. Man weiß nicht, ob es sich um ein ‚Sexualdelikt' oder um Geschlechtsverkehr außerhalb der Ehe, Ehebruch oder was sonst handeln soll. Als Kompositum ist das Wort auch falsch gebildet. Die Bedeutung könnte theoretisch nur sein: Vergehen des Geschlechts oder Vergehen gegen das Geschlecht. Beides ist sinnlos.

Auffallend ist auch ein Drang zur Kompositabildung wie:

> *Die Scheidung durch Vereinbarung ist die Auflösung der Ehe durch **Willenseinigung** der Ehegatten (§ 834).* (LEE 1986, 110)

In der deutschen Rechtsterminologie heißt dies nicht „Willenseinigung", sondern ‚durch übereinstimmende Willenserklärung'.

Lee (1990) produziert sehr kreativ neue Komposita, insbesondere mit dem Wortbestandteil ‚Familien-', die weder im koreanischen Recht eine Grundlage finden noch dem deutschen Leser Aufschluss geben können. Hier ein Beispiel:

*Die horizontale Mobilität der Familie ist der große Wendepunkt im Schicksal der **Familiengruppen** und **–organisation**.* (Lee H.-K. 1990, 29)

Der Begriff „Familiengruppe" ist kein allgemeiner Sprachgebrauch. Er wird – wie auf der Web-Seite des Landschaftsverbands Rheinland unter diesem Stichwort zu finden – lediglich im Rahmen der Jugendhilfe und zwar bei der Kinderbetreuung (Tagesmütter, Heime und ‚Ersatzfamilien' bei familienfremder Unterbringung minderjähriger Kinder) für eine sozialpädagogische Lebensgemeinschaft verwendet, in der ein Pädagogenpaar oder ein Pädagoge drei bis vier Kinder in den eigenen Haushalt aufnimmt und in ihren normalen Nachbarschaftsbezügen gute Voraussetzungen zur sozialen Integration in Nachbarschaft, Schule, Vereine, Ausbildungs- und Arbeitsstellen bietet. In anderen Zusammenhängen wird der Begriff nicht benutzt und ist weder in Duden noch Wahrig zu finden. Er ist auch für die koreanische Rechtssituation völlig unzutreffend. Und zu einer „Familienorganisation" im Sinne einer Korporation, wie z. B. ‚NGO (nongovernment-organisation)' ist nirgends ein Hinweis zu finden; eine Organisation wie in einer Firma oder Behörde kommt nicht in Betracht. Der Begriff liegt also außerhalb der deutschen wie koreanischen rechts-, aber auch gemeinsprachlichen Möglichkeiten.

Eine weitere im deutschen Sprachgebrauch unglückliche Begriffsbildung ist (es geht ja keineswegs um Klassen oder Kasten wie z. B. in Indien!):

*Und doch setzte sich die Familienstruktur der Sippe in einer neuen Form des **Familienklassensystems** teilweise fort.* (Lee H.-K. 1990, 29)

*nicht, wie bei der heutigen Kernfamilie, die Basis für eine eigenständige **Familiengemeinschaft*** (Lee H.-K. 1990, 16)

*ist das koreanische dem deutschen Familienrecht trotz Übernahme der **BGB-Verwandtschaft** nicht vergleichbar, […]* (Lim 1972, 109)

Es gibt auch keine „BGB-Verwandtschaft". Das BGB definiert lediglich die Verwandtschaft im Rechtssinn und stellt die gesetzlichen Regeln für diese Verwandtschaftsverhältnisse auf. Nicht gemeint sein kann nach dem Zusammenhang eine Verwandtschaft mit dem BGB, obwohl der Wortlaut zunächst dafür spräche. Vielleicht ist gemeint die Definition von Verwandtschaft im Sinne des BGB bzw. der ‚Verwandtschaftsbegriff des BGB'. Der Begriff ist gefährlich, da es in der deutschen Rechtssprache z. B. sehr wohl eine sog. ‚BGB-Gesellschaft' gibt, welches eine Gesellschaftsform ist wie OHG oder KG (im Gegensatz zur Gesellschaft in Form einer juristischen Person wie AG und GmbH).

Eine Wortbildung ohne Rücksicht auf deutsche Wortbildungsmuster findet sich in folgender Formulierung:

*Zahl der Scheidungsanträge und **vollzogene Scheidungsprozent*** (Lee 1986, 34)

Es handelt sich hier um eine Spaltenüberschrift. Die meisten Spaltenbezeichnungen in den zahlreichen statistischen Darstellungen der zitierten Arbeit sind sprachlich und inhaltlich unkorrekt, häufig auch verwirrend. Der oben zitierte schwerwiegende Fehler im deutschen Sprachgebrauch führt zu einer völligen Unverständlichkeit dessen, was ausgedrückt werden soll. Auch der Kontext verhilft zu keiner Deutungsmöglichkeit. Lee hat versucht, mit einem möglichst kurzen zusammengesetzten Begriff entsprechend der Typik solcher Tabellen in deren Kopf den Inhalt der Spalte anzugeben, hat dabei aber infolge unzureichender Beherrschung der deutschen Sprache, insb. der Fachsprache und Grammatik, ein Wortungetüm geschaffen, das keinerlei Deutung des gemeinten Inhaltes zulässt.

Bei allem Verständnis für möglichst raumsparende Darstellung geht es nicht an, dass in juristisch relevanten Texten ungenaue oder falsche Formulierungen gewählt werden wie z.B.: „Eheschließungszahl auf eine Scheidung“, „Gesamtprozentzahl nach Scheidungsalter“, „Gesamtprozentzahl nach Kindern“, „Verhältnis von Scheidungszahl zu Einwohner 1000 (%)“, was ebenfalls in der zitierten Tabelle zu finden ist.

Letzteres ist gleich mehrfach falsch und widersprüchlich: Es sind entweder Promille oder 100, was der Leser aber nicht selbst nachvollziehen kann; 1000 Prozent können es jedenfalls nicht sein. Vor allem hätte die grammatikalisch wie fachsprachlich korrekte Formulierung meistens auch nicht mehr Platz beansprucht, im letzten Beispiel wäre sie sogar kürzer gewesen: ‚Anzahl der Scheidungen je 1000 Ew.‘. Solche willkürliche Kompositabildung insbesondere bei Tabelleneinträgen ist auch bei anderen Autoren häufig zu finden:

> ***Antragsteller** durch Männer (%), **Antragsteller** durch Frauen (%)* (Lee H.-K. 1990, 98 Tabelle 6)
>
> ***Ehedauergruppe in Jahren, bis unter** 1 Jahr (%), bis unter 2 **Jahr** (%), bis unter 3 Jahr (%)* (Lee H.-K. 1990, 99 Tabelle 7)

Der Antragsteller ist eine Person. Richtig muss es heißen: ‚Antragstellung durch...‘ oder ‚Antragsteller männlich / Antragsteller weiblich‘.

Ehedauergruppen, bis unter: Bei solch fehlerhafter deutscher Wiedergabe kann ein deutscher Leser, der sich gerade mit solchen Statistiken befasst, nicht erfassen, worum es im Originaltext geht. Für den Statistiker, der es genau nimmt, spielt es schon eine Rolle, ob die erste Gruppe z.B. eine Ehedauer von weniger als einem Jahr und die zweite eine solche von einem vollen Jahr und mehr, aber weniger als zwei volle Jahre umfasst, oder ob erstere auch ein volles Jahr und die zweite mehr als ein Jahr bis zum vollen zweiten Jahr einschließt. Wenn aber alle Interpretationen möglich sind, hilft diese Textstelle nicht weiter. Und Gruppen (welche auch immer, ob Ehedauer oder anderes) gibt es nicht in Jahren. Man kann höchstens nach Kriterien wie Zeitdauer o.ä. Gruppen bilden. Eine „Ehedauergruppe in Jahren“ ist allenfalls als Stilblüte zu verwenden.

Pescatore[661] nennt die Komposita die „übelsten sprachlichen Konstrukte“ der deutschen Rechtssprache, die „jedem Versuch einer rationalen Auslegung und damit Übersetzung widerstehen“.[662] Andererseits ist diese sprachliche Möglichkeit eine der produktivsten Arten der Bildung neuer Ausdrücke und komplexen Gedanken. Gerade aus diesem Grund ist es notwendig, diesem Aspekt bei der Vermittlung der juristischen Fachsprache für Übersetzer und für ausländische Juristen besondere Aufmerksamkeit zu schenken.

### 5.2.2.2 *Grammatikalische Fehler im traditionellen Sinn: auf der Ebene der Morpho-Syntax*

#### 5.2.2.2.1 *Präpositionalobjekt vs. Genitiv*

Im Rahmen der Syntax finden sich häufig jene fehlerhaften Konstruktionen, die aus der Auslassung bzw. dem falschen Gebrauch von Präpositionen resultieren. Es gibt im Koreanischen weder Artikel noch Präpositionen. Das, was in der deutschen Sprache mit Hilfe von Artikeln und Präpositionen vermittelt wird (Kasus, Attribut, Bezug usw.), wird in den meisten Fällen durch Postpositionen,[663] durch gewisse Endungen oder durch ein zusammengesetztes Verbum ausgedrückt.[664]

Besonders oft finden sich Konstruktionen, die im Anschluss an ein Substantiv auf eine Präposition verzichten und bei denen stattdessen nach dem Substantiv ein Genitiv folgt wie:

***Einigung der Scheidungswillen*** *der Ehegatten* (Lee 1986, 17)

Es gibt eine Einigung von Personen über eine Angelegenheit, die näher definiert werden kann mithilfe von Präpositionen mit Attributen, z. B. ‚über...‘ oder ‚in der Sache ...‘. Die Personen stehen dann im Genitiv, nicht aber die Angelegenheiten. Es könnte also heißen ‚Einigung der Ehegatten über die Scheidung‘.

Dies ist hier aber nach dem folgenden Text offenbar nicht gemeint, sondern vielmehr eine Übereinstimmung im Scheidungswillen beider Parteien. Dann muss es juristisch korrekt heißen: ‚Übereinstimmender Scheidungswille der Ehegatten‘ oder ‚beidseitiger Scheidungswille‘.

Der Scheidungswille ist auch nicht gleichzusetzen mit ‚Vereinbarung‘, wie dies auf S. 18 viertletzte Zeile geschieht. Der Scheidungswille ist die materielle Grundlage für eine darüber zu schließende Vereinbarung (i. d. R. Vertrag), welche nach deutschem Recht aus mindestens zwei übereinstimmenden Willenserklärungen besteht (i. d. R. Angebot und Annahme). Lee hat davor gerade ausgeführt, dass es je nach Theorie entweder auf das Vorliegen sowohl des materiellen Scheidungswillens als auch auf dessen förmliche Erklärung oder nur auf letztere ankommt. Es spielt also

661 Pescatore ist ehemaliger Richter am EuGH.
662 Siehe Pescatore 1999, 96.
663 Auch Partikel genannt, genaueres siehe Huwe 2014, 22–29.
664 Siehe Eckardt 1962, 41.

rechtsdogmatisch sehr wohl eine Rolle, dass unterschieden wird zwischen materiellem Willen und dessen förmlicher Erklärung (in der deutschen Rechtssprache: Willenserklärung), insb. in einer Vereinbarung, die dem Gericht oder Standesamt vorzulegen ist.

Ein relativ häufig anzutreffender Grammatikfehler ist die falsche Verwendung des Genitivs wie in diesen Beispielen:

*Der Anspruch auf Vermögensteilung* ***der*** *Absätze 1 und 2 erlischt, wenn [...]* (Lee 1986, 152)

*Reformvorschläge* ***des*** *KBGB* (Lee 1986, 149)

Im ersten Beispiel wird der Genitiv in unzulässiger Form zur Bestimmung des Bezugsrahmens verwendet. In seiner hier vorliegenden Verwendung wird durch den Genitiv die Inhaberschaft des Anspruchs definiert. Absätze können jedoch nicht Träger von Rechten sein. Der Genitiv im zweiten Beispiel bezieht sich auf den ersten Teil eines zusammengesetzten Substantivs, was grammatikalisch ebenfalls nicht zulässig ist. Diese Fehler werden von koreanischen Muttersprachlern häufig gemacht, da es in der koreanischen Sprache – wie gesagt – keine Präpositionen gibt. Richtig muss es heißen beim ersten Satz: ‚Der Anspruch auf Vermögensteilung nach den Absätzen 1 und 2 ...', beim zweiten Satz: ‚Vorschläge zur Reform des KBGB' oder ‚Reformvorschläge zum KBGB'. In der gesamten Dissertation von Lee 1986 wird der Genitiv öfters falsch angewendet, u.a. auch auf S. 1 der Anmerkungen zu § 1, 8.: „*Reformvorschläge und deren Gründe* ***des 4. Teils****... des Bürgerlichen Gesetzbuch.*"

Ähnlich verhält es sich in folgenden Beispielen:

*Beschimpfung und Bloßstellen* ***des*** *Ehebruchs eines Ehegatten* (Lee 1986, 102)

*Nach der* ***Absicht*** *des Zerrüttungsprinzips spielt es jedoch keine Rolle, welcher Ehepartner die Zerrüttung der Ehe verursacht hat.* (Lee H.-K. 1990, 161)

Hier wurde eine Syntax, die in der koreanischen Grammatik zulässig ist, fälschlicherweise im Deutschen verwendet. Richtig wäre ‚Beschimpfung und Bloßstellung des Ehegatten wegen Ehebruchs' und ‚Nach der Absicht, die mit dem Zerrüttungsprinzip verfolgt wird, ...'.

Dies gilt auch hier:

***Gründe des*** *gerichtlichen Scheidungs****anspruchs*** (Lee 1986, 51)

Der falsche Gebrauch der Kasus, insbesondere des reinen Genitivs an Stelle eines präpositionalen Kasus bei Substantiven ist häufig zu beobachten. Denn im Koreanischen gibt es wegen des Fehlens von Präpositionen kein Präpositionalobjekt, auch die Substantive haben keine entsprechende Rektion. Die Beziehung zwischen den Substantiven wird häufig mit der Postposition „*-ŭi* -의" dargestellt. Sie wird zur Bildung des Genitivs und zur Darstellung einer Possessiv-Beziehung benutzt. Die hier vorgenommene Konstruktion – Gründe + Genitiv – ist für diese Relation im Deutschen aber unzulässig. Das regierende Substantiv fordert für die Darstellung der jeweiligen Relation entweder den Genitiv oder bestimmte Präpositionen. Der Unterschied ergibt sich im Wesentlichen daraus, ob die Relation Agens, Patiens, Besitzer, ein Ganzes, die Qualität oder eine andere Relation betrifft. Im Koreanischen kann für die grammatikalische Darstellung einer Relation generell in vielen Fällen die Postposition *-ŭi* verwendet werden, also nicht nur für die Possessiv-Beziehung oder eine andere der Relationen, für die im Deutschen der Genitiv verwendbar ist. Im Deutschen dagegen muss viel häufiger eine für das jeweilige Substantiv und die konkrete Relation spezifische Präposition (Präpositionalkasus) verwendet werden. Der reine Genitiv-Kasus ist also in vielen Fällen, in denen im Koreanischen *-ŭi* verwendbar ist, unzulässig. Im konkreten Beispiel darf nach der Kasus-Lehre der Begriff ‚Gründe' mit dem bloßen Genitiv nur für die Darstellung verwendet werden, für wen diese Gründe bedeutsam waren (z. B.: die Gründe des Herrn N. für seine Entscheidung). Hier muss es dagegen heißen ‚Gründe für …'.

Fehler entstehen bei Fremdsprachlern überhaupt häufig bei der (Nicht-)Verwendung von Präpositionen, die zwar grammatikalisch von einem Verb, einem Substantiv oder einem Adjektiv gefordert werden, dabei aber keine inhaltlich konkrete Bedeutung entfalten, d. h. bedeutungsleer oder -neutral sind.[665] Es gibt keine Verben im Koreanischen, die ein Genitivobjekt oder Präpositionalobjekt haben.[666]

### *5.2.2.2.2 Reflexivpronomen*

Es gibt im Koreanischen keine Verben, die Reflexivpronomen verlangen. Dieses Fehlen kann nach Kim beim Erlerner eine Interferenz verursachen,[667] weil Sätze ohne die erforderlichen Relativpronomina übersetzt werden. So wird z. B. *(nŏ-ŭi) ŏlgul-ŭl ssisŏra* (너의) 얼굴을 씻어라 von Koreanern häufig in ‚Wasch Gesicht!' übersetzt statt der richtigen Übersetzung ‚Wasch dir das Gesicht!'. Oder *na-nŭn kŏn'gang-hage nŭkkinda* 나는 건강하게 느낀다 wird ins Deutsche mit ‚ich fühle wohl' statt ‚ich fühle mich wohl' übersetzt. Diese Fehler waren auch bei der in vorliegender Arbeit erfolgten Analyse zu beobachten. Besonders fiel die häufige falsche Verwendung bzw. Nicht-Verwendung der reflexiven Pronomina in Verbindung mit Präpositionen auf.

*Als der Mann sich eine Konkubine nahm, **verstand** die Frau ihren Mann gut* (Lee 1986, 61)

Richtig muss es heißen ‚…, verstand sich die Frau mit ihrem Mann gut' oder noch besser ‚… lebte die Frau in gutem Einvernehmen mit ihrem Mann'. Die zitierte Formulierung legt dagegen eher die deutsche Deutung ‚…hatte die Frau durchaus Verständnis für ihren Mann (und sein Handeln)' nahe. Durch das Weglassen des Reflexivpronomens wurde der Sinn also ganz entstellt (typischer Interferenzfehler: das koreanische Verb *ihaehada* 이해하다 regiert ein Akkusativobjekt)

---

665 Duden 2009, 606.
666 Siehe Kim K.-H. 1982, 62.
667 Siehe Kim K.-H. 1982, 40.

#### *5.2.2.2.3 Subjekt vs. Thema (Thema-Rhema-Gliederung in der koreanischen Sprache) und Agens*

Neben der falschen Verwendung von Präpositionen und Reflexivpronomen finden sich Konstruktionen, in denen grammatikalisch falsche Subjekte in der Übersetzung verwendet sind. Ursache dafür ist wohl häufig die Tatsache, dass im koreanischen Ausgangstext oft das Subjekt weggelassen und das Thema des Satzes vom Übersetzer als Subjekt des Satzes verstanden wird.[668] In der koreanischen Sprache gibt es eine gesonderte Postposition, die einen Gesprächsgegenstand als bekannt markiert, nämlich *-ŭn/-nŭn* 은/는 im Gegensatz zu dem subjektmarkierenden *-i/-ka* 이/가. Ein Beispiel für dadurch entstehende Übersetzungsfehler ist:

> *Daher entspricht* ***der Fall*** *keinem sonstigen wichtigen Grund. [...]* ***Dieser Fall*** *entspricht nicht dem sonstigen wichtigen Grund.* (Lee 1986, 88)

Diese Konstruktion liegt nicht auf der richtigen Ebene. Im koreanischen Ausgangstext ist der „Fall" nicht das Satzsubjekt, sondern nur das Thema des Satzes, was im Deutschen etwa mit ‚was diesen Fall betrifft' wiederzugeben ist. Richtig wäre also ‚in diesem Fall liegt kein sonstiger wichtiger Grund vor' oder ‚... trifft nicht zu' oder ‚... sind die Voraussetzungen des sonstigen wichtigen Grundes nicht erfüllt/gegeben'.

> *Die* ***Fälle,*** *die die Zustimmung oder Verzeihung* ***bejahen bzw. verneinen.*** (Lee 1986, 60)

Fall ist kein tätiges Subjekt, nur solche können mit einem Tätigkeitsverb wie „bejahen" oder „verneinen" verwendet werden. Richtig: ‚Fälle, in denen die Zustimmung oder Verzeihung bejaht (oder angenommen) wurde'.

In engem Zusammenhang damit steht die Unterscheidung des Agens vom Subjekt in seiner syntaktischen Funktion. Das Agens ist der Handelnde in der Semantik. Oft wurde nicht berücksichtigt, dass ein Subjekt nicht immer ein Agens ist.

> *Die* ***Fälle, die*** *eine übertriebene Handlung der Frau [...] als sonstigen wichtigen Grund* ***anerkennen.*** (Lee 1986, 98)

Ein ‚Fall' kann nicht handeln, also auch nicht anerkennen, da er kein Agens ist. Ähnlich ist:

> ***Diese Meinung vertritt,*** *daß das Ehescheidungsrecht des schuldigen Ehegattens grundsätzlich ausgeschlossen werden soll.* (Lee H.-K. 1990, 164)

---

668 Außerdem gibt es im Koreanischen doppelte Subjekte, was die Übersetzungsproblematik noch weiter steigert. Yi (2001, 67) meint, dass das Phänomen des Doppelsubjekts eine bessere Voraussetzung für den (Gedanken-) Austausch biete als die übliche europäische Sprache, die die Beziehung zwischen Sprecher und Hörer als Subjekt-Objekt-Beziehung bzw. Agens und Patiens betrachte, da in dieser Konstruktion Beide als Subjekt gleichberechtigt seien. Dies zeige die koreanische Denkart, indem zwei Subjekte einen Dialog führten. In der deutschen Sprache führt es aber zu Verwirrungen und sorgt für weitere Übersetzungsfehler ähnlicher Art wie die hier behandelten.

*Von alters her **regierte** in Korea das Prinzip der Verschuldensscheidung.* (LEE H.-K. 1990, 43)

‚Vertreten' in der Bedeutung ‚etwas besonders als Überzeugung, als Standpunkt o. ä. haben und dafür einstehen; sich zu etwas bekennen und es verteidigen' braucht ein Agens, den Handelnden. Der Verfasser kann also eine These, eine Meinung, einen Grundsatz vertreten, oder eine Partei vertritt liberale Positionen, aber die Meinung kann nichts vertreten, weder eine Meinung noch eine Position, noch kann sie Stellvertreter sein. Gleiches gilt für ‚Prinzip'. Ein Prinzip gilt und regiert nicht, denn Regieren heißt Macht ausüben, Herrschen: Regierungen oder Monarchen regieren, bildlich kann auch Geld die Welt regieren. Für rechtliche Regelungen ist der Begriff aber nicht verwendbar.

Eine Übersetzung in den Infoblättern der koreanischen Familiengerichte geriet fast zur Unleserlichkeit:

> *§ 840 KBGB (**Scheidungs**gründe für die gerichtliche Scheidung) Ein Ehegatte kann wegen folgender Gründe vor dem Familiengericht die Scheidung beantragen, wenn einer der unten genannten Gründe vorliegt.*
> *1. […]*
> *2. […]*
> ***3. Wenn ein Ehegatte oder seine Verwandten in aufsteigender Linie schwer mißhandelt werden,***
> ***4. Wenn ein Ehegatte die Verwandten in aufsteigender Linie schwer mißhandelt***
> (Infoblätter, 2)

Bei Nummer 3 erfolgte bei der Übersetzung eine falsche deutsche Satzkonstruktion, insb. wurde ein falsches Subjekt verwendet, sodass sich eine Sinnverdrehung bzw. -entstellung ergab. Dies resultiert offenbar daraus, dass man das Thema (hier gleich Subjekt) im Nebensatz in koreanischen Texten weglassen kann, wenn das Thema/Subjekt im Hauptsatz und Nebensatz identisch sind und daher nach dem Kontext klar ist, was das Thema/Subjekt des Nebensatzes (also Nummer 3) ist. So wurde dies im koreanischen Gesetzestext auch gehandhabt. In der koreanischen Grammatik gibt es auch keinen Unterschied zwischen Singular und Plural beim Verb, da es nicht konjugiert wird. Durch unreflektierte Übertragung in die Syntax der Zielsprache entstand hier eine völlig falsche Aussage. In der Übersetzung wurde aus dem Präpositionalobjekt ***durch/von den/m Ehegatten oder seine Verwandten in aufsteigender Linie*** das deutsche Subjekt. Dadurch wurde der im Ausgangtext eindeutig als Agens des Passivsatzes zu Identifizierende zum Passiv-Subjekt und damit zum Patiens. Richtig übersetzt heißt es aber: Wenn er (nämlich der Ehegatte – das Subjekt des Hauptsatzes –) **von** dem anderen Ehegatten oder einem seiner Verwandten in gerader aufsteigender Linie schwer misshandelt wird

Ähnliches ist mit Nummer 4 passiert. Dieser Satz ist im Original-Gesetzestext ebenfalls als Passiv konstruiert. Dort steht unmissverständlich, wer von wem misshandelt worden ist. In der Übersetzung fehlt der Agens des Passivsatzes „von dem anderen Ehegatten", der im Ausgangstext ausdrücklich im Text steht

#### *5.2.2.2.4 Artikel*

Ein großer Unterschied[669] zu flektierenden Sprachen liegt darin, dass die koreanische Grammatik kein Geschlecht und keinen Artikel kennt. Die Unterscheidung von Singular und Plural ist auch nicht so streng wie in europäischen Sprachen. Immer dann, wenn der Sinn sich aus dem Zusammenhang ergibt, werden die persönlichen Fürwörter – ähnlich wie im Lateinischen – nicht benutzt. Weiterhin gibt es auch keine Kongruenz zwischen Subjekt und Prädikat. Wie auch KIM in seiner Dissertation dargelegt hat, ist es für die Koreaner schwierig zu differenzieren, wann man in entsprechenden Sprachen, insb. im Deutschen einen Artikel zu einem Wort setzt und wann nicht, wann der bestimmte Artikel benutzt werden kann oder muss und wann der unbestimmte.[670] Nach KLEIN ist der bestimmte Artikel das meistgebrauchte Wort des Deutschen, der die Definiertheit ausdrückt. Jedoch stehen bestimmter und unbestimmter Artikel nicht in einem Gegensatzverhältnis.[671] Und daraus folgt weiter die Unsicherheit bezüglich des Numerus. Hier Beispiele dazu:

> *Aus diesen beiden Entscheidungen des FG Seoul kann man schließen, dass* ***das Gericht in Korea*** *dazu neigt, die internationale Zuständigkeit anzuerkennen, wenn die Frau eine in Korea wohnende Koreanerin ist.* (LEE 1986, 142)
>
> *aus der erörterten Rechtsprechung kann man den Schluß ziehen, dass* ***das koreanische Gericht*** *seine internationale Zuständigkeit bejaht, wenn eine Partei des Scheidungsprozesses Koreaner ist.* (LEE 1986, 143)

Abgesehen davon, dass es wissenschaftlich höchst bedenklich erscheint, aus zwei (bezüglich der Frau) bzw. insgesamt drei Gerichtsentscheidungen einen derart generellen Schluss zu ziehen, ist die Pauschalisierungsform „das Gericht in Korea" nicht richtig. Zumindest im zweiten Fall müsste es heißen ‚die koreanischen Gerichte ihre internationale Zuständigkeit bejahen' (es handelt sich um eine Entscheidung des LG Seoul und zwei Entscheidungen des Familiengerichts[672] Seoul). Im ersten Fall geht es ausschließlich um zwei Entscheidungen des FamG Seoul. Da es zu diesem Zeitpunkt in Korea nur ein Familiengericht und zwar in Seoul gab, sind zwei Formulierungen möglich: ‚aus diesen beiden Entscheidungen des FamG Seoul kann man schließen, dass das Gericht dazu neigt...' oder ‚... dass die koreanischen Gerichte' oder ‚die koreanische Gerichtsbarkeit/Rechtsprechung dazu neigen/neigt...'.

---

669 Diese Charakteristika sind aus der Grammatik von ECKARDT ausgewählt, weil sie in der deutschen und koreanischen Grammatik besondere Unterschiede bilden und deswegen Fehlerquellen bei der Übersetzung werden können.

670 Siehe KIM K.-H. 1982, 46.

671 Siehe KLEIN 2000, 123.

672 Hier liegt noch ein weiterer Fehler vor: Es wird die Abkürzung „FG" benutzt, welche in der deutschen Rechtssprache für das Finanzgericht gebräuchlich und damit vorgeprägt ist. Es handelt sich aber um das Familiengericht in Seoul, wofür im Deutschen wegen der o. g. Vorprägung das Kürzel ‚FamG' benutzt wird.

### 5.2.2.3 *Grammatikalische Fehler auf der Ebene von Semantik und Phraseologie*

#### 5.2.2.3.1 *Wortbedeutung*

> *Das Familiengericht Seoul war der Meinung, daß es das Abgaben der* ***vorzeitigen*** *Zustimmung der Frau nicht feststellen konnte […]. Selbst wenn die Frau das Konkubinat […] verziehen hat, bedeutet das nur die Verzeihung bzw. die Zustimmung zu dem vergangenen Ehebruch, keine* ***Verzeihung*** *bzw. Zustimmung zu dem zukünftigen Konkubinat.* (Lee 1986, 63)

Übersetzungsfehler können hier zur Sinnentstellung führen: ‚Vorzeitig' bedeutet ‚zu früh' (‚praecox'), richtig müsste es hier heißen ‚vorherige', also zeitlich vor Begehen der ehebrecherischen Handlung liegende Zustimmung (welche in der deutschen Rechtssprache im übrigen Einwilligung genannt wird, während eine nachträgliche Zustimmung Genehmigung heißt). Weiterhin ist eine vorherige Verzeihung schon denknotwendigerweise ausgeschlossen. Verziehen werden kann nur eine in der Vergangenheit begangene Tat. Ob ein Übersetzungsfehler oder bereits ein falscher Sprachgebrauch des Gerichts vorliegt, konnte leider nicht ermittelt werden, weil die Gerichtsentscheidung aufgrund der „00"-Setzung des Aktenzeichens durch Lee nicht auffindbar war. Ähnliches auch bei Tsche:

> *das Gesetz über das Verbot der* ***frühzeitigen*** *Heirat von 1907* (Tsche 1961, 1)

Hier müsste übersetzt werden ‚Verbot der Eheschließung von Minderjährigen'.

> *Die Ehe kommt* ***in der Regel nur*** *mit dem Willen beider Ehepartner zustande.* (Lee H.-K. 1990, 51)

Dies ist schlicht absoluter Unsinn, der den Leser aus anderem Rechtskreis verunsichert und fragen lässt, ob es womöglich ‚Zwangsehen' oder Eheschließungen durch Vertreter, etwa die Familienoberhäupter, gegen den Willen der Betroffenen gab oder gibt. Dies ist gottlob nicht der Fall. ‚In der Regel' bedeutet im deutschen Sprachgebrauch, dass es Ausnahmen gibt! ‚Regelmäßig' bedeutet übrigens in der Rechtssprache das gleiche – anders als in der Gemeinsprache, die dieses Wort häufig als Synonym zu ‚immer' oder ‚ausnahmslos' benutzt; auch als ‚gleichmäßig' oder ‚stets wiederkehrend' wird es in der Gemeinsprache verwendet. Der Jurist versteht darunter jedoch immer den Normalfall mit Ausnahmen (‚Regelfall').

> *Im* ***Landessteuergesetz*** *von Korea ist in § 104 Satz 8 die* ***Definition*** *des Erwerbs* ***gegeben*** (Cho 2001. 83)

Das Wort ‚Land' ist mehrdeutig, Bei der Übersetzung in Rechtstexten muss die rechts- und staatswissenschaftliche sowie völkerrechtliche Prägung beachtet werden. Staats- und verwaltungsrechtlich ist der Begriff ‚Land' als eigenstaatliche Einheit vordefiniert. Er darf nicht gleich gesetzt werden mit einer ‚Provinz', welche eine Verwaltungseinheit ist (wie z. B. Regierungsbezirke in Deutschland oder Departements in Frankreich) und keine staatlichen Qualitäten aufweist, aber auch nicht mit einem Bundes- oder Zentralstaat. In Korea gibt es keine staatlichen Einheiten, die einem ‚Land' (Bundesland) entsprechen. Deshalb gibt es nur auf einer Ebene (dem koreanischen Staat) Gesetzgebung und Gesetze. Darunter gibt es die verwaltungstechnische Gliederung in Provinzen. Der Zusatz ‚Landes-' führt zu Missverständnissen und falschen Vorstellungen und muss deshalb unterbleiben. Wenn das koreanische Gesetz über die Steuern gemeint ist, welche den Provinzen zufließen (*chibangsebŏp* 지방세법 地方稅法, wörtlich „Provinz-Steuer-Gesetz"), muss dies korrekt wiedergegeben werden (z.B. ‚Koreanisches Gesetz über die Provinzialsteuern').

Außerdem ist eine Definition nicht ‚gegeben', es gibt sie, sie ist zu finden oder der Begriff ist schlicht ‚definiert'.

> ***Revision der*** *Zivilsachen* (Lee 1986, 68 und an weiteren Stellen)

‚Revision' hat verschiedene Bedeutungen (z.B. ‚revidieren', ‚Revisionsabteilung' in Unternehmen), insb. in verschiedenen Fachbereichen. Im juristischen Sprachgebrauch, insb. bei den Gerichten, heißt es ‚Revision <u>in</u> Zivilsachen'. Denn es handelt sich nicht um die <u>Überarbeitung</u> ‚der', also aller Zivilsachen, sondern um das Revisionsverfahren in einer konkreten Sache.

> *1.2.2 Die* ***Einstellung*** *der Rechtsprechung*
> *Der koreanische Oberste Gerichtshof führt in einem Beschluß vom 31. 1.1963 aus* (Lee H.-K. 1990, 111)

‚Einstellung' kann in vielerlei Bedeutung verwendet werden, allgemein z.B. für Meinung, Ansicht, inneres Verhältnis, das jemand besonders zu einer Sache, einem Sachverhalt hat. Es kann auch die Begründung eines Arbeitsverhältnisses sein. Beim Film ist es die ungeschnittene, meist kurze Filmaufnahme, in der Medizin die Anpassung der Dosis eines Medikaments für einen Patienten. In der Rechtssprache wird der Begriff für eine bestimmte Form der Beendigung eines Verfahrens benutzt. Die Rechtsprechung als Abstraktum kann keine Einstellung haben. Man kann höchstens von der in der Rechtsprechung vertretenen Auffassung (zu einer Rechtsfrage oder Gesetzesauslegung) sprechen.

> *Die* ***Gründung*** *des Familiengerichts* (Yang 1971, 140)

> *Nach der* ***Begründung*** *der Republik Korea war es ein dringendes Bedürfnis [...], ein einheitliches, systematisches Bürgerliches Gesetzbuch zu schaffen.* (Tsche 1961, 5)

> *Das Familienrecht bzw. Scheidungsrecht nach der* ***Begründung*** *der Republik Korea von 1948* (Lee H.-K. 1990, 42)

Zwischen ‚gründen' und ‚begründen' besteht ein Bedeutungsunterschied: Während ‚gründen' mehr für ‚etwas ins Leben rufen, neu schaffen' steht (z.B. Staat, Stadt, Geschäft, Verein, Familie, Hausstand, Existenz gründen), hat ‚begründen' im gleichen Kontext meist die Bedeutung ‚für etwas eine Grundlage schaffen' und ist eher auf etwas Abstraktes bezogen: jmds. Ruhm, Reichtum, Ruf, Herrschaft, Schule, eine Theorie (= Denkrichtung) begründen. Demnach handelt es sich im zweiten und dritten Satz um eine Gründung. Begründung ist der falsche Begriff Beim ersten Satz müsste es etwa ,die Schaffung des Familiengerichts' heißen, da es sich hierbei nicht um eine konkrete materielle Einrichtung handelt und auch nicht um eine immaterielle bzw. geistige Einrichtung, sondern um die abstrakte Schaffung einer Einrichtung durch ein Gesetz (Am Beispiel Schule: ,Schaffung' der Gesamtschule als Institution im Schulsystem durch Gesetz, daraufhin ,Gründung' der konkreten Schulen vor Ort).

> *Haushalts**inspektion*** (Infoblätter, 3)

> *Das Gericht darf eine Familien**untersuchung** vor bzw. während des Ablaufs einer Verhandlungstermin einfordern. Die Familien**untersuchung** kann während eines Mediationsverfahrens durchgeführt werden.* (Infoblätter, 5)

Die Begriffe ,Haushaltsinspektion' oder ,Familienuntersuchung' sind irreführend. Es gibt im koreanischen Familiengericht spezielle Mitarbeiter, die auf Anweisung des Richters die sozialen Umstände der Beteiligten in der Familie ermitteln bzw. begutachten (*kasachosa* 가사조사 家事調査). Haushaltsinspektion' vermittelt eine völlig falsche Vorstellung von Sinn, Zweck und Inhalt dieses Vorgangs. Aber auch ,Untersuchung' ist in seiner Bedeutung in Komposita wie Untersuchungsgefangene, Blutuntersuchung, Laboruntersuchung oder auch polizeiliche Untersuchung anders konnotiert als die Tätigkeit der koreanischen Gerichtsmitarbeiter. Besser ist ,Untersuchung der familiären Verhältnisse' (damit man nicht auf die Fährte der ärztlichen Untersuchung der Familienmitglieder geführt wird), noch besser ,Begutachtung der familiären Verhältnisse'.

> *Das **übertriebene** Verhalten der Frau, die Haushaltsführung und den Familienfrieden zu ignorieren, ist ein sonstiger wichtiger Grund, der die Fortführung der Ehe erschwert.* (Lee 1986, 98)

Das vom Gericht in seinem Originaltext verwendete *nanmaekhaengwi* 난맥행위 亂脈行爲 bedeutet nicht „übertrieben", sondern chaotisch, unordentlich, konfus, regelwidrig und dgl. Es ist ein archaisches Wort. Als Folge des Fehlers ergibt sich im deutschen Text ein nicht nur für Juristen unverständlicher Ausdruck: Was soll „übertriebenes Verhalten" bzw. (weiter oben im Bezugstext) „übertriebene Handlung" denn sein? Man kann sich nichts oder alles darunter vorstellen, jedenfalls keine Art von Verhalten, die in diesem Kontext von Belang sein könnte. Vom Sinn des koreanischen Begriffs her kann hier allenfalls ein in erheblichem Maße ,unvernünftiges' und ,ihre Kompetenzen überschreitendes' Verhalten gemeint sein. In der deutschen Rechtssprache gibt es die Möglichkeiten: ,den Rahmen einer vernünftigen und allgemein üblichen Haushaltsführung überschreitenden' oder ,nach allgemeiner Anschauung inakzeptablen' Verhaltensweise. Man denke an die Schlüsselgewalt der Ehefrau nach BGB, ähnlich der ,ordentliche' Kaufmann im HGB u.dgl.

Urteilstext im Original: 위와 같은 피청구인의 가계와 가정평화를 돌보지않는 난맥 행위는 민법 제 840 조 제 6 호에 말하는 혼인을 계속하기 어려운 중대한 사유에 해당한 다고 볼 것이다.

Andere Beispiele:

*er war für die Bewahrung der Tradition in der* ***Wohnung*** *verantwortlich,* (Lim 1972, 119)

Diese Übersetzung ergibt keinen Sinn. Vielleicht war gemeint: ‚für die Wahrung des häuslichen Friedens', eines gedeihlichen Zusammenlebens' ode auch ‚der Familientradition'.

*Nach der* ***Forschung*** *des Justizverwaltungsbüros haben die Gerichte der ersten Instanzen in ganz Korea nur 84 Fälle eines gerichtlichen Schmerzensgeldanspruchs zwischen 1. April und 31. Juli 1980 behandelt. Nach* ***Forschung*** *des Justizverwaltungsbüros ist die Höhe des Schmerzensgeldes [...]. Nach der* ***Forschung*** *des Justizverwaltungsbüros berücksichtigen die Richter der ersten Instanz beim Bemessen.* (Lee 1986, 136; 137;139)

‚Forschung' ist hier der falsche Begriff. Es handelte sich weder um einen Forschungsauftrag noch um eine wissenschaftliche Tätigkeit, sondern ausschließlich um statistische Erhebungen. Richtig wäre also ‚nach Erhebungen des ...'. Woraus hier zitiert wurde, zeigen die Fußnoten: Es ging um wissenschaftliche Forschungen, welche sich ihrerseits der Erhebungen des Justizverwaltungsbüros bedienten. Keineswegs handelte es sich um Forschung des Justizverwaltungsbüros (auf fehlerhaftes Zitieren soll hier nicht eingegangen werden).

*Sie [die Ehefrau] wurde erst akzeptiert, wenn sie [...] durch die Geburt eines Sohnes ihre Pflicht als* ***Haustochter*** *erfüllt hatte.* (Lee H.-K. 1990, 16)

Nach der Definition im Duden war eine ‚Haustochter' im 19. Jahrhundert eine junge Frau, die für eine bestimmte Zeit in einer fremden Familie lebte, um dort die Führung eines Haushalts zu erlernen, die aber nicht als einfache Hausangestellte, sondern wie ein Familienmitglied behandelt wurde (etwa au pair-Mädchen). Der alt-römische Rechtsbegriff *filia familias* bezeichnete das nach römischem Recht adoptierte Kind.[673] Offenbar hat Lee aber ‚Schwiegertochter' mit ‚Haustochter' verwechselt.

*Der Ursprungsort der Ahnen wurde als wichtiger und verbindender angesehen als die gleichen Familiennamen. Vgl.* ***Lee, T. C., Neue Bürgerrecht,*** *S. 259 f.* (Lee H.-K. 1990, 12, Fn.38)

Der Begriff ‚Bürgerrecht' hat eine völlig andere Bedeutung, um die es hier sicher nicht geht: Bürgerrechte sind die Rechte der Bürger einer Gemeinde nach dem Kommunalrecht (dort wird z. B. in einigen Bereichen ausdrücklich zwischen – einfachem – Einwohner und Bürger unterschieden) bzw. der Bürger eines Staates gegenüber seinem Staat (vgl. Grundrechte für deutsche Staatsangehörige im GG). Wer

673 Siehe Mayer-Maly 1999, 45–46.

die deutsche Rechtssprache mit diesen gravierend unterschiedlichen Bedeutungen der beiden Begriffe, die für den juristischen Laien gleichbedeutend scheinen mögen, nicht kennt, begeht solche Übersetzungsfehler. Diese führen für den Fachmann, der mit dieser Übersetzung arbeiten soll oder will, zu Fehlschlüssen oder zumindest anfänglicher Konfusion, bis er vielleicht bemerkt, dass der angenommene Inhalt nicht stimmen kann. Worum es tatsächlich geht, weiß er dann immer noch nicht. Im Literaturverzeichnis des zitierten Autors steht kein vollständiger Name, es finden sich nur Kürzel von Vornamen. Deshalb ist es schwierig, ihn zu identifizieren. Nach eigenen Recherchen dürfte es sich um 이태준 I T'aejun, I (Lee/Yi) Tae-jun handeln. Der Titel würde dann in korrekter deutscher Übersetzung ‚Neues Zivilrecht' bzw. ‚Neues Bürgerliches Recht' lauten.

> *In dem früheren koreanischen Groß-Familiensystem wurde die Ehe […] als ein* ***Sakrament*** *und etwas Absolutes angesehen.* (Tsche 1961, 9) Vgl.: *Von jeher spielten in Korea religiöse Elemente keine Rolle in der Ehe; das Eherecht ist rein weltlich.* (Tsche 1961, 10)

Das Wort Sakrament bezieht sich auf den kirchenlateinischen Begriff sacramentum (Heilszeichen, Heilsmittel, sichtbares Zeichen der verborgenen Heilswirklichkeit). Die lateinische Wurzel sacer bedeutet ‚heilig, unverletzlich'. Man kann allenfalls im übertragenen Sinn von ‚heilig' oder ‚sakrosankt' sprechen. ‚Sakrament' ist jedoch dem religiösen Kontext vorbehalten.[674] Es sollte also auf keinen Fall verwendet werden, wenn man unmittelbar anschließend betont, dass religiöse Elemente nie eine Rolle gespielt haben.

> *Um die umfangreiche richterliche* ***Kognition*** *einzuschränken und die Zerrüttungsfeststellung allein auf typischen Erscheinungen zu beruhen* (Lee H.-K. 1990, 232)

Kognition ist als Begriff in diesem Zusammenhang inhaltlich falsch und in der deutschen Rechtssprache auch unbekannt. Es gibt Auslegung, Beweiswürdigung, Beurteilungsspielraum u. dgl. Auch der restliche Satz ergibt nach deutscher Grammatik keinen Sinn.

> *Nach dem Verschuldensprinzip* ***kann*** *das Ehescheidungs****recht*** *ausgeschlossen* ***werden,*** *wenn der die Scheidungs Begehrende während der Ehe die Zerrüttung der Ehe herbeigeführt hat.* (Lee H.-K. 1990, 161)

Nach dem realen koreanischen Recht kann nur gemeint sein, dass derjenige, welcher den Scheidungsgrund herbeigeführt hat, die Scheidung nicht verlangen (also beantragen) kann. Dies war auch im früheren deutschen Recht so, als noch das Verschuldensprinzip galt.

Das sino-koreanische Zeichen *kwŏn* 권 權 wird in Wörterbucheintragungen meist in der Kombination 권리 權利 an erster Stelle mit ‚Recht' auf Deutsch wiedergegeben. Dies ist kein Problem, wenn es z. B. um Menschenrechte geht, hier ist die wortwörtli-

674 Zur Ehe als geheiligter Institution in der europäischen Rechtsgeschichte siehe Schwab 1993, 8–11.

che Übersetzung richtig 인권 人權. Aber das deutsche Wort Recht und das koreanische *kwŏn* 권 權 sind nicht deckungsgleich. So ist z.B. öffentliches **Recht** ***kongbŏp*** 공법 共法). Im Einzelnen vgl. hierzu die Ausführungen unter 5.2.2.1 (Wortbildung).

Wesentlich gravierender ist der Grammatikfehler, der zu einer völligen Sinnentstellung führt. Ein Recht oder Anspruch oder Verlangen kann durch Gesetz o. dgl. ausgeschlossen sein oder durch Vereinbarung (z.B. im Ehevertrag) ausgeschlossen werden. Der Autor hat „kann ausgeschlossen werden" benutzt, sodass nach der deutschen Grammatik nur die Deutung möglich ist, dass ein (‚vertraglicher') Ausschluss durch Vereinbarung gemeint ist, zumal in Korea die Ehe ja regelmäßig nicht kirchlich und ohnehin nicht standesamtlich (Letzteres dient nur der Registrierung), sondern privat, also durch einen Akt gegenseitiger Übereinkunft geschlossen wird. Daran schlösse sich die Diskussion an, ob eine solche Vereinbarung – wie in Deutschland – als rechtswidrig und ungültig anzusehen ist, z.B. die Vereinbarung einer sog. ‚offenen Ehe', bei der der Partner, der ‚fremdgeht', nicht mit dieser Begründung die Scheidung verlangen kann, bzw. der andere Partner diese Vereinbarung erfolgreich als Einwand vorbringen kann. Der gesetzliche Hintergrund in Korea ist aber ein anderer und der Autor wollte sich vermutlich auf diesen beziehen. Demnach ist nach der gesetzlichen Regelung der Anspruch auf Scheidung für den ‚Ehebrecher' (also denjenigen, der den Grund für das Scheidungsbegehren im Rahmen des Verschuldensprinzips geliefert hat) grundsätzlich ausgeschlossen. Ausnahmen werden in Rechtsprechung und Literatur diskutiert. Es hätte also heißen müssen: ‚Ist der Anspruch auf Scheidung ausgeschlossen, wenn ...' oder noch besser ‚kann die Scheidung nicht begehren, wer ...'.

Mit der Unterscheidung der Begriffe Recht und Anspruch tut sich der Autor generell schwer, u.a. auch an folgender Stelle:

> *Nach der Ehescheidung gibt es kein* ***Unterhaltsrecht*** *und keinen Zugewinnausgleich.* (Lee H.-K. 1990, 163)

Auch hier wird ein falscher Inhalt vermittelt. Es gibt im koreanischen Recht Regelungen zum Unterhalt, die sich auch im Fall der Scheidung auswirken, insb. bezüglich der Kinder, d.h. es gibt sehr wohl ein ‚Unterhaltsrecht'. Was Lee wohl wirklich meinte, ist, dass es nach koreanischem Recht nach einer Scheidung keinen Unterhalts**anspruch** der geschiedenen Ehepartner gibt. Das ist etwas Anderes.

> *die verneinende Theorie (negative Theorie), die bejahende Theorie (positive Theorie), die* ***mittlere*** *Theorie* (Lee 1986, 103–104)

Im Original lauten die Bezeichnungen: *kŭngjŏngsŏl* 긍정설 肯定說, ***pujŏngsŏl*** 부정설 不定說, *chehanjŏk kŭngjŏngsŏl* 제한적 긍정설 制限的 肯定說. In der deutschen Rechtssprache wird von ‚vermittelnder' Theorie gesprochen, niemals von einer ‚mittleren' Theorie. Ersteres verdeutlicht den Theorieansatz, das andere ergibt keinen Sinn. Entweder verwendet man also den deutschen Fachterminus ‚vermittelnd' oder die wörtliche Übersetzung, die sogar präziser ihren Inhalt wiedergibt: ‚einschränkend bejahende Theorie'.

### *5.2.2.3.2 Feste Redewendungen*

Wörter stehen nicht isoliert. Sie bilden einen Kontext. Aus übersetzungstheoretischer Sicht sind deshalb ebenso wie aus Gründen der Verständlichkeit für den Adressaten sog. **phraseologische Einheiten** (u. a. Verb-Substantiv-Verbindungen) terminologisch ebenso relevant wie Substantive, aber auch Adjektive. Leider werden Phrasen in den meisten Wörterbüchern nicht oder nur sporadisch behandelt, in koreanischen juristischen Fachwörterbüchern sind nahezu ausschließlich Substantive erfasst.[675]

Bei der Benutzung von Phrasen muss festgestellt werden, ob terminologisch oder durch Gebrauchsnorm festgelegte phraseologische Einheiten in der deutschen Rechtssprache bestehen. Wenn nicht, ist zu ermitteln, mit welchem Verb sich mit dem Begriff aus dem Ausgangstext im Deutschen nach den Regeln für deren Bildung eine solche Einheit formen lässt. Wenn dies nicht möglich ist oder die Möglichkeit von Fehldeutungen in der deutschen Rechtssprache entstehen könnte, sind andere Lösungen zu wählen.

Es gibt auch feste Redewendungen und begriffliche Verbindungen, die nicht variiert werden dürfen. Catford spricht hier von einer *„co-textual“* Bedingung, die innerhalb einer Sprache Äquivalenzbeziehungen bestimmt oder einschränkt.[676] D. h. ein benachbartes sprachliches Element kann bestimmte Verbindungen verlangen bzw. ablehnen.

> *so entscheidet das Familiengericht auf Verlangen der Parteien über* ***Anteil und Weise der Teilung*** *mit Rücksicht auf den durch Mitarbeit erworbenen Vermögens****zuwachs*** *und auf sonstige Umstände.* (Lee 1986, 151;152)

‚Weise‘ in der hier vorliegenden Bedeutung (also nicht als Musikstück oder in der Bedeutung eines klugen Menschen, sondern in der von ‚Art‘) darf nicht ohne Zusatz (durch adjektivische Präzisierung wie ‚in eindeutiger Weise‘ oder in einer Phrase wie ‚Art und Weise‘) verwendet werden. ‚Anteil‘ kann dafür nicht verwendet werden, da dieses Substantiv sich selbst unmittelbar auf Teilung bezieht, was aber in der gewählten Form ‚Anteil … der Teilung‘ wiederum grammatikalisch unzulässig ist. Es muss daher nach deutscher Grammatik und ihr folgend auch der deutschen Rechtssprache richtig formuliert werden: ‚…über **die Höhe der Anteile und die Art (und Weise) der Teilung** mit Rücksicht auf den durch Mitarbeit erworbenen Vermögens**zuwachs**…‘

> *ohne* ***rechten*** *Grund* (Lee 1986, 68; 69)

---

675 In diesem Zusammenhang kritisiert de Groot (1999, 212–214) zu Recht, dass die zweisprachigen juristischen Wörterbücher „Wortlisten“ seien und „im Wörterbuch auf die Kontexte der zu übersetzenden Begriffe und Kontexte der Übersetzungsvorschläge“ hingewiesen werden sollte.

676 Catford 1965, 31: „By context we mean ‘context of situation’, i.e. those elements of the extratextual situation which are relates to the text as being linguistically relevant: hence contextual. By co-text we mean itema in the text which accompany the item unter discussion: hence co-textual.”

'Recht' wird hier falsch verwendet. Das koreanische Originalwort bedeutet eigentlich 'richtig treffend', also auf deutsch 'zutreffend', 'passend', 'treffend' oder – wie in allen deutschen Rechtsvorschriften – 'triftig'. Der richtige juristische Terminus lautet 'ohne **triftigen** Grund'.

> *In der **heutigen** Zeit gab es einen **Aufschwung** in der Entwicklung der Gleichberechtigung von Mann und Frau im Familienrecht.* (Cho 2001, 7)

Gemeint ist offenbar 'in jüngster Zeit'. Außerdem sagt man in solchem Zusammenhang nicht 'Aufschwung', allenfalls 'Beschleunigung' oder 'nahm ... deutlich zu' o. ä.

> ***Systematische** Täuschung über vorehelichen **Mehrverkehr** mit Dritten und über Schwängerung durch einen Dritten.* (Lee H.-K. 1990, 147)

Mehrverkehr gibt es lt. Duden nicht. Der deutsche juristische Fachbegriff wäre 'häufig wechselnder Geschlechtsverkehr vor der Ehe'. Und 'systematisch' wird in derartigen Zusammenhängen nicht gebraucht. Im Juristendeutsch gibt es dafür z. B. 'arglistig' oder 'böswillig' und – hier am ehesten – 'bewusstes Verschweigen von...'.

> *Ist der Rücktritt von einem **Verlöbnisvertrag** erfolgt, [...]. Schaden bedeutet hier sowohl Vermögenseinbuße als auch **ideeller (moralischer)** Schmerz.* (Lim 1972, 20)

Zunächst wird wieder eine Tautologie verwendet: Ein Verlöbnis ist bereits qua definitionem ein Vertrag. Weiterhin kann Schaden nicht auf derselben Ebene mit Schmerz verwendet werden. Und schließlich gibt es keinen ideellen oder moralischen Schmerz. Es gibt dagegen im deutschen juristischen Sprachgebrauch den ideellen Schaden und den seelischen Schmerz und dafür ein Schmerzensgeld, auf den der Schadensersatzanspruch zielt.

> *Der Koreanische Oberste Gerichtshof hat **zugestimmt**, daß das Schmerzensgeld wegen der Scheidung eindeutig ein Schadensersatz für eine unerlaubte Handlung in den meisten Fällen darstelle.* (Cho 2001. 133)

Insgesamt ist der Satz unverständlich, unabhängig davon ist das Verb 'zustimmen' falsch verwendet worden. Ein Gericht kann bei der Rechtsanwendung nicht zustimmen, höchstens dahingehend auslegen oder entscheiden.

> *ob dem böswilligen Ehegatten, der selbst die Scheidung **veranlaßt** oder überwiegend **veranlaßt** hat* (Lee H.-K. 1990, 161)

Auch hier wird durch falsche Begriffsverwendung der Sinn verändert: Etwas veranlassen bedeutet im deutschen Rechtssprachgebrauch eine Handlung oder Erklärung zur Beeinflussung von Verfahren, Abläufen usw. Das Zitat würde bedeuten, der Ehegatte habe das Scheidungsverfahren in Gang gesetzt, also die Scheidung beantragt. Es ist nach dem Kontext bei Kenntnis des koreanischen Rechts aber zu vermuten, dass der Autor etwas ganz Anderes gemeint hat, nämlich den Ehegatten, der den Scheidungsgrund geliefert hat. Allenfalls wäre die Formulierung 'die Scheidung verschuldet' denkbar, keinesfalls 'veranlasst'

*Das Rechtsempfinden,* ***das dem koreanischen Scheidungsrecht Ausdruck verleiht****,* *sieht in der Zerrüttung des ehelichen Verhältnisses den einzig zulässigen Scheidungsgrund.* (YANG 1971, 122)

Korrekt wäre: „Das Rechtsempfinden, dem das koreanische Scheidungsrecht Ausdruck verleiht. [...]" Durch diese Übersetzung wird der Sinn des Satzes ins Gegenteil verkehrt

*Die Rechtsprechung, die direkt Impotenz als sonstigen wichtigen Grund (den Zerrüttungsgrund) anerkennt,* ***ist noch nicht gefunden****.* (LEE 1986, 89)

Auch dies ist falsches Deutsch. Man kann nicht einmal vermuten, was LEE damit ausdrücken will: Hat sie keine gefunden oder gibt es hierzu noch keine Entscheidungen oder was?

### *5.2.2.3.3 Fachsprachliche Phraseologie*

Auch und erst recht ein juristischer Begriff muss immer im konkreten Zusammenhang mit seiner sprachlichen Umgebung betrachtet werden. Bei bestimmten Fachbegriffen gibt es keine freie Wahl von Verb, Präpositionen etc. Sie sind aufgrund ihrer fachlichen Determinierung nur für bestimmte syntaktische Verbindungen offen.[677]

*Die koreanische* ***Verfassung*** *wurde am 17. Juli 1948* ***erlassen*** (TSCHE 1961, 5) *Am 17. Juli 1948 wurde eine neue Verfassung in Korea* ***erlassen****.* (YANG 1971, 13)

In der deutschen Rechtssprache wird ‚erlassen' nicht für Verfassungen benutzt, da diese ja in der Demokratie nicht von einer herrschenden Macht dem Volke und den Staatsorganen vorgegeben, also ‚erlassen' werden. Sie sind vielmehr Ausdruck des Selbstverständnisses des Staatsvolkes und werden von diesem ‚beschlossen' und dann ‚verkündet'. ‚Erlasse' waren die rechtsverbindlichen Vorgaben des herrschenden Staatsoberhauptes in monarchistischen und diktatorischen Staatsformen; heute wird der Begriff ‚erlassen' im engeren Sinne nur noch für Verordnungen, also Rechtssetzungen durch die Exekutive, verwendet. Ein ‚Erlass' ist sogar explizit ein Akt der Exekutive unterhalt der Rechtsnormebene (also auch kein ‚Gesetz im materiellen Sinne', sondern allenfalls ein Verwaltungsakt mit Einzelfallwirkung oder – meistens – ein verwaltungsmäßiges ‚Internum' von einer übergeordneten an eine nachgeordnete Dienststelle). Mitunter findet man ‚erlassen' noch für das Verabschieden formeller Gesetze, also Rechtssetzungsakte durch das Parlament; allerdings ist der korrekte Sprachgebrauch ‚beschließen', ‚verabschieden' und ‚verkünden' bzw. ‚in Kraft treten'. Ähnlich bei LIM:

*Aufgrund einer von der amerikanischen Militärregierung* ***erlassenen*** *Proklamation wurde Südkorea ihrer Verwaltungszuständigkeit zugewiesen.* (LIM 1972, 11)

677 Aus der Sicht der Terminologielehre siehe ARNTZ/PICHT/MAYER 2002, 33–35.

Proklamationen kann man nicht auch noch erlassen (Tautologie), denn *proclamare* bedeutet bereits ‚verkünden', ‚bekannt geben', ‚erlassen'. Richtig wäre: Auf Grund einer Proklamation der amerikanischen Militärregierung. Gleiches gilt für ‚Sammlungen' wie bei YANG:

> *Unter den Regierungen der Ly-Dynastie werden zahlreiche Gesetzessammlungen* ***erlassen****, die jedoch nicht systematisch geordnet waren wie die Pandekten, sondern sich nach dem traditionenllen System „Yük-Tzun-Sik"(六典式) gliederten.* (YANG 1971, 4)

Wie schon der Name sagt, werden hier bereits ‚erlassene' bzw. beschlossene und verkündete Gesetze gesammelt. Eine Sammlung schließt also bereits in sich aus, dass sie erlassen wird.

> *Das Gericht gibt das Urteil* ***bekannt****, wenn die Verhandlung der Klage abgeschlossen ist.* (Infoblätter, 7)

Urteile werden vom Gericht in genau vorgeschriebener Form beschlossen und verkündet.

> *bis es durch Annexion nach* ***Abdankung der Lee-Dynastie*** *1910 seine Souveränität vollständig verlor.* (LEE H.-K. 1990, 27)

Eine Dynastie kann nicht abdanken, nur der amtierende Amtsinhaber (Ein König verzichtet auf den Thron). Tatsächlich erfolgte 1910 in Korea auch keine solche Abdankung, sondern aus dem Protektorat wurde eine Provinz und damit ein Teil des japanischen Kaiserreichs, womit der Königsthron gegenstandslos wurde. Der König wurde also entthront, war jedoch weiterhin Mitglied des (japanischen) Adels und durch Heirat auch der kaiserlichen Familie.

> *wäre allerdings die* ***Ausübung*** *des Scheidungsantrags als Rechtsmißbrauch nicht zulässig.* (LEE 1986, 104)

> *Es ist ständige Rechtsprechung des OGH, den Scheidungsantrag des schuldigen Ehegatten nicht zu* ***erlauben****.* (LEE 1986, 107)

Einen Antrag kann man stellen (einbringen, ablehnen usw.), jedoch nicht ausüben. Man kann ein Recht ausüben, z.B. durch Stellung eines entsprechenden Antrags. Auch ist nicht die Stellung des Antrags rechtsmissbräuchlich (sie ist nur die äußere Form), sondern die (Ausübung bzw.) Geltendmachung des materiellen Rechts als solchem, hier eines Scheidungsanspruchs. Einen Antrag kann man auch nicht erlauben, man kann ihn annehmen, ihm dann entsprechen oder ihn als unzulässig oder unbegründet ablehnen (oder ‚verwerfen'), man kann ihm stattgeben. Gemeint ist: ‚dem Scheidungsantrag ... nicht stattzugeben'.

> *Beide Ansprüche sind unabhängig voneinander, deswegen können sie gleichzeitig verlangt oder nur ein Anspruch* ***verlangt*** *werden.* (CHO 2001. 159)

Ansprüche macht man geltend. Anspruch beinhaltet bereits ein Verlangen.

*Bei 9 von diesen 10 Fällen entschieden die Gerichte, daß der Antragsteller das Scheitern der Ehe selbst verschuldet hat und deshalb kein Recht auf Schmerzensgeldzahlung hat. Bei einem dieser zehn Fälle* ***lehnte*** *das Gericht die Schmerzensgeld****zahlung ab*** (Cho 2001, 155)

Satz 2 ist grammatikalisch und inhaltlich falsch. Wer zahlt hier was wem? Nach der zitierten Formulierung wäre ein Anspruch gegen das Gericht geltend gemacht und von diesem abgelehnt worden. Darum kann es aber sicher nicht gegangen sein. Das Gericht kann nicht Schuldner gewesen sein. Richtig wäre ‚erkannte die Forderung bzw. den Anspruch nicht an' oder noch besser ‚gab dem geltend gemachten Anspruch nicht statt'.

*Das FG Seoul hat die Ehe wegen schwerer Mißhandlung geschieden und Mißhandlung als eine von ihnen gemeinschaftlich begangene unerlaubte Handlung beurteilt und ihnen als Gesamtschuldnern* ***geboten****, der Frau 700, 000 Won [...] als Schmerzensgeld zu* ***bezahlen****.* (Lee 1986, 132)

Sowohl ‚geboten' wie auch ‚bezahlen' sind fachsprachlich falsch, letzteres auch gemeinsprachlich (‚FG' natürlich auch[678]). Man bezahlt eine Rechnung, eine Dienstleistung und den, der sie erbringt. Einen Betrag dagegen zahlt man. Es muss richtig heißen ‚Das FamG Seoul hat ... sie zur Zahlung ... verurteilt' oder ‚sie dazu verurteilt ... zu zahlen'.

*Dann legten sie einen Entwurf vor, dem das Parlament am 17. 12. 1957* ***zugestimmt*** *hat.* (Lim 1972, 13)

Besagter Entwurf wurde im Oktober 1954 von der Regierung vorgelegt. Nach längeren Beratungen erarbeitete der Rechtsausschuss der Nationalversammlung einen Änderungsentwurf. Beide Entwürfe wurden nach weiteren Beratungen vom Plenum vereinheitlicht und am 17. Dezember 1957 verabschiedet. Im demokratischen Rechtsstaat ist das Parlament das zentrale Organ, Vertreter des Souveräns ‚Staatsvolk' und Gesetzgeber, während die Regierung zur Exekutive gerechnet wird. Es ist deshalb unangemessen, von einer ‚Zustimmung' des souveränen Gesetzgebers zu einem Regierungsentwurf (der rechtssystematisch gesehen nur ein Vorschlag ist) zu sprechen. Das Parlament erlässt die Gesetze (auf wessen Vorschlag auch immer) bzw. ‚verabschiedet' im deutschen Rechtssprachgebrauch in der letzten Lesung das Gesetz, das nach Verkündung in Kraft tritt.

*Der „Zo-Sa-Kwan" wird* ***durch die „Beamtenprüfung*** *für den Justizdienst"* ***gewählt****.* (Yang 1971, 142)

Durch eine Prüfung wird man nicht gewählt, vielmehr erwirbt man durch diese eine Qualifikation, sie ist ein Befähigungsnachweis usw. Übersetzungsvorschlag: ‚Ein *Zo-Sa-Kwan* (vgl. 4.6.2) muss die Prüfung für den Justizdienst abgelegt haben'.

678 Vgl. 2.1.2.2.4 sowie Fn. 684.

### *5.2.2.4 Schrift und Übersetzung*

Das koreanische Alphabet (*Han'gŭl*) ist eine Buchstabenschrift und besteht heutzutage aus 24 Buchstaben, davon 14 Konsonanten- und zehn Vokalzeichen. Die einzelnen Buchstaben werden jeweils silbenweise zusammengefasst. Es handelt sich aber weder um eine logografische Schrift wie bei den chinesischen Zeichen noch um eine Silbenschrift wie der japanischen.[679] Das koreanische Alphabet wurde im 15. Jahrhundert in Zusammenarbeit mit den Wissenschaftlern der königlichen Akademie von König Sejong[680] geschaffen. Bei der Veröffentlichung des *Han'gŭl*[681] erklärte er dazu:

> Die koreanische Sprache hat mit der chinesischen keine Gemeinsamkeit, so daß es für das einfache Volk unmöglich ist, sich mit der chinesischen Schrift auszudrücken.[682]

Im dem Buch „Writing Systems" nennt Sampson die koreanische Schrift „a wholly original and quite remarkable phonographic script", weiter „perhaps the most scientific system of writing in general use in any country" und "the world's best alphabet".[683]

Schon im 3. Jahrhundert hatte Korea die chinesische Zeichenschrift übernommen, die Aussprache aber den koreanischen Lauten angepasst. Da die koreanische Sprache zu den agglutinierenden und die chinesische Sprache zu den isolierenden Sprachen gehört, sind beide von der morpho-syntaktischen Struktur her ganz unterschiedlich. Im Koreanischen gibt es unzählige Lehnwörter aus dem klassischen Chinesischen, die heute als sinokoreanisch bezeichnet werden, es gibt im Wortschatz oft für ein und denselben Begriff zwei Ausdrücke. Die chinesischen Schriftzeichen (*Hancha*) sind trotz der Möglichkeit der Verschriftung mit dem koreanischen Alphabet zum Schreiben von Begriffswörtern insbesondere in geisteswissenschaftlichen und juristischen Texten weitgehend beibehalten worden.

Bei der Übersetzung ins Deutsche tritt in diesem Zusammenhang ein Problem auf, das meistens verkannt wird und in der Art der Verschriftung begründet liegt: Zwar ist das Koreanische eine Buchstabenschrift. Jedoch werden die Buchstaben zweidimensional silbenweise im Rechteck angeordnet. Huwe hat dafür den Ausdruck syllabografisches Cluster geprägt.[684] Deshalb können auch Abkürzungen nur

679 Genaueres siehe Huwe 2010, 86–106.

680 Sejong (1397–1450, reg. 1418–1450) der Große war der vierte König des Chosŏn-Reichs in Korea.

681 Ursprünglich wurde diese Schrift ‚*Hun Min Chŏng Ŭm*' genannt, was „Belehrung des Volkes in den richtigen Lauten" bedeutet. Zum System des *Hun injŏngŭm* siehe Lee K.-m. 1977, 129–140.

682 Zachert, 1980, 10.

683 Sampson 1985, 120.

684 Siehe u. a. Huwe 2014, 9. Zur Struktur der koreanischen Schrift, insb. der Silbenschreibung und zu dem Begriff „syllabografisches Cluster" siehe des weiteren Huwe 2010, 107–129.

silbenweise erfolgen, während die deutschen bzw. lateinischen Buchstaben linear nach einander geschrieben werden, sodass Initialabkürzungen möglich sind. Entsprechend dem Sinn dieser Kürzungsform wird dies auch in aller Regel praktiziert, also ADAC, BGB, SGB, BGH usw. Das ist im Koreanischen nicht möglich. Werden in der deutschen Übersetzung dennoch solche Abkürzungen vorgenommen, so kann man diese im Koreanischen nicht rückverfolgen, was vor allem bei Zitaten und in wissenschaftlichen Werken sehr ärgerlich ist. Folgende Beispiele können dies verdeutlichen:

> *Han, **T. Y.** (Koreanisches) Verfassungsrecht, Seoul 1970.* (Yang 1971, 157 Literaturverzeichnis)

Diese Quelle ist wirklich nicht identifizierbar. Koreaner sprechen auch keine Einzelbuchstaben aus, nicht einmal im Alphabet. Mit den Initialen kann man den Autor also nicht finden. Bei den Namen kommt erschwerend hinzu, dass die meisten Familiennamen noch häufiger vorkommen als der deutsche „Müller" (es gibt nur wenige Familiennamen in Korea, „KIM" z.B. heißen mehr als ein Viertel aller Koreaner).

> ***Kim, C. H.** Bürgerliches Gesetzbuch von Korea in rechtsgeschichtlicher und rechtsvergleichender Sicht, **SLJ** 1968, Vol.X, Nr. 2, Seoul 1968.* (Yang 1971, S. 159, Literaturverzeichnis)

Auch die Abkürzung der Zeitschriften ist problematisch. Dieser Artikel ist auf Koreanisch verfasst. Der Titel lautet: 김증한 한국민법의 법제사적 및 비교법적 연구, 27–47 면. Der Autor dieses Aufsatzes heißt in individueller Umschrift Kim, Chung Han. Dieser war nur zu finden, indem der gesamte Jahrgang durchsucht wurde. Dabei stieß man auf eine Zusammenfassung auf Deutsch. So lässt sich mit Zitaten in Koreanisch keinesfalls arbeiten.

Auch hier gilt: Die Besonderheiten der anderen Sprache müssen beachtet werden, insb. wenn zusätzlich die Schriftsysteme sich unterscheiden.

### 5.2.3 Fehler auf der textlinguistischen Ebene

Obwohl man oft von der juristischen Fachsprache spricht, ist sie keine einheitliche Sprache. Die Rechtsprache(n) zeigt (zeigen) je nach Textsorte verschiedene Facetten. Im Folgenden werden Fehler analysiert anhand von Beispielen, die bei der Übersetzung der Textsorte Gesetzestexte vom Koreanischen ins Deutsche so oder ähnlich häufig zu finden sind.

#### *5.2.3.1 Übersetzung von Gesetzestexten: Textnorm*

Nach den im Grundsatz übereinstimmenden Richtlinien der zuständigen Bundes- und Landesjustizministerien bzw. Regierungen sollen die Gesetze in Deutschland möglichst verständlich und dennoch genau und eindeutig sein (wozu es teilweise ins Detail gehende Bestimmungen und Hinweise gibt). Seitens der EU gibt es entsprechende Richtlinien, dort auch im Hinblick auf die stets erforderlichen Übersetzungen.[685] Zu den wichtigsten Grundsätzen gehört dabei: Der Text soll vor allem auf EU-Ebene einfach, klar und deutlich sein, da jede übermäßige Komplexität und selbst eine leichte Mehrdeutigkeit bei der Übersetzung zu Ungenauigkeiten, Abweichungen oder sogar Fehlern führen kann (Gemeinsamer Leitfaden 5.2). Hier wird immerhin innerhalb der EU in erfreulicher Weise versucht, die Probleme beim Übersetzen von vornherein zu vermeiden. Gleichzeitig wird aber sehr anschaulich gemacht, mit welchen Problemen die Übersetzer in anderen Bereichen zu kämpfen haben. Dennoch müssen sie versuchen, im Ergebnis die damit erstrebten Ziele zu erreichen. Dazu ist es u. a. erforderlich, dass die Anzahl der Einzelsätze in AT und ZT nach Möglichkeit gleich bleibt, um die Kommunikation nicht unnötig zu erschweren bzw. beim Zitieren des Gesetzestextes die Vergleichbarkeit zu erhalten.[686]

#### *5.2.3.1.1 Zitieren von Gesetzestexten, Verweistechnik*

> *Art. 808*
> *I. Zur Eheschließung bedarf der Mann bis zum siebenundzwanzigsten Lebensjahr, die Frau bis zum dreiundzwanzigsten Lebensjahr der Einwilligung der Eltern.* ***Wenn*** *ein Elternteil nicht in der Lage ist, sein Einwilligungsrecht auszuüben, muß die Einwilligung des anderen Teils vorliegen.*
> *Art. 808*
> *II. Sind bei der Eheschließung eines* ***Unmündigen*** *die beiden Elternteile nicht in der Lage, ihr Einwilligungsrecht auszuüben, so genügt die Einwilligung des Vormundes.*
> *III. Ein Entmündigter kann mit Einwilligung der Eltern oder des Vormundes die Ehe eingehen.*
> *IV. Wenn in den Fällen der beiden vorangehenden Absätze die Eltern oder der Vormund* ***nicht mehr leben*** *oder nicht in der Lage sind, ihr Einwilligung zu geben, so kann mit Einwilligung des Familienrates die Ehe eingegangen werden.* (Tsche 1961, 125–126)

Der koreanische Originaltext lautet:

> 제808조 (동의를 요하는 혼인) ① 남자 27세, 녀자 23세 미만인 자가 혼인할 때에는 부모의 동의를 얻어야 하며 부모중 일방이 동의권을 행사할 수 없는 때에는 다른 일방의 동의를 얻어야 한다.
> ② **미성년자**로서 혼인할 경우에 부모가 모두 동의권을 행사할 수 없는 때에는 후견인의 동의를 얻어야 한다.
> ③ 금치산자는 부모 또는 후견인의 동의를 얻어 혼인할 수 있다.
> ④ 전2항의 경우에 부모 또는 후견인이 **없거나** 또는 동의할 수 없는 때에는 친족회의 동의를 얻어 혼인할 수 있다.

Absatz 1 besteht im koreanischen Original aus einem Satz, in der Übersetzung wurden daraus zwei Sätze. Verweise auf Satz 2 des (deutschen) Textes weisen deshalb

685 Siehe z. B. HdR 2008 insb. 87–101 (Rn. 265–319), oder auch Gemeinsamer Leitfaden des Europäischen Parlaments, des Rates und der Kommission (eur-lex.europa.eu/de/techleg/1.htm, zuletzt abgerufen am 21.07.2013).

686 Vgl. dazu auch 4.4 Struktur der Rechtssätze und Verweistechnik.

keine bzw. sogar eine falsche Korrelation mit dem Originaltext und in koreanischen Texten auf. Beim Absatz 2 ist im Original von Minderjährigen die Rede, in der Übersetzung „Unmündige“, was auch Entmündigte umfassen würde, für die aber Abs. 3 Regelungen enthält. Beim Absatz 4 steht im Original „nicht vorhanden“, in der Übersetzung „nicht mehr leben“, was ebenfalls etwas anderes ist. Im Übrigen wurde die Klammer mit der Inhaltsangabe am Anfang weggelassen.

> *Im Landessteuergesetz von Korea ist in § 104* ***Satz 8*** *die Definition des Erwerbs gegeben* (Cho 2001. 83)

Unter Berücksichtigung des Jahrs der Promotion muss es sich bei diesem (korrekt übersetzt:) ‚Gesetz über die Provinzialsteuern‘ um die Fassung auf Grund der Änderung vom 29. Dezember 2000, Gesetzesnummer 6312, gültig ab 1. Januar 2001, handeln. Ein Art. 104 Satz 8 wie genannt existiert darin nicht, zitiert wurde in Wahrheit Nr. 8. In koreanischen Gesetzestexten wird so gegliedert: Absätze (*hang*) werden bezeichnet mit ① ② ③..., Nummern mit 1., 2., 3. ... Dabei wird teilweise auch noch ausdrücklich **호** (= Nummer) vor den Ziffern genannt.

Im Original kann man dies deshalb eindeutig erkennen:

> 제104조 (정의) 취득세에서 사용하는 용어의 의의는 다음 각호와 같다 (wie in folgenden **Nummern**).
> 1. 부동산: 토지 및 건축물을 말한다.
> 2. 차량·원동기를 장치한 모든 차량과 피견인차 및 궤도나 삭도에 의하여 승객 드는 화물을 반송하는 모든 기구를 말한다. [...]
> **8.** 취득**:** 매매**,** 교환**,** 상속**,** 증여**,** 기부**,** 법인에 대한 현물출자**,** 건축**,** 공유수면의 매립**,** 간척에 의한 토지의 조성등과 기타 이와 유사한 취득으로서 원시취득**,** 승계취득 또는 유상무상을 불문한 일체의 취득을 말한다**.**

Demnach ist die richtige Übersetzung: ‚Art. 108 **Nr.** 8‘.

> *Die geschiedene Frau kann sich jedoch nicht vor Ablauf von sechs Monaten seit Auflösung ihrer früheren Ehe wieder verheiraten (§ 811* ***Hauptsatz*** *KBGB), außer wenn sie inzwischen ein Kind geboren hat (§ 811* ***Nebensatz*** *KBGB).* (Lee 1986, 120–121)

Der Originaltext lautet:

> 제 811 조 (재혼금지기간) 녀자는 혼인관계의 종료한 날로부터 6 월을 경과하지 아니하면 혼인하지 못한다. 그러나 혼인관계의 종료후 해산한 때에는 그러하지 아니하다.

Hier liegen sowohl ein Fehler bezüglich der juristischen Zitierweise als auch in der grammatikalischen Bezeichnung vor: Im koreanischen Original handelt es sich um zwei Sätze. Man kann zwei Hauptsätze nicht als ‚Haupt‘- bzw. ‚Neben‘-Satz zitieren, nur um diese bei der Übersetzung zusammenzufassen. Denn so findet man sie im Original und bei Recherchen bzw. anderen Verweisen nicht.

Deshalb müssen in einer Übersetzung bei Zitierung nach wie vor die ursprünglichen Sätze korrekt benannt werden Richtig zitiert muss es also ‚Satz 1‘ und ‚Satz 2‘ heißen. Man sieht wieder, dass, wie schon weiter oben ausgeführt, eine Veränderung der Struktur (Zusammenfassung oder Zergliederung von Sätzen) von Gesetzes- und ähnlichen Texten nur zu Problemen führt und deshalb unterbleiben sollte. Außerdem wird in der deutschen Rechtssprache in solchen Fällen dann nicht mit ‚Haupt'- und ‚Nebensatz' zitiert, sondern ‚1. Halbsatz (Hs.)' und ‚2.Hs.'. Eine Anpassung an die zielsprachlichen Normen und Konventionen erhöht die Verständlichkeit und Verwendbarkeit des übersetzten Textes. Zu diesem gesamten Komplex vgl. 4.4.

Gleich mehrfach relevante Zitierfehler finden sich hier:

> *Der neue § 11 Abs. 2 der Verordnung von 1912 in der Fassung vom 1. 7. 1923 bestimmt: „Die Scheidung durch Vereinbarung wird erst durch die Anmeldung beim Oberbürgermeister, Bürgermeister oder Gemeindevorsitzenden wirksam"* (Lee 1986, 14)

Formal wird wörtlich zitiert. Das Zitat ist aber falsch wiedergegeben. Zum einen wird nur Satz 1 wiedergegeben, ohne dass dies kenntlich gemacht ist, zum anderen ist die Übersetzung unvollständig, ohne dies durch Auslassungszeichen zu kennzeichnen. Schließlich ist der Inhalt sehr frei wiedergegeben. Ohne Anführungszeichen hätte man den Passus als freie Wiedergabe in eigenen Worten hinnehmen können. Bei Kennzeichnung als Zitat muss jedoch der Inhalt vollständig und korrekt übersetzt wiedergegeben werden, was gerade bei rechtsvergleichenden Ansätzen von großer Wichtigkeit ist, um damit arbeiten zu können.

Der Originaltext von Art. 11 Abs. 2 Satz 1 lautet:

> 분가·절가재흥·혼인·협의이혼·결연 및 협의이연은 부윤 또는 면장에게 신고함으로써 그 효력을 발생한다.

In korrekter Übersetzung heißt dies:

Eine Familienneugründung, Wiederbelebung einer erloschenen Familienlinie, Eheschließung und Ehescheidung durch Vereinbarung werden durch die Anmeldung beim Vorsitzenden der Stadt oder Gemeinde wirksam.

> *In Korea wurden im Jahre 1961/62 rund 46 % der Ehescheidungen auf Grund des **§ 840–5** KBGB ausgesprochen.* (Yang 1971, 77)

Im Weiteren wird noch zitiert ***§ 840–1*** sowie ***§ 840–6***, ebenso auf Seite 121. Dies ist keine korrekte Zitierweise. Richtig wäre hier: § bzw. Art. 840 Nr. 5 etc. Würde es sich um einen Absatz handeln, wäre die deutsche Zitierweise z.B.: § 242 Abs. 2 bzw. 360 Abs. 1 Nr. 4, auch noch gebräuchlich für Absätze sind die Zitierweisen § 242 (2), § 360 I 4.

> *Das moderne koreanische BGB hat das auf die deutsche Pandektistik des 19. Jahrhunderts zurückgehende Fünfbüchersystem. Das erste **Kapitel** enthält den allgemeinen Teil, das zweite das Sachenrecht [...]* (Lim 1972, 14)

Hier wird Kapitel mit Buch gleichgesetzt, was für Verwirrung sorgt, da deutsche Leser davon ausgehen, dass Kapitel eine Unterteilung eines Buchs sind. Das koreanische Zivilgesetzbuch ist nicht in Kapitel, sondern in fünf Bücher unterteilt (entsprechend dem deutschen BGB).

#### *5.2.3.1.2 Formale Gliederung der Rechtssätze*

Durchgängig im ganzen Text von Lee 1986, z.B. auf S. 101 werden **„i, ii, iii, iv, v, vi“ als Bezeichnung von Unterpunkten** verwendet.

Darin werden Probleme im Umgang mit anderen Schriftsystemen und deren fachspezifischer Verwendung deutlich: Die z.B. dem Koreaner aus seiner Schrift nicht bekannte Groß- und Kleinschreibung im deutschen Alphabet und die Unkenntnis über die römische Schrift und römischen Zahl-Zeichen verführt zu der Annahme, auch bei den römischen/lateinischen Zahlzeichen könnte man große und kleine unterscheiden. Von Bedeutung und System dieser lateinischen Zeichen her gibt es aber eine ‚kleine Römische Eins‘ oder ‚...Fünf‘ ebenso wenig wie es große und kleine arabische Zahlen gibt. Es handelt sich hierbei um Zeichen, die einem Wert entsprechen. So ist das Zahlzeichen ‚V‘ mit dem Wert 5 ursprünglich kein ‚V‘ aus dem Alphabet, sondern das halbe 10er-Zeichen ‚X‘, ebenso ist ‚L‘ für 50 kein Buchstabe, sondern das halbe ‚C‘-Zeichen für 100 = ‚centum‘. Zumindest in der deutschen Rechtssprache, die römisch-rechtlich vorgeprägt ist und auf die ursprüngliche und korrekte Anwendung lateinischer Schrift und Zeichen Wert legt, (aber auch allgemein in deutschen und romanischen Sprachgebiet) hält man sich hieran. Dies muss auch der Übersetzer beachten. In offenbarer Verkennung ihrer Bedeutung und Systematik werden im obigen Beispiel römische Zahlzeichen demnach falsch verwendet. (Etwas Anderes ist die Untergliederung in i, ii usw., hier werden die Buchstaben benutzt wie bei a, aa, aaa usw. Auch im Vorspann finden sich zur Seitenzählung „i, ii, iii ...“, allerdings vor allem im Englischen, während in deutschen Werken römische Zahlen üblich sind. Aber darum geht es im vorliegenden Beispiel nicht.)

Die textinterne formale Gliederung ist nicht immer einfach zu übersetzen. Wie ein Text aufgebaut wird, ist je nach Kultur sehr unterschiedlich. In seiner Untersuchung zeigt Clyne, welch große Unterschiede sogar zwischen englischem und deutschem Textaufbau bestehen.[687] Die deutsche Sprachgemeinschaft hat andere Normen bei der textinternen formalen Gliederung als die koreanische, dementsprechend ist der Gesetzestext anders aufgebaut. Diese Unterschiede gilt es zu beachten, man kann nicht einfach derartige Gliederungszeichen so belassen wie im Original, wenn der Gesetzestext als solcher auch in der Übersetzung gelesen und verstanden werden soll. Die koreanischen Gesetzestexte werden oft in Einzelpunkte mit diversen Enumerationsformen unterteilt, z.B. 제 1 조 (*che il cho – chɔ* = Art.), 제 2 조 (*che i cho*), 제 3 조 (*che sam cho*) …; ①, ②, ③…(Abs.); 1, 2, 3…(Nr.); 가 (*ka*), 나 (*na*), 다 (*ta*)...;1), 2), 3). Diese unterschiedlichen Zeichen sind für Deutsche ungewohnt. Folgendes Beispiel dient der Verdeutlichung:

> *§ 2 Abs. 1 Gattung Byung < die dritte Gattung> Nr. Ah <8>* (Lee 1986, 113)

Diese Übersetzung ist schon formal fehlerhaft. Es darf nicht zu einer Vermischung der Sprachen kommen. Es muss einmal die komplette Notation in der Quellsprache

---

687 Siehe Clyne 1991; 1993.

und danach die vollständige Übersetzung in der Zielsprache genannt werden. Die hier gewählte Darstellung, um eine Gesetzesstelle zu zitieren, ist vollkommen verwirrend. Erst nach langem Nachdenken kann ein in koreanischer Gesetzestechnik Versierter diese Verwirrung aufklären. Es handelt sich um folgende Textstelle: „*ijo ilhang pyŏngnyu a* (§ 2 Abs. 1, Gruppe 3, h)". Da hier Ordnungsmerkmale benutzt werden, die in der deutschen Gesetzestechnik nicht verwendet werden, und auch keine direkte Entsprechung zu finden ist, herrscht bei deren Übersetzung Willkür, die es zu ordnen gilt. Vorweg:,Gattung' als Übersetzung von *lyu* ist falsch, da es eine ganz andere Bedeutung hat.

Es sind bisher keine **Übertragungsregeln** für den Fall, dass Buchstaben als Gruppierungs- und Ordnungsmerkmale benutzt werden, festgelegt worden. In Anlehnung an die Verwendung von Buchstaben und arabischen sowie römischen Ziffern in deutschen juristischen Werken, aber vor allem Gesetzen, und unter Wahrung der dortigen Systematik wird vorgeschlagen:

Bei der Übertragung von Buchstaben als Ordnungsmerkmal werden die in der alphabetischen Reihenfolge den koreanischen Buchstaben entsprechenden deutschen Buchstaben verwendet, also ga=a, na=b, da=c, la=d usw.

Für *lyu* 류 類 gibt es keine unmittelbar entsprechende Bezeichnung in der deutschen juristischen Nomenklatur. Somit haben koreanische Wortzusammensetzungen wie *kap-lyu* 갑류 甲類, *ŭl-lyu* 을류 乙類, *pyŏng-lyu* 병류 丙類 ebenfalls keine Entsprechung in einer deutschen Systematik von Ordnungsmerkmalen (weder alphabetisch noch numerisch oder alphanumerisch oder was auch immer in Deutschland benutzt wird). Die koreanischen Begriffe entstammen der chinesischen Sprache. Es handelt sich um Zeichen für Silben, die erstarrt als Zeichen innerhalb eines (nichtdezimalen) periodischen Systems (insb. für die Zählung des 60-Jahrezyklus traditioneller chinesischer Zeitrechnung) für eine Zählung von 1 bis 10 benutzt wurden. Sie werden auch heute noch zur Kategorisierung und Wertabstufung (z. B. bei den Tauglichkeitsgraden für den Wehrdienst oder bei Preisen und Auszeichnungen, aber eben auch in Gesetzen) benutzt. Sie reichen von 1 bis 10. Deshalb muss man für eine wissenschaftlich begründbare und nachvollziehbare Lösung die gesamte allgemein, vor allem aber in der deutschen Wissenschaft sowie in Rechtsnormen angewandte Systematik analysieren und mit der koreanischen Gesetzessystematik abgleichen. Dabei sind dann Entsprechungen zu suchen. Als gleichartiges und vor allem gleichstufiges Differenzierungsmerkmal findet man dann als Einziges den immerhin bekannten Begriff ‚Unterabsatz'. Z. B. gab es in Artikel 299 EGV (heute Artikel 355 Vertrag über die Arbeitsweise der Europäischen Union): Absatz 2 Unterabsatz 1 und Absätze 3 bis 6. Dem Begriff „*lyu*" entspricht von der Kategorie her das Wort ‚Unterabsatz'. Das obige Zitat der genannten koreanischen Gesetzesstelle auf Deutsch heißt dann richtig ‚Art. 2 Abs. 1 Unterabs. 3 Buchst. h'.

*Eine Ehe kann geschieden werden gem. § 840 BGB:*
*i) wenn ein Ehegatte eheliche Untreue begeht,*
*ii) ...* (Yang 1971, 110)

Yang zitiert hier wörtlich und vollständig den Inhalt des Art. 840 Kor. Zivilgesetz. Die Aufzählungszeichen hätten aber mit den arabischen Ziffern 1. bis 6. wiedergegeben werden müssen, wie sie auch im Originaltext stehen, und nicht willkürlich mit „i". Noch schlimmer wird es dadurch, dass auf derselben Seite weiter unten zitiert wird mit § 840 Nr. 1 KBGB. Gemeint ist bei diesem korrekten Zitat dasselbe wie oben unter „i)". Das kann der Leser nicht mehr nachvollziehen, ein Arbeiten damit ist unmöglich.

In der koreanischen Gesetzessystematik werden nachträglich eingefügte Artikel mit dem Zusatz 의 2 *ŭi 2* usw. gekennzeichnet. Dies ist offensichtlich schwer ins Deutsch zu übertragen. So sieht man:

> ***§ 839/II** muß vor dem § 840 neu geschaffen werden.* (Lee 1986, 151)

Da es in der deutschen Gesetzessprache keine direkte Entsprechung gibt, muss man die in der Zielsprache gebräuchliche Form nehmen. Da in der deutschen Zitierweise die römischen Zahlen als abgekürzte Form für die Absätze Verwendung finden (‚§ 839 II' ist gleichbedeutend mit ‚§ 839 Abs. 2'), sollte man für 의 2 *ŭi 2* keinesfalls ‚II' verwenden, da dies zu Missverständnissen führt. Zwar könnte man *ŭi 2* sinngemäß mit ‚bis' wiedergeben, was in manchen deutschen Texten auch zu finden ist. Gebräuchlich ist im deutschen Rechtssystem bei eingefügten Art. und §§ allerdings die Anfügung von Kleinbuchstaben, also ‚a, b, c' etc., mithin ‚§ 839a'.

Außerdem ist die Formulierung „vor dem ... neu schaffen" nicht richtig, da ‚schaffen/erschaffen' einen kreativen Vorgang bezeichnet und in der hier eigentlich gemeinten lokativen Relation nicht mit der Präposition ‚vor' verwendbar ist, da das ‚vor'-Präpositionalobjekt in diesem Zusammenhang bereits in temporaler Bedeutung besetzt ist: Das ‚Schaffen' einer neuen Bestimmung ist deren Ersinnen und inhaltliche Ausformulierung; sie erfolgt theoretisch völlig unabhängig von ihrer Einordnung. Unabhängig davon ist zu entscheiden, an welcher Stelle diese Bestimmung einzuordnen ist (lokal!). Für Letzteres wird ‚einfügen' verwendet mit der Präposition vor bzw. nach zur Bestimmung von deren Position. Schaffen vor' oder ‚...nach' dagegen bedeutet, dass etwas (diese Regelung) vor oder nach der anderen (Regelung), also vorher oder nachher (temporal!) formuliert oder in Kraft gesetzt wurde. Das ist hier nicht gemeint. In korrekter deutscher Gesetzessprache muss der Satz deshalb lauten: ‚vor Art. 840 ist ein neuer Art. 839 a einzufügen'.

> *In § 839 **2. Fassung** KBGB ist geregelt: "Wenn die Ehegatten sich über die Vermögensteilung nicht einigen können, entscheidet das Familiengericht auf Antrag eines Ehegatten, wie groß der Betrag des zu teilenden Vermögens ist und wie das Vermögen geteilt wird. Dabei werden die Summe des gemeinsam erworbenen Vermögens der Ehegatten und sonstige Umstände berücksichtigt".* (Cho 2001, 63; 64)

Das Original lautet:

> 제839조의2 (재산분할청구권) ②제1항의 재산분할에 관하여 협의가 되지 아니하거나 협의할 수 없는 때에는 가정법원은 당사자의 청구에 의하여 당사자 쌍방의 협력으로 이룩한 재산의 액수 기타 사정을 참작하여 분할의 액수와 방법을 정한다

Die obige Übersetzung ist nach dem zuvor Gesagten nicht nur kaum verständlich, sondern auch teilweise falsch. Ferner macht sie Zitate und Verweisungen unmöglich. Zunächst handelt es sich nicht um eine neuere Gesetzesfassung, sondern um den eingefügten Art. 839-bis. Weiterhin besteht der koreanische Text aus einem Satz, in der Übersetzung wurden daraus zwei. Und inhaltlich ist auch nicht alles korrekt wiedergegeben. Richtig müsste es heißen:

Art. 839-bis (Anspruch auf Teilung der Ehegüter) (2) Wenn bei der Vermögensaufteilung gemäß Abs. 1 kein Einvernehmen erzielt wird oder werden kann, bestimmt das Familiengericht auf Antrag der Parteien die Höhe ihrer Anteile sowie die Art der Vermögensaufteilung, wobei die Höhe des von Beiden gemeinsam erworbenen Vermögens und die sonstigen Umstände zu berücksichtigen sind.

Diese Problematik führt bei Lee H.-K. 1990 zu einer gänzlich falschen Übersetzung:

> *Das Prinzip „Heirat-macht-mundig" wurde bei der Reform des KBGB von 1977 im § 826* ***Abs. 2*** *aufgenommen.* (Lee H.-K. 1990, 67)

Beim Art. 826 Abs. 2 handelt es sich um eine eheliche Pflicht. Er lautet: ‚Der Ort der ehelichen Lebensgemeinschaft wird in gegenseitigem Einvernehmen der Ehegatten bestimmt. Kann zwischen den beiden Parteien keine Einigung darüber erzielt werden, so bestimmt das Familiengericht auf ihren Antrag hin den Ort der ehelichen Lebensgemeinschaft' (geändert am 13. Januar 1990). Mit dem ‚§ 826 Abs. 2' meint Lee Art. 826-bis – in der deutschen Gesetzessprache Art. 826a –, also einen neu eingefügten Artikel.

> *Wenn die Ehegatten sich bei der Vermögensteilung über das gemeinsam erworbene Vermögen nicht einigen können, entscheidet das Familiengericht auf Antrag eines Ehegatten über den Betrag des zu teilenden Vermögens* ***(§ 839 2. Fassung KBGB)****.* (Cho 2001, 29)

2. Fassung bedeutet etwas anderes als das, was gemeint ist, und führt den Leser in die Irre. Dieser wird vergebens in allen verfügbaren Veröffentlichungen, Gesetzessammlungen usw. nach einer zweiten Fassung dieses Paragrafen im Bürgerlichen Gesetzbuch, suchen. In jedweder Fassung, auch in der 2. Fassung des ‚KBGB' (also des koreanischen Zivilgesetzes), nämlich nach der 1. Änderung vom 29. 12. 1962 (Gesetz Nr. 1237), findet man zwar einen § 839, aber mit ganz anderem Inhalt und ist damit endgültig in der Sackgasse (in der 2. Fassung gab es auch noch keinen 839a). Nur ein koreanischer Jurist wird wohl herausfinden, dass dies gar nicht gemeint ist: 1990 wurde im Rahmen der großen Reform des Zivil-, insb. Familienrechts, hinter Art. 839 ein neuer Artikel eingeführt. Dieser enthält die in dem Zitat genannte Regelung. Nach dem oben Gesagten ist dies im Deutschen mit ‚Art. 839-bis' oder ‚839a' wiederzugeben.

### *5.2.3.1.3 Textverfälschung in scheinbaren oder vorgeblichen direkten Zitaten durch Hinzufügen, Weglassen, Zusammenziehen und Verändern*

*§ 840 Nr. 4 – Wenn ein Ehegatte einen Verwandten des anderen schwer misshandelt hat* (Lee H.-K. 1990, 59)

Im koreanischen Text steht „wenn einer seiner Verwandten in gerader aufsteigender Linie von dem anderen Ehegatten schwer misshandelt worden ist“. Bei der Übersetzung eines Gesetzestextes darf kein Wort hinzugefügt oder weggelassen werden. Auch sollte man einen Passivsatz nicht im Aktiv wiedergeben, da dies zum einen einen falschen Eindruck von Gesetzessprache und -technik vermittelt, wegen der Andersartigkeit der koreanischen Grammatik aber auch leicht zu Sinnentstellungen in der Übersetzung führt.

*„Wenn der andere Teil* ***der unkeuschen Handlung*** *vorher zugestimmt oder sie nachher verziehen hat“, kann er die Scheidung nicht mehr beantragen (§* ***841****).* (Lee 1986, 58)

Es wird ein wörtliches Zitat vorgetäuscht, in dessen Übersetzung jedoch der Begriff „der unkeuschen Handlung“ eingefügt wurde.

Der Originaltext lautet:

제841조 (불정으로 인한 이혼청구권의 소멸) 전조제1호의 사유는 다른 일방이 사전동의나 사후 용서를 한 때 또는 이를 안 날로부터 6월, 그 사유있은 날로부터 2년을 경과한 때에는 이혼을 청구하지 못한다

Die Übersetzung lautet richtig: „Im Falle des Art. 840 (wörtlich: des vorhergehenden Artikels) Nr. 1 kann die Scheidung nicht verlangt werden, wenn der andere Ehegatte (vorher) eingewilligt oder (danach) verziehen hat, wenn sechs Monate vergangen sind, seit er den Scheidungsgrund erfahren hat, oder wenn zwei Jahre seit dem Vorliegen des Scheidungsgrundes vergangen sind.“

Ohne die Anführungszeichen wäre der Text nicht zu beanstanden. Es gilt auch hier das oben Gesagte.

*§ 840 […] wenn er von dem anderen Ehegatten oder von dessen Verwandten in aufsteigender Linie grundlos schwer mißhandelt worden ist;* (Lee 1986, 23)
*Ein Ehegatte kann vor Gericht die Scheidung der Ehe beantragen, wenn einer seiner Verwandten in aufsteigender Linie von dem anderen Ehegatten* ***grundlos*** *mißhandelt worden ist* (Lee 1986, 77)

Hier liegt ein gravierender Übersetzungsfehler vor: Im Original-Gesetzestext ist von ‚grundlos‘ keine Rede, stattdessen verlangt der Gesetzgeber aber eine ‚**schwere**‘ Misshandlung. Dies ist in juristischer Sicht ein ganz erheblicher Unterschied.

Im koreanischen Originaltext heißt es:

제840조 (재판상 이혼원인) 부부의 일방은 다음 각호의 사유가 있는 경우에는 가정법원에 이혼을 청구할 수 있다. […]
3. 배우자 또는 그 직계존속으로부터 심히 부당한 대우를 받았을 때
4. 자기의 직계존속이 배우자로부터 심히 부당한 대우를 받았을 때

Dies muss korrekt ins Deutsche übersetzt lauten:

> Art. 840 (Gründe für die gerichtliche Scheidung) Jeder Ehegatte kann die Scheidung der Ehe beim Familiengericht beantragen, wenn einer der folgenden Gründe vorliegt:[...]
> 3. wenn er von dem anderen Ehegatten oder einem seiner Verwandten in gerader aufsteigender Linie **schwer** misshandelt worden ist;
> 4. wenn einer seiner Verwandten in gerader aufsteigender Linie von dem anderen Ehegatten **schwer** misshandelt worden ist.

Dieser Artikel 840 des koreanischen Zivilgesetzes wurde sehr oft falsch übersetzt (vgl. 5.2.2.2.3).

> *§ 812 (2) Die Erklärung des vorhergehenden Absatzes muß erfolgen **entweder** durch die Parteien selbst und **wenigstens** zwei volljährigen Zeugen **oder** vermittels einer unterzeichneten **Urkunde**.* (Bergmann/Ferid, Internationales Ehe- und Kindschaftsrecht, 4. Auflage, Stand Nov. 1970, „Korea“, 11 zu § 812 KBGB)

Hier liegt ein Übersetzungsfehler mit eklatanten Folgen vor. Im Original steht in Art. 812 Abs. 2: 전항의 신고는 당사자쌍방과 성년자인 증인 2 인의 연서한 서면으로 하여야 한다. Demnach muss die in Abs. 1 genannte Anmeldung schriftlich durch beide Parteien erfolgen, wobei noch zwei volljährige Zeugen mitunterzeichnen müssen. Laut Bergmann/Ferid wäre alternativ die mündliche Anmeldung durch die Parteien und zwei Zeugen oder eine schriftliche Anzeige durch eine (von wem?) einfach unterzeichnete Urkunde möglich gewesen. Wenn zwei Satzelemente mit dem Wort ‚**und**‘ verknüpft sind, hat diese Aufzählung immer kumulativen Charakter, während es sich bei ‚**oder**‘ um Alternativen handelt.[688] Bergmann/Ferid hat dies in neueren Auflagen korrigiert.[689] Auch das Anmeldeformular als Urkunde zu bezeichnen, ist missverständlich. Die personenbezogene Urkunde erhält man erst nach der Anmeldung. Ähnlich auch bei Yang und Lim:

> *Zu den Formerfordernissen gehört, daß das Antragsformular von **mindestens** zwei volljährigen Zeugen mitunterzeichnet ist.* (Yang 1971, 86)

> *Die Erklärung wird **entweder** durch die Parteien selbst **oder** durch **wenigstens** zwei volljährige Zeugen **oder** mittels einer unterzeichneten **Urkunde** abgegeben* (Lim 1972, 27)

Im koreanischen Text ist von „mindestens“ oder „wenigstens“ nicht die Rede. Womöglich wurde nur bei Bergmann/Ferid abgeschrieben und nicht selbst im Originaltext nachgesehen.[690]

---

688 Siehe HdR 2008, 44–46 (Rn. 90–94).

689 In der Neubearbeitung von Jae-Ok Chang mit Stand vom 31.12.1992 (Chang 1993, 40).

690 Die Vermutung liegt nahe, da Beide Bergmann/Ferid u. a. im Literaturverzeichnis (Yang z. B. auch auf S. 137) genannt, aber keine genauen Quellenangaben mit Nennung der jeweiligen Bearbeiter gemacht haben.

*(1) Tritt ein Verlobter von dem Verlöbnis zurück, so kann der schuldlose Partner verlangen, von dem schuldigen* ***den dadurch entstandenen Schadensersatz*** *zu bekommen.* (YANG 1971, 137: Fn 469):

Diese Übersetzung ist gleich in mehrfacher Hinsicht falsch. Die richtige Übersetzung muss heißen: „Wird das Verlöbnis aufgelöst, so kann im Falle eines Verschuldens der Andere von dem Schuldigen Ersatz des ihm dadurch entstandenen Schadens verlangen".

*Wenn Zweifel darüber bestehen, ob Vermögensgegenstände dem Mann oder der Frau gehören, so wird vermutet, dass sie beiden Ehegatten zu gleichen Teilen zustehen. Cho, Kyu-Chang hat im deutschsprachig übersetzten KBGB die §§ 830, 831 KBGB falsch überschrieben,* ***richtigerweise müßte die Überschrift „Eigentum" lauten.*** (LEE H.-K. 1990, 56. Fn. 183)

Bevor man andere rügt, sollte man sicher sein, dass man selbst Recht hat. In den Überschriften dieses Abschnitts und der Art. 830 und 831 ist im koreanischen Originaltext nirgends die Rede von ‚Eigentum' 소유. Vielmehr wird der Begriff ‚Vermögen' 재산 (wie auch im deutschen Eherecht) verwendet und zwar mit Zusätzen, die dem Inhalt der Regelungen entsprechen. Dabei geht es um die im deutschen Recht mit Sondervermögen und Gemeinschaftsgut benannten Güterrechtsinstitute (Art. 830: *t'ŭngnyujaesan'gwa gwisokpulmyŏngŭi jaesan* 특유재산과 귀속불명의 재산, Art. 831: t'ŭngnyujaesanŭi gwalli dŭng 특유재산의 관리 등).[691]

### 5.2.3.2 Falsche Begrifflichkeits-Ebene in der Zielsprache

***unkeusche*** *Handlung des anderen Ehegatten; Außerdem hat das neue Recht statt des Ausdrucks* ***„Ehebruch" „die unkeusche Handlung"*** *verwendet. Unkeusche Handlung ist ein Begriff mit weiterem Sinn als der Ehebruch.* (LEE 1986, 51)

Es wurde **eine falsche Begrifflichkeits-Ebene in der Zielsprache** gewählt. Im Original-Gesetzestext ist ein in seiner Bedeutung sehr schillernder Begriff verwendet worden, nämlich *pujŏng* 부정 不貞. Der Begriff ‚unkeusch' wird in Moraltheologie, Sittenlehre, Philosophie verwendet (allerdings zunehmend weniger), in der Rechtssprache nicht, dort gibt es stattdessen den Begriff ‚unzüchtig', ‚Unzucht' usw. Früher waren unzüchtige Handlungen in erheblichem Umfang strafbar, heute immer noch mit Minderjährigen, Abhängigen u. dgl., wobei der Gesetzgeber den Sprachgebrauch in ‚sexuellen Missbrauch' geändert hat (vgl. §§ 174 ff. StGB); im Fachjargon ist der Begriff der Unzucht immer noch gebräuchlich.[692] Heute muss der Übersetzer entsprechend der Entwicklung im deutschen Rechtswesen und in der deutschen Gesetzessprache überlegen, ob er nicht besser statt ‚unzüchtig' den im

691 Vgl. 5.2.4.2.6.

692 Siehe WAHRIG 1997, 1286; früher war dies in Deutschland ein gängiger Begriff, so beispielsweise: „Ob vorehelicher Geschlechtsverkehr zwischen Verlobten als Unzucht im Sinne der §§ 180, 181 StGB anzusehen ist, [...]" (aus: NJW 1950, 958).

deutschen Ehe- und Scheidungsrecht schon immer gebräuchlichen Terminus der ‚Untreue' verwendet.

Zu beachten ist hier immer das Bezugssystem. Je nach Bezugspunkt sind die entsprechenden Begriffe zu verwenden. MURDOCK hat dies einmal sehr schön für die hier interessierenden Regulierungen (Allg. Sexualität, Ehestatus, Verwandtschaft, soziale Schichtung, Spezieller Status wie Zölibat, Besondere Umstände) und die dabei verwendeten Begriffe (Unzucht, Ehebruch, Keuschheit usw.) dargestellt.[693]

Nach der koreanischen Rechtsprechung kommt es – wie dies auch in den durchgesehenen Dissertationen richtig dargestellt wird und durch die eigenen Recherchen bestätigt wurde – für die Erfüllung dieses Tatbestandes nicht darauf an, dass eine Handlung im Sinne des moraltheologischen Sprachgebrauchs ‚unkeusch' ist. Vielmehr fallen je nach den weiteren Umständen auch eindeutig nicht als unkeusch zu bezeichnende Handlungen bzw. Verhaltensweisen darunter, z.B. Flirt, Kino-, Schwimmbadbesuch.[694] Dennoch verwendet LEE weiterhin die einmal gewählte Übersetzung ‚unkeusche Handlung' und muss dann darlegen, dass koreanische Gerichte auch die oben genannten Verhaltensweisen als ‚unkeusch' bezeichnen. Spätestens hier muss dem in beiden Kulturkreisen Bewanderten auffallen, dass ein falscher Begriff verwendet wird. Benutzt man dagegen den adäquaten deutschen Rechtsbegriff der ‚Untreue', dann fügt sich alles nahtlos ineinander. In der Weiterentwicklung des deutschen Rechts spielt heute allerdings viel mehr der Begriff des ‚ehewidrigen Verhaltens' eine Rolle, was dann bei der Übersetzung anderer, neuerer koreanischer Gesetzesstellen zu beachten ist.

*Sie vereinbarte mit ihrem unkeuschen Mann, daß* (LEE 1986, 61)

Dieser unmögliche Sprachgebrauch entsteht durch die fortwährende Verwendung des falsch übersetzten Begriffs ‚unkeusch'. Nicht einmal im religiösen Kontext wird diese Wortkombination benutzt. Es gibt ‚unkeusche Handlungen' oder ‚unkeusche Gedanken'. Im Zusammenhang mit einer Person wird der Begriff selbst in Theologie oder Romanliteratur schon lange nicht mehr verwendet (wie z.B. einst in „Die keusche Susanne"[695]: das mochte im Film als Titel damals akzeptabel sein; sonst auch nicht).

Ähnliches ist auch bei CHANG zu finden.

*Art. 840 (13. 1. 1990) (Gründe für die Scheidung durch Urteil)*
*Jeder der Ehegatten kann in einem der folgenden Fälle die Scheidung der Ehe bei* ***Gericht*** *beantragen, wenn:*
*1. der andere Ehegatte eine* ***unkeusche*** *Handlung begangen hat* (CHANG 1993, 44)

---

693 Siehe MURDOCK 1975, 152–163.

694 So z.B. Oberster Gerichtshof Koreas vom 09. 04. 1993 Az. 92 *meu* 938.

695 „Die keusche Susanne" ist eine Operette von Jean Gilbert, uraufgeführt 1910 und wurde mehrmals verfilmt: z.B. als Stummfilm im Jahr 1926 von Richard Eichberg, als TV Film im Jahr 1972 von Thomas Engel.

Außerdem hat CHANG statt ‚Familiengericht' einfach ‚Gericht' verwendet. Unter Berücksichtigung der Gesetzesänderung ist dies nicht akzeptabel. Denn die Änderung vom 1. Januar 1990 besagt gerade, dass das Familiengericht für die Scheidung zuständig ist, während vor dieser Änderung das ordentliche Gericht zuständig war und im Gesetz a. F. dementsprechend so bezeichnet wurde. Es wäre besser übersetzt:

Art. 840 (Gründe für die gerichtliche Scheidung)

Jeder Ehegatte kann die Scheidung der Ehe beim Familiengericht beantragen, wenn einer der folgenden Gründe vorliegt:

1. Wenn der andere Ehegatte sich untreu (bzw.: ehewidrig) verhalten hat.

> *Die [...] Regierung riet [...], die [...] Frauen nicht zu* ***verstoßen*** *[...]. Fast alle Ehemänner haben ihre Frauen* ***vertrieben***. (LEE 1986, 13)

Wieder wurde ein falscher Fachbegriff verwendet: Es heißt richtig ‚verstoßen'. Ähnlich auch in folgendem Text:

> *Nach Kim, Zu-Su meint Verlassen, dass ein Ehegatte dadurch das Zusammenleben verweigert, dass er den anderen Ehegatten aus der Wohnung* ***vertreibt*** *oder ihn verlässt und nicht zu ihm zurückkommt oder den anderen Ehegatten dazu zwingt, die Wohnung zu verlassen und ihn nicht erlaubt zurückzukehren.* (LEE 1986, S. 64)

Hier kommt noch eine Doppelung hinzu: ‚**vertreiben**' wird im Zusammenhang mit Flüchtlingsfragen im Völkerrecht gebraucht (‚Vertreibung', ‚Heimatvertriebene' usw.), nicht aber in dem hier gegebenen Zusammenhang. Diesen Vorgang muss man – wie in der Arbeit dann anschließend geschehen – im juristischen Sinne umschreiben mit ‚zwingen die Wohnung zu verlassen und nicht erlauben zurückzukehren' (umgangssprachlich spricht man von ‚aus der Wohnung werfen'). Da LEE zunächst den falschen Terminus gebraucht hat, hat sie nicht bemerkt, dass sie aus mehreren Zitatstellen zuerst die falsche und danach nochmals die richtige Übersetzung verwendet und dadurch denselben Sachverhalt doppelt genannt hat, sodass eine mehrfache Tautologie entstand.

Eine Folgerung für das Übersetzen juristischer Texte lautet: In fachspezifischen Übersetzungen muss – im Gegensatz zu allgemeinliterarischen Werken – immer der korrekte Fachbegriff verwendet werden, auch wenn dieser sich dadurch mehrfach wiederholt.

> *Das Familiengericht bejahte die Verzeihung des* ***gekränkten*** *Mannes nach der Erfahrung und dem gesunden Menschenverstand* (LEE 1986, 61)

Es muss heißen ‚des **betrogenen** Mannes'. Auch ansonsten ist dieser Satz grammatikalisch und stilistisch allenfalls als Stilblüte einzuordnen. Hier sind die weiter oben bereits analysierten typischen Fehler des koreanischen Muttersprachlers bei der Verwendung der deutschen Attribute, des Genitivs, der Redewendungen und der rechtssprachlichen Begriffe (in dem Bemühen um Kurzfassung und durch Anwendung koreanischer Satzstruktur) gehäuft aufgetreten. Gemeint ist wohl: Das Gericht war der

Meinung, dass nach dem gesunden Menschenverstand sowie nach allgemeiner Erfahrung davon auszugehen ist, dass der betrogene Ehegatte seiner Frau verziehen hat.

*scheint die Rechtsprechung* ***gesund*** (LEE 1986, 109)

Vorsicht vor ‚Fettnäpfchen': Von ‚gesund' bezüglich gesetzgeberischer oder richterlicher Entscheidungen zu sprechen, ist seit der Überwindung des ‚Dritten Reichs' immer noch verpönt.[696] Noch schlimmer ist eine Entscheidung nach ‚gesundem Volksempfinden' (wie vom damaligen ‚Volksgerichtshof'). Wie SACCO richtig erkennt, enthalten Rechtsbegriffe außer ihrer Denotation noch zusätzliche bestimmte Konnotationen, die nach historischer Herkunft auch bestimmte Emotionen hervorrufen und Abneigung implizieren.[697] Etwas ganz anderes ist ein ‚gesunder Menschenverstand', der positiv konnotiert ist, oder eine ‚gesunde Entwicklung'. Aber dies ist allgemeiner und nicht speziell juristischer Sprachgebrauch. Ansonsten gehört ‚Gesundheit' in den medizinischen Bereich.

***Verfallen*** *des Scheidungsantrags wegen* ***unkeuscher*** *Handlungen* (LEE 1986, 154)

In diesem kurzen Zitat sind gleich drei Fehler enthalten:

1. Es geht hier nicht um einen ‚Verfall', sondern um den Verlust eines Rechts. ‚Verfall' gibt es rechtlich nur infolge Fristablauf, also bei Gutscheinen, Wechsel u. dgl. (Verfallstag, Verfallsdatum). ‚Erlöschen' von Ansprüchen bedeutet das Beenden eines bis zu diesem Zeitpunkt bestehenden Rechts (Anspruchs), z. B. durch Erfüllung, Zahlung usw. ‚Wegfall' oder ‚Entfallen' bedeutet einen totalen – auch rückwirkenden – Verlust des Rechts. Man kann ein Recht auch ‚verwirken', wenn man durch sein eigenes Verhalten nach den allgemeinen Vorstellungen von ‚Treu und Glauben' (z. B. § 242 BGB) auf dieses Recht quasi verzichtet oder den entsprechenden Eindruck erweckt hat oder wenn nach den gesamten Umständen die Ausübung des eigentlich bestehenden Rechts/Anspruchs als rechtsmissbräuchlich erscheint. Im vorliegenden Zusammenhang geht es weitgehend um ‚Verwirken' infolge eigenen Verhaltens oder um ein Entfallen. Allerdings ist der letzte gesetzlich genannte Grund – die Zweijahresfrist – ein absoluter, also keine Verwirkung, sondern Verjährung. Dies ist der deutsche Rechtsbegriff für ein Verfahrenshindernis infolge Ablaufs einer vom Gesetzgeber gesetzten Frist für die Geltendmachung eines Anspruchs, das aber nur auf ausdrückliche Einrede des Anspruchsgegners berücksichtigt wird. Ein Entfallen dagegen ist auch ohne ausdrückliche Einrede vom Gericht zu beachten. Der Scheidungsantrag bedeutet die Geltendmachung des Anspruchs. Der Antrag kann nach dem Gesetzeswortlaut nicht mehr gestellt werden, wenn zwei Jahre seit dem Vorliegen des Scheidungsgrunds verstrichen sind. Es muss hier deshalb ein übergreifender Begriff verwendet werden, am besten ‚Wegfall', denn beide hier

---

696 So z. B. „Erbgesundheitsgesetz" vom 14. Juli 1933 und „Ehegesundheitsgesetz" vom 18. Oktober 1935 während der NS-Zeit.

697 Siehe SACCO 2011, 46–47.

vorliegenden Formen (Verwirken und Entfallen bzw. Erlöschen durch Fristablauf) bedeuten ein nachträgliches Entfallen des zunächst bestehenden Anspruchs.

2. Entfallen – in welcher der vorgenannten Formen auch immer – kann jedoch nur das Recht, der Anspruch selbst (also der materielle Inhalt), nicht die Verfahrenshandlung oder eine äußere Form, also z.B. der Antrag (oder eine Klage etc.), mit dem ein Anspruch geltend gemacht wird. Dies wurde schon weiter oben anhand anderer Beispiele erläutert.

3. Auch zu den ‚unkeuschen Handlungen' wurden bereits weiter oben Ausführungen gemacht.

Insgesamt müsste obiges Zitat also übersetzt werden mit ‚Wegfall des Scheidungsanspruchs wegen Untreue' bzw. nach der heutigen deutschen Rechtslage: ‚wegen ehewidrigen Verhaltens'.

> *Die Ehe ist [...] eine die dauernde sittliche Lebensgemeinschaft bezweckende* ***Vereinigung*** *von einem Mann und eine Frau.* (Yang 1971, 41)

Der Begriff ‚Vereinigung' wird im Deutschen verwendet entweder für die körperliche Vereinigung i. S. v. Kopulation oder für juristische Personengemeinschaften wie Vereine, Verbände etc. Hier dagegen ist der Begriff ‚Gemeinschaft' angebracht. Im Übrigen hat Yang selbst unter anderem Paul Mikat auf Seite 40 und Lee auf Seite 41 Fn. 126 zitiert, wo die korrekten deutschen Übersetzungsmöglichkeiten (Gemeinschaft, Lebensgemeinschaft) genannt sind.

### *5.2.3.3 Falsche Zuordnung der Ebenen: Fachsprache – Gemeinsprache*

Die partielle Bedeutungsüberschneidung von Rechtssprache und Gemeinsprache stellt für den Übersetzer juristischer Texte ein komplexes Problem dar. Eine fehlerhafte Übersetzung nach Maßgabe der gemeinsprachlichen Bedeutung führt nicht automatisch *ad absurdum*, so dass solche Fehler oft nicht direkt erkannt werden. So kann man (rechtssprachlich) einen Widerspruch einlegen oder (gemeinsprachlich) sein ‚nein' kundtun.

> *Vielmehr kann davon ausgegangen werden, daß in einer großen Zahl der Scheidungsprozesse, in denen die Ehefrau gegen die Klage ihres Mannes* ***Widerspruch erhebt****, wirtschaftliche Motive ein Grund für das Festhalten an der ehelichen Gemeinschaft sein mögen.* (Lee H.-K. 1990, 139)

Der Begriff ‚Widerspruch' (als rechtliche Gegenrede) ist in der deutschen Rechtssprache anderweitig belegt und bezeichnet einen bestimmten Rechtsbehelf gegen behördliche und gerichtliche Entscheidungen. Deshalb ist in diesem Zusammenhang nicht von ‚Widerspruch erheben' zu sprechen. Man kann, wenn man nicht die hierzu vorhandene Gesetzessprache verwenden will, nur den gemeinsprachlichen Begriff des Widersprechens benutzen, also der Klage widerspricht'. Hier hätte Lee die Kontextabhängigkeit der Bedeutung berücksichtigen und zwischen rechtssprachlichem und gemeinsprachlichem Gebrauch unterscheiden müssen.

## 5.2.4 Fehler auf der Ebene der Rechtssprachen – insb. bei der Rechtsvergleichung

### *5.2.4.1 Verwendung von Rechtssprachen aus anderen Rechtssystemen*

Es wurde schon gesagt, dass es nicht die deutsche oder die koreanische Rechtssprache gibt, und dass die Rechtssprache an das jeweilige Rechtssystem gebunden ist. Daher ist zu berücksichtigen, wer Adressat der Übersetzung ist: Sind die Leser überwiegend Deutsche bzw. wird die Übersetzung in Deutschland veröffentlicht? In diesem Fall ist es nicht optimal, wenn Begriffe und Wendungen, Bezeichnungen oder Abkürzungen aus der schweizerischen oder österreichischen Rechtssprache verwendet werden. Es gibt zwar eine grundsätzliche Übereinstimmung, aber auch viele Abweichungen, welche dem Fachpublikum aus den jeweils anderen deutschsprachigen Ländern nicht geläufig sind.[698] Auch könnte der Leser zu der falschen Annahme gelangen, dass das koreanische Rechtssystem oder einzelne seiner Gesetze aus einer Rezeption des schweizerischen (wie in der Türkei) bzw. des österreichischen Systems hervorgingen. Auch hier ist eben der Empfänger-Horizont zu berücksichtigen.

> *Als Ersatz für einen erlittenen immateriellen Schaden ist eine* ***Genugtuungssumme*** *entrichten* (LEE H.-K. 1990, 89)

‚Genugtuung' ist z.B. ein typisch schweizerischer Rechtsterminus, der den deutschen Juristen nicht geläufig ist; in der deutschen Rechtsterminologie gibt es für denselben Inhalt den Begriff ‚Schmerzensgeld'. Wenn die Arbeit/Übersetzung nicht gerade für den schweizerischen Raum gedacht ist, sollte die Rechtssprache benutzt werden, die in Deutschland gängig ist. Allerdings wird auch hier wieder deutlich, dass es keine durchgängige ‚deutsche' Rechtssprache im Sinne der ‚deutschen Sprache' gibt, sondern bei allen grundsätzlichen Gemeinsamkeiten doch auch etliche Abweichungen sowohl im gemeinsprachlichen als auch im rechtssprachlichen Gebrauch zwischen Deutschland, Österreich und der Schweiz bestehen. (Auf Belgien, Liechtenstein, Luxemburg und Südtirol soll hier nicht weiter eingegangen werden.) Vor allem der schweizerische Sprachgebrauch und dort wiederum die Rechtssprache enthalten in erheblichem Umfang Begriffe, welche in der in Deutschland gebrauchten Gemein-, vor allem aber auch Rechtssprache nicht nur unbekannt sind, sondern teilweise sogar einen anderen Sinn haben.

### *5.2.4.2 Übersetzungsfehler aufgrund institutioneller Unterschiede zwischen dem koreanischen und dem deutschen Rechtssystem*

Es gibt Rechtsinstitute in Korea, die das deutsche Recht nicht kennt, und umgekehrt. Es existieren auch unterschiedliche Regelungstechniken in beiden Ländern, so dass

---

698 Beispiele für die unterschiedliche juristische Terminologie zwischen Deutschland und der Schweiz siehe WEISFLOG 1996, 26.

hier jeweils keine 1:1-Äquivalenz, sondern lediglich eine partielle Äquivalenz vorliegt, in der sich der Übersetzer bewusst zu entscheiden hat. Eine solche kritische Haltung, – die die vorgeschlagenen Lösungen (insbesondere in den Wörterbüchern) hinterfragt, welche bzw. ob überhaupt eine davon im konkreten Zusammenhang adäquat ist – ist allerdings bedauerlicherweise selten zu finden, wie auch SCHMIDT-KÖNIG festgestellt hat.[699]

##### *5.2.4.2.1 Ein minderjähriges Kind oder ein unterhalts- und fürsorge-berechtigtes Kind?*

> *In Fällen, in denen die Eheleute eine Vereinbarung über Scheidungsbedingungen und das Sorgerecht ihrer* ***minderjährigen Kinder*** *getroffen haben, ist die einvernehmliche Scheidung anzuwenden.* (Infoblätter, 1)

Zunächst ist das fehlerhafte Deutsch zu bemängeln: Zum einen haben nicht die Kinder das Sorgerecht („Sorgerecht ihrer … Kinder"), sondern die Eltern, sodass es heißen müsste: ‚Sorgerecht über (bzw. für) ihre Kinder'. Zum anderen ist nicht „die einvernehmliche Scheidung anzuwenden", sondern es ‚kann eine einvernehmliche Scheidung erfolgen'.

Wesentlich gravierender ist jedoch ein inhaltlicher Übersetzungsfehler: Im Originalgesetzestext steht 양육하여야 할 자가 있는 경우 (Wenn die Parteien ein unterhalts- und fürsorgeberechtigtes Kind haben). In der Regel ist zwar ein unterhalts- und fürsorgeberechtigtes Kind auch ein minderjähriges Kind. Aber warum hat dann der koreanische Gesetzgeber statt des kurzen und einprägsamen Begriffs ‚minderjähriges Kind (*minsŏngnyŏncha* 미성년자 未成年者)' den des ‚unterhalts- und fürsorgeberechtigten Kindes (양육하여야 할 자)' verwendet? Der Grund liegt in den teilweise vom deutschen Recht abweichenden koreanischen Familienrechtsregeln: Wenn ein Elternpaar sein Kind zur ‚traditionellen' Adoption[700] freigibt, und die Adoptiveltern das Kind adoptieren, bleibt dieses Kind rechtlich leibliches Kind seiner Eltern, was in der Adoptionsurkunde auch so festgehalten wird. Aber es untersteht fortan der elterlichen Gewalt der Adoptiveltern; die Adoptiveltern sind also erziehungsberechtigt und zum Unterhalt und zur Fürsorge für das Adoptivkind verpflichtet. In diesem Fall haben die leiblichen Eltern nach wie vor ein minderjähriges Kind, dieses hat ihnen gegenüber jedoch keinen Anspruch auf Unterhalt und Fürsorge. Also darf es keinesfalls mit ‚minderjährig'übersetzt werden. Denn an diesen gesetzlichen Tatbestand sind Folgen geknüpft, für die der Unterschied relevant ist. Insbesondere hängt davon die Dauer der so genannten Überlegungszeit 숙려기간 bei einvernehmlicher Scheidung ab. Die Bestätigung des Scheidungswillens durch das Familiengericht darf, wenn ein unterhalts- und fürsorgeberechtigtes Kind (ein-

---

699 Siehe SCHMIDT-KÖNIG, 2005, 230.

700 Adoption ohne volle Gleichstellung mit ehelichem Kind, die bis zur Gesetzesänderung im koreanischen Zivilgesetz die einzige gesetzliche Adoptionsform war, während es heute beide Formen gibt – wegen Einzelheiten vgl. 4.5.10.

schließlich ungeborener Leibesfrucht) vorhanden ist, erst nach Ablauf einer Frist von 3 Monaten ab dem Tag der Belehrung erteilt werden, ansonsten bereits nach einem Monat (Art. 836-bis Abs. 2 ZG).

Einschlägig ist auch Art. 836-bis Abs. 4 ZG:

> 양육하여야 할 자가 있는 경우 당사자는 제837조에 따른 자(자)의 양육과 제909조제4항에 따른 자(자)의 친권자결정에 관한 협의서 또는 제837조 및 제909조제4항에 따른 가정법원의 심판정본을 제출하여야 한다.

> Wenn die Parteien ein unterhalts- und fürsorgeberechtigtes Kind haben, muss die schriftliche Vereinbarung über das Sorgerecht gemäß Art. 837 und über die Inhaber der elterlichen Gewalt gemäß Art. 909 Abs. 4 bzw. die Ausfertigung der Entscheidung des Familiengerichts gemäß Art. 837, 909 Abs. 4 vorgelegt werden.

Bei der Rechtsvergleichung stellt sich die interessante Frage, ob auch volljährige Kinder in Ausbildung, insb. im Studium, davon erfasst werden. Diese können im deutschen Recht ebenfalls noch Unterhalts- und Fürsorgeansprüche gegen die Eltern haben. Auf diese Frage stößt man aber nur, wenn eine korrekte Übersetzung vorliegt (und eben nicht ‚minderjährig').

> *Die Ehe eines* ***Minderjährigen*** *kann mit Zustimmung seiner Eltern oder seines Vormundes geschieden werden. [...]*[215]*; Fn. 215) §835 Abs. 1 KBGB* (Lee H.-K. 1990, 67)

Dass es sich hierbei im Zusammenhang mit der Scheidung nicht um die Ehe eines Minderjährigen handeln kann, sollte jedem koreanischen Juristen eigentlich klar sein, da Minderjährige gemäß Art. 826-bis ZG durch die Eheschließung als Volljährige gelten. Bei dem damals geltenden Art. 835 Abs. 1 ZG ging es um Entmündigte, wörtlich hieß es dort:

> Art. 835. (Ehescheidung in gegenseitigem Einvernehmen bei Entmündigten) Die Bestimmungen des Art. 808 Abs. 2 und 3 gelten bei der Scheidung in gegenseitigem Einvernehmen von Entmündigten.

### *5.2.4.2.2 Familienoberhaupt*

> *In der Hierarchie war das* ***Familienoberhaupt (Ka Bu Tschang)*** *der Partriarch oder der Vater, der die* ***Familiengruppe*** *von drei oder vier Generation beherrschte und regierte.* (Lee H.-K. 1990, 10)

Hier werden deutsche Begriffe eingeführt bzw. benutzt, die dem überkommenen koreanischen Familienrecht nicht adäquat sind. Zunächst wird der richtige Begriff des ‚Familienoberhaupts' falsch erklärt und durch die synonym verwendeten Begriffe ‚Pa(r)triarch' und ‚Vater' ein völlig falsches Bild der koreanischen Struktur der Familie im bisherigen Rechtssystem erzeugt. In Wahrheit handelt es sich darum, dass prinzipiell ein männliches und zwar in der Regel das älteste Familienmitglied Oberhaupt der Großfamilie war, welche im Familienrecht für deutsche Begriffe sehr weitgehend und auch teilweise kompliziert definiert war. Dies bedürfte ausführlicherer Darstellung, zumal es auch viele Abweichungen von den genannten

Grundsätzen gibt (z.B. Vererbung der Stellung als Familienoberhaupt in direkter Linie an den Sohn des erstgeborenen Sohnes unter Außerachtlassung weiterer Söhne des Verstorbenen). Was dann der Begriff ‚Familiengruppe' bedeuten soll, bleibt dem deutschen Leser verschlossen. Selbst ein koreanischer Muttersprachler und Kenner koreanischen Rechts findet hierfür keine Deutung.

### 5.2.4.2.3 *Entmündigt vs. geschäftsunfähig*

> *Die Ehe eines **beschränOkten geschäftsfähigen Entmündigten** kann mit Zustimmung seines Vormundes geschieden werden.* (LEE H.-K. 1990, 67)

Es gibt (unbeschränkt) geschäftsfähige, beschränkt geschäftsfähige und nicht geschäftsfähige Rechtssubjekte/Personen. Letztere können Kinder oder eben Entmündigte sein (Entmündigung gibt es im deutschen Recht inzwischen nicht mehr, an deren Stelle sind Pflegschaften mit einer andersartigen Rechtskonstruktion getreten; in Korea gab es bis vor kurzem die Entmündigung). Ein ‚beschränkt' (so grammatikalisch korrekt; eine Person als beschränkt zu bezeichnen – „beschränkter Entmündigter" – bedeutet etwas anderes – pejorativ – und war wohl nicht beabsichtigt) geschäftsfähiger Entmündigter ist in beiden Rechtskreisen nicht vorstellbar. Entweder ist er teilentmündigt oder entmündigt; dementsprechend ist er beschränkt geschäftsfähig oder geschäftsunfähig. D.h. es gibt allenfalls beschränkt geschäftsfähige Teilentmündigte oder geschäftsunfähige Entmündigte; in der Rechtssprache sind das aber Tautologien, die nicht benutzt werden. Im einschlägigen koreanischen Gesetzestext ist ausdrücklich und nur von Entmündigten die Rede. Das ZG a.F. unterschied drei Typen von beschränkt Geschäftsfähigen: Minderjährige, Entmündigte und beschränkt (Teil-) Entmündigte. LEE hat beschränkt geschäftsfähige und beschränkt Entmündigte vermengt; beschränkt bezieht sich in seiner Konstruktion dann auf ‚Entmündigte' statt auf ‚geschäftsfähig'.

Art. 835 Abs. 2 ZG lautete in der zum Zeitpunkt der Veröffentlichung dieser Dissertation von LEE geltenden Fassung: 금치산자는 후견인의 동의를 얻어 이혼할 수 있다 (Ein Entmündigter kann mit Einwilligung seines Vormundes seine Ehe scheiden lassen.).

### 5.2.4.2.4 *Zustimmung*

Die zivilrechtliche Zustimmung ist in den §§ 182 ff. BGB geregelt. Wird die Zustimmung vor dem Rechtsgeschäft erteilt, so heißt sie (nach der Legaldefinition in § 183 BGB) Einwilligung, die nachträgliche Zustimmung nennt man hingegen Genehmigung bzw. Genehmigungserklärung.

In koreanischen Texten lassen sich viele ähnlich klingende Begriffe finden: *sŭngnak* 승낙, *tongŭi* 동의, *hŏga* 허가, *ch'uin* 추인 etc.

> *Art. 869 (13. 1. 1990) (Zustimmung zur Adoption eines Kindes, das jünger ist als 15 Jahre) Wenn ein Kind, das adoptiert werden soll, jünger als 15 Jahre ist, ist an seiner Stelle die **Zustimmung** des gesetzlichen Vertreters erforderlich.* (CHANG 1993, S 47–48)

Im damals geltenden Original steht:

> 제869조 (15세미만자의 입양승낙) 양자가 될 자가 15세미만인 때에는 법정대리인이 그에 갈음하여 입양의 승낙을 한다.

*Sŭngnak* 승낙 承諾, wörtlich etwa Ja-Wort-geben, wurde in der obigen Übersetzung als Zustimmung übersetzt, was auf Koreanisch aber *tongŭi* 동의 同意 heißt. Dies ist ein eindeutiger Fehler. In der koreanischen Gemeinsprache kann die Bedeutung von *sŭngnak* variieren (z.B. etwas erlauben). In der koreanischen Rechtssprache bedeutet es aber nach den Begriffen der deutschen Rechtssprache, dass jemand ein (Vertrags-)Angebot (hier: über die Adoption) annimmt. Mit einer Zustimmung im o. g . Rechtssinn hat das nichts zu tun. Das Fehlen einer dieser Voraussetzungen hat ganz unterschiedliche Rechtsfolgen: Ohne *sŭngnak* ist die Adoption nichtig, fehlende *tongŭi* ist nur ein Anfechtungsgrund.

Also müsste der erste Satz übersetzt werden: ‚... muss der gesetzliche Vertreter an seiner Stelle die Erklärung der Adoption annehmen'. Diese ‚Annahme an js. Stelle' (insb. an Stelle eines Geschäftsunfähigen wie hier bei einem Alter von unter 15 Jahren) wird auf Koreanisch *taerak* 대락 代諾 genannt.

> *Ein Minderjähriger (auch Entmündigter) mit beschränkten Geschäftsfähigkei bedarf zur Eheschließung der Einwilligung der Eltern (bzw. des Vormundes). [...] Wenn beide Eltern nicht in der Lage sind, die* ***Einwilligung*** *zu geben, so ist die* ***Zustimmung*** *des Vormundes erforderlich.* (Lee H.K. 1990, 52)

Im koreanischen Gesetzestext heißt es beide Male ‚tongŭi 동의 同意, was Zustimmung (in der Regel: Einwilligung) bedeutet. Im Gegensatz dazu bedeutet *ch'uin* 추인 追認, eindeutig die nachträgliche Zustimmung, also Genehmigung. Deshalb muss auch in der Übersetzung zweimal derselbe Begriff verwendet werden – und zwar der richtige (vgl. die einschlägigen Ausführungen an anderer Stelle vorliegender Arbeit unter 2.2.2.1). Das ist hier Zustimmung.

Dass Lee mit dem Begriff Schwierigkeiten hat, lässt sich auch an diesem Beispiel erkennen:

> *Da es keine* ***Einwilligung*** *der Ehepartner oder* ***Zustimmung*** *zur Ehe gab und die Ehe oft im Kindesalter geschlossen wurde, war der Mann häufig nicht mit der Frau als Lebensgefährtin zufrieden.* (Lee H.-K. 1990, 15)

Die gleiche Unsicherheit kann man auch bei anderen Autoren beobachten:

> *Einer dieser Urteile war die Aufhebung der beschränkten Rechtsfähigkeit der Frau. Die Rechtsgeschäfte der Frau bedurften nicht mehr der* ***Genehmigung*** *durch den Ehemann* (Cho 2001, 24)

Hier müsste richtigerweise der Oberbegriff Zustimmung verwendet werden, da beide Formen (also vorherige oder nachherige Zustimmung) zulässig sind.

### 5.2.4.2.5 *Ehevertrag*

Die juristische Fachsprache ist – wie mehrfach ausgeführt – sehr genau. Fachterminologie ist schon gefestigte Lexik und gehört zum Kernbereich der Fachübersetzung. Sie darf nicht beliebig anders formuliert werden. Die Komplexität der hinter Rechtstexten stehenden Sachverhalte konfrontiert den Rechtsübersetzer mit erheblichen Schwierigkeiten. Nicht oberflächlich sprachlich, sondern inhaltlich und formal müssen sich AT und ZT entsprechen, um die Referenzidentität zu wahren.

> *Das koreanische BGB regelt, daß ein* ***ehelicher Vertrag*** *während der Ehe von einem Ehegatten jederzeit widerrufen werden kann (§ 828 KBGB). Wenn die Ehe bereits gescheitert ist, kann dies aber nicht mehr als „während der Ehe" angesehen werden und auch wenn ein Ehegatte den anderen Ehegatten schädigen will, ist der Widerruf des Ehevertrags unwirksam.* (Cho 2001. 62)

> *Die koreanischen Eheleute können während der Ehe einen* ***Ehevertrag*** *abschließen (§ 828 KBGB). Das KBGB unterscheidet zwischen dem güterrechtlichen Ehevertrag vor der Eheschließung und dem Ehevertrag, der während der Ehe abgeschlossen wird.* (Cho 2001, 46)

Mit der hier gewählten Terminologie wird für den deutschen Juristen Verwirrung gestiftet: Der Ehevertrag nach koreanischem Recht ist immer ein güterrechtlicher Vertrag, welcher nur vor der Ehe geschlossen und grundsätzlich nicht mehr geändert oder aufgehoben werden kann. In Art. 828 ZG ging es um alle anderen Verträge nach Zivilrecht,[701] welche zwischen Eheleuten geschlossen wurden, also solche, die auch zwischen jedweden sonstigen Rechtssubjekten/Personen abgeschlossen werden könnten. Wörtlich korrekt übersetzt lautet die betreffende Stelle:

> Art. 828 (Widerruf eines Vertrages zwischen Ehegatten) Alle zwischen den Ehegatten geschlossenen Verträge können während der Ehe widerrufen werden Der Widerruf kann jedoch nur unbeschadet der Rechte Dritter erfolgen.

Ein Ehevertrag ist nicht gleichzusetzen mit dem ehelichen Vertrag und schon gar nicht mit einem (inhaltlich völlig andersartigen und willkürlichen) Vertrag zwischen Eheleuten. Ein Ehevertrag nach deutschem Recht ist wie nach koreanischem immer ein güterrechtlicher Vertrag zwischen Eheleuten, der allerdings in Deutschland jederzeit geschlossen und geändert werden kann, in Korea dagegen nur vor der Ehe und auf Dauer verbindlich.

In den Fällen nach Art. 828 ZG ist terminologisch stets von einem ‚Vertrag zwischen Eheleuten' zu sprechen, in denen nach Art. 829 ZG kann von ‚Ehevertrag' oder besser in Anlehnung an den koreanischen Gesetzeswortlaut von ‚güterrechtlichem Ehevertrag' gesprochen werden.

Umgekehrt gilt: Aus den Art. 828 und Art. 829 ZG ergibt sich bereits, dass ein deutscher Ehevertrag nicht wortwörlich mit *pubuganŭi kyeyak* 부부간의 계약, sondern *pubu-chaesan-kyeyak* 부부재산계약 zu übersetzen ist.

701 Diese Regelung ist jüngst aufgehoben worden.

### *5.2.4.2.6 Ehegüterrecht*

Das koreanische Ehegüterrecht ist vom deutschen deutlich unterschieden. Hier ist die Gefahr infolge der ‚funktionalen Äquivalenz‘[702] besonders hoch, dass der Leser annimmt, die koreanischen Rechtsinstitute entsprächen den deutschen. Auf diesem Gebiet wäre es wünschenswert, bei der Übersetzung neutrale Begriffe zu verwenden, die in deutscher Sprache keine besonderen juristischen Implikationen hervorrufen.

> *Sondervermögen ist kein Vermögen, das die beiden Ehegatten zusammen erworben haben. Das **eigene Vermögen** ist das Vermögen, das die Ehegatten bereits vor der Eheschließung als Eigentum gehabt haben. "Sondervermögen ist das Vermögen, das während der Ehe im eigenem Namen erworben wurde" (§ 830 Abs. 1 KBGB).* (Cho 2001, 44)

In Art. 830 Abs. 1 ZG heißt es wörtlich, „Vermögen, das einem Ehegatten vor der Eheschließung gehört oder das er während der Ehe in seinem eigenen Namen erworben hat, bildet sein gesondert ihm gehörendes Vermögen“.[703] Das während der Ehe erworbene Vermögen ist nicht extra definiert. Demnach ist beides gleichermaßen ‚Sondervermögen‘!

> *Das **Vorbehaltgut** und das **Sondergut** sind dem koreanischen Recht unbekannt.* (Lee H.-K. 1990, 88. Fn. 291)

Hier wurden beim Vergleich der Rechtsinstitute die Begriffe nicht richtig eingeordnet. Was das koreanische Eherecht hier regelt, kann sehr wohl den deutschen Rechtsbegriffen ‚Sondergut bzw -vermögen‘ und ‚Vorbehaltsgut‘ zugeordnet werden; ob man es auch damit übersetzt oder dafür z. B. den Begriff ‚Privatvermögen‘ verwendet, ist ohne Belang; inhaltlich hat es die Bedeutung dieser deutschen Rechtsbegriffe. Davon zu unterscheiden ist – und dies hat der Autor wahrscheinlich gemeint –, dass das koreanische Ehegüterrecht anders gestaltet ist als das deutsche. Es arbeitet deshalb u. a. beim gesetzlichen Güterstand, aber auch ansonsten nicht mit denselben Begriffen wie das deutsche Recht und enthält zu den einzelnen Ausgestaltungsmöglichkeiten keine so umfänglichen Regelungen wie das deutsche. So werden auch Gütergemeinschaft und Gütertrennung und damit die genannten Rechtsinstitute und -begriffe nicht im Gesetz erwähnt. Stattdessen wird lediglich ausdrücklich auf den (in Korea traditionell üblichen) Ehevertrag verwiesen, in dem alle diese Möglichkeiten den Eheleuten selbstverständlich offen stehen (wie übrigens auch im deutschen Recht, obwohl hier nicht so häufig davon Gebrauch gemacht wird). Insofern sah der koreanische Gesetzgeber keine Notwendigkeit, hier Detailregelungen mit entsprechenden Rechtsbegriffen für die diversen Möglichkeiten vorzunehmen. Unter 4.5.7 ist dies alles im Einzelnen dargestellt.

---

702 Zur funktionalen Äquivalenz und Zurückhaltung bei deren Verwendung siehe Šarčević 1990, 157–159.

703 Das Original lautet: 부부의 일방이 혼인전부터 가진 고유재산과 혼인중 자기의 명의로 취득한 재산은 그 특유재산으로 한다.

Konkret bedeutet dies: Bei der Übersetzung von Texten und bei Beschreibungen und Erläuterungen sollte man neutrale Begriffe verwenden, die es dem Leser gestatten, selbst im Vergleich die Zuordnung vorzunehmen und sich ein Bild von der jeweiligen Gesetzessystematik zu verschaffen, oder die im konkreten Kontext benutzten Begriffe verwenden, soweit dieser Kontext vergleichbar ist.

Hier kann man entweder von Privat- oder Sondervermögen sprechen oder man verwendet den Begriff des Anfangsvermögens, was aber wegen des Kontextes dieses Begriffes mit der Zugewinnermittlung (und dementsprechend dem Endvermögen) im deutschen Recht fragwürdig ist, weil es keine direkte Entsprechung im koreanischen Ehegüterrecht gibt. Man kann das ‚anfängliche eigene Vermögen' des jeweiligen Ehepartners andererseits auch mit dem Vorbehaltsgut vergleichen; allerdings wird Letzteres qua definitionem des deutschen Gesetzes im Ehevertrag als solches festgehalten, ist aber durchaus weiterentwicklungsfähig.

Wie auch immer man schlussendlich mit diesen Begrifflichkeiten umgeht, es kann jedenfalls nicht pauschal behauptet werden, ‚Vorbehaltsgut und Sondergut' (als Inhalte!) seien dem koreanischen Recht fremd. Allenfalls ließe sich sagen, dass diese Begriffe im koreanischen Recht des gesetzlichen Güterstandes keine Verwendung finden. Richtig wäre die Erläuterung, dass das gesetzliche Güterrecht in Korea anders strukturiert ist, verbunden mit einer kurzen Darstellung dessen Konstrukts. Bei der Wahl der Begriffe ist dann wie beschrieben zu verfahren. Am besten erscheint für diese Gesetzesstelle noch die Übersetzung mit ‚anfängliches eigenes Vermögen' als dem koreanischen Wortsinn entsprechende neutrale Wiedergabe in der deutschen Rechtssprache. Dabei werden die in diesem Rechtsgebiet zur Definition der Rechtsinstitute benutzten Begriffe verwendet. Dann kann man auch vom ‚alleinigen Vermögen' der Ehegatten und vom ‚gemeinschaftlichen Vermögen' sprechen. Auch diese deutschen Rechtsbegriffe sind im konkreten Kontext nicht bereits konnotiert. Eine gute Übersetzung kann dann so aussehen:

> 제 830 조 (특유재산과 귀속불명재산) 1 . 부부의 일방이 혼인전부터 가진 고유저산과 혼인증 자기의 명의로 취득한 재산은 그 특유재산으로 한다.

> Art. 830. (Alleiniges Vermögen und Zuordnung ungewissen Vermögens)
> (1) Das einem Ehegatten vor der Eheschließung gehörende anfängliche eigene Vermögen und das, welches er während der Ehe in seinem eigenen Namen erworben hat, bilden sein alleiniges Vermögen.
> (2) Für Vermögen, dessen Zuordnung nicht eindeutig ist, gilt eine Vermutung als gemeinschaftliches Vermögen.

### *5.2.4.2.7 Art der Scheidung*

> *mit der Ehescheidung vor dem Familiengericht bei gegenseitigem Einverständnis und mit der gerichtlichen Auflösung* (Lee H.-K.1990, 49)

> *2.3.2 Familiengerichtliche Scheidung [...]Daher ist es gerechtfertigt, die Scheidung durch familiengerichtliche Schlichtung als eigenständige Scheidungsform zu betrachten, obwohl sie nicht im KBGB geregelt ist.* (Lee H.-K. 1990, 69)

*2.3.3* ***Gerichtliche Scheidung*** (LEE H.-K. 1990, 69)

> *Wenn die Ehegatten sich nicht über die Scheidung oder Scheidungsfolgen einigen (so bei* ***Konventionalscheidung****) und während des Schlichtungsverfahren keine Vereinbarung darüber treffen können (so bei der* ***familiengerichtlichen Scheidung****), kommt es zu einem* ***Scheidungsverfahren vor dem Familiengericht*** *(die* ***gerichtliche Scheidung****)* (LEE H.-K.1990, 70)

> *So kann gemäß § 834 die Ehescheidung bei gegenseitigem Einverständnis, gemäß § 840 durch eine Gerichtsentscheidung auf Antrag eines Ehegatten oder durch die* ***Schlichtungsscheidung*** *während des Verfahrens bewirkt werden.* (LEE H.-K. 1990, 229)

Hier addieren sich ein Terminologieproblem und die missglückte und unklare Beschreibung der Rechtsinstitute zu einer inhaltlich nicht mehr richtigen, zumindest nicht eindeutigen und den Leser verwirrenden Darstellung: Mit dem von LEE gewählten Begriff ‚familiengerichtliche Scheidung' ist wohl das Schlichtungsverfahren mit dem in diesem Verfahren bei Nichteinigung der Ehepartner ergehenden Schlichtungsspruch gemeint. Mit ‚Schlichtungsscheidung' dürfte es sich ebenso verhalten. (Auch hier ist wieder das unglückliche Verwenden verschiedener Begriffe für ein und denselben Vorgang zu beobachten.) Sowohl das Schlichtungs-Verfahren samt Spruch als auch das weitere (streitige) Verfahren bei Nichtannahme des Schlichtungsspruchs durch eine oder beide Parteien finden vor dem Familiengericht statt. Die Schlichtung ist ein zwingendes Vorverfahren vor dem streitigen Verfahren im Falle einer gerichtlichen Scheidung, d. h. wenn keine einvernehmliche Scheidung erfolgt. Der Leser, der diese Regelung im koreanischen Recht nicht bereits kennt, wird wohl kaum in der Lage sein, aus dem zitierten Text diese Information zu gewinnen.

> *Unabhängig davon, ob die Ehe durch Überkunft,* ***vor dem Familiengericht oder mittels Urteils*** *geschieden wird, sind die Scheidungsfolgen einheitlich geregelt.* (LEE H.-K. 1990, 81)

Das Problem, das dadurch entstand, dass LEE die Scheidung im Verlaufe des Schlichtungsverfahrens ‚familiengerichtliche Scheidung' genannt hat, setzt sich hier fort. Jetzt unterscheidet er ‚vor dem Familiengericht' und ‚mittels Urteils', obwohl in beiden Fällen das Familiengericht zuständig ist, sowohl im Schlichtungs- als auch im streitigen Verfahren.[704]

> *Es befaßt sich mit der Verlobung, mit der Ehe als Institution sowie mit der* ***Ehescheidung vor dem Standesamt*** *bei gegenseitigem Einverständnis und mit der gerichtlichen* ***Trennung****.* (LIM 1972, 15)

---

704 Anm.: „Überkunft" scheint kein Tippfehler zu sein, sondern eine falsche deutsche Wortwahl; auf S. 83 heißt es ebenfalls: *Fehlt eine Überkunft der Ehegatten, so ist der Vater verpflichtet, für das Kind zu sorgen und hat kraft des Gesetzes auch das Sorgerecht.*

Es gab und gibt keine Ehescheidung vor dem Standesamt. LIM verwechselt dies mit der Anmeldung der privatvertraglich erfolgten Scheidung beim Standesamt. Auch gibt es im ZG keine Vorschriften bezüglich des Getrenntlebens. Es muss heißen ‚einvernehmliche Scheidung' und ‚gerichtliche Scheidung'.

#### 5.2.4.2.8 Schlichtung oder Mediation?

*In Fällen, in denen die Eheleute keine Vereinbarung getroffen haben, ist die einvernehmliche Scheidung nicht anzuwenden. Sie müssen einen Scheidungsantrag bei Gericht* ***oder*** *einen Antrag auf Scheidungs****mediation*** *stellen.* (Infoblätter, 1)

Das Schlichtungsverfahren bei der gerichtlichen Scheidung ist obligatorisch. Ohne vorher durchgeführtes Schlichtungsverfahren und dessen Scheitern kann keine Verhandlung vor dem Familiengericht erfolgen (Art. 2 Abs. 1 in Verbindung mit Art. 50. Abs. 2 GVFam[705]). Hier die Konjunktion „oder" zu verwenden und damit Beides als alternative Verfahrens-Möglichkeiten zu nennen ist deshalb falsch.

Außerdem wurde in dem Infoblatt dieses Schlichtungsverfahren vor dem koreanischen Familiengericht als Mediation bezeichnet. Mediation und Schlichtung[706] sind keine Synonyme und die Begriffe daher nicht austauschbar. Eine Schlichtung kann freiwillig oder (wie hier) obligatorisch vor einem Streitverfahren sein. An ihrem Ende steht eine Einigung oder ein Schlichtungsspruch, der bei Annahme bzw., wenn kein Widerspruch erfolgt, unmittelbare Rechtsfolgen nach sich zieht, also verbindlich wird. Eine Mediation dagegen ist immer freiwillig und stellt nur einen Vermittlungsversuch mit Vorschlägen des Mediators dar. Es gibt keinen Mediator-Spruch mit Rechtswirkungen (genaueres vgl. 4.6.4). Im koreanischen Gesetzestext steht aber, dass der Schlichter den Auftrag hat, im Laufe des Verfahrens die verschiedenen Positionen zu bewerten und am Ende des Prozesses einen verbindlichen Entscheidungsvorschlag zu machen. Dass das in der Übersetzung demnach fälschlich als Mediation bezeichnete Verfahren eine Schlichtung ist, wird selbst an anderer Stelle desselben Infoblattes deutlich:

*Wenn die Mediation nicht gelingt, kann ein die Mediation ersetzender Beschluss (****unfreiwillige Mediation****) erlassen werden. Wenn beide Eheleute keine Beschwerde innerhalb von 14 Tagen nach der Entscheidung einlegen, ist das Verfahren abgeschlossen.* (Infoblätter, 6)

Diese in sich unschlüssige und ‚verquere" Umschreibung macht den ursprünglichen Fehler im Sprachgebrauch selbst deutlich. Qua definitionem kann eine Mediation nicht unfreiwillig sein. Vergleichbar ist das als Mediation bezeichnete Verfahren vielmehr mit den Vorschriften des deutschen Zivilverfahrensrechts.[707] Dort ist für bestimmte

705 In Kraft getreten am 31. 3. 2010, Gesetzesnummer 10212, teilweise geändert am 31. 3. 2010.

706 Zur Wortbedeutung vgl. RÜSSEL, JuS 2003, 380 (382).

707 Gemäß § 15a EGZPO können die Bundesländer Gesetze erlassen, durch die in bestimmten Fällen die Eröffnung eines Gerichtsverfahrens von einem vorherigen

Fälle eine obligatorische außergerichtliche Streitbeilegung geregelt. Dieses Verfahren wird darin als Schlichtung bezeichnet. Hätte man auf diese deutsche Terminologie-Verwendung geachtet, hätte man nicht den Begriff „Mediation" verwendet.

#### *5.2.4.2.9 Leihe oder Darlehen? – Der koreanische Begriff kye* 계 契

> *Trotz der wiederholten Ermahnung hat sie einen* ***Leiklub*** *mit anderen Frauen gegründet, wegen dessen misswirtschaft sie sogar bestraft wurde. Solches Verhalten der Frau gefährdete nicht nur die Haushaltsführung, sondern zerstörte auch den Hausfrieden.* (Lee 1986, 98)

Wegen des Schreibfehlers (Leihklub ohne h) gerät der Leser gänzlich in Konfusion, aber auch bei Hinzufügung eines „h" zweifelt er an der Weisheit der koreanischen Gerichte in ihrer Entscheidungsfindung oder gar an der ganzen koreanischen Gesellschaft und ihrer Einstellung gegenüber Hausfrauen, die vielleicht in guter Absicht irgendwo ‚hereingelegt' wurden. Nur ein intimer Kenner auch außergewöhnlicher Verhaltensformen in Teilen der koreanischen Gesellschaft oder ein penibler Rechercheur nach Studium der gerichtlichen Quellen kommt hier (dank des diesmal wenigstens korrekt angegebenen Az.) auf die Zusammenhänge. Dann allerdings wird klar, dass es sich im juristischen Sinn keineswegs um „Leihe", also auch nicht um einen „Leihklub" handelt, sondern (aus deutscher Juristensicht) um einen nicht eingetragenen Verein, dessen Mitglieder neben Tauschgeschäften vor allem gegenseitige Darlehen zu teilweise extrem hohen Zinsen bzw. ungünstigen Konditionen gewähren. Erst wenn man dies weiß, kann man die entsprechenden Folgerungen durch die koreanischen Gerichte in Scheidungsangelegenheiten verstehen.

Die fachsprachlich absolut falsche Übersetzung mit Leihe (d.h. unentgeltliche Gewährung des Gebrauchs einer Sache[708]) für womöglich hochriskante Geld- und sehr teure Darlehensgeschäfte (= Zurverfügungstellen eines Geldbetrags auf Zeit gegen Zinsen[709]), die in losen Vereinigungen betrieben werden, führt zu ganz erheblichen Missverständnissen beim Leser – zumal keinerlei weitere Erklärung gegeben wird. Diese Missverständnisse betreffen vor allem das Verständnis von koreanischer Kultur und koreanischen Scheidungsgründen – und gerade um deren Entwicklungsstand früher und heute sowie im Vergleich mit Deutschland und Europa ging es in der hier zitierten Arbeit. Dazu trägt weiter bei, dass Lee diese Vereinigungen im Deutschen auch noch verharmlosend als „Klub" bezeichnet.

> *Die Ehegatten wurden in einem Verein, der zur gegenseitig finanziellen Hilfe in Korea existiert, Mitglied.* (Cho 2001. 138)

---

erfolglosen Versuch der außergerichtlichen Streitbeilegung abhängig gemacht wird. Einige Länder z.B. Baden-Württemberg, Bayern, Brandenburg, Hessen, Nordrhein-Westfalen, das Saarland, Sachsen-Anhalt und Schleswig-Holstein haben mittlerweile entsprechende sog. **Schlichtungsgesetze** erlassen.

708 siehe § 598 BGB

709 siehe § 488 BGB

Durch diese Darstellung wird zu demselben Problem noch zusätzlich suggeriert, es gäbe in Korea nur einen derartigen Verein, welcher aber in ganz Korea tätig sei.

### *5.2.4.2.10 Kaution? – Der koreanische Begriff chŏnse* 전세 傳貰

> *Die Frau bezahlte die* ***Kaution*** *von 1.000.000 Won für die neue gemeinsame Wohnung und wurde von ihren Eltern mit 5.000.000 Won unterstützt, weil der Mann noch nicht arbeitete und kein Geld verdiente.* (Cho 2001. 67)

Die Übersetzung des koreanischen Begriffs *chŏnse* 전세 傳貰mit ‚Kaution" vermittelt ein falsches Bild. Das sogenannte *chŏnse*-Recht ist eine besondere Art des dinglichen Mietrechts.[710] Durch einen *chŏnse*-Vertrag wird der Nutzer der Wohnung verpflichtet, dem Eigentümer eine vereinbarte ‚*chŏnse*-Summe' zu entrichten, und der Eigentümer muss im Gegenzug dem Nutzer den Gebrauch der Immobilie, idR einer Wohnung, für den vereinbarten Zeitraum gewähren. Das *chŏnse*-Recht ist in das Grundbuch einzutragen. Nach Ende der Nutzung ist der empfangene Geldbetrag gegen Räumung des Nutzungsgegenstandes (Wohnung) und Löschung des eingetragenen Nutzungsrechtes zurückzuerstatten. Der vom Eigentümer erzielte Zins des einmalig entrichteten Geldbetrages ist als Entgelt für die Nutzung der betreffenden Immobilie anzusehen. Dieses Rechtsinstitut ist zunächst als ein schuldrechtlicher Vertrag gewohnheitsrechtlich entstanden und schließlich vom Gesetzgeber sachenrechtlich rezipiert worden.[711]

Bei der deutschen Mietkaution erhält der Mieter auch die für seine – wesentlich niedrigere! – Mietkaution auflaufenden Zinsen zurück. Die Mietkaution dient der Absicherung des Vermieters für nicht gezahlte Miete und Schäden an der Mietsache. Es handelt sich bei *chŏnse* also auf keinen Fall um eine Kaution, sondern um ein zinsloses Darlehen als Entgelt für ein dingliches Nutzungs-(Wohn-)recht. *Chŏnse* selbst wäre viel eher mit einem sog. **Baukostenvor- bzw- zuschuss** zu vergleichen, den ein Mieter bezahlt und der auf die Miete verrechnet bzw. später zurückgezahlt wird. Dies war in der Nachkriegszeit in Deutschland verbreitet. Will man diesen Begriff nicht verwenden, weil er nicht mehr so geläufig ist, muss man zur Umschreibung bzw. Erläuterung greifen.

Es ist empfehlenswert, den fremden Rechtsbegriff nur zu transkribieren und im Text oder in der Fußnote dessen Bedeutung zu erklären. Sonst besteht die Gefahr, dass man den rechtlichen Unterschied nicht erkennt, der bei Rechtsvergleichung die besondere Bedeutung trägt. Überhaupt ist eine präzise Kommentierung immer dann erforderlich, wenn die Unterschiede des Ausgangsbegriffs im Vergleich zum Zielrechtssystem beträchtlich sind und der Ausgangsbegriff deshalb sinnvollerweise nicht übersetzt wird.

---

710 Genaueres siehe Kim H.-B. 2000, 511.

711 Art. 303–319 ZG; siehe Kim.2000, 511; Cho K.-C. 1990, 69.

### *5.2.4.3 Falsche terminologische Zuordnung von in beiden Systemen bestehenden Rechtsinstituten bei der Übersetzung*

Auf Grund der Rezeption des deutschen Rechtssystems gibt es trotz der erheblichen sprachlichen Unterschiede viele Gemeinsamkeiten in der Rechtsterminologie. Wenn also auch die sprachliche Verpackung gänzlich anders ist; so kann und muss man in diesen Fällen das sprachliche Pendant finden, welches das (fast) Gleiche beinhaltet.

#### *5.2.4.3.1 Eigentümer oder Besitzer?*

> *93 Männer (86.9 %) waren* ***Besitzer*** *des gemeinsam erworbenen Vermögens, aber nur 35 Frauen (32.7 %). Der größte Teil des gemeinsam erworbenen Vermögens wurde im Namen des Mannes erworben.* (Cho 2001. 75)

Die koreanischen Regelungen über Eigentum und Besitz entsprechen denen des deutschen Rechts. In der juristischen Fachsprache bedeutet Besitz (lat. *possessio*), dass jemand über einen Gegenstand die tatsächliche Herrschaft hat, unabhängig davon, ob der Gegenstand sein Eigentum ist oder nicht, z.B. auch wenn der Gegenstand gemietet oder gestohlen ist. In der Rechtssprache bedeutet Besitz die Ausübung der tatsächlichen Gewalt, i.d.R. mit Erlaubnis des Eigentümers, aber ohne die typischen Rechte des Eigentümers, über die Sache nach Gutdünken zu verfügen wie z.B. durch Verkauf, Verschenken, Zerstören usw. Die Bezeichnung ‚Besitzer' ist also juristisch nicht korrekt. Hier geht es gerade nicht um Besitz, den die Eheleute im Zweifel gemeinsam hatten, sondern um das Eigentum daran. Außerdem benutzt man nach der deutschen Rechtschreibregelung Komma statt Punkt: also 32,7 %.

#### *5.2.4.3.2 Kindesanerkennung und Legitimation*

> *Art. 855. (Anerkennung des nichtehelichen Kindes) (1) Ein nichteheliches Kind kann von seinem Vater oder seiner Mutter als* ***ehelich*** *anerkannt werden.* (Chang 1993, 46)

Im Original lautet dies:

> 제**855**조 (인지) 1. 혼인외의 출생자는 그 생부나 생모가 이를 <u>인지</u>할 수 있다.

> Art. 855 (Anerkennung) 1. Ein außerehelich geborenes Kind kann von seinem leiblichen Vater oder seiner leiblichen Mutter <u>anerkannt</u> werden.

Ein Kind hat in bestimmten Konstellationen keinen rechtlichen Vater. Dies ist dann der Fall, wenn keine gesetzliche Vaterschaftsvermutung vorliegt, also wenn zum Beispiel bei der Geburt die Mutter ledig war. Gleiches gilt bei einem Findelkind, hier ist auch die Mutterschaft unklar. In dieser Gesetzesstelle geht es um die Anerkennung der Vaterschaft (in nur wenigen Fällen auch der Mutterschaft) bei einem außerehelich geborenen Kind, nicht um die Anerkennung als eheliches Kind durch die leiblichen Eltern nach späterer Eheschließung. Letzteres ist an anderer Stelle geregelt (Art. 844 Ehelichkeitsvermutung sowie 855 <u>Abs. 2</u> nachträgliches Ehelichwerden von Kindern durch Eheschließung der leiblichen Eltern, also Legitimation durch nachfolgende Eheschließung).

### 5.2.4.3.3 *Abschrift, Kopie oder (Aus-)Fertigung?*

> *Wenn ein Antragsteller einen Scheidungsantrag stellt, stellt das Gericht das **Antragsduplikat** dem Antragsgegner zu. Wenn die Adresse des Antragsgegners nicht ermittelt werden kann, wird der Antrag öffentlich bekanntgemacht, damit er gültig wird.* (Infoblätter, 4)

> *Damit der Familienstatus nach dem Urteil [...] aktualisiert wird, muss ein Partner die **Abschrift** eines Urteils [...] bei den örtlichen Behörde [...] registrieren lassen.*

In vielen Übersetzungen werden die Begriffe ‚Abschrift', ‚Duplikat', ‚Kopie und ‚Ausfertigung' ohne Unterschied synonymisch verwendet. Bei der juristischen Übersetzung kommt aber dieser Unterscheidung oft eine große Bedeutung zu.

Im Originaltext ist hier *pubon* 부본 副本 verwendet worden. *Pubon* ist auf keinen Fall ein Duplikat. Bei der Antragstellung sind mehrere identische Texte der Klageschrift einzureichen, welche für das Gericht und für die Zustellung an die gegnerische Partei bestimmt sind. Die Fertigung für die gegnerische Partei nennt man *pubon.*[712]

In der deutschen Rechtssprache heißen diese identischen Schriftstücke ‚Fertigungen'. Es gibt z. B. i. d. R. mehrere identische und gleichermaßen unterschriebene ‚Fertigungen' von Verträgen (für jede Partei mindestens eine), die alle die gleiche Wirkung als Original haben. Von Urteilen, Beschlüssen, notariellen Urkunden usw. gibt es neben dem Original, welches bei den Akten verbleibt, ‚Ausfertigungen' für den Rechtsverkehr, welche dann z. B. zugestellt werden oder als Titel zur Vollstreckung u. dgl. dienen. Sie treten an die Stelle des Originals. Ansonsten nennen sich gleich lautende Fertigungen, welche aber nicht den Status des Originals haben sollen, ‚Mehrfertigungen'. Letztere können im gemeinsprachlichen Gebrauch auch (je nach Herstellungsart) als ‚Abschrift', ‚Kopie' oder ‚Duplikat'bezeichnet werden.

Von der Ausfertigung zu unterscheiden ist auch die ‚beglaubigte Abschrift' oder ‚beglaubigte Fotokopie (oder Ablichtung)'. Trotz notarieller oder behördlicher Beglaubigung bleiben sie eine Abschrift bzw. Kopie ohne die Rechtswirkung, die nur das Original und die Ausfertigung haben, auch wenn sie wegen der erhöhten Beweiskraft in vielen Rechtsbereichen Verwendung finden können. Erst recht stellen einfache Lichtbildkopien (Fotokopien) im juristischen Sinne keine Ausfertigung dar. Deshalb ist beispielsweise das Urteil für die behördliche Registrierung des veränderten Familienstatus' erst dann rechtswirksam vorgelegt, wenn eine Ausfertigung, nicht eine einfache Abschrift eingereicht ist. Nur die Ausfertigung entfaltet Rechtswirkungen etwa beim Zugang oder beim Beginn von Rechtsmittelfristen.

---

712 Art. 255 Koreanisches Zivilprozessgesetz.

Wesentlich ist also: Nur Originale (auch in mehreren identischen Fertigungen) und Ausfertigungen entfalten und erfüllen die gesetzlich normierten Rechtswirkungen. Die Ausfertigung vertritt dabei das Original im Rechtsverkehr (§ 47 BeurkG), weil die Urschrift beispielsweise nicht in Umlauf gebracht wird. Dies gilt vor allem für notarielle Dokumente, aber auch bei Gerichtsentscheidungen, deren Originale bei den Akten verbleiben und deren Ausfertigungen den Parteien zugestellt werden müssen (§ 317 Abs. 1 ZPO). Eine Ausfertigung ist nur erforderlich, wenn es materiell- oder verfahrensrechtlich auf den Besitz der Urkunde ankommt und die Urschrift nicht am Rechtsverkehr teilnimmt. Ausfertigungen kann regelmäßig nur die Stelle erteilen, die die Urschrift verwahrt.[713]

In Koreanischen unterscheidet man *wŏnbon* 원본 原本 (nicht zu verwechseln mit dem gleichlautenden, aber in chinesischen Zeichen anders zu schreibenden 元本), *chŏngbon* 정본 正本, *tŭngbon* 등본 謄本 und *ch´obon* 초본 抄本. *Wŏnbon* ist das Original. Wenn ein Original gleich mehrfach verfasst wird, sind alles Originale, die einzelnen Fertigungen nennt man *pubon*. *Chŏngbon* ist eine Ausfertigung, die von der durch Gesetz ermächtigten Person auf der Grundlage des Originals erstellt ist[714]. Sie hat die gleiche Wirkung wie das Original. Zum Beispiel werden Urteile oder Zwangsvollstreckungsurkunden in Form von *chŏngbon* zugestellt. Sie entspricht der Ausfertigung in der deutschen Rechtssprache. *Tŭngbon* ist eine vollständige Abschrift, darunter auch die beglaubigte Abschrift, in der durch eine zur Beglaubigung ermächtigte Person bestätigt hat, dass die vorliegende Schrift identisch mit dem Original ist. Aber nur *chŏngbon* kommt die gleiche Wirkung wie dem Original zu. *Ch´obon* ist ein Auszug.

### *5.2.4.3.4 Nichtigkeit oder Aufhebung der Ehe? Eine Frage der (Rück-)Wirkung*

> *Obwohl eine nichtige Ehe von Anfang an nichtig wäre wirkt sich die Nichtigerklärung nach dem geltenden Eherecht* ***nicht rückwirkend*** *aus* [187)]*, Fn. 187) § 824 KBGB.*
> (Lee H.-K. 1990, 57)

Dieser den rechtskundigen Leser verstörende Widerspruch von ‚nichtig' und ‚nicht rückwirkend' resultiert aus einer völlig falschen Übersetzung des § 824. Hier ist die Rede von ‚Aufhebung', welche als Rechtsfolge die auch dem deutschen Juristen geläufige Wirkung ex nunc, also für die Zukunft hat. Die mit einer Nichtigkeit verbundene Wirkung ex tunc, also von Anfang an = rückwirkend, ist in § 815 geregelt. Bei richtiger Wiedergabe in deutschen Rechtsbegriffen erkennt das Fachpublikum, dass die koreanische Rechtsordnung die gleichen Termini und Regelungen bein-

713 § 48 BeurkG: Die Ausfertigung erteilt, soweit bundes- oder landesrechtlich nichts anderes bestimmt ist, die Stelle, welche die Urschrift verwahrt. Wird die Urschrift bei einem Gericht verwahrt, so erteilt der Urkundsbeamte der Geschäftsstelle die Ausfertigung.

714 Siehe Art. 210 Abs 2 und Art. 211 Abs. 2 koreanisches Zivilprozessgesetz, Art. 28 koreanisches Zivilvollstreckungsgesetz.

haltet wie die deutsche. Die vorliegende Wiedergabe des § 824 enthält also einen groben Fehler.

In Deutschland gibt es allerdings eine Nichtigkeit der Ehe mit Wirkung ex tunc seit 1. Juli 1998 nicht mehr. An Stelle der Ehenichtigkeit ist nach deren Abschaffung die so genannte Aufhebung der Ehe getreten, die ihre Wirkung nur ‚ex nunc' für die Zukunft entfaltet. Dagegen gibt es in Korea immer noch sowohl die Aufhebung der Ehe (*honinch'ŭso* 혼인취소 婚姻取消) als auch die Möglichkeit der Nichtigkeitserklärung der Ehe (*honinmuhyo* 혼인무효 婚姻無效) (genaueres vgl. 4.5.5).

### *5.2.4.3.5 Geldstrafe, Bußgeld oder Ordnungsgeld?*

> *Das Familiengericht darf einen Ehepartner, […], mit einem* ***Bußgeld*** *von ₩ (KRW) 10.000.000 belegen.* (Infoblätter, 5)

> *Wenn eine geladene Person abwesend ist, ohne besondere Umstände anführen zu können, wird das Gericht die Person mit einer* ***Geldstrafe*** *bis zu ₩ (KRW) 500.000 belegen.* (Infoblätter, 5)

Im juristischen Sprachgebrauch sind verschiedene Straf- und Ordnungsgelder zu unterscheiden. Als Ordnungsmittel gibt es Ordnungsgeld und Zwangsgeld. Dies sind Instrumente zur Erzwingung bzw. zum Ausschluss von bestimmtem Verhalten insb. in Verfahren sowie zur Ahndung von Verstößen dagegen. Sie stellen keine Kriminalstrafe dar.[715] Dies gilt auch für das Bußgeld; dieses ist eine verwaltungsrechtliche Sanktion bei bestimmten Ordnungswidrigkeiten; Grundlage für das Bußgeld ist das Ordnungswidrigkeitengesetz (OWiG); in jedem Fall muss ein Bußgeldverfahren durchgeführt werden.[716]

Die Geldstrafe ist wie eine Freiheitsstrafe eine Strafe im Strafprozess, in dem Straftaten (Verbrechen und Vergehen) verfolgt werden. Es ist also eine Kriminalstrafe, welche auch im Strafregister bzw. Führungszeugnis auftauchen kann.[717]

Eine Geldbuße ist im deutschen Disziplinarrecht eine mögliche Disziplinarmaßnahme (neben Verweis, Gehaltskürzung, ‚Degradierung' oder gar Entlassung) gegen Beamte, Soldaten, Richter usw.

Im koreanischen Originaltext sind beide zitierte Sanktionen als *kwataeryo* 과태료 過怠料 bezeichnet, was eine Verwaltungsangelegenheit ist und dem deutschen Begriff Ordnungsgeld entspricht. Davon zu unterscheiden ist *kwaryo*과료 科料, was der leichten Geldstrafe zuzuordnen ist (weniger als 50.000 koreanische Won, Art. 47 kor. Strafgesetz). Wenn diese Geldstrafe 50.000 Won überschreitet heißt sie *pŏlgŭm* 벌금 罰金 (Art. 45 kor. Strafgesetz).

---

715 Näheres siehe Creifeld 2011, 882 unter Stichwort ‚Ordnungsmittel'.

716 Siehe auch Creifeld 2011, 255 unter Stichwort ‚Bußgeld, Bußgeldverfahren'.

717 Sie ist insb. im StGB geregelt. Erläuterungen dazu wie auch zur Geldbuße bei Creifeld 2011, 480 bzw. 479.

#### *5.2.4.3.6 Zustellung oder Erhalt? Vorgeschriebene Formen*

> *Wenn ein Ehegatte die Entscheidung des Familiengerichts nicht akzeptieren kann, kann er innerhalb von 14 Tagen – von dem Tag des **Erhalts der schriftlichen Mitteilung** über die Entscheidung an gerechnet –, gegenüber diesem Familiengericht Einspruch einlegen.* (Cho 2001. S. 77)

Im Gesetzestext ist von der Zustellung (*songdal* 송달 送達) die Rede. Der Begriff Zustellung bezeichnet die Bekanntgabe eines Schriftstückes an einen bestimmten Adressaten in einer bestimmten, gesetzlich vorgeschriebenen Form. Es handelt sich um einen Verstoß gegen den Grundsatz der Übersetzungstreue, wenn man stattdessen vom „Erhalt der schriftlichen Mitteilung über die Entscheidung“ spricht. Denn nach dem Gesetzeswortlaut muss die Entscheidung selbst in formeller Art zugestellt werden (*songdal*), also in einer förmlichen Ausfertigung (*chŏngbon* 정본 正本), nicht bloß als Mitteilung über die Entscheidung. Das ist juristisch etwas essentiell Anderes. Es genügt auch nicht, dass sie in beliebiger Form zur Kenntnis gelangt ist (wie auch immer – vielleicht zufällig oder auf Umwegen, durch Dritte, in Kopie oder nur informell), sonst beginnt die jeweilige Frist nämlich nicht zu laufen.[718]

#### *5.2.4.3.7 Kläger/Beklagter oder Antragsteller/Antragsgegner?*

> *Die **Antragsgegnerin** wechselte Liebesworte mit ihrem Liebhaber spät nachts in ihrem Wohnzimmer und der **Antragsteller** entdeckte, daß sich beide am anderen Tag zusammen im Schlafzimmer befanden* (Lee 1986, 55)

Im Original des hier zitierten Gerichtsurteils heißt es *wŏn'go* 원고 原告, also ‚Kläger‘ und *p'igo* 피고 被告, also ‚Beklagter. Dies ist auch leicht nachvollziehbar, da es sich laut Aktenzeichen um ein sog. ‚*da*‘-Verfahren[719] handelte. Bei der in der Arbeit von Lee an anderer Stelle wiedergegebenen Entscheidung handelte es sich dagegen um ein ‚*meu*‘-Verfahren (freiwillige Gerichtsbarkeit), sodass Lees dortige Übersetzung mit ‚Antragsteller‘ und ‚Antragsgegner‘ korrekt ist. Die rechtliche Gegebenheit muss widergespiegelt werden. Bei der Übersetzung von Rechtstexten darf nicht adaptierend übertragen werden, nur weil damals Scheidungen in Deutschland vor dem Amtsrichter als Antragsverfahren gelaufen sind. Dem Leser wird ansonsten ein

---

718 So in Art. 34 Satz 1 KorSchlichtungsverfG: 민사조정법 제34조(이의신청) ① 제30조 또는 제32조의 결정에 대하여 당사자는 그 조서의 정본이 송달된 날부터 2주일 이내에 이의를 신청할 수 있다

719 Das gerichtliche Registerzeichen, meistens Aktenzeichen genannt, wird einheitlch gehandhabt, dazu gibt es in Korea eine allgemeine Verfügung des Justizministeriums, genannt „*sagŏnbyŏl puhomunjaŭi puyŏe kwanhan yegyu* 사건별 부호문자의 부여에 관한 예규 (Anweisung für die Verwaltung des Aktenzeichens)”. Demnach wird das Aktenzeichen *da* 다 für *minsasanggosagŏn* 민사상고사건, also ‚Revision in Zivilsachen‘ benutzt. In diesem ‚streitigen‘ Verfahren gibt es Kläger und Beklagte, während es im Verfahren der freiwilligen Gerichtsbarkeit (beim Familiengericht) Antragsteller und Antragsgegner gibt.

falsches Bild über das koreanische Verfahren vermittelt. In dem obigen Zitat darf es also nicht ‚Antragsteller' und ‚Antragsgegner' heißen. Die richtige Übersetzung lautet ‚Klägerin' bzw. ‚Beklagter'.

#### 5.2.4.3.8 Urteil oder Beschluss? Art der Gerichtsentscheidung

> *Am 15. Mai 1991 wurde im Seouler Familiengericht zum ersten Mal über einen Vermögensteilungsanspruch **geurteilt**.* (Cho 2001, 54)

Hier handelt es sich um ein Verfahren der freiwilligen Gerichtsbarkeit, sodass man besser von ‚entscheiden' spricht. Denn dies war kein Urteil, sondern eine Entscheidung durch Beschluss.

Die Verwendung eines Begriffs aus einem anderen Rechts-Zusammenhang wirkt auf den Leser irreführend, wenn ihm bewusst ist, dass Gerichte mal urteilen und mal in anderer Form entscheiden können. Hier könnten deutsche Juristen denken, dass die Entscheidung über die Vermögensteilung in Korea eine streitige Entscheidung durch Urteil ist. Gleiches gilt für die nachstehende Stelle:

> *In der **Urteilsformel** wird der Betrag des Vermögensausgleiches nicht unterschieden vom finanziellen Nachteilsausgleich* (Cho 2001, 80)

Die Entscheidung über die Vermögensteilung ist kein Urteil, sondern erfolgt durch Beschluss.

> *Der Antragsgegner kann per sogenannte **Ergänzungsberufung** (**Nachberufung**) geltend machen, wenn er glaubhaft macht, dass er die Berufungsfrist aus nachvollziehbaren Gründen versäumt habe, z.B. wenn er erst nach der Verkündung des Urteils durch die öffentliche Zustellung selbst vom Scheidungsverfahren Kenntnis erlangt hatte.* (Infoblätter, 8)

Hier kann man schon von einer Horrorvision über juristische Des- bzw. Falschinformation und destruktive Fachübersetzung sprechen:

Zunächst werden zwei gesetzliche Regelungen und Rechtsinstitute einschließlich ihrer gesetzlichen Voraussetzungen vollständig vermengt. Des Weiteren werden dafür zwei in der deutschen Rechts- wie auch Gemeinsprache unbekannte Begriffe genannt, welche durch die Klammerdarstellung auch noch gleichgesetzt werden, obwohl es sich um völlig unterschiedliche Rechtsinstitute handelt. Schließlich wird für ein Berufungs- (also streitiges Klage-)verfahren der falsche Begriff „Antragsgegner" verwendet (dieser Text steht im Abschnitt über Berufung und Revision). Richtig wäre – je nach Zusammenhang – Beklagter, ‚Berufungsbeklagter' oder neutral ‚andere Prozesspartei'. Aber wie gesagt ist der gesamte zitierte Text ohnehin (inhaltlich wie rechtssprachlich) ein einziger juristischer Wirrwarr.

Im koreanischen wie im deutschen Recht gibt es zwei übereinstimmende Regelungen (die im Rahmen der Zivilrechtsrezeption in Korea fast wörtlich aus BGB und ZPO mitübernommen wurden): Das eine ist die Anschlussberufung; sie kann vom Verfahrensgegner eingelegt werden, auch wenn die Berufungsfrist bereits verstrichen ist, und zwar dann, wenn die andere Partei Berufung eingelegt hat; diese Verspätung bedarf keiner Rechtfertigung. Diese Anschlussberufung heißt im koreanischen Recht *pudaehangso* 부대항소 附帶抗訴.[720] Die zweite Regelung gilt generell für die Versäumung einer Frist, also auch für jede Art von Rechtsmittel; wer ohne eigenes Verschulden die Rechtsmittelfrist versäumt hat (z. B. weil er das zugestellte Urteil wegen Urlaubs erst später zur Kenntnis nehmen konnte), kann innerhalb von zwei Wochen nach Wegfall der Hinderungsgründe Wiedereinsetzung in den vorigen Stand beantragen und gleichzeitig damit das Rechtsmittel einlegen. Dabei müssen die ‚Entschuldigungsgründe' dargelegt werden. Dies ist im deutschen wie im koreanischen Prozessrecht (in letzterem als *sosongaengwi-ŭi ch'uhubowan* 소송행위의 추후보완) an ganz anderer Stelle geregelt.[721]

Im Hinblick auf die Rezeption des deutschen Zivilrechts kann man jedem Übersetzer in diesem Rechtsbereich (also Zivil- und Zivilprozessrecht – BGB und ZPO) raten, im Gesetz des jeweils anderen Landes nach der entsprechenden Regelung zu suchen und diese daraufhin zu vergleichen, ob sie inhaltlich mit dem Ausgangstext übereinstimmt. Dann empfiehlt sich auch die Verwendung dieses Wortlauts in der Zielsprache (Paralleltext), um allen hier aufgezeigten Problemen aus dem Weg zu gehen.

Bei Cho 2001 findet man im Anhang auch eine Übersetzung des koreanischen Zivilgesetzes, welche sie nach eigenen Angaben aus Bergmann-Ferid, Internationales Ehe- und Kindschaftsrecht, 1993 übernommen hat:

> *Art. 839-II. (**Klage** auf Vermögensaufteilung)*
> *(1) Eine in gegenseitigem Einvernehmen geschiedene Partei kann **Klage** auf Vermögensaufteilung gegen die andere Partei erheben.*
> *(2) […]*
> *(3) (13.1.1990) Der Anspruch auf Vermögensaufteilung gemäß dem Abs. 1 erlischt nach Ablauf von zwei Jahren nach der Scheidung.*

Im Original heißt es:

> 제839조의2 (재산분할청구권) ①협의상 이혼한 자의 일방은 다른 일방에 대하여 재산분할을 청구할 수 있다.
> ② […]
> ③제1항의 재산분할청구권은 이혼한 날부터 2년을 경과한 때에는 소멸한다.
> [본조신설 1990.1.13]

Im Original ist von Klage nicht die Rede. *Ch'ŏnggugwŏn* 청구권 bedeutet wörtlich (subjektives) Recht auf Verlangen (oder allgemein Anspruch). Berücksichtigt man auch das Gesetz über das Verfahren in Familienangelegenheiten, so ist klar, dass dies auf keinen Fall eine Klage sein kann. Dieses Gesetz bestimmt, dass die Vermögensteilung zur freiwilligen Gerichtsbarkeit gehört (Art. 2 Abs. 1). Dort gibt es Anträge und Beschlüsse, keine Klagen. Und im Übrigen ist hier noch gar nicht von

---

720 Art. 403 koreanisches Zivilprozessgesetz, § 524 ZPO
721 Art. 173 koreanisches Zivilprozessgesetz, § 233 ZPO

einem Prozess gleich welcher Art die Rede. Vielmehr geht es um den materiellen Anspruch, also um Inhalt und nicht Verfahren.

Außerdem folgt eine Datumsangabe mit 13.1.1990 hinter dem Absatz 3. Deshalb nimmt man an, dass nur dieser Absatz am 13.1.1990 hinzugefügt ist. Aber dies ist nicht der Fall. Vielmehr ist der ganze Artikel neu eingefügt worden (vgl. im Original *ponjosinsŏl* 본조신설 本調新設 1990.1.13).

Es muss also richtig heißen:

Art. 839-bis (Anspruch auf Teilung der Ehegüter[722])
(1) Eine in gegenseitigem Einvernehmen geschiedene Partei kann von der anderen Partei die Aufteilung des Vermögens verlangen.
(2)
(3) Der Anspruch auf Vermögensaufteilung gemäß Abs. 1 erlischt nach Ablauf von zwei Jahren nach dem Tag der Scheidung.
(Art. neu eingefügt am 13. 01.1990)

### 5.2.4.3.9 *Schmerzensgeld, Schadensersatz oder Entschädigung?*

*sogar dann nicht, wenn ein Ehegatte von dem anderen das **Schmerzensgeld** bekommen hat.* (Lee 1986, S. 100–101)

Hier liegt ein doppelter Fehler vor. 1. Grammatikalisch: Schmerzensgeld muss in dieser Syntax ohne Artikel verwendet werden. 2. ‚Schmerzensgeld' ist der falsche fachsprachliche Begriff. In der deutschen Rechtssprache handelt es sich um eine ‚Entschädigung' bzw. ‚Abfindung' oder ‚Ausgleichszahlung'. ‚Schmerzensgeld' wird begrifflich nur für Entschädigungszahlungen für immaterielle Schäden aufgrund eines Anspruchs (insb. aus unerlaubter Handlung) verwendet.

*Der Mann hat die Scheidung mit seiner Frau vereinbart, ihr 7,950,000 Won ($ 10,072 nach dem damaligen Devisenkurs) als **Schmerzensgeld** bezahlt und ihr alle Hausgeräte gegeben. Sie vereinbarten auch, dass die Frau den Sohn erziehen und von dem Mann keinen **Erziehungsunkostenbeitrag** verlangen werde.* (Lee 1986, 132)

Hier kann es sich nach dem Kontext sowohl um eine Abfindung bzw. Ausgleichszahlung gehandelt haben, aber auch um ein echtes Schmerzensgeld. Üblich ist in solchen Fällen die Vereinbarung einer Abfindung zur Abgeltung aller Ansprüche, also auch etwaiger Schmerzensgeldansprüche. In einem solchen Fall müssten der Inhalt des Urteils genauer angegeben (nicht unzulässig verkürzt!) und genaue Quellenangaben gemacht werden, damit man die Quelle finden und den Inhalt überprüft und die Übersetzung dementsprechend korrekt erfolgen kann.

---

722 Die Bestimmung über die Vermögensaufteilung findet auf die gerichtliche Ehescheidung und die Auflösung der Ehe entsprechende Anwendung (Art. 843 ZG, Art. 2 Abs. 1, *ma.* Nr. 3 GVFam); sie ist auch bei der Auflösung der de facto-Ehe analog anzuwenden.

Erziehungsunkostenbeitrag: Umgangssprachlich wird zwar häufig von ‚Unkosten' gesprochen. Dies ist jedoch grammatikalisch falsch. Sachlich korrekt handelt es sich sowohl in betriebswirtschaftlicher Sicht wie auch folgerichtig im juristischen Sprachgebrauch um ‚Kosten' (oder ggf. ‚Ausgaben').

Außerdem liegt ein Zeichensetzungsfehler vor: Korrekt ist 7.950.000 Won.

> *Selbst wenn in den meisten Fällen die beiden Teile mehr oder weniger gleich schuldig wären, könnte die geschiedene Frau kein ausreichendes Schmerzensgeld bekommen.* (Lee 1986, 139–140)

Abgesehen von der generellen Unlogik dieses Satzes wird hier durch die Verwendung des Begriffs ‚Schmerzensgeld' ohne weitere Erläuterung die Aussage des Satzes unsinnig. Aus der Gesamtarbeit lässt sich indirekt eine Annahme oder These von Lee erkennen, dass koreanische Frauen bei einer Scheidung keine ausreichende finanzielle Absicherung haben, dass sie allenfalls einen Schadensersatzanspruch haben, zu dem auch ein Schmerzensgeld zählt, welches allerdings nach der Rechtsprechung relativ gering angesetzt wird. Demnach würde es einen Sinn ergeben, wenn es hier hieße, dass ‚die geschiedene Frau keinen ausreichenden finanziellen Ausgleich', dass sie ‚lediglich ein Schmerzensgeld und dieses nur in geringer Höhe' erhalte. Der sinnentstellende Fehler entstand hier wieder dadurch, dass der Begriff ‚Schmerzensgeld' undifferenziert anstelle mehrerer, eigentlich korrekter Begriffe unterschiedlicher Bedeutung verwendet wird, nämlich ‚Ausgleich', ‚Entschädigung' und ‚Schmerzensgeld'. Diese falsche synonyme Verwendung wurde schon auf den Seiten 132 der Dissertation von Lee (vorheriges Beispiel) deutlich.

#### *5.2.4.3.10 Antrag, Anspruch oder Recht?*

> *Die erste Ausnahme: Wenn beide Ehegatte an der Zerrüttung der Ehe schuldig sind, hat der minder schuldige Ehegatte den* ***Scheidungsantrag****, dagegen der schuldigere nicht.* (Lee 1986, 104)

Es wurden zwei Rechtsbegriffe miteinander verwechselt (Fehler in der Rechtsterminologie). ‚Anspruch' und ‚Recht' sind die materiellen Rechte, die dem Rechtssubjekt zustehen, ‚Antrag' ist deren förmliche Geltendmachung bei einer Instanz (Gericht, Standesamt, Behörde usw.). In klassischen Gerichtsverfahren (insb. streitigen Zivilverfahren) erfolgt eine ‚Klageerhebung', man ‚erhebt Klage'. Die Entscheidung darüber ergeht durch Urteil, gegen das Berufung und Revision zulässig ist. In besonderen Verfahren (Kostenfestsetzung, Vollstreckung, aber auch freiwillige Gerichtsbarkeit wie bei Familiensachen) stellt man Anträge, Gegenanträge; die Entscheidung ergeht durch Beschluss, gegen den Beschwerde und Rechtsbeschwerde möglich sind. Richtig wäre also: ‚hat der minder schuldige Ehegatte einen Anspruch auf Scheidung.'

> *Am 6. 7. 1915 hatte das Oberste Gericht* ***in*** *Seoul entscheiden, ob die Ehefrau ein* ***Recht*** *auf die Ehescheidung gegen ihren Ehemann hat. Bis dahin hatte die Ehefrau nach dem Gewohnheitsrecht keine* ***Befugnis*** *zur Ehescheidung. Unter Berufung auf die Aussage der Ehefrau, ihr Mann habe ihre Mutter geprügelt und dadurch verletzt.* (Lee H.-K. 1990, 31)

‚Befugnis‘ wird in der deutschen Rechtssprache für solche Sachverhalte nicht verwendet. Es handelt sich vielmehr um ‚Recht‘ und ‚Anspruch‘. ‚Befugnis‘ wird verwendet im Zusammenhang mit Ermächtigung, Amtsausübung oder auch ‚Klagebefugnis‘ und hat mit der Stellung und nichts mit dem materiellen Recht zu tun.

> *daß das Ehescheidungs**recht** des Ehegatten, der die Zerrüttung ganz oder überwiegend verschuldet hat, vollständig ausgeschlossen werden soll* (Lee H.-K. 1990, 162)

> *daß das Ehescheidungs**recht** des schuldigen Ehegattens grundsätzlich ausgeschlossen werden soll* (Lee H.-K. 1990, 164).

> *Derjenige, der ausschließlich oder überwiegend die eheliche Zerrüttung verschuldet hat, hat seinerseits keine **Berechtigung** zur Ehescheidung.* (Lee H.-K. 1990, 164).

> *Im konkreten Einzelfall ist dem Richter unter Berücksichtigung der folgenden verschiedenen Kriterien ein gewisser Ermessensspielraum einzuräumen, um dem Antragsteller das Scheidungs**recht** zu versagen.* (Lee H.-K. 1990, 170)

> *Nach der Ehescheidung gibt es kein Unterhalts**recht** und keinen Zugewinnausgleich* (Lee H.-K. 1990, 163)

Recht oder Anspruch: Die Verwendung des falschen Begriffs ist auch hier das Problem. Mit ‚Recht‘ ist der ‚Anspruch auf Ehescheidung‘ 이혼청구권 離婚請求權 gemeint. Der Anspruch ist vielleicht berechtigt. ‚Berechtigung‘ wird in ganz anderen Zusammenhängen verwendet (ein Schüler oder Student hat z. B. die Berechtigung, am Unterricht teilzunehmen oder öffentliche Verkehrsmittel zu benutzen). Zuletzt wird das ‚Scheidungsbegehren‘ (also der Antrag) ‚abgewiesen‘, nicht versagt.

> *Art. 806. (Schadensersatzanspruch bei Auflösung des Verlöbnisses)*
> *(1) Wird das Verlöbnis aufgelöst, so kann der unschuldige Teil von dem schuldigen Ersatz für den ihm dadurch entstandenen Schaden verlangen.*
> *(2) Die unschuldige Partei hat **neben dem Anspruch** auf Ersatz des Vermögensschadens gemäß Abs. 1 **auch einen Anspruch** auf Ersatz des Schadens wegen seelischer Schmerzen.* (Chang 1993, 39)

Die Übersetzung von Abs. 2 ist problematisch. Demnach gäbe es zwei Anspruchsgrundlagen: Abs. 1 gewährt einen Anspruch auf Ersatz materieller Schadens, Abs. 2 stellt eine eigene Anspruchsgrundlage für eine Entschädigung wegen seelischer Schmerzen dar. Dies ist aber nicht richtig. Im koreanischen Original heißt es: ② 전항의 경우에는 재산상 손해외에 정신상 고통에 대하여도 손해배상의 책임이 있다. Es lautet insgesamt richtig übersetzt:

> Art. 806. (Schadensersatzanspruch bei Auflösung des Verlöbnisses)
> (1) Wird das Verlöbnis aufgelöst, so kann im Falle eines Verschuldens der Andere von dem Schuldigen Ersatz des ihm dadurch entstandenen Schadens verlangen.
> (2) Der Anspruch gemäß Abs. 1 richtet sich sowohl auf Ersatz des Vermögensschadens als auch auf Ersatz des Schadens wegen seelischer Schmerzen.

Rechtsdogmatisch und -systematisch bedeutet dies einen erheblichen Unterschied: Es gibt im koreanischen Recht einen einzigen umfassenden Anspruch, dessen Grundlage der Abs. 1 ist, in Abs. 2 erfolgt lediglich eine gesetzesdefinitorische Klarstellung, dass dies so ist. Abs. 2 enthält keine eigene Anspruchsgrundlage. Es gibt demnach keine zwei Ansprüche, einen nach Abs. 1 und einen nach Abs. 2, einen Schadensersatz- und einen Schmerzensgeldanspruch, wie dies die Übersetzung von CHANG fälschlich vermittelt. Für rechtsvergleichende Wissenschaftler ist dies von Belang, da sie sich für solche Regelungstechniken interessieren.

#### *5.2.4.3.11 Hinderungsgründe für eine Scheidung*

Wie viele Scheidungen sind erlaubt? Das fragt man sich beim Lesen des folgenden Zitats:

> *Hätte man nach dem* ***Prinzip der drei unerlaubten Scheidungen*** *die Möglichkeit der Scheidung zu stark beschränkt, wäre der damalige Sinn der Ehe verletzt worden.* (LEE H.-K. 1990, 23)

Auch hier werden im deutschen Text Begriffe verwendet und dazu in einer grammatikalischen Form und Phrasierung, die das koreanische Rechtssystem bzw. die konkreten gesetzlichen Regelungen nicht adäquat wiedergeben, sondern den Leser völlig verunsichern. Wenn man das koreanische Recht nicht genau kennt, versteht man gar nicht, worum es hier geht. Es gab im früheren koreanischen Eherecht drei Ausschlussgründe für eine Scheidung, d. h. bei deren Vorliegen war eine Scheidung nicht zulässig, auch wenn ansonsten ein legaler Scheidungsgrund vorlag. Dies ist hier wahrscheinlich gemeint. Mit einem „Prinzip von" „drei unerlaubten Scheidungen" kann man dies keinem deutschen Leser vermitteln.

#### *5.2.4.3.12 Antrag oder Anmeldung?*

> *Nach den §§ 834 ff KBGB können die Ehegatten* ***auf Grund gegenseitigen Einverständnisses*** *beim* ***Zivilstandesamt*** *einen schriftlichen* ***Antrag auf Scheidung*** *ihrer Ehe stellen.* (LEE H.-K. 1990, 65)

Dieser Passus ist infolge der falschen Begriffswahl zu einer völlig falschen Darstellung der einvernehmlichen Scheidung entartet. Die gesetzliche Regelung ist wie folgt:

> Art. 836. (Wirksamwerden der Scheidung und Anmeldung)
> (1) Die Scheidung in gegenseitigem Einvernehmen ist wirksam, wenn sie nach Bestätigung des Familiengerichts gemäß den Bestimmungen des Gesetzes über das Familienregister angemeldet worden ist. (geändert am 31.12.1977 und 17.05.2007)
> (2) Die Anmeldung gemäß Abs. 1 hat schriftlich mit den Unterschriften beider Parteien und zweier volljähriger Zeugen zu erfolgen.

Es handelt sich also <u>nicht</u> um eine Scheidung auf Antrag. Vielmehr ist materiellrechtlich und inhaltlich allein ausschlaggebend die Vereinbarung der Eheleute.

Die Wirkung tritt allerdings erst ein mit ihrer Anmeldung (*sin'go* 신고 申告) beim Familienregister (Wirksamkeitsvoraussetzung); das Standesamt überprüft jedoch nur die Einhaltung der Formvorschriften, zu denen auch die Beifügung einer Bestätigung des Familiengerichts gehört, dass dieser Ehescheidungswille beiderseitig tatsächlich besteht, sowie das Vorliegen einer Vereinbarung bezüglich etwaiger Kinder aus der Ehe. Der Registerbeamte trifft vor oder bei der Eintragung keinerlei inhaltliche Entscheidung zur Ehescheidung – ebenso wenig wie das Familiengericht bei der Ausstellung der Bestätigung des Scheidungswillens. Das Anmeldeformular ist in Art. 73-bis des Gesetzes über das Familienregister vorgeschrieben.[723]

> *Nach koreanischem Recht genügt es, wenn die Eheleute einen* ***Eheschließungsantrag*** *ordnungsgemäß ausfüllen und dem zuständigen Standesregisteramt einreichen. [...]Die Eheschließung erlangt Rechtswirksamkeit mit dem Zugang des* ***Antrags*** *beim Standesregisteramt.* (YANG 1971, 44)

YANG verwendet mehrfach den Begriff ‚Eheschließungsantrag' anstelle des von ihm auch sonst verwendeten korrekten Begriffs ‚Anmeldung'. Im Zusammenhang mit seiner insgesamt ersichtlichen Rechtsauffassung und deren Darstellung liegt auch hier der Verdacht nahe, dass der Verfasser unabhängig von der verwendeten Sprache die rechtliche Systematik nicht durchdrungen hat. Auf jeden Fall führt die Ersetzung des korrekten deutschen Begriffes für *sin'gosŏ* 신고서 申告書, nämlich ‚Anmeldungsformular', durch den Begriff ‚Antrag' an dieser Stelle zu einem anderen Konstrukt im deutschen Recht und damit zu einem falschen Verständnis des deutschen Lesers über das koreanische Rechtssystem der Eheschließung.

#### *5.2.4.3.13 Weitere unrichtige Zuordnungen in die juristische Terminologie der ZS*

> *1989 wurde das* ***Koreanische BGB*** *zum Teil verändert. Es wurden das* ***Gesetz*** *über die Entscheidungen in Familiensachen (GEF) und das Gesetz über das Verfahren in Personalsachen (GVP) abgeschafft und das Gesetz über das Verfahren in Familiensachen neu geschaffen. Dieses Gesetz trat* ***1990 in Kraft****. Das GEF war in drei* ***Kapitel*** *geteilt. Im neuen Gesetz gibt es nur noch zwei* ***Kapitel****, das für Familiensachen und das für* ***Nicht-Familiensachen****. Das* ***Kapitel*** *für Familiensachen ist in die* ***Buchstaben*** *Na und Da unterteilt und das Kapitel für Nicht-Familiensachen in die* ***Buchstaben*** *Ga, Ma und Ra; (die gerichtliche Scheidung gehört zum Verfahren in Familiensachen Na, der Schmerzensgeldanspruch zum Verfahren in Familiensachen Da und der Vermögensteilungsanspruch zum Verfahren in Nicht-Familiensachen Ma).* (CHO 2001, 29)

---

723 Vor der Änderung vom 31. 12. 1977 hatte der Standesbeamte das Recht zu prüfen, ob der Parteiwille auf Scheidung zur Zeit der Anmeldung noch wirklich bestand. Seit der Änderung ist dies Aufgabe des Familiengerichts (Art. 79-bis Gesetz über das Familienregister).

Dieser Abschnitt ist in mehrfacher Hinsicht durcheinander.

1. Im Jahr 1989 gab es keine Änderung des Zivilgesetzes.[724] Cho meint vielmehr ‚Zivilrecht'. Hier von ‚BGB' zu sprechen, ist falsch, wie an anderer Stelle dargelegt: Mit BGB wird ein ganz bestimmtes Gesetz bezeichnet, während Zivilrecht den ganzen Rechtsbereich bezeichnet, also auch die Verfahrensgesetze, um die es hier geht. Es handelt sich eben nicht um das bislang von Cho so (wie das deutsche BGB) zitierte koreanische ‚BGB', sondern um konkrete andere Gesetze (‚Zivilprozessrecht' als Unterkategorie des ‚Zivilrechts'), die geändert bzw. ersetzt wurden. Durch die Verwendung des Begriffs BGB wird der Leser vollkommen in die Irre geführt; er nimmt an, die weiter zitierten ‚Gesetze' seien Teil des koreanischen Zivilgesetzbuchs, obwohl es eigenständige Gesetze sind – wie auch die deutsche ZPO oder das FamFG.

2. Das Gesetz über das Verfahren in Familiensachen wurde zwar am 31. 12. 1990 erlassen, trat aber erst am 01.01. 1991 in Kraft.[725]

3. Die Aussage, dass das alte Gesetz in drei und das neue Gesetz in zwei Kapitel unterteilt sei, stimmt überhaupt nicht. Das von der Verfasserin als GEF benannte alte Gesetz bestand nicht aus Kapiteln, sondern aus Abschnitten und zwar fünf sowie Nebenbestimmungen. Das jetzt geltende Gesetz über das Verfahren in Familiensachen ist in sechs (!) Abschnitte und Nebenbestimmungen eingeteilt. Bei genauerem Recherchieren merkt man, dass Cho unter ihrer Bezeichnung „Kapitel" wahrscheinlich keine tatsächliche formale Gesetzeseinteilung, sondern die gedankliche Unterteilung in die zwei grundsätzlichen Verfahrensarten meint. Diese wurden nämlich mit dem neuen Gesetz vorgenommen und werden in Artikel 2 innerhalb des ersten Abschnitts aufgeführt; dementsprechend gelten im neuen Gesetz auch unterschiedliche Regelungen für diese zwei Verfahrensarten; dennoch gibt es insgesamt sechs Abschnitte. Darauf konnte man nur kommen, weil die von Cho zitierten Einteilungen in die genannten Buchstaben *Ga, Na, Da, Ra, Ma* nur in Artikel 2 zu finden sind. Dieser Artikel besteht aus 3 Absätzen, Abs. 1 aus 2 Nummern. Diese beiden Nummern tragen den Titel Klageverfahren in Familiensachen (oder streitige Verfahren) und freiwillige Gerichtsbarkeit in Familiensachen (nicht streitige Verfahren). Nr. 1 wiederum ist unterteilt in *Ka, Na* und *Ta*, die den Titel *karyu, naryu* und *taryu* tragen (im alten GEF gab es *kam-nyu, ŭl-lyu* und *pyŏng-nyu*), was sinngemäß mit Kategorie A, B, C zu übersetzen ist. Nr. 2 ist ebenfalls unterteilt, aber nicht wie von der Verfasserin genannt in *ka, ma* und *ra*, sondern in *ka* und *na* als Ordnungskennzeichen, welche die Titel *la(ryu)* und *ma(ryu)* tragen.

---

724 Das Gesetz wurde geändert durch Ges. Nr. 1237, am 29.12.1962; 1250 am 31.12.1962; 1668 am 31.12.1964; 2200, am 18.06.1970; 3051, am 31.12.1977; 3723, am 10.04.1984; 4199 am 13.01.1990; 5431, am 13.12.1997; 5454, am 13.12.1997; 6544, am 29.12.2001; 6591, am 14.01.2002; 7427, am 31.03.2005; 7428, am 31.03.2005; 7765, am 29.12.2005; 8435, am 17.05.2007; 8720, am 21.12.2007; 9650, am 08.05.2009.

725 Alle Gesetzestexte und dazugehörigen Informationen kann man auch auf der homepage von 법제처 Korea Ministry of Government Legislation. unter http://www.law.go.kr abrufen.

Das neue Gesetz unterscheidet also bei diesen Grundsatzregelungen in zwei Bereiche. Das alte GEF enthielt an entsprechender Stelle eine Unterteilung in drei Bereiche (die allerdings nach anderen Kriterien unterschieden waren).

Bereits die Bezeichnung Kapitel hat, wie man sieht, den Leser – in diesem Fall auch die Verf. vorliegender Arbeit – auf einen sehr langen und mühsamen Irrweg geführt, da sie auf eine ganz andere Ebene der Begrifflichkeiten und von daher sowohl formal als auch materiellrechtlich in eine völlig falsche Systematik gezielt hat. Hinzu kommen noch die Vermengungen der verschiedenen Ordnungs-Ebenen (Kapitel, Artikel, Buchstaben) untereinander und mit deren Titeln sowie falsche Darstellungen.

4. Es gibt im Gesetz also auch keine Einteilungen von Kapiteln oder Abschnitten u. dgl. in *Ka, Na, Ta* usw. Es handelt sich bei diesen Buchstaben bzw. Silben vielmehr einfach um die Ordnungsmerkmale für die Aufzählung in Art. 2 Abs. 1. Die entsprechenden Regelungen sind dann in anderen Abschnitten und Artikeln zu finden. Ein Gesetz wird nun einmal nicht in Buchstaben untergliedert, sondern in Abschnitte, Artikel usw. Die Verwendung von Buchstaben zur Kennzeichnung von Unterteilungen ist etwas Anderes und wurde an anderer Stelle vorliegender Arbeit bereits behandelt.[726]

5. Schließlich fragt sich der Leser noch, wieso das Gesetz über das Verfahren in Familiensachen „Nicht-Familiensachen“ regeln soll. Die Wahrheit ist, dass das Gesetz in Klageverfahren in Familiensachen (oder streitige Verfahren) und freiwillige Gerichtsbarkeit in Familiensachen (nicht streitige Verfahren) unterscheidet und die denkbaren Fälle einer dieser beiden Verfahrensarten zuordnet und für beide Verfahrensarten unterschiedliche Regelungen enthält.

> *Zum 1. Januar 1991 wurde der Anspruch auf Vermögensteilung in Korea neu geregelt (§ 839 2. Fassung KBGB). Eine sehr allgemein gehaltene Norm* ***(§ 839 2. Fassung KBGB)*** *behandelt den Komplex der* ***Vermögensliquidation*** *insgesamt.* (Cho 2001, 51)

Wegen des Zitats „2. Fassung“ denkt der Leser, es handle sich um eine Neufassung der bisherigen Regelung. Dies ist aber falsch. Vielmehr handelt es sich um eine spätere Einfügung, weshalb der Artikel/§ mit 839 bis bezeichnet wurde In Deutschland wird in diesen Fällen der Klein-Buchstabe ‚a‘, ‚b‘ usw. verwendet (vgl. oben 5.2.3.1.2).

‚Vermögensliquidation‘ ist hier der falsche Begriff. Es kann zum Zwecke der Vermögensteilung eine Liquidation erfolgen. (= Versilberung des nicht baren Vermögens durch Verkauf, Versteigerung usw., Auflösung unbaren Vermögens wie Immobilien, Mobiliar, Wertpapiere usw., auch Auflösung eines Betriebs). Die Teilung kann aber auch durch Vereinbarung über Eigentumszuweisung einzelner Gegenstände (Beispiel: sie erhält die Möbel, er das Auto) plus Aufteilung des Barvermögens erfolgen. Richtig müsste es hier heißen ‚Vermögensteilung‘, denn dies ist der Oberbegriff, und die zitierte Gesetzesstelle behandelt alle Teilungsmöglichkeiten.

726 Vor allem unter 5.2.3.1.2

*Die Hausarbeit ausreicht zur* ***Begründung*** *der Vermögensteilung.* (Cho 2001, 56)

Bei Verwendung des Begriffs ‚Begründung' im Zusammenhang mit den bestimmten Artikeln zu ‚Hausarbeit' und ‚Vermögensteilung' lässt sich diesem Satz kein Sinn entnehmen. Vielleicht ist gemeint, dass Hausarbeit (ohne Artikel verwendet) bzw. besser: die ‚Führung des Haushalts' ein Punkt bzw. eine Leistung ist, die bei Durchführung der Vermögensteilung angemessen zu berücksichtigen ist. (Außerdem ein häufiger Grammatikfehler: ausreichen ist ein trennbares Verb, also richtig: ‚reicht...aus').

### 5.2.4.4 *Fachjargon*

Unter Fachleuten gibt es jeweils verschiedene Fachjargons. Manchmal kann eine solche Gruppensprache in der fachinternen Kommunikation hilfreich sein, um die Aussage möglichst kurz und bündig zu machen. Es ist aber immer zu hinterfragen, ob die Nutzung solcher Jargons tatsächlich denselben Inhalt auch einfacher und klarer formuliert. Das ist nicht immer der Fall. Hier ein Beispiel:

*Diese „tatsächlichen Ehen (**Onkel-Ehe**)" stehen trotz der Anmeldepflicht (§ 812 KBGB) ausnahmsweise unter dem Schutz des Staates.* (Yang 1971, 36–37)

*In der Lehre und Praxis der Länder Korea und Japan wird die sog. „**Onkel-Ehe**" durchweg anerkannt.* (Yang 1971, 37. Fn. 117)

Der Begriff der „Onkel-Ehe", also des in Deutschland aus der Nachkriegszeit bekannten eheähnlichen Zusammenlebens einer Krieger-Witwe und ihrer Kinder mit einem Mann, den sie aus wirtschaftlichen Gründen – Verlust der Witwenrente – nicht heiraten wollte, ist in Korea nicht bekannt. Im Koreanischen gibt es nur den Begriff *sasil-hon* 사실혼 事實婚, das heißt wörtlich ‚tatsächliche Ehe'. Er sollte auch mit dem in der deutschen Zielsprache durchaus vorhandenen und korrekterweise benutzten Begriff ‚tatsächliche' oder ‚de facto-Ehe' übersetzt werden und nicht mit dem zwar im Fachjargon bekannten, aber hier nicht passenden Begriff der ‚Onkel-Ehe' (warum nicht gleich das in solchen Fällen ebenfalls, wenn auch abfällig benutzte Wort ‚Bratkartoffel-Verhältnis'?). Im deutschen Rechtsverständnis wiederum gibt es solche ‚tatsächlichen' Ehen nicht. Hier unterscheidet man in (früher) ‚nichtige' oder gültige Ehen und kennt Trennungs- und Scheidungsgründe. Systematisch davon zu trennen ist das ‚eheähnliche' oder tatsächliche Zusammenleben (Lebensgemeinschaft), was in bestimmten Rechtsbereichen (Steuerrecht, Sozialrecht, Wohngeldrecht usw.) eine Rolle spielen kann.

Die Verwendung des Begriffs ‚Onkel-Ehe' ist also aus mehreren Gründen abzulehnen. Stattdessen sind die korrekten Begriffe zu verwenden, und für das Verständnis des Lesers sind diese inhaltlich zu erläutern (Aufgabe des Fachautors, nicht des Übersetzers): Im Gegensatz zur ‚Onkel-Ehe', bei der man bewusst zusammenlebte, ohne die Rechtsform einer Ehe mit all ihren in diesem Fall unerwünschten rechtlichen Folgen zu wählen (weshalb dies auch keinerlei Rechts-Institut mit irgendwelchen Folgen war), ist die ‚tatsächliche Ehe' in Korea daraus zu verstehen, dass es keine staatlich vorgeschriebene Zeremonialform für eine gültige Eheschließung gab und gibt (z.B. vor dem Standesbeamten oder einem Geistlichen wie in anderen Ländern), sondern die Rechtsfolgen des staatlichen Rechts nur an die Anmeldung der – wie auch immer vorgenommenen – Eheschließung geknüpft sind. Deshalb wird auch die sog. ‚tatsächliche', d.h. Ehe ohne Anmeldung durchaus als wirksame Ehe anerkannt (vgl. 4.5.3). Vor allem in ländlichen Bereichen hat man die Anmeldung einer durchaus nach überlieferter Zeremonialform geschlossenen Ehe oft ‚vergessen' oder wusste gar nicht, dass dies wegen irgendwelcher Rechtsfolgen sinnvoll bzw. notwendig war. Man hat dies dann bei der Anmeldung des ersten Kindes erfahren und nachgeholt. Wie man sieht, bestehen zwischen den beiden Formen des Zusammenlebens eklatante Unterschiede: Die koreanischen Eheleute wollten heiraten und fühlten sich auch so und diese Ehe ist – nach Anmeldung – von Anbeginn (also rückwirkend) staatlich anerkannt. Die deutschen ‚Onkel-Ehe'-Partner wollten genau dies nicht, da sie die daraus resultierenden Rechtsfolgen explizit vermeiden wollten! Yang unterlag vielleicht selbst dem Irrtum, dass die Begriffe auch inhaltlich gleichzusetzen seien. In jedem Fall hat er aber durch Verwendung falscher Begriffe in der Zielsprache dem Leser Falschinformationen übermittelt. Hätte er sich an die ‚normalen' Fachbegriffe gehalten, wäre dies nicht passiert und auch ein evtl. Irrtum seinerseits wäre nicht zu bemerken gewesen.

> *Die zu § 79 Nr. 2. KPStG ergangene Dienstverordnung für Standesbeamte führt aus, daß der Standesbeamte nicht nur ein formelles, sondern auch ein materielles und* ***faktisches Prüfungsrecht*** *hat.* (Yang 1971, 86)

Der Begriff ‚faktisches Prüfungsrecht' ist hier fehl am Platz. Von faktischen Rechten od. Rechtsverhältnissen wird in der juristischen Fachsprache dann gesprochen, wenn entweder eine vorgesehene Form für deren Zustandekommen nicht eingehalten oder nicht nachweisbar ist – z.B. (tatsächliche =) faktische Ehe – oder eine ausdrückliche gesetzliche Regelung fehlt, das Recht aber in der Praxis nicht bestritten wird – z.B. das sogenannte materielle Prüfungsrecht des Bundespräsidenten im Gesetzgebungsverfahren vor seiner Unterschrift und der Veröffentlichung. Hier jedoch zitiert Yang im selben Satz die ausdrückliche Normierung dieses Prüfungsrechts. Yang meint wohl etwas Anderes, nämlich das Recht, Tatsachen zu ermitteln, dies wird jedoch bereits von dem Begriff ‚materielle' Prüfung umfasst. Der koreanische Originalbegriff lautet: *silchilchŏk simsagwŏn* 실질적 심사권 實質的 審査權.

> *und daüberhinaus werden wichtige Fragen der Reform, z.B. die* ***Wartezeit*** *für die einverständliche Scheidung […] genauer erklärt.* (Cho 2007. 164)

Dies schreibt Cho in ihrer deutschen Zusammenfassung, während sie im koreanischen Volltext ausführt:

> 이혼숙려제도는 경솔한 이혼을 막기 위한 것으로 별거기간과는 다소 다르며, 이는 **대기 시간** (Wartezeit)에 가깝다. […] 별거기간은 이혼신청이 있은 후 일정기간이 경과하면 이혼이 성립된다. 숙려기간으로 인한 이혼은 이혼신청이 있은 후 다시이혼에 대한 의사의 확인을 통하여 충분히 숙고하였는지 재확인한다는 점에서 별거기간과는 다르다. (Cho 2007, 145)

Die deutsche Darstellung legt beim Lesen nahe, dass es für die Einreichung eines Scheidungsantrages eine Wartefrist wie früher auch in Deutschland gibt (hier das Trennungsjahr). Die früher geltende und so bezeichnete ‚Wartefrist' (wegen etwaiger danach noch geborener ehelicher Kinder) wurde aber in Korea gerade mit diesen Reformen abgeschafft.[727] Es gibt jetzt nur noch eine Besinnungsfrist (Bedenkzeit) von 3 Monaten ab Eingang der Scheidungserklärung bei Gericht bis zur Erteilung der gerichtlichen Bestätigung der Scheidung. Wirksam vor dem Gesetz wird die Scheidung ohnehin erst mit ihrer Eintragung im Standesregister – wann auch immer diese erfolgt bzw. erfolgte. Ähnlich hier:

> *Das Verfahren der einverständlichen Scheidung führt ein: wenn die Ehegatten die Scheidung vereinbaren, müssen sie ihren Scheidungswillen dem Gericht mitteilen. Danach erhalten sie vom Gericht die* **Beglaubigung der Scheidung***, und dann geben sie es dem Amt, in dessen Bereich der die Ehegatten wohnen in 3 Monaten. Bevor dem Vorliegen des Beglaubigungs der Scheidung im Amt kann jeder Ehegatte Scheidungsvereinbarung anfechten, aber wenn ein Ehegatte es schon abgibt, dann* ***gilt*** *die Ehe* ***als*** *geschieden* (Cho 2007, 163)

So in der deutschen Zusammenfassung; im koreanischen Text ist zu lesen:

> 협의이혼은 당사자의 합의로 이루어지며, 협의이혼의 절차는 이혼에 합의한 당사자가 법원에서 이혼의사확인서를 받아 3개월 이내에 이를 주소지 또는 본적지 호적관서에 신고하면 그 때부터 효력이 발생한다. (Cho 2007, 134)

Hier gilt zunächst dasselbe wie zuvor ausgeführt. Abgesehen davon, dass die gesamte deutsche Zusammenfassung – wie auch anderer Texte dieser Autorin – dem Leser viel Kopfzerbrechen bereitet, um überhaupt zu sinnvollen Deutungsmöglichkeiten zu gelangen (welche dann aber auch nicht richtig sein müssen), und auch in mehreren Teilen schlicht falsch ist, ist Folgendes anzumerken: ‚Beglaubigung' ist – wie bereits ausgeführt – allgemein ein Zeugnis darüber, dass bestimmte Urkunden mit dem Original übereinstimmen, und speziell im Rechtsverkehr ein gesetzliches Formerfordernis, wonach z. B. Unterschriften in bestimmten Verträgen oder Urkunden in Form öffentlicher Beglaubigung vor einem Notar geleistet werden müssen. Von der Beglaubigung ist die Beurkundung zu unterscheiden.

I. d. R. wird die Wendung ‚gilt als...' benutzt, wenn eine Fiktion erfolgt. Dieser Begriff bezeichnet in der Rechtswissenschaft die Anordnung eines Gesetzes, tatsächliche oder rechtliche Umstände als gegeben zu behandeln, obwohl sie in Wirklichkeit nicht vorliegen. Eine gesetzliche Fiktion kann im Prozess auch nicht widerlegt oder entkräftet werden, da sie definitionsgemäß vom tatsächlichen Sachverhalt abweicht, wie in Art. 826-bis ZG (Volljährigkeit durch Eheschließung): Wenn ein Minderjähriger die Ehe eingeht, gilt er als volljährig (neu eingefügt am 31. Dezember 1977, in koreanischer Originalsprache 제826조의2 (성년의제) 미성년자가 혼인을 한 때에는 성년자로 본다).

727 Gesetzesnummer 8720, in Kraft getreten am 22. Juni 2008.

Fiktionen müssen von Vermutungen unterschieden werden. Keine Fiktion liegt insbesondere vor, wenn etwas als verbindlich anzusehen ist, was nur möglicherweise den tatsächlichen Umständen nicht entspricht (lat. ‚Fictio cessat, ubi veritas locum habere potest: Eine Fiktion scheidet aus, wo die Wahrheit Platz greifen kann'). Dann handelt es sich vielmehr um eine unwiderlegliche gesetzliche Vermutung. Ein Beispiel bildet § 1566 Abs. 2 BGB: „Es wird unwiderlegbar vermutet, dass die Ehe gescheitert ist, wenn die Ehegatten seit drei Jahren getrennt leben." Das Gericht wird hier also von der schwierigen Aufgabe befreit, eine Ehe daraufhin zu untersuchen, ob sie gescheitert ist oder nicht. Tatsächlich wird das auf viele Ehen nach dreijähriger Trennung zutreffen, aber eben nicht notwendigerweise auf alle. Das Gesetz knüpft nicht an konkrete Tatsachenfeststellungen an, sondern an einen typischen Sachverhalt.

Gemäß Art. 834 ZG können sich die Ehegatten durch eine entsprechende Vereinbarung scheiden. Die Vereinbarung wird allerdings erst dann wirksam, wenn sie dem Familiengericht vorgelegt und von diesem bestätigt wurde und im Familienregister eingetragen ist, wie oben dargestellt. Es handelt sich also nicht um eine Fiktion, sondern um eine Wirksamkeitsvoraussetzung (Bedingung).

Allgemein ist bei Übersetzungen wie denen der Autorin Cho immer wieder festzustellen, wie wichtig die Einhaltung der hier apostrophierten Anforderungen an Übersetzer und Übersetzungen von juristischen Texten ist. Wenn sich solche Texte wie maschinell übersetzte Gebrauchsanweisungen lesen, kann kein deutscher Nutzer damit etwas anfangen, weder ein interessierter juristischer Laie noch ein Richter oder Anwalt, auch kein Standesbeamter, geschweige denn ein Wissenschaftler im Bereich der Rechtsvergleichung. Allein die Lektüre derartiger Texte wäre Beweis genug für die in vorliegender Arbeit vorgetragenen Thesen.

### 5.2.4.5 Übersetzung von Namen und Bezeichnungen

#### 5.2.4.5.1 Gerichtsbezeichnungen

> *Urteil des **OGH** Tscheju vom 13. 12. 1960 Nr. 4293 Zivilsache 34 [...] Das **Landgericht** bejaht böswilliges Verlassen.* (Lee 1986, 67)

Die deutsche Abkürzung ‚OGH' wurde von Lee als „Oberstgerichtshof" definiert (richtig müsste es heißen: ‚Oberster Gerichtshof'). Dieser hat seinen Sitz in Seoul. Hier handelt es sich indessen um ein Landgericht oder ein Oberlandesgericht, was wegen der falschen Abkürzung und des fälschlich bloß mit „Zivilsache" wiedergegebenen Az.-Bestandteils (vgl. 5.2 1.10) nicht feststellbar ist. Sie selbst spricht im weiteren zitierten Text auch unvermittelt von „Landgericht". Dies könnte aber auch die Vorinstanz gewesen sein.

Hierzu kann auch auf die zuvorgenannten Beispiele verwiesen werden, wo es in erster Linie um die Verwendung von Abkürzungen und Aktenzeichen ging. Hier folgen weitere Beispiele für unrichtige Verwendung von Bezeichnungen für Gerichte und Gesetze:

*Die **Unteren** Gerichte (Gerichte der ersten Instanz, Landgerichte, Familiengericht) und die **Höheren** Gerichte haben sich in den meisten Urteilen bei der Schmerzensgeldzahlung über die gesetzliche Grundlage des Schmerzengelds bei der Scheidung nicht deutlich geäußert* (Cho 2001, 134)

*Das **Höhere** Gericht in Pusan entschied ein Schmerzensgeld von 30 Millionen Won* (Cho 2001, 142)

*Die dritte Auffassung ist die herrschende Meinung und die vom **Obersten Gericht** praktizierte Auffassung in Korea,* (Cho 2001, 52)

*Der koreanische Oberste **Gerichtshof** hat folgendes entschieden. Entscheidung des Obersten Gerichtshofs Koreas (*Cho 2001, *56).*

*Der **Oberste Koreanische Gerichtshof*** (Cho 2001, 60) *hat entschieden, daß die Abfindung beim Ausscheiden aus einem Betrieb ein Teil des gemeinsam erworbenen Vermögens während der Ehe ist.*

In derselben Arbeit werden also unterschiedliche Bezeichnungen für gleiche Instanzen und dasselbe Gericht verwendet.

*die Position des Familiengerichts, dessen Stellung im Gerichtsaufbau der eines **Landgerichts** entspricht, [...]*(Lee H.-K. 1990, 79)

Dies vermittelt dem deutschen Leser nicht das richtige Bild von der koreanischen Gerichtsbarkeit. Man darf nicht eine wegen des anderen Aufbaus der Gerichtsbarkeit nicht vergleichbare Gerichtsbezeichnung zur Erläuterung verwenden. In Deutschland gibt es Amts- und Landgerichte, aber eben auch Familiengerichte, welche zwar auf der Stufe der Amtsgerichte angesiedelt sind, jedoch nicht so einfach in die instanzenmäßig nochmals anders gegliederte vierstufige Zivil- und Strafgerichtsbarkeit einzuordnen sind. In Korea gibt es kein vierstufiges Gerichtswesen. Es gibt auf der untersten Stufe Landgerichte mit Außenstellen und keine dem Amtsgericht vergleichbaren Untergerichte. Dementsprechend sind auch die Familiengerichte naturgemäß auf der Ebene der koreanischen Landgerichte angesiedelt. Ohne diese Information kann der Inhalt dem Leser in der Zielsprache nicht mit dem Hinweis auf das Landgericht vermittelt werden. Besser wäre der Hinweis auf die ‚untere Gerichts-/Instanz-Ebene' oder eben die vollständige Erläuterung.

### *5.2.4.5.2 Bezeichnung der Gesetze*

Ein Vorteil funktionaler Äquivalenz ist, dass sich der Leser dadurch überhaupt etwas Konkretes unter dem Begriff vorstellen kann wie bei ‚koreanisches BGB' (wenn man BGB als Gattungsnamen betrachtet, obwohl es auch eine andere neutrale Lösung gibt: ‚koreanisches Zivilgesetz'). Jedoch ist von ihrer Anwendung bei Eigennamen abzuraten.

*Schon im darauffolgenden Jahr legte die Kommission den Entwurf eines **Grundgesetzes** vor, dem die Weimarer Verfassung des Deutschen Reiches von 1919 zugrunde lag. Der*

> *Entwurf wurde von der Nationalversammlung Koreas am 17. Juli 1948 angenommen. Schließlich wurde die Unabhängigkeit der Republik Korea am 15. August 1948 proklamiert.* (LEE H.-K. 1990, 42)

Ein gravierender Fehler wurde hier gemacht: Das Grundgesetz ist ein Eigenname für die deutsche Verfassung. Man darf nicht den Eigennamen mit dem Gattungsbegriff verwechseln bzw. eine Besonderheit in Deutschland als Begriff in der Übersetzung verwenden für einen anderen ebenfalls in der Ziel-Fachsprache gebräuchlichen. Es muss natürlich heißen: ‚einer Verfassung'. ‚Grundgesetz' ist der außergewöhnliche Name der (konkreten!) deutschen Verfassung. In abstrakter Form muss immer der Begriff ‚Verfassung' verwendet werden – wie hier ganz typisch als ‚Entwurf einer Verfassung'. Außerdem nennt sie sich in Korea auch tatsächlich – wie in fast allen Staaten – Verfassung.

Welche Konfusion eine inhaltlich unkorrekte Wiedergabe in Verbindung mit einer schlechten Übersetzung sowohl beim Fachpublikum wie beim Laien-Leser anrichten kann, mag abschließend folgendes Beispiel verdeutlichen, das für sich spricht:

> *Das deutsche Familienrecht besteht aus dem Eherecht, dem Kindschaftrecht und der Vormundschaft. Dieses Recht ist meistens die Verhältnis der Ehegatten und die Verhältnis zwischen den Eltern und den Kinder geregelt. Aber im koreanischen Recht spielt noch große Rolle das Verwandtschaftsrecht, die aus dem Familienregister und der Verhältnis der Verwandtschaft bestehen, deswegen wurden viele Bücher nicht Familienrecht, sondern Verwandtschaftsrecht genannt. Allmählich wird einige Bücher in Korea Familienrecht genannt, obwohl das Verwandtschaftsrecht noch nicht abgeschafft worden ist.* (CHO 2001, 46–47 Fn. 135)

Angemerkt sei trotzdem noch: Das Wort ‚Familie' bezeichnet ursprünglich den Hausstand, d. h. alle vom Hausherrn abhängigen Personen einschließlich der Sklaven bzw. Diener (so heute noch der Ausdruck ‚*Familia papae*'). Deshalb gehört zum ‚Familienrecht' des BGB außer dem Ehe- und dem Verwandtschafts- (einschl. Kindschafts-) Recht auch die Vormundschaft, die alte ‚Munt' des Hausherrn, die nicht notwendig an die Ehe oder Abstammung anknüpft.[728] Zum deutschen Familienrecht gehört also auch immer noch das Verwandtschaftsrecht, auch wenn dies im Vergleich zu Korea natürlich nur einen geringen Umfang hat. Es handelt sich nicht nur um einen Unterschied im Rechtssystem, sondern in der Gesellschaftsform mit den dementsprechenden notwendigen gesetzlichen Regelungen. Der Unterschied liegt nicht in der Zugehörigkeit zu einem bestimmten Rechtssystem-Teil, sondern im Verwandtschaftsrecht als solchem (nicht systematisch, sondern materiell!).

728 Siehe NEUHAUS 1979, 1.

### 5.2.5 Außersprachliche Darstellungsfehler

> *Das Mindesalter (Ehemündigkeit) ist für den Mann **19 Jahre**, für die Frau **17 Jahre**.* (Yang 1971, 45)

> *solcher Eheleute, die noch nicht **21 Jahre** alt sind, der Zustimmung der betreffenden Eltern [...] bedürftig.* (Yang 1971, 86–87)

Die Volljährigkeit wurde mit Vollendung des 20. Lebensjahres erreicht, somit wurde bei Rechtsgeschäften keine Zustimmung bei 20 jährigen verlangt. Im Original steht außerdem:

> 제807조 (혼인적령) 남자 만18세, 여자 만16세에 달한 때에는 혼인할 수 있다. (Ein Mann, der das achtzehnte Lebensjahr und eine Frau, die das sechzehnte Lebensjahr vollendet haben, können eine Ehe schließen.)

Wie kam dieser Fehler zustande? In Korea wurde traditionell eine andere Zählung der Lebensjahre (*yŏllyŏng* 연령 年齡) vorgenommen. Bei dieser traditionellen Zählweise ist ein Kind bei der Geburt schon ein Jahr alt. Der Grund dafür ist, dass die 9 Monate des Kindes im Mutterleib quasi als erstes Lebensjahr gelten. Außerdem wird man jeweils am Neujahrstag nach dem Mondkalender ein Jahr älter. So kann es im Extremfall vorkommen, dass ein Kind bereits zwei Tage nach seiner Geburt als 2 Jahre alt gilt, wenn es am Tag vor Neujahr geboren wurde. Jedoch folgt man in Rechtstexten/Formularen stets der westlichen Zählweise (*manyŏllyŏng* 만연령 滿年齡, Alter nach vollendeten Jahren).

Yang hat diese Altersangabe nach der herkömmlichen Zählungsmethode angegeben, obwohl diese in Korea auch damals schon in juristischen Texten keine Verwendung fand und findet.

> *Dieses KBGB wird in Korea das **neue** Bürgerliche Gesetzbuch genannt.* (Lee 1986, 16)

Dies ist eine unzulässige Verallgemeinerung/Generalisierung durch Verwendung des Indikativ-Passivs und täuscht dadurch einen allgemeinen Sprachgebrauch in Korea vor, den es aber keinesfalls gibt. Allgemein wird das KBGB von 1958 nicht ‚neues', sondern einfach BGB oder Zivilgesetz genannt (*minbŏp* 민법 民法), während das frühere Zivilgesetz *kuminbŏp* 구민법 舊民法, also altes Zivilgesetz bzw. ‚japanisches' Zivilgesetz genannt wird, wie Lee auf S. 13 unten selbst richtigerweise erwähnt.

> *Deswegen gab die Frau ihren Beruf als Lehrerin an einem **Mädchengymnasium** auf und lebte mit ihm zusammen.* (Lee 1986, 92)

Das koreanische Schulsystem kennt keine Mehrgliedrigkeit und damit auch kein Gymnasium. Vielmehr entspricht es eher dem Gesamtschulsystem mit drei Stufen (Elementar-, Sekundar- und Oberstufe (die nicht mit dem Abitur abschließt, stattdessen führen die Universitäten Aufnahmeprüfungen durch). Mit dem Begriff ‚Gymnasium' in der Übersetzung wird deshalb ein falsches Bild vermittelt. Der koreanische Begriff *kodŭnghakkyo* 고등학교 高等學校 umfasst die Schuljahre 10 bis 12, während man das deutsche Gymnasium vom 5. bis zum 12. bzw. bis zum 13. Schuljahr besucht. In gleicher Weise kennt man in Korea Begriffe wie Lehrling, Geselle, Abitur, Diplom, Staatsexamen nicht, es gibt dafür keine vollständige Äquivalenz. Hier muss man ein anderes Wort verwenden, damit dem Leser nicht der Eindruck vermittelt wird, dass es in Korea dasselbe Schul- bzw. Bildungssystem wie in Deutschland gibt. Richtig muss es heißen: ‚Mädchen-Oberschule'.

> *Nach der* ***„Kap-Ou" Revolution*** *(甲午改革) von 1894 richtete die koreanische Regierung eine ständige Gesetzeskommission ein.* (Yang 1971, 6)

Hier liegen zwei Fehler vor: Die *Kabo*-Reformen – keineswegs ‚Revolution' – bezeichnen eine Reihe von Reformen im Korea des Chosŏn-Reichs in den Jahren 1894 bis 1896. Richtige Transkription wäre: *kabo kaehyŏk* 갑오개혁 甲午改革,[729] wobei *Kabo* die Bezeichnung für das Jahr 1894 ist, so dass auch die Übersetzung ‚Reform von 1894' in Ordnung wäre. Revolution wird auf Koreanisch *hyŏngmyŏng* 혁경 革命 genannt, wie bei der Fanzösischen Revolution (*p'ŭrangsŭ hyŏngmyŏng* 프랑스 혁명 프랑스 革命).

> *Erst relativ lange Zeit nach der Gründung der Republik Korea im Jahre* ***1953*** *trat am 1. Januar 1960 ein eigenes koreanisches Bürgerliches Gesetzbuch in Kraft.* (Cho 2001, 24)

Dies ist eine Falsch-Information, die Gründung war im Jahr 1948 in Südkorea, indem die US-amerikanische Militärregierung am 15. August 1948 der neu gebildeten koreanischen Regierung die volle Amtsgewalt übergab. Schließlich erkannte die UNO-Generalversammlung am 12. Dezember 1948 Südkorea an. Dies ist nicht zu verwechseln mit der faktischen Teilung oder dem Waffenstillstandsabkommen nach dem Koreakrieg im Jahre 1953.

> *Der Konfuzianismus wurde aus China übernommen und im 14. Jahrhundert* ***als Staatsreligion*** *anerkannt und unter koreanischen Bedingungen weiterentwickelt.* (Cho 2001,3)

Konfuzianismus ist – wie bereits mehrfach ausgeführt – keine Religion, sondern eine Ideologie, was auch im koreanischen Sprachgebrauch immer berücksichtigt wird. Religion heißt auf Koreanisch *chonggyo* 종교 宗教. *Kŏnguk-inyŏm* 건국이념 建國理念 bedeutet dagegen Staatsgründungsideologie. So wird dies auch in den Schulen gelehrt. Es darf deshalb auch im Deutschen nicht als ‚Staatsreligion' dargestellt, sondern muss als ‚Staatsideologie' bezeichnet werden, um falsche Vorstellungen beim Leser zu vermeiden. Außerdem handelt es sich um den Neokonfuzianismus *sŏngnihak* 성리학 性理學.

> *Die* ***Grenze*** *zwischen Nord- und Südkorea gehört noch heute zu den am besten bewachten Grenzen der Welt und Kontakte zwischen "normalen" Menschen beider Staaten gibt es kaum.* (Cho 2001, 17)

Staatsrechtlich gesehen gibt es zwischen ‚Südkorea' und ‚Nordkorea' keine Grenze, sondern eine Waffenstillstandszone. Im juristischen Kontext muss dieser Unter-

729 Genaueres über diese Reform von 1894–1896 siehe Kim H. 2004 211–216.

schied beachtet werden, da er staats- und völkerrechtlich von immenser Bedeutung ist (wie auch natürlich politisch). Mag eine solche Ungenauigkeit im gemeinsprachlichen Gebrauch hinnehmbar sein, ist er in der Fachsprache absolut unzulässig, da weitreichende Folgen von staatlicher Anerkennung über Staatsangehörigkeitsfragen bis hin zum Kriegsrecht damit verbunden sind. Eine völkerrechtliche Konsequenz ist z. B.: Nordkoreanische Flüchtlinge genießen kein Asylrecht in der EU, da sie die Staatsangehörigkeit eines sicheren Drittlandes besitzen, nämlich des international anerkannten ‚Südkorea' (Republik Korea).

> *Unmittelbar nach der Gründung der neuen Dynastie ergriff* ***der König Lee*** *mehrer Maßnahmen.* (Lee H.-K. 1990, 3)

Einen König Lee gibt es nicht. Der Familienname lautet so, womit also auch die Dynastie bezeichnet wird. In der Chosŏn-Zeit gab es 27 Könige. Der erste König, dessen bürgerlicher Name Yi Sŏnggye 이성계 李成桂 lautet, heißt *Taejo*.

## 5.3 Transkriptionsprobleme (insb. anhand eines anschaulichen Beispiels aus dem Namensrecht)

Unterschiedliche Schriften sind bereits die erste Hürde bei jeder Übersetzung wie auch bei der Rechtsvergleichung. Die Schwierigkeiten beginnen hier schon bei der Transkription. Umschriften sieht man tagtäglich. Wenn man in der Zeitung oder im Fernsehen Nachrichten über nordkoreanische Politik begegnet, dann findet man z. B. oft:

> In den letzten Jahren hatten sich die Spannungen zwischen **Seoul** und **Pjöngjang** deutlich verschärft, bis hin zum Beschuss der südkoreanischen Insel **Yeonpyeong** durch **Kim Jong Il**s Streitkräfte.[730]

Wir lesen diese Namen ganz selbstverständlich, ohne uns darüber bewusst zu werden, dass hinter diesen ‚lesbaren' Namen die koreanischen 서울, 평양, 연평도, 김정일 stehen, unabhängig davon, ob man dies wie in Korea üblich liest oder aber eine eingedeutschte Aussprache zugrunde liegt. So hört man oft für den koreanischen Namen 김정일 statt in richtiger Aussprache [kɪm. ʤʌŋil] die falsche Lesung [kɪm. **j**oŋil]. Solche alltagsgebräuchliche Umschriften orientieren sich vor allem an der Phonetik des Namens. Je nach Zielsprache und deren Phonetik fallen deshalb die Umschriften unterschiedlich aus. Offensichtlich liest man den Namen김정일 in der deutschen Presse deshalb nicht richtig, weil sich die international übliche Umschrift dieses Namens an der englischen Aussprache orientiert hat, und die Aussprache des Buchstabens J in der deutschen und der englischen Sprache anders ist. Von dieser pseudo-phonetischen Umschrift (Transkription) ist aber nicht mehr ableitbar, wie der ursprüngliche Name, Begriff oder Ort in der Originalsprache geschrieben wird.

---

730 Thilo Thielke in: Der Spiegel, 9/2012 „Nordkorea, Knollenbegonien für Kim", 92.

In juristischen Arbeiten kommt es auf eine eindeutige, unverwechselbare und reversible Benennung an. Für diesen Zweck ist eine solche Arbeitstechnik nicht geeignet.

Bei der Übersetzung von Rechtstexten ist die Umschrift keine einfache Lesbarmachung. Hier muss man auch die zielrechtliche Regelung berücksichtigen. Hier ein reales Beispiel:

Eine Koreanerin ist in Deutschland eingebürgert worden. Bei der Ausstellung ihres deutschen Personalausweises hat sich herausgestellt: Im deutschen Standes-(Heirats)Register ist ihr Vorname mit „Young Ju" (ohne Bindestrich) eingetragen. Offenbar beruhte dies auf der zur Eheschließung dort vorgelegten deutschen Übersetzung ihrer Geburtsurkunde, ausgestellt von der Botschaft Koreas, in der ebenfalls der Bindestrich fehlt, obwohl in ihren sämtlichen relevanten Urkunden aus Korea wie aus Deutschland ihr Vornamen mit Bindestrich geschrieben ist. So ist es auch die korrekte Übersetzung ins Deutsche, da sie nur einen einzigen Vornamen hat. Dementsprechend lauten sämtliche anderen Urkunden auf ihren Namen „Young-Ju Youn" (also mit Bindestrich), z.B. Aufenthaltserlaubnis, Führerschein, Zeugnisse, Diplom, Einträge beim Einwohnermeldeamt usw.

Sie hatte damals das Fehlen des Bindestrichs weder bemerkt noch moniert. Aber bei der Ausstellung des Personalausweises bereitete dies Probleme. Dessen Ausstellung kann nur in Übereinstimmung mit den Einträgen im Standesregister erfolgen. Wenn der Vorname getrennt, aber ohne Bindestrich geschrieben wird, bedeutet dies im deutschen Rechtskreis, dass sie zwei Vornamen hätte, was aber nicht stimmt.

Die Stellungnahme der koreanischen Botschaft dazu war wie folgt: Die Botschaft bestätigt, dass ein koreanischer Vorname gewöhnlich aus zwei Silben besteht. Es gebe in Korea bei der Romanisierung eines koreanischen Namens weder eine feste Umschriftregel noch eine festgelegte Schreibweise. Aus diesem Grund komme es vor, dass zwischen den zwei Silben eines Vornamens manchmal kein, manchmal ein Bindestrich eingefügt wird. Die Botschaft versichert dann, dass der Bindestrich zwischen den Silben eines Vornamens nicht die unterschiedliche Identität von Personen ausmache.

So weit, so gut und richtig – aber nur generell. Welche Möglichkeiten blieben der Betroffenen? Zwei:

1. Sie lässt die Eintragung im Heiratsregister durch Hinzufügung des Bindestrichs in ihrem Vornamen berichtigen, damit deutscher Personalausweis und Pass ordnungsgemäß und in Übereinstimmung mit allen anderen Dokumenten ausgestellt werden können oder
2. sämtliche anderen Urkunden müssen geändert werden. Dies ist praktisch unmöglich und auch nicht korrekt. Im Ergebnis würde dadurch eine unzulässige Namensänderung entstehen.

Der Rechtsübersetzer muss Folgendes wissen: Die richtige Übersetzung aus zwei Silben bestehender Begriffe wie auch von Namen bei einer so genannten Romanisierung kann zwar generell in beiden Formen erfolgen. Die deutsche Schreibweise eines aus zwei Silben bestehenden einzigen koreanischen Vornamens muss jedoch wegen der rechtlichen Bedeutung speziell im deutschen Namens- und Standesrecht korrekterweise mit Bindestrich oder in Zusammenschreibung erfolgen, da sonst eine nach deutschem Namensrecht unzulässige Namensänderung entsteht, die irgendwann zu erheblichen Problemen mit deutschen Behörden führt. Denn aus dem einen einzigen Vornamen würden namensrechtlich zwei Vornamen entstehen bzw. würde dies zumindest immer so unterstellt, obwohl dem eigentlich nicht so ist. Der Schlüssel zur Lösung oder Vermeidung dieses Problems liegt beim Urkundenübersetzer. Er muss den Kunden darauf hinweisen und eine korrekte Übertragung des Namens vorschlagen. Das kann er aber nur, wenn er sich nicht nur in den beiden Sprachen und mit Transkriptions- und Transliterationsregeln auskennt, sondern gleichermaßen auch in beiden Rechtssystemen, hier dem koreanischen und dem deutschen Namensrecht.

Der Übersetzer ist kein Standesbeamter und keine Verwaltungsbehörde. Er ist nicht befugt, Namen zu ändern. In der Praxis erlebt man es jedoch nur zu oft. So werden z. B. aus einem Vornamen plötzlich zwei, was nach deutschem Namensrecht unzulässig und nur durch ein aufwändiges Namensänderungsverfahren möglich ist. Oder ein und derselbe Name wird bei verschiedenen Anlässen unterschiedlich übersetzt bzw. transkribiert, sodass eine Identifizierung und Zuordnung zur Person nicht möglich ist.

## 5.4 Zwischenergebnis

Wiesmann versucht zwar das für den Übersetzer nötige Wissen von dem juristischen Fachwissen abzugrenzen („für die juristisch qualifizierten Fachleute“) und führt dazu aus:

> Die Aufgabe des Übersetzers kann auch nicht die des Rechtsberaters sein, da das Wissen über die Voraussetzungen und die Folgen rechtlichen Handelns im tatsächlichen (fact) wie im rechtlichen Bereich (law) eines fundierten Wissens bedarf, das nur in einer entsprechenden theoretisch-methodisch und handlungsbezogenen Ausbildung erworben werden kann. Was schließlich die Abfassung von Rechtstexten [...] anbelangt, so gehört diesbezügliches rechtssprachliches Wissen als sprachlich-textuelles Wissen sehr wohl zu dem Wissen, das der Rechtsübersetzer für die Anfertigung eines qualitativ hochwerigen Translats benötigt.[731]

Selbst bei ihr wird also deutlich, dass es nicht um einen unterschiedlichen Wissenshorizont geht. Vielmehr geht es nur darum, wofür dieses Wissen eingesetzt wird. Ohne fundiertes juristisches Wissen insb. über Rechtsgeschichte, Auslegungsverfahren, Verweisung, Rechtsinstitute und Rechtsfolgen ist eine einwandfreie Übersetzung nicht zu erwarten. Aufgabe des Übersetzers ist also zwar nicht die Rechtsberatung, zur korrekten Erfüllung seiner Aufgabe benötigt er bei Rechtstexten dennoch den genannten Wissenshorizont.

---

731 Wiesmann 2004, 173–174.

Vor allem die folgenden Erkenntnisse vorstehender Untersuchung sind bei der Übersetzung von Rechtstexten von Bedeutung. Einige erscheinen selbstverständlich, werden in der Praxis, wie vorstehend aufgezeigt, jedoch viel zu wenig beachtet.

1. Die Meinung, man solle Rechtsbegriffe, die wegen einer nationalen Eigenart nicht oder nur unvollkommen übersetzt werden können, besser unübersetzt lassen, um nicht den Text zu verfälschen, ist bei der Übersetzung koreanischer Rechtstexte nicht vertretbar.
2. Für die Umschrift koreanischer Namen und Begriffe muss sich der Übersetzer für ein System entscheiden und dieses konsequent anwenden. Welches er wählt, hängt vom Zweck der Übersetzung ab. So ist das Transkriptionssystem nach McCune-Reischauer zwar – auch im wissenschaftlichen Bereich – verbreitet, jedoch wegen seiner aus der phonetischen Orientierung resultierenden Schwierigkeiten bei der Reversibilität für juristische Texte oft nicht geeignet. Z. B. bei Aktenzeichen ist ein Transliterationssystem angemessener.
3. Bei Kennzeichnung als Zitat muss der Inhalt vollständig wiedergegeben werden. Durch zielsprachliche Formulierungen dürfen in der Übersetzung keine im AT nicht vorhandenen Inhalte erscheinen. Die Bedeutung des AT darf nicht im Geringsten eingeengt, erweitert oder verfälscht werden, um nicht bei Interpretation und Rechtsvergleichung zu schaden.
4. Aufgrund der Rezeption des deutschen Zivilrechts in Korea ist anzuraten, im Gesetz des jeweils anderen Landes nach der entsprechenden Regelung zu suchen und diese daraufhin zu vergleichen, ob sie inhaltlich mit dem AT übereinstimmt (Paralleltext). Dann empfiehlt sich die Verwendung dieses Wortlauts in der ZS.
5. Die Verwendung von Drittsprachen ist zu vermeiden, solange es nicht wegen eines inhaltlichen oder formalen Kontextes notwendig ist. Nur bei Auslegungsproblemen können gängige Übersetzungen des AT in Drittsprachen hilfreich sein.
6. Ein Wechsel des Begriffs bedeutet für den Juristen das Signal, dass etwas anderes gemeint ist. Gleiches muss daher immer gleich bezeichnet werden, auch wenn eine Bezeichnung sich dadurch mehrfach wiederholt. Und derselbe Begriff darf auch niemals in anderer Bedeutung verwendet werden.
7. Bevor man sich in der ZS an fachspezifischen Formulierungen versucht, sollte man die Hilfe einschlägiger Fachleute in Anspruch nehmen bzw. einschlägige Fachliteratur einschließlich etwaiger Normen heranziehen. Dabei darf man nicht unkritisch in anderen Veröffentlichungen gefundene Termini übernehmen, welche bei näherer Betrachtung der Bedeutung des AT nicht entsprechen (vgl. 3).
8. Die Beherrschung der Grammatikregeln, insb. zur Wortbildung, ist im Rahmen der Übersetzung juristischer Texte von hervorgehobener Bedeutung. Deshalb ist schon bei der Vermittlung der juristischen Fachsprache für Übersetzer der kontrastiven Linguistik besondere Aufmerksamkeit zu schenken.

9. Die Besonderheiten der unterschiedlichen Schriftsysteme sind zu beachten. Abkürzungen durch Aneinanderreihung von Initialen sind in koreanischen Texten nicht möglich, da die koreanische Schrift silbenweise geschrieben wird. Bei Az. sollten die Original-Az. in Transliteration verwendet werden. An geeigneter Stelle (Einleitung, Glossar, Anhang o. ä.) sollten fachspezifische Ausdrücke und Abkürzungen erläutert werden.
10. Die textinterne formale Gliederung ist je nach Kultur unterschiedlich. Gemäß den verschiedenen Gliederungs-Normen sind deutsche Gesetzestexte anders aufgebaut als koreanische.
11. Es sind bisher keine Übertragungsregeln für den Fall festgelegt worden, dass Buchstaben als Gruppierungs- und Ordnungsmerkmale benutzt werden. Entsprechend der Systematik bei der Verwendung von Buchstaben und arabischen sowie römischen Ziffern in deutschen juristischen Werken, vor allem in Gesetzen, wird vorgeschlagen:
    - Bei der Übertragung von Buchstaben als Ordnungsmerkmal werden die in der alphabetischen Reihenfolge den koreanischen Buchstaben entsprechenden deutschen Buchstaben verwendet, also ga=a, na=b, da=c, la=d usw.
    - *Lyu* 류 類 und koreanische Wortzusammensetzungen wie *kap-lyu* 갑류 甲類, *ŭl-lyu* 을류 乙類, *pyŏng-lyu* 병류 丙類 haben keine Entsprechung in der deutschen Systematik von Ordnungsmerkmalen und der juristischen Nomenklatur. Dem Begriff *lyu* entspricht als gleichartiges und vor allem gleichstufiges Differenzierungsmerkmal das Wort ‚Unterabsatz'.
    - Eingefügte Bestimmungen mit Zusatz wie bei 839 조의 2, 3 usw.sind mit ‚bis' ‚ter' usw. oder mit angehängten Kleinbuchstaben a, b usw. wiederzugeben (z. B. § 839a).
12. Trotz der Rezeption gibt es in Deutschland und Korea unterschiedliche Rechtsinstitute und divergierende rechtliche Regelungen, so dass keine 1:1 – Äquivalenz, sondern lediglich eine partielle Äquivalenz vorliegt. Der Übersetzer muss die in den Wörterbüchern vorgeschlagenen Lösungen und vorhandene Übersetzungen kritisch hinterfragen, welche bzw. ob überhaupt eine im konkreten Zusammenhang adäquat ist.
13. Auf Grund der Rezeption gibt es jedoch trotz der erheblichen sprachlichen Unterschiede viele Gemeinsamkeiten in der Rechtsterminologie. So kann und muss man trotz der scheinbaren Sprachunterschiede oft ein terminologisches Äquivalent finden.

# 6 Fazit

Die vorliegende Arbeit zielt darauf ab, aus Analyse und Vergleich der Rechtssprachen in Deutschland und Korea, ihren Bezügen und Diskrepanzen zur Gemeinsprache sowie ihrer Verwurzelung in Rechtsgeschichte, Rechtssystemen und Gesellschaft Erkenntnisse für eine Optimierung bei der Übersetzung von Rechtstexten zu gewinnen. Dazu dienten zunächst anerkannte und divergierende Theorien und Meinungen aus Forschung und Lehre in Rechtsgeschichte und Rechtswissenschaft, insb. Rechtsvergleichung sowie Sprach- und Übersetzungswissenschaft. Diese wurden mit Anforderungen der Praxis vor allem in der internationalen, Grenzen und Sprachgrenzen überschreitenden Zusammenarbeit konfrontiert und auf ihre Brauchbarkeit auf dem Gebiet der Rechtssprachen hinterfragt. Dafür musste Rechtssprache als besondere Fachsprache analysiert und determiniert werden. Ihre Bedeutung und Rolle im Kontext der jeweiligen Rechtssysteme und deren Entwicklung einerseits sowie der jeweiligen Gemeinsprache wurden bestimmt. Es wurden auch die wechselseitigen Bezüge deutlich. Aus einer Fülle von Material an Gesetzestexten, sonstigen Rechtstexten sowie juristischen Abhandlungen auf dem Gebiet des deutschen und koreanischen Ehe- und Familienrechts wurde sodann durch deren Analyse anhand der zuvor gewonnenen Erkenntisse eine Systematik typischer Fehler in bisher vorliegenden Übersetzungen von juristischen Texten erstellt. Aus den Zwischenergebnissen wie aus den durch die kritische Analyse der in den Übersetzungen gefundenen Fehlertypen lassen sich Hinweise und Regeln für deren einwandfreie Übersetzung ableiten.

Bedeutung haben die gewonnenen Ergebnisse für die Übersetzungswissenschaft, aber auch für die Rechtswissenschaft, vor allem für die Rechtsvergleichung zwischen Korea und Deutschland. Diese spielt auch eine wesentliche Rolle als Strategie-Element bei der Übersetzung wie in der Grundlagenforschung. Die Ergebnisse sind im interkulturellen Kontext von Gesellschaft(en) und Rechtsgemeinschaft(en) zu betrachten. Dabei werden viele durchaus typische Schwachstellen im Umgang mit dem koreanischen Recht im internationalen Kontext deutlich. Und es lassen sich hieraus wiederum Folgerungen für eine notwendige und zielführende Verbesserung in Aus- und Fortbildung ableiten. In diesen müssten die für einen schadlosen und nutzbringenden Umgang mit dem koreanischen und deutschen Recht im Rahmen der bi- und internationalen Beziehungen vor allem im Bereich der Wirtschaft, aber auch der damit einhergehenden familien- und sozialrechtlichen Aspekte erforderlichen Kenntnisse und Fähigkeiten vermittelt werden. Zu unmittelbarem Nutzen werden Anregungen sowie Handreichungen für die Übersetzungspraxis gegeben. Diesem Zweck soll nicht zuletzt auch das Glossar dienen.

Fasst man die Erkenntnisse aus den einzelnen Kapiteln vorliegender Arbeit zusammen, so lässt sich folgendes Resümee ziehen:

## 6.1 Probleme bei der Übersetzung von Rechtstexten aus Sicht der Übersetzungswissenschaft

Für die Übersetzung von Rechtstexten zwischen den Sprachen Koreanisch und Deutsch und die Lösung der dabei auftauchenden Probleme kann man keine einfache, eindeutige und durchgängig gleiche Strategie[732] anwenden. Die Basisausstattung an Hilfsmitteln wie zweisprachige Fachwörterbücher für Koreanisch-Deutsch-Übersetzer ist dürftig. Hier ist deshalb wenig Hilfe bei der Findung von Äquivalenten zu erwarten. So ist eine individuelle Auffindung der Äquivalente in der Zielsprache in erheblichem Umfang Aufgabe des jeweiligen Übersetzers. Die Qualität der Ergebnisse ist deshalb stark abhängig von der Qualität des Übersetzers, dessen Ausbildung und Kenntnissen. Klar ist, dass die Übersetzungsstrategie bei juristischen Texten anders aussehen muss als bei literarischen oder technischen Texten. Wegen der Bedeutung der juristischen Auslegung, insb. der grammatischen und systematischen Auslegung, muss die Übersetzung mit dem AT nicht nur inhaltlich,[733] sondern auch formal übereinstimmen. ‚Dokumentarisch treue', also wortgetreue Übersetzung hat hier nicht nur ihre Daseinsberechtigung, sondern steht im Vordergrund. Nur so lassen sich die für den juristischen Anwender wichtigen Elemente in Rechtssystem, Rechtssprache und präziser juristischer Definition der Inhalte im ZT korrekt vermitteln und bleiben Verweistechnik, Zitierfähigkeit und Auffindbarkeit von Fundstellen gewährleistet. Im Zentrum stehen dabei das Rechtssystem des AT und das Sprachsystem des ZT.

Der Übersetzer muss sich immer bewusst sein, dass sich, – bedingt durch die Systemgebundenheit der Rechtssprache – eine denotative Äquivalenz im Recht bei der Übersetzung zwischen unterschiedlichen Rechtssystemen nicht immer erfüllen lässt. Auch kann die Wort-für-Wort-Übersetzung infolge der oftmals von der Gemeinsprache abweichenden Bedeutung der Rechtssprache zu einem falschen Verständnis in der ZS führen (vgl. ‚Lebenspartner' in der deutschen Rechtssprache); schließlich kann funktionale Äquivalenz fälschlich suggerieren, dass ausgangsrechtliche und zielrechtliche Systeme ähnlich oder gar identisch seien. Deshalb sollte der Übersetzer zwar immer nach funktionalen Äquivalenzen suchen, dabei aber sehr kritisch unter rechtssprachlichen, rechtssystematischen Kriterien und in genauer Kenntnis der Rechtsinstitute und -begriffe beider Sprachen vorgehen. Wenn danach kein eindeutig diesen Kriterien und den Inhalten des ausgangssprachlichen Begriffs entsprechender zielsprachlicher Begriff zu finden ist, muss er möglichst wortgetreu übersetzen und ggf. in der Übersetzung nicht integrierte Übersetzeranmerkungen (als Fuß- bzw. Endnote) als adäquate Übersetzungstechnik anwenden.

Beim Übersetzen von Rechtstexten sind vertiefte Kenntnisse von Sprache und Recht der betroffenen Länder gleichermaßen notwendig wie die Fähigkeit, damit sicher und produktiv umzugehen, insb. bei der Wiedergabe der Texte aus der einen

---

732 Diesbezüglich gibt es in der Übersetzungswissenschaft viele Begriffe – vgl. 1.5.

733 Jumpelt (1961, 26) ist z. B. der Meinung, dass die naturwissenschaftlich-technische Übersetzung „primär die Inhalte der Aussagen wiedergeben" soll.

Rechtssprache in die des anderen Landes. Durch Vergleichen, Erkennen von Parallelen und Unterschieden der jeweiligen Rechtsinstitute und Begriffe kann und muss die adäquate Form der Übersetzung in der ZS gefunden werden. Adäquatheit bedeutet dabei, dass diese Form sich an den Anforderungen an die Übersetzung orientiert, wie sie sich aus der in vorliegender Arbeit beschriebenen Zwecke der Gesetzes- und sonstigen juristischen Texte und dem Umgang mit der jeweiligen Rechtssprache im Ausgangs-Rechtssystem einerseits und im Ziel-Rechtssystem andererseits ergeben. Weiterhin ist zu beachten, wofür die Übersetzung verwendet werden soll, also insb. ob zur Rechtsvergleichung, zur Analyse einer (Gerichts-)Entscheidung bzw. eines gegnerischen Schriftsatzes, zur Vorlage bei einer Behörde (Patentamt, Handelsregistereintragung, Standesamt, Notar usw.), zu rascher Erst-Information oder was sonst. Das Hauptproblem und die hohe Kunst der Übersetzung solcher Texte liegen genau hierin: Adäquatheit der Sprache und Äquivalenz der Begriffe und ihrer Inhalte. Sprachform, Stilistik, gemein- und rechtssprachliche Bedeutung der Begriffe müssen auch in der Übersetzung in möglichst gleicher Form zum Ausdruck kommen. Ggf. müssen sie aus dem Kontext und der Rechtsgeschichte heraus erschlossen werden. Vorhandene und diesen Postulaten entsprechende zielfachsprachliche Begriffe dürfen und müssen verwendet werden. Sind solche nicht vorhanden, sind an deren Stelle andere grammatikalisch richtige und terminologisch zutreffende Begriffe bzw. Phrasen zu benutzen. Diese dürfen aber nicht mit bereits vorhandenen und in Gemein- oder Rechtssprache des zielsprachlichen Landes verwendeten in deren Bedeutung und Konnotation kollidieren. Wenn auch dies keine eindeutige und für den Adressaten nachvollziehbare Wiedergabe des Ausgangstextes erbringt, sind Erläuterungen der betreffenden Regelung und ggf. der dahinter stehenden (Rechts)Systematik erforderlich.

## 6.2 Erkenntnisse aus vorliegender Arbeit im Einzelnen

### 6.2.1 Rechtssprache in Korea und Deutschland – Besonderheiten und Gemeinsamkeiten in Geschichte und Gegenwart und Folgerungen für Übersetzer

Die Merkmale von Rechtssprache, wie sie hier herausgearbeitet werden konnten, sind im Zwischenergebnis unter 2.6 dargestellt. Ebenso finden sich dort die daraus zu ziehenden Folgerungen für die Übersetzung von Rechtstexten allgemein sowie besonders für das Sprachpaar Koreanisch – Deutsch.

### 6.2.2 Erkenntnisse aus der Untersuchung von Gemeinsamkeiten und Unterschieden der historischen und gegenwärtigen Rechtssituation in Korea und in Deutschland

In Kapitel 3 erfolgte die Auseinandersetzung mit den Rechtsordnungen und deren Vergleich. Dabei wurde ihre Relevanz bei der Übertragung juristischer Texte, insb.

solcher des Ehe- und Familienrechts und zwar in beiden Ländern, beleuchtet. Es ist festzustellen, dass sich dieses Rechtsgebiet in beiden Ländern trotz unterschiedlicher Traditionen in Recht und Gesellschaft und früher sehr divergierender rechtlicher Systematik in jüngerer Zeit in ähnlicher Richtung entwickelt hat. Zu beobachten sind vor allem Tendenzen zur vollen Gleichberechtigung der Frau oder rechtlichen Gleichstellung aller Kinder wie in den anderen Bereichen der heutigen Gesellschaft auch. Auch Scheidungs- und Unterhaltsrecht haben sich stark verändert. Kompliziert bleiben Rechtsvergleichung und Übersetzung dennoch: Zum einen wirken frühere Begriffe und Rechtsinstitute bzw. ganze Rechtssysteme mit ihren Rechtsfolgen bis in die heutige und künftige Zeit hinein. Dies gilt vor allem für Korea, zunächst im Zusammenhang mit der japanischen Kolonialherrschaft und dann nochmals in jüngster Zeit: Erst unter US-amerikanischem Einfluss und dann im Rahmen der Globalisierung von Wirtschaft und Gesellschaft kam es zu erheblichen Umwälzungen in der Rechtssystematik und daraus folgend in Terminologie und Rechtssprache. Aber auch in Deutschland sind in jüngerer Zeit bedeutsame Veränderungen zu verzeichnen. Dadurch sind sowohl von früher her als auch aufgrund der jüngeren Entwicklung von einander abweichende Rechtsinstitute und -termini zu finden, die keine volläquivalenten Pendants im jeweils anderen Rechtssystem besitzen. Andererseits existieren gleiche und ähnliche Begriffe in beiden Rechtssprachen, welche jedoch keine inhaltliche Kongruenz aufweisen, sondern Teil-Schnittmengen oder gänzlich abweichende Bedeutungen. Sog. ‚falsche Freunde‘ sind in diesem Bereich nicht selten, Missverständnisse mit u. U. weitreichenden Konsequenzen somit vorprogrammiert, wenn der Übersetzer nicht allen zuvor genannten Prämissen entspricht.

### 6.2.3 Ergebnisse der Rechtsvergleichung im Hinblick auf Rechtssprachen und Übersetzung

Im Zusammenhang mit der Rezeptionsgeschichte im koreanischen Recht wurden im zweiten und dritten Kapitel auch die Besonderheiten der koreanischen Rechtssprache beleuchtet. Dabei wurde u. a. die Bedeutung früherer und heutiger Übersetzungsfehler aufgezeigt. Des Weiteren wurden die Entwicklung der Sprache, insb. der Rechtssprache, sowie daraus resultierende Reformversuche in neueren, aber auch bestehenden Gesetzen, wie ‚Verständliches Zivilgesetz‘, dargestellt. Dabei wurde die Bedeutung sichtbar, welche den besonderen Charakteristika der Rechtssprache zukommt, wie sie sich als Resultat aus dem ersten Teil des zweiten Kapitels darstellen. Am Beispiel der Übersetzungsfehler bei den Freihandelsabkommen zeigte sich, welche weitreichenden Konsequenzen solche Fehler in Rechtstexten haben können.

Im zweiten Kapitel wurden die Besonderheiten der Rechtssprache als Fachsprache herausgearbeitet. Sie wurden vom linguistischen Standpunkt her charakterisiert, und die sprachlichen Unterschiede der koreanischen und deutschen Rechtstexte wurden aus Sicht der kontrastiven Linguistik untersucht. Danach ist Folgendes festzustellen:

- Rechtssprache hat einen doppelten Adressatenhorizont. Sie richtet sich nicht nur an Fachleute (insb. Juristen), sondern auch juristische Laien, woraus sich ein besonderes Dilemma dieser Fachsprache ergibt. Dadurch, dass die rechtssprachlichen Termini meist auf der Gemeinsprache basieren, aber oft eine davon abweichende spezielle Bedeutung haben, wird dieses Dilemma noch größer.
- Rechtssprachen sind an das jeweilige nationale Rechtssystem gebunden – im Gegensatz zu technischen Fachsprachen gibt es kaum sprachenübergreifende exakt definierte Termini im Rahmen eines Begriffssystems. Meist existiert nicht einmal eine einheitliche Rechtssprache über alle Rechtsbereiche eines Landes hinweg. Diese Systemgebundenheit muss transparent bleiben (dokumentarische Übersetzung).
- Die Rechtssprache eines Staates kann nur im Zusammenhang mit ihrer und dessen geschichtlichen Entwicklung verstanden werden. So ist es z.B. unerlässlich, die Sprachhistorie, die Rechtsrezeptionsgeschichte und im Falle Koreas die koloniale Vergangenheit unter Japan zu kennen, um mit der gegenwärtigen Rechtssprache Koreas konstruktiv umgehen zu können. Ansonsten kommt es zu teilweise folgenschweren Fehlinterpretationen und -übersetzungen.

Aus Kapitel 3 bleibt festzuhalten, dass Rechtstermini und Rechtssprache generell immer spezifizierter werden und sich immer rascher fortentwickeln. Dabei werden sie wie die Regelungsgegenstände der Rechtsnormen auch komplexer, die Terminologie wird umfangreicher und differenzierter. Der Rechtsübersetzer muss damit Schritt halten, muss die Entwicklung der für ihn maßgeblichen Rechtsnormen und Rechtssprachen ständig verfolgen. Die Wissenschaft muss ebenfalls vermehrt und rascher diese Entwicklung nachvollziehen und die daraus resultierenden Fragestellungen aufarbeiten. Dies gilt für die vergleichende Rechtswissenschaft ebenso wie für die Übersetzungswissenschaft. Nutzbringende und schadlose Übersetzungen hängen davon ab, dass auf Grundlage dieser wissenschaftlichen Aufarbeitung Fachübersetzer am Werke sind, die sowohl fundierte Sprach- als auch Rechtskenntnisse in konkreten Rechtsgebieten beider bzw. mehrerer Länder haben, auf die sie sich spezialisieren müssen. Diese Fachübersetzer sind Partner der in der Rechtspraxis tätigen Juristen, ob Richter, Anwalt, Notar, ob in Verwaltung, Wirtschaft oder Justiz.

Und noch etwas wurde deutlich: Auch etablierte Übersetzungen können zu einem grundsätzlichen und kaum lösbaren Problem führen. Aus Bequemlichkeit, Unkenntnis, wegen führender Stellung eines Autors oder Werkes bzw. einer Zeitschrift oder zu langen Gebrauchs bleiben versteckte Fehler manchmal unerkannt. Selbst offenkundige Fehler werden mitunter ignoriert oder zumindest toleriert. Sie können aber schwerwiegende Folgen nach sich ziehen, wenn auch vielleicht erst später, z.B. bei einer Rechtsänderung in beiden betroffenen Rechtssystemen oder in einem davon. Sie sind spätestens dann nicht mehr problemlos aufzulösen. Empfindliche Folgen sind erhöhter Zeit- und Kostenaufwand, Rechtsunsicherheit, Ärger oder gar eine rechtlich falsche Behandlung mit materiellen und immateriellen Schäden.

Demgegenüber steht die berechtigte Forderung, gerade im Zuge der Globalisierung, möglichst einen einheitlichen Terminus für ein und denselben Begriff zu benutzen. Ist ein Begriff, womöglich sogar innerhalb eines Werkes, unterschiedlich bezeichnet worden, führt dies zu unnötigen Strapazen beim Leser und zu Unsicherheit oder Missverständnissen bei Anwendern. Hier wäre an ein nationales Projekt für eine verbindliche Normung zu denken.

Für die Übersetzer bleibt die schwierige Aufgabe, Fortschreibungen und Änderungen in den jeweiligen Rechtssprachen und Rechtssystemen von Ausgangs- und Zielsprache/-land insgesamt ständig auf ihre zeitliche und inhaltliche Homologie oder ihre konkreten Verschiebungen zu beobachten. Dabei sind etwaige Verwerfungen zu entdecken und zu berücksichtigen, um Verwirrungen und Fehlinterpretationen in der Theorie und Fehler in der praktischen Anwendung mit möglichen gravierenden Folgeschäden zu vermeiden. Vor allem ist darauf zu achten, ob gesetzliche Regelungen durch Änderungen explizit ihre sprachliche Erscheinungsform oder die juristischen Inhalte geändert haben. Auf jeden Fall sollten hierbei außer der Änderung des Wortlautes auch die gesamten Zusammenhänge (Übereinstimmungen wie Änderungen) mit den bisherigen Regelungen und die Stellung im Gesamtgefüge der jeweiligen Rechtsordnung, aber auch die juristischen Auslegungsmöglichkeiten bisheriger und neuer Regelungen und Rechtsbegriffe berücksichtigt werden.

Die Aufmerksamkeit darf also nicht bloß auf das Äußerliche der Rechtssprache, sondern muss ebenso sehr auf die Rechtsinhalte gerichtet sein. Zwar ist bei Änderungen der Sprachform wegen einer Konnotation (wie bei „unehelichen Kindern" und dgl.) ein möglichst äquivalenter Begriff in der Zielsprache zu suchen, aber es wäre je nach Zusammenhang doch ein Fehler, wenn keine Äquivalenz auf der konnotativen Ebene, sondern nur auf der denotativen Ebene vorliegt. Haben sich die Rechtsinhalte geändert, muss dies aus der Übersetzung ersichtlich werden. Entstehen Probleme der Inkongruenz mit einer etwa vorhandenen bekannten oder gar etablierten Übersetzung, muss der Übersetzer den Mut haben, diese in Frage zu stellen und bei Bedarf auch zu korrigieren.

### 6.2.4 Bewertung der Ergebnisse im Hinblick auf ihre Relevanz für die Rechtsvergleichung und die Übersetzung von Rechtstexten

Die im vierten Kapitel versuchte zweisprachige Rechtsvergleichung des Ehe- und Familienrechts und der daraus resultierende Terminologie-Vergleich ist bislang in dieser Form auch in den raren deutsch-koreanischen juristischen Fachlexika nicht zu finden. Ein Grund dafür ist wohl, dass für eine derartige Aufgabe die Zusammenarbeit zwischen Fachübersetzer und Jurist oder eine doppelte Ausbildung als Jurist-Übersetzer notwendig ist. Und anders als in anderen zivilrechtlichen Gebieten wie Vermögensrecht oder Vertragsrecht, in denen eindeutig deutsche Einflüsse, teilweise sogar vollständige Rezeption in Korea zu finden sind, ergaben sich aus der gesellschaftlichen und rechtlichen Entwicklung des heutigen koreanischen Ehe- und Familienrechts eine ganz eigene Systematik und Terminologie sowohl im materiellen wie im Verfahrensrecht. Daher mussten im Rahmen vorliegender Arbeit auf diesem Rechtsgebiet eine eigene Übersetzungsstrategie sowie Einzellösungen insb.

für die Übersetzung aus dem Koreanischen erarbeitet werden. Sie berücksichtigen sowohl die Begrifflichkeiten der ZS Deutsch als auch die rechtlichen Inhalte im deutschen Recht.

Die Bedeutung dieser Ergebnisse ist nicht nur in ihrem Beitrag zur übersetzungswissenschaftlichen Forschung zu sehen, vielmehr ergeben sich auch ganz konkret fassbare Beiträge und Hilfen für die Übersetzungspraxis. Aufgrund der Tatsache, dass Personen unterschiedlicher Nationalitäten in der heutigen globalen Gesellschaft in erheblichem Umfang im Ausland tätig sind und dort zusammenleben, ist sowohl eine allgemeine wie auch fachliche Verständigung nötig; dabei sind vielerlei rechtliche Erfordernisse zu berücksichtigen und deshalb zu kennen. Auch kommt es oftmals zu Konflikten bis hin zu gerichtlichen Auseinandersetzungen, welche mit juristischen Mitteln zu lösen sind, z.B.viele Patentstreitigkeiten und ähnliche Verfahren, die weltweit, vor allem auch vor den Düsseldorfer Gerichten ausgetragen werden (es sei nur auf den Streit zwischen Apple und Samsung um ein Smartphone verwiesen, der in jüngster Zeit für viele Schlagzeilen gesorgt hat[734]). Schließlich kommt es dadurch in ganz anderen Größenordnungen als früher zu ‚multikulturellen' persönlichen Beziehungen, die ebenfalls rechtlichen Regelungen unterliegen, wenn sie zu Eheschließung, Kindern, verwandtschaftlichen Beziehungen und erbrechtlichen Vorgängen führen. Bei Betroffenen unterschiedlicher Staatsangehörigkeit ist nach internationalem Privatrecht je nach Situation das Heimatrecht des einen oder des anderen Partners oder das Ortsrecht (also des Staates, in dem die Sache ‚belegen' ist oder der Vorgang sich abspielt) anzuwenden. Dabei ist nach Rechtsgebieten wie Vertrags-, Familien-, Steuer- oder Strafrecht zu unterscheiden. Man ist in entsprechend großem Umfang auf fachliche, d.h. rechtliche Hilfe in der Mutter- und der Fremdsprache und in der Rechtsmaterie des Heimat- wie des Gastlandes angewiesen. Hierbei spielt die Sprache der jeweiligen Rechtsordnung eine wesentliche Rolle. Sie muss für alle Beteiligten wie auch für die entscheidenden Stellen (Behörden, Gerichte, Rechtsvertreter usw.) verständlich sein bzw. gemacht werden. Hier spielt der Übersetzer eine unverzichtbare Rolle.

Erstaunlich sind die Ergebnisse aus der Analyse der Fach(Rechts)texte vor allem vor dem Hintergrund, dass die der Übersetzungskritik zugrundeliegenden Materialien von Juristen stammen, d.h. ‚Leuten vom Fach'. Unter koreanischen Juristen scheint die Meinung verbreitet, dass sie, sofern sie Deutsch als Fremdsprache oder während eines Studiums in Deutschland gelernt haben, ohne weiteres für eine Übersetzung aus dem Koreanischen ins Deutsche und umgekehrt qualifiziert seien, zumal das koreanische Rechtssystem stark am deutschen orientiert sei und dementsprechend viele Rechtstermini als Lehnübersetzungen aus dem Deutschen stammten. Mit dieser Einstellung versuchen manche Juristen auch, in ihren wissenschaftlichen Artikeln Zusammenfassungen in deutscher Sprache zu schreiben. In vielen in Kapitel 5 zitierten Beiträgen sind dafür Belege zu finden.

734 LG Düsseldorf, Urteil vom 9. September 2011, Az. 14c O 194/11; OLG Düsseldorf, Urteil vom 31. Januar 2012, Az. I-20 U 175/11.

Die vorliegende Arbeit zeigt aber gerade anhand der praktischen Beispiele (insb. in Kapitel 2 und 5), dass diese Annahme sehr trügerisch ist. Es wurde deutlich, dass es dabei zu einer Unmenge von nicht nur harmlosen, sondern mitunter gravierenden, um nicht zu sagen katastrophalen Fehlern mit entsprechenden Folgen kommt – sowohl in Wissenschaft wie auch Praxis, in Gesetzgebung und Rechtsanwendung. Derartige Publikationen, zu denen – wie gezeigt – auch amtliche Info-Blätter gehören können, sind wenig hilfreich. Sie können zu erheblichen Irrtümern durch Falschinformation und Verwirrung führen. Es gibt zwar Bestrebungen seitens der koreanischen Regierung, insbesondere nach dem geschilderten Skandal mit den Freihandelsabkommen (vgl. 2.5), die Rechtsübersetzung zu verbessern. Dieses Projekt scheint jedoch innerhalb des Untersuchungszeitraums vorliegender Arbeit entweder noch nicht in die Praxis umgesetzt worden zu sein, oder der Erfolg spiegelt sich noch nicht in den Ergebnissen wider.

Auch juristisches Fachwissen gepaart mit allgemeinen Sprachkenntnissen reicht also für die Übersetzung von Rechtstexten nicht aus. Es werden Fachübersetzer gebraucht, die in vollem Umfang als Übersetzer ausgebildet, aber auch juristisch qualifiziert sind.

### 6.2.5 Typische Fehlerquellen, deren Gründe und Folgen

In Kapitel 5 wurden ausgewählte Übersetzungen und Veröffentlichungen im Bereich des Ehe- und Familienrechts auf Fehler analysiert, welche typisiert wurden. Die zuvor diskutierten theoretischen Ansätze und die daraus gewonnenen übersetzungswissenschaftlichen und juristischen Erkenntnisse wurden mit diesem praktischen Material verglichen. Hierbei wurden auch die kontrastive Sprachanalyse durchgeführt und im Rahmen dieser kontrastiven Untersuchung syntaktische und semantische Besonderheiten und Strukturen der Rechtssprache im Koreanischen und Deutschen sowie daraus resultierende Probleme der Übersetzung eingehend behandelt.

Dabei ist insgesamt festzustellen, dass Rechtsvergleichung eine erhebliche Relevanz für eine konstruktive Übersetzung besitzt und zwar sowohl bezüglich der Rechtssystematik als auch der Rechtssprache, aber auch der Rechtspolitik sowie in den einzelnen konkreten Regelungen. Ebenso bedeutungsvoll erscheint danach aber auch die penible Berücksichtigung der gemeinsprachlichen Regeln wie Grammatik, Lexikologie und Phraseologie sowie sprachlicher Besonderheiten, da sonst – wie die Fehleranalyse eindeutig bewiesen hat – im Ergebnis ebenfalls keine zutreffende und verständliche Wiedergabe des AT entsteht. Auch zeigt sich, dass bei der Wiedergabe von rechtlichen Instituten, Regelungen und Begriffen die Probleme nicht nur daraus entstehen, dass der Autor einer Darstellung der Rechtssituation eines Landes bzw. der Übersetzer entsprechender Rechtstexte unzureichende Kenntnisse der jeweiligen Rechtssysteme und Rechtssprachen des einen Landes oder gar beider Länder hat. Dies ist, wie auch eindeutig zu erkennen war, immer von Übel und führt zwangsläufig zu Fehldarstellungen. Oftmals sind aber auch neue Begriffe oder Wendungen in der Ziel-Rechtssprache zu suchen. Dabei vergreift sich mancher

Autor/Übersetzer unter textlinguistischen, insb. terminologischen und interkulturellen Gesichtspunkten, im Hinblick auf historisch gewachsene rechtliche oder konnotative Aspekte. Auch hier sind meist unzureichende Kenntnisse von Recht und Rechtssprache oder deren Ignorierung der Grund.

Welche Maßnahmen können aus dieser unhaltbaren Situation führen?

## 6.3 Einige Regeln und Hinweise für eine einwandfreie, für Rechtsvergleichung und Praxis brauchbare Übersetzung von Texten mit juristischem Inhalt

Als unmittelbaren praktischen Nutzen können zunächst einmal Übersetzer von Rechtstexten, aber auch Juristen, die sich damit befassen, aus vorliegender Arbeit einige Erkenntnisse und Ratschläge für ihre Arbeit ziehen.

Das gesamte Kapitel 5 mit seiner Fehlerdarstellung und Analyse kann der Praktiker wie eine Art Kompendium benutzen und daraus für seine tägliche Arbeit konkrete Hilfen entnehmen, wie er einerseits mit der koreanischen Rechtsprache und ihren Begriffen und andererseits den deutschen Entsprechungen korrekt und nachvollziehbar umgeht und damit sprachlich und fachlich einwandfreie Texte schafft.

Diese Hinweise sind vervollständigt und systematisch aufgearbeitet in dem beigefügten Glossar, das die wichtigsten und problematischsten Begriffe des koreanischen Ehe- und Familienrechts alphabetisch auflistet und ihnen adäquate deutsche Begriffe, Anwendungszusammenhang und einige rechtliche Informationen zuordnet.

Und schließlich kann jeder Interessierte, insb. der Jurist, der mit dieser Materie wissenschaftlich/rechtsvergleichend oder in der (z.B. anwaltlichen oder standesamtlichen) Praxis befasst wird, die Systematik und Begriffswelt des koreanischen Ehe- und Familienrechts in seinen Grundzügen und wichtigsten Einzelregelungen erfahren.

Beim Übersetzen und Vergleichen von Rechtstexten sind einige Überlegungen und Grundregeln zu beachten:

- Die Übersetzung aus der koreanischen Rechtssprache ins Deutsche und umgekehrt birgt nicht bloß bilinguale oder/und bikulturelle, sondern sowohl multilinguale als auch multikulturelle Probleme.
- Formelle Äquivalenz der Rechtssprache führt nicht immer auch zu materieller Äquivalenz.
- Der Übersetzer muss bei Übersetzungen von Gesetzestexten und Urkunden Rechtsvergleichung vornehmen. Dazu muss er beide Rechtssprachen beherrschen und beide Rechtssysteme kennen.
- Der Übersetzer darf keine Rechtsbegriffe oder Jargonausdrücke verwenden, die zur irrtümlichen Annahme führen könnten, dass beide Rechtssysteme über das gleiche Rechtsinstitut verfügen.
- Ein Ausweichen auf Begriffe einer Drittsprache (was bei gleichen sprachlichen und/oder fachlichen Wurzeln und gleicher Schrift mitunter möglich sein mag –

z. B. englisch oder lateinisch) scheidet bezüglich Koreanisch wegen der andersartigen Rechtssystematik und anderen Schrift aus.
- Der Rechtsübersetzer muss bei jedem einzelnen Problem die verschiedenen Möglichkeiten und Strategien abwägen. Nur in begründeten Fällen darf und muss er sich bewusst für funktionsgerechte Abweichungen vom AT entscheiden, wenn ansonsten eine Verständlichkeit im ZT nicht erreicht werden kann oder Missverständnisse zu erwarten sind. Dann sind meistens auch Erläuterungen bzw. Anmerkungen erforderlich. Das im literarischen Übersetzen etablierte ‚kreative Handeln' kann demnach beim juristischen Fachübersetzen nur dann einen Beitrag leisten, wenn es der rechtsterminologischen Korrektheit und der Verständlichkeit des ZT dient. Es darf aber auch hier nur mit Vorsicht eingesetzt werden.

Es ist zweifellos hilfreich, wenn man in der Wortbildungslehre beider Sprachen zu Hause ist, da sowohl die koreanische wie die deutsche Gemein- und Rechtssprache(n) einen hohen Anteil an Komposita besitzen und diese als ökonomische und produktive Ausdrucksmittel – gerade auch bei der Bildung neuer Begriffe – benutzen.

Letztlich sollten alle genannten Regeln und Überlegungen bei der Übersetzung jeglicher Texte mit juristischem Inhalt beachtet werden, auch wenn es sich nicht um Rechtstexte im engeren Sinne oder solche von und für Juristen, Gerichte oder Ämter, sondern um journalistische Darstellungen, Einführungen, Infoblätter oder ähnliche Texte handelt. Selbstverständlich sind aber dort im Sinne der Adressatengerechtigkeit auch weitere übersetzungswissenschaftliche Anforderungen und Regeln in einem höheren Maße zu berücksichtigen als bei den reinen Rechtstexten.

## 6.4 Folgerungen für Übersetzungspraxis, Forschung und Lehre – Ausblick

Über die Beachtung der in vorliegender Arbeit gegebenen Hinweise für Rechtsvergleicher, Rechtsanwender und Übersetzer von Rechtstexten sowie der Beachtung vorstehend genannter Regeln hinaus müssen aber auch einige grundsätzliche Konsequenzen gezogen werden. Diese betreffen vor allem die wissenschaftliche und praktische Aus- und Weiterbildung und das Berufsbild. Sie zu ziehen ist u. a. auch Aufgabe von Forschung und Lehre.

Die vorliegende Arbeit verdeutlicht, dass die Anforderungen in der globalen Gesellschaft insbesondere im internationalen bzw. binationalen Rechtsverkehr nur bewältigt werden können, wenn die Brücke zwischen zwei Sprachen und Rechtskulturen zuverlässig gebaut worden ist. Die Erkenntnisse in dieser Arbeit dienen ferner als Beleg dafür, wie berechtigt die Kritik an der bisherigen Lage in Ausbildung und Praxis bei der Rechtsübersetzung ist.

Das erste Ziel vorliegender Arbeit bestand darin, die wesentlichen Regeln und Gesichtspunkte aus übersetzungswissenschaftlicher Sicht wie auch derjenigen für das Abfassen und Interpretieren von juristischen Texten zusammenfassend darzustellen. Bereits aus deren wissenschaftlich-theoretischer Bewertung hat sich dann in der weiteren Erörterung ergeben: Nur die Kenntnis und Beachtung aller dieser fachlichen Gesichtspunkte, also sowohl der übersetzungswissenschaftlichen wie auch der juristischen und bei letzteren sowohl diejenigen für die Abfassung von Rechtstexten wie auch die der Rechtsauslegung/-interpretation, führen zu einer brauchbaren Übersetzung. Diese muss sowohl den Ansprüchen wissenschaftlicher Arbeit (insb. bei Rechtsvergleichung u. dgl.) als auch den heutigen Anforderungen der Praxis im internationalen Privat- und Wirtschaftsrecht, insb. im Vertragswesen, im Gesellschafts-, Sozial- und Familienrecht, entsprechen. Für die Übersetzung von juristischen Fachtexten, Gesetzen und anderen Rechtstexten sind demnach sowohl allgemeine wie auch einschlägige juristische Fachkenntnisse und eine übersetzungswissenschaftliche Qualifikation in den jeweiligen Korrespondenzsprachen gleichermaßen unabdingbar, hier aufgezeigt anhand Koreanisch und Deutsch auf dem Gebiet des Ehe- und Familienrechts.

Den letzten Beweis hierfür lieferten die Analyse der vorliegenden einschlägigen Literatur und die systematische Auswertung der Ergebnisse dieser Analyse.

Deutlich wurde, dass es zwingend erforderlich ist, in diesem Bereich Fachleute einzusetzen, welche sowohl die erforderliche rechtliche wie auch die sprach- und übersetzungswissenschaftliche Qualifikation haben, sei es in Personalunion oder als Team. Hieraus muss entweder ein neuer Typ von Fachübersetzer, nämlich der Rechtsübersetzer mit entsprechend umfassender Qualifikation entstehen. Oder es müssen Teams, Büros oder andere Gemeinschaften mit Spezialisten aus beiden Fachbereichen, also Juristen und Übersetzern, gebildet werden. Diese können bei Anwaltskanzleien und/oder in öffentlichen Einrichtungen (Ämtern, Gerichten, Kammern usw.) angesiedelt sein oder als selbständige Einrichtung arbeiten. Als Modell kann auch die Zusammenarbeit der Übersetzer mit den Juristen in der EU-Gesetzgebung und -Verwaltung dienen.

Ein juristischer Fachübersetzer muss neben der Übersetzerqualifikation generell folgende Anforderungen erfüllen: Er muss Grundkenntnisse von Rechtsgeschichte, Rechtssystem und -systematik sowie Rechtssprachen beider korrespondierender Länder besitzen bzw. sich aneignen. Darüber hinaus muss er solide Einzelkenntnisse in den zu bearbeitenden Rechtsbereichen haben. Außerdem muss er sich immer auf dem Laufenden halten über Änderungen gesetzlicher Grundlagen, deren konkreter rechtlicher Inhalte, Änderung und Neuschaffung von Begriffen und Rechtsinstituten. Im Einzelnen muss er sich für die konkrete Übersetzungsaufgabe vertraut machen mit dem rechtlichen Kontext, und dabei unterschiedliche Regelungen, Gesetzessystematik (Aufbau, Satzbau, Verweistechnik) und Abkürzungen der betroffenen Rechtsgebiete und beider Rechtssprachen beachten. Dadurch, dass es keine alle Rechtsgebiete umfassende einheitliche Rechtssprache gibt und die jeweiligen Rechtsgebiete auch nicht alle derselben Systematik folgen (samt ihrer Rechtsinstitute und der Bedeutung der verwendeten Begriffe) und meist auch in sich sehr komplex sind, empfiehlt sich im Hinblick auf die Fülle der beschriebenen Probleme und der geforderten Kenntnisse, dass er sich auf bestimmte Rechtsbereiche wie auf Ehe- und Familienrecht, Wettbewerbsrecht, Handels- und Gesellschaftsrecht u. dgl. als Fachgebiete spezialisiert.

Für eine den genannten Kriterien entsprechende qualitativ einwandfreie Übersetzung bedarf es entsprechend gebildeter Fachkräfte, die schon im Hinblick auf die erforderliche Ausbildung und deren Kosten ein höheres Einkommensniveau erreichen müssen, hinzu kommen entsprechende Büroorganisationen. Es ist also sowohl eine Frage der langfristigen Investition in die erforderliche Ausbildung[735] als auch der Folgekosten im ‚Übersetzungsbetrieb'. In Deutschland scheint die Situation etwas besser zu sein als in Korea. Es gibt gesetzliche Regelungen für die ermächtigten Übersetzer und einige Hinweise bzw. Grundregeln für die Übersetzer. Jedoch fehlt es auch hier an einer den aufgezeigten Ansprüchen genügenden konzeptuellen Ausbildung. Die Qualität variiert je nach Übersetzer sehr. Besonders bei so entfernten Sprachkombinationen wie Koreanisch und Deutsch ist sehr schwer überprüfbar, ob eine Übersetzung angemessen ist oder nicht.

Nach der Studienordnung für den früheren Diplom-Studiengang an der Friedrich-Wilhelms-Universität in Bonn konnte man beispielsweise durch Wahlfachregelung ein gediegenes Grundwissen in einem anderen Fachgebiet erwerben. Hierzu zählte auch Recht. Dies ist in dem jetzigen BA-Studiengang nicht mehr möglich. Hier ist man nur am Spracherwerb orientiert. Und auch im MA-Studiengang Translation ist der Austausch zwischen verschiedenen Fakultäten erschwert. Für seine fachliche Kompetenz ist zwar jeder selbst verantwortlich. Zu deren Erwerb muss es aber entsprechende Ausbildungsgänge geben, welche deren Erwerb auch ermöglichen und – aus Sicht der Gemeinschaft – garantieren. Aus Sicht betroffener ‚Kunden' ist dies ebenfalls zu fordern (Arzneimittel dürfen auch nur von approbierten Apothekern abgegeben, juristischer Rat nur von zugelassenen Anwälten und Rechtsberatern erteilt, eine elektrische Anlage nur von zertifizierten Fachleuten abgenommen werden). Es gibt zwar Lehrveranstaltungen Fachübersetzen, aber man kann von den dort Lehrenden nicht erwarten, dass sie solche komplexe rechtliche Fachinhalte vermitteln können, solange nicht entsprechende Stellen ausgewiesen sind, die mit dem dafür qualifizierten wissenschaftlichen Lehrpersonal besetzt werden können. Im Unterschied zu den Lehrkräften in der Rechtswissenschaft fehlt den ‚normalen' Dozenten der Übersetzungswissenschaft, die nicht juristisch ausgebildet sind, in der Regel das komplexe juristische Wissen (koreanisches und deutsches Recht) und umgekehrt. Und solch umfangreiches Wissen lässt sich auch nicht in wenigen Lehrstunden vermitteln und erwerben.

Im Entstehungsprozess vorliegender Arbeit wurde deutlich, dass auch weitere Rechtsgebiete und korrespondierende Sprachen einer ähnlichen Untersuchung bedürfen. Im Folgenden sollen entsprechende Forschungsanregungen gegeben werden:

Nicht nur aus übersetzungswissenschaftlicher, sondern auch aus juristischer Sicht ist es höchst wichtig, sich mit dem koreanischen Patentgesetz, Markengesetz

---

735 Zu Strukturen der Fachübersetzerausbildung siehe Arntz/Barczaitis 1998.

und dem Urhebergesetz[736] auseinanderzusetzen, wie die tägliche Praxis nicht nur der Verfasserin als Übersetzerin zeigt. Auch aus wissenschaftlichem Interesse und für den Wissenstransfer, vor allem aber zum Schutz des geistigen Eigentums sowie im Hinblik auf die enormen wirtschaftlichen bzw. finanziellen Interessen, die oft damit verbunden sind, ist die korrekte Übersetzung hier eine Voraussetzung. Man sehe sich nur die vielen weltweit, aber auch vor den Düsseldorfer Gerichten laufenden Rechtsstreite an, bei denen es um Geschäftsinteressen von immenser wirtschaftlich-finanzieller Bedeutung geht (vgl. 6.2.4). Dabei wäre es auch interessant zu beobachten, welche Rolle auf diesen mehr technisch oder kaufmännisch bezogenen Gebieten die Internationalismen, insbesondere aus der englischen Sprache, spielen, die bei der sonstigen Rechtsübersetzung ein Tabu (vgl. 2.2.3) sein müssen. Entsprechendes gilt für das Handels- und Gesellschaftrecht, dessen Bedeutung ebenfalls mit der wirtschaftlichen Globalisierung enorm gestiegen ist.

Schließlich sind auch die Rechtskommunikation in mündlicher Form und deren Besonderheiten untersuchenswert. Hier handelt es sich nicht nur um Fachkommunikation zwischen Juristen, sondern auch zwischen Juristen und juristischen Laien, die mit der Globalisierung immer mehr Bedeutung gewinnt und wo wegen der unterschiedlichen Präsuppositionen die Rolle der Dolmetscher näher zu betrachten wäre. Die Beteiligten einer Gerichtsverhandlung haben ein Recht auf Anhörung, auf rechtliches Gehör. Aus diesem Grund werden vom Gericht oft Dolmetscher bestellt, so beim Asylverfahren oder bei der Scheidung, aber auch bei Wirtschaftsdelikten. Zu fragen ist hier u. a., ob die Lücken in Wissen und Verständnis der Beteiligten (Gericht, Angeklagter, Parteien, Anwälte usw.) durch den Dolmetscher ausgefüllt werden dürfen oder gar müssen und wenn ja, in welchen Formen dies geschieht (‚kreatives' Dolmetschen, Hinweise, rechtliche und gesellschaftliche Exkurse usw.). Auch dort bedarf es jedenfalls ganz sicher aus den gleichen Gründen, wie in vorliegender Arbeit dargelegt, des ausgebildeten juristischen Fachdolmetschers. Davon ist die heutige Praxis in beiden Ländern indessen noch meilenweit entfernt.

In Korea müsste zunächst das Bewusstsein geweckt werden, dass Fachübersetzung ohne fachliches und fachsprachliches Wissen nicht möglich ist, und damit der verbreiteten Meinung entgegengewirkt werden, dass man ohne entsprechende Ausbildung übersetzen kann, wenn man ganz allgemein einigermaßen die Fremdsprache beherrscht, damit solche katastrophalen Fehler wie im Skandal um die Freihandelsabkommen endgültig der Vergangenheit angehören.

Für die Zukunft ist jedenfalls zu hoffen, dass die deutsch-koreanischen Übersetzer und Juristen trotz ihrer unterschiedlichen Auffassung voneinander lernen und die Option wahrnehmen, gemeinsame Strategien zu erarbeiten.

---

736 1986 wurden in Korea fast alle Gesetze auf dem Gebiet des IP-Law (geistiges Eigentum) novelliert aufgrund des Übereinkommens zwischen Korea und den USA bezüglich des Schutzes des geistigen Eigentums vom 28. 08. 1986. Ganz neu ist auch ein Gesetz zum Schutz von Computerprogrammen.

Dies ist auch in Bezug auf die internationale Zusammenarbeit, insbesondere bei der Terminologienormierung, wünschenswert. Gerade in dem Sprachpaar Koreanisch und Deutsch erscheint es unabdingbar, in dem dies trotz des ständig zunehmenden Rechtsverkehrs immer noch nicht bearbeitet worden ist, so dass jeder Übersetzer und auch jeder Jurist sich als Einzelkämpfer mit den jeweiligen Termini auseinandersetzen muss. Eine solche Standardisierung ersparte auch die Pseudo-Äquivalenz, die im Einzelnen durch die Kreativität der Übersetzer-Juristen entstanden und oft falsch oder nicht als solche identifizierbar ist. Als Vorbedingung dieser Zusammenarbeit ist es im universitären Betrieb erstrebenswert, einen fakultätsübergreifenden interdisziplinären Studiengang anzubieten. Mit ausschließlich sprachwissenschaftlicher oder juristischer Ausbildung ist diese Aufgabe nicht zu bewältigen. Vielmehr müsste bereits im Bachelor-Studiengang wieder ein Pflichtfach (Jura bzw. Technik usw.) neben den übersetzungswissenschaftlichen Disziplinen eingeführt werden. Für das Pflichtwahlfach Jura müssten Seminare zu juristischem Denken, Rechtssprache und weiteren juristischen Grundlagen vorgesehen werden ähnlich den ‚Jura-Scheinen' für Volkswirte usw. Im Masterstudium können dann Vertiefungen zwecks Spezialisierung für einzelne Rechtsbereiche wie Familienrecht, Wirtschaftsrecht, Verwaltungsrecht, Strafrecht usw. erfolgen. Dementsprechend wären dann nach einem solchen Masterabschluss Berufsbezeichnungen als ‚Fachübersetzer/-dolmetscher für …' wie bei Fachanwälten und Fachärzten einzuführen. Wie in vorliegender Arbeit aufgezeigt, läge dies aufgrund des heutigen globalisierten Rechtsverkehrs wegen der Risiken und Folgen bei fehlerhaften Übersetzungen zumindest in rechtlich relevanten Bereichen im Interesse der Allgemeinheit und damit im öffentlichen Interesse ebenso wie die Berufsbezeichnungen und Zulassungen bei Anwälten, Fachanwälten, Steuerberatern u. dgl.

# Literaturverzeichnis

## 1. Primärliteratur


CHANG 1993. Chang Jae-Ok (bearb.), „Republik Korea", in: Bergmann/Ferid, *Internationales Ehe- und Kindschaftsrecht* (115. Lieferung)., Frankfurt a. M. 1993.

CHO 2001. Cho Eun-Hee, *Die finanzielle Versorgung nach der Scheidung im deutschen und koreanischen Recht im Vergleich*, Diss. Humboldt-Universität Berlin 2001.

CHO 2007. 조은희, „이혼의 자유와 그 한계 – 협의이혼제도와 협의이혼제도 개정법안을 중심으로", in: 家族法硏究 2007 年 第 21 卷 1 號 [Cho, Eun-Hee, „*ihon-ŭi chayu-wa kŭ han'gye – hyŏbŭiihonjedo-wa hyŏbŭiihonjedo kaejŏngbŏban-ŭl chungsim-ŭro* (Freiheit der Scheidung und ihre Grenzen – Einverständliche Scheidung und Reform der Einverständlichen Scheidung)"], in: *Kajokpŏp yŏn'gu* 21.1/2007, 133–164 [am Ende Zusammenfassung auf Deutsch, 163–164].

DIN 2330. Deutsches Institut für Normung e. V. (Hrsg.), *Begriffe und Benennungen: Allgemeine Grundsätze* [Ausgabe Dezember 1993].

DIN 2342. Deutsches Institut für Normung e. V. (Hrsg.), *Begriffe der Terminologielehre: Grundbegriffe* [Ausgabe September 2004].

Infoblätter. Infoblätter für die Gerichtliche Scheidung für die Ausländer, in: http://slfamily.scourt.go.kr/slfamily/sosong/sosong_08/sosong_08_03/index.html [zuletzt abgerufen am 03. 01. 2013].[737]

GGO. Bundesministerium des Innern (Hrsg.), *Gemeinsame Geschäftsordnung der Bundesministerien*, Stand: 1. September 2011.

HdR 2008. Bundesministerium der Justiz (Hrsg.), *Handbuch der Rechtsförmlichkeit: Empfehlungen des Bundesministeriums der Justiz für die rechtsförmliche Gestaltung von Gesetzen und Rechtsverordnungen nach § 42 Absatz 4 und § 62 Absatz 2 der Gemeinsamen Geschäftsordnung der Bundesministerien*, Bundesanzeiger 2008 Nr. 160a vom 22. 09. 2008.

EU-Hinweise 2012. Generalsekretariat des Rates der europäischen Union, Direction Qualität der Rechtsetzung (Hrsg.), *Muster und Hinweise für Rechtsakte im Rahmen des Rates der europäischen Union*. [Fassung vom Dezember 2012].

LEE 1986. Lee, Mi-Kyung Cho, *Koreanisches Scheidungsrecht*, Diss. Universität Köln 1986.


737 Auf der Homepage der koreanischen Familiengerichte finden sich diese „Infoblätter für die Gerichtliche Scheidung für die Ausländer" (in vorliegender Arbeit Infoblätter genannt), die in 13 verschiedene Sprachen übersetzt worden sind, darunter auch in die deutsche Sprache.

Lee H.-K. 1990. Lee, Hoi-Kyu, *Die Entwicklung des neuen materiellen Scheidungsrechts Koreas im Hinblick auf das Zerrüttungsprinzip unter der vergleichenden Berücksichtigung des deutschen Rechts*, Diss. Universität Bayreuth 1990.

Lim 1972. Lim, Jung-Pyung, *Das gegenwärtige Familienrecht Südkoreas zwischen deutscher Rechtsdogmatik und fernöstlicher Sozialdoktrin*, Diss. Universität Mainz 1972.

Merkblatt 2002. Merkblatt für die Anfertigung von beglaubigten Übersetzungen, Freie und Hansestadt Hamburg, Behörde für Inneres – A 243/721.00–20/9 [Stand: 1. August 2002].

Tsche 1961. Tsche, Chong Kil, *Die Scheidung im koreanischen materiellen und internationalen Privatrecht*, Diss. Universität Köln 1961.

Yang 1971. Yang, Byung-Hui, *Grundlagen und Gestalt des koreanischen Familien-, insbesondere Ehescheidungsrechts, Eine rechtsvergleichende Untersuchung*, Diss. Universität Bochum 1971.

## 2. Sekundärliteratur

### 2.1 Literatur in westlichen Sprachen

Albrecht/Wiesner 2011. Rita Albrecht / Hans-Jörg Wiesner, *Umschriften in Bibliotheken, Anwendung, Verfahren, Tabellen*, Berlin 2011.

Ammon 1973. Ulrich Ammon, *Probleme der Soziolinguistik*, Tübingen 1973.

Ammon 1998. Ulrich Ammon, „Probleme der Statusbestimmung von Fachsprachen", in: Lothar Hoffmann / Hartwig Kalverkämper / Herbert E.Wiegand (Hrsg.), *Fachsprachen. Ein internationales Handbuch zur Fachsprachenforschung und Terminologiewissenschaft*, 1. Hbd. Berlin 1998, 219–229.

Arntz 1982. Reiner Arntz, „Methoden der fachsprachlichen Übersetzerausbildung im Sprachenpaar Spanisch und Deutsch", in: José Rodríguez Richard / Gisela Thome / Wolfram Wilss (Hrsg.), *Fachsprachenforschung und -lehre, Schwerpunkt Spanisch, Internationales Kolloquium an der Universität des Saarlandes, Saarbrücken, 6. – 8. November 1980*, Tübingen 1982, 109–122.

Arntz 1994. Reiner Arntz, „Terminologievergleich und internationale Terminologieangleichung", in: Mary Snell-Hornby (Hrsg.), *Übersetzungswissenschaft – Eine Neuorientierung, Zur Integration von Theorie und Praxis*, Tübingen 1994, 283–310.

Arntz 1999. Reiner Arntz, „Rechtsvergleichung und Kontrastive Terminologiearbeit: Möglichkeiten und Grenzen interdisziplinären Arbeitens", in: Peter Sandrini (Hrsg.), *Übersetzen von Rechtstexten: Fachkommunikation im Spannungsfeld zwischen Rechtsordnung und Sprache*, Tübingen 1999, 185–201.

Arntz 2001. Reiner Arntz, *Fachbezogene Mehrsprachigkeit in Recht und Technik*, Hildesheim 2001.

Arntz/Barczaitis 1998. Reiner Arntz / Rainer Barczaitis, „Fachübersetzerausbildung und Fachübersetzungsdidaktik“, in: Hoffmann / Kalverkämper / Wiegand (Hrsg.), *Fachsprachen: Ein internationales Handbuch zur Fachsprachenforschung und Terminologiewissenschaft*, 1. Hbd. Berlin 1998, 998–1003.

Arntz/Picht/Mayer 2002. Reiner Arntz / Heribert Picht / Felix Mayer, *Einführung in die Terminologiearbeit*, Hildesheim 2002.

Baldinger 1952. Kurt Baldinger, „Die Gestaltung des wissenschaftlichen Wörterbuchs: Historische Betrachtungen zum neuen Begriffssystem als Grundlage für die Lexikographie von Hallig und Wartburg“, in: Romanisches Jahrbuch V/1952, 65–94.

Bandak 2008. Lya Bandak, *Die Rezeption des schweizerischen Zivilgesetzbuches in der Türkei*, Bielefeld 2008.

Bartsch 1954. Robert Bartsch, „Zur Geschichte der deutschen Rechtssprache“ in: AcP 153/1954, 412–424.

Baum 1991. Richard Baum, „Sprache im Technischen Zeitalter, Vorwort zur Neuauflage“, in: Eugen Wüster, *Einführung in die allgemeine Terminologielehre und terminologische Lexikographie*, Bonn 1991, I–VII.

Baumann 1998. Klaus-Dieter Baumann, „Das Postulat der Exaktheit für den Fachsprachengebrauch“, in: Lothar Hoffmann / Hartwig Kalverkämper / Herbert E. Wiegand (Hrsg.), *Fachsprachen: Ein internationales Handbuch zur Fachsprachenforschung und Terminologiewissenschaft*, 1. Hbd. Berlin 1998, 373–377.

Beaugrande 1980. Robert-Alain de Beaugrande, „Toward a Semiotic Theory of Translating“, in: Wolfram Wilss (Hrsg.) *Semiotik und Übersetzen*, Tübingen 1980, 23–42.

Berliner Arbeitsgruppe 2000. Berliner Arbeitsgruppe, „Sprache des Rechts. Vermitteln, Verstehen, Verwechseln“, in: LiLi, Sprache des Rechts [Themenheft], 118/2000, 96–114.

Berteloot 2001. Pascale Berteloot, „Der Rahmen juristischer Übersetzungen“, in: Gérard-René de Groot / Reiner Schulze (Hrsg.), *Recht und Übersetzen*, Baden-Baden 1999, 101–113.

Bertolini 2008. Elisa Bertolini, "Japan: Linguistic Transitions as a Condition for the Introduction of a western Legal System", in: Tania Groppi / Valeria Piergigli / Angelo Rinella (Hrsg.), *Asian Constitutionalism in Transition: A Comparative Perspective,* 2008, 145–160.

Braselmann 1991. Petra Braselmann, „Der Richter als Linguist: Linguistische Überlegungen zu Sprachproblemen in Urteilen des Europäischen Gerichtshofes“, in: Sprache und Literatur in Wissenschaft und Unterricht, 2/1991, 68–85.

Busse 1999. Dietrich Busse, „Die juristische Fachsprache als Institutionensprache am Beispiel von Gesetzen und ihrer Auslegung“, in: Lothar Hoffmann / Hartwig Kalverkämper / Herbert E.Wiegand (Hrsg.) *Fachsprachen: Ein internationa-*

*les Handbuch zur Fachsprachenforschung und Terminologiewissenschaft*, 2. Hbd. Berlin 1999, 1382–1391.

CATFORD 1965. John Cunnison Catford, *A Linguistic Theory of Translation: An Essay in Applied Linguistics*, Oxord University Press, London 1965.

CAPPELL 1988. Conrad Cappell, „Grundzüge der koreanischen Rechtskultur und Grundzüge des koreanischen Rechtsdenkens“, in: Zeitschrift der Deutsch-Koreanischen Juristischen Gesellschaft e.V., 1. Ausgabe, 24–33 [Veranstaltung der deutsch-koreanischen juristischen Gesellschaft unter demThema: „Das neue Patentrecht in Korea“ am 5. Februar 1988 in Frankfurt a.M., abrufbar unter www.kyopo.com/dkjg/download/online1.pdf; zuletzt abgerufen am 10.01.2013].

CHANG 1993. Chang, Jae-Ok (Bearb.), „Länderteil Republik Korea“, in: Bergmann/Ferid (Hrsg.), *Internationales Ehe- und Kindschaftsrecht*, 115. Lieferung, Frankfurt a.M. 1993.

CHO 2001. Cho, Eun-Hee, *Die finanzielle Versorgung nach der Scheidung im deutschen und koreanischen Recht im Vergleich*, Diss. Humboldt-Universität Berlin 2001.

CHO J.-s. 2006. Cho, Jin-suk, *Die lateinische Umschrift des Koreanischen – Transliteration oder Transkription?: Koreanische und deutsche Umschriftsysteme im Vergleich unter besonderer Berücksichtigung der Personennamen und deren praktischen Bearbeitung in deutschen Bibliotheken*, Diss. Humbold-Universität Berlin 2006.

CHO K.-C. 1980. Cho, Kyu-Chang, *Koreanisches Bürgerliches Gesetzbuch*, Frankfurt a.M. 1980.

CHO K.-C. 1990. Cho, Kyu-Chang, „Koreanisches Zivilrecht und deutsches bürgerliches Recht“ in: Manfred Rehbinder / Ju-Chan Sonn (Hrsg.) *Zur Rezeption des deutschen Rechts in Korea*, Baden-Baden 1990, 59–73.

CHOI 1984. Choi, Chongko, „Die Rezeption des deutschen Rechts in Korea“, in: 법을 통한 한독교류 100년, 한독수교 100주년기념 국제학술회의 [*pŏbŭl t'ongan handokkyoryu 100yŏn, handoksugyo 100chunyŏn'ginyŏm kukchehaksurhoeŭi* (100 Jahre Koreanisch-Deutsche Beziehungen durch Rechtswissenschaft, Bi-nationales Symposium anlässlich von 100 Jahren Koreanisch-Deutsche Beziehungen)], Seoul 1984, 23–31.

CHOI 1990. Choi, Chongko, „Über die Rezeption westlichen Rechts in Korea“, in: Manfred Rehbinder / Ju-Chan Sonn (Hrsg.), *Zur Rezeption des deutschen Rechts in Korea*, Baden-Baden 1990, 29–58.

CHOI 2002. Choi, Chongko, „Western Jurists on Korean Law: A Historical Survey“, in: Journal of Korean Law 2.1/2002, 167–193.

CHOI 2010. Choi, Chongko, „Aufbau und Verfall des Ius Commune in der ostasiatischen Rechtsgeschichte“ in: SLJ 51.4/2010, 1–45.

CHUNG 1993. Chung, Ok-Tae, „Eine Einführung in die koreanische Rechtskultur und in die Grundzüge des koreanischen Rechtsdenkens“, in: Zeitschrift der Deutsch-Koreanischen Juristischen Gesellschaft e.V. 1/1993, 11–29.

CLYNE 1991. Michael Clyne, „Zu kulturellen Unterschieden in der Produktion und Wahrnehmung englischer und deutscher wissenschaftlicher Texte", in: Info DaF 18.4/1991, 376–383.

CLYNE 1993. Michael Clyne, „Pragmatik, Textstruktur und kulturelle Werte. Eine interkulturelle Perspektive", in: Hartmut Schröder (Hrsg), *Fachtextpragmatik*, Tübingen 1993, 3–18.

CONSTANTINESCO 1971. Léontin-Jean Constantinesco, *Rechtsvergleichung*, Bd. I *Einführung in die Rechtsvergleichung*, Köln 1971.

CONSTANTINESCO 1972. Léontin-Jean Constantinesco, *Rechtsvergleichung*, Bd. II *Die rechtsvergleichende Methode*, Köln 1972.

COSERIU 1970. Eugeni Coseriu, „Bedeutung und Bezeichnung im Lichte der strukturellen Semantik", in: F. Hartmann/ H. Vernay (Hrsg.), *Sprachwissenschaft und Übersetzen*, München 1970, 104–121.

DAUM 1980. Ulrich Daum, *Fingerzeige für die Gesetzes- und Amtssprache*, Wiesbaden 1980.

DAUM 1981. Ulrich Daum, „Rechtssprache – eine genormte Sprache?", in: Ingulf Radke (Bearb.), *Der öffentliche Sprachgebrauch.* Band II *Die Sprache des Rechts und der Verwaltung*, Stuttgart 1981, 83–99.

DAUM 1981A. Ulrich Daum, *Gerichts- und Behördenterminologie: Eine gedrängte Darstellung des Gerichtswesens und des Verwaltungsverfahrens in der Bundesrepublik Deutschland*, München 1981.

DAUM 1998. Ulrich Daum, *Fingerzeige für die Gesetzes- und Amtssprache*, Wiesbaden 1998.

DELILLE/GROHN 1985. Angela Delille / Andrea Grohn, *Blick zurück aufs Glück: Frauenleben und Frauenpolitik in den 50er Jahren.* Berlin 1985.

DILLER/KORNELLIUS 1978. Hans-Jürgen Diller / Joachim Kornellius, *Linguistische Probleme der Übersetzung.* Tübingen 1978.

DOPLEB 2002. Matthias Dopleb, „Komposita und ihre Herausforderungen an den Übersetzer", in: Bogdan Kovtyk / Gabriele Wendt (Hrsg.), *Aktuelle Probleme der angewandten Übersetzungswissenschaft: Sprachliche und außersprachliche Faktoren der Fachübersetzung*, Frankfurt a. M. 2002, 36–47.

ECKARDT 1962. Andre Eckardt, *Grammatik der koreanischen Sprache*, Heidelberg 1962.

ECKARDT 2000. Birgit Eckardt, *Fachsprache als Kommunikationsbarriere? Verständigungsprobleme zwischen Juristen und Laien.* Wiesbaden 2000.

EICHHOFF-CYRUS/STROBEL 2009. Karin M. Eichhoff-Cyrus / Thomas Strobel, „Einstellungen der Justiz zur Rechts- und Verwaltungssprache: Eine Trendumfrage", in: Der Sprachendienst 5/09, 133–151.

EJOV 2003. Dimitri Ejov, *Deutsche und russische Gesetzestexte, vergleichende linguistische Analyse an Beispielen aus dem Familienrecht*, Osnabrück 2003.

Engisch 1968. Karl Engisch, *Einführung in das juristische Denken*, Stuttgart 1968.

Eriksen 1995. Lars Eriksen, „Die Fachsprache des Juristen" in: IDV-Rundbrief, Zeitschrift des Internationalen Deutschlehrerverbands 54/1995, 30–37.

Eriksen 2002. Lars Eriksen, „Einführung in die Systematik der juristischen Fachsprache". in: Lars Eriksen / Karin Luttermann (Hrsg.), *Juristische Fachsprache. Kongressberichte des 12th European Symposium on Language for Special Purposes, Brixen/Bressanone 1999*, Münster 2002, 1–19.

Eriksen 2002a. Lars Eriksen, „Die Polysemie in der Allgemeinsprache und in der juristischen Fachsprache Oder: Zur Terminologie der „Sache" im Deutschen", in: Hermes Journal of Linguistics 28/2002, 211–222.

Ess 2003. Hans van Ess, *Der Konfuzianismus*, München 2003.

Eubel 1979. Paul Eubel, „Bürgerliches Recht" in: Eubel u. a., *Das japanische Rechtssystem: Grundriß mit Hinweisen und Materialien zum Studium des japanischen Rechts*, Frankfurt a. M. 1979, 99–139.

Fijas 1998. Liane Fijas, „Das Postulat der Ökonomie für den Fachsprachengebrauch" in: Lothar Hoffmann / Hartwig Kalverkämper / Herbert E.Wiegand (Hrsg.), *Fachsprachen. Ein internationales Handbuch zur Fachsprachenforschung und Terminologiewissenschaft.* 1. Hbd. Berlin 1998, 390–397.

Fleck 2006. Klaus E. W. Fleck, „Urkundenübersetzung", in: Mary Snell-Hornby / Hans G. Hönig / Paul Kußmaul / Peter A. Schmitt (Hrsg.), *Handbuch Translation*, Tübingen 2006, 230–234.

Fleiner-Gerster 1985. Thomas Fleiner-Gerster, *Wie soll man Gesetze schreiben? Leitfaden für die Redaktion normativer Texte*, Bern 1985.

Fleischmann/Schmitt 2004. Eberhard Fleischmann / Peter A. Schmitt, „Fachsprachen und Übersetzung", in: Harald Kittel / Armin Paul Frank / Norbert Greiner / Theo Hermans / Werner Koller / Jose´ Lambert / Fritz Paul (Hrsg.), *Übersetzung Translation Traduction: Ein internationales Handbuch zur Übersetzungsforschung*, 1. Teilband, Berlin 2004, 531–542.

Fluck 1996. Hans-Rüdiger Fluck, *Fachsprachen – Einführung und Bibliographie*, Tübingen 1996.

Fluck 2006. Hans-Rüdiger Fluck, „Fachsprachenforschung", in: Mary Snell-Hornby / Hans G. Hönig / Paul Kußmaul / Peter A. Schmitt (Hrsg.), *Handbuch Translation*, Tübingen 2006, 72–77.

Frank 2000. Rainer Frank, „100 Jahre BGB – Familienrecht zwischen Rechtspolitik, Verfassung und Dogmatik, in: AcP 2000, 401–425.

Frank 2004. Rainer Frank, „Der Einfluss der Verfassung auf das deutsche Familienrecht", in: SLJ 45.1/2004, 415–432.

Frege 1975. G. Frege „Sinn und Bedeutung", in: G. Patzig (Hrsg.) *Funktion, Begriff, Bedeutung*, Göttingen 1975, 40–65.

GALDIA 2003. Marcus Galdia, „Rechtsvergleichendes Übersetzen“, in The European Legal Forum 1/2003, 1–5.

GÉMAR 1989. Jean-Claude Gémar, „La longueur des textes en traduction juridique: domaine anglais et français.“, in: P. Pupier / J. Woehrling (Hrsg.), *Langue et Droit: Actes du Premier Congrès de l'Institut international de droit linguistique comparé*, Montreal 1989, 599–614.

GERZYMISCH-ARBOGAST 1994. Heidrun Gerzymisch-Arbogast, *Übersetzungswisenschaftliches Propädeutikum*, Tübingen 1994.

GLÄSER 1998. Rosemarie Gläser, „Fachsprachen und Funktionalstile“, in: Lothar Hoffmann / Hartwig Kalverkämper / Herbert E. Wiegand (Hrsg.), *Fachsprachen: Ein internationales Handbuch zur Fachsprachenforschung und Terminologiewissenschaft*, 1. Hbd., Berlin 1998, 199–208.

GRAYSON 1993. James H. Grayson, “Christianity and State Shinto in Colonial Korea: A Clash of Nationalisms and Religious Beliefs”, in: Journal of Religious Studies 1.2/1993, 13–30.

GREWENDORF 2000. Günther Grewendorf, „Die sprachliche Pflege des Rechts: Linguistische Aspekte der Rechtsprüfung“, in: LiLi, *Sprache des Recht* [Themenheft], 118/2000, 96–114.

GRICE 1975. H.Paul Grice, „Logic and Conversation“, in: Peter Cole / Jerry L. Morgan (Hrsg.), *Syntax and Semantics*, Volume 3, *Speech Acts*, New York 1975.

DE GROOT 1991. Gérard-René de Groot, „Recht, Rechtssprache und Rechtssystem – Betrachtungen über die Problematik der Übersetzung juristischer Texte“, in: Office des publications officiales des Communautés européennes (Hrsg.), *Terminologie & Traduction 3*, Bruxelles / Luxembourg 1991, 279–316.

DE GROOT 1999. Gerard-René de Groot, „Das Übersetzen juristischer Terminologie“, in: Gerard-René de Groot / Reiner Schulze (Hrsg.), *Recht und Übersetzen*, Baden-Baden 1999, 11–46.

DE GROOT 1999A. Gerard-René de Groot, „Zweisprachige juristische Wörterbücher“, in: Peter Sandrini (Hrsg.), *Übersetzen von Rechtstexten*, Tübingen 1999, 203–227.

DE GROOT 2002. Gerard-René de Groot, „Rechtsvergleichung als Kerntätigkeit bei der Übersetzung juristischer Terminologie“, in: Ulrike Haß-Zumkehr (Hrsg.) *Sprache und Recht*, Berlin 2002, 222–239.

GROSSFELD 1984. Bernhard Großfeld, „Sprache und Recht“, in: JZ 39/1984, 1–6.

GROSSFELD 1985. Bernhard Großfeld, „Sprache, Recht, Demokratie“, in: NJW 1985, 1577–1586.

GROSSFELD 1996. Bernhard Großfeld, *Kernfragen der Rechtsvergleichung*, Tübingen 1996.

GROSSFELD 2001. Bernhard Großfeld, *Rechtsvergleichung*, Nordrhein-Westfälische Akademie der Wissenschaften, Vorträge G 374, Wiesbaden 2001.

Häberle 1990. Peter Häberle, „Sprachen-Artikel und Sprachenprobleme in westlichen Verfassungsstaaten – eine vergleichende Textstufenanalyse“, in: Ernst Brem / Jean Nicolas Druey / Ernst A. Kramer / Ivo Schwander (Hrsg.), *FS zum 65. Geburtstag von Mario M. Pedrazzini*, Bern 1990, 105–128.

von Hahn 1998. Walther von Hahn, „Das Postulat der Explizitheit für den Fachsprachengebrauch“, in: Lothar Hoffmann / Hartwig Kalverkämper / Herbert E.Wiegand (Hrsg.) *Fachsprachen: Ein internationales Handbuch zur Fachsprachenforschung und Terminologiewissenschaft*. 1. Hbd., Berlin 1998, 383–389.

von Hahn 1998a. Walther von Hahn, „Vagheit bei der Verwendung von Fachsprachen“ in: Lothar Hoffmann / Hartwig Kalverkämper / Herbert E. Wiegand (Hrsg.), *Fachsprachen: Ein internationales Handbuch zur Fachsprachenforschung und Terminologiewissenschaft*. 1. Hbd., Berlin 1998, 378–382.

Haibach 1991. Ulrike Haibach, *Familienrecht in der Rechtssprache: Die historische Entwicklung zentraler Ausdrücke des geltenden Familienrechts*, Frankfurt a.M. 1991.

Hart 1973. Herbert L. A. Hart, *Der Begriff des Rechts*, Frankfurt a.M. 1973 [*The Concept of Law*, Oxford 1961; aus dem Englischen übersetzt von Alexander von Baeyer].

Hattenhauer 1987. Hans Hattenhauer, „Zur Geschichte der deutschen Rechts- und Gesetzessprache“, in: Berichte aus den Sitzungen der Joachim Jungius-Gesellschaft der Wissenschaften 5.2/1987, Hamburg 1987, 3–87.

Hebenstreit 1997. Gernot Hebenstreit, „Terminus – Weltbild – Intertextualität: Translatologische Überlegungen zu juristischen Fachtexten“, in: Nadja Grbić / Michaela Wolf (Hrsg.), *Text – Kultur – Kommunikation: Translation als Forschungsaufgabe: Festschrift aus Anlaß des 50jährigen Bestehens des Instituts für Übersetzer- und Dolmetscherausbildung an der Universität Graz*, Tübingen 1997, 97–116.

Hegenbarth 1982. Rainer Hegenbarth, *Juristische Hermeneutik und linguistische Pragmatik: Dargestellt am Beispiel der Lehre vom Wortlaut als Grenze der Auslegung*, Königstein/Ts. 1982.

Henschelmann 2004. Käthe Henschelmann, „Übersetzungsverfahren“, in: Harald Kittel / Armin Paul Frank / Norbert Greiner / Theo Hermans / Werner Koller / Jose´ Lambert / Fritz Paul (Hrsg.), *Übersetzung Translation Traduction, Ein internationales Handbuch zur Übersetzungsforschung*, 1. Teilband, Berlin 2004, 388–406.

Hertel 2009. Cristian Hertel, „Rechtskreise im Überblick“ in: Notarius International 1–2/2009, 157–170.

Hilf 1992. Meinhard Hilf, „Die sprachliche Struktur der Verfassung“, in: Josef Isensee / Paul Kirchhof (Hrsg.), *Handbuch des Staatsrechts der Bundesrepublik Deutschland*, Bd. VII, Heidelberg 1992, 79–102.

Hill 1982. Hermann Hill, *Einführung in die Gesetzgebungslehre*, Heidelberg 1982.

HOFFMANN 1982. Lothar Hoffmann, „Probleme und Methoden der Fachsprachenforschung", in: José Rodríguez Richard / Gisela Thome / Wolfram Wilss (Hrsg.), *Fachsprachenforschung und -lehre, Schwerpunkt Spanisch, Internationales Kolloquium an der Universität des Saarlandes, Saarbrücken, 6-8. November 1980*, Tübingen 1982, 1-13.

HOFFMANN 1985. Lothar Hoffmann, *Kommunikationsmittel Fachsprache: Eine Einführung*, Tübingen 1985.

HOFFMANN 1989. Ludger Hoffmann, „Einleitung: Recht - Sprache - Diskurs", in: Ludger Hoffmann (Hrsg.), *Rechtsdiskurse: Untersuchungen zur Kommunikation in Gerichtsverfahren*, Tübingen 1989, 9-38.

HOFFMANN 1998. Lothar Hoffmann, „Fachsprachen und Gemeinsprache", in: Lothar Hoffmann / Hartwig Kalverkämper / Herbert E. Wiegand (Hrsg.) *Fachsprachen: Ein internationales Handbuch zur Fachsprachenforschung und Terminologiewissenschaft*, 1. Hbd., Berlin 1998, 157-168.

HOFFMANN 1998A. Lothar Hoffmann, „Syntaktische und morphologische Eigenschaften von Fachsprachen", in Lothar Hoffmann / Hartwig Kalverkämper / Herbert E. Wiegand (Hrsg.), *Fachsprachen: Ein internationales Handbuch zur Fachsprachenforschung und Terminologiewissenschaft*, 1. Hbd., Berlin 1998, 416-427.

HOPT 2010. Klaus J. Hopt, „Mediation", in: RabelsZ 74 /2010, 723-731.

HORN 2000. Norbert Horn, „Ein Jahrhundert Bürgerliches Gesetzbuch", in: NJW 1/2000, 40-46.

HUANG 2009. Huang, Seokin, „Das Bürgerliche Gesetzbuch Koreas - Eine vergleichende Darstellung", in: Hans-Jürgen Ahrens / Christian von Bar / Gerfried Fischer / Andreas Spickhoff / Jochen Taupitz (Hrsg.), *Medizin und Haftung, Festschrift für Erwin Deutsch zum 80. Geburtstag*, Berlin 2009, 1073-1087.

HOUSE 1977. Juliane House, *A Model for Translation Quality Assessment*, Tübingen 1977.

HOUSE 1997. Juliane House, *A Model Translation Quality Assessment. A Model Revisited*, Tübingen 1997.

HOUSE 2005. Juliane House, „Offene und verdeckte Übersetzung: Zwei Arten, in einer anderen Sprache ›das Gleiche‹ zu sagen", in: LiLi 139/2005, 76-101.

HUWE 1999. Albrecht Huwe, „Einfluß des Konfuzianismus auf Alltags- und Geschäftsleben in Korea - Gedanken zu einem viel diskutierten Thema", in: Koreana, Magazin für Kultur, Wirtschaft und Politik Koreas 3/1999, 26-31.

HUWE 2010. Albrecht Huwe, *Han'gŭl und Computer, Den Geheimnissen der koreanischen Schrift auf der Spur*, Bergisch-Gladbach 2010.

HUWE 2014. Albrecht Huwe, *Kurze systematische Grammatik der koreanischen Sprache*, Bergisch-Gladbach 2014.

HYUN 1990. Hyun, Soong-Jong, „Das traditionelle koreanische und das moderne westliche Recht“, in: Manfred Rehbinder / Ju-Chan Sonn (Hrsg.), *Zur Rezeption des deutschen Rechts in Korea*, Baden-Baden 1990, 17–28.

ISHIKAWA/LEETSCH 1985. Akira Ishikawa / Ingo Leetsch (übersetzt), *Das japanische BGB in deutscher Sprache*, Köln 1985.

JEAN D´HEUR 1998. Bernd Jean d´Heur, „Die neuere Fachsprache der juristischen Wissenschaft seit der Mitte des 19. Jahrhunderts unter besonderer Berücksichtigung von Verfassungsrecht und Rechtsmethodik“ in: Lothar Hoffmann / Hartwig Kalverkämper / Herbert E.Wiegand (Hrsg.), *Fachsprachen: Ein internationales Handbuch zur Fachsprachenforschung und Terminologiewissenschaft*, 1. Hbd., Berlin 1998, 1286–1295.

JEONG 2011. Jeong, Jong-Hyu, „Die Entstehung und Entwicklung des koreanischen ZGB“, in: Shin Yu-Cheol / Reinhard Zimmermann (Hrsg.), *50 Jahre koreanisches Zivilgesetzbuch: Ein Deutsch-Koreanisches Symposium*, Seoul 2011, 45–62.

JUMPELT 1961. Rudolf Walter Jumpelt, *Die Übersetzung naturwissenschaftlicher und technischer Literatur. Sprachliche Maßstäbe und Methoden zur Bestimmung ihrer Wesenszüge und Probleme*, Berlin 1961.

KAFKA 2008. Franz Kafka, „Vor dem Gesetz“, in: Franz Kafka, *Das Urteil und andere Erzählungen*, Köln 2008, 95–96.

KALBHEIM 2006. Jan Kalbheim, „Sprachliche Probleme der Juristen – Rechtsvergleichung als Antidot?“, in: DGfS-AG (Hrsg.) *Sprache und Recht*, Bielefeld 2006, 1–6.

KALVERKÄMPER 1983. Hartwig Kalverkämper, „Textuelle Fachsprachen – Linguistik als Aufgabe“, in: LiLi 13.51–52/1983, Fachsprache und Fachliteratur [Themenheft], 124–166.

KALVERKÄMPER 1990. Hartwig Kalverkämper, „Gemeinsprache und Fachsprachen – Plädoyer für eine integrierende Sichtweise“, in: Gerhard Stickel (Hrsg.), *Deutsche Gegenwartssprache: Tendenzen und Perspektiven*, Berlin 1990, 88–133 [Inhaltsverzeichnis auf Seite 5 unter dem Titel „Der Einfluß der Fachsprachen auf die Gemeinsprache“].

KEGEL/SCHURIG 2004. Gerhard Kegel / Klaus Schurig, *Internationales Privatrecht*, München 2004.

KIM H. 2004. Kim, Hiyoul, *Koreanische Geschichte, Einführung in die koreanische Geschichte von der Vorgeschichte bis zur Moderne*, St. Augustin 2004.

KIM H.-B. 2000. Kim, Hyung-Bae, „Das deutsche BGB und das koreanische Zivilrecht“, in: AcP 200/2000, 511–518.

KIM K.-H. 1982. Kim, Kun-Hwan, *Kontrastive Analyse Koreanisch/Deutsch im Bereich der Morphosyntax und insbesondere der Semantik*, Diss. Universität Bonn 1982.

KIM W.-H. 2012. Kim, Won-Hee, *Die Geschichte der Translation in Korea*, Frankfurt a. M. 2012.

Kirchhof 1987. Paul Kirchhof, *Die Bestimmtheit und Offenheit der Rechtssprache*, Berlin 1987.

Kirchhof 2002. Paul Kirchhof, „Rechtsprechen ist mehr als Nachsprechen von Vorgeschriebenem“, in: Ulrike Haß-Zumkehr (Hrsg.) *Sprache und Recht*, Berlin 2002, 119–135.

Kirchhof 2004. Paul Kirchhof, „Deutsche Sprache“, in: Josef Isensee / Paul Kirchhof (Hrsg.), *Handbuch des Staatsrechts der Bundesrepublik Deutschland*, Bd. II, Heidelberg 2004, 209–258.

Kitagawa 1970. Kitagawa, Zentarō, *Rezeption und Fortbildung des europäischen Zivilrechts in Japan*, Frankfurt a. M. 1970.

Kjær 1999. Anne Lise Kjær, „Überlegungen zum Verhältnis von Sprache und Recht bei der Übersetzung von Rechtstexten der Europäischen Union“, in: Peter Sandrini (Hrsg.), Übersetzen von Rechtstexten: Fachkommunikation im Spannungsfeld zwischen Rechtsordnung und Sprache, Tübingen 1999, 63–79.

Klein 2000. Wolfgang Klein, „Was uns die Sprache des Rechts über die Sprache sagt“, in: LiLi, *Sprache des Rechts* [Themenheft], 118/2000, 115–148.

Knoop 1998. Ulrich Knoop, „Kritik der Institutionensprache am Beispiel der Verwaltungssprache“, in: Lothar Hoffmann / Hartwig Kalverkämper / Herbert E Wiegand (Hrsg.), *Fachsprachen: Ein internationales Handbuch zur Fachsprachenforschung und Terminologiewissenschaft*, 1. Hbd., Berlin 1998, 866–874.

Koller 1981. Werner Koller, „Textgattungen und Übersetzungsäquivalenz“, in: Wolfgang Kühlwein / Gisela Thome / Wolfram Wilss (Hrsg.), *Kontrastive Linguistik und Übersetzungswissenschaft: Akten des Internationalen Kolloquiums Trier/Saarbrücken* 25.-30.9.1978, München 1981, 272–279.

Koller 2004. Werner Koller, „Der Begriff der Äquivalenz in der Übersetzungswissenschaft“, in: Harald Kittel / Armin Paul Frank / Norbert Greiner / Theo Hermans / Werner Koller / Jose´ Lambert / Fritz Paul (Hrsg.), *Übersetzung Translation Traduction: Ein internationales Handbuch zur Übersetzungsforschung*, 1. Teilband, Berlin 2004, 343–354.

Koller 2011. Werner Koller, *Einführung in die Übersetzungswissenschaft*, Tübingen, 2011.

Kühn 2011. Peter Kühn, „Juristische Fachtexte“, in: Gerhard Helbig / Lutz Götze / Gert Henrici / Hans-Jürgen Krumm (Hrsg.), *Deutsch als Fremdsprache: Ein internationales Handbuch,* 1. Hbd., Berlin 2011, 582–594.

Kupsch-Losereit 2006. Sigrid Kupsch-Losereit, „Gerichtsurteile“, in: Mary Snell-Hornby / Hans G. Hönig / Paul Kußmaul / Peter A. Schmitt (Hrsg.), *Handbuch Translation*, Tübingen 2006, 225–228.

Kupsch-Losereit 2006a. Sigrid Kupsch-Losereit, „Vertragstexte“, in: Mary Snell-Hornby / Hans G. Hönig / Paul Kußmaul / Peter A. Schmitt (Hrsg.), *Handbuch Translation,* Tübingen 2006, 228–230.

KUSSMAUL 1998. Paul Kußmaul, "Types of Creative Translating", in: Andrew Chesterman / San Salvador Natividad Gallardo / Yves Gambier (Hrsg.), *Translation in context: Selected contribution from the EST Congress in Granada*, Amsterdam 1998, 117–126.

LARENZ 1991. Karl Larenz, *Methodenlehre der Rechtswissenschaft*, Berlin 1991.

LASSER 2000. Ingeborg Lasser, „Verständliche Gesetze – eine Utopie?", in: LiLi, Sprache des Rechts [Themenheft] 118/2000, 34–66.

LEE 1986. Lee, Mi-Kyung Cho, *Koreanisches Scheidungsrecht*, Diss. Universität Köln 1986.

LEE B.-J. 2010. Lee, Byung-Jun, „Zivilrecht", in: Korea Legislation Research Institute (Hrsg.) *Einführung in das koreanische Recht*, Heidelberg 2010, 79–114.

LEE H.-K. 1990. Lee, Hoi-Kyu, *Die Entwicklung des neuen materiellen Scheidungsrechts Koreas im Hinblick auf das Zerrüttungsprinzip unter der vergleichenden Berücksichtigung des deutschen Rechts*, Diss. Universität Bayreuth 1990.

LEE Hyeong-Kyu 1987. Lee, Hyeong-Kyu, „Die Rezeption des europäischen Zivilrechts in Ostasien", in: Zeitschrift für Vergleichende Rechtswissenschaft 86/1987, 158–170.

LEE J. K. 2011. Lee, Jin Ki, „Sachen, Eigentum und Besitz im KZGB – eine Einführung", in: Shin Yu-Cheol / Reinhard Zimmermann (Hrsg.), *50 Jahre Koreanisches Zivilgesetzbuch: Ein Deutsch-Koreanisches Symposium*, Seoul 2011, 351–393.

LEE K.-m. 1977. Lee, Ki-moon, *Geschichte der koreanischen Sprache* [Übersetzt von Bruno Lewin], Wiesbaden 1977.

LEE W.-H. 1999. Lee, Won-Ho, „Kurzer Abriß über koreanisches Recht in Vergangenheit und Gegenwart", in: Ulrich Hübner / Werner F. Ebke (Hrsg.), *Festschrift für Bernhard Großfeld zum 65. Geburtstag*, Heidelberg 1999, 687–700.

LEE/MENZEL 2000. Lee, Byung-Jun / Tobias Menzel, „Republik Korea: Das neue Staatsangehörigkeitsgesetz", in: StAZ 4/2000, 118–124.

LERCH 2004. Kent Lerch (Hrsg.), *Sprache des Rechts, Band 1: Recht verstehen. Verständlichkeit, Missverständlichkeit und Unverständlichkeit von Recht*, Berlin 2004.

LERCH 2005. Kent Lerch (Hrsg.), *Sprache des Rechts, Band 2: Recht verhandeln. Argumentieren, Begründen und Entscheiden im Diskurs des Rechts*, Berlin 2005.

LERCH 2005A. Kent Lerch (Hrsg.), *Sprache des Rechts, Band 3: Recht vermitteln: Strukturen, Formen und Medien der Kommunikation im Recht*, Berlin 2005.

LEVÝ 1969. Jiří Levý, *Die literaische Übersetzung: Theorie einer Kunstgattung*, Frankfurt a.M. 1969.

LIM 1972. Lim, Jung-Pyung, *Das gegenwärtige Familienrecht Südkoreas zwischen deutscher Rechtsdogmatik und fernöstlicher Sozialdoktrin*, Diss. Universität Mainz 1972.

LÜGER 2007. Heinz-Helmut Lüger, „Pragmatische Phraseme. Routineformeln“, in: Harald Burger / Dmitrij Dobrovol'skij / Peter Kühn / Neal R. Norrick (Hrsg.), *Phraseologie: Ein internationales Handbuch zeitgenössischer Forschung*, Berlin 2007, 444–459.

MADSEN 1997. Dorte Madsen, “Towards a Description of Communication in the Legal Universe. Translation of legal Texts and the Skopos Theory”, in: Fachsprache 1/1997, 17–27.

MARUTSCHKE 1999. Hans Peter Marutschke, *Einführung in das japanische Recht*, München 1999.

MAYER-MALY 1999. Theo Mayer-Maly, Römisches Recht, Wien 1999.

MCCUNE/REISCHAUER 1939. George McCune / Edwin O.M. Reischauer, “The Romanization of the Korean Language“, in: Transactions of the Korean Branch of the Royal Asiatic Society 29/1939, 1–55.

MEIXNER 1999. Frank Meixner, „Entwicklungstendenzen im in- und ausländischen Familienrecht – zu drei Jahresberichten (Teil 1), in: Deutsches und Europäisches Familienrecht 1999, 103–112.

MIKAT 1976. Paul Mikat, *Möglichkeit und Grenzen einer Leitbildfunktion des bürgerlichen Ehescheidungsrechts*, Paderborn 1969.

MINKE 1991. Wolfgang Minke, „Die Problematik von Recht und Sprache in der Übersetzung von Rechtstexten“, in: ARSP (Archiv für Rechts- und Sozialphilosophie) 77/1991, 446–465.

MINKE 2009. Wolfgang Minke, „Recht und Sprache“, in: Werner F. Ebke / Paul Kirchhof / Wolfgang Minke (Hrsg.), *Sprache und Recht – Recht und Sprache*, Tübingen 2009, 39–51.

MüKo BGB 2012. Dieter Schwab (Red.), *Münchener Kommentar zum Bürgerlichen Gesetzbuch*, Band 8, München 2012.

MüKo BGB 2013. Elisabeth Koch (Red.), *Münchener Kommentar zum Bürgerlichen Gesetzbuch*, Band 7, München 2013.

MüKo StGB 2011. Bernd von Heintschel-Heinegg (Red.), *Münchner Kommentar zum Strafgesetzbuch*, Band 1, München 2011 [auch online abrufbar unter: https://beck-online.beck.de].

MURDOCK 1975. George P. Murdock, „Die Regulierung des Geschlechtslebens“, in: Spiros Simitis / Gisela Zenz (Hrsg.), *Seminar: Familie und Familienrecht*, Band I, Frankfurt am Main 1975, 152–163.

MOUNIN 1967. Georges Mounin, *Die Übersetzung: Geschichte, Theorie, Anwendung*, München 1967 [aus dem Italienischen übersetzt von Harro Stammerjohann].

NEUHAUS 1979. Paul Heinrich Neuhaus, *Ehe und Kindschaft in rechtsvergleichender Sicht*, Tübingen 1979.

NEWMARK 1981. Peter Newmark, *Approaches to translation*, Oxford 1981.

NIDA 1964. Eugen A. Nida, *Toward a Science of Translating: With Special Reference to Principles and Procedures Involved in Bible Translating*, Leiden 1964.

NORD 1989. Christiane Nord, „Loyalität statt Treue", in : Lebende Sprache 3/1989, 100–105.

NORD 2010. Christiane Nord, *Fertigkeit Übersetzen: Ein Kurs zum Übersetzenlehren und -lernen*, Berlin 2010.

NUSSBAUMER 1997. Markus Nussbaumer, *Sprache und Recht*, Heidelberg 1997.

NUSSBAUMER 2002. Markus Nussbaumer, „Gesetzestexte als juristische Fachtexte?", in: Lars Eriksen / Karin Luttermann (Hrsg.) *Juristische Fachsprache. Kongressberichte des 12th European Symposium on Language for Special Purpose, Brixen/ Bressanone 1999*, Münster 2002, 21–42.

OKSAAR 1988. Els Oksaar, *Fachsprachliche Dimension*, Tübingen 1988.

OKSAAR 1998. Els Oksaar, „Das Postulat der Anonymität für den Fachsprachengebrauch", in: Lothar Hoffmann / Hartwig Kalverkämper / Herbert E. Wiegand (Hrsg.), *Fachsprachen: Ein internationales Handbuch zur Fachsprachenforschung und Terminologiewissenschaft*, 1. Hbd., Berlin 1998, 397–401.

ORTEGA Y GASSET 1956. José Ortega y Gasset, *Elend und Glanz der Übersetzung*, München 1956 [aus dem Spanischen übersetzt von Gustav Kilpper].

OTTO 1981. Walter Otto, „Die Paradoxie einer Fachsprache", in: Ingulf Radke (Hrsg.), *Der öffentliche Sprachgebrauch, Band II: Die Sprache des Rechts und der Verwaltung*, Stuttgart 1981, 44–57.

PAEPCKE 1986. Fritz Paepcke, „Rechtssprache und Exaktheit", in: Fritz Paepcke, *Im Übersetzen leben: Übersetzen und Textvergleich*, Tübingen 1986, 271–290.

PESCATORE 1999. Pierre Pescatore, „Das Konzipieren übersetzungsgerechter juristischer Dokumente", in: Gerard-René de Groot / Reiner Schulze (Hrsg.), *Recht und Übersetzen*, Baden-Baden 1999, 91–99.

PFEIFFER/STROUHAL/WODAK 1987. Oskar E. Pfeiffer / Ernst Strouhal / Ruth Wodak. *Recht auf Sprache – Verstehen und Verständlichkeit von Gesetzestexten*, Wien 1987.

PISSLER 2006. Knut B. Pißler, „Republik Korea – Neues Internationales Privatrecht", in: StAZ 9/2006, 270–273.

PODLECH 1975. Adalbert Podlech, „Die juristische Fachsprache und die Umgangssprache", in: Janos S. Petöfi / Adalbert Podlech / Eike von Savigny (Hrsg.), *Fachsprache – Umgangssprache: Wissenschaftstheoretische und linguistische Aspekte der Problematik, sprachliche Aspekte der Jurisprudenz und der Theologie, maschinelle Textverarbeitun*, Kronberg 1975, 161–189.

POMMER 2006. Sieglinde Pommer, *Rechtsübersetzung und Rechtsvergleichung: Translatorische Fragen zur Interdisziplinarität*, Frankfurt am Main 2006.

POPOVIČ 1973. Anton Popovič, „Zum Status der Übersetzungskritik", in: Babel, Revue Internationale de la traduction, 19. 4/1973, 161–165.

Raible 1981. Wolfgang Raible, „Rechtssprache – Von den Tugenden und den Untugenden einer Fachsprache“, in: Ingulf Radke (Hrsg.), *Der öffentliche Sprachgebrauch, Band II: Die Sprache des Rechts und der Verwaltung*, Stuttgart 1981, 20–43.

Rabel 1967. Ernst Rabel, „Aufgabe und Notwendigkeit der Rechtsvergleichung“, in: Hans G. Leser (Hrsg.), *Ernst Rabel, Gesammelte Aufsätze, Band III*, Tübingen 1967, 1–21 [ursprünglich in: Rheinische Zeitschrift für Zivil- und Prozeßrecht 13, 1923, S. 279–301].

Rehbinder 1990. Manfred Rehbinder, „Die Rezeption fremden Rechts in soziologischer Sicht“, in: Manfred Rehbinder / Ju-Chan Sonn (Hrsg.), *Zur Rezeption des deutschen Rechts in Korea*, Baden-Baden 1990, 5–16.

Reiss 1971. Katarina Reiß, *Möglichkeiten und Grenzen der Übersetzungskritik: Kategorien und Kriterien für eine sachgerechte Beurteilung von Übersetzungen*, München 1971.

Reiss 1984. Katarina Reiß, „Methodische Fragen der übersetzungsrelevanten Textanalyse. Die Reichweite der Lasswell-Formel”, in: Lebende Sprachen 1/1984, 7–10.

Reiss 2000. Katarina Reiß, *Grundfragen der Übersetzungswissenschaft*, Wien 2000.

Reiss/Vermeer 1984. Katarina Reiß / Hans J. Vermeer, *Grundlegung einer allgemeinen Translationstheorie*, Tübingen 1984.

Reitmeier 1985. Ulrich Reitmeier, *Studien zur juristischen Kommunikation: Eine kommentierte Bibliographie*, Tübingen 1985.

Republik Korea: Änderungen im Personenstandsrecht 2008, in: StAZ 9/2008, 292.

Röhl 1993. Wilhelm Röhl, „Die historische Entwicklung des japanischen Rechts“, in: Harald Baum (Hrsg.), *Japan – Kultur und Recht: Eine Einführung*, Hamburg 1993, 39–58.

Roelcke 1991. Thorsten Roelcke, „Das Eindeutigkeitspostulat der lexikalischen Fachsprachensemantik“, in: Zeitschrift für germanistische Linguistik 19 2/1991, 194–208.

Roelke 2010. Thorsten Roelke, *Fachsprachen*, Berlin 2010.

Rusch 2006. Arnold F. Rusch, „Methoden und Ziele der Rechtsvergleichung“, in: Jusletter 13/2006 [http://www.arnoldrusch.ch/pdf/060213rechtsvergleichung.pdf, zuletzt abgerufen am 04.11.2014].

Sacco 2011. Rudolfo Sacco, *Einführung in die Rechtsvergleichung*, Baden-Baden 2011 [aus dem Italienischen übersetzt von Jacob Joussen].

Sampson 1985. Geoffrey Sampson, *Writing System: A linguistic Introduction*, Stanford Universiy Press 1985.

Sandrini 1996. Peter Sandrini, *Terminologiearbeit im Recht: Deskriptiver begriffsorientierter Ansatz vom Standpunkt des Übersetzers*, Wien 1996.

Sandrini 1999. Peter Sandrini, „Translation zwischen Kultur und Kommunikation: Der Sonderfall Recht“, in: Peter Sandrini (Hrsg.), *Übersetzen von Rechtstexten:*

*Fachkommunikation im Spannungsfeld zwischen Rechtsordnung und Sprache*, Tübingen 1999, 9–43.

SANDRINI 1999A. Peter Sandrini, „Deutsche Rechtssprache für italienisches Recht: Der Fall Südtirol", in: Gerard-René de Groot / Reiner Schulze (Hrsg.), *Recht und Übersetzen*. Baden-Baden 1999, 189–199.

ŠARČEVIĆ 1985, Susan Šarčević, "Translation of culture-bound terms in laws", in: Multilingua 4.3/1985, 127–133.

ŠARČEVIĆ 1986. Susan Šarčević "The Challenge of Legal Lexicography: Implications for Bilingual and Multilingual Dictionaries", in: Mary Snell-Hornby (Hrsg.), *Proceedings of the 2nd EURALEX International Congress*, Zürich 1986, 307–308.

ŠARČEVIĆ 1990. Susan Šarčević, „Strategiebedingtes Übersetzen aus den kleineren Sprachen im Fachbereich Jura", in: Babel, Revue Internationale de la traduction, 36.3/1990, 155–166.

ŠARČEVIĆ 1991, Susan Šarčević, "Bilingual and Multilingual Legal Dictionaries: New Standards for the Future", in: Meta: Journal des traducteurs, 36. 4/1991, 615–626.

ŠARČEVIĆ 1997. Susan Šarčević, *New approach to legal translation*, The Hague 1997.

ŠARČEVIĆ 1998, Susan Šarčević, "Creativity in legal translation: how much is too much?", in: Andrew Chesterman / Natividad Gallardo San Salvador / Yves Gambier (Hrsg.), *Translation in context: selected contribution from the EST Congress in Granada, 1998*, Amsterdam 1998, 281–292.

SARTRE 1993. Jean-Paul Sartre, „Aller et Retour" in: *Situations I*, Paris 1993 [Erste Ausgabe 1948], 175–225.

SCHMIDT 1969. Wilhelm Schmidt, „Charakter und gesellschaftliche Bedeutung der Fachsprachen", in: Sprachpflege 1/1969, 10–21.

SCHMIDT-KÖNIG 2005. Christine Schmidt-König, *Die Problematik der Übersetzung juristischer Terminologie: Eine systematische Darstellung am Beispiel der deutschen und französischen Rechtssprache*, Münster 2005.

SCHMITT 1990. Peter A. Schmitt, „Was übersetzen Übersetzer? – Eine Umfrage", in: Lebende Sprachen 3/1990, 97–106.

SCHROEDER 2005. Friedrich-Christian Schroeder, „Probleme der Übersetzung von Gesetzestexten" in: ZStW (Zeitschrift für die gesamte Strafrechtswissenschaft) 117.1/ 2005, 236–244.

SCHWAB 1993. Dieter Schwab, *Wertewandel und Familienrecht*, Hannover 1993 [auch in: Dieter Schwab, Geschichtliches Recht und moderne Zeiten, Heidelberg 1995, 257–280].

SCHWAB 2000. Dieter Schwab, „Das BGB und seine Kritiker", in: Zeitschrift für Neuere Rechtsgeschichte 22/2000, 325–357.

SCHWAB 2009. Dieter Schwab, *Familienrecht*, München 2009.

Schwenzer/Müller-Chen 1996. Ingeborg H. Schwenzer / Markus Müller-Chen, *Rechtsvergleichung: Fälle und Materialien*, Tübingen 1996.

Simonnœs 2002. Ingrid Simonnœs, „Zur Frage der rechtskulturellen Unübersetzbarkeit anhand eines Vergleiches zwischen Norwegen und Deutschland", in: Lars Eriksen / Karin Luttermann (Hrsg.), *Juristische Fachsprache: Kongressberichte des 12th European Symposion on Languages for Special Purposes*, Münster 2002, 133–156.

Snell-hornby 1994. Mary Snell-Hornby, „Einleitung: Übersetzen, Sprache, Kultur", in: Mary Snell-Hornby (Hrsg.), *Übersetzungswissenschaft – Eine Neuorientierung: Zur Integration von Theorie und Praxis*, Tübingen 1994, 9–29.

Spranger 1921. Eduard Spranger, *Lebensformen, Geisteswissenschaftliche Psychologie und Ethik der Persönlichkeit*, Halle 1921.

Stolze 1992. Radegundis Stolze, *Hermeneutisches Übersetzen*, Tübingen 1992.

Stolze 1999. Radegundis Stolze, „Expertenwissen des juristischen Fachübersetzers", in: Peter Sandrini (Hrsg.), *Übersetzen von Rechtstexten: Fachkommunikation im Spannungsfeld zwischen Rechtsordnung und Sprache*, Tübingen 1999, 45–62.

Stolze 1999a. Radegundis Stolze, *Die Fachübersetzung: Eine Einführung*, Tübingen 1999.

Stolze 2008. Radegundis Stolze, *Übersetzungstheorien: Eine Einführung*, Tübingen 2008.

Stolze 2009. Radegundis Stolze, *Fachübersetzen – ein Lehrbuch für Theorie und Praxis*, Berlin 2009.

Tjong 1974. Tjong, Zong-Uk, „Beziehungen zwischen dem deutschen und koreanischen Strafrecht", in: Günter Stratenwerth (Hrsg.), *Festschrift für Hans Welzel zum 70. Geburtstag*, Berlin 1974, 277–288.

Treichler 1971. Thomas Peter Treichler, *Zum japanischen Familienrecht: Darstellung einiger Materialien des japanischen Familienrechts, die unter dem japanischen Bürgerlichen Gesetzbuch von 1898 westlichen Vorbildern nicht gefolgt sind*, Zürich 1971.

Tsche 1961. Tsche, Chong-Kil, *Die Scheidung im koreanischen materiellen und internationalen Privatrecht*, Diss. Universität Köln 1961.

Vernay 1984. Henri Vernay, „Elemente einer Übersetzungswissenschaft", in: Volker Kapp (Hrsg.), *Übersetzer und Dolmetscher*, Tübingen 1984, 26–37.

Vlachopoulos 1999. Stefanos Vlachopoulos, „Die Übersetzung von Vertragstexten: Anwendung und Didaktik", in: Sandrini, Peter (Hrsg.), *Übersetzen von Rechtstexten: Fachkommunikation im Spannungsfeld zwischen Rechtsordnung und Sprache*, Tübingen 1999, 137–154.

Vlachopoulos 2011. Stefanos Vlachopoulos, „Die Syntax beim Übersetzen von Rechtstexten", in: Lebende Sprachen 1/2011, 77–86.

Walter 2006. Tonio Walter, „Über den juristischen Stil", in: JURA 5/2006, 344–348.

Walter 2007. Tonio Walter, „Sprache und Stil in Rechtstexten", in: JR 2/2007, 61–65.

WANDRUSZKA 1984. Mario Wandruszka, *Das Leben der Sprachen: Vom menschlichen Sprechen und Gespräch*, Stuttgart 1984.

WARNKE 2004. Ingo H. Warnke, „Schwerverständlichkeitsannahme als Stereotyp. Die Differenzierung von Kenntnis und Beurteilung der deutschen Gesetzessprache", in: Kent Lerch (Hrsg.), *Sprache des Rechts, Band 1: Recht verstehen. Verständlichkeit, Missverständlichkeit und Unverständlichkeit von Recht.* Berlin 2004, 441–454.

WEISGERBER 1961. Leo Weißgerber, *Vertragstexte als sprachliche Aufgabe: Forschungs-, Auslegungs und Übersetzungsprobleme des Südtirol Abkommens von 1946*, Bonn 1961.

WEISFLOG 1996. Walter E. Weisflog, *Rechtsvergleich und juristische Übersetzung: Eine interdisziplinäre Studie*, Zürich 1996.

WENDEHORST 2008. Christiane C. Wendehorst, „Rezeption deutschen Zivilrechts – Was bleibt übrig im 21. Jahrhundert?", in: Jörg-Martin Jehle / Volker Lipp / Keiichi Yamanaka (Hrsg.), *Rezeption und Reform im japanischen und deutschen Recht*, Göttingen 2008, 19–30.

WESEL 1992. Uwe Wesel, *Fast alles, was Recht ist: Jura für Nichtjuristen*, Frankfurt am Main 1992.

WESEL 2004. Uwe Wesel, „Selbstverständlich", in: Kent Lerch (Hrsg.), *Sprache des Rechts, Band 1: Recht verstehen. Verständlichkeit, Missverständlichkeit und Unverständlichkeit von Recht*, Berlin 2004, 455–457.

WEYERS 1994. Gerd Richard Weyers, „Grenzen der Übersetzbarkeit juristischer Texte", in: Berna Hendriks (Hrsg.), *Language Needs in Business, Proceedings of XVIII International Association Language and Business*, 1994. 99–117.

WEYERS 1999. Gerd Richard Weyers, „Das Übersetzen von Rechtstexten: Eine Herausforderung an die Übersetzungswissenschaft", in: Gerard-René de Groot / Reiner Schulze (Hrsg.), *Recht und Übersetzen*, Baden-Baden 1999, 151–174.

WIESMANN 2004. Eva Wiesmann, *Rechtsübersetzung und Hilfsmittel zur Translation: Wissenschaftliche Grundlagen und computergestützte Umsetzung eines lexikographischen Konzepts*, Tübingen 2004.

WILSS 1977. Wolfram Wills, *Übersetzungswissenschaft: Probleme und Methoden*, Stuttgart 1977.

WÜSTER 1991. Eugen Wüster, *Einführung in die Allgemeine Terminologielehre und terminologische Lexikographie*, Bonn 1991.

YAMAMOTO 2003. K. Yamamoto, „Länderbericht Japan", in: Notarius International 2003, 37–66.

YANABU 1991, Akira Yanabu, *Modernisierung der Sprache: Eine kulturhistorische Studie über westliche Begriffe im japanischen Wortschatz* [Übersetzt von Florian Coulmas], München 1991.

Yang 1971. Yang, Byung-Hui, *Grundlagen und Gestalt des koreanischen Familien-, insbesondere Scheidungsrechts, Eine rechtsvergleichende Untersuchung*, Diss. Universität Bochum 1971.

Zachert 1980. Herbert Zachert (Hrsg.), *Hung min jeong eum (1446): Die richtigen Laute zur Unterweisung des Volkes* [Sejong Yi; aus dem Koreanischen übersetzt von Wolfgang Franz / Reiner Ischert], Wiesbaden 1980.

Zipf 1965. George Kingsley Zipf, *The Psychobiology of Language: An Introduction to Dynamic Philology*, Cambridge (Massachusetts) 1965.

Zuck 2009. RüdigerZuck, „Die verfassungsrechtliche Gewährleistung der Ehe im Wandel des Zeitgeistes", in: NJW 2009, 1449–1454.

Zweigert/Kötz 1996. Konrad Zweigert / Hein Kötz, *Einführung in die Rechtsvergleichung auf dem Gebiet des Privatrechts*, Tübingen 1996.

## 2.2 Literatur in koreanischer Sprache

Alpŏp 2011. 법제처, 알기 쉬운 법령 정비 기준 [*pŏpchech'ŏ, algi swiun pŏmnyŏng chŏngbi kijun* (Mnistry of Government Legislation (Hrsg.), Richtlinie für verständliche Gesetze), Seoul 2011.

Cho 2007. 조은희, „이혼의 자유와 그 한계 – 협의이혼제도와 협의이혼제도 개정법안을 중심으로", in: 家族法研究2007년 第21巻 1號 [Cho, Eun-Hee, „*ihon-ŭi chayu-wa kŭ han'gye — hyŏbŭiihonjedo-wa hyŏbŭiihonjedo kaejŏngbŏban-ŭl chungsim-ŭro* (Freiheit der Scheidung und ihre Grenzen — Einverständliche Scheidung und Reform der Einverständlichen Scheidung)", in: *Kajokpŏp yŏn'gu che 21 kwŏn 1 ho 2007 nyŏn* (Journal of Korean Family Law 21.1/2007)], 133–164.

Cho 2007a. 조은희, „가족관련법의 입법적 동향에 대한 검토", in: 고려법학 2007년 49권 [Cho Eun-Hee, „*kajokkwallyŏnbŏb-ŭi ippŏpchŏk tongyang-e taehan kŏmt'o* (Eine Studie: Tendenzen in der Gesetzgebung im koreanischen Familienrecht)", in: *Koryŏbŏphak 49 kwŏn* 2007 *nyŏn* (Law Review of Korea University 49/2007)], 1035–1072.

Choe 2010. 최병조, „고대 로마 십이표법의 번역과 관련하여" [Choe Byoung Jo „*kodae loma sibip'yobŏbŭi pŏnnyŏkkwa kwallyŏnhayŏ* (Zur Übersetzung des lex duodecim tabularum in antiken Rom)"], in: SLJ 51.3/2010, 1–62.

Choi 1980. 최종고, 법사와 법사상 [Choi Chongko, *bŏbsa-wa bŏbsasang* (Rechtsgeschichte und Rechtsgedanken)], Seoul 1980.

Choi 1982. 최종고, 한국의 서양법수용사 [Choi Chongko, *han'gug-ŭi sŏyangbŏpsuyongsa* (Die Rezeption des europäischen Rechts in Korea)], Seoul 1982

Choi 1992. 최종고, „한국에서의 서양법의 수용과 변용" [Choi Chongko, „*han'gug-esŏŭi sŏyangbŏb-ŭi suyong-gwa pyŏnyong* (Rezeption der westlichen Rechte in Korea und deren Änderung)"], in: SLJ 33.2/1992, 126–142.

Choi 1994. 최종고, 한국법 입문 [Choi Chongko, *han'gukpŏp immun* (Einführung in das koreanische Recht)], Seoul 1994.

Chŏng 1962. 정광현, 신친족상속법요론 [Chŏng Kwang-hyŏn, *sin ch'injok sangsokpŏp yoron* (Diskurs über das neue Verwandtschafts- und Erbrecht)], Seoul 1962.

Chŏng 1967. 정광현, 한국가족법연구 [Chŏng Kwang-hyŏn, *han'guk kajokpŏp yŏn'gu* (Über das koreanische Familienrecht)], Seoul 1967.

Hwang 2014. 황희윤, "민법 알기 쉽게 새로 쓰기", in: 고려법학2014년 제72권 [Hwang Heeyoon, „*minbŏp algi swipke saero ssŭgi,* (Überarbeiten des Zivilgesetzes zur besseren Verständlichkeit)", in: *koryŏbŏphak* 2014nyŏn *che72ho* (Legal Research Institute of Korea University, Law Review of Korea University, 72/2014], 515–563.

Jeong 1988, 정종휴 „민법전과 법언어 (3) –법률용어와 조문구조를 중심으로", in: 사법행정1988년 제29권 제5호 [Jeong Jong-Hyu, „*minbŏpchŏn-gwa pŏbŏnŏ(3) – pŏmnyuryongŏwa chomun'gujorŭl chungsimŭro* (Zivilgesetz und Rechtssprache(3) – Rechtsterminologie und Struktur)", in: *sabŏphaengjŏng 1988 nyŏn che 29kwŏn che 5 ho* (Rechtspflege 29. 7/1988)], 70–77.

Jeong 1991, 정종휴 „비교법적 시야에서 본 한국민법전", in: 법사학연구1991년 제12권 [Jeong Jong-Hyu, „*pigyobŏpchŏk siya-esŏ pon han'gungminbŏpchŏn* (koreanisches Zivilgesetzbuch aus rechtsvergleichender Sicht)" in: *pŏpsahagyŏn'gu 1991 nyŏn che 12 kwŏn* (Korean Journal of Legal History 12/1991)], 133–151.

Jeong 2009. 정종휴, "한국민법의 편찬과 비교법적 위치, -한일법사학계의 협력을 기대하며", in: 법사학연구 2009년 제40권 [Jeong Jong-Hyu „*han'gungminbŏb-ŭi p'yŏnch'an-gwa pigyobŏpchŏk wich'i, -hanilbŏpsahakkyeŭi hyŏmnyŏgŭl kidaehamyŏ* (Zustandekommen des koreanischen Zivilgesetzbuches und sein Stellenwert aus rechtsvergleichender Sicht)" in: *pŏpsahagyŏn'gu, 2009 nyŏn che 40 kwŏn* (Korean Journal of Legal History 40/2009)], 7–42.

Kang 2003. 강현철, 법령용어의 순화와 정비에 관한 법언어학적 연구 [Kang Hyun-Cheol, *pŏmnyŏng yong'ŏ-ui sunhwa-wa chŏngbi-e kwanhan pŏbŏnŏhagjŏg yŏngu* (Eine rechtslinguistische Studie über Bereinigung und Verbesserung der Rechtsbegriffe)], Seoul 2003.

Kim 1968. 김증한 „한국민법의 법제사적 및 비교법적 연구" [Kim Chung Han, „*han'gungminbŏb-ŭi pŏpchesajŏk mit pigyobŏpchŏk yŏn'gu* (Bürgerliches Gesetzbuch von Korea in rechtsgeschichtlicher und rechtsvergleichender Sicht)"], in: SLJ 10.2/ 1968, 27–47.

Kim Kyŏngil 1999. 김경일, 공자가 죽어야 나라가 산다 [Kim Kyŏngil, *kongjaga chugŏya naraga sanda* (Konfuzius muss sterben, damit das Land überlebt)], Seoul 1999.

Kim/Kim 2011. 김주수 / 김상용, 친족상속법–가족법 [KIM Choo-Soo / KIM Sangyong, *ch'injok sangsokpŏp – kajokpŏp* (Verwandtschafts- und Erbrecht – Familienrecht)], Seoul 2011.

Lee S. Y. 1989. 이시윤, 민사소송법 [Lee Si Yun, *minsa sosongbŏp* (Zivilprozessrecht)], Seoul 1989.

Lee S.-W. 2000. 이상욱 „가족법 제정의 경위와 주된 쟁점", in: 가족법연구 2000 년 제 14 호 [Lee Sang-Wook „*kajokpŏp chejŏng-ŭi kyŏngwi-wa chudoen chaengjŏm* (Das Zustandekommen der Änderung des Familienrechts und dabei aufgetretene

Streitpunkte)“, in: *kajokpŏbyŏn'gu 2000 nyŏn che 14 ho* (Journal of Korean Family Law 14/2000)], 275–304.

LEE T'aeyŏng. 1992. 이태영, 가족법 개정운동 37 년사 [Lee T'aeyŏng, *kajokpŏp kaejŏngundong 37yŏnsa* (37 Jahre Geschichte der Familienrechtsänderung)] Seoul 1992.

LIM J.-H. 2002. 임중호 „한국에서의 외국법의 계수와 법령용어 형성과정“ in: 중앙대 법학연구소 법학논문집 2002 년 제 26 집 제 2 호 [Lim Joong-Ho, *„han'gug-esŏŭi oegukpŏb-ŭi kyesu-wa pŏmnyŏngyongŏ hyŏngsŏnggwajŏng* (Rechtsrezeption in Korea und Entstehung der Rechtsbegriffe)“, in: *chungangdae pŏphagyŏn'guso pŏphangnonmunjip 2002 nyŏn che 26 chip che 2 ho* (Chung-Ang Journal of Legal Studies 26.2/2002)], 15–47.

PARK B.-H. 2002. 박병호, „외국법의 계수와 법령용어“, in: 중앙대 법학연구소 법학논문집 2002 년 제 26 집 제 2 호 [Park Byung-Ho, *„oegukpŏb-ŭi kyesu-wa pŏmnyŏngyongŏ* (Rezeption der ausländischen Rechte und Rechtsbegriffe)“, in: *chungangdae pŏphagyŏn'guso pŏphangnonmunjip 2002 nyŏn che 26 chip che 2 ho* (Chung-Ang Journal of Legal Studies 26.2/2002)], 7–14.

PARK K. S. 1998. 박갑수, „민사소송법의 순화, 그 필요성과 실제“, in: 서울대학교사대논총1998년 제57집 [Park Kap Soo, *„minsasosongbŏb-ŭi sunhwa, kŭ p'iryosŏng-gwa silche* (Bereinigung des Zivilprozessgesetzes, Notwendigkeit und Realität)“, in: *sŏultaehakkyosadaenonch'ong 1998 nyŏn che 57 chip* (Journal of the College of Education, Seoul National Unversity) 57/1998], 19–38.

SIN Kakch'ŏl 1995. 신각철, „법령에서 쓰이고 있는 일본식 표기 용어의 정비“, in: 새국어생활 1995년 제5권 제2호 [Sin Kakch'ŏl, *„pŏmnyŏng-esŏ ssŭigo innŭn ilbonsik p'yogi yongŏ-ŭi chŏngbi* (Bereinigung der juristische Terminologie japanischer Ursprünge)“, in: *saegugŏsaenghwal che 5 kwŏn che 2 ho 1995 yŏn* (Neue lebendige Muttersprache 5.2/1995], 108–125.

SIN Uch'ŏl 2002. 신우철 „외국법의 계수와 법령용어: 한국헌법의 경우를 중심으로“, in: 중앙대 법학연구소 법학논문집 2002 년 제 26 집 제 2 호 [Sin Uch'ŏl *„oegukpŏb-ŭi kyesu-wa pŏmnyŏngyongŏ: han'gukhŏnbŏb-ŭi kyŏngu-rŭl chungsim-ŭro* (Rezeption ausländischen Rechts und Rechtsterminologie: Insb. im Falle der koreanischen Verfassung)“, in: *chungangdae pŏphagyŏn'guso pŏphangnonmunjip che 26 chip, che 2 ho 2002 yŏn* (Chung-Ang Journal of Legal Studies 26.2/2002)], 109–117.

SHIN 1992. 신영호, „북한가족법의 제정과 그 특색“ in: 고려대학교 법학연구원, 북한법률행정논집 1992년 제9집 [SHIN Young Ho, *„pukhan'gajokpŏb-ŭi chejŏng-gwa kŭ t'ŭksaek* (Die Legislation des Familienrechts in Nordkorea und seine Charakteristika)“, in: *koryŏdaehakkyo pŏphagyŏn'guwŏn, pukhanbŏmnyurhaengjŏngnonjip 1992 nyŏn che 9 chip* (Legal Research Institute of Korea University, Law and Public Administration in North Korea 9/1992], 119–169.

YANG C. S. 1999. 양창수, „우리 나라 最初의 憲法裁判論議 – 妻의 行爲能力 制限에 관한 1947 년 大法院判決에 대하여“ [Yang Chang Soo, *„uri nara ch'oech'o-ŭi hŏnbŏp chaep'an nonŭi – ch'ŏ-ŭi haengwi nŭngnyŏk chehan-e kwanhan 1947yŏn taebŏbwŏn* *p'an'gyŏre taehayŏ* (Die erste Debatte um die Verfassungsgerichtsbarkeit in Korea – über die Entscheidung des Obersten Gerichts im Jahr 1947 zur Einschränkung der Handlungsfähigkeit der Ehefrau)"], in: SLJ 40.2 /1999, 125–151.

Yɪ 2001. 이상돈, „법과 한국어" in: 법과 언어, 한국법제연구원 국제 학술회의 자료집 [Yi Sangdon, „*pŏp-kwa han'gugŏ* (Recht und Koreanisch)" in: *pŏp-kwa ŏnŏ* (Recht und Sprache), *han'guk pŏpche yŏn'guwŏn kukche haksurhoeŭi charyojip* (The Korea Legislation Research Institute, Bericht der Internationalen Konferenz)], Seoul 2001, 46– 69.

Yoon 1997. 윤대성 „미군정시대 ( 1945 ~ 1948 ) 의 한국민법전편찬사업과 로빈기어의 <한국민법전초안>에 관한 연구", in: 비교사법 1997년 제4권 제1호 [Yoon Dae-Seong, „*migunjŏngsidae (1945~1948)-ŭi han'gungminbŏpchŏnp'yŏnch'ansaŏp-kwa lobin'giŏ-ŭi han'gungminbŏpchŏnch'oan-e kwanhan yŏn'gu* (Das Kodifikationsvorhaben eines koreanischen Zivilgesetzbuches während der Zeit der amerikanischen Militärregierung (1945–1948) und Lobingers Entwurf für das Zivilgesetz in Korea)", in: *pigyosabŏp, 1997yŏn che 4 kwŏn che 1 ho* (Privatrechtsvergleichung 4.1/1997)], 383–453.

Yoon 2010. 윤대성 „한국민법전의 현대어화", in: 조선대 법학논총2010년 제17집 제2호 [Yoon Dae-Seong „*han'gungminbŏpchŏnŭi hyŏndaeŏhwa* (Die Revision des koreanischen Zivilgesetzes in ein modernes Koreanisch)", in: *chosŏndae pŏphangnonch'ong 2010 nyŏn che 17 chip che 2 ho* (Chosun University, Sammlung von rechtswissenschaftlichen Abhandlungen, 17.2/2010)], 183–213.

Yune 2004. 윤진수 „헌법이 가족법의 변화에 미친 영향" [Yune Jinsu, „*hŏnbŏbi kajokpŏbŭi pyŏnhwae mich'in yŏngyang* (Der Einfluss der Verfassung auf die Reform des Familienrechts)"], in: SLJ 45.1/2004, 233–270 [übersetzt von Ann Kyunghee, in: SLJ 45.1/2004 433–464].

## 3. Nachschlagewerke

Bußmann 2002. Hadumod Bußmann (Hrsg.), *Lexikon der Sprachwissenschaft*, Stuttgart 2002.

Creifelds 2011. Klaus Weber (Hrsg.), *Creifelds Rechtswörterbuch*, München 2011.

Duden 2009. Dudenredaktion (Hrsg.), *Duden: Die Grammatik*, Duden Band 4, Mannheim 2009.

Essence 1981. Koreanische Gesellschaft für Germanistik (Hrsg.), *Minjingseorims Essence: Koreanisch-Deutsches Wörterbuch*, Seoul 1981.

Gabler Wirtschaftslexikon 2014. Stefanie Brich / Claudia Hasenbalg (Red.), *Gabler Wirtschaftslexikon* A-B, Wiesbaden 2014 [auch online abrufbar unter: http://wirtschaftslexikon.gabler.de].

O 1993. 오석락 (감수), 최신 법률학사전 [O Sŏng-nak (*kamsu*), *ch'oesin pŏmnyurhaksajŏn* (großes Rechtswörterbuch unter Federführung von O Sŏng-nak)], Seoul 1993.

Wahrig 1997. Renate Wahrig-Burfeind (Hrsg.), *Wahrig Deutsches Wörterbuch*, Gütersloh 1997.

## 4. Literatur aus dem Internet


http://gwanbo.korea.go.kr/ [Bekanntmachungen im *Kwanbo* 관보 官報, entspricht etwa dem BGBl]

http://kosis.kr/statisticsList/statistics [Homepage vom koreanischen Statistischen Amt].

http://lawi.snu.ac.kr/ [die in vorliegender Arbeit zitierten Aufsätze aus dem SLJ sind hier abrufbar].

http://slfamily.scourt.go.kr/slfamily/sosong/sosong_08/sosong_08_03/index.html [Infoblätter für die Gerichtliche Scheidung für Ausländer, zuletzt abgerufen am 03. 01. 2013].

http://srchdb1.chosun.com/pdf/i_archive/ [Archiv von Choson ilbo].

http://www.bduelvbw.de/pdf/Richtlinien 2004.pdf [BDÜ 2004. *Richtlinien und Hinweise für die Anfertigung von Urkundenübersetzungen,* zuletzt abgerufen am 18.11.2011)].

http://www.bverfg.de/entscheidungen/ls20130219_1bvl000111.html [BVerfG, 1 BvL 1/11 vom 19.2.2013, (Zuletzt abgerufen am 23. Juni 2014), auch die anderen in der vorliegenden Arbeit zitierten VerfGE sind unter www.bverfg.de/entscheidungen abrufbar].

http://www.fta.go.kr/eu/layout_sub02/sub02_01.asp [Freihandelsabkommen mit der EU, Stand 20. 03. 2013].

http://www.fta.go.kr/eu/layout_sub05/sub05_04_view.asp [Pressemitteilung samt Material des Ministeriums für Außenpolitik und Handel vom 04 04.2011].

http://www.korean.go.kr/eng/roman/roman.jsp. [Die neuen offiziellen Umschrifts-Regeln der Republik Korea, die seit Februar 2002 für Publikationen in Südkorea verbindlich sind].

http://www.ksfl.or.kr. [Homepage von The Korean Society of Family Law, mit Schwerpunkt Familien- und Erbrecht; die in der vorliegenden Arbeit zitierten Aufsätze aus der Zeitschrift *Kajokpŏp yŏn'gu* 가족법 연구 sind hier abrufbar].

http://www.law.go.kr [Alle Daten der in der vorliegenden Arbeit benutzten wie auch aller sonstigen geltenden Gesetze samt ihrer Änderungen sowie die alten Fassungen u. dgl. sind auf der offiziellen Seite des Korea Ministry of Government Legislation (*pŏpchech'ŏ* 법제처) zu finden].

http://www.olg-koeln.nrw.de/aufgaben/justizverwaltung/organisation_verwaltung/dez_7/laender/index.php [Länderverzeichnis mit Informationen über die für jedes Land bei Eheschließungen vorzulegenden Nachweise, abgerufen am 30.Januar 2014].

https://www.vfst.de/apps/elbib/SA_KOR [Standesamt und Ausländer, Korea (Republik), elektronische Bibliothek des Verlags für das Standesamtswesen].

# Anhang

## 1. Zur Transliteration von Az. aus dem Koreanischen

Bei der Transliteration von Az. wird das offizielle Umschriftsystem Koreas von 1959 verwendet. Die Vorteile dieses Systems sind: 1. Es basiert auf dem Transliterationsprinzip. 2. Es ist ein bekanntes System (nicht von einem Autor spontan hergestellt). 3. Diakritische Zeichen werden nicht verwendet. 3. Einem koreanischen Buchstaben entspricht jeweils nur ein lateinischer Buchstabe (bzw. eine festgelegte Buchstabenkombination).

**Gegenüberstellung der Systeme (UK1959: Offiz. Umschriftsystem Koreas 1959, MR: McCune-Reischauer)**

| Vokal; Phonem | UK1959 (Transliteration) | MR (Transkription) | Konsonant; Phonem | UK1959 (Transliteration) | MR (Transkription) |
|---|---|---|---|---|---|
| ㅏ; /a/ | a | a | ㄱ; /k/ | g | k / g / ng / k' |
| ㅑ; /ja/ | ya | ya | ㄴ; /n/ | n | n / l |
| ㅓ; /ə/ | eo | ŏ | ㄷ; /t/ | d | t / d / n / s / j / t' |
| ㅕ; /jə/ | yeo | yŏ | ㄹ; /l/ | l[738] | r / l / n |
| ㅗ; /o/ | o | o | ㅁ; /m/ | m | m |
| ㅛ; /jo/ | yo | yo | ㅂ; /p/ | b | p / b/ m |
| ㅜ; /u/ | u | u | ㅅ; /s/ | s | s / ss / n / t |
| ㅠ; /ju/ | yu | yu | ㅇ;/ŋ/(/Ø/)[739] | – / ng | – / ng |
| ㅡ; /ɯ/ | eu | ŭ | ㅈ; /ʦ/ | j | ch / j / n / t /ch' / s |
| ㅣ; /i/ | i | i | ㅊ; /ʦ$^h$/ | ch | ch' / t / n / s |
| ㅐ; /ɛ/ | ae | ae | ㅋ; /k$^h$/ | k | k' / k / ng |
| ㅒ; /jɛ/ | yae | yae | ㅌ; /t$^h$/ | t | t' / t / ch' / n / s |
| ㅔ; /e/ | e | e | ㅍ; /p$^h$/ | p | p' / p / m |
| ㅖ; /je/ | ye | ye | ㅎ; /h/ | h | h / '(Aspiration) / s |
| ㅚ; /Ø/ | oe | oe | ㄲ; /k͈/ | gg | kk / ng / k |
| ㅟ; /y/ | wi | wi | ㄸ; /t͈/ | dd | tt |
| ㅢ; /ɰi/ | eui | ŭi | ㅃ; /p͈/ | bb | pp |
| ㅘ; /wa/ | wa | wa | ㅆ; /s͈/ | ss | ss / n / t |
| ㅝ; /wə/ | woe | wŏ | ㅉ; /ʦ͈/ | jj | tch |
| ㅙ; /wɛ/ | wae | wae | | | |
| ㅞ; /we/ | we | we | | | |

738 Die Umschrift für den Konsonanten ㄹ wird ausnahmsweise je nach phonetischer Umgebung mit **r** oder **l** umgesetzt. Abweichend von dieser Regelung wurde in vorliegender Arbeit konsequent mit **l** transliteriert.

739 ‹ㅇ› wird am Silben-Anfang als Platzhalter benutzt (stumm); am Ende einer Silbe wird er als /ŋ/ realisiert.

## 2. E-Mail an die deutsche Botschaft

| | |
|---|---|
| **Von:** | ".SEOU KU-1 Nowak, Alexander Paul Christian" <ku-1@seou.auswaertiges-amt.de> |
| **Betreff:** | Übersetzerlisten der Botschaft, Petentin Youn, Young-Ju |
| **Datum:** | Tue, 17 May 2011 16:22:38 +0900 |
| **An:** | s5yoyoun@uni-bonn.de |
| **Cc:** | ".SEOU VW-1 Bierbach, Ingolf" <vw-1@seou.auswaertiges-amt.de>,<br>".SEOU RK-10 Pavelka, Petra" <rk-10@seou.auswaertiges-amt.de> |

Sehr geehrte Frau Youn,

die Botschaft veröffentlich auf ihrem Website unverbindlich und ohne Gewähr Namen und Kontaktdaten von ihr bekannten Übersetzern bzw. Übersetzungsbüros.
Dies ist als Handreichung für hilfesuchende deutsche Staatsangehörige gedacht. Die Kriterien für die Aufnahme auf diese Liste sind recht allgemein:
1. Es werden nur Übersetzer aus dem Amtsbezirk der Botschaft (also z.B. nicht solche in Deutschland) benannt.
2. Sie müssen der Botschaft bekannt sein. Für dieses Bekanntsein reicht es aus, daß sich Übersetzer bei der Botschaft melden und um Aufnahme auf die Liste bitten.
3. Die Botschaft muß - nach summarischer Prüfung - zu der Einschätzung kommen, daß es sich tatsächlich um qualifizierte, professionelle Übersetzer handelt.
4. Die Übersetzer müssen mit der Veröffentlichung ihrer Namen und Kontaktdaten einverstanden sein.

Die Botschaft sucht nicht von sich aus nach Übersetzern, um sie auf die Liste zu setzen. Die Botschaft bittet jährlich die auf der Liste Befindlichen um Bestätigung, daß die Angaben weiterhin zutreffen (bzw. um Aktualisierung). Sofern die Angaben weder bestätigt noch aktualisiert werden, wird der Eintrag gelöscht.

Es gibt keine Vorgaben der Botschaft, wie oder von wem Übersetzungen anzufertigen sind; wenn eine Übersetzung der Botschaft zur Bestätigung vorgelegt wird, wird seitens der Botschaft die Richtigkeit überprüft (aber nicht, wer die Übersetzung gefertigt hat): Ist die Übersetzung vollständig und richtig, so wird dies bestätigt - andernfalls wird keine Bestätigung erteilt. Ich würde mich freuen, wenn diese Hinweise Ihnen von Nutzen wären.

Mit freundlichen Grüßen
i.A.
Alexander Nowak, BR
Deutsche Botschaft Seoul

*Anrede: Frau*
*Name:: Youn*
*Vorname:: Young-Ju*
*Straße, Nr.:: Rhenusallee 54*
*PLZ, Ort:: 53227 Bonn*
*Land:: Deutschland*
*Telefon / Fax.:: +49 0228 2438006*
*E-Mail:: s5yoyoun@uni-bonn.de*
*Ihr Text:: Sehr geehrte Damen und Herren,*

*ich bin Diplomübersetzerin mit Schwerpunkt Jura und vom OLG Köln ermächtigt und allgemein vereidigt.*
*Außerdem bin ich Doktorandin mit einem Lehrauftrag an der Uni Bonn. Mein Dissertations-Thema lautet „übersetzungswissenschaftliche Probleme bei der Übertragung juristischer Texte unter besonderer Berücksichtigung des Eherechts Koreanisch-Deutsch". In diesem Zusammenhang wäre ich Ihnen für einige Auskünfte sehr dankbar:*
*Auf Ihrer Internet-Seite habe ich gefunden, dass nur sieben Übersetzungsbüros bzw. Übersetzer gelistet sind. Meine Frage an Sie ist, ob es besondere Bedingungen gibt, um auf diese Liste zu kommen,und wenn ja welche. Weiter interessiert mich, ob es eine interne Anweisung an die Übersetzer für die Anfertigung koreanisch-deutscher Übersetzungen gibt. Wenn es solche Richtlinien gibt, wäre ich Ihnen sehr dankbar, wenn Sie mir diese zukommen lassen könnten. Auch für etwaige weitere Informationen zu diesem Thema bzw. in diesem Zusammenhang bin ich Ihnen zu Dank verbunden, da solche Informationen für meine Dissertation sehr dienlich sind.*

*Für Ihre Mühe und Antwort bedanke ich mich vorab und verbleibe mit freundlichen Grüßen*

*Youn, Young-Ju*

## 3. Bestätigung der Botschaft Koreas

주 독 일 한 국 대 사 관

**BOTSCHAFT DER REPUBLIK KOREA**

-Konsularabteilung-

Stülerstr. 8/10, 10787 Berlin Tel. (030) 260 65 433 Fax (030) 260 65 57

### BESTÄTIGUNG

Die Botschaft der Republik Korea bestätigt hiermit, dass ein koreanischer Vorname gewöhnlich aus zwei Silben besteht. Es gibt in Korea bei der Romanisierung eines koreanischen Namens weder einen festen Umschriftregel noch eine festgelegte Schreibweise. Aus diesem Grund kommt es vor, dass zwischen den zwei Silben eines Vornamens manchmal kein manchmal ein Bindestrich eingefügt wird.

Es wird hiermit versichert, dass der Bindestrich zwischen den Silben eines Vornamens nicht die unterschiedliche Identität von Personen ausmacht.

In dieser Hinsicht wurde die im Reisepass als **Youn, Young-Ju** geb. am [redacted] eingetragene Person in der Geburtsurkunde als **Youn, Young Ju** eingetragen.

Berlin, den 02. Februar 2010

i.A. Kwang-Sook Kim

BOTSCHAFT DER REPUBLIK KOREA

# Glossar

Hinweise:

(1) Die Koreanische Grammatik kennt das Unterscheidungserkmal „Genus“ nicht, es gibt kein Maskulinum, Femininum und Neutrum. Die den Plural markierende Endung wird selten benutzt, im Wesentlichen zur Betonung. Daher wird hier für die Begriffe, die in Fettschrift dargestellt sind, in der deutschen Wiedergabe die generale Form benutzt. Die feminine Form wird nicht extra genannt.

(2) Die Angaben in eckigen Klammern sind chinesische Zeichen, die in der juristischen Fachsprache in Korea noch eine bedeutende Rolle spielen.

(3) Bei den Angaben in Standard-Schriften handelt es sich um erläuternde Ergänzungen, Gesetzestexte bzw. Beispielphrasen.

(4) Koreanische Rechtsbegriffe und ihre Übersetzung ins Deutsche sind i. d. R. entsprechend ihrem familienrechtlichen Kontext ausgewählt und dementsprechend übersetzt. Sie werden mitunter jedoch in verschiedenen Rechtsgebieten mit unterschiedlicher Bedeutung verwendet.

| Koreanisch | Transkription | Deutsch |
|---|---|---|
| **가부장제 [家父長制]** | *kabujangje* | **Patriarchalismus** |
| **가사대리권 [家事代理權]**<br>민법 제 827 조 (부부간의 가사대리권) ① 부부는 일상의 가사에 관하여 서로 대리권이 있다 | *kasadaerigwŏn* | **Vertretungsrecht der Ehegatten in häuslichen Angelegenheiten**<br>Im ZG ist dies in Art. 827 Abs. 1 geregelt: Ehemann und Ehefrau vertreten sich in den täglichen häuslichen Angelegenheiten gegenseitig. |
| **가사비송사건 [家事非訟事件]** | *kasabisongsagŏn* | **Freiwillige Gerichtsbarkeit in Familienangelegenheiten** |

| Koreanisch | Transkription | Deutsch |
|---|---|---|
| **가사사건 [家事事件]**<br>– 가사재판사건: 가사소송사건, 가사비송사건<br>– 가사조정사건 | *kasasagŏn*<br>– *kasajaep'ansagŏn: kasasosongsagŏn, kasabisongsagŏn*<br>– *kasajojŏngsagŏn* | **Familiensachen, Familienangelegenheiten**<br>Das Familiengericht ist nach Art. 2 GVFam für die dort aufgeführten Angelegenheiten der Schlichtung und für Entscheidungen in streitigen Verfahren und Verfahren der freiwilligen Gerichtbarkeit zuständig. |
| **가사소송 [家事訴訟]**<br>넓은 의미: 가정법원의 전속관할에 속하는 소송<br>좁은 의미: 가사사건을 그 성질에 따라 가사소송사건과 가사비송사건으로 나눔. 가사소송사건은 판결로, 가사비송사건은 심판으로 재판. | *kasasosong* | **Gerichtsbarkeit in Familienangelegenheiten; Klageverfahren in Familiensachen**<br>Im weiteren Sinne bezeichnet man mit *Kasasosong* alle Familienangelegenheiten, für die das Familiengericht zuständig ist. Dabei ist zu unterscheiden in streitige und freiwillige Gerichtbarkeit. Streitige (Klage-) Verfahren in Familiensachen nennt man *kasasosong* im engeren Sinne. Die Entscheidung in streitigen Verfahren wird *p'an'gyŏl* („Urteil"), die in der freiwilligen Gerichtbarkeit *simp'an* (am besten mit „Beschluss" zu übersetzen) genannt. |
| **가사소송법 [家事訴訟法]** 1990 . 12 . 31 , 법률 제 4300 호<br>제 1 편 총칙, 제 2 편 가사소송, 제 3 편 가사비송, 제 4 편 가사조정, 제 5 편 이행의 확보, 제 6 편 벌칙. | *kasasosongbŏp* | **Gesetz über das Verfahren in Familienangelegenheiten (GVFam)** vom 31.12.1990, Gesetzesnummer 4300<br>Es besteht aus: Allgemeine Bestimmungen, Klageverfahren in Familiensachen, freiwillige Gerichtbarkeit in Familiensachen, Schlichtungsverfahren, Zwangsvollstreckung und Strafen. |

| Koreanisch | Transkription | Deutsch |
|---|---|---|
| **가사심판법 [家事審判法]** 1963 . 07 . 31 , 법률 제 1375 호<br>가사에 관한 사항이나 분쟁을 조정하거나 심판하기 위한 법률. 1990 년에 폐지되고 가사 소송법으로 대체됨. | *kasasimp'anbŏp* | **(altes) Gesetz über die Entscheidung in Familiensachen** vom 31. 07.1963, Gesetzesnummer 1375<br>Dieses Gesetz, das früher die freiwillige Gerichtsbarkeit in Familienangelegenheiten regelte, wurde mit dem Gesetz über das Verfahren in Familienangelegenheiten (GVFam) aufgehoben. |
| **가사조정 [家事調停]**<br>가정법원이 행하는 조정. 가사소송법상 나류 및 다류 가사소송사건과 마류 가사비송사건에 대하여 가정법원에 소를 제기하거나 심판을 청구할 때 먼저 조정을 신청하여야 하는데 이를 조정전치주의라고 함. | *kasajojŏng* | **Schlichtungsverfahren in Familienangelegenheiten**<br>In einigen familienrechtlichen Streitigkeiten entscheiden die Familiengerichte grundsätzlich erst nach einer Schlichtungsverhandlung vor einem Schlichtungsausschuss. Das Schlichtungsverfahren fungiert danenben auch als eine eigenständige Institution der Familiengerichtsbarkeit. |
| **가장권 [家長權]** | *kajanggwŏn* | **Patriarchalische Gewalt**<br>Kompetenz des Familienoberhaupts im herkömmlichen System. Im heutigen Rechtssystem nicht mehr existent. Statt dessen gibt es jetzt die elterliche Gewalt, die Vater und Mutter zusteht. |
| **가정법원 [家庭法院]** | *kajŏngbŏbwŏn* | **Familiengericht** |

| Koreanisch | Transkription | Deutsch |
|---|---|---|
| **가족 [家族]**<br>민법 제 779 조(가족의 범위) ① 다음의 자는 가족으로 한다.<br>1 . 배우자, 직계혈족 및 형제자매<br>2 . 직계혈족의 배우자, 배우자의 직계혈족 및 배우자의 형제자매<br>②제 1 항제 2 호의 경우에는 생계를 같이 하는 경우에 한한다. | *kajok* | **Familie**<br>Familienmitglieder sind nach Artikel 779 ZG Ehegatten, Blutsverwandte in gerader Linie und Geschwister, weiterhin Ehegatten der Blutsverwandten in gerader Linie sowie Blutsverwandte in gerader Linie und Geschwister des Ehegatten, wenn sie in einem Haushalt leben. |
| **가족관계의 등록 등에 관한 법률 (kurz 가족관계등록법 [家族關係登錄法])** 2007 . 7 . 23 , 법률 제 8541 호, 시행 2008 . 1 . 1 | *kajokkwan'gyeŭi tŭngnok tŭnge kwanhan pŏmnyul (kajokkwan'-gyedŭngnokpŏp)* | **Gesetz über die Registrierung des Familienstandes, Familienregistergesetz (GRFam)**<br>vom 23.07.2007, Gesetzesnummer 8541, in Kraft getreten am 01.01.2008<br>Mit diesem Gesetz ist das alte Familienregistergesetz (*hojŏkpŏp*) abgeschafft worden. |
| **가족관계증명서 [家族關係證明書]** | *kajokkwan'gyejŭngmyŏngsŏ* | **Urkunde über die familiäre Verwandtschaft, Familienurkunde** |
| **가족법 [家族法];** 가족법의<br>民法 중에서 제 4 편 친족과 제 5 편 상속<br><br>가족법의 발전; 가족법 개혁; 가족법의 기본원칙 | *kajokpŏp; kajokpŏbŭi* | **Familienrecht; familienrechtlich**<br>Kajokbŏp (Familienrecht) im koreanischen Rechtssystem beinhaltet das 4. Buch (Verwandtschaft) und das 5. Buch (Erbrecht) des Zivilgesetzes<br>*Entwicklung des Familienrechts; Familienrechtsreform; die grundlegenden familienrechtlichen Prinzipien* |

| Koreanisch | Transkription | Deutsch |
|---|---|---|
| **각하 [却下] 하다**<br>소가 소송요건을 구비하지 못한 경우나, 상소가 그 요건을 구비하지 못한 경우에 소 또는 상소를 부적법한 것으로 하여 본안의 재판을 하지 않고 소송을 종료시키는 것.<br>(vgl. 기각) | *kakhahada* | **verwerfen**<br>Der Begriff *kakha/kakhahada* wird gebraucht, wenn einem Antrag aus formellen Gründen nicht stattgegeben wird (Unzulässigkeit). Z.B. „Das Verfassungsgericht kann durch einstimmigen Beschluss unzulässige Anträge verwerfen oder offensichtlich unbegründete Anträge zurückweisen.“ |
| **간부 [姦夫]** | *kanbu* | **Ehebrecher**<br>Damit ist aber nur der männliche Ehebrecher gemeint. |
| **간주 [看做] 한다/ 본다**<br>민법 제 826 조의 2 미성년사가 혼인을 한 때에는 성년자로 본다 | *kanjuhanda /ponda* | **gelten als**<br>Artikel 826-bis ZG: Wenn ein Minderjähriger die Ehe eingeht, gilt er als volljährig.<br>*kanjuhanda* und *ponda* sind Synomyme. Das Wort *ponda* wird jedoch vom koreanischen Justizministerium empfohlen, da *ponda* als rein koreanisches Wort zeitgemäß sei und *kanjuhanda* als veraltetes sinokoreanisches Wort nicht allgemeinverständlich sei. |
| **간통 [姦通], 간통죄 [姦通罪], 간음[姦淫]** | *kant'ong, kant'ongjoe, kanŭm* | **Ehebruch** |

| Koreanisch | Transkription | Deutsch |
| --- | --- | --- |
| **강제인지 [强制認知]**<br>혼인외에 출생한 자녀를 생부가 임의로 인정하지 않을 때 재판으로 인지를 강제하는 것 | *kangjeinji* | Wörtlich: **„Zwangsanerkennung“**<br>Erkennt der Vater das Kind nicht an, wird er sozusagen durch die Entscheidung des Gerichts gezwungen, das Kind anzuerkennen. Tatsächlich und rechtlich erfolgt auf Antrag des Kindes, dessen Kindes oder des gesetzlichen Vertreters im Bestreitensfalle durch gerichtliche Entscheidung die Feststellung der Vaterschaft. Deshalb ist in der Übersetzung der auch im deutschen Recht gebräuchliche Begriff der **gerichtlichen Vaterschaftsfeststellung** zu empfehlen. |
| **개명 [改名]**<br>창씨개명 [創氏改名]은 일제시대에 한국인의 성을 일본화하던 것을 지칭. | *kaemyŏng*<br>*ch'angssigaemyŏng* | **Änderung des Namens**<br>*Kaemyŏng* ist die allgemeine Bezeichnung für die Namensänderung. Die Namensänderung, die in der japanischen Kolonialzeit zwangsweise erfolgte, wird *ch'angssigaemyŏng* genannt. |
| **거소 [居所]; 상거소 [常居所]**<br>일정한 기간동안 계속하여 거주하는 장소로 그 장소와의 밀접한 정도가 주소만 못한 곳.<br>( 1 ) 주소를 알 수 없을 때 (민법 제 19 조),<br>( 2 ) 국내에 주소가 없는 자에 대하여는 각각 거소를 주소로 보며 (민법 제 20 조), 주소의 법률상 효과가 거소에 적용됨 (민사소송법 제 2 조). | *kŏso;sanggŏso* | **Aufhenthaltsort; gewöhnlicher Aufenthaltsort**<br>Zu unterscheiden vom Wohnsitz (*chusoji*). Wenn der Wohnsitz einer Person unbekannt ist (Art. 19 ZG), oder bei jemanden, der im Inland keinen Wohnsitz begründet hat (Art. 20 ZG), gilt der Aufenthaltort als Wohnsitz und das Wohnsitzrecht wird entsprechend angewendet.<br>Der Begriff *sanggŏso* findet sich im Internationalen Privatrecht: |

| Koreanisch | Transkription | Deutsch |
|---|---|---|
| 국제사법 제 4 조 (상거소지법) 당사자의 상거소지법에 의하여야 하는 경우에 당사자의 상거소를 알 수 없는 때에는 그의 거소가 있는 국가의 법에 의한다. | | Art. 4 (Recht des gewöhnlichen Aufenthaltsorts): Soll das Recht des gewöhnlichen Aufenthalts einer Partei maßgebend sein und ist dieser nicht feststellbar, so ist das Recht des Staates anzuwenden, in dem die Partei ihren Aufenthalt hat. |
| **거증책임 [擧證責任]** | *kŏjŭngch'aegim* | **Beweislast** |
| **거행지법 [擧行地法]** | *kŏhaengjibŏp* | **Lex loci celebrationis (Ortsrecht)**<br>am Ort der Eheschließung/Scheidung geltendes Recht |
| **결손가정 [缺損家庭]** | *kyŏlson'gajŏng* | **Unvollständige Familie** |
| **결정 [決定]**<br>판결과 함께 법원이 행하는 재판의 한 종류. 판결은 반드시 변론을 거쳐야 되는 반면, 결정에 있어서는 변론의 여부가 임의적임. | *kyŏlchŏng* | **Beschluss**<br>Eine Form der Gerichtsentscheidung (es gibt noch das Urteil). *Kyŏlchŏng* kann in der Regel ohne mündliche Verhandlung allein nach Lage der Akten ergehen, während für *p'an'gyŏl* (Urteil) die mündliche Verhandlung zwingend ist. |
| **결혼 [結婚] (→혼인 [婚姻])**<br>결혼이민자 | *kyŏrhon (→honin)* | **Ehe**<br>*Kyŏrhon* ist allgemeinsprachlich, *honin* wird im juristischen Kontext verwendet.<br>Heiratsmigration, Migration aus Anlass einer Heirat |
| **계간 [鷄姦]** | *kyegan* | **Unzucht zwischen Männern** |

| Koreanisch | Transkription | Deutsch |
|---|---|---|
| **계모자관계 [繼母子關係]**<br>전처의 출생자와 후처와의 친자관계.<br>가부장제와 결합된 제도로서 법정혈족관계중 하나였음. 1990 년 민법 일부개정으로 폐지. | *kyemojagwan'gye* | **Stiefmutter-Stiefkind-Verhältnis, Verhältnis zwischen Stiefmutter und Stiefkind**<br>Nach Art. 773 ZG a.F. war die Beziehung zwischen Stiefmutter und Stiefkind so, als wenn das Kind ein leibliches Kind der Stiefmutter wäre. Hierbei spielte keine Rolle, ob die Stiefmutter das wollte. Mit der Änderung des Zivilgesetzes 1990 wurde dieses gesetzliche Eltern-Kind-Verhältnis zwischen Stiefmutter und Stiefkind abgeschafft. |
| **계약 [契約]; 계약자유의 원칙 [契約自由의 原則]** | *kyeyak; kyeyakchayuŭi wŏnch'ik* | **Vertrag, Vertragsfreiheit** |
| **고유재산** | *koyujaesan* | **Eigenes anfängliches Vermögen** |
| **공동대리 [共同代理]**<br>여러명의 대리인이 공동으로만 대리할 수 있는 대리. 또 친권의 행사는 부모가 혼인중인 때에는 원칙적으로 부모가 공동으로 행사하는데 (민법 제 909 조, 제 2 항), 이처럼 부모가 공동으로 친권을 행사하는 경우에는 공동대리가 된다. | *kongdongdaeri* | **Gesamtvertretung**<br>Eine besondere Form der Stellvertretung, bei der mehrere Personen nur in Gemeinschaft zur Vertretung ermächtigt sind. Das koreanische Recht ordnet Gesamtvertretung beispielsweise für die Ausübung der elterlichen Gewalt an (Art. 909 Abs. 2 ZG). |
| **공시송달 [公示送達]** | *kongsisongdal* | **Öffentliche Zustellung** |
| **공유 [共有] 공유의 지분 [共有의 持分]** | *kongyu, kongyuŭi chibun* | **Miteigentum, Miteigentumsanteil** |
| **공정증서 [公正證書]** | *kongjŏngjŭngsŏ* | **Notarielle (amtliche) Urkunde** |
| **공증 [公證]** | *kongjŭng* | **Beurkundung** |
| **공증권 [公證權]** | *kongjŭnggwŏn* | **Notariatsrecht** |

| Koreanisch | Transkription | Deutsch |
|---|---|---|
| 공증인 [公證人] | *kongjŭngin* | **≈Urkundsperson**<br>In Korea gibt es Beurkundungspersonen und -büros, welche lediglich befugt sind, Abschriften, Urkunden, Kopien u. dgl. zu beglaubigen. Weitere Funktionen sowie die Zulassungsvoraussetzungen wie bei deutschen Notaren sind nicht gegeben. Sie entsprechen also nur den in den deutschen Gesetzen über Beglaubigungen genannten Urkundspersonen, welche für amtlichen Gebrauch bestimmte Kopien als mit der Urschrift übereinstimmend beglaubigen dürfen; allerdings sind es Privatpersonen, welche mit dieser Kompetenz „beliehen" sind. |
| **과료[科料] (vgl.과료[過料])**<br>과료(科料)는 2 천원 이상 3 만원 미만(형법 제 47 조) | *kwaryo* | **Geldstrafe**<br>Geldstrafe, die 2.000 koreanische Won oder mehr, jedoch weniger als 30.000 koreanische Won beträgt (Art. 47 koreanisches Strafgesetz).<br>Davon zu unterscheiden ist die in koreanischer Schrift gleichlautende (nur in chineischen Zeichen abweichende) *kwaryo* 과료[過料] (Geldbuße). |
| **과부 [寡婦]** | *kwabu* | **Witwe** |
| **관계인 [關係人]** | *kwan'gyein* | **Beteiligte** |
| **관습 [慣習]; 관습법 [慣習法]** | *kwansŭp; kwansŭppŏp* | **Gewohnheit; Gewohnheitsrecht** |

| Koreanisch | Transkription | Deutsch |
|---|---|---|
| **국적 [國籍]; 국적법 [國籍法]**<br><br>국적 취득; 국적 상실 | *kukchŏk; kukchŏkpŏp* | **Staatsangehörigkeit; Staatsangehörigkeitsgesetz**<br>Für den Erwerb und Verlust der koreanischen Staatsangehörigkeit gilt das koreanische Staatsangehörigkeitsgesetz (*kukchŏkbŏp*).<br>*Erwerb der Staatsangehörigkeit; Verlust der Staatsangehörigkeit* |
| **국제 [國際]**<br>국제민법 [國際民法]; 국제사법 [國際私法]; 국제민사소송법 [國際民事訴訟法]<br>국제결혼 | *kukche;*<br>*kukcheminbŏp; kukchesabŏp; kukcheminsasosongbŏp* | **International**<br>Internationales Zivilrecht; Internationales Zivilprozessrecht; Internationales Privatrecht<br>*Internationale Eheschließung* |
| **권리주체 [權利主體]** | *kwŏllijuch'e* | **Rechtssubjekt** |
| **권리능력 [權利能力]**<br>제 3 조 (권리능력의 존속기간) 사람은 생존한 동안 권리와 의무의 주체가 된다. | *kwŏllinŭngnyŏk* | **Rechtsfähigkeit**<br>Art 3 ZG (Dauer der Rechtsfähigkeit): Eine natürliche Person ist Träger von Rechten und Pflichten während ihrer Lebenszeit. |
| **귀화 [歸化]**<br>귀화에 의한 국적취득 | *kwihwa* | **Einbürgerung**<br>*Erwerb der Staatsangehörigkeit durch Einbürgerung* |
| **근친상간 [近親相姦]** | *kŭnch'insanggan* | **Inzest, Blutschande** |
| **근친혼 [近親婚]**<br>8 촌 이내의 혈족(친양자의 입양 전의 혈족을 포함한다) 사이에서는 혼인하지 못한다. | *kŭnch'inhon* | **Ehe zwischen nahen Verwandten**<br>Die Eheschließung zwischen Blutsverwandten bis zum 8. Grad (einschließlich der Blutsverwandten des Adoptivkindes vor der Adoption) ist z.B. verboten. |
| **기각 [棄却]**<br>법원에서 수리한 소송의 심리결과 원고의 청구를 이유 없다고(타당성이 없다고) 하여 물리치는 것 | *kigak* | **Zurückweisung**<br>Offensichtlich unbegründete Anträge werden zurückgewiesen. |

| Koreanisch | Transkription | Deutsch |
|---|---|---|
| **동거 [同居]**<br>**vgl**. 사실혼 [事實婚] | *tonggŏ*<br>*sasil-hon* | **Zusammenleben**<br>Bei *tonggŏ* besteht kein Ehewille. Davon zu unterscheiden ist deshalb *sasil-hon*, in dem Mann und Frau zwar ohne Eheanmeldung zusammenleben, aber mit Ehewillen. |
| **동거의무 [同居義務]**<br>부부가 공동생활을 함에 있어서한 집에서 함께 살아야 할 의무(민 826 ①). 정당한 이유없이 동거의무를 위반하는 경우에는 악의의 유기로서 이혼원인 (민 840 ). | *tonggŏŭimu* | **Pflicht zum Zusammenleben, Pflcht zur ehelichen Lebensgemeinschaft**<br>Nach Art. 826 ZG sind die Ehegatten zur ehelichen Lebensgemeinschaft verpflichtet, solange keine triftigen Gründe für eine Ausnahme vorliegen. Die Verletzung dieser Pflicht kann einen Grund für die Ehescheidung bilden (vgl. Art. 840 ZG). |
| **동성동본불혼의 원칙 [同姓同本不婚의 原則]** | *tongsŏngdongbonburhonŭi wŏnch'ik* | **Eheverbot zwischen Personen, die den gleichen Familiennamen tragen und die gleiche Stammsitzbezeichnung haben** |
| **동성애 [同性愛]; 동성혼인 [同性婚姻]**<br>동성 배우자 (=동성커플), 동성 동반자관계에 관한 입법의 증가 | *tongsŏngae, tongsŏnghonin* | **Homosexualität; Ehe für Gleichgeschlechtliche**<br>*Gleichgeschlechtliche Lebenspartner; die zunehmende Kodifizierung gleichgeschlechtlicher Partnerschaften* |
| **동의 [同意]**<br>사전적 동의; 사후적 동의 (=추인 [追認])<br>묵시적인 동의, 부모의 동의 | *tongŭi*<br>*sajŏnjŏk tongŭi; sahujŏk tonŭi (ch'uin)* | **Einwilligung (Zustimmung)**<br>Zu unterscheiden sind *sajŏnjŏk tongŭi* (Einwilligung, vorherige Zustimmung) und *sahujŏk tonŭi* (=*ch'uin,* Genehmigung, nachträgliche Zustimmung). *Tongŭi* wird vor dem Rechtsgeschäft erteilt, während *ch'uin* nachträglich erfolgt, so dass *tongŭi* mit „vorherige Zustimmung“ bzw. „Einwilligung“ zu übersetzen ist.<br>*konkludente Zustimmung, Zustimmung der Eltern;* |

| Koreanisch | Transkription | Deutsch |
|---|---|---|
| **등기 [登記]**<br>등기의 말소; 등기의 효력 | *tŭnggi* | **Eintragung, Registrierung**<br>*Löschung der Eintragung; Wirkung der Eintragung* |
| **등본 [謄本]** | *tŭngbon* | **(Vollständige) Abschrift** |
| **무권대리 [無權代理]** | *mugwŏndaeri* | **Vertretung ohne Vertretungsmacht** |
| **무효 [無效]**<br>무효선언 | *muhyo* | **Nichtigkeit**<br>*Nichtigkeitserklärung* |
| **문리해석 [文理解釋]** | *mullihaesŏk* | **Grammatikalische Auslegung** |
| **문서 [文書]** | *munsŏ* | **Urkunde** |
| **물건 [物件]**<br>제 98 조 (물건의 정의) 본법에서 물건이라 함은 유체물 및 전기 기타 관리할 수 있는 자연력을 말한다. | *mulgŏn* | **Sache**<br>Art. 98 ZG definiert den Begriff: „Sachen im Sinne dieses Gesetzes sind körperliche Gegenstände, Elektrizität und sonstige beherrschbare Kräfte der Natur". Der Unterschied zwischen dem koreanischen und dem deutschen Recht besteht darin, dass in letzterem unkörperliche Gegenstände nicht dem Sachbegriff unterfallen. |
| **미성년자 [未成年者]**<br>제 4 조(성년) 사람은 19 세로 성년에 이르게 된다. | *misŏngnyŏnja* | **Minderjähriger**<br>In Korea tritt die Volljährigkeit mit Vollendung des 19. Lebensjahres ein (Art. 4 ZG). |
| **민법 [民法]** 법률 제 471 호, 1958 . 2 . 22 . 제정, 1960 . 1 . 1 . 시행 | *minbŏp* | **Zivilgesetz (abgekürzt ZG)** vom 22.02.1958, Gesetzesnummer 471, in Kraft getereten am 01.01. 1960; **Zivilrecht, Bürgerliches Recht**<br>Als Name des entsprechenden Gesetzes ist es vergleichbar mit dem BGB (Bürgerliches Gesetzbuch) in Deutschland. |

| Koreanisch | Transkription | Deutsch |
|---|---|---|
| **민사 [民事]** | *minsa* | **Zivilsachen** |
| **민사소송규칙 [民事訴訟規則]** | *minsasosonggyuch'ik* | **Verordnung über den Zivilprozess** |
| **민사소송법 [民事訴訟法]** | *minsasosongbŏp* | **Zivilprozessgesetz** vom 04.04.1960, Gesetzesnummer 547<br>Entspricht der deutschen ZPO (Zivilprozessordnung). |
| **민사조정법 [民事調停法]** | *minsajojŏngbŏp;* | **Gesetz über Schlichtung in Zivilsachen** |
| **민사재판 [民事裁判]** | *minsajaep'an* | **Zivilgerichtsbarkeit** |
| **민사혼주의 [民事婚主義] (=법률혼 [法律婚])** | *minsahonjuŭi, pŏmnyurhon* | **Prinzip der obligatorischen Zivilehe** |
| **반소 [反訴]** | *panso* | **Widerklage** |
| **방계친족 [傍系親族]; 방계혈족 [傍系血族]** | *panggyech'injok;panggyehyŏlchok* | **Verwandte in der Seitenlinie, Blutsverwandte in der Seitenlinie** |
| **배우자 [配偶者]**<br>배우자란 결혼상대자로 혼인신고가 되어 있지 않으면 배우자가 아니다. 따라서 사실혼의 부부나 첩은 배우자가 아니라 생활의 동반자이다. | *paeuja* | **Ehegatte, Ehegattin, Ehepartner**<br>*paeuja* ist der Ehepartner, wenn diese Ehe angemeldet ist. Wenn eine Ehe ohne Anmeldung geführt wird (auch beim Konkubinat), ist der Partner kein *paeuja*, sondern *saengwarŭi tongbanja* (Lebensgefährte). |
| **벌금 [罰金]**<br>형법상 벌금은 5 만원 이상(다만, 감경하는 경우에는 5 만원 미만으로 할 수 있다)으로 하고 있다 (형법 제 45 조).<br><br>벌금 이하의 형에 해당하는 죄 | *pŏlgŭm* | **Geldstrafe**<br>*Pŏlgŭm* ist eine Geldstrafe, die 50.000 koreanische Won oder mehr beträgt (Art. 45 Strafgesetz). Vorsicht: Es gibt auch *kwaryo* (Geldstrafe von 2.000 bis 49.999 Won). Daneben gibt es noch verschiedene Arten von Bußgeldern, Säumniszuschlägen usw. wie auch im deutschen Recht.<br>*Straftat, die mit Geldstrafe (von 50.000 Won oder mehr) oder einer niedrigeren Strafe bedroht ist..* |

| Koreanisch | Transkription | Deutsch |
|---|---|---|
| **법 [法], 법률 [法律]** | *pŏp, pŏmnyul* | **Recht, Gesetz**<br>Genauerses siehe 5.2.2.1 |
| **법공동체 [法共同體]** | *pŏpkongdongch'e* | **Rechtsgemeinschaft** |
| **법규 [法規]** | *pŏpkyu* | **Rechtssatz** |
| **법령 [法令]**<br>보통은 성문법 전체, 좁은 의미로는 법률 [法律] 과 명령 [命令]. | *pŏpkyumyŏngnyŏng* | **Gesetz und Recht, Gesetze und Verordnungen**<br>In weiterem Sinne wird damit die Gesamtheit des geschriebenen Rechts bezeichnet (Gesetz und Recht bzw. Rechtsordnung), in engerem Sinne aber nur Gesetze und Rechtsverordnungen, also die Gesamtheit des kodifizierten Rechts im materiellen Sinn. |
| **법률혼 [法律婚]**<br>**vgl. 사실혼 [事實婚]** | *pŏmnyurhon* | **De jure Ehe**<br>Die nach den gesetzlichen Bestimmungen angemeldete Ehe. vgl dazu *sasil-hon* (de-facto-Ehe). |
| **법원조직법 [法院組織法]** 1987 . 12 . 04 , 법률 제 3992 호로 제정, 시행 1988 . 2 . 25 | *pŏbwŏnjojikpŏp* | **Gesetz über die Gerichtsorganisation** vom 04.12.1987, Gesetzesnummer 3992, in Kraft getreten am 26.02.1988<br>Vergleichbar mit GVG (Gerichtsverfassungsgesetz) in Deutschland. |
| **법의 일반원칙 [法의 一般原則]** | *pŏbŭi ilbanwŏnch'ik* | **Allgemeine Rechtsgrundsätze** |
| **법적 관계 [法的 關係]**<br>부부 간의 법적 관계 | *pŏpchŏk kwan'gye* | **Rechtsbeziehung**<br>*Rechtsbeziehungen zwischen Ehemann und Ehefrau* |
| **법정대리인 [法定代理人]**<br>법정대리인의 동의 | *pŏpchŏngdaeriin* | **Gesetzliche Vertreter**<br>*Zustimmung des gesetzlichen Vertreters* |
| **법정재산제 [法定財産制]** | *pŏpchŏngjaesanje* | **Gesetzliches Güterrecht, gesetzlicher Güterstand** |

| Koreanisch | Transkription | Deutsch |
|---|---|---|
| **법제처 [法制處]** | *pŏpchech'ŏ* | **Legislativer Dienst des Kabinetts**<br>Ein juristischer Dienst mit Beratungsfunktion in Bezug auf Gesetzesvorlagen und Rechtsverordnungen. |
| **별거제도 [別居制度]** | *pyŏlgŏjedo* | **Trennung, Getrenntleben**<br>Im ZG gibt es keine Vorschriften bezüglich des Getrenntlebens. |
| **보통법 [普通法]** (= 일반법)<br>≠특별법 | *pot'ongbŏp, ilbanbŏp* | **Allgemeines Recht**<br>Gegensatz: Sonderrecht |
| **부권 [夫權]** | *pugwŏn* | **Recht des Ehemannes**<br>Früher: Eheliche Rechte, Vormundschaft bzw. gesetzliche Vertretung der Ehefrau usw. |
| **부권 [父權]**<br>부에 의한 임의인지; 친생부인; 부성확정 | *pugwŏn* | **Vaterrecht, Patriarchat, väterliche Gewalt**<br>Geltendes Recht: *Freiwillige Vaterschaftsanerkennung; Vaterschaftsanfechtung; Vaterschaftsfeststellung* |
| **부권적 사회 [父權的 社會]** | *pugwŏnjŏk sahoe* | **Vaterrechtlich geprägte (patriarchalische) Gesellschaft** |
| **부가이득공동제, 잉여공동제** | *pugaidŭkkongdongje* | **Zugewinngemeinschaft** |
| **부 [夫]를 결정하는 소 [訴]**<br>재혼금지기간을 위반하여 재혼한 여자가 아이를 해산한 경우, 그 생부를 확정할 것을 내용으로 하는 소송 | *purŭl kyŏlchŏnganŭn so* | **Gerichtliche Entscheidung über die Vaterschaft**<br>Wenn eine Frau unter Verletzung der Wartefristregelung wieder heiratet und ein Kind gebärt, entscheidet das Gericht über die Vaterschaft. |

| Koreanisch | Transkription | Deutsch |
|---|---|---|
| **부모 [父母]; 부모의**<br>부모의 친권,부모의 책임<br>친권자 내지 감호권자<br>부모의 책임을 제3자, 즉 의붓부모나 양부모에게 위임할 수 있는 가능성<br>생물학적 부모; 법적 부모; 부모와 자녀의 관계 | *pumo, pumo-ŭi* | **Eltern, elterlich**<br>*elterliche Gewalt, elterliche Verantwortung*<br>*Inhaber der elterlichen Gewalt (bzw. der elterlichen Sorge)*<br>*Möglichkeit der Übertragung der elterlichen Verantwortung auf Dritte, z.B. auf Stief- und Adoptiveltern*<br>*biologische Elternschaft; rechtliche Elternschaft; Beziehung zwischen Eltern und Kindern* |
| **부부 [夫婦]**<br>맞벌이 부부의 증가 | *pubu* | **Eheleute, Ehemann und Ehefrau**<br>*Erhöhung des Anteils der Doppelverdienerehen* |
| **부부간의 계약취소권 [夫婦間의 契約取消權]**<br>부부 사이의 계약은 부부의 일방이 언제든지 취소할 수 있었던 것 (민법 제 828 조). 2012 . 2 . 10 삭제. | *pubuganŭi kyeyakch'wisogwŏn* | **Widerrufsrecht bei einem Vertrag zwischen Ehegatten**<br>Nach Art. 828 ZG a.F. konnte einen zwischen Ehegatten geschlossenen Vertrag jeder von beiden Parteien jederzeit während der Ehe widerrufen, soweit keine Rechte Dritter dadurch beeinträchtigt wurden. Dies wurde am 10.02.2012 aufgehoben. |
| **부부간의 부양·협조의무 [夫婦間의 扶養·協助義務]** | *pubuganŭi puyangh yŏpchoŭimu* | **Pflicht zum Unterhalt und zur gegenseitigen Hilfe zwischen Ehegatten** |
| **부부공동생활비용의 부담 [夫婦共同生活費用의 負擔]** | *apubugongdongsaengwalbiyongŭi pudam* | **Die notwendigen Aufwendungen für die eheliche Lebensgemeinschaft** |
| **부부별산제 [夫蝶別産制]** | *pububyŏlsanje* | **Gütertrennung** |
| **부부재산계약 [夫婦財産契約]** | *pubujaesan'gyeyak* | **Ehevertrag, güterrechtlicher Ehevertrag** |
| **부부재산공유제 [夫婦財産共有制]** | *pubujaesan'gongyuje* | **Gütergemeinschaft** |

| Koreanisch | Transkription | Deutsch |
|---|---|---|
| **부부재산제 [夫婦財産制], 부부재산법**<br>재산분할 | *pubujaesanje* | **Eheliches Güterrecht**<br>*güterrechtliche Auseinandersetzung* |
| **부양 [扶養]; 부양료 [扶養料]**<br>부양료에 상한을 제한하거나, 또는 기한을 정할 수 있다<br>이혼후 부양; 자녀부양과 친족부양; 이혼 후 스스로 자신의 생계를 책임 | *puyang; puyangnyo* | **Unterhalt; Unterhaltsbetrag**<br>*Eine Unterhaltsleistung kann in der Höhe begrenzt oder zeitlich befristet werden.*<br>*der nacheheliche Unterhalt; Kindes- und Verwandtenunterhalt; nach der Scheidung selbst für seinen Unterhalt sorgen* |
| **부양의무 [扶養義務]; 부양의무자 [扶養義務者]**<br>직계 친족들 간의 상호 부양의무; 부양의무의 존속 | *puyangŭimu* | **Unterhaltspflicht, Unterstützungspflicht; Unterhaltspflichtiger**<br>*wechselseitige Unterhaltspflichten zwischen Verwandten in gerader Linie; Fortbestand der Unterhaltsverpflichtung* |
| **부양청구권 [扶養請求權]**<br>존속과 비속에 대한 포괄적 부양청구권 | *puyangch'ŏnggugwŏn* | **Unterhaltsanspruch**<br>*Unterhaltsanspruch gegen Aszendenten und Deszendenten* |
| **부정 [不貞]**<br>**vgl. 부정 [不正]** | *pujŏng* | **Eheliche Verfehlung**<br>*Pujŏng* 부정 [不正] in koreanischer Schrift gleich geschrieben, aber in chinesischer Schrift anders, bedeutet ungerechtfertigt, unlauter, unrechtmäßig. |
| **불복 [不服]** | *pulbok* | **Beschwerde** |
| **비송사건 [非訟事件]** | *pisongsagŏn* | **Freiwillige Gerichtbarkeit** |
| **비송사건절차법 [非訟事件節次法]** | *pisongsagŏnjŏlch'abŏp* | **Gesetz über das Verfahren der freiwilligen Gerichtbarkeit** vom 29.12.1962, Gesetzesnummer 1240 |

| Koreanisch | Transkription | Deutsch |
|---|---|---|
| **사실혼 [事實婚]**<br>사실상 혼인생활을 하고 있으면서 혼인신고가 없기 때문에 법률상 혼인으로 인정되지 않는 것. 사실혼은 단순한 동거관계나 첩관계와 구별된다.<br><br>혼인에 준하는 준혼 관계 | *sasil-hon* | **De facto-Ehe**<br>Die tasächliche Lebensgemeinschaft mit Ehewillen, jedoch ohne Anmeldung. Davon zu unterscheiden sind Lebensgemeinschaften ohne Ehewillen wie Konkubinat, Lebensgemeinschaft, Zusammenleben u. dgl., ebenso die im heutigen deutschen Recht als „Lebenspartnerschaft" bezeichnete und weitgehend wie eine Ehe behandelte gleichgeschlechtliche „Ehe". Bei Beendigung einer de facto-Ehe kann es Schadensersatzansprüche geben.<br>*Feststellung des de facto Eheverhältnisses* |
| **사실혼부부간 [事實婚夫婦間]의 자[子]의 법적지위 [法的地位]** | *sasil-hon pubuganŭi chaŭi pŏpchŏk chiwi* | **Rechtlicher Status des Kindes aus de-facto Eheverhältnis** |
| **사적자치 [私的自治] 의 원칙 [原則]** | *sajŏkchach'iŭi wŏnch'ik* | **Privatautonomie** |
| **상고 [上告]**<br>상고기각;상고이유; 상고이유서; 상고장 | *sanggo* | **Revision**<br>*Verwerfung der Revision; Revisionsgründe; Revisionsbegründungsschrift; Revisionsschrift* |
| **상소 [上訴]**<br>상소의 취하; 상소의 제기기간 | *sangso* | **Rechtsmittel**<br>*Rücknahme des Rechtsmittels; Frist zur Einlegung des Rechtsmittels* |
| **서명 [署名]; 서명날인 [署名捺印]** | *sŏmyŏng; sŏmyŏngnarin* | **Unterschrift; Unterschrift und Stempel** |
| **선량한 풍속 기타 사회질서 [善良한 風俗 其他 社會秩序]**<br>선량한 풍속 기타 사회질서에 위반 | *sŏlyangan p'ungsok kit'a sahoejilsŏ* | **Öffentliche Ordnung und gute Sitten**<br>*Verstoß gegen die Öffentliche Ordnung und guten Sitten* |
| **선의 [善意 ]의**<br>선의의 제3자 | *sŏnŭiŭi* | **Gutgläubig**<br>*Gutgläubiger Dritter* |

| Koreanisch | Transkription | Deutsch |
|---|---|---|
| **선택적 부부재산제 [選擇的 夫婦財產制]** | *sŏnt'aekchŏk pubujaesanje* | **Gewählter Güterstand** |
| **섭외사법 [涉外私法]**<br>2001 년 4 월 7 일 국제사법으로 바뀌면서 폐지. | *sŏboesabŏp* | **(altes) Gesetz über das Privatrecht mit Außenbezug** vom 05.01.1962, Gesetzesnummer 966 Am 07.04.2001 mit dem Gesetz *kukchesabŏp* (internationales Privatrecht) aufgehoben. |
| **성 [姓]; 자녀의 성 [子女의 姓]**<br>헌법재판소 2005 . 12 . 22 . 선고 2003 헌가 5 , 6 결정 (헌법재판소판례집 제 17 권 2 집 544 면 이하)은 "자는 부의 성과 본을 따르고 부가에 입적한다"라고 규정하고 있었던 2005 . 3 . 31 . 법률 제 7427 호로 개정되기 전의 민법 제 781 조 제 1 항본문은 헌법에 합치되지 아니한다"는 헌법불합치결정을 선고<br>제 781 조 (자의 성과 본) ①자는 부의 성과 본을 따른다. 다만, 부모가 혼인신고시 모의 성과 본을 따르기로 협의한 경우에는 모의 성과 본을 따른다. | *sŏng, chanyŏŭi sŏng* | **Familienname; Familienname des Kindes**<br>Entscheidung des koreanischen Verfassungsgerichts vom 22. 12. 2005, Az. 2003 *heunga* 5, 6 (Entscheidungssammlung des koreanischen Verfassungsgerichts 17, S. 544 ff.): Die Vorschriften des Art. 781 Abs. 1 des koreanischen Zivilgesetzes, die bestimmen, dass das Kind den Familiennamen und Stammsitz des Vaters erhält und zu der Familie des Vaters eingetragen wird, sind mit der Verfassung nicht vereinbar. Gemäß Art. 781 ZG (in Kraft seit 1. Januar 2008) können die Kinder den Namen der Mutter tragen. |
| **성년 [成年]**<br>만 19 세가 되면 성년이 되고 (민법 제 4 조), 미성년자라도 혼인을 한 때에는 성년자로 본다 (민법 제 826 의 2 ). | *sŏngnyŏn* | **Volljährigkeit**<br>Nach Art. 4 ZG wird die Volljährigkeit mit Vollendung des 19. Lebensjahres erreicht. Aber auch durch Eheschließung gilt der Minderjährige als volljährig. |

| Koreanisch | Transkription | Deutsch |
|---|---|---|
| **세대 [世帶]**<br>현실적으로 주거 및 생계를 같이 하는 사람의 집단<br><br>Davon zu Unterscheiden ist 1 세대 [世代] 가족. Das Wort 세대 ist in koreanischer Schrift gleich geschrieben, aber in chinesischer Schrift unterscheidet sich die Schreibweise. | *sedae*<br><br><br>*il sedae gajok* | **Haushalt**<br>*Sedae* ist eine Einheit, die aus einer oder mehreren Personen besteht, die zusammen essen, schlafen und den Lebensunterhalt teilen. Zu unterscheiden ist zwischen Familie und Haushalt.<br>Ein-Generations-Familie und -Haushalt |
| **소 [訴]**<br>소를 제기하다; 소의 제기; 소의 취하 | *so* | **Klage**<br>*Klage erheben;Klageerhebung; Zurücknahme der Klage* |
| **소가 [訴價]; 소권 [訴權]** | *soga; sogwŏn* | **Streitwert; Klagerecht** |
| **소극적 확인 [消極的 確認]의 소 [訴]** | *sogŭkchŏk hwaginŭi so* | **Negative Feststellungsklage** |
| **소급효 [遡及效]**<br>소급하여 효과가 발생하다. | *sogŭphyo* | **Rückwirkung**<br>Ex tunc (lat. rückwirkend)) ist ins Koreanische mit 소급효가 있는 zu übersetzen. |
| **소득공동제 [所得公同制]** | *sodŭkkongdongje* | **Errungenschaftsgemeinschaft** |
| **소송 [訴訟]**<br>소송관계인 | *sosong* | **Prozess, streitige Gerichtbarkeit**<br>*Prozessbeteiligter, Verfahrensbeteiligter* |
| **소송능력 [訴訟能力]** | *sosongnŭngnyŏk* | **Prozessfähigkeit** |
| **소수의견 [小數意見]** | *sosuŭigyŏn* | **Abweichende Meinung (wörtlich: Minderheitsmeinung)** |
| **소외 [訴外]**<br>원고와 피고를 제외한 자 | *sooe* | **Prozessbeteiligter,** der weder Kläger noch Beklagter ist **(=Intervenient, Nebenintervenient, Beigeladener)** |

| Koreanisch | Transkription | Deutsch |
|---|---|---|
| **소유권 [所有權;]; 소유자 [所有者]** | *soyugwŏn; soyuja* | **Eigentum, Eigentümer** |
| **소원 [訴願]** | *sowŏn* | **Beschwerde** |
| **손해배상 [損害賠償]**<br>손해배상액; 손해배상청구권 | *sonhaebaesang* | **Schadensersatz**<br>*Summe des Schadensersatzes; Anspruch auf Schadensersatz* |
| **송달 [送達]**<br>서류의 송달; 송달하다 | *songdal* | **Zustellung**<br>*Zustellung von Schriftstücken; zustellen* |
| **신뢰의 원칙 [信賴의 原則]** | *silloeŭi wŏnch'ik* | **Vertrauensgrundsatz** |
| **신의성실의 원칙 [信義誠實의 原則]**<br>제 2 조 ①권리의 행사와 의무의 이행은 신의에 좇아 성실히 하여야 한다.<br><br>신의칙에 위반되어 | *sinŭisŏngsirŭi wŏnch'ik* | **Prinzip von Treu und Glauben**<br>Art. 2 Abs. 1 ZG: Die Ausübung der Rechte und die Erfüllung der Pflichten haben nach Treu und Glauben zu erfolgen (vgl. § 242 BGB).<br>*Unter Verletzung des Prinzips von Treu und Glauben* |
| **신청[申請]하다**<br>신청서; 신청인 | *sinch'ŏnghada* | **Einen Antrag stellen**<br>Schriftlicher Antrag; Antragsteller |
| **실종 [失踪]**<br>실종선고 | *silchong* | **Verschollenheit**<br>*Verschollenheitserklärung* |
| **실체법 [實體法]**<br>실체법상의 변경 | *silch'ebŏp* | **Materielles Recht**<br>*Änderungen im materiellen Recht* |
| **심리 [審理]**<br>심리의 경과 | *simni* | **Verhandlung**<br>*Verlauf der Verhandlung* |
| **심판 [審判]** | *simp'an* | **Entscheidungen in der freiwilligen Gerichtsbarkeit (≈ Beschluss)**<br>Gegen eine solche Entscheidung ist das Rechtsmittel der Beschwerde gegeben. |

| Koreanisch | Transkription | Deutsch |
|---|---|---|
| **악의 [惡意]**<br>악의로 유기하다; 악의의 수익자 | *agŭi* | **Böser Glaube**<br>*Böswillig verlassen; Person, die sich bösglaubig bereichert hat.* |
| **약정부부재산제 [約定夫婦財産制]** | *yakchŏngbubujaesanje* | **Vertragsmäßiger Güterstand** |
| **약혼 [約婚]**<br>약혼의 해제 | *yakhon* | **Verlöbnis, Verlobung**<br>*Auflösung des Verlöbnisses* |
| **양자 [養子], 친양자 [親養子];양친 [養親]** | *yangja; ch'inyangja;yangch'in* | **Angenommenes Kind, Adoptivkind**<br>(nach herkömmlichem Recht) **Adoptivkind (Volladoption); Annehmender** |
| **외국법원의 판결 [外國法院의 判決]** | *oegukpŏbwŏnŭi p'an'gyŏl* | **ausländische Gerichtsurteile** |
| **외국인의 서명날인에 관한 법률 [外國人의 署名捺印에 關한 法律]**<br>법령의 규정에 의하여 서명날인(기명날인도 포함한다.) 하여야 할 경우나 또는 날인만을 하여야 할 경우에 외국인은 서명만으로써 이에 대신할 수 있다. 단, 그 외국인이 서명날인의 제도를 가지는 국가에 속하는 때에는 본법을 적용하지 아니한다. | *oeguginŭi sŏmyŏngnarine kwanhan pŏmnyul* | **Gesetz über Unterschrift und Stempel von Ausländern** vom 12.07.1958, Gesetzesnummer 488. Nach diesem Gesetz genügt in den Fällen, in denen Stempel oder Unterschrift und Stempel zu leisten sind, bei Ausländern, welche nach ihrem Heimatrecht keinen Stempel führen, die bloße Unterschrift. |
| **예물의 반환청구권 [禮物의 返還請求權]** | *yemurŭi panhwanch'ŏnggugwŏn* | **Anspruch auf Rückforderung der Ehegeschenke** |
| **원고 [原告]; 원고적격 [原告適格]** | *wŏn'gojŏkkyŏk* | **Kläger, Klagebefugnis** |
| **원본 [原本]** | *wŏnbon* | **Original** |
| **원심법원 [原審法院]; 원판결 [原判決]**<br>원판결을 파기하다 | *wŏnsimbŏbwŏn; wŏnp'an'gyŏl* | **Erkennendes Gericht; angefochtenes Urteil**<br>*Das angefochtenes Urteil aufheben* |
| **위자료 [慰藉料]**<br>불법행위에 의해 생기는 손해중 재산 이외의 손해, 즉 정신적 고통에 대한 배상. | *wijaryo* | **Schmerzensgeld**<br>Ersatz von immateriellem Schaden |

| Koreanisch | Transkription | Deutsch |
|---|---|---|
| **위장결혼 [僞裝結婚]** | *wijanggyŏrhon* | **Scheinehe** |
| **유예공동제 [猶豫公同製]** | *yuyegongdongje* | **Aufgeschobene Gütergemeinschaft** |
| **음행 [淫行]**<br>음행권유 | *ŭmhaeng* | **Geschlechtsverkehr**<br>*Veranlassung zum Geschlechtsverkehr* |
| **의사표시 [意思表示]**<br>의사표시의 하자 | *ŭisap'yosi* | **Willenserklärung**<br>*Mängel in der Willenserklärung* |
| **이의의 소 [異議의 訴]** | *iŭiŭi so* | **Einspruch** |
| **이혼 [離婚]; 이혼법 [離婚法]; 이혼효과법 [離婚效果法]**<br>이혼율의 급격한 상승; 이혼배우자; 이혼신고 | *ihon; ihonbŏp; ihonhyogwabŏp* | **Ehescheidung; Scheidungsrecht; Scheidungsfolgenrecht**<br>*der rapide Anstieg der Scheidungshäufigkeit; Geschiedene; Anmeldung der Ehescheidung* |
| **이혼무책주의 [離婚無責主義] (=파탄주의 [破綻主意])**<br>재판상 이혼에 있어서 일정한 사유가 발생하여 부부공동생활체를 계속 유지시킬 수 없는 경우 어느 일방의 책임 유무에 관계없이 이혼을 인정 | *ihonmuch'aekchuŭi, p'at'anjuŭi* | **Zerrüttungsprinzip**<br>Nach dem Zerrüttungsprinzip kommt es bei der Ehescheidung nicht auf das Verschulden an; jeder Partner kann einen Scheidungsantrag stellen, wenn eine Ehe gescheitert ist, also wenn die Lebensgemeinschaft nicht mehr besteht und ihre Wiederherstellung nicht zu erwarten ist. |
| **이혼소송 [離婚訴訟]** | *ihonsosong* | **Scheidungsklage** |
| **이혼신고 [離婚申告]**<br>협의상 이혼의 경우에 하는 신고. 협의상 이혼은 가정법원에 확인을 받아 신고함으로써 그 효력이 생기는데, 이 신고는 당사자 쌍방과 성년자인 증인 2 人의 연서한 서면으로 하여야 한다 (민법 제 836 조). | *ihonsin'go* | **Anmeldung der Scheidung**<br>Zur Wirksamkeit der Scheidung in gegenseitigem Einvernehmen muss sie nach Bestätigung durch das Familiengericht beim Familienregister angemeldet werden. Die Anmeldung muss schriftlich mit den Unterschriften beider Parteien und zweier volljähriger Zeugen erfolgen (Art. 836 ZG). |

| Koreanisch | Transkription | Deutsch |
|---|---|---|
| **이혼원인 [離婚原因] (=이혼사유)**<br>결혼을 지속할 수 없는 사유 | *ihonwŏnin, ihonsayu* | **Scheidungsgrund**<br>*Scheidungsgründe, Gründe, die die Fortsetzung der Ehe erschweren* |
| **이혼유책주의 [離婚有責主義]**<br>이혼의 요건이 배우자 일방에 비난받을 과실, 특히 부부사이에 의무위반이 있음을 전제로 하는 경우<br>(≠이혼무책주의, 파탄주의)<br><br>유책주의적 관점; 이혼의 전제조건으로서 유책주의를 철폐 | *ihonyuch'aekchuŭi* | **Verschuldensprinzip, Schuldprinzip**<br>Nur wenn ein Verschulden eines Ehegatten bei der Zerrüttung der Ehe vorliegt, kann die Ehescheidung erfolgen.<br>Gegensatz: Zerrüttungsprinzip (s. o.)<br>*Verschuldensgesichtspunkt; Abschaffung des Verschuldensprinzips (Verschulden als Voraussetzung für die Scheidung)* |
| **이혼의 무효 [離婚의 無效]** | *ihonŭi muhyo* | **Nichtigkeit der Scheidung** |
| **이혼의사 [離婚意思]** | *ihonŭisa* | **Scheidungswille** |
| **이혼의 취소 [離婚의 取消]; 이혼취소소송 [離婚取消訴訟]** | *ihonŭi ch'wiso; ihonch'wisososong* | **Anfechtung der Ehescheidung; Klage auf Anfechtung der Ehescheidung** |
| **인사소송법 [人事訴訟法]** 1961 . 12 . 6 , 법률 제 803 호 | *insasosongbŏp* | **(altes) Gesetz über das Klageverfahren in Personenstandssachen** vom 06.12.1961, Gesetzesnummer 803<br>Dieses Gesetz, das früher die Klageverfahren in Personenstandsangelegenheiten regelte, wurde mit dem Gesetz über das Verfahren in Familienangelegenheiten (GVFam) aufgehoben. Das GVFam regelt alle familiären Angelegenheiten unabhängig davon, ob sie der freiwilligen oder der streitigen Gerichtsbarkeit unterliegen. |

| Koreanisch | Transkription | Deutsch |
|---|---|---|
| **인지 [認知]**<br>혼외출생자의 경우 모자관계는 출산이라는 사실만으로도 이루어지지만, 법적 부자관계는 인지라는 법률행위에 의해서만 성립.<br>인지를 철회하다 | *inji* | **Anerkennung (der Vaterschaft)**<br>Das gesetzliche Kindschaftverhältnis zwischen dem nichtehelichen Kind und dessen Vater entsteht nur durch Anerkennung bzw. gerichtliche Feststellung.<br>*Anerkennung widerrufen* |
| **인지청구의 소 [認知請求의 訴]**<br>부가 임의로 인지하지 않을 때에는 재판으로 인지를 강제할 수 있는데, 이 때 제기하는 소 | *injich'ŏngguŭi so* | **Klage auf Anerkennung der Vaterschaft (Vaterschaftsfeststellungsklage)**<br>Wenn der Vater das Kind nicht freiwillig anerkennt, kann die Feststellung auf gerichtlichem Weg erfolgen. Um diese zu erreichen, wird gegen den Vater nach koreanischem Recht eine Klage auf Anerkennung erhoben. Sie entspricht der deutschen Vaterschaftsfeststellungsklage. |
| **인척 [姻戚]**<br>인척이란 혈족의 배우자, 배우자의 혈족, 배우자의 혈족의 배우자를 말함 (민법 제 769 조). | *inch'ŏk* | **Verwandtschaft durch Schwägerschaft**<br>Das koreanische Recht unterscheidet nicht zwischen Verwandschaft, Ehe und Verschwägerung wie das deutsche Recht. Verwandte durch Schwägerschaft sind Ehegatten von Blutsverwandten, Blutsverwandte des Ehegatten und Ehegatten der Blutsverwandten des Ehegatten (Artikel 769 ZG). |
| **임의적으로 처분할 권한 [任意的으로 處分할 權限]**<br>혼인 당사자들이 자신들의 혼인관계를 임의적으로 처분할 모든 권한 | *imŭijŏgŭro ch'ŏbunhal kwŏnhan* | **Dispositionsbefugnis**<br>Im Eherecht: Befugnis der Ehegatten über die näheren Umstände ihrer ehelichen Beziehungen zu bestimmen<br>Davon zu unterscheiden ist u. a. die Dispositionsmaxime (od. Verfügungsgrundsatz 처분권주의 *ch'ŏbun'gwŏnjuŭi*) im Prozessrecht. |
| **일반조항 [一般條項]** | *ilbanjohang* | **Generalklausel** |

| Koreanisch | Transkription | Deutsch |
|---|---|---|
| **일부일처혼 [一夫一妻婚]** | *ilbuilch'ŏhon* | **Monogamie, Einehe** |
| **입양 [入養]**<br>입양의 무효; 입양의 취소 | *ibyang* | **Adoption, Annahme an Kindes statt**<br>*Nichtigkeit der Adoption; Anfechtung der Adoption* |
| **잉여공동제 [剩餘公同製]** | *ingyŏgongdongje* | **Zugewinngemeinschaft** |
| **자녀 [子女]**<br>자녀의 복리; 자신의 고유한 권리를 가진 주체로서의 자녀; 자녀복리의 우선 | *chanyŏ* | **Kind**<br>*Kindeswohl; Kind als Subjekt mit eigenen Rechten; der Vorrang des Kindeswohls* |
| **재산법 [財産法]**<br>재산상의 손해 | | **Vermögensrecht**<br>*Vermögensschaden* |
| **재산분할청구권 [財産分割請求權]** | *chaesanbunhalch'ŏnggugwŏn* | **Anspruch auf Auseinandersetzung des ehelichen Vermögens** |
| **재판상의 이혼 [裁判上의 離婚]** | *chaep'ansangŭi ihon* | **Streitige Ehescheidung vor Gericht, gerichtliche Scheidung (durch Urteil)** |
| **재판에 의한 혼인 [裁判에 의한 婚姻]**<br>사실혼을 보호하기 위한 제도. 사실혼관계에 있는 당사자가 가정법원의 심판 또는 조정을 청구하여 혼인관계의 실재를 확인받는 것 | *chaep'ane ŭihan honin* | **Gerichtlich festgestellte Ehe (wörtlich: Ehe durch gerichtliche Entscheidung)**<br>Zum Schutz des Partners und der Kinder gegen eine willkührliche Auflösung der tatsächlichen Lebensgemeinschaft (de facto-Ehe) oder nach dem Tod eines Partners ist die Feststellung eines solchen Eheverhältnisses durch ein Verfahren beim Familiengericht möglich, wobei zunächst eine Schlichtung durchgeführt werden muss. |
| **재혼 [再婚]**<br>재혼금지기간 | *chaehon* | **Wiederverheiratung**<br>Wartefrist, Verbotsfrist für die Wiederverheiratung (der Frau) |

| Koreanisch | Transkription | Deutsch |
|---|---|---|
| **적출성 [嫡出性];적출부인 [嫡出否認;];**<br>**적출자 [嫡出子]** | *chŏkch'ulsŏng; chŏkch'ulbuin;*<br>*chŏkch'ulcha* | **Ehelichkeit; Anfechtung der Ehelichkeit;**<br>**eheliches Kind** |
| **절차법 [節次法]** | *chŏlch'abŏp* | **Verfahrensrecht, Prozessrecht** |
| **점유 [占有]**<br>점유권 [占有權]; 점유보전[占有保全] | *chŏmyu* | **Besitz**<br>*Besitzrecht, Besitzschutz* |
| **정조의무 [貞操義務]** | *chŏngjoŭimu* | **Pflicht zur ehelichen Treue** |
| **제 1 심 [第一審]; 제 2 심 [第二審]** | *che ilsim; che isim* | **Erste Instanz; zweite Instanz** |
| **조선민사령 [朝鮮民事令]** | *chosŏnminsaryŏng* | **Verordnung betreffend die zivilrechtlichen Angelegenheitcn für Chosŏn** (der Name des letzten Königreichs in Korea in der Zeit von 1392–1910, zugleich der Name für Korea als japanische Provinz in der Zeit von 1910–1945). |
| **조정 [調停]**<br>가사소송법에 의한 가족 및 친족간의 분쟁사건 기타 가정에 관한 일반적 사건에 대한 조정 | *chojŏng* | **Schlichtung**<br>*Schlichtung in Familiensachen gemäß dem Gesetz über das Verfahren in Familienangelegenheiten (GVFam)* |

| Koreanisch | Transkription | Deutsch |
|---|---|---|
| **조정에 의한 이혼 [調停에 의한 離婚]**<br>가사소송법에 의한 가사조정에 의해 성립된 이혼. 협의상의 이혼이 이루어지지 못했을 때에는 조정의 신청을 할 수 있음. 재판상의 이혼을 하고자 할 때는 조정전치주의 적용 (가사소송법 50 ①). | *chojŏnge ŭihan ihon* | **Ehescheidung durch Schlichtung vor dem Familiengericht** gemäß dem Gesetz über das Verfahren in Familienangelegenheiten – GVFam) Wenn die Scheidung nicht im Einvernehmen erfolgen kann, kann der die Scheidung begehrende Ehegatte beim Familiengericht die Schlichtung beantragen. Bevor er eine Scheidungsklage erhebt, ist die Durchführung eines Schlichtungsverfahrens obligatorisch. Wenn die Schlichtung zustande kommt und protokolliert wird, hat sie die gleiche Wirkung wie ein gerichtlicher Vergleich, und damit wird die Ehe aufgelöst. |
| **조정전치주의 [調停前置主義]** | *chojŏngjŏnch'ijuŭi* | **Prinzip der Obligatorischen Schlichtung** |
| **존속친·[尊屬親], 비속친 [卑屬親]** | *chonsokch'in, pisokch'in* | **Aszendenten, Deszendenten** |
| **주소지 [住所地]**<br>제 18 조 ①생활의 근거되는 곳을 주소로 한다.<br>②주소는 동시에 두곳이상 있을 수 있다. | *chusoji* | **Wohnsitz**<br>Nach Art. 18 ZG ist Wohnsitz der räumliche Mittelpunkt der Lebensverhältnisse einer Person, er kann gleichzeitig an mehreren Orten bestehen. |
| **준용규정 [準用規定]**<br>준용하다 | *chunyonggyujŏng* | **Vorschriften über entsprechende Anwendbarkeit**<br>*Entsprechend anwenden* |
| **준정 [準正]**<br>제 855 조 ②혼인외의 출생자는 그 부모가 혼인한 때에는 그때로부터 혼인중의 출생자로 본다. | *chunjŏng* | **Legitimation (eines Kindes)**<br>Nach Art. 855 Abs. 2 ZG gilt ein nichteheliches Kind als eheliches Kind, wenn dessen Eltern eine Ehe schließen. |
| **중혼 [重婚]** | *chungon* | **Doppelehe** |
| **직계존속 [直系尊屬]** | *chikkyejonsok* | **Verwandte in aufsteigender gerader Linie** |

| Koreanisch | Transkription | Deutsch |
|---|---|---|
| **직권탐지주의 [職權探知主義]**<br><br>직권으로 | *chikkwŏnt'amjijuŭi* | **Untersuchungsgrundsatz, Untersuchungsmaxime**<br>Steht im Gegensatz zur Dispositionsmaxime (im Zivilprozess – s. o.) und bedeutet, dass das Gericht usw. von Amts wegen alle relevanten Sachverhaltsmerkmale ermittelt (insb. im Strafprozess).<br>*Von Amts wegen* |
| **처 [妻]** | *ch'ŏ* | **(weibliche) Ehegatte, Ehegattin** |
| **처분 [處分]** | *ch'ŏbun* | **Disposition, Verfügung** |
| **청구권 [請求權]; 청구권근거규범 [請求權根據規範]**<br>In koreanischen Fachliteratur findet man auch 청구권기초. In den Gesetzestexten stehen oft „청구할 수 있다", „반환해야 한다" oder „배상할 책임이 있다".<br>청구권의 소멸 | *ch'ŏnggugwŏn'gŭn'gŏgyubŏm* | **Anspruch; Anspruchsgrundlage (Anspruchsnorm)**<br>In den Gesetzestexten stehen oft *ch'ŏngguhal su itta* (kann gefordert werden), *panhwanhaeya handa* (ist zurückzubringen) oder *paesangal ch'aegimi itta* (verpflichtet, Ersatz zu leisten).<br>*Erlöschen des Anspruchs* |
| **초본 [抄本]** | *ch'obon* | **Auszug (aus Originalurkunde)** |
| **촌수 [寸數]** | *ch'onsu* | **Grad der Verwandtschaft** |

| Koreanisch | Transkription | Deutsch |
|---|---|---|
| **추정 [推定]한다**<br>법률문장에서는 '본다'와 '추정한다'를 의식하고 분간하여 사용. 추정한다고 하면 일단은 그런것으로 취급하나 만일 반대의 증명을 하면 그것을 뒤집어 엎을 수 있는 경우에 사용. 본다'는 반대의 증명을 하여도 소용이 없음. | *ch'ujŏnganda* | **Vermutung, wird vermutet**<br>Unter *ch'ujŏnganda* versteht man die gesetzliche Vermutung (praesumtio iuris). D. h. kraft Gesetzes ist bei Vorliegen bestimmter Gegebenheiten (Vermutungsbasis) vom Vorliegen weiterer Gegebenheiten auszugehen, und diese sind der rechtlichen Beurteilung zu Grunde zu legen. Davon zu unterscheiden ist die gesetzliche Fiktion *ponda* bzw. *kanjuhanda* (annehmen oder für etw. halten). *ponda* bedeutet, dass eine bestimmte Annahme kraft Gesetzes unwiderleglich getroffen wird (unabhängig von dem evtl. andersartigen Lebenssachverhalt). Während eine gesetzliche Vermutung *ch'ujŏnganda* widerlegbar ist und solange gilt, bis sie widerlegt ist, ist die gesetzliche Fiktion *ponda* unwiderlegbar. |
| **친생추정 [親生推定]**<br>민법 제 844 조는 혼인 중의 여자가 임신한 때에는 그 자녀는 남편의 자녀로 추정하고, 또 혼인 성립의 날로부터 200 일 후, 혼인종료의 날로부터 300 일 이내에 출생한 자녀는 혼인 중에 임신한 것으로 추정한다. | *ch'insaengch'ujŏng* | **Ehelichkeitsvermutung**<br>Nach Art. 844 Abs. 1 ZG wird vermutet, dass ein Kind, welches die Ehefrau während der Ehe empfangen hat, das Kind des Ehemannes ist.und dass ein Kind während der Ehe empfangen wurde, wenn es nach mindestens 200 Tagen nach der Eheschließung und binnen 300 Tagen nach Auflösung der Ehe geboren ist. |
| **취소 [取消]**<br>취소소송; 취소할 수 있는 | *ch'wiso* | **Anfechtung**<br>Anfechtungsklage; anfechtbar |

| Koreanisch | Transkription | Deutsch |
|---|---|---|
| **친권 [親權]**<br>친권공동행사의 원칙; 친권남용; 친권상실; 친권자 | *ch'in'gwŏn* | **Elterliche Gewalt**<br>*gemeinsame Ausübung der elterlichen Gewalt; Mißbrauch der elterlichen Gewalt; Verlust der elterlichen Gewalt; Inhaber der elterlichen Gewalt* |
| **친생부인 [親生否認]의 소 [訴]**<br>친생부인의 소는 부 또는 처가 그 사유 있음을 안 날부터 2 년 내에 제기하여야 한다 [민법 제 847 조] | *ch'insaengbuinŭi so* | **Vaterschaftsanfechtungsklage**<br>Eine Klage auf Anfechtung der Vaterschaft ist innerhalb von zwei Jahren ab Kenntniserlangung vom Anfechtungsgrund zulässig. Ein Anfechtungsrecht steht dem Ehemann und der Mutter des Kindes zu. Das Kind selbst ist nicht anfechtungsberechtigt (Art. 847 ZG). |
| **친자법 [親子法]** | *ch'injabŏp* | **Kindschaftsrecht** |
| **친족 [親族]**<br>친족'이란 자기의 배우자, 혈족 및 인척을 말함(민법 제 767 조). 민법상 친족은 그 범위가 한정되어 있는데 ① 8 촌 이내의 혈족, ② 4 촌 이내의 인척, ③배우자를 말한다 (민법 제 777 조). | *ch'injok* | **Verwandtschaft**<br>Nach Artikel 767 ZG sind Ehegatten, Blutsverwandte und Verschwägerte Verwandte. (Nach deutschem Recht sind Ehegatten keine Verwandten, während nach der Legaldefinition des koreanischen Zivilgesetzes Ehegatten verwandt sind. Entsprechendes gilt für die Verwandtschaft des Ehegatten = Verschwägerte; diese sind nach koreanischem Recht ebenfalls verwandt.) |
| **탁상이혼 [卓床離婚]** | *t'aksangihon* | **Trennung von Tisch und Bett** |
| **태아 [胎兒]** | *t'aea* | **Embryo, Leibesfrucht, ungeborenes Kind** |
| **특별법원 [特別法院]** | *t'ŭkpyŏlbŏbwŏn* | **Sondergericht** |

| Koreanisch | Transkription | Deutsch |
|---|---|---|
| **특유재산 [特有財產]** | *t'ŭgyujaesan* | **Alleiniges Vermögen (eines Ehegatten)**<br>Vermögen, das einem Ehegatten vor der Eheschließung gehört oder das er während der Ehe in seinem eigenen Namen erworben hat, bildet sein alleiniges Vermögen *t'ŭgyujaesan.* |
| **파기환송 [破棄還送]**<br>대법원은 (위 상고를 받아들여) 원심판결을 파기환송하였다. | *p'agihwansong* | **Aufheben und zurückverweisen**<br>*Das Oberste Gericht hat (die Revision zugelassen und) die zugrundeliegende Entscheidung aufgehoben und den Fall (zur weiteren Verhandlung und Entscheidung an das Berufungsgericht) zurückverwiesen.* |
| **파행혼 [跛行婚]**<br>국제사법상의 개념으로 동일한 남녀관계가 어떤 나라에서는 혼인관계로서 인정되더라도 다른 나라에서는 인정되지 않는 경우 | *p'ahaengon* | **Hinkende Ehe**<br>Unterschiedliche Beurteilung der Rechtsgültigkeit einer Ehe, bei der mehrere staatliche Rechtsordnungen eine Rolle spielen (internationales Privatrecht). Schliessen zwei Personnen mit verschiedenen Staatsangehörigkeiten eine nach dem für einen Partner gültigen Heimatrecht oder nach dem Recht des Staates, in dem die Trauung erfolgt, formgültige Ehe, die aber nach dem Heimatrecht des anderen Partners nicht gültig ist, spricht man von einer „hinkenden Ehe" *p'ahaengon.* |
| **파혼 [破婚]** | *p'ahon* | **Auflösung einer Verlobung** |
| **판결 [判決]** | *p'an'gyŏl* | **Urteil** |
| **판결의 다수의견 [判決의 多數意見]; 판결의 별개의견 [判決의 別個意見]** | *p'an'gyŏrŭi tasuŭigyŏn*<br>*p'an'gyŏrŭi pyŏlgaeŭigyŏn* | **Herrschende Meinung, abweichende Meinung**<br>(bei der Gerichtsentscheidung) |
| **판례 [判例]] 에서** | *p'alyeesŏ* | **in der Rechtsprechung** |

| Koreanisch | Transkription | Deutsch |
|---|---|---|
| **혈통주의 [血統主義]**<br>국적의 결정에 있어서 출생지에 관계없이 혈통을 따라 아버지 또는 어머니의 국적을 취득하도록 하는 주의. | *hyŏlt'ongjuŭi* | **Ius Sanguinis, Abstammungsprinzip**<br>Regelung über den Erwerb der Staatsangehörigkeit durch Geburt. Für den Erwerb der Staatsangehörigkeit durch Geburt gilt in Korea in der Regel das Abstammungsprinzip (wie in Deutschland).<br>Das Territorialprinzip (ius soli, d.h. Erwerb der Staatsangehörigkeit des Staates, in dem die Geburt erfolgte) ist dazu die Ausnahme, wenn keine Abstammung feststellbar ist (Findelkind). |
| **협의상의 이혼 [協議上의 離婚]**<br>제 834 조 부부는 협의에 의하여 이혼할 수 있다.<br>제 836 조 ①협의상 이혼은 가정법원의 확인을 받아 가족관계의 등록 등에 관한 법률의 정한 바에 의하여 신고함으로써 그 효력이 생긴다. | *hyŏbŭisangŭi ihon* | **Einvernehmliche Scheidung, Scheidung in gegenseitigem Einvernehmen**<br>Nach Art. 834 ZG können Ehegatten einvernehmlich die Scheidung vereinbaren. Sie wird erst wirksam, wenn sie nach Bestätigung durch das Familiengericht im Familienregister angemeldet wird (Art. 836 Abs. 1 ZG). |
| **호적 [戶籍]** (veralteter Terminus)<br><br>호적등본; 호적초본; 호적공무원 | *hojŏk* | **Personenstand, Familienregister, Familienbuch**<br>Der Begriff wurde und wird im alten System der Registrierung der Daten aller Familienmitglieder unter dem Namen des „Familienoberhaupts (*hoju*)“ bzw. im Zusammenhang mit Urkunden usw. aus der Zeit dieses Systems verwendet.<br>*(vollständige) Abschrift aus dem Familienbuch; Auszug aus dem Familienbuch; Standesbeamte* |

| Koreanisch | Transkription | Deutsch |
|---|---|---|
| **호적법 [戶籍法]** 법률 제 535 호, 1960 년 1 월 1 일부터 시행<br>2008 년 1 월 1 일 가족관계 등록 등에 관한 법률이 시행되면서 폐지 | *hojŏkpŏp* | **(altes) Gesetz über das Personenregister** vom 01.01.1960, Gesetzesnummer 535<br>Zum 01.01. 2008 wurde es durch das neue Gesetz über die Registrierung des Familienstandes aufgehoben. |
| **호주 [戶主]** (veralteter Terminus)<br>호주제도; 호주제도 폐지 | *hoju* | **Familienoberhaupt**<br>*Hoju-System; Abschaffung des Hojusystems* |
| **혼인 [婚姻]; 혼인법 [婚姻法]**<br>혼인의, 혼인으로 인한,<br>혼인으로 인한 불이익을 청산; 혼인 중의 자녀와 혼인 외의 자녀; 혼인과 동등한 지위를 가졌다 | *honin; honinpŏp* | **Ehe, Eheschließung; Eherecht**<br>*ehelich, ehebedingt*<br>*ehebedingte Nachteile auszugleichen; eheliche und nichteheliche Kinder; den Ehen gleichgestellt* |
| **혼인관계증명서 [婚姻關係證明書]** | *honin'gwan'gyejŭngmyŏngsŏ* | **Urkunde über die eheliche Verwandtschaft, Eheurkunde** |
| **혼인금지 [婚姻禁止]** | *honin'gŭmji* | **Verbot der Eheschließung** |
| **혼인능력증명서 [婚姻能力證明書]** | *honinnŭngnyŏkchŭngmyŏngsŏ* | **Ehefähigkeitszeugnis** |
| **혼인무효확인의 소 [婚姻無效確認의 訴]** | *honinmuhyohwaginŭi so* | **Klage auf Feststellung der Nichtigkeit der Ehe** |
| **혼인비용 [婚姻費用]**<br>부부의 공동생활에 필요한 비용을 말한다. 民法에서는 이를 생활비용이라 함, 당사자간에 특별한 약정이 없으면 종래 夫가 이를 부담하도록 하였던 것을, 1990 년 개정 민법에서는 부부가 공동으로 부담하도록 하였다. | *honinbiyong* | **Aufwendungen für die gemeinsame Lebensführung, (wörtlich „Ehekosten")**<br>Mit *honinbiyong* sind in der Rechtsprache nicht die Kosten für die Eheschließung gemeint, sondern die Lebenshaltungskosten während der Ehe. Im ZG steht stattdessen *saenghwalbiyong*. Gemäß Art. 833 ZG tragen die notwendigen Aufwendungen für die eheliche Lebensgemeinschaft beide Ehegatten gemeinsam, sofern sie keine andere Vereinbarung getroffen haben (neu gefasst am 13. Januar 1990, vor dieser Änderung musste der Ehemann die Kosten tragen). |

| Koreanisch | Transkription | Deutsch |
|---|---|---|
| **혼인비해소주의 [婚姻非解消主義]** | *honinbihaesojuŭi* | **Unauflösbarkeit der Ehe** |
| **혼인빙자간음죄 [婚姻憑藉姦淫罪]**<br>혼인을 빙자하여 음행의 상습없는 부녀를 기망하여 간음하는 죄로 형법 제 304 조에 명시되어 있었음. 2009 년 11 월 26 일에 헌법재판소는 본 조항이 남성의 성적자기결정권 및 사생활의 비밀과 자유를 침해하는 것으로 헌법에 위반된다는 이유로 위헌결정을 선고하였다( 2008 헌바 58 ). | *honinbingjaganŭmjoe* | **Vorehelicher Geschlechtsverkehr aufgrund vorgetäuschten Eheversprechens als Straftatbestand**<br>Gemäß Art. 304 StGB a.F. der Republik Korea war der Geschlechtsverkehr eine Straftat, wenn der Mann unter Vorspiegelung der Heiratsabsicht ohne tatsächliche Absicht, die Ehe einzugehen, mit einer Frau Geschlechtsverkehr hatte. Das Verfassungsgericht hat am 26. November 2009 diese Regelung für verfassungswidrig erklärt. Die Bestimmung verletze die sexuelle Selbstbestimmung des Mannes und Vertraulichkeit der Privatsphäre und Freiheit (Az. 2008 *heonba* 58). |
| **혼인생활공동체 [婚姻生活共同體]** | *honinsaengwalgongdongch'e* | **Eheliche Lebensgemeinschaft** |
| **혼인 외의 [婚姻外의]**<br>혼인 외의 공동생활, 혼외 동거, 혼인외의 생활형태 | *honin oeŭi* | **nichtehelich**<br>*nichteheliches Zusammenleben, nichteheliche Lebensformen* |
| **혼인외의 출생자 [婚姻外의 出生子]**<br>법률에서는 부모의 결혼중 (정식으로 혼인신고를 하고 있는 부부간) 에 잉태된 자를 '적출자'라고 말하고, 그렇지 않은 자를' 비적출자'라고 함. 사생아 또는·서자라고 명칭은 일상속어.<br><br>혼외 출생 및 혼외 생활공동체의 증가; 혼외 자녀의 동등한 대우 | *honinoeŭi ch'ulsaengja* | **Nichteheliches Kind**<br>In der koreanischen Rechtssprache nennt man das Kind, das während der (im Register angemeldeten) Ehe empfangen worden ist, *chŏkch'ulcha* und das nichteheliche Kind *bi-chŏkch'ulcha*. Die Bezeichnung *sasaengja* oder *sŏja* ist Umgangsprache.<br>*Zunahme nichtehelicher Geburten und nichtehelicher Lebensgemeinschaften; Gleichstellung nichtehelicher Kinder* |

| Koreanisch | Transkription | Deutsch |
|---|---|---|
| **혼인의 무효 [婚姻의 無效]**<br>형식상 혼인신고의 수리가 있더라도 혼인의 성립을 인정하지 않는 것 (Bsp. 혼인이 무효로 되는 것은 당사자 사이의 혼인의 합의가 없을 때). | *honinŭi muhyo* | **Nichtigkeit der Ehe**<br>Die Ehe ist nichtig, wenn sie nicht wirksam geschlossen wurde; die Nichtigkeitsgründe sind abschließend im Gesetz aufgeführt. Sie entfaltet keine rechtlichen Wirkungen, auch wenn sie formal angemeldet und eingetragen ist. Zu unterscheiden sind Nichtigkeit einer Ehe (welche rückwirkend – ex tunc – gilt) von einer Auflösung ex nunc (vom Auflösungszeitpunkt an), wie etwa durch Ehescheidung oder Eheaufhebung (s.u.). Bei fehlendem übereinstimmendem Willen zwischen den Eheschließenden über die Eheschließung besteht z.B. nach koreanischem Recht von Anfang an keine Ehe (Nichtigkeit). |
| **혼인의 취소 [婚姻의 取消]**<br>법에 정해진 사유가 있는 경우 법원에 청구함으로써 일단 성립된 혼인이 취소되는 경우. | *honinŭi ch'wiso* | **Aufhebung der Ehe**<br>Wenn eine Ehe unter Verletzung bestimmter gesetzlicher Bestimmungen geschlossen wurde, kann bei Gericht die Aufhebung der Ehe beantragt werden. |
| **혼인의 해소 [婚姻의 解消]**<br>유효하게 성립한 혼인이 그 후의 사유에 의해 소멸. 따라서 (vgl. 처음부터 혼인에 하자가 있는 것을 이유로 소멸되는 경우는 혼인의 취소라고 함).혼인이 해소되는 경우로서 이혼과 사망.<br><br>혼인관계 해소의 재정적 효과; 혼인관계의 해소를 억제 | *honinŭi haeso* | **Auflösung der Ehe**<br>Die Ehe kann nach einer gültigen Eheschließung aus triftigen Gründen aufgelöst werden (Zu unterscheiden davon sind die Nichtigkeit und die Aufhebung einer Ehe, für die von Anfang an Hinderungsgründe vorlagen – s.o.). Nach koreanischem Zivilrecht wird die Ehe durch Scheidung oder Tod eines Ehegatten aufgelöst.<br>*Finanzielle Folgen der Auflösung der Ehe; die Auflösung von Ehen zu verhindern* |

| Koreanisch | Transkription | Deutsch |
|---|---|---|
| **혼인의 효과 [婚姻의 效果]**<br>혼인의 일반적 효과; 혼인의 재산적 효과 | *honinŭi hyogwa* | **Wirkung der Ehe, Ehewirkung**<br>*Allgemeine Wirkung der Ehe; güterrechtliche Wirkung der Ehe* |
| **혼인적령 [婚姻適齢]**<br>제 807 조 (혼인적령) 만 18 세가 된 사람은 혼인할 수 있다.<br>제 808 조 ①미성년자가 혼인을 할 때에는 부모의 동의를 얻어야 하며 [⋯] 부모가 모두 동의권을 행사할 수 없는 때에는 후견인의 동의를 얻어야 한다. | *honinjŏngnyŏng* | **Ehemündigkeit, heiratsfähiges Alter**<br>Das heiratsfähige Alter wird mit Vollendung des 18. Lebensjahres erreicht (Art. 807 ZG), jedoch braucht ein Minderjähriger die Zustimmung des gesetzlichen Vertreters (in Korea wird man erst mit der Vollendung des 19. Lebensjahres volljährig – Art. 808 ZG). |
| **혼인제도 [婚姻制度]**<br>혼인제도를 보호 | *honinjedo* | **Institution der Ehe**<br>*die Institution der Ehe zu schützen* |
| **혼인증명서 [婚姻證明書]** | *honinjŭngmyŏngsŏ* | **Heiratsurkunde, Eheurkunde** |
| **화해 [和解]** | *hwahae* | **Vergleich** |
| **확인소송 [確認訴訟]** | *hwaginsosong* | **Feststellungsklage** |
| **후견인 [後見人]**<br>제 928 조 미성년자에 대하여 친권자가 없거나 친권자가 법률행위의 대리권 및 재산관리권을 행사할 수 없는 때에는 그 후견인을 두어야 한다. | *hugyŏnin* | **Vormund**<br>Nach Art. 928, 929 ZG ist ein Vormund zu bestellen, wenn ein Minderjähriger keine Eltern hat oder wenn die Eltern nicht in der Lage sind, die elterliche Gewalt auszuüben. |

www.ingramcontent.com/pod-product-compliance
Ingram Content Group UK Ltd.
Pitfield, Milton Keynes, MK11 3LW, UK
UKHW021918290926
8980IPUK00015B/1330

9 783631 675052